视界的革命

中国视频媒体产业市场考察报告

VISUAL REVOLUTION

RESEARCH REPORT ON VIDEO MEDIA INDUSTRY IN CHINA

张海涛　胡占凡 | 主　编

张海潮　周然毅　丁　迈　徐立军 | 副主编

中国广播影视出版社

序

　　经过几十位一流专家学者一年多的努力，中国广播电影电视社会组织联合会的重点研究项目《视界的革命——中国视频媒体产业市场考察报告》终于面世，这是一件值得祝贺的事情。

　　作为对当今电子媒体的全面考察，这已经是第二本书了。较之于前面，这本的视野更加开阔，论证也更加翔实，当然，也离电视与视频现状更近，也因此，可读性与实操性就会更强。

　　认识自己，是千百年来先知哲人们最为重要的人生教诲。这个自己，不仅是个体，也应包括每个人所处的社会与所服务的领域机构。因此，对于狂飙突进、像生物体一样复杂的中国大视频产业来说，获得总体市场格局系统全面的清晰认知就变得至关重要，其实也是一个相当奢侈的想法。《视界的革命》洋洋洒洒60余万字通过海量的权威的大数据和严谨科学的分析归纳，真实描绘了我国电影、电视、网络、移动、户外五大视频媒介内容生产、播出与收视、用户市场、产业市场的立体"画像"，以及由上述画像构成的中国视频媒体产业的恢宏画卷。基本实现了我们在写作之初便确定下来的"中国一流，世界罕见"的项目目标。

　　作为迄今为止唯一一部全面介绍中国视频媒体产业整体市场格局与发展趋势的研究专著，本著作的特色与创新之处大致包括：一是将中国视频媒体的发展放在传播媒介的演进历史和传媒发展对于人类文明攀升的巨大促进与影响的大背景下来进行观察与思考，使我们看待问题的视野和角度更为开阔高远。二是利用科学严谨的统计大数据来说话，将文理学科知识相融通，既是创作的世界观也是写作的方法论。本书涉及的数以千万计的权威统计数据世所罕见、弥足珍贵，而且除了传播学之外，其跨学科内容至少涉及社会、教育、经济、历史、人文、统计学、生理学、心理学等众多领域。三是将理论与实践紧密结合，追求有效实现理论研究与市场应用实践参考与指导兼具的作用。譬如书中既广泛探讨了微视频、电商直播、网络游戏、电视媒体的融合化发展，媒介间用户、内容、市场竞争情况和媒介的社会责任、未来发展趋势等一系列行业发展热点问题，也就传播媒介的进化演进规律、视频媒介在传媒发展进程中的历史区位以及媒介"娱乐化"发展是否会造成社会文化精神"娱乐至死"等理论问题进行了较为深入的探讨。此外，改变文风，尽量通过故事化、口语化、图文并茂的表述方式来增加学术内容的可读性，也是本书重要的写作追求方向。

　　由此，我们可以负责任地说，《视界的革命》是一部既有实践意义也有相当理论价值的高品质研究专著，它对于大视频领域的管理者、参与者、研究者、在校师生都有着重要的参考与启示意义。而且，这项对于占世界人口1/5国度视频市场发展演进情况的专项研究，也具有重要的国际参考与借鉴意义。

　　大视频时代已经到来，无视频不传播。在一定意义上我们可以说，全民共享视频饕餮盛宴的"视界革命"，代表着人类信息交流的新高度。欣逢这个前所未有的传播媒介繁荣发展盛世，中国的视频媒体产业必将实现狂飙突进式的大繁荣大发展。当然，在繁荣发展的过程中，我们必定会发现信息高速流动和井喷式繁衍克隆所产生的负面影响。那么，这本书或许能在你思考这些问题时帮点忙。

胡占凡

2019年11月28日

目　录

男少，城市观众主导；青年与高学历者占比均超过85%，为高大上的"年轻小资"用户形象

媒体内容生产画像：——(̄－ ̄★||| ——，(-@y@)，o(^▽^)o，(ˊ ▽ ˋ)，🐷

第二章　从电影大国向电影强国的转型之路 / 154

尹　鸿　北京电影学院高精尖研究中心特聘研究员、清华大学教授
梁君健　清华大学新闻与传播学院副教授
孙俨斌　北京电影学院管理学院讲师

第五章　向智媒体转型的户外视频市场 / 269

姚　林　央视市场研究股份有限公司资深研究顾问
黄　磊　央视市场研究股份有限公司媒介智讯副总经理
沈　睿　央视市场研究股份有限公司个案研究副总监
李　聪　央视市场研究股份有限公司媒介智讯高级研究经理
王　娜　央视市场研究股份有限公司媒介智讯高级研究员
张　镝　央视市场研究股份有限公司媒介与消费行为研究经理

第三部分　内容、技术、用户、资本与市场

第一章　技术成就未来——走向万物互联的智慧媒体时代 / **301**

何宗就　中央电视台原副台长、教授级高级工程师
林起劲　曾会明　台网协作专委会

第二章　精准用户为王——大视频生态下的用户市场变革 / 342

徐立军　央视市场研究（CTR）执行董事、总经理、CTR媒体融合研究院执行院长
刘　斌　中央电视台总编室 主任编辑

第三章　中国大视频产业市场饕餮盛宴 / 379

黄升民　中国传媒大学广告学院资深教授、博士生导师
刘　晓　中国传媒大学广告学院硕士研究生
叶之旻　中国传媒大学广告学院本科生

崔志芳　弘毅投资董事总经理
刘　勇　中国广视索福瑞媒介研究（CSM）融合传播研究部高级研究经理
吴　桐　弘毅投资投资经理

第四部分　研究专题

第一章　视频内容付费之光辉前景 / 479

赵　敬　中国传媒大学协同创作中心新媒体研究院硕士导师
邢琦争　汤静文　中国传媒大学协同创新中心新媒体研究院硕士

第二章　从微博看"社交+环境"下的视频传播 / 491

曹增辉　新浪微博高级副总裁
范宇泽　新浪微博运营副总经理、台网业务总经理

第三章　技术进步的收获——移动视频直播江湖之考察 **/ 499**

周　滢　中央电视台发展研究中心研究员

第四章　此消彼长——网络综艺节目兴盛之观察 **/ 525**

李星儒　北京第二外国语学院国际传播学院副教授
王蓓蓓　骨朵传媒创始人&CEO

第五章　天空之眼——我国无人机视频应用与市场扫描 **/ 536**
何苏六　中国传媒大学新闻传播学部副学部长、中国纪录片研究中心主任
王闻俊　中国传媒大学新闻传播学部电视学院全媒体音视频实验中心技术总监
丰　瑞　中国传媒大学新闻传播学部讲师

第六章　内容价值之本——视频行业的版权经济与产业发展 **/ 546**
严　波　中央电视台版权和法律事务室副主任、亚广联知识产权与法律委员会主席

写在前面

  2019年发生在家里的两件事，让我又一次深切地感受到了无处不在的视频应用对于百姓生活的影响。年初，耄耋之年的父亲因肺部感染住进了医院，每天，他的必备功课便是数次通过手机视频让家人了解身体恢复情况。出院后，为了庆祝他的90岁生日，我陪他去河北宝坻县玩了一次路亚。[①]运气不错，张老钓到了一条十多斤的大鲈鱼，须史间，这一"爆炸性"渔获视频便在朋友圈和钓友之间广为传播，收获了众多点赞。

90岁的张老钓上大鱼的视频截图

---

  ① 路亚来源于 Lure 的音译，即假饵钓鱼，是模仿小生物引发大鱼攻击的一种垂钓方法，讲究技巧，需要竿、饵、轮的综合操作。路亚钓者以娱乐和健身为主要诉求，渔获一般放生，以宣扬一种绿色的环保理念。

一个年逾90的老人利用手机上网、购物、导航、写博客、发短视频和进行视频直播的能力如此得心应手，的确令人惊讶，这个世界信息传播技术的发展实在是太快了。的确，我们这个不仅为了生存、更为美好与希望而活着的物种近些年来在传播领域上的一些卓尔不凡的进步，永远改变了世界的面貌和每个人的生活。当下，人类信息传播技术的制高点便是借助遍布全球的电子媒介，将75亿地球人的眼睛、耳朵以及中枢神经系统连接成一个有机整体，令人类所有的知识与经验都可以进行畅通无阻汇聚与交流的视频传播与应用——"视界革命"所引发的视频消费创世狂欢，正深刻地影响着每个人的生活和人类文明的发展进程。

因此，本书便是聚焦于拥有世界1/5人口的这片广袤土地之上正在发生的视频传播革命，关注它的无穷变幻，欣赏它无远弗届的浩浩汤汤。

在进入主题之前，我们首先需要开宗明义界定清晰的便是：

接下来的洋洋洒洒数十万文字，主要是对于当今中国电视、电影、网络、移动、户外这五大视频媒体所构建出的恢宏"视界"的生态格局与发展趋势的专门研究，原则上不涉及大众个人，以及在公共服务、教学、医疗、科研等领域的视频应用。

而之所以要将网络视频媒体与移动视频媒体分别立章，则是因为无论从主要产品的格式形态、内容的传播以及应用方式，乃至于平台的运营等方面，二者都有着很大甚至本质的区别。

在本书中，我们原则上将所有视频媒介的使用者都称为用户，以彰显在技术进步与市场力量的驱动下，传播者与使用者的关系出现的逆转——"受众用户化"代表着传媒生态的革命性变化。

显然，在狂飙突进、风云变幻的中国视频媒介市场，要想纵观全局，其实是一个相当奢侈的想法。但我们知难而进，倾力写作本书的主要目的，就是希望对于那些紧跟时代步伐，通过自己的努力让世界变得更加美好的大视频领域内外勇于进取的同仁与朋友们有所助益。同时也欢迎大家写信给我们，sjdgm2019@163.com，一起讨论、交流。

张海潮
2019.12

第一部分
视界无疆

中国视频媒体产业之宏图大业

主　笔：张海潮　中国广播电影电视社会组织联合会学术委员会副主任、中国传媒大学广告学院博士生导师

　　进入新时代，世界的进化提速了，对于一些事情的叫法也随之发生了改变。比如，以前的很满意，现在叫"爽歪歪"；过去的平头百姓，现在被称之为"吃瓜群众"；从前的长得漂亮，现在则叫作"颜值高"；连剃个头啥的，目前的标准说法也应该曰"造型设计"，如此等等。虽然，大多数事情的本质并没有多少改变。于是乎，与时俱进，在大视频领域，使用多年的市场和用户调查统计方法也基本上被"画像"所取而代之——这一时下的行业流行语，指的是通过网络技术和计算技术等新型大数据统计分析方法来"精准描绘"出传播媒介的相关市场特征，以更为准确、有效地指导传媒的内容生产与产业经营。

　　由此，本章的主要内容便是：利用海量的权威大数据来描绘出我国五大视频媒介的用户消费、内容生产、播出与收视、产业经营等相关市场比较精准的"画像"，然后再通过科学、系统、全面的分析与归纳，汇聚而成中国大视频产业波澜壮阔的宏伟生态"画卷"。让数据来说话，将文理融通，既是本书的世界观，也是方法论。

一、中国视频媒介用户市场画像——用户即命运

　　媒介之于使用者，从来都是一种相互依存的共生关系。虽然二者之间，存在着此消彼长的力量博弈，但本质上，用户则是始终处于"衣食父母"的上位——使用者的注意力永远都是媒介生存与发展之所依——尽管有时候，传媒因技术上的暂时优势，会有些"高高在上"。如果说"人口即命运"是人口学界的至理名言的话，那么"用户即命运""眼球即市场"便是传播媒介的基本生存法则。

　　大致看来，在传播渠道稀缺时代，市场是"传者为王"，媒介播放什么，观众就只能看到什么，几无选择权利；在传播渠道充裕时期，是"用户为王"，媒介谦恭地放下俯视众生的高傲身段，尽量为用户提供丰富多样的内容产品；而到了传播渠道过剩、消费者已经高度分化的当下，市场则变成了"精准用户为王"，媒介要为分门别类的用户量身定做他们喜欢的内容，通过提供更为悉心周到的贴身服务，才能有效地吸引并长期留住"目标用户"。随着市场竞争的日益激烈，用户作为传媒最为重要核心资产的价值就愈发凸显，如果媒介没有对于使用者的透彻理解，不能准确地把握用户的消费需求与使用偏好，一切都将无从谈起。

　　根据人类史无前例的大规模集体增寿以及退休年龄延迟等趋势，本书将14岁以下人群定义为青少年，15~44岁定义为青年，45~64岁定义为壮年，65岁以上群体定义为老年用户。

（一）视频主导传媒消费，电视和网络视频用户接触度最高

对于业界同仁们来说，面对视频消费汪洋恣肆的发展，我们首先需要透彻了解的便是：视频应用在媒介市场中居于什么样的生态区位，当下视频消费的主要工具有哪些，用户在视频使用方面都发生了怎样的突出变化——此乃关乎媒介生存与发展的首要问题。

1. 视频媒介用户接触次数逾非视频媒介11倍，电视和网络视频接触频次最高

CSM媒介研究的一项针对主要媒介应用工具内容消费情况的大规模调查显示：在被调查的12种媒介中，具有视频属性的共有9个，用户接触度合计达到了217%；而广播、报纸、杂志这3种媒体的用户接触度合计仅为19.3%，二者相差逾11倍。显而易见，视频已成为我国媒介市场最主要的传播与消费方式，而这其中电视和互联网络视频的用户接触频次最高。

2. 广播以不可替代的传播优势排名用户接触度前五，报纸、杂志用户接触次数位居倒数第三和倒数第一

此外，通过在非视频媒介中，用户接触度广播排名前五（13.64%），报纸和杂志排名倒数第三（5.05%）和倒数第一（0.63%）。我们可以看到，在激烈的市场竞争中，广播媒介以不可替代的传播优势占据着重要的市场地位（个中原因后文有详述）。

被访者不同媒介每天接触至少一次的人数占比

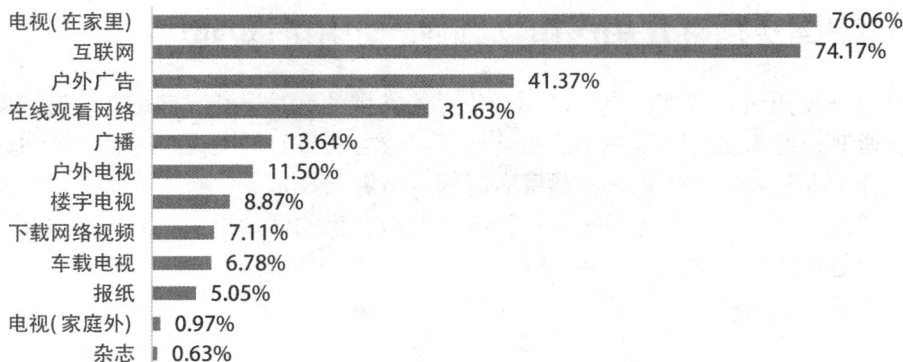

电视（在家里）	76.06%
互联网	74.17%
户外广告	41.37%
在线观看网络	31.63%
广播	13.64%
户外电视	11.50%
楼宇电视	8.87%
下载网络视频	7.11%
车载电视	6.78%
报纸	5.05%
电视（家庭外）	0.97%
杂志	0.63%

数据来源：CSM媒介研究2017年12城市基础研究

（二）视频媒体国内复合用户总规模逾29亿，其中电视用户最多，移动用户增长最快

作为五大视频媒介"衣食父母"的国内用户分布规模情况大致为：

1. 电视频道国内用户12.87亿

CSM媒介研究数据显示，2017年中国大陆电视观众达12.87亿，相较上年增加了379万

人，增幅为0.3%；与此数据相对应的是，截至2017年末，中国大陆总人口为13.9亿，比上年增加737万人，增幅也仅为0.3%。①由此可见，我国电视观众规模的增长已经趋近于"触顶"的饱和状态。

需要说明的是，在中国电视12.87亿的用户总规模中，有一部分来自于电视的新型应用方式"时移收视"，2017年时移电视用户达到了5142万人，②至于电视业在海外市场的用户增长情况，我们将在后文中进行介绍。

2. 移动视频媒体国内用户5.5亿

以短视频和移动直播为主要应用方式的移动视频媒体近年来发展得非常迅速，2017年我国手机视频用户规模达到了5.49亿。③ 其中，手机游戏用户有4.07亿，④ 短视频用户4.1亿(同比增幅115%)，⑤ 移动直播用户约为1.71亿。⑥ 由于以上数据有所交叉重叠，为避免去重不当引起歧义，在此我们以中国互联网络信息中心的统计数据为准。

3. 网络视频媒体国内用户5.8亿

2017年，我国网络视频用户规模达到了5.79亿，⑦ 主要复合应用人群为：网络直播用户3.7亿、网络游戏用户4.42亿⑧以及2.18亿台互联网电视机的消费者。⑨

4. 户外视频媒体复合用户总规模逾4亿

2017年，户外视频在城市的复合用户数量超过了4亿人次，进入主流视频传播媒介阵营。其中公共场所户外大屏的用户规模大体为1.26亿人，地铁（轻轨）视频达到了4468万人，楼宇视频用户为7779万人，商超液晶视频为8848万人，而公交视频用户规模则为6390万。⑩

5. 电影媒介城市观众逾1亿

2017年，我国电影媒介的城市用户规模逾1个亿，观影人数达到16.23亿人次，较2016年13.72亿人次增长了18.12%。总体看来，近年来中国电影用户规模的增长都在两位数以上。⑪

① 数据来源：国家统计局，2018年。
② 数据来源：CSM媒介研究全国测量仪数据。
③ 数据来源：CNNIC第41次《中国互联网络发展状况统计报告》2018年1月。
④ 数据来源：CNNIC第43次《中国互联网络发展状况统计报告》2019年。
⑤ 数据来源：《中国网络版权产业发展报告（2018）》。
⑥ 数据来源：中商产业研究院《2018-2023年中国移动直播行业市场前景及投资机会研究报告》。
⑦ 数据来源：CNNIC第41次《中国互联网络发展状况统计报告》2018年1月。
⑧ 数据来源：CNNIC第41次《中国互联网络发展状况统计报告》2018年1月。
⑨ 数据来源：中国网络视听服务协会《2018年中国网络视听发展研究报告》。
⑩ 数据来源：TR CNRS-TGI的36城市调查数据。
⑪ 数据来源：《全球电影产业发展报告》2018年。

6.视频媒体国内复合用户总规模超29亿；电视用户占比逾44%；电视、网络、移动视频媒体用户总体占比83%

根据上文数据，2017年我国视频媒体国内复合用户总规模便达到了惊人的29.14亿人。其中，电视媒体坐拥12.87亿用户市场占比44.4%，总规模比网络、移动视频媒体用户之和仍高出1.6亿；增长迅猛的5.5亿手机视频用户与网络视频5.8亿使用者规模已经相当接近了；而电视、网络、移动视频媒体则是用户市场的决定性力量，三者用户数量总体市场占比达到了83%。

截至2018年中国视频媒体国内复合用户规模（亿人）[①]

媒体类型	用户规模
电视用户规模（电视直播、时移电视）	12.87
网络视频用户规模（网络视频、互联网电视）	5.79
移动视频用户规模（短视频、移动直播、手机游戏）	5.49
户外视频媒体用户规模（户外大屏、公交、地铁、楼宇电梯、卖场）	4
城市电影用户规模	1
合计	29.14

再强调一下，上述统计并没有将大众日常生活、商业、科技、教学等非视频媒介的视频应用情况包括在内。中国人民实际的视频复合应用人群还应该比29亿的数量规模要高出不少。

（三）网络视频男多女少，电影媒体女多男少；电影年轻用户、高等教育者比例最高

消费者的性别、年龄、教育程度、职业特点等情况，是媒介在生产、传播、经营过程中有的放矢、避免"盲人摸象"的重要市场参考。

1. 网络视频男性比女性多18%，电影女性比男性多18%，其他视频媒体用户性别比例基本均衡

就五大视频媒介用户的性别分布情况来看，网络视频男性比女性多18%（男59%：女41%），电影媒体女性比男性多18.4%（女59.2%：男40.8%），电视、手机视频、户外媒体用户的男女比例基本均衡。

2. 电影18~40岁青年占比92%；网络视频与移动视频15~44岁年轻群体亦达到87%和80%；电视和户外视频用户年龄分布较均匀

用户的年龄构成是影响媒介使用的重要因素，五大视频媒介用户的年龄结构分布情况

---

① 数据来源：电视用户规模基于CSM媒介研究2017年全国测量仪收视调查网基础研究数据；视频新媒体用户规模基于CNNIC2018年1月第41次《中国互联网络发展状况统计报告》中网络视频、网络直播、网络游戏、手机网络游戏、手机网络视频以及热门短视频应用数据；户外视频和电影用户规模基于央视市场研究CNRS-TGI 2017年（36城市）调查。

大致为：

电视观众在不同年龄段的分布较为均匀。15~44岁的青年观众是电视的主要收视人群，占比达52.1%，其中35~44岁观众的数量最多，为19%；45~65岁以上观众也达到了35.2%。[1]

网络视频15~44岁用户占比达86.94%，其中15~24岁青年群体的比例最高，为33.57%，45~54岁用户达11.11%；而55~69岁以上的中老年用户占比仅为2.94%。[2]

15~44岁用户群体是移动视频消费的主力，占到总量的80.27%，其中以35~44岁用户比例最高，达到28.08%；45~54岁用户占比14.87%；55~69岁的中老年群体所占比例仅为4.85%。[3]

户外视频对不同年龄段用户均有较好覆盖。19~49岁群体占比达到了69.1%，其中以19~28岁人群占比最大，为29.3%；49~58岁占比15%，59岁及以上为10%。[4]

电影媒体18~40岁青年观众的占比高达92.4%，其中18~21岁年龄组观众规模最大，为41.7%；而40岁以上观众占比仅为3.2%。[5]

3.电影、户外视频、网络视频、电视媒体、移动视频高等学历用户分别为86%、40.7%、12.6%、11.3%和5.4%，电影高等教育比例为移动视频用户的16倍

用户的教育水平与职业特征也是影响其媒介消费极为重要的因素。一般规律是，社会地位、教育程度越高，媒介的使用时间就越短。2017年我国移动、电视、网络、户外、电影五大视频媒体用户受高等教育比例（大专及以上）分别为5.4%、11.29%、12.64%、40.7%和86%。即，电影高等教育用户比例要分别高出移动视频与电视用户的16倍和7.6倍。此外，户外视频媒体网罗的企业管理人员和全职人员分别达到20.8%和72.9%，[6]该部分人群市场价值"含金量"相当高。

不同视频媒体用户突出特征

网络视频用户　移动视频用户　电影用户

男性比女性多18%　　　　　　　女性比男性多18%

15~44岁年轻用户占87%　15~44岁年轻用户占80%　18~40岁青年占92%

高学历占5.4%　高学历占86%

数据来源：CSM媒介研究

① 数据来源：CSM 媒介研究 2017 年全国测量仪收视调查网数据。
② 数据来源：CTR 用户跨屏视频消费行为的专项调查。
③ 数据来源：CTR 用户跨屏视频消费行为的专项调查。
④ 数据来源：CTR CNRS-TGI 2017.1-12（36 城市）。
⑤ 数据来源：新传智媒 2016 年。
⑥ 数据来源：CSM 媒介研究全国测量仪收视调查网数据、CTR 用户跨屏视频消费行为专项调查。

（四）五大视频媒体用户画像

媒介的用户很有思想，也很有个性，通过与媒介之间的相互选择与长期的相互适应，形成了相对稳定的媒介消费市场生态。我们在此尝试着对不同视频媒体的用户进行"画像"，希望能够比较准确地把他们突出的消费个性特征给表现出来。

1. 电视媒介用户画像：数量规模市场领军，"广谱"分布特色极为明显，为海纳百川、有容乃大的媒介用户形象

除了规模巨大，在视频媒体用户市场总体占比超过44%之外，电视消费的另一个突出特点便是不同年龄段用户的比例比较均匀，消费者呈现为"广谱"分布。由此我们就不难理解，为什么电视开路频道在主要播出时段里不同节目形态的转换比较频繁、节奏相对较快，这是因为力图把不同职业、年龄用户一网打尽市场策略之使然。于是，我们便把中国电视的消费者整体比喻为一个包容性极强、有容乃大的形象。笔者在此借用不同情绪的人物脸书组图来给中国电视用户画像。

电视媒体用户"有容乃大"特征图示

2. 网络视频媒体用户画像：规模排名第二，男多女少，青年群体高达87%，总体可视为充满活力的年轻媒介用户形象

根据在5.79亿网络视频媒体用户中男性比女性多出18%、15~44岁使用者比例高达87%（15~24岁群体为33.6%）的特点，[①]我们遂将网络视频媒体用户的总体形象比喻为充满活力的年轻消费者形象。

网络视频媒体用户"活力四射"特征图示

---

① 数据来源：CTR用户跨屏视频消费行为的专项调查。

3. 移动视频媒体用户画像：用户规模排名第三，青壮年比例相接近，应用最为灵活自由，为个性化消费特点突出的媒介用户形象

移动视频5.49亿用户市场排名第三，主要分布为两大消费群体：15~34岁青年人占比52.2%，35~54岁壮年用户为43%。[①]在应用上，手机是所有视频媒介中使用最为灵活自由、个性化消费特点最为突出的消费工具，笔者尝试着利用夸张的图形来展示不同角色性格特征的京剧脸书，来大致勾勒出中国移动视频媒体用户的总体形象轮廓。

移动视频媒体用户"个性化"特征突出图示

4. 户外视频媒体用户画像：职场精英与市井百姓悉数网罗，为"上得厅堂下得厨房"的媒介用户形象

作为覆盖交通工具、楼宇、电梯、银行、超市、机场、车站等公共环境的传播媒介，用户规模逾4亿的户外视频媒体最为突出的用户特征便是：天上飞的机、地下跑的车、水里行走舟船里的乘客、菜场里转悠的大妈、高楼里忙碌的商贾、街上逛游的行人——但凡生活在大都市里的百姓均被悉数网罗。我们遂将户外视频的消费者定位为上得厅堂下得厨房、万众皆宜的媒介用户形象。

户外视频媒体用户"万众皆宜"特征图示

① 数据来源：CTR 用户跨屏视频消费行为的专项调查。

5. 电影媒介用户画像：女多男少，城市观众主导；青年与高学历者占比均超过85%，为高大上的"年轻小资"用户形象

在我国五大视频媒介中，电影的用户最为年轻，受高等教育者比例也最高。我们遂将城市观众规模已逾1亿的电影媒体的用户描绘为高大上的年轻"小资"型媒介消费者形象——电影自1895年诞生以来已有124年的历史，可能在一些人的心目中，其主体用户的状态似乎应该有些"步履蹒跚"才是。

电影媒体用户"年轻小资"特征图示

（五）小　结

1. 用户总规模十年增长近100%，中国视频媒体产业欣逢发展盛世

关于我国视频媒体国内用户的增长情况，CSM市场研究给出的比照数据是：2007年的复合用户规模为14.9亿，2017年达到29.14亿，十年间增加了14.24亿人，增长幅度接近100%。如果按照《大视频时代——中国视频媒体生态考察报告》2013年我国视频媒体复合用户为20.7亿人的统计，4年间，我国视频的总体用户规模增加了8.44亿人。再加上前文谈到的具有视频属性媒介的用户接触度超过了非视频媒介11倍等情况，都无不在明确昭示：依托于世界上最大规模的用户群体，欣逢盛世的中国视频媒体产业要想不蓬勃发展都难——用户即命运。

2. "跨屏"与"共时"消费成为常态，取长补短组合观看是主流应用方式

在传统媒体时代，用户的媒介消费在很大程度上是排他性和唯一性的，即在某个时点上消费者只使用一种媒介。随着互联网、移动互联网的发展和智能手机、Pad等设备的普及，用户的媒介应用被推进到"跨屏"与"共时"的状态。

"跨屏"即指根据个人喜好或场景需求，使用者不断变换视频媒介的应用选择状态。比如一个典型都市青年的视频应用方式为：上班途中观看手机视频，在工作环境可能是PC机和手机并用，回到家里又可选择电视、PC机、Pad和手机等设备进行"跨屏"消费。调查显示，国人日均接触三种及以上媒体的比例从2011年的67%上升到了2016年的71%。[①]

CSM的最新研究还表明，长短视频组合观看是用户视频消费的主流选择，接近60%的

---

① 数据来源：CTR CNRS-TGI 数据。

中国主要视频媒体LOGO

网民进行短视频+网络视频、短视频+电视的组合应用。其中，选择短视频+网络视频的用户比例是58.7%，短视频+电视的比例是57.3%，短视频+网络视频+电视的比例是45.8%，短视频+网络直播的比例为45.3%。[①]

"共时"是指用户在一个时间点上同时消费多种媒介的应用状态。仅以央视2018年世界杯转播为例，其233亿人次的视频新媒体"共时"触达数量便为121亿人次电视媒体触达量的1倍左右（在消费时长上电视遥遥领先）。[②]

世界杯、奥运会、春晚、优质电视剧等大型"爆款"内容是"共时"消费最为频繁发生的节目类型。

3. 视频媒体复合用户规模已逾总体人口2倍，"此不消，彼仍长"是用户增长的主要方式

技术进步所引发的用户在内容消费数量、使用工具、应用方式上的变化趋势，对于媒介的内容生产、营销与评估、产业经营等方面都提出了新的要求与挑战。在传播渠道丰裕、人口规模相对固定的市场环境下，视频媒介的用户拓展空间相当大的程度就在于争取"共时"与"跨屏"的复合消费者。现如今，国人日均接触三种及以上视频媒体的比例已超过70%，[③]视频产业29.14亿的复合用户规模则已达到了我国总人口13.95亿[④]的2.1倍。充分认识当下用户市场"此不消，彼仍长"的消费增长规律，对于业者和媒介都有着极为重要的现实意义。因为原则上，"用户永远都是对的"。

4. 全民共享视频饕餮盛宴，眼疾增加是为视界繁荣伴生物

作为我们眼睛、耳朵以及大脑神经系统的延伸，作为生命攀升新的触达尺度，人类第一次生活在了一个被层层屏幕环绕的世界。从老人到小孩，从白天到黑夜，除了睡觉之外，人们的眼睛几乎都离不开视频工具。公交地铁上看手机，工作场所盯电脑，回家后电视、网络等多种屏幕并用，入睡前再用手机玩会游戏或刷微博，已成为都市人每天生活中的必备功课。而对于满街眼睛直勾勾的低头族、约会的情侣们忙着自顾自摆弄手机、孩子一边看iPad一边心不在焉吃饭的场景，我们早已是见怪不怪了。甚至于在偏远的农村，发短视频、"玩直播"也已成为一些大叔大妈们新的生活乐趣。

随时随地跨越地域、山川、国界进行畅快淋漓的视频交流，观看赏心悦目的影视作品是我们现代人的生活福祉，全民共享视频饕餮盛宴，视频应用成为新的全民表达方式，也绝对可以称得上是新千年社会生活中极为突出的革命性变化。而即便是特朗普（美国总统）、莫迪（印度总理）、梅德韦杰夫（俄罗斯总理）、特鲁多（加拿大总理）、埃尔多安（土耳其总统）等各国政要，也难抵现代视频工具强大传播功能的诱惑，大量运用短视频向其国民发布相关讯息，进行广泛沟通已成为他们惯常的运作方法。这其中，表现最为突出的当属美国总统特朗普，仅在2017年10月至2018年2月间，他便通过手机发布了321条

---

① 数据来源：GSM《短视频用户价值研究报告 2018-2019》。
② 数据来源：央视 2018 世界杯专项调研。
③ 数据来源：CTR CNRS-TGI 数据。
④ 数据来源：国家统计局 2019 年 1 月 12 日发布。

短视频，为各国领导人之最。[1]题外话是，利用当时最为先进的传播媒介助力竞选也是美国总统们的惯用手法，罗斯福当政充分利用了广播媒体的影响力，肯尼迪通过在电视上展现出的良好形象击败了灰头土脸的尼克松，而特朗普则是通过"掌上舆论场"的影响力以微弱优势赢得了大选。

更为重要的是，日复一日，寒来暑往，我们的眼睛就这样被各种屏幕所包围和绑架了。而仅仅就在一二十年前，乃至我们过往数百万年的发展历程，人类的生存状态绝对与此是大相径庭的。走进有136年历史、以精湛的眼科医学著称的北京同仁医院，摩肩接踵的患者、倒卖就医号犯法的醒目标语便是就医者们屡屡需要面对的别样景致。倒卖眼科就医号之所以屡禁不止，其背后的推手便是供需的严重失衡。作为公众大饱眼福的副产品：全国的近视眼人数已超过了4.5亿；小学生、初中生、高中生、大学生的近视率分别达到了34%、55%、80%和88%；中国眼镜零售市场规模已经超过了730亿元；而北京大学中国健康发展研究中心《国民视觉健康》白皮书更是宣称，每年因各类视力缺陷导致的社会经济成本高达6800多亿元，占当年GDP比例的1.3%。虽然，眼科疾病的种类众多，成因也是千差万别，但是所有的相关研究都一致指出，视频应用的空前激增是造成国民眼疾大幅度增加的重要原因，繁荣昌盛的视频媒体行业对此难逃其咎。至于这一严重的公民健康问题应该如何解决，目前仍没有一个获得医学界广泛认同的有效方案。依笔者之愚见，在就近的未来，眼镜极有可能成为人类适配生存的必备装备，原则上任何人都要与其终身相伴。因为，在我们200万年的进化中，人类的眼睛从来没有为大规模地使用视频设备做过任何准备，日益加剧的"屏幕暴力"已让这个80%以上信息来源的"心灵的窗户"，不堪重负了。[2]

二、中国视频媒介内容市场画像——媒介即内容

在视频应用已成为主流媒介消费方式的大视频时代，视频市场的内容生产无论是在数量规模、表现形态，乃至于在产品格式等方面都发生了巨大的变化。但是万变不离其宗，传播媒介生存与发展的核心要素依然是倚仗优质的内容产品。

总体来看，视频媒体的内容生产主要是依靠三种力量来推动：

第一股力量即是媒介自身为伸张话语权，彰显影响力和市场价值所生发出的内容生产本能冲动。长期以来，传播媒体们一直都是以这样的方式来引领内容生产，而这种强大的自身发展需求永远都是媒介最为重要的内容生产驱动力。

第二股力量来自于不同媒介自身的形态特性所规定出的内容偏好与价值取向。在相当一段时间里，传统观点认为，传播渠道仅仅就是内容的载体或搬运工，唯有传播的内容才会对受者产生实质性的影响。然而更为深入的媒介功能研究则给出了一种新的媒介认识观点：媒介本身也是重要的传播内容——即每一种媒介都有着对于内容选择和传播方式的强烈"偏好"，都会在不动声色间通过自己的"偏好"对接受者施加决定性的影响。例如，电影原则上就只能在黑暗中进行消费，冗长的故事、"深刻"的思

---

① 数据来源：《中国新媒体发展报告2018》，第109~111页。

② 数据来源：2018年卫生部与教育部联合调查、中商产业研究院《2018-2023年中国眼镜市场前景调查及投融资战略研究报告》、北京大学中国健康发展研究中心《国民视觉健康》白皮书。

想、震撼的视听效果便是电影"强加"给观众的不二选择；而通过以手机来消费讯息，"短""不求甚解"，喜欢用通俗的口语来表述则是该类媒介与吾等签下的不成文契约。对于传播媒介的这一重要本质特征，最早提出"地球村"概念的加拿大著名传播学家麦克卢汉（Marshall McLuhan）将其总结归纳为：媒介即讯息，意指任何媒介的影响首先来自于被忽视的媒介自身，媒介的独特之处就在于会"了无声息"地强力指导着我们看待和了解事物的方式。[1]

视频媒介内容生产的第三股力量是一个新势力，即是由于移动视频的勃兴而突然间涌现的以亿计的"生产型消费者"，其生产的数量极为巨大，制作往往比较粗糙，以短视频为主的内容产品已成为给大视频市场带来旺盛活力的不可或缺的重要内容组成部分。虽然万众们的内容生产看似非常自由与随意，但他们实际上也已经被视频媒介所"收编"，按照媒介的价值取向和产品格式任劳任怨地提供着海量的内容（媒介不喜欢的内容或格式将被剔除）。

如此这般，由以上三者的合力共同推动着视频内容市场的不断发展。因此我们说：媒介即内容。

（一）电视媒体内容生产格局

就内容生产来看，近年来，中国电视媒体一直都在大踏步地"高歌猛进"，海量的高品质内容是其最为核心的竞争力优势。

1. 节目总产量：365万小时，每分钟生产14小时新节目

根据国家新闻出版广电总局数据，2017年我国电视媒体的内容生产能力达到了365万小时，比上年增加了14.46万小时，增长幅度为4.1%。即平均每天生产10000小时，每分钟生产14小时新节目。

●新闻、专题服务、广告节目分别占比30%、25%、15%

电视媒体内容产量排名前三的节目类型为：新闻资讯类节目109万小时，占制作总量30%，同比增幅达9.6%；生产专题服务类节目91万小时，占制作总量约25%；广告类节目的产量达到54万小时，比上年增长了10.61%，占制作总量的15%，即平均日产1465小时广告节目。[2]

●电视剧313部、13470集，增幅29%，保持世界第一电视剧生产大国地位

如果说新闻引领舆论导向，广告节目促进盈利，那么影视剧则是电视媒体保持和增加市场占有至为重要的节目类型。2017年我国生产了电视剧313部、13470集，同比增长28.6%，继续保持着世界电视剧第一生产大国地位。此外，作为不可或缺的内容产品，2017年电视综艺类节目的制作时间为47.4万小时，同比减少了2%，是唯一出现负增长的节目类型。[3]

●电视内容生产能力"四强一弱"，广播电台、国际电台、新华社也大量生产影视节目

---

[1] 马歇尔·麦克卢汉：《理解媒介——论人的延伸》，译林出版社，2011年。
[2] 数据来源：《中国广播电视年鉴2018》。
[3] 数据来源：《中国广播电视年鉴2018》。

总体看来，由360余座电视台和1.4万余家①影视制作公司组成的中国电视媒体内容制作力量在新闻、专题、服务、综艺等节目上的生产制作能力都超级强大，特别是在新闻内容方面，日产3000小时的规模在当下中国视频市场中根本无望其项背者。然而，我国电视剧生产在2017年仅生产1部剧的公司占比超过了八成，这种小作坊式生产方式正面临着越来越大的挑战。②

此外，同属中央广播电视总台的中央人民广播电台和中国国际广播电台也生产视频节目。中央人民广播电台以传播医疗卫生资讯、倡导健康生活方式为宗旨的"央广健康有线频道"覆盖全国216个城市的7735万数字电视用户。中国国际广播电台每天制作和传送5个小时的国际内容电视节目在全国200多家电视台近300个频道内播出，其有线数字频道"环球奇观"则以独特的视角播出各类国际资讯、全球奇人奇事等内容。实力雄厚的新华通讯社也生产《新华纵横》《国际专题电讯》《新华社电视报道》等视频新闻产品。③

2. 电视节目创作：推出新节目600余档，节目形态、内容与人物"跨界"成为趋势

2017年电视媒体在内容创作上非常活跃，播出新节目数量超过了4000档，其中有600档进入了日常播出。

● 新推出新闻节目近200档，地面频道占比达到3/4

新闻节目的生产与创作历来都受到电视媒体的高度重视，2017年新推出的新闻节目多达193档。其中，中央级频道有16档，省级上星频道31档，省市级地面频道共推出了146档。④

● 现实主义题材电视剧强势回归；"文化类"综艺井喷，生活服务节目与纪录片量、质齐增

除了数量规模和质量明显提升之外，2017年我国电视剧在创作方面最为突出的特点便是现当代题材现实主义作品的强势回归，占比达到了60%（当代题材55%，现代题材5%，近代30%，古代9%），年度爆款剧集包括《人民的名义》《湄公河大案》《我的前半生》《欢乐颂2》《三生三世十里桃花》《那年花开月正圆》《楚乔传》等。⑤

虽然产量略有减少，但综艺娱乐类节目仍然成为电视市场中创新数量最多的节目类型，仅真人秀形态的娱乐节目2017年就新推出了223档。其中一个极为突出的现象，便是聚焦于中华文化底蕴和"文化自信"的"文化类"综艺节目生产出现了井喷。有广泛影响的该类节目包括中央台的《朗读者》《见字如面》、东方卫视的《诗书中华》、北京卫视的《创意中国》、山东台影视频道的《一封家书》等数十档。⑥

此外，关注大众健康、饮食、旅行、相亲、求职等的服务类节目在2017年也成为创新数量第二多的节目类型。电视纪录片产量也增加到了2万小时，一批如《航拍中国》《港

---

① 国家新闻出版广电总局数据：2017年共113家机构通过国家广电总局《电视剧制作许可证（甲种）》审核，14389家机构通过《广播电视节目制作经营许可证》审核。

② 数据来源：国家广电总局2017年统计。

③ 数据来源：中央人民广播电台、中国国际广播电台、新华社。

④ 数据来源：CSM媒介研究节目监播数据。

⑤ 数据来源：《2018电视剧发展报告》。

⑥ 数据来源：CSM媒介研究节目监播数据。

珠澳大桥》《了不起的匠人》等精品力作通过多种渠道传播产生了广泛影响。[①]

●节目形态、内容、人物"跨界"成为创作发展趋势

2017年前后，中国电视媒体在内容生产创作上的一个非常重要的变化便是节目形态、内容与人物的"跨界"与"混搭"成为趋向。例如央视的《国家宝藏》就将国宝文物所蕴含的深厚底蕴以及文化传承与舞台表演艺术进行了近乎完美的融合；山东卫视的《超强音浪》将音乐与游戏进行了有机杂交；再如北京卫视和河北卫视推出的《跨界冰雪王》，展示了明星们从滑冰菜鸟蜕变为冰雪达人的"跨界"过程，激发起了不少观众对冰雪运动的兴趣。

在信息全球化大汇流背景下，跨领域、跨学科融通发展已成为了各行各业重要的思维方式与工作方法论。

（二）网络视频媒体内容生产格局

一种业内观点认为，2004年11月在中关村成立的乐视网是我国网络视频兴起的起点。虽然在此前，互联网上已经出现了一些新闻、电影等内容的视频应用服务，但基本都是附带和业余性质的。而第一家专业视频网站乐视网的上线，打破了这种小打小闹的局面，我国网络视频产业的纷呈大戏便由此展开。

1. 节目生产：网络剧等娱乐节目约5300部/档，总产量约为14.2万小时；沙盒类射击游戏成为市场主打

就网络视频媒体的内容生产主体来看，BAT背景的爱奇艺、腾讯视频与优酷是主导力量，2017年最为突出的市场表现就是网生内容进一步从边缘走向了中心。

●网络剧206部、3486集，网络电影1763部，网络综艺179档，网络动画片659部，专业节目2500余档

作为绝对的吸睛主打产品，2017年网络剧的产量为206部3486集。（注：本节所称的网络剧，是指由节目制作机构或网民个人制作，主要在视频网站等互联网视听节目服务机构播出，并由播出平台对节目内容履行审核责任的剧情类连续剧、系列剧作品。凡是获得《电视剧发行许可证》的作品，不管是否仅在互联网传播，均视作电视剧，不纳入本节主体研究范围。）如果按照平均每集45分钟计算，全年产量便达到了15.68万分钟，2614小时。

全年生产网络综艺节目为179档（2016年为111档），如果按平均每档90分钟，年均播出30期计算，即为48.33万分钟、8055小时。

该年度网络电影的总产量达1892部（比上年减少了571部，降幅达23%），其中爱奇艺生产了1321部，占总产量的75%。如果按平均每集90分钟计算，为15.87万分钟、2645小时。

2017年生产了网络动画片659部，如果按平均每部15集、每集20分钟计算，为197700分钟、3295小时。（注：以上节目产量数据源自国家新闻出版广电总局《2017年全国广播电视行业统计公报》，节目时长统计由笔者计算得出。）

---

① 数据来源：CSM 媒介研究节目监播数据。

此外，该年度网络视频媒体生产的财经、体育、教育等专业节目大致为2500档。①笔者暂且以每档节目平均时长为30分钟、年均播出100期来计算，则全年产量达到了750万分钟、12.5万小时。

合计起来，2017年，我国网络视频媒体的节目总产量大约达到了14.16万小时。

●《绝地求生》成为史上最畅销游戏，秀场直播与游戏直播主要消费终端出现"转场"

秀场直播与游戏直播是网络视频媒体规模巨大的内容生产与播出领域。业界一般认为，我国的网络直播缘起于2005年的视频聊天室9158，继而逐步发展为以美女主播为核心的秀场直播，以中国独有的礼物打赏商业模式为主要收入来源。游戏直播则从2013年左右开始出现，2014年得到快速发展。游戏主播是各平台的核心竞争资源，商业模式则以虚拟道具购买为主。新兴的沙盒类射击游戏在2017年取代MOBA18游戏成为最受用户喜爱的游戏类型。在PC端，《绝地求生》销量达到2700万份，成为史上最畅销的游戏。②

随着移动互联网时代的到来，以手机为中心的移动消费已成为市场主流，为了避免重复计算，我们遂将网络秀场直播、游戏直播的内容生产与创作情况放在移动视频媒体中来进行介绍。

2. 节目创作：种类日益齐全，向着品牌化、系列化方向发展

●网络剧题材类型丰富多样，都市/爱情题材产量最大，整体"青春偶像"特色突出

2017年网络剧在题材类型上，占据榜首的是都市/爱情剧，达41部；玄幻/穿越剧在制作数量上排名第二；古装类虽然仅有30部，但总播放量居所有类型之首；悬疑/推理剧中出现了一些爆款；此外，科幻类型作品也开始走进大众视野。③

虽然题材类型日益向多元化发展，但笔者注意到，当下的网剧无论是讲述爱情故事，还是在进行历史穿越，或是销售恐怖，原则上都可以被归类为"青春偶像剧"的大范畴。由于年轻消费者居于主流，因此"青春飘扬"风格便成为在生产创作中必须要一以贯之坚守的合理选择。这也成为网络剧与电视剧最大的区别——电视剧的用户是"广谱"型的，方方面面的消费者都要尽量关照到。

●网络综艺真人秀形态主打，芒果TV领跑，品牌化、系列化发展

从题材内容上看，网络综艺节目的覆盖面很广，涉及访谈、脱口秀、萌娃、选秀、美食、文化、婚恋交友、喜剧等多种题材。

在节目类型上，真人秀形态占据着主流。仅在2017年播放量TOP10的网络综艺节目中，真人秀类型便占据了8档，脱口秀为2档。④

亲子类综艺节目是深受用户欢迎的题材类型，2017年《爸爸去哪儿（第五季）》《妈妈是超人（第二季）》以及《放开我北鼻（第二季）》等节目都获得了相当好的市场反响。

2017年网络音乐选秀类节目的突出代表为《明日之子》《中国有嘻哈》和《快乐男

① 数据来源：国家新闻出版广电总局监管中心的"网络剧、微电影等网络视听节目信息备案系统，2017年、2018年。
② 数据来源：2018年1月CNNIC第41次《中国互联网络发展状况统计报告》。
③ 数据来源：易观《泛娱乐生态下的中国网络剧市场洞察2018》https://www.analysys.cn/。
④ 数据来源：艺恩《2017中国网络综艺市场白皮书》。

声》。这三档节目摒弃了"讲故事""赚眼泪"的老套路，更强调选手的个性和实力，同时加强了与用户的互动，受到了众多消费者的喜爱。

网络综艺脱口秀节目在2017年迎来了大爆发，以《吐槽大会》最具代表性。该节目节奏明快，主题鲜明，形式活泼，再加之经常邀请一些"有故事的"艺人参与，使得节目很有看点，带来了收看热度的节节攀升，尽管也存在一些需要改进的问题。

2017年网络综艺节目市场中的一个令人瞩目的现象便是：在播放量Top10中，芒果TV有《爸爸去哪儿（第五季）》《明星大侦探（第二季）》《妈妈是超人（第二季）》，以及《变形记（第十三季）》四档节目上榜。虽然腾讯视频也同样有四档入围，但整体播放量低于芒果TV。依托固有优势，坚守品质高地，发挥网络特点，专注于真人秀、萌娃两大综艺类型的芒果TV已成为当今网络综艺领域的领跑者。[1]

此外，通过2017年播放量Top10榜单还可以发现，《爸爸去哪儿》《明星大侦探》《妈妈是超人》《变形记》《放开我北鼻》等6档综艺节目都属于系列节目类型，而且近年来网络综艺市场中口碑较高、影响力较大的节目大部分也都为系列类型，由此可见网综节目向着系列化、品牌化发展的趋向。[2]

●网络电影爱情题材产量最大，悬疑题材位居第二，向着品牌化、系列化发展

作为电视电影（Television Film）节目类型的网络版，2017年生产的网络电影以爱情（27.7%）、悬疑（16.9%）、动作（16.7%）、喜剧（11.2%）、剧情（9.7%）五大类为主，占据了总产量的82.1%。[3]

品牌化、系列化是网络电影发展的一个重要方向。2017年网大领域推出了众多品牌化的系列影片：《魔游记》系列有《魔游记1：盘古之心》《魔游记2：异乡奇遇》等六部；《大梦西游》系列有《大梦西游2：铁扇公主》和《大梦西游3：女儿国奇遇记》；根据同名小说改编的《御天神帝》系列有《御天神帝1:雄霸白鹿》《御天神帝2：修罗戮神》等。影视节目品牌化、系列化制作的优点在于，当第一部作品成功之后，开发续集除了可以降低成本之外，更为重要的是可以依托前剧良好的影响力，有效地扩大后续作品的市场占有。这一招，在影视媒体多年的市场运作中，早已是屡试不爽的成熟玩法了。

（三）移动视频媒体内容生产格局

以短视频和移动直播为代表的移动视频内容产能的爆发式溢出，彻底改变了视频内容市场的生态格局。我国移动视频领域的内容生产主体比较多元，既有播出平台、专业机构、专业个人的倾力投入，也有上亿"吃瓜群众"们的热情参与。全媒体共力和全民参与"大生产运动"应该是对移动视频媒体内容生产情状比较恰当的描述。

1. 短视频总产量：UGC产能约50亿个，约8333万小时；PGC产量为6.8万小时+

业内一般认为，短视频的前身是2005年欧洲出现的移动电视服务Mobile TV，其形式包括电影、电视剧、综艺节目等PGC内容，时长一般控制在3分钟以内。就在同一年，由

---

① 数据来源：艺恩《2017中国网络综艺市场白皮书》。
② 数据来源：艺恩《2017中国网络综艺市场白皮书》。
③ 数据来源：中国网络视听节目服务协会《2018年中国网络视听发展研究报告》。

美籍华人陈世骏等人创办了基于流媒体技术的视频分享网站YouTube，该网站主打UGC内容，鼓励用户参与内容生产，因此内容更加丰富，从而受到大众的欢迎。到了2007年，第一代iPhone的诞生标志着视频消费方式发生重大变革，短视频从那时起才开始走上真正的蓬勃发展道路。

国内短视频的起步也很早，2005年、2006年土豆网、56网、酷6网等主要传播短视频的视频网站便已上线播出。早期播出内容主要是对长视频的加工改编，根据电影《无极》改编的无厘头视频《一个馒头引发的血案》就是当时一个著名的短视频传播案例。随着2012年智能手机在中国开始普及，用户对媒介内容的消费日益呈现出碎片化与移动化特征。进入2016年，短视频行业迎来了大爆发，迅速跃升为一种重要的内容应用载体。[①]

●生产力量："生产型消费者"或达1.2亿；专业制作团队2.5万余个；电视、广播、报纸、杂志等传统媒体数百家

当前我国短视频的生产方式大致可分为UGC、PGC、PUGC三种类型：

UGC（User Generated Content）是指普通用户自主创作的内容（非专业个人生产者）。

PGC（Professional Generated Content）是指专业内容机构创作的节目，如专业的短视频、移动直播内容公司、专业媒体等，它们通常独立于平台之外。

PUGC（Professional User Generated Content）主要是指专业个人创作的短视频内容。如拥有粉丝基础的网红，或者拥有某一领域专业知识的KOL（Key Opinion Leader，关键意见领袖）；而以梨视频拍客、搜狐千里眼为代表的个人生产、平台加工的内容也属于PUGC。

仅就产能的数量规模来看，目前我国短视频内容生产主要还是以UGC模式为主、PGC为辅，PUGC模式则在快速发展之中。

2017年我国短视频用户约为4.1亿，[②]其中有28.2%的使用者自制并上传短视频。[③]如此算来，我国短视频的"生产型消费者"便达到了约1.2亿之众。年轻群体是生产的绝对主力：20~39岁用户自制内容并上传量占比达到62.1%，10~19岁的青少年群体也有着21.5%的比例规模。

在专业短视频内容生产方面，专业制作团队大约有2.5万个，其中有超过2.3万个处于金字塔底层，主要靠代工等方式生存度日，而综合能力突出的领跑型生产机构仅有10余家。[④]如已具备相当生产规模和形成了产品个性的"新片场"，以及大力发展PUGC的"秒拍"和"梨视频"等。

短视频专业生产的另一股重要力量，便是由电视媒介、通讯社、广播、报纸、杂志（《外滩画报》《时尚杂志》《ELLE》《求是》杂志等也制作短视频）等数百家传统媒体所组成的阵营。日益清晰的媒介发展趋势和技术进步所提供的多种可能，使传统媒介充分认识到短视频是实现转型发展的战略机会，2017年其生产规模出现了大幅增长。传统媒体的短视频生产头部机构也主要集中在10余家，如中央电视台、新华社、《人民日报》、

---

① 资料来源：《中国传媒经济发展报告2018》，第202~203页。
② 数据来源：《中国网络版权产业发展报告(2018)》。
③ 数据来源：CSM《短视频用户价值研究报告2018-2019》。
④ 卡斯数据：《2017年度短视频行业白皮书》。

《新京报》、上海报业集团、浙江报业集团等。

●节目格式：15秒以下、1分钟左右、5分钟以内三个时长概念；标题长度与播放量呈正相关系

关于短视频的长度，目前没有统一的全球标准，世界著名的独立民调机构皮尤研究中心（Pew Research Center）近年的一项调研数据显示，最受欢迎的短视频长度在2.1分钟左右。根据路透社的研究，在Facebook上原生新闻视频的平均时长是75秒（56%都在60秒以内），只有8%的视频超过了120秒。[①]

在我国，短视频主要集中在15秒以下、1分钟左右和5分钟以内三个时长概念。15秒及以下通常为UGC内容，侧重于普通用户的自我表达，代表平台有美拍、抖音等；1分钟左右短视频比较侧重故事或情节的展示，内容表达相对完整，代表平台有快手等；2~5分钟长度通常为PGC内容，有着完整且专业的加工剪辑，内容表现维度丰富，代表平台有梨视频、西瓜视频等，传统媒体也乐于生产此类长度的短视频内容。

由西瓜视频主办的"金秒奖"是我国短视频领域的一个重要奖项，2018年有涉及100来个细分领域的63万余条作品参与了评选，平均长度为4分钟（获得百万以上播放量视频的平均时长为3.9分钟），反映出一部分短视频的生产格式越来越长的趋势。[②]显而易见，长度太短实在难以容下一个完整的好故事，而且并不是所有的用户都乐于接受"极短"格式，"不求甚解"的内容并非人见人爱。因此，短视频生产的"短"也必须进行市场细分。CSM的一项最新调查显示，10~29岁年轻人群喜欢30秒以内的节目时长；50岁及以上用户更偏好1~3分钟长度的内容。[③]

还必须要引起同仁重视的是关于短视频标题字幕的长度问题。调查显示，字幕对于Facebook上的视频传播非常重要，含有字幕的视频观看时长将会延长12%。而通过对"金秒奖"参赛作品的统计也表明，25~30个字标题短视频的播放量最高——标题长度与播放量呈正相关系反映出长标题能够弥补短视频长度限制的短板，通过这种"取长补短"利于对内容进行更加完整的表述。

但无论如何，基于长度的总体限制，"前15秒要抓住用户，30秒讲清楚内容"的生产理念已经成为业界共识。

●生产规模：UGC生产短视频约8333万小时，PGC生产量约为6.8万小时+

由于发展太过迅速，移动视频媒体领域的内容生产情况最为"混沌"。笔者与中国传媒大学新媒体研究院的赵子忠院长参考了各种相关资料，经过多次详细讨论，最后估算出2017年我国移动视频用户上传的短视频大约为50亿条，如果以平均每条1分钟来计算，全年产量便达到了8333万小时的"惊天"规模！

将时间回溯到39年前的1980年，美国未来学家阿尔文·托夫勒（Alvin Toffler）就在其振聋发聩的《第三次浪潮》中预言：未来，在市场竞争、技术变革和企业利益的驱动之下，生产者与消费者之间的界限将会逐渐模糊，甚至融为一体。传统意义上的消费者将更多地参与到产品开发和设计环节，他们就是所谓的"生产型消费者(Prosumer)"，即

---

① 来源：mediashift.org，作者：SimoneKovacs，2017-02-15。

② 数据来源：西瓜视频。

③ 数据来源：CSM《短视频用户价值研究报告2018-2019》。

Producer(生产者)和Consumer(消费者)的合成。因此,视频内容生产从PGC向PGC+UGC方向的转型发展浪潮,便是"产消者"理论在现实中的具体应用体现。

专业生产机构短视频的生产规模也同样缺乏相关的市场统计数据,我们倘若以2.5万个专业制作团队(每家平均5~8人),年均生产100条短视频计,全年产量便达到了250余万条。

"央视新闻移动网"年产原创短视频逾18万条;"浙视频"每周生产300条,年约1.68万条;《新京报》"我们视频"年产约2.2万条,"梨视频"每天发布500条短视频,自制占比5%,全年约9125条;"讲述老百姓故事"的"二更视频"年产能大约为5000条,合计约为23.3万条。[①]

短视频+电商目前已成为电商平台广泛采用的卖货模式,已有超过5000家短视频制作机构入驻淘宝、京东、蘑菇街、聚美优品、大众点评等电商机构。[②]而关于电商短视频的生产数量规模,我们则不得而知。

合计起来,已知的专业短视频产量就达到了273.3万条,以每条平均1.5分钟计算(专业制作短视频一般会稍长),为410万分钟、6.8万小时。由此,我们对于2017年我国专业短视频生产的总体数量规模的估算便是:6.8万小时+未知产能。

2. 短视频创作:题材类型多元化,表现领域细分化

2017年是我国短视频生产规模集中爆发的一年,在创作上也是百花齐放、佳作频出,但优质内容依然是供不应求,也存在一些在快速发展中亟须解决的问题。

● 题材类型多元化,细分领域已达100多个

题材类型多元化,表现领域细分化是当前短视频生产创作上的一个突出特点和重要的发展方向。在表现题材上,新闻、娱乐、服务、商业、教育、科普、励志等几乎无所不包。而在细分领域方面,目前已经达到了100多个。比如美食类节目除了菜品展示、食谱教学,还出现了探店、开箱视频等类型;时尚类节目在传统的美妆、穿搭之外,也出现了男性时尚、球鞋测评等细分类目。题材类型的多元化和表现领域的细分化发展趋向折射出的是市场正在逐步走向成熟的积极信号。

● 民间制作偏爱"接地气"内容,民营专业生产机构内容精品化、个性化和品牌化发展

对于规模约为1.2亿的民间短视频制作力量来说,即兴抓拍、纪录短片、街头采访、实景表演、网红说唱、情景短剧等制作难度较低的节目形态是最为常用的生产方式。在题材类型上,生活百态、街舞、小品、技能分享等"接地气儿"内容的产量最大,其中尤以即兴抓拍的搞笑幽默视频最具特色,地域特点明显的东北、四川等方言小品式短视频也汇聚了一批粉丝。

谈到民营专业短视频机构的生产创作,其产品向着精品化、个性化和品牌化发展已成为共同的追求方向。如只生产内容不运营平台的"二更视频",坚守文化品位,专注于发现"你身边不知道的美"的内容产品,代表作品如《天梯上的孩子》《伟大的舞者》《狼

---

① 数据来源:央视新闻移动网、中央电视台发展研究中心,《新闻与写作》2019年第6期。

② 数据来源:2017年网络短视频发展报告。

《最孤独图书馆》《狼王杨长生》
短视频截图

王杨长生》等；又如位于上海滩的"一条"，聚焦生活之美，代表节目如《最孤独的图书馆》等。此外，专注于影视内容的New TV，以音乐为重点的"动次"等，在创作上也都做得特色鲜明、风生水起。

品牌化发展的呈现形式以人格化IP与节目化IP为主。人格化IP运作通常不局限于某一固定内容，而是以品牌人物为核心，通过与用户的互动交流营造出良好的共情氛围来吸引粉丝，代表人物如网红Papi酱等；而节目化IP则主要通过塑造深入人心的节目品牌形象来获得用户的持续关注。例如"办公室小野"表现了生活中的"黑"技巧，令人脑洞大开的系列短视频《电脑机箱摊煎饼》《饮水机煮火锅》《景观灯烤蛋糕》，在美拍、土豆等平台

播放量均达到1700万左右。[①]

本质上，产品IP化就是品牌化与规模化，此举对于内容"碎片化"的短视频产业相当重要，乃是其"聚沙成塔"实现规模化发展的有效方略（注：传统媒体在移动视频领域的生产情况在后文将有专章介绍）。

● 公益、励志内容已成重要题材类别，政务短视频打造为人民服务新形象

传递正能量的公益、励志题材的兴起也是近年来我国短视频内容生产上的一个突出亮点，目前该类题材已经发展成为网络平台上的一个重要节目门类。比如短视频《啥是佩奇》讲述了一个居住在深山里的爷爷（由没有任何表演经验的李宝玉本色出演）帮助城里的孙子寻找小猪佩奇作为过年礼物，时而令人啼笑皆非，时而又让人饱含眼泪的故事，浓浓的亲情在春节期间感动了许多观者。又如由金世杰主演的短片《你很会算计，但是不会计算》展现了一位退休男士勇敢迎接人生第二高峰的激越情怀，播出后收获了7000多条评论和2000多万的点击量。再如在2018年全国科普日，抖音联合全国42家科技馆开展"全民科学挑战"线上活动，通过轻松有

《啥是佩奇》《你很会算计，但不会计算》短视频截图

---

① 数据来源：西瓜视频《2018年短视频行业观察报告》。

趣的内容和形式激发了公众对科技的热情。

谈到短视频的生产创作，政务短视频的快速发展也必须要被提及。2017年以来，越来越多的政府部门入驻短视频平台，借助生动、平民化叙事风格的短视频来传播政府形象、发布相关信息以及宣传旅游景点等内容，打造为民服务的新形象。仅以抖音为例，2018年便有4500多家政府机构完成入驻验证，累计播放量达850亿次；又如170家网警单位搭建起的全国网警短视频平台矩阵，也有效促进了案情通报和警务宣传工作；再如重庆市政府推出的系列城市宣传短视频播放量超过了百亿，有效提升了现代城市的整体形象。[1]虽然也存在着一些政务短视频定位模糊、内容宽泛、制作品质不高、连续性不强等问题，但通过发展，上述问题大多都会逐渐得到解决，而政务短视频的蓬勃发展是大势所趋。

● 电商短视频佳作频出，用户接受意愿超过广告

在商业需求的推动下，2017年的不少短视频佳作都与电商有关。例如由网红作家顾爷制作、肯德基Chizza冠名播出的短视频《画得不像就是艺术？200秒带你看4个颠覆艺术史的大魔王》，先历数了3位改变西方绘画艺术走向的大画家乔托、塞尚和杜尚的成就，总结出伟大艺术品的共同特性就是"混搭+消失=颠覆"继而再引出第四件堪比伟大艺术品的美食——肯德基Chizza，通过巧妙的"艺术性"类比和唯美的视觉体验来吸引用户观看。节目上线12天便突破了千万次播放量，肯德基新品Chizza也成为刷爆朋友圈的新晋网红美食，销售空前火爆。专注于艺术领域的网红顾爷制作的《你好！艺术》系列产品共牵手了10个品牌企业进行了13期节目的定制，总播放量超过8500万，创造了优质商业品牌与短视频结合的成功范本。再如淘宝网精心制作的系列短视频《一千零一夜》，用16个夜晚讲述了16个关于人和食物间相互牵绊的生动故事，引发了消费者热切关注，其中的《一千零一夜之鲅鱼水饺》在上线的2个小时之内就卖掉了近20万只。[2]

肯德基新晋美食Chizza和淘宝《一千零一夜》美食宣传画

[1]　数据来源：人民网《2018年政务短视频的发展、问题与建议》2019年1月3日。
[2]　数据来源：《2017年网络短视频发展报告》。

电商领域过去以图文为主的营销方式已经让位于更富感染力与说服力的短视频+电商营销模式，大致来看，目前短视频机构主要通过三种方式来获益：一是卖家支付的制作费用；二是通过消费者浏览量或销售量增加得到的分成；三是平台给予的其他奖励。而为了获得更多的奖励与分成，有些内容生产方甚至免费提供视频内容。对于电商短视频的一个最新市场调查结果显示：在各类传播形式中，电商短视频的商品转化率最高，达到45.2%（网络直播转化率为18.7%）。此外，消费者对短视频+电商营销方式的认可度也已超过了接受广告的意愿，前者的接受比达到了52.4%，而后者为50.9%。[①]

我们以电视传播中广告的制作质量往往是最高的情况作为参照，在市场各方力量的有力推动下，电商短视频生产佳作频出应该是没有悬念的问题。

●整体品质依旧偏低，用户评价刚刚及格，创作生态仍需改善

虽然年产达到了8000多万小时，在创作上也取得了一些进步，但也应该客观地看到，广大用户对于短视频品质的总体评价只是刚过及格线。消费者虽然认可电视媒体生产的短视频的权威性和正能量优势，但仍感觉其创新性不足，因此优质内容匮乏依然是当前短视频市场的主要现状。[②]此外，一些平台只顾短期利益，版权保护缺位，盗版抄袭大行其道（一些优质视频未经允许被一些"搬运工"和"剪刀手"进行"创意剪接"处理后，成为吸引流量的"爆款"是全行业的"老大难"问题）等问题，也严重破坏了短视频的生产创作生态环境，成为影响市场持续繁荣发展的"绊脚石"。

3.移动直播内容生产：秀场直播、游戏直播产能规模约达52.56亿小时；电商直播开创出千亿级市场；泛众直播已成重要生产力量

随着移动通信应用的普及，移动视频直播出现了爆发式发展，其内容产品主要由新闻直播、秀场直播、游戏直播、电商直播、泛众直播等几部分构成。数据显示，2017年，我国有200多家公司开展网络直播业务（较2016年减少近百家，比2011年缩水400余家）。[③]

●秀场直播、游戏直播年产能规模各约为26.28亿小时

虽然处于转型期，但2017年秀场直播的发展势头依然强劲。关于该类型产品的生产规模，市场也缺乏统计数据，笔者与赵子忠院长经反复讨论后估算得出：以全网大约有360万全职秀场主播、每个主播日均播出2小时节目来计算，全年产能便达到了26.28亿小时的海量规模。

游戏是对大众日常压力反应的延伸，它给各种紧张情绪提供发泄的机会，是集体的通俗艺术形式，在互联网络视频市场中占据着举足轻重的地位。总体来看，沙盒类射击游戏在2017年取代MOBA18游戏成为最受用户喜爱的游戏类型，同时移动化消费也已经成为游戏直播的主要应用方式。

关于我国游戏直播的生产规模大致估算全网有360万名游戏主播，日均播2小时，全年约26.28亿小时。

●电商直播有效拉动销售，创造出千亿级新市场

---

① 数据来源：CSM《短视频用户价值研究报告2018-2019》。
② 数来据源：CSM《短视频用户价值研究报告2018-2019》。
③ 数据来源：CNNIC《第41次中国互联网络统计报告》。

作为新兴的营销工具，电商+直播呈现出了极强的爆发性。2019年初，阿里巴巴高调公布了一份令业界振奋、也让马云再次荣登中国富豪榜榜首的漂亮财报：全集团单季营收达到了1173亿元，同比增长41%，而其中最大的贡献者便是淘宝网。阿里巴巴总经理张勇兴奋地告诉记者，淘宝取得辉煌业绩的"秘密武器"便是电商直播。阿里公布的数据显示，淘宝移动月度活跃用户达到6.99亿（占45%中国人口）。目前淘宝直播已有逾500家MCN机构进驻，在带货超过千万元的淘宝店铺中，平均复购率在60%以上。[①]电商直播的另一个著名案例便是2017年底映客直播+天猫合作，共吸引了3.6亿人次观看了天猫"双十一"电商直播，有逾400万个天猫红包被抢光。

淘宝网"双十一"系列宣传广告

目前电商机构主要通过以下三种模式来进行直播运营。平台模式：平台提供交易空间聚集品牌商家，通过友好的服务以及直播、短视频等营销方式促进用户消费，为最典型的B2C商业模式，以天猫为代表。社交模式：将微信端的裂变式传播与直播、短视频相结合，利用视觉冲击与人际间的强互动传播来刺激消费，以京东拼购等为典型代表。优选与特价模式：平台直接对接制造商，通过正品保障和特价吸引用户，以网易严选、唯品会等为代表。

电商直播已成为当下商家们开疆拓土的"达摩克利斯之剑"，但就其内容生产规模，我们仍然不得而知。

●泛众直播已成产能有生力量，市场下移成为必然趋势

---

① 数据来源：阿里巴巴。

视频的万众生产已成为一种全民运动，民间制作也成为移动直播领域内容生产的一股重要有生力量。但是关于在5.49亿手机网络视频用户中有多少移动直播"生产型消费者"，其生产规模又是多少，笔者实在找不到相关数据可以来进行测算。可以与大家分享的相关信息有，专门以农民和农村为拍摄主题的视频直播已成为一种新的农村文化现象。这些直播有的重在展现农村的自然景观，有的关注民族风情特色生活，有的则突出农民的即兴表演等内容。"玩直播"成功地调动起成千上万农村网民的参与热情，也反映出市场进一步向低线城市和农村下沉的发展趋向。

4.移动直播内容创作：主播从"颜值"向"价值"转型，平台从个人秀场向专业化、垂直化发展；创新能力仍显不足，面临整体转型升级

●主播向知识、观点分享型转变；平台朝专业化、垂直化方向发展

在泛娱乐直播平台，主播无疑是最为重要的"吸睛"与盈利要素（用户打赏占总体收入的比例约为90%），活跃在该领域的主播大致可分为四种主要类型：

颜值才艺型主播：通过姣好的形象和出众的唱歌、舞蹈、模仿、弹奏、讲段子等演艺能力来获得用户的喜爱与认可。

商业推广型主播：是最为紧贴市场的产品代言人，通过丰富的产品知识和高超的说服技巧来拉动用户消费。坊间流传着这样一个传奇故事：在淘宝发布的2017年"淘布斯"榜单中，32岁的薇娅以年收入2500万高居榜首，她曾经在一场直播中帮助一家0粉丝的淘宝新店一夜之间完成了7000万元的销售额。

知识分享型主播：以传授知识为看点，多围绕特定的行业或领域进行知识讲授，一些学养深厚、口才又佳的专家有时"一不留神"便会成为受人追捧的网红。

游戏主播：主要通过提升用户体验来带动流量增长，在实时的游戏直播过程中辅以极富感染力的解说和聊天互动是他们常用的表现方式。游戏主播的专业水平和个人魅力对于赢得用户关注极为重要。

随着用户从以寻求娱乐为主，逐渐向获取更多信息、知识经验的使用需求上转变，一批泛娱乐直播平台的主播们也开始从拼颜值向着知识、观点分享转型；而从个人秀场、微观视角向着专业化和垂直化发展则也成为直播平台的的一大发展趋势。目前至少已经发展出如音乐、财经、教育、美颜、美食、旅游等100余个"直播+"细分领域，其中音乐、美容、健康、教育等直播的发展势头都相当良好。

●整体创新能力亟需提高，专业化与精品化才是真正市场"红利"

近几年虽然移动直播领域在内容创新上也出现了一些亮点，比如益智类答题直播热潮的兴起，游戏直播战术游戏和自主赛事的火热，在公益直播、电商直播上的一些积极探索等，但与短视频领域的旺盛创新活力情况相比，真正比较有创意、令人耳目一新的直播产品在市面上仍然相当匮乏，大多数内容仍然停留在简单粗放的制作水准阶段，具有足够个人魅力和广泛影响力的主播也还没有出现。而在直播营销产品的生产方面，也是以读稿式、简单直接的推广劝说售卖方式居多，对于诸如快消品强调体验感、亲近感，科技产品需要知识性与专业性，奢侈品需要用生活品质和唯美理念来解读，以及直播的本质是在讲述一个动听的产品故事等方面，不少主播都缺少学习了解与经验准备。有一定参考价值的成功案例如《四海钓鱼》频道的雅文、宝强等主播，他们不是以局外人，而是以有丰富行

业知识的专业人士的身份，或深入游钓江湖与鱼友们共同参与垂钓活动，或身处竞技赛场进行深入浅出的现场解说，或在演播室与专家进行生动的沟通交流，通过将专业传播技巧与钓鱼知识的有效融合，增强了节目的可看性与感染力，很值得电商直播从业者们借鉴与学习。

此外屡遭诟病的主播传播不雅视频、平台用户数据造假以及电商直播的产品质量缺少第三方机构数据评估与监督等问题，也不容小觑。

用脚来投票的用户通过自己的媒介消费态度在明确地告诉市场:仅靠统一流水线出品的网红脸的几句玩笑（美颜技术是直播平台的标准配置）几首小曲便能引发关注，收获丰厚"打赏"的日子已经翻篇。各平台若没有点独到的真功夫，要想从别人口袋里掏钱已经越来越困难了——直播市场目前有些"沉闷"的主要原因，还是由于产品的整体质量不高，以及一些平台管理者注重短期利益、投机心理严重等问题所致。事情已经非常清晰，网络直播市场正面临着转型升级，利用暂时技术优势和简单制作通过"野蛮生长"便能收获颇丰的生存方式已经被"内容为王"的媒介发展规律所取代，"守正务本"、脚踏实地地提高产品质量才是真正的市场"红利"之所在。

5.生产运营向着MCN化演进，构建合作共赢友好发展生态

在以产品形态碎片化、生产方式分散化为主要特点的短视频和移动直播领域，将内容生产、集成、发布乃至经营等相关产业链条整合起来，进行MCN化发展已经成为一个重要的趋势。做为一个舶来词汇，MCN（Multi-Channel Network）是指一种在多网络渠道生态下，聚合若干内容生产机构和个人，通过资本的有力支持，保障内容的持续输出与相关环节联动共赢的一种高效产业运行方式。优秀的MCN机构应该具备突出的资源整合能力，包括IP资源、广告主资源、平台资源以及流量推广、全网营销、数据分析、粉丝运营能力等。

相关统计显示，2017年我国互联网泛内容MCN机构数量为2300余家，其中短视频MCN机构占据绝对优势，达到了1700余家(2016年为420家，2015年为160家)。例如新片场便是目前网络视频行业著名的具备成熟制作集成、市场营销、发行能力，并可以完成变现闭环的MCN机构，它与优酷、搜狐、今日头条、美拍、秒拍等平台长期保持着深度合作关系，尤其是与新浪微博形成了战略级合作。"魔力TV"就是新片场旗下的内容品牌矩阵，拥有魔力美食、魔力时尚、魔力旅行等超过150个内容品牌，在新浪微博、秒拍、美拍、今日头条等平台拥有超过2亿粉丝，全网视频播放量达80亿。[①]基于发展需求，2017年以来，大鱼号、美拍、企鹅号、淘宝、微博等平台都公布了与不同短视频MCN机构的合作战略，希望通过自身资源与技术优势与短视频MCN企业实现共赢。

移动视频媒体内容集成与发布向MCN化演进的主要动因是市场专业化、产业化发展的结果。将UGC、PGC、PUGC的内容生产与运营进行MCN化整合，对于视频内容生产、流通的标准化和规模化发展，对于提高生产效率、把控产品质量、实现经营效益的最大化，乃至于对整个移动视频生态系统的合理构建都有着极为重要的意义。一言以蔽之，内容生产与运营MCN化是一个不同参与方各司其职、各得其所、皆大欢喜的的良性运行链

---

① 数据来源：美拍联合易观发布《2017年中国短视频MCN行业发展白皮书》。

条，是保证移动视频产业可持续发展的有效抓手和战略举措。

6.传统媒体在媒体融合发展上的高歌猛进

谈到中国视频新媒体市场的内容生产与创作发展，传统媒体的卓越贡献绝对是应该大书一笔，其全方位的大举入局改变了整个产业的生态环境。

●融合发展被纳入顶层设计，传统媒体驶入转型升级快车道

在把握传播变革趋势、引领传统媒体向融媒体转型的发展中，中国最高领导层的高度重视与全力推进的作用至为重要。仅从2019年新春伊始，中共中央总书记习近平带领政治局全体成员就全媒体时代媒体融合发展赴人民日报社进行集体学习的行动，便可见党中央对该问题的重视程度。习近平总书记在人民日报社的讲话中强调：我们要因势而谋、应势而动、顺势而为，加快推动媒体融合发展，使主流媒体具有强大传播力、引导力、影响力、公信力，形成网上网下同心圆，使全体人民在理想信念、价值理念、道德观念上紧紧团结在一起，让正能量更强劲、主旋律更高昂。而在此前的如全国宣传思想工作会议等一些重要场合，习近平总书记也多次就要科学认识传播发展规律，传统媒体须大力向融媒体发展等问题作出过重要指示。在党中央高度重视下，传统媒体融合发展驶入了快车道。

●"中央厨房"满足多终端制播需求，"融媒体平台"助推发展改革

工欲善其事，必先利其器。中国传统媒体正通过打造"中央厨房"，构建"融媒体制播云平台"等作为革新内容的生产与传播方式，以实现有效扩大舆论宣传阵地。

在"中央厨房"，编辑们可通过数据库对相关文字、图片、声音、视频等素材进行调用与加工，实现"一次采集，多次分发"，以满足不同渠道的传播需求。目前已有湖北广电集团"长江云"、江苏广电总台"荔枝云"、河南广电全媒体"中央厨房"等进行了应用实践。在传播渠道的布局上，央视新闻、上海文广SMG、北京时间新媒体、广东广播电视台等大型电视机构也都进行了移动客户端、微博、微信、短视频等渠道的拓展实践。

在搭建新型传播矩阵、推动地区媒体的转型升级方面，如湖北广播电视台与省内市、县的上百家媒体机构（电视、报社、网站）合作，依托"长江云"移动新闻采编体系和云稿库平台，组建覆盖全省上千名记者的"云上联合报道团队"，逐渐形成全省主流媒体"抱成团，结成片，连成网"的新局面。又如广东广播电视台发起成立了"广东广电媒体融合共同体"，聚合全省20多个地市台在共享文稿库、版权保护、媒资运营等领域携手共进、融合发展。再如山东"轻快手机台"以基于第五代超文本标记语言（H5）技术为依托，为市、县级广电媒体转型升级提供低成本解决方案。2017年已有全国20余省的177家市、县电视台加盟，精准覆盖2亿人口。①

●短视频成为破局先锋，有效扩容传播声量

顺应用户媒介消费向移动端转移的大趋势，大规模进军短视频领域便成为传统媒体融合转型的有力抓手和战略转型机会。根据国家新闻出版广电总局统计，2017年在腾讯、秒拍、今日头条三个"头部"短视频平台中发布量的19.6%、播放量中的26.7%来自由央视、《人民日报》、新华社、澎湃新闻、《新京报》、《环球时报》等传统媒体生产的短视频新闻。以央视为例，其在2017年围绕"十九大"、全国"两会"、习近平总书记

① 数据来源：国家新闻出版广电总局。

28

治国方略等内容精心制作的100余条原创时政短视频，就在央视新闻移动网、腾讯视频等8个平台获得了超过15亿次的播放量。又如《人民日报》在"十九大"期间推出的"晨美丽聊天指南"系列视频，以轻松活泼的脱口秀形式向互联网用户介绍"两会"知识，对这一国家基本政治制度进行科普，受到了网友的广泛欢迎。新华社推出的沙画新媒体融合产品《"山神"刘茂真：我用一生护青山》短短几天内点击量便超830万次，英文短视频《暖！骑车男子挡住车流，守护拄拐老人过马路》在Facebook、Twitter、YouTube等海外社交媒体持续多日刷屏，产生现象级传播效果，浏览量达1.88亿，实现5000余万人互动和624万人点赞。[①]

●三大央媒迅速占领新闻直播市场高地，产能规模已达约2万小时

2017年发生的重大媒介事件之一，便是该年2月间三大央媒同时推出移动直播频道，依托雄厚的资源实力迅速成为新闻移动直播领域的主导力量之作为。

中央电视台的移动融媒体平台叫"央视新闻移动网"，截至2017年底，共发起移动直播2940场，日均8场，最高峰时间同时段多次并发9场直播，单日最高直播场次超过45场，总触达人数59亿，充分发挥了广电系统的专业优势。[②]

新华社推出的新闻直播平台"现场云"是一个既服务于自身传播要求，又面向全国媒体和党政机构的新闻移动直播服务平台。截至2018年2月，视频直播和图文直播总量达到了35000场。[③]

人民日报社的新闻直播平台叫"人民直播"，平均每天进行3~4场直播，选题大多围绕新闻热点展开，全年制作约1300余场。

大致算来，强势进场的三大央媒2017年发起的移动直播就达到了近4万场次，如果以平均每场半小时来计算，生产规模就达到了2万多小时，有效起到了主流媒体在重大新闻移动直播报道上的"定盘星"作用。

●关心国家大事、热点事件不缺席、联合就是力量

传统主流媒体在向融媒体的发展过程中，其报道重心、内容辐射领域乃至于生产运行方式都有着鲜明的行业特点。主要表现为：

"关心国家大事"，指的是报道重点聚焦于全国两会、一带一路高峰论坛、朱日和大阅兵、天舟一号发射、C919大飞机试飞、蛟龙号深海下潜等"国家级新闻事件"，凡是国家"有事儿了"，传统媒体的新闻移动直播和短视频都会给予最为全面充分的报道。

"热点从不缺席"，指的是对于百姓关注的新闻热点事件进行全覆盖。如央视新闻移动网建立了24小时发稿机制，确保始终站在全网突发事件推送第一阵营。从交通出行到消费变化等大众生活资讯，从台风、地震等自然灾害，从法国恐袭到地区冲突，凡是有新闻发生的地方就在第一时间推出相关的报道镜头。仅2018年就发起了281场突发直播，累计观看用户达到2.3亿。

而"联合就是力量"，则指告别单打独斗、最大限度地联合各方力量，发挥各自优势，实现合作共赢。比如截至2017年底，央视新闻矩阵号入驻机构已达244家，包括130家

① 数据来源：国家新闻出版广电总局、新华社。
② 数据来源：中央电视台新闻中心新媒体新闻部。
③ 数据来源：新华社。

地方电视台、30家人大代表团以及诸如中国航天科技集团、公安部交通管理局等60多家大型机构，构建出一个覆盖全国的新闻直播报道矩阵。又如新华社"现场云"的入驻机构用户有2400多家，入驻全国省市级媒体记者、编辑12000多人。"人民直播"目前已有百余家媒体、政府机构入驻。[1]至于一些地方媒体，其在联合发展方面的做法则更为丰富与多样。

● 秉承责任担当，坚守专业品质，创新表现方式

强烈的社会责任感，不竭的创作热忱，执着的专业坚守是传统媒体的精神内核与代代传承的生命基因。这些经过数十年积淀的优良传统和精湛技能在与新的传播技术融通之后，产生了"化学反应"，迸发出了不竭活力。

譬如，为确保新闻的真实性与可信度，"权威稿源、多个信源、证据性同期声、闭合的调查链"便是央视新闻移动网一以贯之的专业准则。又如在众声喧哗的互联网舆论场，"央视新闻"勇于直面热点敏感事件及时发出权威声音，创新出了"实证性新闻"这一门类，利用记者调查、专家访谈、多家信源比对、评论等多种形式客观呈现事实的真相，澄清了"江苏阳港镇抗洪官兵饮食供应不足""南京发生聚众暴力事件""长征火箭坠毁致人死亡""紫菜是塑料做的"等一系列传言谣言，彰显了主流媒体的公信定力。

适应网络传播特点，创新表达方式，凸显风格特色已成为传统媒体们在内容生产创作上的共同行动。比如在报道中对大人物、大事件进行小角度切入、人情化表达，对普通新闻事件则通过百姓视角和故事化、口语化讲述来提升传播效果，便是央视新闻移动网内容生产创作上的标准要求。代表节目如表现习近平总书记不忘初心治国理念的"现象级"微视频《初心》（全网阅读量12.4亿）、《有一种精神叫马上就办》《有一种网红叫普京》等。作为国家通讯社的短视频生产机构，"新华视频"在重点关注国计民生大事的同时，发挥庞大无人机队的航拍优势，营造震撼视觉冲击效果成为其产品极为突出的风格特色，代表作品如《港珠澳大桥主体桥梁正式贯通》《世界最大口径射电望远镜宣告落成》等。上海报业集团"箭厂视频"重点聚焦新闻性、社会性兼具的选题，从小人物入手引发社会共鸣，带给观众思考以及电影般的品质是其突出的创作风格。代表作品如讲述戒毒所利用VR高科技帮助吸毒人员重返社会的《VR戒毒》，表现自杀干预热线盲人接线员充满爱心故事的《自杀干预员》等。又如《新京报》的"我们"视频只做"有故事"的新闻，以关注突发新闻事件中的人物命运为其特色，代表作品有通过3D技术还原事件现场的《辽宁两逃犯落网》和《巫山童养媳》等。浙报集团的"浙视频"则聚焦于正能量新闻，代表作品《厉害了！杭州学生，手绘黑板报堪比电影海报》等。再如《南方周末》旗下的"南瓜视业"围绕读书和美食等文化生活主题做文章，《骑士华天的盛装舞步》《木心物语》等是其代表作品。

总之，在媒体融合的发展道路上，传统媒体在发挥固有优势的同时，也学习吸纳了新媒体的经验，提高了自身的综合能力，有效扩大了传播声量，实现了内容价值倍增；同时也给新媒体市场带来了活力，促进了全行业整体水平的提升。

---

① 数据来源：中央电视台、新华社、《人民日报》。

"空中之眼"下的广州动车段整装待发的复兴号春运车阵

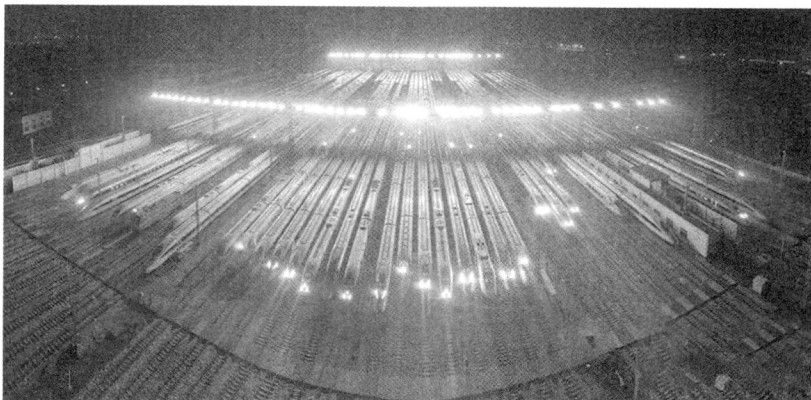

照片来源：新华网

（四）户外视频媒体内容生产格局

作为"场景媒体"，户外视频媒体主要覆盖消费者出行、购物、休闲娱乐、餐饮、住宿等五大类生活场景。根据在传播内容上的差异，户外视频媒体又可分为内容型和广告型两种主要类型。

1.内容型户外视频媒体节目生产与创作：新闻、文娱、服务节目主打，"场景营销"运用较为充分

我国内容型户外视频媒体的节目生产主要是由"新华频媒"（"新华社稿件多媒体展示屏"的简称）和地方广电系统两部分力量所组成。"新华频媒"聚焦国内外重大新闻事件，通过在全国主要城市核心地区和重要交通枢纽建立的LED大屏联播网，全天滚动播出"大政要闻""突发事件""频媒早报""资讯天下"等多个新闻栏目。地铁、公交、飞机、轮船等交通工具，机场、火车站等公共环境是依托于省市广电系统资源优势的内容型户外视频的主要表现场所，主要提供新闻资讯、娱乐、体育、生活时尚、文化休闲等内容。根据用户流动性强的特点，可以"一眼就看懂，一下被打动"的制作理念和"节目微型化、编排板块化"的节目格式特色，自诞生之日起就成为移动电视践行的内容生产与播出模式。

在内容型户外移动电视领域，2017年有屏幕35万块，在播的栏目665档，自制节目占比36%，每块屏幕平均每天播出时间为16.5小时。按照节目播出数量依次为新闻类、文娱类、服务类、公益宣传类、体育类、企业宣传类、动画类等。有一定影响力的代表栏目如北广传媒《我在北京挺好的》、上海东方明珠移动的《新闻天天报》、重庆广电的《乐在其中》、杭州广电的《道听途说》、陕西广电移动电视的《畅游三秦》等。①

---

① 数据来源：《2017中国移动电视发展报告》。

31

近年来各地移动电视的一个发展趋向，便是呈现交通沿线的生活娱乐、美景美食等内容的"场景营销"传播得到了较为充分的体现。如广西广电移动电视制作的一批聚焦公交地铁沿线吃喝玩乐场所的栏目，通过线上线下互动的方式便引发了全城热议。

2.广告型户外视频媒体内容生产与创作：以提高收视体验为核心，广告创意内容化

广告型户外视频最大的特点就是没有节目播出，只有广告的密集播放。根据设置的位置和环境的不同，广告型户外视频大致可以分为户外LED大屏、电梯电视、卖场电视、校园电视等。其中，户外LED大屏是在传统户外广告基础上实现的技术升级，电梯电视、卖场电视等则是充分挖掘特定环境中的传播空间而催生出来的，仅分众传媒公司就有电梯电视屏幕25万块。

由于先天缺乏有吸引力的内容，因此将广告创意内容化，特别是与热点话题或"爆款"娱乐内容形成联动，已成为提升广告型户外视频传播效果极为有效的方法。我们在电梯、公交地铁和繁华商圈里每每看到的世界杯、奥运会、"好声音"等王牌娱乐节目的剪辑片段与品牌广告相融合的视频内容，便是户外视频媒体将广告内容化的具体体现。

3.融入信息交互和智能新技术，向着社交化、数字化、智能化演进

逐渐融入日趋成熟的移动Wi-Fi、精准微定位技术iBeacon、人脸识别、声纹识别、虚拟实景、增强实景、实时数字通讯、裸眼3D、触摸屏等技术，增强传播过程中受众的参与性、互动性、趣味性，从而大幅提升营销转化率，向着社交化、数字化、智能化演进，已成为户外视频媒介发展的大趋势。

比较遗憾，由于广告型户外媒体的内容主要是由广告商们所提供，内容型户外媒体的的分布又非常分散，因此我们没有户外视频媒体内容产能的统计数据。

（五）电影媒介内容生产格局

2017年，我国电影产业巩固了作为世界第二大电影市场的地位，继续成为全球电影消费增长的主引擎。

1.电影生产：年产影片970部、总时长近1300小时，其中故事片798部，合拍影片达84部

总体来看，我国的电影生产主要是由国营制片公司、老牌民营制片公司、新晋民营制片公司以及有互联网背景的制片公司等多方力量组成。

2017年，中国电影无论是在总体质量、口碑，还是在影片类型的丰富度和经营业绩方面，都优于往年表现。根据国家新闻出版广电总局电影局数据，2017年中国电影行业生产了故事片798部（比上年增加26部）、动画电影32部、科教电影68部、纪录电影44部、特种电影28部，总计970部影片，约1286小时。如果按平均每部故事片90分钟来计算，2017年国产故事影片的总时长便达到了7.2万分钟，1200小时。

● 万达影视跃居市场占有第一，新入局者表现抢眼

2017年，国营制片公司中影集团制作影片数量及票房行业领军的时代已经结束（影片42部，票房107.05亿元），万达影视市场占有跃居全国第一（影片43部，票房147亿元）。

该年度北京京西文化（影片4部，票房70.44亿元）、春秋时代影业（影片2部，票房60亿元）等几家新晋制片公司表现抢眼。在逐渐认识到电影业的运营规律后，互联网背景的影片公司也已成为中国电影市场中一股不容忽视的有生力量。2017年阿里影业出品了《三生三世十里桃花》《喜欢·你》《杀破狼·贪狼》等影片；腾讯影业投资了《金刚：骷髅岛》《神奇女侠》和《拓星者》；在《骄傲与偏见》《喵星人》《芳华》等影片的背后，我们也能看到爱奇艺影业的身影。[①]

此外，近年来电影制作领域的一个抢眼现象，就是在线票务公司依托用户资源优势大幅度进入内容生产上游。如北京微影时代、猫眼电影、淘票票三家在线售票公司在2017年单独或联合出品了《西游伏妖篇》《拆弹专家》《乘风破浪》《羞羞的铁拳》《记忆大师》《重返·狼群》《破局》等一批影片。票务公司强势进入产业上游，正在以自己的方式影响着电影行业的发展。

● 合拍影片84部，市场占比1/10，中方渐居主导地位

在全球文化大交流、大融通背景下，中外电影合拍也进入了新阶段。2017年我国合拍片为84部，其中内地和香港的合拍片数量最多，共有14部，如《建军大业》《西游伏妖篇》等观众耳熟能详的作品，中印合拍的《功夫瑜伽》取得了合拍片在国内的最佳票房成绩。

近年来中外合拍片最为突出的变化就是加强了与大公司、大导演的合作，产品直接面向国际主流市场。如北京耀莱影视和美国STX娱乐公司合拍的《英伦对决》，腾讯、万达参与投资的《金刚：骷髅岛》《神奇女侠》等。其中《英伦对决》的成效最为明显，该片在美国2515家影院上映，成了年度中国电影海外收入的主要贡献者。由浙江天鹏传媒有限公司与奥斯卡奖获得者比利·奥古斯特合作的《烽火芳菲》虽然票房不尽如人意，但也反映出中国电影的合拍层次越来越高、对接国际市场的愿望越来越强烈的发展趋势。在内容题材上，目前的合拍片以魔幻、战争、爱情题材为主。经过多年的实践经验积累，中方已逐渐处于主导地位，中国演员也开始担任主要角色。

2.电影创作：喜剧、动作片最聚人气，"新主流电影"成效斐然，题材类型多元化

对于在视频市场中发展历史最为悠久、内容生产经验最为丰富的电影产业来说，不竭的创新能力永远都是其立于不败之地的发展基础。具体来看，2017年：

● 喜剧片、动作片撑起票房"半边天"，爱情影片供大于求

喜剧片和动作片是2017年我国电影票房最高的两种题材类型，合计票房占比达59%，携手撑起了票房的大半边天。

从市场接受度来看，动作电影仍然最受观众青睐，28部国产动作影片创造了108.58亿票房，其中收入过亿影片有11部，《战狼2》（56.8亿元，票房冠军）、《功夫瑜伽》（17.5亿元）、《追龙》（5.7亿元）是其中的佼佼者。

---

① 数据来源：《全球电影产业发展报告2018》。

喜剧影片在经历了上一年的低迷之后，再次成为市场热门。年度推出的43部喜剧电影共创造了43.38亿元票房，第一名是收获高达22亿元的《羞羞的铁拳》，春节档的《大闹天竺》取得了7.2亿元的销售业绩，国庆档《缝纫机乐队》的票房为4.6亿元。

值得注意的是，虽然2017年的爱情影片产量达到了23部，但票房占比却仅为5%，供需指数只达到了0.62（注：供需指数为人次占比/场次占比，利用场次贡献的人次来衡量影片的市场热度，超过1说明场次的安排已经不能满足观影的需求，小于1则意味着场次安排已经过剩），明显供大于求。

● "新主流电影"成效斐然，奇幻题材市场发力，悬疑电影量质齐增，艺术片、纪录片市场升温

2017年融合主旋律与商业电影特点的"新主流电影"也取得了卓有成效的业绩，产品形态也渐趋成型。代表节目有《战狼2》、献礼香港回归20周年的《明月几时有》、献礼建军90周年的《建军大业》、纪念长征胜利80周年的《血战湘江》以及《十八洞村》《空天猎》《龙之战》等。

在世界电影行业，汪洋恣肆、天马行空的奇幻题材影片是代表电影工业制作水准的重要产品类型。2017年我国生产的奇幻电影共有7部，创造了37.16亿元票房成绩。其中《西游伏妖篇》票房达16.56亿元、《悟空传》为7亿元、《三生三世十里桃花》《妖猫传》票房均为5.3亿元。上述影片供需指数均超过1，反映出青少观众对于该类型影片的旺盛需求。[1]而2019年春节档《流浪地球》的市场热烈表现，便是该类题材需求旺盛的最新印证。

2017年度悬疑电影的数量和质量都创了历史新高，共生产了16部作品，创造了约13亿元票房。有一定影响的影片包括《嫌疑人X的献身》（4亿元）、《心理罪》（3亿元）、《记忆大师》（2.9亿元）、《心理罪之城市之光》（2.2亿元）等。

一直以来，艺术片和纪录片在电影市场都属于小众题材，2017年上述类型影片在表现的极致性和完美度上都有了明显提高，佳作频出，而且市场表现突出。如由全新人出演的公路片《岗仁波次》等小成本文艺片凭借良好口碑获得了票房突破亿元的好成绩；《不成问题的问题》《八月》则斩获了金马奖大奖。在电影纪录片方面，制作成本仅300万元以慰安妇为主题的纪录影片《二十二》获得了1.6亿元的票房，成为国内首部票房过亿的该类影片。此外，纪录电影《地球：神奇的一天》《重返狼群》也分别获得了4547万元和3293万元的票房业绩。[2]

● "新力量导演"快速崛起，带来市场蓬勃活力

谈到近年来中国电影的发展，"新力量导演"是绕不开的话题。电影业内称之的"新力量导演"主要是指一些由著名作家、演员转行做导演，迅速成长为新晋实力制作人的新生力量集体。其中最引人注目的便是从演员转型导演和投资人的吴京和徐峥。吴京带来的《战狼2》（票房56.8亿元）和《流浪地球》（票房逾40亿元）创造了中国电影市场的神话；徐峥执导的《泰囧》（票房12.7亿元）和《我不是药神》（票房31亿元）也都获得了口碑与市场的双丰收；从话剧转型电影的开心麻花团队制作了《羞羞的铁拳》（票房22亿元）；从作家转型导演的韩寒主要作品是《乘风破浪》（票房10.5亿元）。[2] "新力量导演"群体少有思想窠臼，勇于打破固有的创作模式，依靠自己的努力和粉丝效应逐渐成为

---

① ② 数据来源：《全球电影产业发展报告2018》。

生产创作的主力之一，为电影市场带来了蓬勃活力。

（六）无人机、虚拟现实与增强现实视频的生产与创作

拜技术进步之所赐，人类"视界"正在迎来一场新的大饱眼福的革命，其标志便是无人机视频、虚拟现实（VR）与增强现实（AR）等视觉表现技术的发展。

1.无人机震撼表现力令"视界洞开"，向着智能化、个性化方向发展

在2017年中国视频媒介生产的各类产品中，最令用户大开眼界的应该是由央视制造的《航拍中国》（第一季）了。这部动用了57架无人机、16架载人直升机拍摄的大型纪录片，以"天空之眼"的观察视角向国人呈现了东西南北中六省市美轮美奂的人文地理风貌，激起了无数观众的惊叹。

随着制作技术的进步，过去被称之为"特殊摄影"、执行起来极为复杂的航空拍摄现在已经成为影视创作的新"标配"。如在《影》《战狼2》以及众多电视剧、纪录片、新闻、广告等节目中，都利用无人机获得了震撼的视觉表现效果。而在我国无人机视频的应用布局方面，当属新华社最为超前：其精心构建起的七大无人机基地实现了覆盖全国的全天候航拍能力，新华社"互联网+新闻无人机"报道矩阵的累累成果，也已成为我国视频市场中的重要产品。

无人机之于视频行业，重要的便是它所提供的视觉表现力是过去无法想象和做到的。对于专业飞手们来说，简单的空中俯瞰镜头早已让他们"不足挂齿"了，极致的空中视觉表现方式才是他们乐于不断尝试的。就目前的应用实践来看，无人机驾驶员们已经开发出：

追踪拍摄——在空中跟随人物或物体的运动镜头；

穿越拍摄——使镜头穿梭于狭窄的景物之间，或者由近及远，在建筑物或丛林里通过灵活的视角转换，将镜头拉至高远宏阔的俯瞰全景；

升降镜头——多用于宏大场面的拍摄，通过改变镜头视角和画面空间，增强场景氛围和视觉效果的渲染；

摇移镜头——主要是指镜头左右环顾，摇摄全景或者跟着被拍摄对象的移动进行摇摄的一种拍摄技术手段；

横滚镜头——表现物体在空中高速移动带来的飞翔感，具有很强的视觉冲击力；

绕点镜头——指围绕着被拍摄对象做圆周运动的一种拍摄方式；

综合性镜头——在一个镜头里将推、拉、升、降、摇、移等运动镜头结合在一起使用，以实现极富表现力的视觉表达。

智能化、个性化是无人机发展的重要方向，无人机的应用也会更为多元：除了"无人机+直播"，还包括"无人机+全景VR"、"无人机+社交"（如室内无人机应用等）、"无人机+FPV"（First Person View的缩写，即"第一人称主观视角"），以及你已经想到或者不曾想到的各种新型应用方式。

由于是新兴市场，我们一时还没有无人机视频生产数量的相关数据，可以和大家分

享的信息有：截至2018年3月，我国无人驾驶航空器实名登记数已达18万架以上，[①]获得民用无人机合格证驾驶员的总数超过了2.4万人（注：IDC《中国航拍无人机市场季度跟踪报告》显示，仅2017年第一季度我国航拍无人机出货量便达到了12万台，年增长率为42%。[②]有相关市场分析报告认为，目前国内无人机的保有量在百万架以上）。

总之，"无技术不传播"，视频行业如虎添翼般地增加了一种视觉冲击力无与伦比的新型表现工具，无人机的发展潜力仍在不断"进化"之中。

《航拍中国》宣传画及视频截图

2.虚拟现实与增强现实技术已得到初步应用普及，或用"电子游戏"颠覆电影、电视、游戏之区别，且行且探寻

虚拟现实（Virtual Reality缩写VR）、增强现实（Augmented Reality缩写AR）代表着视频表现形式与能力重要的发展方向。简单来说，虚拟现实（VR）看到的场景和人物全是假的，是将你的意识代入一个虚拟的世界；而增强现实（AR）看到的场景和人物一部分是真、一部分是假，是把虚拟的信息带入到现实世界中。

VR、AR技术目前在影视节目和游戏领域的应用较为广泛，已经初步实现了普及。如电影观众身临其境的全景3D IMAX观影体验；央视、湖南卫视、江苏卫视《春晚》中利用AR渲染引擎制作出的震撼视觉画面；在演员或网络主播脸上叠加动态贴图和道具创造出卖萌效果的VR脸萌特效；影视制作中有效增强感染力和交互性的虚拟演播室技术；三维游戏中虚拟现实技术的应用等，不一而足。在移动视频新闻报道中，也出现了通过VR视频展现穿越港珠澳大桥、观看新型国产战舰、全景感受人民大会堂、故宫博物院等应用。

---

① 数据来源：中国民用航空局《2018民用无人驾驶航空器发展国际论坛在京举行》《IDC:2017年中国航拍无人机预计出货量63万台》，http://www.elecfans.com/Application/Military_avionics/2017/0605/521816.htm 。

② 数据来源：《IDC:2017年中国航拍无人机预计出货量63万台》，http://www.caac.gov.cn/XWZX/MHYW/201803/t20180323_56022.html。

从长远来看，VR实际上颠覆了电影、电视和电子游戏的区别，或者说把影视内容变成了"电子游戏"，也可以理解成是一种3D效果的极端延伸和升级，未来VR技术将以不可替代的沉浸感和临场感优势被广泛应用于新闻事件、演唱会、体育比赛、游戏等内容的直播之中。与此发展相伴而生的就是被称之为虚拟现实艺术的"VR艺术"，该艺术形式的主要特点是超文本性和交互性。一些国外的版权法已承认"对计算机生成作品的创作进行必要安排的人被视为'作者'"，但是国内的《著作权法》对此还没有明确规定，该类作品的著作权以及版权归属仍是需要持续探讨的问题。

由于还处在试验与探索阶段，目前市场最大的投资仍然是在硬件产品上，其内容生产的规模数量依然有限。可以分享的发展信息有，2018年我国虚拟现实视频用户达到670万人，2020年将可能突破3000万人，潜在应用人群有2.86亿人。中国VR市场规模2018年超过了100亿元，预测到2021年可达790亿元，成为全球最大的VR市场。[①]

总之，对于VR和AR的发展来说，硬件是基础，内容是关键，一旦内容产品出现突破性成果，整个行业一定会迎来大爆发。

（七）中国视频媒体内容生产总规模

1.内容总产量：约 53.43 亿小时+

2017年，我国视频媒体的内容生产总规模大致为：电视媒体节目产量365万小时；网络视频媒体总产量约为14.2万小时；移动视频媒体秀场直播、游戏直播产能规模约达52.56亿小时，UGC生产短视频约8333万小时，PGC生产短视频、移动直播约为8.8万小时；电影节目产能1200小时左右，以上合计达到了53.43亿小时。未知的情况有：户外视频、电商短视频、电商直播、泛众直播内容生产的数量规模。由此，我国视频媒体行业内容生产总体能力即为：约53.43亿小时+户外视频+电商短视频+电商直播+泛众直播内容产能。

中国视频媒体内容生产总规模

媒体	生产规模	备注
电视媒体内容总产量	365万小时	新闻节目占比30%
网络视频媒体内容总产量	约14.2万小时	
移动视频媒体内容总产量	约53.39亿小时	秀场直播、游戏直播产能约达52.56亿小时，UGC短视频约8333万小时，PGC短视频、移动直播约8.8万小时
电影媒体内容总产量	1200小时	
户外视频媒体内容总产量	情况不明	

数据来源：CSM媒介研究

---

① 数据来源：唐绪军主编《中国新媒体发展报告》，第261~262 页。

2.人均新节目占有近4小时，移动视频媒体产能市场占比约99%

按照目前我国总人口为13.95亿人来计算，①视频媒体53.43亿+的内容产能便令每个国民拥有超过3.8小时的新视频节目。

单从生产数量上来看，移动视频媒体的内容制作规模绝对是无与伦比的，约53.39亿小时产能占据了总体产品市场份额的99%（还不包括电商短视频、电商直播、泛众直播产能）。这一突然间喷涌而出的"新视界内容"带来的对产业生态和全社会的深刻影响，仍在不断发展之中。

（八）中国视频媒介内容生产投资总规模

产品生产的投资规模是反映一个行业发展情况最为重要的市场指标之一。伴随着我国视频市场高歌猛进的发展，内容产品的投入除了总体规模上水涨船高之外，在不同细分领域的投资水平也都发生了很大的变化。

1. 电视媒体节目总投资519亿元，电视端投入426亿元，新媒体投资约93亿元

根据国家新闻出版广电总局《2017年全国广播电视行业统计公报》数据，该年度全国电视节目制作投资额达到426亿元，比上年增加109亿元，同比增长34%。

●电视剧投资额242亿元，占比57%，同比增长88%；平均每部剧7700万元，每集180万元

在所有电视节目类型中，电视剧投资的规模最大，增长速度也最快。2017年电视剧投资额达到了242亿元，比上年增加113亿元，增幅达88%，投资总额占比57%。按照年度电视剧产量313部、13470集来进行计算，平均每部剧的投资规模便达到了7700万元，单集成本则为180万元——电视剧真是一个"烧钱"的买卖。

此外，年度电视动画节目的投资额为14亿元，同比增长20%；纪录片投资达17亿元，同比增长15%。②

●电视新媒体内容生产投资或约达93亿元

根据国家新闻出版广电总局对2017年我国电视新媒体收入为277.7亿元的统计，我们即使按照营业规模的1/3来进行内容生产投入测算，电视行业在新媒体内容生产上的投入也达到了92.6亿元（注：此项统计是国家新闻出版广电总局首次对外公布，故无法与往年进行对比）。

2. 网络视频媒体节目总投资约455亿元，内容购买成本高于节目制作投入

与电视媒体主要通过自制节目来进行市场拓展有所不同，网络视频媒体采取的则是自制与采购并举的内容占有策略。

●节目生产投资约185亿元，"超级网综""超级网剧"成气候

---

① 数据来源：国家统计局2019年1月21日公布的2018年中国出生人口数据。
② 数据来源：国家新闻出版广电总局《2017年全国广播电视行业统计公报》。

2017年，网络综艺节目的投资规模达43亿元，相较于上一年增长了**43.3%**。[①]"超级网综"是近两年网络视频领域制造出的一个新名词，指的是投资数额高、制作规模大、吸金能力强、影响广泛的网络综艺节目。制作费用过亿、累计播放量超20亿、广告招商逾3亿元，已成为目前"超级网综"的市场标准。代表作品有：《奇葩说3》广告冠名费达3亿元；《明日之子》赞助收入为3亿元；《这！就是街舞》的总招商金额则冲到了近6亿元。[②]经过一段时间的实践检验，"超级网综"的运作思路与方法模式基本被市场所认可。

在网络电影投资方面，虽然产量比上年减少了571部，但投资额却从2016年的15.5亿元增长到了2017年的27亿元，增幅达74.2%。制作成本在100万~300万的网络电影占比从上年的20%增长到了45%，投资规模超过300万的网络电影占比也达到了6%。[③]

与网络综艺生产情况类似，近年来网络剧领域也生发出一个叫作"超级网剧"的新名词，指大投入、大产出的"高概念"剧集。代表作品如《特工皇妃楚乔传》（68集），总投资2.58亿元，单集成本380万元；《凉生，我们可不可以不忧伤》（80集），投资额3.84亿元，单集480万元；《如懿传》（90集），投资8.1亿元，单集900万元。而且一些网络平台认为网剧的制作成本实际上要比电视剧高，因为电视剧的演员片酬高，而在网络剧中则没有那么多的一线演员。

考虑到2017年网络综艺和网络电影的投资总额为70亿元，电视剧在电视媒体节目生产总投入中占比达57%，以及网络剧占据网生节目用户总流量2/3左右的情况，我们即使按照比网络综艺、网络电影生产投资高出50%的比例来进行估算，2017年我国网络剧的投资规模也达到了105亿元。

此外，我国网络视频媒体2017年还生产了659部动画片和约2500档专业栏目，大致估算为10亿元的投资规模。综合算来，网络视频媒体2017年用于节目生产的资金约为185亿元。

●节目采购投资约270亿元，影视节目网络版权价格飙升

除了发力自制内容，至少在目前，网络视频媒介播出的节目依然在很大程度上依赖于热播电视剧、电视综艺、体育和电影等节目的采购。

根据《21世纪经济报道》在2016年的一次不完全统计，国内主流视频网站的版权采购成本每年高达180亿元。依据国家新闻出版广电总局2017年网络视频媒体购买了新电视剧1727部、13789集，电视节目的销售收入为523.5亿元的统计数据，[④]我们即使将该收入的1/2作为网络媒体的购买投入，网络视频媒体在电视内容采购上的投资规模便达到了262亿元，如果再加上对于电影版权和海外视频内容购买估算为8亿元左右的投入，2017年网络视频媒体的节目采购成本便达到了约270亿元。

随着对于优质内容的争夺日益激烈，视频节目的网络版权价格出现了大幅攀升。以电视剧为例，2006年火爆荧屏的80集《武林外传》的网络版权售价仅为10万元、单集为1250元，2007年热播电视剧《士兵突击》《金婚》的网络播出版权也才达到3000元一集。而如今的热门电视剧网络版权价格单集100万元已不是新鲜事，整部剧下来动辄达数千万元。

---

① 数据来源：艺恩数据。
② 数据来源：网络公开数据。
③ 数据来源：爱奇艺《2017年网络大电影市场发展报告》。
④ 数据来源：国家新闻出版广电总局《全国广播电视行业统计公报2018》。

搜狐视频购买的新版《还珠格格》、乐视网购买的《后宫》、PPS购买的《王的女人》等价格均超过2000万元。爱奇艺网购买的《太平公主秘史》，单集200万元，全剧25集5000万元。此外，优质电视综艺、纪录片等节目的网络版权价格也出现大幅度增长。市场公开信息显示，爱奇艺对于未来几年采购版权节目的承诺高达165亿元；优酷也对外宣布几年内将投入100亿元用于内容制作与节目购买的意向；腾讯则在2017全球合作伙伴大会上高调公布了准备投入流量、资金和产业等资源300亿元的投资计划。[①]

3. 移动视频媒体内容生产投资约137亿元+万众巨大免费产能"红利"

以短视频和移动直播为代表的移动视频媒体的内容生产情况比较特殊，在传播媒介的发展历史上也是绝无仅有，即主要是由需要直接投入的秀场直播、游戏直播、专业短视频、直播内容产品以及几乎不需要媒介投入的泛众直播、短视频产品两部分来完成。两组重要的参考数据是：国家版权局《中国网络版权产业发展报告2018》称，2017年我国网络直播市场产业规模达到近400亿元；来自艾瑞咨询的数据显示，2017年我国短视频行业的市场规模为57.3亿元。笔者去除了带宽、运营费用、利润收入等各种可能的影响因素，即按照总收入的30%作为生产投资来计算，2017年我国移动视频媒体的内容生产投资规模便达到了约137亿元。

根据市场公开信息，几乎所有的大型网络平台都推出了对于专业内容生产机构和民间内容生产者的大规模激励措施：腾讯2016年和2017年发放了10亿元用于补贴短视频内容创作者；今日头条也拿出了10亿元扶持短视频生产；百度百家号宣布将向内容生产者发放100亿元；土豆全面转型为短视频平台后也宣称将投入20亿元激励原创短视频生产创作。笔者以为，各平台频繁使用的"激励""补贴""扶持"之语听起来有些"刺耳朵"，似有居高临下的"扶贫"之感，与事实严重不符——在全球同类平台上也少见这样的用词——平台与产能规模约9000万小时的民间内容生产者和至少1.2万余家专业内容生产机构是一种相互依存的共生关系，是双方的合力成就了市场的持续繁荣。因此强烈建议，将上述"含糊其辞"的用语调整为"盈利分成"或者"共享成果"等说法会更显得公平与尊重，也会更有利于调动各方生产力量的投入热情与积极性。总之，建立起生产者们与平台们更为和谐有效的合作关系，是移动视频媒体在接下来发展中的一个重要课题。

4. 电影节目生产投资约100亿~110亿元

由于没有中国电影内容生产投入的市场数字，我们也只能通过票房收入及其他相关市场情况来进行推算。2017年我国电影票房总规模为559亿元，其中国产影片票房为301亿元。[②]如果按照30%作为制作成本，再考虑到市场上的热钱依然较多等情况，我们估算2017年中国电影生产投资规模应该在100亿~110亿元。

5. 户外视频媒体内容生产投资：自制节目投入少，品牌商家包揽广告生产投资

户外视频媒体的内容产品主要分为内容型和广告型两类。前者主要转播和编辑使用电

---

① 数据来源：网络公开信息。
② 数据来源：《全球电影产业发展报告2018》。

视台的节目（户外视频媒体大部分都归属当地电视台），因此自产节目的数量并不多，投入也有限；而后者播出的内容则全部是广告，该部分价格不菲的内容生产投入一般都是由商家来执行的。虽然我们也知道2017年我国户外视频媒体的经营总规模达到了634亿元，但依然无法测算出该类型媒介的内容生产投资规模。

6. 视频媒体内容投资总规模约1216亿元+；电视内容生产投入行业第一；影视剧类产品投资占比56%

中国视频媒体内容投资总规模（元）

媒体	内容投资总规模	备注
电视媒体	519亿	电视端426亿，新媒体端93亿
网络视频媒体	约455亿	节目生产约185亿，节目购买约270亿
移动视频媒体	约137亿	外加万众"无私奉献"生产投入
电影媒体	100亿~110亿	
户外视频媒体	情况不详	
投资总规模合计	约1216亿	+户外视频媒体内容投资+万众生产内容投入

综合算来，2017年我国视频媒体市场内容生产的投资总规模便达到了约1216亿元+户外视频媒体+用户上传内容的投资。

就不同视频媒体的投资规模来看，电视以519亿元内容生产投入排名第一，网络视频媒体以455亿元规模位居第二，移动视频、电影排名第三和第四位。

就主要投资节目类型来看，电影（约105亿元）、电视剧（242亿元）、网络剧（约105亿元）、网络电影（27亿元）、网络媒体电视剧、电影购买约216亿元（将270亿元内容购买总花费减去20%后的结果）的投资合计高达695亿元，占据已知内容总投资的56%，严重反映出剧集类产品在我国视频市场中举足轻重的地位。

（九）五大视频媒体内容生产画像

人类历史上出名最快、又用力最少的人恐怕非下图这位美国男子莫属了。1982年9月19日，此人在电子留言板上输入了短短四个笔画的字符:-)，无数人便由此而受益，他也因此创造了历史。该男士名叫斯科特·法尔曼（Scott Fahlman），美国卡耐基·梅隆大学教授，他在学校电子公告板输入的那串简单的字符，标志着人类历史上第一张电脑笑脸表情符号的诞生。从此，表情符号便在互联网世界大肆风行，目前全球已拥有超过10亿的使用人群。而在教育部、国家语委发布的《中国语言生活状况报告(2017)》中，表情包入选2016年度中国媒体十大新词。

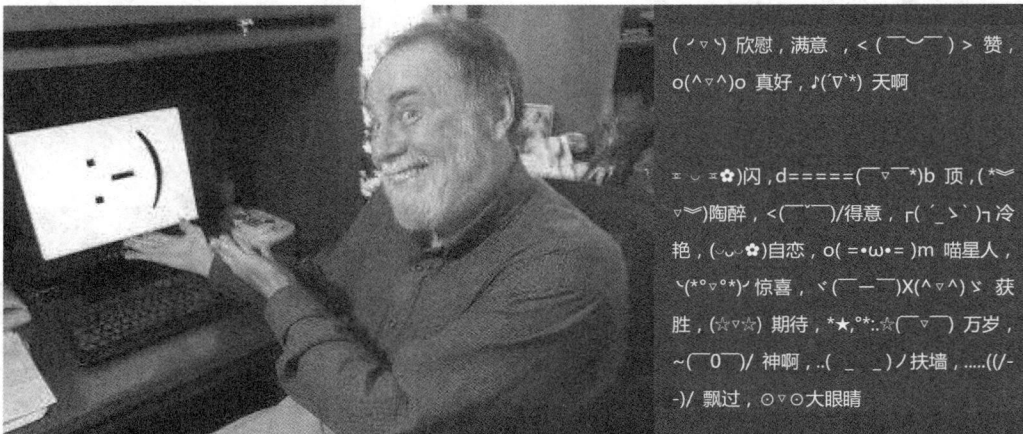

法尔曼创造的首张电脑笑脸符号与使用者逾10亿的部分表情符号

于是，笔者也与时俱进一把，借用有些返祖迹象，抑或代表人类交流重要发展方向的"颜文字"（Emoticon，结合了表情"emotion"与图标"icon"的后现代英文单词）语言符号和表情包来对我国五大视频媒体内容生产格局以及竞争态势进行"画像"。

1.电视媒体内容生产画像：b（￣▽￣）d，ㄟ(≧◇≦)ㄏ，ㄟ(￣一￣)X(^▽^)ㄟ

上述语言符号和表情包的原意为：竖起双手拇指说b（￣▽￣）d 太棒了，ㄟ(≧◇≦)ㄏ 获胜，ㄟ(￣一￣)X(^▽^)ㄟ热烈鼓掌 😊。笔者在此所要表述的意思是：中国电视媒体在激烈的市场竞争中保持了内容产品的竞争优势，其越战越勇的光辉业绩可喜可贺。

●每分钟14小时专业内容生产能力无望其项背者，电视剧生产规模世界第一

中国电视媒体节目总产量达到了创纪录的365万小时节目（每分钟14小时），令业界"高山仰止"，313部、13470集电视剧产能继续保有世界电视剧第一生产大国之地位。

●新闻产量10年增长近6倍，逾2000新闻栏目极具竞争优势；新媒体传播取得重大突破

在所有节目类型中，电视新闻节目的产量最大，达到109万小时（占比30%，在播新闻栏目超过2000个），生产规模比10年前2007年的19.5万小时增加了5.6倍。[①]央视遍及全球的记者采集网络和地方电视台本区域密集覆盖的信源网络，是电视媒体至为重要的战略资源。

而2017年电视媒体（包括新华社、《人民日报》等合力），迅速占领移动视频重大新闻制播高点之突出表现更是震动业界。电视新老媒体同频共振发展之路越走越宽广。

●内容投资全行业第一，生产创作充满活力

电视媒体在内容生产上的投入非常之"给力"，2017在五大视频媒体中高居第一，519亿元的总规模比上年增长34%。特别是在电视剧生产方面，242亿元投资增幅几近90%，有效保持了内容产品在市场中的竞争优势。

与此同时，电视媒体在节目创新方面也相当活跃，2017年推出新节目达600余档，

---

① 数据来源：《中国统计年鉴2009》。

"文化类"综艺节目出现"井喷"，生活服务类与纪录片节目量质齐增，而节目形态、内容与人物"跨界"与"混搭"已成为创作的趋势。

2.网络视频媒体内容生产画像： ，(~◡ ˋ)，(o> ε (o> u (≧ ∩ ≦)

上述颜文字和表情包的原意为： 厉害了，(ˉ ◡ ˋ)骄傲，(o> ε (o> u 振奋，(≧ ∩ ≦)振奋 。笔者在此所要表述的意思是：网络视频媒体已成为了中国视频内容制造的的生力军，突出表现为：

●成为内容生产重要生力军，节目种类与形态丰富多样

网络视频媒体在内容生产上一路大幅拓展，2017年网络剧206部、3486集，网络电影1763部，网络综艺179档，网络动画片659部，专业节目2500余档，成就逾14万小时产能，成为中国视频市场内容制造的生力军。与此同时，网络剧、网络综艺、网络电影等网生节目的种类、形态也更为丰富多样，"青春飘扬"风格特色和品牌化、系列化发展成为网络视频节目发展的追求方向。

●内容自制与购买并举，投资规模行业第二

坚持两条腿走路，自制特色内容和海纳百川节目采购并举，以最有效的投入获得最大的市场效果是网络视频媒体内容发展一以贯之的基本原则，其455亿的内容投入规模行业排名第二，比电视媒体仅差约64亿元。

3.移动视频媒体内容生产画像： (○´・д・)ノ，♪(´∇`*)，。

上述颜文字和表情包的原意为：(○´・д・)震惊，♪(´∇`*)天啊， 服了。作者在此指移动视频媒体瞬间溢出的海量内容对于媒介市场所产生的颠覆性影响怎么评价都不过分。

●逾53亿小时产能引发媒介生态和视频应用革命性变革

近年来我国大视频领域发生的最大的"事儿"，恐怕非移动视频内容生产和应用突然间火山般爆发莫属。参与人数过亿的"生产型消费者"和所有的专业制作力量对于"掌上视界"内容生产共同发力，所催生出的53.4亿小时惊天产能永远改变了媒介市场生态格局和我们每一个人的生活，其革命性影响只有时间才能做出正确的回答。

●内容创新空前活跃，精品化、MCN化发展成为方向

作为仅剩的未充分开垦的媒介金矿，移动视频无疑是当今大视频市场中创新活动最为蓬勃兴盛之地。内容题材几乎无所不包；各种视觉表现形态皆被悉数吸纳；在创作风格上则更是不拘一格、百花齐放——海纳百川、兼收并蓄是为移动视频媒体内容生产创作上的主旋律。

而随着市场逐渐走向成熟和消费的升级，移动视频媒体内容生产告别"野蛮生长"，向着精品化、IP化、MCN化发展已成为大势所趋。

4.电影媒体内容生产画像： ┌(´_`)┐、✧(≖ ◡ ≖✿)、，d====

上述颜文字和表情包的原意为：冷艳 ┌(´_`)┐、闪✧(≖ ◡ ≖✿)，加油。笔者在此想表达的是，发展时间最为久远、有些许高冷的电影媒体在内容生产上取得了举世瞩目的市场佳绩，但仍需砥砺前行。其在内容生产上的主要特点为：

●故事片产能近800部，民营公司跃居内容生产头把交椅

2017年中国电影媒体最为亮眼的成绩便是通过798部故事影片产能基本满足了庞大的市场需求，继续保持世界第二电影大国的江湖地位。而以万达影业为代表的民营制片公司影片产量超过中国电影公司等老牌国企，跃居产能第一位置的变化则是竞争促进繁荣的积极市场发展信号。

●节目精品化，题材多样化，制作国际化成为生产创作主旋律

作为"内容为王、赢家通吃"原则体现得最为充分的娱乐产业之一，产品高品质永远都是电影生存与发展的硬道理。总体来看，中国电影2017年在产品质量以及题材类型的丰富度方面都优于上年。《战狼2》成了超级票房收割机；喜剧片、动作片撑起了票房的半边天；奇幻、悬疑题材市场需求旺盛；而"新主流电影"和艺术影片也都获得了消费者的认可与喜爱。此外，合拍影片占总产量10%左右的情况也反映出了"地球变平"之后，中国电影生产运营国际化发展的趋势。

●新生力量带来市场蓬勃活力，提高整体质量水平仍是重要命题

中国电影市场也被"新势力们"搅起了阵阵波澜。主要表现便是一批由腾讯影业、阿里影业、猫眼文化、微影时代、淘票票等背靠互联网资源的"新势力"以及以吴京、徐铮为代表的"新力量"导演生产的精品佳作迅速占领了重要的市场份额——这些"鲶鱼"们通过"互联网思维"和"不拘一格"的生产运作方式，给电影市场带来了蓬勃活力。但约52%的影片不能进入院线放映，则是中国电影行业必须要解决的重要发展命题。

5.户外视频媒体内容生产画像：——(￣ー￣*|||——，(-@y@)，o(^▽^)o，(ノ▽ヽ)，🐷

以上颜文字与表情包的原意为：淡定——(￣ー￣*|||——，眼睛(-@y@)，满意(ノ▽ヽ)，赞🐷。作者在此意指面对总是"四处移动"少有安分的用户，以及绝大多数屏幕只能播出广告的天然限制，户外视频媒体的内容产品在"夹缝中"完成了几乎不可能完成的任务，"不经意间"便网罗住了4亿用户的眼球，应该获得大大的点赞。其主要生产特点为：

●节目微型化、内容贴近性，发挥"场景营销"优势

根据用户的流动化特点，"节目微型化，编排板块化"是内容型户外媒体节目生产与传播的基本方略，而贴近性强的地区新闻、文娱、服务节目则是其引发关注的主打产品。"场景营销"是内容型户外视频媒体特有的传播优势，2017年推出的一批聚焦公交地铁沿线餐饮、旅游、娱乐、服务等场所的互动服务节目收获了广泛的影响。

●以提高收视体验为核心，广告创意内容化成就市场传奇

广告型户外视频媒体在"一眼就看懂，一下被打动"运营理念的引导下，以提高收视体验为核心，将广告创意最大程度地与娱乐盛事、文娱红人等内容混搭，在有限的时空之内，几乎把传播效果发挥到了极致，创造性地成就了一个市场奇迹。

（十）小 结

在我们的信息传播文化正日益向着以视频形态为重点的发展方向转变进程中，对于狂飙突进的我国视频媒体内容生态可以大致总结归纳如下：

1.爆发性扩容与品质升级是发展主旋律，产能规模10年增长约1500倍；移动视频媒体成为内容市场最大"源头活水"

总体看来，2017年我国视频媒体内容生产发展的主旋律是产量的爆发性增加和品质的大幅升级。爆发性扩容指的是五大视频媒体的内容生产都实现了快速增长，这其中尤以移动短视频、移动直播的产能规模hold不住的恣肆汪洋，其超过53.4亿小时、占据了视频媒体内容产品90%以上的市场规模令人叹为观止。而品质升级在此的意思为，众声喧哗下，所有视频媒体都在为提高节目的质量竭尽全力，努力通过最好的"颜值"来吸引用户。

纵观最近10年来视频媒体的内容生产变化，用今非昔比来形容绝对是实至名归。2007年，我国视频媒体的内容产品主要来自于电影和电视，二者总产量合计为255.1万小时（电视225万小时，电影655小时）。[①]到了2017年，电视和电影节目总产量便超过了365万小时（电视365万小时，电影1200小时），10年增幅为1.4倍；而中华视频媒介的内容产能总规模则达到了漫无边际的53.46亿小时++++。这也就意味着10年间我国视频媒体的内容生产量至少增加了1464倍。

中国视频媒体内容产量10年增长对比

	2007年	2017年
电视媒体节目产量	225万小时	365万小时
电影媒体节目产量	655小时	1200小时
网络视频媒体节目产量	/	14.2万小时
移动视频媒体节目产量	/	53.39亿小时
中国视频媒体节目产能		较2007年增长约1464倍

数据来源：CSM媒介研究

2.重新定义"内容为王"：优质内容+适配渠道+合适语态

20世纪中后期，维亚康姆（Viacom）总裁雷石东（Sumner M. Redstone）的名言"内容为王"成为全球媒介的不二圭臬。时过境迁，虽然"内容为王"的基本原理依旧，但是传播渠道稀缺，媒体分立时代"内容为王"的"原创+独家+精品"的核心要素已经让位于传播渠道充裕、媒介形式多样、用户消费细分化、碎片化、参与化的媒介市场生态下，"优质内容+异质平台+适合语态"的具有多样化延伸可能性的新型"内容为王"的核心发展要素要求了。

●微视频成为一种新的主流产品，"掌上视界"进入媒介传播主场

在当今时代，视频媒介内容市场最大的变化便是短视频等"碎片化"内容"瞬间"便跃升为主流视频内容产品的革命性嬗变。无论你对于微视频这种"筋头巴脑"，连"吃瓜群众"都能参与生产，甚至表述语态都有些"少儿化""娱乐化"的媒介产品如何看待与

---

① 数据来源：《中国广播电视年鉴2008》《中国电影年鉴2009》。

理解，但你绝对扛不过我国短视频用户已达5.79亿，UGC短视频生产参与人群逾1亿，短视频内容年产量高达约8333万小时（电视媒体年产能365万小时）等市场现实的影响与裹挟——越来越多的人正在改变以前的阅读、收听和收视方式，移动终端已成为人们接触媒体的主要渠道，微传播正在改变中国。

作为一种当今最为先进的媒介传播技术，微传播改变了过往少数人对多数人的我播你看的"中心化"传播方式，具有针对性强、用户定位更加精准、双向互动、产品短小精干、形态多样、应用灵活快捷等突出特征。而在微传播下的新闻资讯生产则是由专业媒体和普通用户共同来完成，发布方式通过早发声、频发声、互动发声、多渠道发声，在传播中抢得先机，实现立体化、互动化发布新闻信息，通过有效扩大传播广度与声量。

视界同仁们应当充分认识到：微视频所具有的这些生产与消费特点，更接近于人类传播方式的本源，更加符合用户"人性化"的媒介应用要求，这便是其以"势如破竹"之势迅速席卷华夏大地的根本原因之所在。总之，短视频应用已成为用户新的媒体接触习惯，其堂而皇之进入"主流媒体"阵营也正当其时，虽然它还远未成熟，但规律乃不可抗拒。

●长视频依然位高权重，"现象级"产品永远被孜孜以求

与以"短"为主要内容格式特征的移动视频市场的火热相对应，消费者对于长视频，特别是对于"现象级"长视频的需求也同样旺盛有加，其"位高权重"的行业地位永远也不会被撼动。意大利经济学家帕雷托（Vilfredo Pareto）的80%：20%"赢家通吃"市场原则在大视频领域中还仍然基本适用，当然，"长尾理论"这等新型市场消费原理也已经深入人心。

说到"现象级"长视频节目，笔者查阅资料发现，在这颗星球上，用户规模最多的两个节目都是由中国人制作的：老谋子执导的《2008年北京奥运会开幕式》全球电视观众达到了史无前例的12亿人，[①]《2019年中央电视台春节联欢晚会》也收获了创纪录的11.73亿全球总用户。[②]紧随其后的国际"爆款"节目还包括《伦敦奥运会开幕式》全球电视观众达9亿，俄罗斯世界杯《法国和克罗地亚决赛》的世界观看者规模为5.16亿人。[③]而有90余个国家进行实况转播的《维也纳新年音乐会》按照主办方的说法，全球观众也已经上亿。被称之为美国"春晚"的国家橄榄球联盟年度冠军赛，即"超级碗"盛典，2017第51届（Super Bowl 51st）的观众规模为1.12亿。一直保持着本国收视率最高电视节目桂冠，被一些歌迷称之为"日本春晚"的《红白歌会》（全称《红白歌合战》），2019年第69届的观众达5200万左右。[④]如此看来，北京卫视、辽宁卫视、东方卫视制作的2019年《春晚》分别为1.08亿、7709万和5238万用户规模的良好收视业绩，在世界视频市场上也应该是居于翘楚地位的。[⑤]

总体来说，无论是多么的"可遇而不可求"，能够"一片聚目"的视频产品永远都是媒介心驰神往、孜孜以求的奋斗目标。2017年火爆"视界"的电影《战狼2》（票房56.8亿元，市场占比逾10%）、电视剧《人民的名义》（收视率破7%，网络点击量335.5亿

① 数据来源：国际奥委会。
② 数据来源：中央广播电视总台。
③ 数据来源：伦敦奥运会组委会，俄罗斯世界杯组委会。
④ 数据来源：Japan Video Research。
⑤ 数据来源：CSM 央视市场研究。

次）、网络剧《三生三世十里桃花》（点击量超500亿次）等也是中国视频媒体近年来的重要"爆款"成果。

● "高概念"成为重要生产范式，精英制作团队是为产品竞争利器

在大视频市场，近年来引人注目的一个现象便是"大制作"已成为内容生产的一种重要范式。电视剧投资平均每部剧达到了7330万元，单集180万元；网络剧《如懿传》的投资规模更是高达9.1亿元；而"超级网综"制作费的市场标准则至少过亿元。谈到大制作，豪华阵容，往往就会涉及"高概念"（high concept）这一舶来名词。"高概念"特指一种以美国好莱坞为代表的大投入、大制作、大营销、大市场的商业电影模式，是美国电影行业面对于电视媒体的"穷追猛打"，"赌气"下形成的一种"超越竞争"的内容生产运营方式。我国视频领域中出现类似"高概念"的生产模式是在2010年前后，这是媒体之间竞争白热化所带来的必然结果。一方面，"高概念"节目可以大大抬高竞争门槛，同时大投入也往往会带来大产出，实现赢家通吃；但作为硬币的两面，"超级制作"的风险也着实巨大，但有些时候"不作为"却可能是最大的市场风险，大制作反而更容易取胜。因此，"高概念"即是对内容生产决策者综合能力的大考。

在辽阔无疆的视频海洋中，内容产品要想获得广泛关注，创新能力就成为了决定成败的关键性因素，而精英制作团队的卓越专业技能便成为产品竞争的利器。放眼望去，所有的"爆款"制作，无不体现着创作者的高度智慧与勇气。因此，发掘优秀制作团队，并给予他们充分的尊重与激励，是媒介克敌制胜者的基本功与市场拓展的重要法宝。有一定参考价值的运行方式，包括在制度保证下的个人工作室以及中小制片公司与大制片机构联合制作的内容生产模式。通过该方法，既可以充分挖掘了影视创意人、制作人的个人智慧，又可以利用大制片公司的资源优势将个人创意有效转化为影视作品。这种通过充分市场竞争实现的两强结合、扬长避短的生产方式，是西方影视业屡试不爽、保持高水准发展的重要原因之一。

● "故事化"表述与"平民化"语态——一种新的内容呈现方式

人类对于故事有着永无止境的渴求，因此讲述荡气回肠生命故事的影视剧类节目对于消费者有着超强的吸引力。此外，一个业界普遍创作规律现象便是：所有的视频节目，包括新闻、文娱、纪录片、体育、教育、财经、服务等各种节目类型，即使是篇幅极为短小的短视频、广告节目，其共同的制作追求都是"内容故事化"。小角度切入、第一人称视角、拟人化、诉诸感情、情景再现等所有可以增强内容故事化表现力的方法皆悉数被拿来充分应用，"讲故事"重于"讲道理"的创作理念早已是深入"视界"人心了。可以说，任何一款备受欢迎的视频节目，其成功的本质都是运用高超的表现技巧讲述了一个生动的故事。记得美国大导演斯皮尔伯格与中国大导演张艺谋曾经有过这样一个对话，老谋子问斯大师：电影的制作技术越来越先进，电影创作者的着力重点又该向何处发展？斯皮尔伯格答曰：技术只是工具与手段，电影工作者的中心工作，无论是过去还是现在，都是要去讲述一个生动的故事。一部电影史，本质上就是一个将故事越讲越好的历史。因此，"无故事不传播"，故事化表述已经成为视频内容的基本呈现方式。

而传播语态的平民化、口语化发展主要是基于两种力量来推动。一种是传播渠道丰裕，用户选择多元化带来的媒介放下身段，运用贴近性的亲和语言来更好地服务用户的需求使然。另一种力量则来自于"生产型消费者"大规模进入内容生产领域所带来的变

化——日常生活中信息交流的第一载体口语便自然而然地跃升为重要的媒介语态——亲切、直接、生动、随意、个性化的不同语汇、方言，甚至幽默、调侃也被这种口语的大规模运用带到了信息传播中来。传统的主要以"严肃"或"正式"方式来进行的信息传播语态受到了市场的挑战。虽然并非所有的媒介内容都适合于轻松的口语来表达，比较恰当的方法应该是"在什么山，唱什么歌"，根据不同传播内容来选择表述仪态。但是仅从媒介发展回归传播本源，信息流通需要更加契合人性的角度来看，媒介的平民化、口语化表达的增强，有利于提高信息传播效果，是一种传播方式的进步。

●重复使用率＋全媒体化——一种新的产品价值要求

长期以来，在影视行业，对于内容产品价值的一个重要评价标准便是节目的重复使用率。一般来说，重复使用率小于1，节目的价值便低下，大于1则表明其市场持续吸引力较高。已经播出过数千次、影响了几代人的电视剧《西游记》《新白娘子传奇》以及被不断反复放映的电影《上甘岭》《小兵张嘎》、动画片《孙悟空大闹天宫》《小蝌蚪找妈妈》等便是使用价值超高的优质影视作品。

就不同的节目类型来看，影视剧、动画片、优质纪录片等节目的重复使用率一般较高，而新闻、服务、教育等类型节目则多为"过眼烟云"，虽然它们也是市场中不可或缺的内容品类。互联网视频的兴起、传播渠道的丰裕为节目的多元应用和跨界传播提供了更多的可能，内容产品的价值由此得到了更为充分的释放，紧随而来的便是对节目评价标准和应用方式的重大改变：在最大限度地增加节目的重复使用率的同时，也对产品的跨媒体传播能力提出了新的要求。在媒体融合时代，过往的媒介间泾渭分明、内容自产自销、纯粹单一的电视节目、电影节目已经不复存在了。

产品的全媒体化传播代表着一种内容概念的革命性变化。在节目生产初期，就充分考虑到不同传播渠道、不同地域用户对于内容、版本格式、表现语态等方面的需求特点，进行有针对性的制作已成为视频内容生产上的一个"新标配"。

比如新闻节目，越来越多的记者被要求成为"全能型"人才，既可以进行直播报道，同时也能制作出适配电视新闻、短视频、文字等不同传播载体的相关内容。又比如高品质纪录片，国内、国外市场同时关照已成为产品设计初期的必备功课。考虑到文化差异，不同版本节目在表述语态甚至关注重点都会有所不同，而且一些纪录片产品还会制作出影院版来进一步扩大市场占有。再例如影视剧和动画片等高市场价值节目，跨媒体、跨国界媒传播早已成为业界的共识与行动。我们仅从影视剧、动画类节目在几乎所有的视频端口都广为播出深受欢迎以及电影海外票房已占整体票房收入的10%等情况，便足以看出全媒体传播理念在上述领域是如何的深入人心。

至于在新兴的短视频市场，经过短化加工处理视频的内容则是其重要的内容来源生存之道。例如央视根据《了不起的匠人》《国家宝藏》《看鉴历史》等文化底蕴深厚的纪录片改编的短视频，便激发了网民的国家情怀，在社交媒体上引发了讨论热度，同时也有效拉动了节目收视。CSM相关调查给出的一个重要市场信息是：52.8%的短视频用户会主动搜索热播电视节目短视频，73.2%的用户会因为电视节目短视频的吸引力而引发电视收看意愿。[①]可以预见，电视、网络、电影等视频媒体将热播节目制作成短视频进行传播以

---

① 数据来源：CSM《短视频用户价值研究报告 2018-2019》。

扩大影响力拉动用户消费，将会成为视频产业运行链条中的标配产品。短视频甚至还出现了与户外视频媒体的联姻，如2018年梨视频与中广联合会共同组建了"短视频户外媒体联盟"，梨视频提供的短视频内容可覆盖23个省、直辖市、自治区公交、地铁、楼宇、机场的29.3万块移动视频液晶屏幕，日均受众可达2亿人次。

三、中国视频媒介播出与收视市场画像——充裕即匮乏

并非人所共知，人类的眼睛是由五种颜色所组成的。褐色是最常见的人类虹膜颜色，也是中国人种（包括许多亚洲地区）的眼睛颜色。蓝色虹膜在欧洲比较常见，全世界约8%的人口有蓝色眼睛。灰色眼球被认为是蓝色虹膜的变种。绿色虹膜是最罕见的颜色，在欧洲的凯尔特人、日耳曼人和斯拉夫人中比例较高。琥珀色又被称为猫眼色，在欧洲的比例较多，多发生在混血儿身上。

作为一种两眼位于头前，鼻部较小，识别周遭环境主要通过视觉而较少通过嗅觉的物种，古往今来，我们人类便通过五色眼球下获得的80%以上的外界信息发展繁衍至今。而在环宇无处不视频的大视频时代，则尤以亚洲地区的褐色眼球转动所聚合的视频信息流量最为巨大。

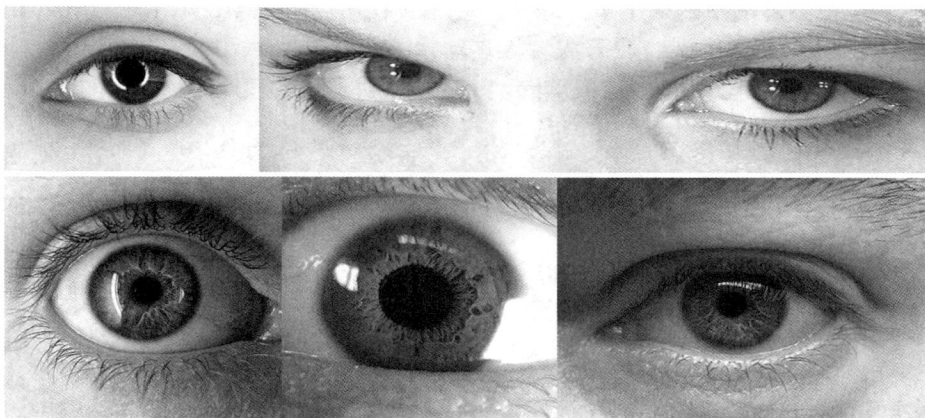

人类有五种主要颜色的眼睛

一方面，电影、电视、网络、户外、移动视频媒体为公众提供着无比丰盛的视频饕餮盛宴；另一方面，事物间的辩证法则是：一种形式的充盈，便是另一种形式的匮乏。200多年来，大众媒介的传播环境从来没有像今天这样喧闹与拥挤，用户的注意力也因此成为最为稀缺的宝贵资源，成为媒介竞争力最为核心的要素。接下来，我们通过对世界最大的视频媒介播出与收视市场生态的梳理与分析，来详细了解中国的视频媒介们是怎样通过密不透风的"天罗地网"来汇聚亿万用户的眼球，拓展自己的影响力和市场价值的。

（一）电视媒体播出与收视版图

今非昔比，今日之中国电视媒体的播出与收视版图，已经由过往单一的频道传播发展为由电视频道、网络新媒体传播、全球传播三位一体所构成的融合传播与收视的大传播格局了。

1.电视公共频道播出与收视：频道3493套，全年播出1881万小时，收视总时长10864亿小时，人均日收视2.3小时，比上年下降13分钟

2017年，我国的电视机拥有量超过了5亿台，电视观众12.87亿人（占全国4岁以上人口的95.7%），在播电视频道3493套，播出时间为1881万小时，比2016年（1792.4万小时）增加了88.6万小时，同比增长4.9%。其中影视剧、新闻资讯、专题服务类节目播出占比最大，分别为42.47%、14.45%和13.33%。而占比为8.23%的广告类节目是播出量增长最快的节目类型。[1]

在收视方面，2017年电视频道全年总收视时长达到10864.4亿小时，人均年收视时间为845.6小时，日均2.3小时（139分钟）。相比2016年的日均152分钟下滑了13分钟，而且重度消费人群35~54岁青壮年观众同比下降了16~17分钟，降幅创历史新高。[2]

随着智能设备的普及，网络提速降费的实施，以及一键回看、点播等技术的革新，时移收视成了电视频道消费的一个重要增长点。据央视市场研究（CTR）统计，2017年我国电视时移收视日均人群达到5142万人，人均年消费为191小时，日均0.52小时，全年累计收视时长超过了98亿小时（注：2018年用户规模达到了7000万，为统一口径，仅以2017年数据计算）。

2.电视新媒体端传播与收视：视频客户端播放总量逾700亿次；三大互联网络视频平台用户数量逾11亿

伴随着媒体融合发展的大趋势，电视媒体在向视频新媒体市场的拓展上也是相当给力。主要通过新闻客户端、App、网络平台等渠道和方式开创出了"大屏联小屏，多屏联受众"的立体化传播与收视格局，有效扩容了电视媒体的影响力与发展空间。

●主要电视台视频客户端播放总量逾700亿次

根据人民网研究院《2017年中国媒体融合传播指数报告》对全国拥有上星频道36家电视台融合传播情况的考察，中央电视台以96.99总分的优异表现位居融合传播排行榜首位，浙江电视台以88.65分排名第二，紧跟其后的湖南电视台、江苏电视台、北京电视台、上海电视台的实力难分仲伯。上述5家电视台形成全国电视融媒体拓展最重要的一级阵营，2017年仅通过在优酷、腾讯视频、爱奇艺三家网络平台的视频客户端，其总播放量就达到了684亿次。相关统计还显示，2017年36家上星电视台的App平均入驻8家客户端，仅在安卓客户端的平均下载量就达到了5892万次，合计为21.2亿次。[3]

---

① 数据来源：《中国广播电视年鉴》2018。
② 数据来源：CSM媒介研究。
③ 数据来源：《2017年中国媒体融合传播指数报告》。

●央视新闻移动网、央视网、芒果TV用户数量逾11亿

关于电视媒体与互联网络视频媒体的深度融合，央视新闻移动网、央视网和芒果TV三大视频平台在"流量担当"上绝对是功莫大焉。

●央视新闻移动网成为移动视频新闻旗舰，用户总数达到3.5亿

在中央电视台的媒体融合转型发展中，其新闻中心新媒体新闻部主任杨继红博士是不能不提及的一位重要人物。在这位坚守新闻理想、性格坚毅的女性领导下，央视新闻移动网矢志不渝地追求"首发新闻发稿平台、权威观点发布平台、谣言终结者平台和央视新闻流量担当平台"的媒介定位，2017年通过"三微一端一网一平台"共发布短视频18万条（日均逾560条），发起直播2940场（日均8场），用户总数达到了3.5亿。

2019年11月20日，中央广播电视总台基于5G等新技术，推出了综合性视听新媒体旗舰平台"央视频"，聚焦泛文体、泛资讯、泛知识三大内容品类，极大扩容了主流媒体的传播声量，成功实现了"台网并重，先网后台、移动优先"，新、老业态比翼齐飞的发展战略布局。

●央视网与央视大屏同频共振，月度独立访问用户超5亿

创建于1996年的中央电视台官方网站央视网（CNTV）享有央视400余个栏目、2.5万小时点播节目库存、全年200余场大型活动的网络发布资源优势。通过旗下"央视影音客户端""中国互联网电视""中国IPTV""CCTV手机电视"等终端对中央电视台的节目资源进行全方位、多业态的网络传播。根据相关调查数据，2017年央视网月度独立访问用户超过了5个亿。①

●芒果TV网络综艺市场领军，月独立用户破2.8亿

2014年，湖南广电启动了"一云多屏、两翼齐飞"的发展战略，形成了湖南卫视、芒果TV双平台深度融合、双轮驱动的运行格局。以"看见好时光"为平台口号，主营互联网电视、手机电视等业务的芒果TV秉承了湖南广电综艺娱乐节目特长的基因，投入重金打造出了亲子节目带、益智节目带、综艺节目带、"酷文化"节目带、新型情感节目带等五大黄金综艺带，有效提升了对用户的聚合能力。在2017年全网点击量最高的10个网综节目中，芒果TV包揽了点击量最高的前四席，居于网综市场的头把交椅。芒果TV2017年的月独立用户突破了2.8亿，位居我国网络视频平台第四的位置。②

---

① 数据来源：央视网。

② 为统一口径，避免重复计算和生产歧义，电视媒体在国内互联网领域发展的消费者，原则上并入网络与移动视频媒体统计之中。

3.电视媒体国际传播与收视：频道用户5亿左右，新媒体端用户逾1亿，国际话语权达到新高度

中国视频媒体的国际化发展，既是历史使命，也是市场必然。近年来，我国电视行业主要通过多语种频道、节目销售、发稿平台、短视频等业态，开创了前所未有的国际传播新格局，令中国传媒的国际话语权达到了新的高度。

●中国环球电视网、中文国际频道、中国长城平台用户规模达到5个亿

2016年12月31日，著名的《东方时空》《焦点访谈》栏目创始人、CCTV-新闻频道的主要开创者、一直秉承"追求卓越"理念的中央电视台孙玉胜副台长，又领衔做了一件在中国视频发展史上有着里程碑意义的大事：整合央视英语、西班牙语、法语、阿拉伯语、俄语、纪录6个电视频道，1个视频通讯社，1个以移动新闻网为主的新媒体集群资源，组成中国环球电视网（China Global Television Network，CGTN）全天候向全球用户提供视频服务。截至2017年底，口号为See the difference的CGTN开办的6个电视频道在全球170多个国家和地区用户规模超过了3.87亿，[①]成为世界了解中国的重要传播渠道和可与BBC、CNN、半岛电视台、今日俄罗斯（RT）等著名国际电视机构同台论道的主流全球化电视媒体，就连美国国务卿在国会听证会上都表扬中国的CGTN和塔斯社，批评美国媒体在国际传播方面的懒惰。[②]

1992年开播，以海外华侨华人、港澳台同胞和懂中文的外国观众为主要服务对象的中文国际频道（CCTV-4、CCTV International），通过亚洲版、欧洲版、美洲版全天24小时播出，海外用户达到了6000万~7000万人，观众满意度超过九成。

中国电视海外传播的另一重要窗口便是2004年开播的"中国长城卫星直播平台"，该平台由中央电视台的中文国际频道、英文国际频道、西班牙语频道、戏曲频道、娱乐频道、电影频道，北京电视台、东方卫视、南方卫视、湖南卫视、福建东南台以及凤凰卫视美洲台、凤凰卫视资讯台等22个频道汇聚而成。通过长城美国、长城亚洲、长城欧洲、长城加拿大、长城拉美、长城东南亚、长城澳大利亚、长城非洲等平台播出，也为外国观众打开了一扇了解当代中国风采的窗口。目前长城平台覆盖的海外用户数已达到了4600万人。[③]

合计起来，我国电视海外频道全年播出节目总时长达到了约25.4万小时（按29个频道计算），用户总规模为5亿人左右。

●电视节目销售、视频通讯社多语种、多业态覆盖全球150多个国家，1700余电视频道

视频通讯社是一种特别适用于时效性强的新闻内容的国际传播服务方式，2010年成立的央视国际视频通讯有限公司就是国内第一家专注于对外视频新闻服务的机构。目前已实现了通过英、法、阿、俄、西五个语种全天候为BBC、CNN、法新社、半岛电视台等80多家国际大型电视机构直接供稿，以及通过将新闻素材直传美联社和路透社进一步覆盖约1700余个电视频道的宏大传播格局，传播内容涵盖了我国的政治、经济、社会、文化、科

---

① 数据来源：中央电视台。
② 信息来源：《全球传播生态发展报告2018》。
③ 数据来源：中国长城卫星直播平台。

技、体育、民生等众多领域。

通过节目交易与交换方式输出视频内容也是扩大中国电视海外影响力的一种有效方式。隶属中国国际电视总公司的中国广播电影电视节目交易中心是我国著名的电视节目海外销售机构，该公司2018年向海外销售的视频节目达12000余小时，发行范围覆盖150多个国家和地区。[1] 除了传统的节目贸易方式之外，该中心还通过向境外电视频道提供数小时完整节目板块的新型传播方式来实现有效覆盖。目前海外电视频道时段的覆盖版图已扩展至印度尼西亚、柬埔寨、南非、阿联酋、尼泊尔、英国、塞尔维亚、缅甸、塞拉利昂、葡萄牙、日本等国家。[2]

● 电视网络新媒体实现对200多个国家和地区覆盖，CGTN新媒体海外用户超过1亿

互联网时代的到来，特别是移动互联网的勃兴，打破了国际传播格局中原有的地缘障碍与政治壁垒。借力海外新媒体渠道优势，通过各种创新手段增加对相关市场的覆盖，是近年来中国电视媒体提高国际传播影响力的一个非常有效的方式：2017年，中国环球电视网通过在海内外社交媒体平台开设的43个文种的226个账号，新媒体全球活跃粉丝数已超过了1亿，视频观看量达5.5亿次，观看总时长逾3.7亿分钟。如在"十九大"报道中，CGTN新媒体总发稿量达到了4119条，独立用户访问量为2.8亿次。[3] 在习近平主席访美期间发布的《习近平与彭丽媛参加白宫宴会》短视频便在脸书（Facebook）上获得了极高的关注度，观看量超过了1115万次。[4]

中国电视媒体创新新媒体海外传播方式的例子还包括但不限于：央视中文国际频道（CCTV-4）与在全球覆盖200余个国家和地区、拥有超10亿手机用户的APUS集团进行深度合作，将更多新闻、文化内容精准推送给海外用户。中国广播电影电视节目交易中心在全球用户数量最多的YouTube平台，以及覆盖超过150个国家的Viki视频上开设的"China Zone"官方频道和专区也已实现了对200多个国家和地区的覆盖。[5]此外，央视国际视通也向全球数百家移动互联网媒体提供多语种新闻节目服务。

突破语言障碍是中国电视打开新市场大门的钥匙。比如CGTN在美国、欧洲和非洲建立了三个海外分台，通过直接利用当地制作力量生产与播出节目，有效解决了语言障碍问题，提高了节目的贴近性和影响力。再如"十九大"期间，西语频道外籍记者为拉美15个国家的17个电视台提供"十九大"定制新闻等，都起到了很好的外宣效果。此外，在电视剧、纪录片等长视频内容的国际传播方面，中国国际广播电台、中国广播电影电视节目交易中心等机构近年来在亚洲、非洲、欧洲等地区探索的"中方语言专家+外方专业团队"的本土化译制方式也取得了卓有成效的市场效果。如电视剧《媳妇的美好时代》译制成斯瓦希里语后，在非洲大受欢迎，有效带动了中国影视节目在非洲的传播，便是一个成功的案例。

---

[1] 数据来源：中国广播电影电视节目交易中心。
[2] 数据来源：国家新闻出版广电总局、中国广播电影电视节目交易中心。
[3] 数据来源：《全球传播生态发展报告（2018）》。
[4] 黄楚新：《新媒体：微传播与溶媒发展》，人民日报出版社，2018年3月。
[5] 数据来源：国家新闻出版广电总局、中国广播电影电视节目交易中心。

4.中国电视媒体全球内容传播总量17.8亿小时+，总收视量10881亿小时+，复合用户总规模18.87亿+

对于快速融媒体化和全球化发展的中国电视来说，要比较准确地将其播出、收视以及用户的总体规模数量梳理清晰，的确是一件非常不容易的事情。笔者尽其所能解析的情况大致为：

电视媒体全球传播总时长：17.83亿小时+。国内频道播出1881万小时，主要电视台视频客户端播放总量700亿次，约17.5亿小时（平均每次1.5分钟计算），海外频道播出25.4万小时+CGTN短视频海外社交媒体下载量5.5亿次，时长约1375万小时（按平均每次1.5分钟计算）+网络视频国内传播+视频通讯社、节目销售海外传播。

电视媒体全球消费总时长：10881.6亿小时+。国内电视频道收视10864亿小时+主要电视台视频客户端消费约17.5亿小时+CGTN短视频，海外社交媒体观看时长约1375万小时+网络视频国内应用规模+海外电视频道收视量+视频通讯社、节目销售海外消费量。

电视媒体全球复合用户总规模为：18.87亿（国内电视频道用户12.87亿、海外电视频道用户5亿、海外视频新媒体用户1亿）+网络视频、移动视频国内用户+视频通讯社、节目销售内容海外消费者。

显然，用"+"来表述的部分是不得已而为之，而正是诸多的模糊与不甚清晰，便是中国电视媒体重要的市场发展空间之所在。

（二）网络视频媒体播出与收视版图

网络视频媒体的节目的播出与收视也比较多元，其传播主要通过视频网站、App等形式来进行，接收主要包括PC机、互联网电视端等设备。

1. 全年播放6687亿次，约3344亿小时，人均日应用3.2次

作为全球拥有电脑数量最多的国家，2017年我国PC机达到1.3亿台，此外，互联网电视的激活终端为2.18亿台，家庭覆盖率超过了40%。根据国家新闻出版广电总局数据，2017年我国网络视频播放次数达到6687亿次，占到了网络视听节目播放总量的41%。[①]以平均每次播放时间为30分钟计算，播出与消费总时长便分别达到3344亿小时（注：电视网络端播放与收视量也归入此列）。再根据该年度网络视频用户5.79亿计算，每个消费者全年使用网络视频约1155次，平均每天3.2次。

2. 独播与内容付费成为优质视频内容网络主流播放方式

在竞争激烈的网络视频行业，剧集类节目是最为重要的流量入口，而独播模式便是各大平台争夺用户的核心举措。

2017年爱奇艺独播剧集多达113部，占其全部播出网络剧数量的97.3%，在各大视频平台中遥遥领先。腾讯视频的独播网剧有66部，占其全部网络剧数量的93.9%。虽然优酷的独播网剧仅有28部，但总播放量高达539亿次，比生产量第二位的腾讯视频播放量还高

---

① 数据来源：《2017年全国广播电视行业统计公报》、CNNIC2018年第41次《中国互联网络发展状况统计报告》。

出了67%。[①]

独播网络综艺也成为播出的主流方式。在2017年上线的197档网络综艺节目中，以腾讯视频、优酷、爱奇艺、芒果TV为首的各大平台的独播节目达到了170档，占全年节目总数量的86%。[②]

网络电影的独播数量也相当可观，爱奇艺80%的网络电影都是采用独播方式播出。

与独播发展趋势相对应的，便是内容付费模式的快速增长。2017年全国网络视听付费用户数达2.80亿，比2016年(1.72亿)增加1.08亿，同比增长62.79%。[③] 通过对2017年腾讯视频、爱奇艺、优酷、芒果TV、搜狐视频、乐视视频六大平台播出的网络剧统计，需要付费的剧集占比达76.8%。市场调查还显示，优质电影是用户最愿意付费的视频内容。[④]

3.网络剧向电视市场与海外市场拓展有所建树

在原则上已没有为单一传播渠道而生产媒介内容产品的当下，在网络剧向电视台进行反向输出方面，2017年优酷的《春风十里不如你》、爱奇艺的《云端之上》、腾讯视频的《狐狸的夏天》《警察郭哥》分别在山东卫视、深圳卫视、四川卫视和安徽卫视播出。

近年来，网络剧的海外拓展也有所起色。2017年优酷自制剧《白夜追凶》《反黑》被世界最大的影视剧网站Netflix买下，在全球195个国家和地区播出；2018年初，爱奇艺的《河神》《无证之罪》也双双登陆了Netflix；而电视剧《琅琊榜》在YouTube的播放量达到了1.54亿次，《欢乐颂》的播放量更是超过了2亿次。[⑤]

（三）移动视频媒体播出与收视版图

我国移动视频媒体播出与收视市场的情况大致如下：

1.播放总次数7495亿次，人均日应用3.7次

2017年我国视频节目移动客户端(App)播放量达到7494.9亿次，占网络视听节目播放次数总量的45.89%。[⑥]以平均每次播报时间约15分钟计算，播出与消费总时长便达到1874亿小时（注：电视移动端播放与收视量也归入此列）。再根据该年度手机视频用户5.49亿计算，每个用户年均使用1365次，人均日开机3.7次。

2.八成短视频用户以放松休闲为主要诉求，互动率达到83%，零散时间成为"黄金时间"

2017年规模达4.1亿的我国短视频用户的主要观看动机为：80%是为了放松休闲和填补空余时间；54%为获取信息，增长见识；45%为分享信息，寻找聊天话题。[⑦]在不同内

---

① 数据来源：腾讯研究院。
② 数据来源：腾讯前瞻产业研究院。
③ 数据来源：《2017年全国广播电视行业统计公报》。
④ 数据来源：腾讯前瞻产业研究院。
⑤ 数据来源：《全球传播生态发展报告（2018）》。
⑥ 数据来源：《2017年全国广播电视行业统计公报》。
⑦ 数据来源：CSM《短视频用户价值研究报告2018-2019》。

容的消费选择上，泛生活、少儿、搞笑、时尚美妆、美食短视频占据了七成多的流量，其中又以幽默搞笑内容最受亲睐，占比达48%。[1] 随着市场下移，三四线以下城市"小镇青年"短视频用户规模已达到了2.56亿，他们对本地生活、拍摄、美颜等内容的需求迫切。[2]

用户在短视频消费上还有两个突出的特点：一是82.8%的使用者有过不同形式的互动行为，其中63.8%的用户有转发分享，60%的用户有点赞、评论、收藏等互动行为。二是碎片化时间成为短视频消费的"黄金时间"，70.8%的用户在"休闲时刻"流连短视频；72.4%的使用者在睡前、乘坐交通工具、排队等候等场景下观看。[3]

3.体育、游戏、秀场直播消费占比80%；游戏、秀场直播用户年增长超过1.4亿

就2017年我国200多个直播平台主要的内容消费情况来看，体育直播占比28%（有世界杯），游戏直播占比27%，秀场直播为25%，演唱会直播占比13%。[4]

一个非常突出的市场情况是，在视频媒体领域的所有内容产品类型中，游戏直播、秀场直播的用户增长幅度最为快速，前者应用人群在2017年达到了2.24亿，较上年增加7756万，增幅为53%；后者的用户规模达到2.2亿，较上年增加7522万人，增长率为51.9%，可见市场对这两类节目的旺盛需求。[5]

4."走出去"积极踊跃，努力开拓海外新市场

随着国内市场的日益饱和，越来越多的移动视频企业开始选择"走出去"，希望利用已经成熟的产品、商业模式以及通过深度合作、收购等各种方式开创出新的市场"蓝海"。

如"快手的"韩国版本"Kwai"App迅速走红韩国，猎豹移动的直播产品Live.me进入互联网高地美国，腾讯的VOOV、映客的MeMe等都面向海外提供直播服务，抖音的活跃用户已覆盖了全球150多个国家。又如以腾讯、网易、蓝港互动、心动网络为代表的中国游戏厂商在 2017 年出海热情高涨，一些国产自主研发精品游戏成功试水欧美和东南亚市场，并于年底获得多个国际性游戏奖项。

（四）户外视频媒体播出与收视版图

没有锣鼓喧天，也没有凯歌高奏，不动声色间，户外视频便通过巨大的用户人群和经营规模奠定了在我国视频市场中的主流媒地位。其播出与收视的情况大致如下：

1.播放屏幕60余万块，播出总量43亿小时+

2017年，我国交通工具移动电视屏幕数量达到了35万块，在播的各类型栏目有665

---

① 卡思数据：《2017年短视频行业白皮书》。
② 数据来源：CSM《短视频用户价值研究报告 2018-2019》。
③ 数据来源：CSM《短视频用户价值研究报告 2018-2019》。
④ 数据来源：2017年 CNNIC《第41次中国互联网络发展状况统计报告》。
⑤ 数据来源：CNNIC《第41次中国互联网络发展统计报告》。

档，收视量依次为新闻、文娱、服务、体育、公益、企业宣传以及动画类节目。平均全天的播出时长超过16.5小时，一般从早上5点到晚上10点，节目与广告的时长之比基本为3:1。[①]按35万块屏幕、每天播出16.5小时来计算，2017年我国移动电视的播出总时长便达到了每天578万小时，全年约21亿小时的巨大规模。

我国大约有25万块电梯电视屏幕，[②] 根据该类媒体的播出一般是24小时循环进行来测算，电梯电视的播出量便为每天600万小时，全年约22亿小时。

由于没有户外大屏和卖场电视的屏幕规模数据，因此关于这两块市场的视频播出情况我们便不得而知。由此，2017年我国户外视频媒体的播出总量大至为：43亿小时+户外大屏+卖场电视的内容播出量。

2.全年用户接触总次数约2920亿次，收视总时长约49亿小时

现代社会，人们的活动半径越来越大，生活也越来丰富多彩，从早上8点到晚上9点在各类户外场景中，广告的到达率和接触频次都很高。

从收视特点来看，户外视频媒体的用户接触往往具有高度的重复性和可预测性。以地铁和公交为例，乘坐特定班次交通工具的乘客在很长的一段时间内可能是固定不变的；商场或者卖场的顾客辐射半径也往往是有一定地理范围限定的。而至于传播环境，封闭式场景的效果一般要好于开放式环境，楼宇电梯视频由于其封闭的空间和用户反复接触的特点，广告传播效果甚佳。当然，户外视频也可以在开放环境中通过附加功能形成较高的关注度。如上海外滩38层的巨型LED灯光幕墙"外滩之窗"，不仅是优良的广告和短视频展示平台，还成了上海的新名片。

根据2017年我国户外大屏用户1.26亿、商超视频用户0.89亿、楼宇视频用户0.78亿、公交视频用户0.64亿、地铁/轻轨用户0.45亿，复合用户规模合计达到4亿之众的市场数据，[③] 如果按每位用户每天平均接触两次户外视频，每次约1分钟计算（一眼看懂，一下被打动），那么全年的接触总次数便达到了2920亿次，视频消费总量就约为48.7亿小时。

（五）电影媒体放映与观看版图

仅就内容生产的数量规模来看，电影媒介的产能在我国视频媒体市场中所占的比例可以说是微乎其微。然而就节目的总体品质，按照产品的商业价值来评价，电影媒介可谓是视频行业中的绝对翘楚——仅靠1200小时的年产量便支撑起了一个令无数观众荡气回肠的庞大消费市场。

1.影院近万家，银幕5.1万块，数量规模全球第一

在放映的基础设施建设方面，中国电影行业2017年影院总数已有9600多家，银幕数量则达到了5.1万块，银幕和影院数量均位居全球第一，3D大银幕数和整体数字化水平也居

[①] 数据来源：《2017年中国移动电视发展报告》。
[②] 数据来源：《2017年中国移动电视发展报告》。
[③] 数据来源：CTR央视市场研究。

于全球前列。品质优良、规模巨大的硬件设施为中国电影奠定了良好的发展基础。①

2. 全年放映7487万场，逾1.1亿小时；消费总时长约24亿小时；网络购票用户占比82%

2017年全国电影放映场次达到了7487万场，城市观众超过1亿，观影人数达16.2亿人。②央视联合央视市场研究（CTR）所做的用户跨屏视频消费行为专项调查显示，有73.6%的城市观众每月至少观影一次。其中，一周内观影一次的受访者比例为31.4%，1~2周内看过电影的受访者占比25.8%。一个重要的市场变化情况是，随着一二线城市的用户消费出现饱和，三四五线城市开始接棒成为中国电影市场新的增长点，近两年的票房爆款影片无一例外都获得了上述城市观众的喜爱与支持。③ 2017年《战狼2》的市场表现最为抢眼，1.4亿以上的观影人次超越了《泰坦尼克号》，勇夺全球单一影片观众规模冠军。

关于中国电影的放映时长与用户消费总量，我们以每部影片平均为90分钟来测算，放映场次为7487万场，全年放映量达到了1.12亿小时。再根据该年度观影人数达到16.2亿人次，全年的用户消费总时长就达到了24.3亿小时。

还需要提及的市场重要讯息是：2017年电影的移动网络售票为82%，猫眼和淘票票已成为最为主要的网络票务平台。不用出门在手机上就能完成获取影讯、选场、选座、支付的简单快捷购票方式，促使了更多的消费者走进影院。而就在10年前，40.4%的观众是通过电影预告片获得电影信息，35.2%则是通过电视和户外广告来了解相关影讯，现场买票则为主要的购票方式。④

3. 电影网注册用户1643万，版权发行覆盖85%新媒体

之所以要在电影网名字前面冠上"1905"，是为了纪念中国电影的诞生之年。电影网最为重要的优势资源，便是独家拥有7000余部影片和400余部网络电影的播映版权。1905电影网目前的注册用户已达到了1642.9万人，App月活用户336万，日均访问量为309万，全年达到11.28亿人。

除了供自己使用之外，电影网的节目发行业务已经覆盖了我国85%的视频网站、移动视频App、手机电视运营商，IPTV、OTT等领域。此外，该平台的影视版权业务还正在向全球市场大力拓展。⑤

（六）中国视频媒体播出与收视全景

对于我国视频媒体播出与收视市场进行全景扫描稍有一些复杂，既要关注相关应用设备与播出渠道等基础设施的发展情况，也要对新老视频媒体用户的消费规模水平进行分别

① 数据来源：国家新闻出版广电总局电影局2017年统计数据。
② 数据来源：广电总局电影局、智研咨询《2017-2022年中国电影行业深度调研及发展前景预测报告》。
③ 数据来源：《中国电影报》2018-11-26。
④ 数据来源：CSM《"中国电影测量与评估"研究报告2007》。
⑤ 数据来源：电影频道、1905电影网。

的统计考量，同时还需要放眼世界，了解我国视频媒体在海外市场的开疆拓土。

1. 硬件设备：各类先进视频播映装备与设施逾12亿台（块）

作为事业发展的物理基础，2017年我国视频媒体的应用装备和相关基础设施的情况为：电视接收机逾5亿台、PC机1.3亿台、视频应用手机5.8亿台、电影银幕5.1万块、户外液晶屏幕逾60万块，合计达到超过12.1亿台（块）的巨大数量规模。

2. 国内传播：电视频道近3500套，网络视听机构600余，影院近万家，户外屏幕逾60万块

中国视频媒体的国内传播渠道主要包括：电视频道3493套，网络视听机构600余个，①48条城市院线，9600家影院，以及移动视频媒体逾60万块屏幕。

3. 国际传播：电视频道约30个，1个视频通讯社、226个账号的新媒体传播矩阵，电影、电视节目发行辐射150多个国家和地区

构建起一个较为完善的全球传播体系是中国视频行业近年来国际化拓展的一大丰功伟绩，主要由三部分组成：一是频道播出模式，主要由中国环球电视网、中国长城平台等30余个电视频道组成。二是精准内容分发模式，主要为视频通讯社对1700余个电视频道和数百家网络媒体直接供稿，以及中国环球电视网通过43个语种、226个账号覆盖的数百个海外社交媒体平台所形成的新媒体传播矩阵。三是节目交易模式，即我国电影、电视媒体覆盖150多个国家和地区的节目发行网络。

4. 国内播出与收视总规模：播出总量约5262亿小时，收视总量约16144亿小时，人均日消费视频约3.3小时

我国视频媒体在本土的内容播出与收视是一个万亿极规模水平的天文数字：

电视频道全年播出1881万小时，收视10864亿小时；

电影放映量约1.12亿小时，观看总量23.4亿小时；

户外视频媒体播出逾43亿小时，收视约48.7亿小时；

网络视频媒体播放与观看总量约3344亿小时；

移动视频媒体播放与观看总量约为1874亿小时。

综合算来，2017年中国视频媒体的国内播出总量约为5262.3亿小时，总收视规模约为16144亿小时。相当于每个中国人年均消费视频节目1261小时，日均为3.3小时（注：2017年中国大陆人口为13.9亿，减去0.6亿4岁以下儿童，按13.3亿视频用户计算）。

5. 海外播出与收视总规模：电视频道播出逾26万小时，短视频观看约1375万小时；多种传播业态实现全球覆盖

对于中国视频媒体国际市场的用户消费情况比较难以统计，已知的情况有：电视频道播出约26.3万小时；短视频社交媒体下载量5.5亿次，观看时长约1375万小时（按平均每次

---

① 数据来源：《视听新体蓝皮书（2017年》截至2016年底，全国共有590家机构获准开办互联网视听节目服务。

1.5分钟计算）。未知的情况包括：1.2万小时的电视节目国际销售、海外发行的100余部影片、视频通讯社供稿的1700多个频道、数百家新媒体以及我国视频新媒体通过商业形式所形成的全球用户规模的统计数据。因此，对于我国视频媒体全球用户消费情况比较准确的说法是：只要有地球人的地方，就能看到中国的视频节目。

6. 中国视频媒体全球播出总量逾5262亿小时，收视总规模逾16144亿小时，复合用户逾35亿

根据我国视频媒体国内播出总量约为5262亿小时、收视总量约16144亿小时、海外电视频道播出逾26万小时、短视频观看时长约1375万小时的统计，中国视频媒体全球播出总量便达到了约5262.1亿小时+，收视总规模便约为16144.1亿小时+。

在本章的第一节中我们已经计算得出，我国视频媒体国内复合用户规模约为29.14亿，再加上约5亿的海外电视观众和规模超过1亿的海外新媒体用户，中国视频媒体全球复合用户总规模便达到了令人叹为观止的约35.14亿！！！

（七）五大视频媒介播出与收视市场画像

我们对于我国五大视频媒体在播出与收视市场上丰功伟绩的画像即为：

1. 电视媒介播出与收视市场画像

新老传播渠道并重，国内国际市场通吃，是对于当今中国电视播出与收视市场发展的整体描述。

●多业态传播网络实现全球覆盖，进入国际主流媒介阵营

中国电视媒体通过国内3493个电视频道、3个大型新媒体网站、主要电视台组成的移动视频传播矩阵以及30余个海外电视频道、多语种新媒体传播网络、1个视频通讯社和辐射全球150多个国家的节目销售渠道构建出的频道传播、新媒体传播和海外传播三大传播网络，实现了立体化的全球覆盖，大踏步进入国际主流传播媒介阵营。

●电视频道收视降幅显著，融合传播与应用快速增长

一个突出的市场现实是，2017年电视媒体国内频道的收视量较上年减少了1018亿小时（人均日减少13分钟），为历年来最高。但是，此消彼长，中国电视在网络视频（用户数量约11亿）、移动视频（约17.5亿小时应用）、海外多业态视频传播与收视（频道播出26.3万小时，新媒体消费约1375万小时）的规模数量，出现了较大幅度增长。

中国电视媒体全球复合用户总规模达到18.87亿，其中国内电视频道用户12.87亿、海外电视频道用户5亿、视频新媒体用户1亿以及目前还不甚清晰的网络视频、移动视频国内用户、视频通讯社、节目销售海外消费者规模等情况，昭示出的重要信息是：电视新增消费群体已达到了传统电视频道用户的32%+，融媒体化与国际化发展已成为中国电视拓展用户市场的新蓝海。

2. 网络视频媒介播出与收视市场画像

发力两个市场，头部效应明显，长视频为吸睛利器，是对于我国网络视频媒体播出与收视市场的总体描述。

●播出与收视市场两翼齐飞发展，影视剧吸引全网66%点击量

大力推动网络视频和互联网电视两个市场两翼齐飞协同进步是近年来网络视频媒体播出与收视战略布局的发展重点。2017年，我国网络视频产业的应用工具达到了约3.48亿台，其中PC机1.3亿台，互联网电视接收机2.18亿台，全年播放与收视量分别达到了3344亿小时，其中影视剧等长视频吸引了全网66%点击量。[①]

●市场呈阶梯分布，三大平台主导，头部效应凸显

网络视频播出与收视领域一个突出的市场情况，无论是在用户规模、内容占有还是在点击流量等方面均向优酷、爱奇艺、腾讯视频不断集中，三大平台用户占据整体网络视频媒体用户的89.6%，处于市场第一梯队；芒果TV、乐视视频、搜狐视频、暴风影音等视频网站用户规模相对于第一梯队差距较大，处于行业的第二极；酷6网、风行网、56网等视频网站用户规模较第一、二梯队视频网站则呈现出"几何级数"差距，属于第三梯队。[②]

3. 移动视频媒介播出与收视市场画像

收视市场最大黑马，泛娱乐与互动性特点突出，是我们对于移动视频媒体播出与收视状况的总体描述。

●用户规模几与网络视频媒体相当，短视频播放频次占比约80%

仅用了短短几年时间，移动视频的用户规模便达到了与网络视频媒体几乎相当的5.5亿，全年播放总频次更是高达7495亿次（超过网络视频播放频次808亿次），收视总时长约为1874亿小时（总消费时长网络视频占先），成为视频媒体播出与收视市场最大黑马。而在移动视频媒体不同节目类型的消费中，短视频成为主要应用方式，播放频次占比约为80%。

●娱乐为主要消费需求，互动功能得到更充分运用

通过短视频用户休闲放松目的占比80%，以及泛娱乐直播、游戏直播、体育直播产能和用户规模最大的统计可见，娱乐消费是移动视频用户最为主要的应用需求。此外，根据短视频用户参与互动人数占比83%，移动直播追求强烈的同场感与互动性等情况，也反映出互动性是移动视频媒体最为突出的应用特征之一。

●释放出"玩"与"乐"的潜能，成为增长最快新市场

长期以来，传播媒介的应用功能都是以获取信息和娱乐消费为主。而通过2017年短视频用户增长率超过58%，[③]游戏直播和秀场直播用户增长均超过了7000万，上述三种节目成为视频媒体市场用户增幅最快的节目类型，反映出移动视频在更为充分地释放出了媒介"玩"与"乐"的功能之后，所激发出的新市场的旺盛消费潜能。

---

① 数据来源：中国产业信息网《2017年中国网络视频、电视台集中度及视频平台流量分析》。
② 数据来源：前瞻产业研究院《中国网络视频行业深度调研与投资战略规划分析报告2018》。
③ 数据来源：艾瑞咨询。

4. 户外视频媒介播出与收视市场画像

立足都市，不弃涓滴、聚沙成塔，是我们对于我国户外视频媒体播出与收视市场的总体描述。

●逾4亿都市用户3000亿次眼球关注极具商业价值

如同勤奋的蜜蜂，户外视频媒体通过安装在交通工具、电梯、户外、卖场的60余万块液晶屏幕，50多亿个小时的节目播出，全年吸引了逾2920亿次都市人群眼球的关注，逾4亿城市用户极具商业价值。

●创造性构建起"都市生活圈"传播生态，都市化进程提速发展空间仍然巨大

户外视频媒体开创性构建起的"都市生活圈"庞大而完善的传播生态格局世所罕见，与城市共生共荣的户外视频媒体市场仍然会伴随着中国都市化进程的快速发展而水涨船高。

5.电影媒介播出与收视市场画像

精品制胜，赢家通吃是我们对于我国电影媒体播出与收视市场的总体描述。

●基础雄厚：放映硬件设施世界一流

作为全球坐二望一的电影市场，我国电影产业的传播硬件基础设施极为雄厚：影院数量达到了9600家，银幕5.1万块，3D大银幕数量和整体数字化水平也居于全球前列。

●精品制胜：1200小时产能收获逾16亿次观影

仅通过1200小时的产能规模便收获了16.2亿次观影人次，24亿小时的观影消费，电影媒体成为大视频领域中通过精品内容制胜市场的成功典范。

●赢家通吃：优质内容实现跨媒体通吃，国际化发展成为重要方向

跨媒体应用与国际传播能力强劲是电影内容产品最为突出的特点之一。电影节目在几乎所有视频媒体中都是深受欢迎的重要内容，而2017年我国电影海外发行的数量也达到了创纪录的100余部。

（八）小 结

横看成岭侧成峰。通过2007年至2017年的10年发展情况对比，我们可以更为清晰地看到中国视频媒体播出与收视市场所发生的极为巨大的变化。

1. 播映设备：10年增加6.8亿部（块），增长2.3倍，良好硬件基础成为产业繁荣发展的有力保障

2007年国我有电视机4亿台，PC机0.78亿台，视频手机0.5亿台，户外液晶屏幕10万余块，电影屏幕3527块，合计为5.3亿台（块）。

10年间，视频应用手机增加了5.3亿台，增幅11.6倍；电视机增加1亿部，增长幅度为0.25倍；PC机增加了0.52亿台，增幅0.7倍；电影屏幕增加了4.75万块，增幅16.3倍；户外屏幕增长约50万块，增幅6倍。

总体算来，2017年我国视频媒体产业应用设备比10年前增加6.8亿部（块），增长了2.3倍。而同样重要的是，许多应用装备品质优良，位于世界前列。良好的硬件基础成为

我国视频媒体产业繁荣发展的有力保障。[1]

2. 视频手机：10年增长近12倍，成为第一视频应用设备

2007年，数量规模达4亿台的电视机是第一视频应用设备，视频应用手机约为0.5亿部。10年后，视频手机以5.8亿部，近12倍的增速跃居成为我国第一视频应用设备。

中国视频媒体播映设备10年增长对比

	电视机	PC	智能手机	电影屏幕	户外液晶	合计
2007年	4亿	0.78亿	0.5亿	0.353万	10万	5.3亿
2017年	5亿	1.3亿	5.8亿	5.1万	60万	12.1亿

（互联网电视2.18亿台）

数据来源：CSM媒介研究

3. 国内播出与收视：10年播出量增加14倍，收视总量增加约2120亿小时，电视收视量减少20%

●2007年：播出总量约387.2亿小时，总收视量约为14024亿小时

2007年我国电视播出总量为1495.3万小时，收视总量13635亿小时，日均收看186.8分钟（3.1小时）。[2]

电影城市院线放映2071万场，[3]放映总时长约3107万小时，观看量约2亿小时（按9000万城市观众年均观看1.5场计算）。

户外视频播出约10万小时。

网络、手机视频全年播放量约1548亿次，播出与消费总量各约为387亿小时（按2.12亿用户，平均每天应用2次,每次15分钟计算）。[4]

合计起来，2007年我国视频媒体内容播出总量约为387.2亿小时，总消费量约为14024亿小时。

●2017年：播出总量10年增幅近14倍，收视总量增长逾2120亿小时

中国视频媒体国内播出与收视市场10年来的主要变化为：

---

[1] 作者根据《中国广播电视年鉴2008》《CNNIC中国互联网络发展状况统计报告（2008年1月）》《2008中国电影年鉴》《2009年中国统计年鉴》《中国广播电视年鉴2018》《2018中国电影年鉴》相关数据整理。

[2] 数据来源：《中国统计年鉴2009》。

[3] 数据来源：中国电影发行放映协会、中国城市院线发展协会、中国电影制片人协会《2007年中国电影市场报告》。

[4] 数据来源：《CNNIC中国互联网络发展状况统计报告（2008年1月）》,2007年网络视频观看比例达76.9%（网民数量2.1亿），约1.62亿人；手机视频用户0.5亿（全体网民中手机接入占比24%），5040万人。

○电视频道收视量10年下降20%，减少2774亿小时，总体收视市场占有依然高居67%

电视媒体的频道播放量由2007年的1495万小时增加到2017年的1881万小时，增长了386万小时，但收视总量则由13635亿小时，下降为10864亿小时，减少了2774亿小时，人均日收视时间也由3.1小时下降到2.3小时，降幅达到19.6%。[1]但是即使如此，目前中国电视频道收视规模仍然占据国内收视市场份额的67.3%。[2]

○网络、移动视频媒体播出与收视量10年增长近14倍

我国网络视频、手机视频媒体播放量与收视规模，由2007年的387亿小时增加到2017年的5218亿小时，达13.5倍。

○户外视频媒体播出与收视量10年增长4万余倍

户外视频播出量由2007年的10万多小时增加到2017年的逾43亿小时，增长了4.3余万倍，收视量则达到了近49亿小时，成为播出与收视量增长最快的视频媒体。

○电影消费10年增长逾12倍

电影放映量由2007年的3107万小时增加到2017年的1.12亿小时，增长3.6倍；观看量则由约2亿小时增加到24.3亿小时，增长幅度超过12倍。

综合算来，中国视频媒体播出总量10年间增长了近14倍，收视量增加了逾2120亿小时。

中国视频媒体国内播出与收视10年对比

	指标（小时）	2007年	2017年
电视频道	播出时长(小时)	1495万	1881万
	收视总量（小时）	13635亿	10864亿
电影放映	放映时长（小时）	3107万	1.12亿
	观看量（小时）	2亿	24.3亿
户外视频	播出时长（小时）	10万	43亿
	收视时长（小时）	/	49亿
网络、手机视频	播放时长（小时）	387亿	5544亿
	收视总量（小时）	387亿	5544亿
合计	播出时长（小时）	387亿	5488亿
	收视时长（小时）	14024亿	16478亿

数据来源：CSM媒介研究

需要在此加以说明的是，对于我国视频媒体10年间内容播出量增长超过了13倍，而国民视频消费规模却仅增加了约2120亿小时的统计，笔者仍然存在有一定的疑问。固然电视收视量的巨大减少是令收视市场大盘增长不尽明显的重要原因，但从其他视频媒体逾十倍甚至数万倍的收视量激增情况来看，视频媒介总体的消费数量也应该比目前的统计规模要更大些才更为合理。但是我们实在是找不到更具说服力的相关市场数据。因此，上述统计

---

①② 数据来源：《中国统计年鉴2009》《中国统计年鉴2018》。

仅供读者们参考。

4. 海外收视：电视用户10年增长超过8倍；新增移动视频用户逾1亿；视频通讯社、电影、电视节目发行覆盖全球

中国视频媒体海外播出与收视市场10年间的主要成就为：

电视用户有由2007年的6000余万，增长到2017年的5个亿，增幅达到了8.3倍。视频新媒体全球活跃用户已超过了1亿，观看总量达5.5亿次。视频通讯社直接供稿1800余家境外频道和数百家网络媒体。电影、电视节目发行辐射150余个国家和地区。

5. 中国视频媒体全球用户总规模：35亿，10年增长2.3倍，近20亿人

通过将2007年我国视频媒体复合用户规模为14.9亿与2017年视频媒体全球用户规模达到35亿的对比，10年时间，我国五大视频媒体的用户总规模便增加了2.3倍、19.5亿人。

6. 复合传播——一种媒介传播新常态

我们在前文中已经谈到，在媒体融合发展大趋势下，纯粹单一的媒介内容、完全独立的媒介传播方式已不复存在。通过复合传播实现用户覆盖的最大化，已成为当今媒介新的运行标准。

●《春晚》电视端和新媒体端用户几近相等，树立起复合传播新标杆

世界第一超级综艺节目《2019年中央电视台春节联欢晚会》早已完满降下帷幕，然而这场春晚所昭示出来的传播与收视市场变局，以及由此引发的业界震荡和广泛影响则远未结束。

根据央视数据，2019年《春晚》通过电视、网络、社交媒体等20多个传播渠道共收获了11.73亿海内外用户。其中，央视频道群与国内239个电视频道进行的同步直播和时移收看观众为6.2亿人（比上年增加4200万人），占比53%；通过网络端收看的用户总规模达到5.27亿人（比上年增加9600万人），占比45%；通过CGTN（中国环球电视网）多语种频道群、中文国际频道、中国长城平台以及218家海外合作方覆盖162个国家和地区的用户规模也至少有5000万。[1]《春晚》电视端收看人群（占总收视量53%）和新媒体端用户（占比45%）几近"平分秋色"显示出的重要市场信息便是：电视的频道消费出现了"塌方式"萎缩，电视内容向复合传播发展已成为大势所趋。有着媒介发展"晴雨表"的央视《春晚》与时俱进地拥抱寰宇视频媒体所取得的收视佳绩，树立起了新的业界发展标杆。

●技术进步令媒介复合传播成为正常状态

稍微了解一下人类传播史便会发现，真正意义上独往独来、闭门造车的传播媒介过去没有出现过，恐怕将来也不会存在。

继续以2019年央视《春晚》为例，在该"传统"内容产品上花费大价钱发布广告的主要客户却是抖音、拼多多、百度等"新兴媒介"们。借助《春晚》这一稀缺优质内容资源进行跨界复合传播，使得上述新媒介的影响力得到了迅速的飙升。放眼看去，无论是互联网电视对于电视的传播重地客厅的不断攻占，还是电视媒体大踏步地向着网络、移动视频

---

① 数据来源：中央广播电视总台。

领域的拓展，乃至电影产品在几乎所有视频传播端口的"通吃"，无不是传播媒介通过跨界传播来提升生存与发展能力的具体表现。

需要强调的是，在技术进步的助力下，当今应该是媒介融合发展的最好时机，复合传播已成为了视频市场发展的正常状态。

7. 取长补短——长视频影视剧是收视"中流砥柱"，短视频UGC活力关乎新市场持续繁荣发展

当今我国视频媒介市场的主要内容产品与过往最大的不同便是，长视频影视剧和碎片化短视频成为用户消费最为重要的两种节目类型。前者关乎总体用户收视大盘的规模水平，后者则影响着新兴视频市场的发展与活力——"取长补短"成为视频内容的绝对主流应用方式。

仅就收视总量规模来看，影视剧类节目的市场地位绝对是无与伦比。2017年虽然电视剧、网络剧、网络电影、电影的产量才区区1.65万小时，在视频内容生产数量中可谓是九牛一毛，但是消费规模在电视端的收视份额占比达到了47.5%；[1]网络剧的点击量占据网生节目总流量的2/3；[2]而电影1200小时产能的观影人次则达到了16.2亿，[3]这还不包括影视剧节目在移动视频媒体的消费数量。

消费者之所以对剧集类节目的旺盛需求经久不衰，比较有说服力的原因即是：人类是一个喜欢讲故事的物种，故事是人类生活的载体，每个人对于故事都有着永无止境的渴求。一部影视史，本质上就是故事越讲越好的历史，故事的内核则永远离不开人性的高傲与无比的复杂多变；而技术进步的成就，也就仅仅只是赋予了"故事们"一件愈发漂亮的外衣。由此我们也就不难理解为什么剧集类产品的投资额占据了大视频市场内容生产投入总规模的比例高达56%的原因；这也应和了我们反复谈到的凡是与人类原始传播本源相契合的内容便有着旺盛生命力的观点——影视剧是数百万前人类围着火塘讲述故事习惯的传承与光大——只要人类的本性不变（起码在近期，未来人类似乎有向神发展的趋向），剧集类长视频产品永远都会是视频消费的"中流砥柱"。

与以影视剧为代表的长视频的旺盛需求相对应的，便是突然间迸发出的巨大短视频利基市场，这个行业"新势力"的产品生产与消费特点应该引起业界同仁们的高度重视。在内容生产上，亿万"生产型消费者"的产能规模与专业视频机构的生产数量之间存在着极为巨大的差距：2017年UGC短视频产能约为50亿个，8333万小时；PGC产量约6.8万小时+。而在用户的消费上，情况则相反，专业短视频占据着消费总量60%左右的市场份额。就接下来的发展来看，上述市场格局可能不会出现太大的改变（民间和专业短视频生产数量与质量都会相应"水涨船高"）。但至为重要的是，从整个产业生态的角度，"业余"的UGC内容绝对不是可有可无，业界的重要观点是：一个生态健康的短视频平台，其UGC贡献的站内流量或粉丝量应当占到总流量或粉丝量的40%左右——UGC人群的创作活力与参与互动程度极大关乎移动视频市场的持续繁荣发展——尽管排名靠前的PGC内容极

---

① 数据来源：广视（CSM）市场研究。
② 数据来源：易观国际。
③ 数据来源：国家新闻出版广电总局电影局。

具吸睛能力。

8. 无互动不传播——互动性既是媒介形式也是表现内容

互动是一种最基本、最普遍的日常生活现象，一定意义上来说，整个传播媒介的发展历程也就是一个通过不断增强使用者互动交流能力来提升传播效果的历史。从图书写作者们热衷的第一人称表述，报纸、杂志追求的现场感、注重细节描写，电视所擅长的现场报道与直播、《春晚》的派发红包，乃至于在电影《流浪地球》中多次出现人们熟悉的天气预报带给观众会心的一笑等，都是媒介们在延伸和拓展用以表达、沟通交流的途径与方式上不竭努力的具体表现。

与其他视频媒介相比，在内容生产上，网络和移动视频媒体并无甚过人之处、惊天之举，消费者对其趋之若鹜的主要原因之一，视频新媒体最为突出的本质特点，就是它比以前的媒体有着更为强大与多样的互动性功能。主播们不遗余力对粉丝的忽悠与套瓷，用户们对于内容的评论、点赞与转发，消费者和信息发布者角色的随时互换等当前信息传播过程中凸显的互动传播特征，代表着媒介"以人为本"的发展演进走向——每一种新媒介的出现都会越来越多地增强媒介与消费者、消费者与消费者之间的互动与交流——无互动的传播不正常，是历史的倒退。对于互动功能既是形式也是内容这一媒介发展趋势与规律，视频业者应当充分认识，并最大限度地予以应用。成功的应用例子如央视新闻移动网在纪念长征70周年的产品《长征日历》中，采用新技术自动读取每位参与者的运动步数，模拟出其"走"长征路的行进里程，同时推送与长征相关的历史事件、照片、歌曲等内容，以互动性和趣味性有效带动用户的参与热情，互动人数超过了4300万。

9. 传播媒介社会"守望者"本质属性永远都不会改变，没有责任的利益不会长久

毋须回避，视频媒介发展迅猛也带来了诸多问题。如一些平台只顾短期利益，社会责任意识淡漠，低俗内容泛滥，背离公序良俗，引发了社会共讨；又如一些制作者版权保护观念缺位，未经允许大肆盗用优质视频之行为，严重破坏了内容市场秩序；再如一些视频媒体疯狂的无止境信息推送，这种对个人生活的粗暴干涉与野蛮的"注意力抢劫"行为——信息时代最为重要的生产力要素——无异于在工业时代对固定资产明火执仗的劫掠等，都成为影响行业健康有序发展的"掣肘"问题。2017年文化部关停10家网络表演平台，行政处罚48家网络表演经营单位，关闭直播间3万余间；2018年国家新闻出版广电总局下发特急文件，对于包括坚决禁止非法抓取、剪拼改编视听节目，严格落实属地管理责任等方面提出了四点要求等作为，便是进一步规范网络视听市场传播秩序的国家行动。而至为重要的是，对于传播媒介来说，增强对其社会"守望者"属性的认识，践行媒介的社会责任担当才是守正务本的正确发展方向。

我们有充分的理由相信，通过国家及公众的监管，以及行业规范和媒介自律等方式，上述问题都可以逐渐得到解决。因为，没有责任的利益便不会长久。

10. "视界达人"之画像：每天4小时，全年61天亦真亦幻视界生活

如果读者朋友们觉得上述高达万亿的市场数据离自己太过遥远的话，那么我们不妨将视角下移，来看一看视频媒体们是怎样通过丰饶的内容产品，无微不至地悉心服

务，以及循序渐进的能力"养成"，令无数"视界达人"们生活在亦真亦幻的煌煌视界之中的（注：达人是用于形容在某一领域非常专业、出类拔萃的人物的俚语，水平高于"高手"）。

作为一位视频媒介的拥趸，您每天丰富多彩的视界生活大致应该是这样的：

收看电视节目2.3小时（全年840小时）；

打开3.2次台式电脑观看视频内容64分钟（日均3.2次，以平均每次约20分钟计；全年共播放1168次，389小时）；

3.7次通过手机观看短视频和移动直播约37分钟（日均3.7次，以平均每次10分钟计算，全年播放1351次，225小时）。

此外，您每天还至少要花上2分钟来关注户外视频媒体推荐的消费产品（日均接触2次，每次约1分钟），全年约12.2小时；以及每年还要观看2.1小时电影（平均1.4场）。

如此一来，阁下每天用在视频消费上的时间大致为：2.3小时电视收视+64分钟网络视频消费+37分钟移动视频观看+2分钟户外视频扫描=4小时。

全年的视频应用时间便是：收看电视840小时+网络视频389小时+移动视频225小时+12小时户外视频观看+2.1小时电影消费=1468小时，61天，占据全年时间的1/6。

而至于达人们每天主要在什么时间观看视频，媒介大佬们则早已了然于心：

首先，您在早晨的上班途中一般会进行手机视频和户外视频消费（了解新闻信息或者打发无聊）；其次，中午时间是您进行电视、手机与户外视频收视的一个小高峰（放松休闲和乘电梯去就餐时的被动观看）；再次，下班途中和晚餐前您往往也会进行手机视频和电视消费（全天视频消费的另一个小高潮）；而到了酒足饭饱之后的晚上7~10点，您通常会通过电视或电脑观看长视频内容（电视收视峰值在晚8点半左右，收视率接近33%；网络视频媒体消费的黄金时间也在该时段）；在晚上10点前后，意犹未尽的您可能还会在网上买点东西（根据大数据分析，晚10点是淘宝消费高峰），最后您一般还会再查看一下手机，看看当天重要的国际民生大事或者是朋友圈中的精彩内容是否有所遗漏，然后才安然进入梦乡（女性使用峰值为晚9~10点，男性使用峰值为晚10~11点）。

有两个您或许应该知道的不是秘密的业界"秘密"便是：

一方面，通过对您日复一日消费行为记录进行的大数据计算分析，平台们会对您的媒介应用偏好和关注重点进行"画像"，然后投您所好地大量"友好"推送您喜欢的相关信息。此举在增加了您感兴趣的内容、增加了您媒介消费量的同时，也可能会产生"信息茧茧"效应，令您的"视界观"变得狭窄和局限，而您的杰出贡献或许还会让相关媒介在纳斯达克的业绩曲线产生些许的增长变化。总之，您已经越来越被媒体们"忙碌着"，即便是那些筋头巴脑的零散时间，也已然成为手机和户外视频媒体借用您眼球的"黄金时间"了。

另一方面，在自觉或不自觉间，媒介大佬和商业领袖们已经把您培养成了一位勤奋的终身学习者和编外模范员工：您必须学会使用越来越复杂的遥控器来应对电视收视、时移收视、网络电视、IPTV等产品更新换代的使用要求（有些产品并无新技术含量，仅仅是制造概念来扩大消费）；您还必须要对电脑、手机、Pad等视听设备以及无尽的各种应用程序娴熟运用；每一个新产品的出现，每一次产业的升级换代，抱着厚厚的说明书认真学习，已成为您别无选择的一种生活方式。更有甚者，您很可能还被光荣地升级为"专业范儿"的"生产型消费者"，任劳任怨地制作并上传视频内容，供媒介大咖们"免费"使用。与时下不少人都在谈论的"世态炎凉、人心不古"大相径庭的现实便是：大视频领域是一块"大公无私"的艳阳飞地。那个能想出这种你花钱买了他的东西、还要劳神费力地去孜孜学习如何使用、还要"义务"进行内容生产，依然还"衣带渐宽终不悔"办法的大脑袋，其超凡的逆天智慧可接近于神乎？缺乏想象力的作者对此百思不得其解，但，您还真的不能不服！也许，白岩松先生的名言"痛，并快乐着"，就是对现代人"视界"生活的真实写照吧。

四、中国视频媒介产业市场画像——媒介即商品

记不得是哪位知名人物曾经说过，世界上最难的有两件事：一件是去改变人的思想，另一桩则是把钱从别人口袋里掏出来。很不幸，对于世界上绝大多数的传播媒介来说，这两件难事一样也躲不过去，但是，众多从业者对于如此艰巨的挑战则是乐此不疲。

谈到媒介的商业属性，讨论视频媒介的产业经营问题，我们首先应该深切认识到：在信息全球快速涌流的现代社会，信息已经成为新的自然资源，成为这颗星球上最为大宗的商品；而搭载它们的媒介也深受这一趋势的影响，本身已成为重要商品，传媒产业在整个宏观大市场中的地位也变得越来越举足轻重。

从经济学角度，一个行业的盈利能力都是最能直接反映该领域发展情况的"晴雨表"，因此，我们接下来进行的对于世界视频产业至为重要一极的中国大视频市场经营情况的全面盘点，便有着"春江水暖鸭先知"的重要现实意义。

（一）电视媒体经营收入盘点

大致来看，中国电视媒体的产业经营主要是由广告、有线网络、新媒体和其他收入等几部分所组成。

1. 广告收入1651亿元，增幅7%，市场比重27%（3年下降近6%）

作为传统的主要收入来源，2017年电视广告收入为1651亿元，虽然年增长幅度也达到了6.7%，但在整个电视经营大盘中的所占比重仍表现为下降。中国电视广告的市场占有从2015年的33%继续下降到2017年的27.2%。[①]

2. 有线网络收入834亿元，减幅逾4%，市场占比13.7%（三年下降9.2%）

2017年，中国电视在有线网络上的营收达到了834亿元，比上年减少了76亿元。与电视广告市场占有的变化情况类似，作为过往电视产业重要盈利来源的有线网络收入所占市场比重2017年比2016年和2015年分别下降了4.3%和4.9%。[②]

3. 新媒体收入278亿元，市场占比近5%

在本年度的电视媒体经营收入结构中，新增加了一个非常抢眼的业务板块，即电视新媒体业务收入。2017年电视新媒体收入"爆发式"地达到了277.7亿元，市场占比为

---

①②　数据来源：国家新闻出版广电总局《全国中国广播电视行业统计公报2018》。

4.6%，已为广告收入的1/6，这是中国电视媒介积极践行媒体融合发展、大举进军网络媒体市场所取得的一系列成果的货币化反映。[①]

4."其他收入"2608亿元，增幅32%，市场占比达43%

在2017年中国电视的经营格局中，最令人印象深刻的莫过于"其他收入"的巨大规模以及超高的增长速度。"其他收入"主要指的是由版权销售、零售服务、OTT、IPTV、时移电视等业务构成的营业收入。2017年该领域的总收入达到了惊人的2607.84亿元，增幅为32.4%；比2016年增加638亿元，比2015年增长了941.64亿元；所占市场比重也由2015年的36%增加到2017年的43%。[②]

此外，长期以来作为中国电视收入重要组成部分的财政补贴收入2017年达到699亿元，所占比重为11.52%，与上两年变化不大。[③]

5.电视经营总收入6070亿元，三年平均增幅20%

合计起来，中国电视媒体2017年的总体收入规模便达到了6070.21亿元，比2016年的5039.8亿元总营收增长了20.4%。

2015—2017年电视总收入分类构成情况（人民币：亿元）

指标	2015年		2016年		2017年	
	总收入	比重	总收入	比重	总收入	比重
全国总收入	4634.56	100.00%	5039.77	100.00%	6070.21	100.00%
广告收入	1529.54	33.00%	1547.22	30.70%	1651.24	27.20%
网络收入	866.06	18.69%	910.26	18.06%	834.43	13.75%
其他收入	1666.20	35.95%	1969.97	39.09%	2607.84	42.96%
财政补助收入	572.76	12.36%	612.32	12.15%	699.04	11.52%

数据来源：《2018年中国广播电影电视发展报告》

（二）网络视频媒体经营收入盘点

我国网络视频媒体的经营收入主要是由在线视频（各类视频节目）和网络游戏等几部分组成。

1. 在线视频收入953亿元，增幅48%

2017年我国在线视频的盈利能力继续保持高速增长，达到了953亿元，比上年642亿元营业规模增加了311亿元，增幅为48.4%（2015年为405亿元）。

---

① ② ③　数据来源：国家新闻出版广电总局《全国中国广播电视行业统计公报2018》。

2. 网络游戏收入716亿元，占据网游总收入44%

2017年我国网络游戏营收达到了惊人的1620亿元，同比增长36.1%。其中移动游戏占比为55.8%，网络游戏占比44.2%，以此测算，网络视频媒体游戏收入便为716亿元。[①]

3.网络视频媒体经营总收入1669亿元

合计起来，2017年我国网络视频媒体经营总收入便达到1669亿元。需要提示的是，为了避免重复计算，我们没有将网络广告和用户付费收入进行单独核算，相关统计显示，2017年我国网络视频媒体的广告收入规模为175亿元，用户付费营收为218亿元，增幅达100%。[②]

（三）移动视频媒体经营收入盘点

我国移动视频媒体的经营收入主要由泛娱乐直播、短视频和移动游戏等几部分构成。

1. 泛娱乐直播收入约441亿元，增长率93%

泛娱乐直播包括了秀场直播、全民移动直播和体育、综艺直播等形态。根据艾瑞咨询的统计数据，2017年我国泛娱乐直播市场规模达到了441亿元，比2016年229亿元营收增长了212亿元，增长幅度为92.6%。

2. 短视频收入57亿元，增幅高达300%

同样根据艾瑞咨询的统计，2017年我国短视频行业的市场规模约为57.3亿元，与2016年的19亿元相比，增幅高达300%。

3. 移动游戏收入904亿元，增长率36%

2017年，我国移动游戏收入达到了904亿元，年增长率为36%。[③]

4. 移动视频媒体经营总收入1402亿元

综合算来，2017年我国移动视频媒体的总收入便达到了1402亿元，位居行业老三。

（四）户外视频媒体经营收入盘点

户外视频媒体的经营结构比较简单，以广告收入为主，细分市场主要包括楼宇液晶屏、街道电子屏和交通工具电子屏等。

1. 楼宇液晶屏收入逾370亿元，增长率20%

楼宇液晶屏（主要为电梯视频）广告一直占据着户外视频媒体市场的重要地位，2017

---

① 数据来源：中娱智库《2017年中国游戏行业发展报告》，2017年11月。
② 数据来源：《易观：中国网络视频市场发展趋势预测2018-2020》，国家版权局网络版权产业研究基地《中国网络版权产业发展报（2018）》。
③ 数据来源：中娱智库《2017年中国游戏行业发展报告》。

年营业收入370亿元，增长率为20.4%。

2. 街道电子屏、地铁户外电子屏收入分别约为140亿元和20亿元

街道电子屏广告投放规模位居户外视频市场第二阵营，2017年收入大约为140亿元（2016年115亿元）。此外，地铁车厢以外的电子屏广告经营收入2017年也达20亿元。①

3. 地铁、公交电视收入分别约为50亿元和20亿元

地铁电视广告投放花费2017年为50亿元（2016年约为39亿元），公交电视广告收入2017年为20.5亿元（2016年约为26亿元，2015年约为45亿元）。②

4. 户外视频媒体总收入634亿元

整体算来，2017年我国户外视频媒体总收入达到634亿元，年增长幅度为20.8%（2015年为477亿元，2016年为525亿元）。③

（五）电影媒体经营收入盘点

中国电影产业的经营收入主要由票房和多元经营等收入所组成，其不同业务板块的盈利表现为：

1. 国内票房收入559亿元，国产片票房占比54%

2017年我国电影票房总收入达到了559亿元（2015年441亿元，2016年为493亿元），其中国产片票房为301亿元，市场占比53.8%。④

2. 海外市场收入达到创纪录的43亿元

2017年有100余部中国影片进入国际市场，海外收入达到创纪录的42.5亿元（2015年为27.7亿元，2016年为38.3亿元）。⑤海外票房收入的连年攀升表明国际市场对于中国电影产业的愈发重要性。

3. 映前广告和衍生产业经营收入约89亿元

我国电影的映前广告近年增长迅速，2017年达到了51亿元左右。⑥虽然电影周边衍生市场的发展还远未成熟，但2017年电影衍生产业的收入已达到了38亿元。据预测，到2020年，中国电影衍生品市场规模将超过100亿元。⑦

4. 电影媒体总盈收近700亿元

整体算来，2017年我国电影媒体的总体营业规模达到了约700亿元。

---

①②③ 数据来源：CODC数据。

④⑤ 数据来源：国家电影局。

⑥ 数据来源：前瞻产业研究院《电影产业市场前瞻与投资战略规划分析报告》。

⑦ 数据来源：中投顾问产业研究中心。

（六）中国视频媒体收入总规模约10475亿元，三年平均增幅20%

综合统计起来，2017年我国视频媒体经营总规模达到了约10475亿元，同比增幅为27%。再根据三年来的平均增幅均超过20%的情况可见（2016年为8259亿元，2015年为7016亿元），我国视频媒体产业充满发展活力，市场生态那是相当的积极健康。[①]

2015-2017年中国视频媒介市场规模统计[②]（单位：亿元）

视频媒介	类型	2017年	2016年	2015年
电视[③]	财政补贴	699	612	573
	广告	1651	1547	1530
	网络	834	910	866
	新媒体	278	—	—
	其他收入	2609	1970	1666
	OTT	21	9	3
电影[④]	国内票房	559	493	441
	海外销售	43	38	28
	广告	51	41	32
	相关衍生	38	28	20
互联网视频[⑤]	在线视频	953	642	405
	泛娱乐直播	441	229	75
	短视频	57	19	3
	网络游戏	1620	1196	897
户外视频[⑥]		634	525	477
总计		10488	8259	7016

数据来源：广电总局、工信部、CNNIC、奥维云网、艺恩咨询、易观、艾瑞咨询等

[①] 数据来源：中国传媒大学黄升民教授率领的团队参考的范围涉及五大视频媒介的广告、版权、用户付费、衍生开发等领域的研究报告数据，再通过分析模型估算得出。

[②] 本表格数据综合参各方数据，通过分析模型核算，仅供参考。

[③] 本类数据参考国家广电总局、奥维云网数据等。

[④] 本类数据参考国家电影局（票房数据、海外销售数据）、前瞻产业研究院和艺恩咨询（广告数据，包括电影映前/贴片广告、电影植入广告等）、中投顾问产业研究中心（相关衍生数据）等。

[⑤] 本类数据参考艾瑞咨询（在线视频数据、泛娱乐直播数据以及短视频数据）、易观（内容付费数据）、工信部（网络游戏数据）等。

[⑥] 本类数据参考CODC数据，主要包括户外视频广告收入等。

（七）五大视频介产业市场画像

1. 电视媒介产业市场画像

●盈利能力超级强悍，总体市场份额占比达58%，总收入超过其他视频媒体营收之和1665亿元

在我国大视频市场中，电视媒体的盈利能力实在是太过强悍，2017年的6070亿元总收入占据了产业总收入份额的58%，比其他四类视频媒体营收之和还要多出1665亿元。此外，电视三年来营收平均增幅均超过了20%的情况也强烈反映出积极健康的市场信号。

●"其他收入"超过广告、有线网络收入834亿元；新媒体业务达到278亿元，实现产业结构多元化发展成功转型

中国电视媒体由版权销售、零售服务、IPTV、时移电视等业务构成的"其他收入"，2017年为2608亿元，市场占比高达43%。"其他收入"超过传统主营业务广告和有线网络收入123亿元，以及新媒体收入达到278亿元的的增长变化具有"划时代"意义，表明我国电视媒体的产业结构和经营模式发生了"革命"——实现了产业结构多元化发展的成功转型。

主要电视媒体LOGO

2. 网络视频媒体产业市场画像

●总体市场占比16%；在线视频收入份额占据46%，网络游戏排名第二

2017年，网络视频媒体以1669亿元收入，总体市场占比16%的经营业绩位列全行业盈利排名第二位。其中在线视频是第一金主，市场占比达到了45.6%。

●各项经营业务增长快速，广告与内容付费收益此消彼长

总体来看，我国网络视频媒体的各项经营业务处于发展的快速通道，2017年在线视频年增幅为48%，网络游戏增幅36%，广告增幅达到37.8%；而用户付费收入年增长率实现了翻番更是显示出该领域的良好发展前景。

但也应当看到，内容付费并不是什么新鲜玩法，国内外电视媒体免费收看的开路频道（以广告为主营模式）和付费收看的闭路频道（广告与付费混营或只通过付费盈利）运营模式已有数十年的成功应用实践。重要的是，在营收上，广告收入与内容付费是此消彼长的关系，如何进行平衡取舍，与媒介特性、实力与市场定位策略的关系密切，并无明显的先进与落后之分。

此外，节目的完全独播与播出后也进行节目销售，在盈利上也是一种各有利弊的市场运营方式，不能完全的绝对化，譬如电视媒体目前的节目销售收入就很丰厚。

主要网络视频媒体LOGO

3. 移动视频媒体产业市场画像

● 总体市场占比10%；移动游戏占据总收入份额64.5%

移动视频媒体2017年以1402亿元总收入、总体市场占比9.9%位居全行业收入排行老三地位，其中移动游戏的营业规模为904亿元，市场占比51.4%，泛娱乐直播以441亿元收入位居第二。

● 市场增速全行业最快，短视频收入增幅高达300%

在我国视频媒介市场，移动视频媒体产业经营的发展速度无疑是最为快速的。2017年其广告收入增幅达到87.8%，泛娱乐直播营收增速为93%，而短视频收入增长率更是达到300%。此外，短视频内容付费也正在兴起，约有40%用户购买过特定短视频的付费内容。①

主要移动视频媒体LOGO

4. 电影媒介产业市场画像

● 总体市场占比6.7%；国产片票房收入份额占据54%

2017年，中国电影媒体以创纪录的逾700亿元营业收入，6.7%的视频媒介总体市场份额占比位居全行业收入第五位。盈利的最大贡献者是规模达301亿元、总体票房份额占比54%的国产片票房收入。

● 映前广告、海外市场、衍生经营已成为重要增长空间

2017年电影媒体的映前广告收入38亿元，海外市场43亿元，衍生经营约60亿，合计达到141元，占据总体市场份额超过了20%，也反映出上述细分市场已成为中国电影重要的盈利增长空间。

---

① 数据来源：CSM《短视频用户价值研究报告2018-2019》。

75

主要电影生产机构LOGO

5. 户外视频媒介产业市场画像

●占据总体市场份额6%，楼宇电视市场称雄

2017年，户外视频媒体以634亿元的营业规模，占视频媒体总收入6.1%的成绩位居全行业第五名。其中楼宇液晶电视盈利能力最强，拥有58.4%的市场份额（增幅20%），街道电子屏是第二盈利大户，市场占比22%。

●地铁广告增速最快，公交电视广告三年跌幅过半

随着地铁交通的普及，地铁电视成为户外视频媒体发展最为快速的业务类型，2017年的营业收入达到50亿元，增长幅度为28%；受市民出行向地铁转移趋势的影响，公交电视成为唯一出现收入负增长的户外视频媒体，三年来跌幅过半，目前的经营规模仅为20亿元（2015年为45亿元）。

主要户外视频媒体LOGO

（八）小 结

1. 中国视频媒体10475亿元总营收占据传媒产业市场大盘55%，三年平均增幅20%，处于发展快车道

根据《中国传媒产业发展报告2018》的数据，2017年我国传媒产业的市场总规模达到了18966.7亿元（增幅为16.6%），如此算来，视频媒体10488亿元的经营收入的总体占比便达到了55.3%。再根据其连续三年均保持20%的增速可见，视频媒体居于我国传媒行业产业经营的主流地位，同时也处于发展的快车道。

2. 视频媒介间经营重点差异明显，五类主营业务占据总体市场份额近50%；广告收入所占比重仅为27%，多元化产业结构市场格局已经形成

根据电视媒体的主营业务"其他收入"2609亿元（占比43%），网络视频媒体主营业务在线视频953亿元（占比45.6%），移动视频媒体主营收入移动游戏904亿元（占比51.4%），电影媒体国内票房收入301亿（占比54%），户外媒体的主营业务楼宇电视广告370亿元（占比57.5%），合计达到5137亿元的统计可见：我国不同视频媒体的盈利重点差异明显，五大不同主营业务占到了总体市场份额的49%。

通过2017年电视媒介的广告收入为1651亿元，户外视频媒体广告收入634亿元，网络视频媒体广告收入172亿元，移动视频媒介广告收入314亿元，电影映前广告收入为38亿元，合计达到2809亿元的统计，再结合国家工商总局公布的2017年中国广告业经营额为6896.4亿元，以及中国视频媒体2017年经营总规模达到10488亿元的数据可见：

视频媒体广告收入占据了全国广告市场份额的40.7%，而广告收入在我国视频媒体产业中的比重则仅为26.8%。另一项重要的统计数据也显示出，2007年电视媒体的广告收入为443亿元，占据全国广告市场总体份额的25.5%；而到了2017年，虽然电视广告收入增长到1234.4亿元，但在全国广告市场总体份额占比却仅为17.9%，10年间市场比重下降了7.6%。[①]

显而易见，我国视频媒体主要依靠广告收入生存的境况已不复存在（户外视频除外），已经全面进入了产业经营结构多元化发展时代。

3. 视频媒体经营总规模10年增长约7.3倍，网络视频媒体盈利增幅高达约464倍，移动视频媒体成为收入增速最快市场黑马

通过10年对比可见：

2007年，我国视频媒体总收入合计约为1442.3亿元。其中：广播电视总收入1316.4亿元，[②]电影综合收入为67.3亿，[②]户外视频广告规模大致达到55亿元，[③]视频网站广告收入约为3.6亿元。[④]

2017年的统计显示，该年度我国视频媒体总收入达到10475亿元。其中：电视媒体总收入6070亿元，网络视频媒体总收入1669亿元，移动视频媒体收入1402亿元，电影媒体总收入近700亿元，户外视频媒体收入634亿元。

弹指一挥十年间，中国视频媒体的总体收入大盘便增长了7.3倍。其中，电视媒体收入增加约4.6倍，电影媒体收入增长了约10.4倍，户外视频媒体增加了11.5倍。最为可观的是，网络视频媒体经营收入增幅或高达464倍，而移动视频媒体的1402亿元收入则完全是新的增加量——成为收入增长最快的市场黑马。

---

① 数据来源：央视广告经营中心。

②③ 数据来源：《中国统计年鉴2009年》。

④ 数据来源：DCCI互联网数据中心。

中国视频媒体经营收入10年对比

2007
广播电视收入 1316.4 亿元
视频网站广告收入约 3.6 亿元
电影综合收入 67.3 亿元
户外视频广告规模 55 亿元

合计约 1442.3 亿元

2017
电视媒体收入 6070 亿元
网络视频媒体收入 1669 亿元
移动视频媒体收入 1402 亿元
电影媒体总收入近 700 亿元
户外视频媒体收入 634 亿元

合计约 10475 亿元

数据来源:《中国统计年鉴2009年》、易观国际、DCCI互联网数据中心、
《中国统计年鉴2018年》《中国广播电视行业统计公报2018年》

4. 广告内容化——"原生广告"代表未来方向

无论你对于广告这种代表视频制作技术与表现力的最前沿,主要通过"伪寓言"来教我们应该怎样生活的商品营销方式喜欢与否,但广告作为我们这个社会中最为常见的一种公众交流手段,依然会长期作为媒体重要盈利工具存在的现实是难以改变的。只是,其展示形态已经发生了很大变化。

话题再回到2019年各大卫视的《春晚》节目,它们在争奇斗艳内容下最大的共同点便是:与节目内容进行有机衔接的"原生广告"成为投放的主流形式。央视《春晚》的大部分广告都通过主持人口播、派送红包、字幕显示等方式与春晚内容做了关联(百度、拼多多、京东、苏宁、淘宝、海尔、抖音、古井贡酒等),而北京台《春晚》、辽宁卫视《春晚》也是通过主持人口播、植入相声、小品内容、字幕显示等方式对主赞助商火山小视频、北京现代、君乐宝奶粉、抖音、优酷等企业品牌进行了植入式广告传播。对于视频行业来说,卫视们不谋而合的广告传播方式变革行动意义重大,彰显出传播效果"润物细无声"的原生广告已经成了当今的主流视频广告传播形态。

"原生广告"(Native Advertising)是一种让广告作为内容的一部分植入到相关传播内容之中的广告形式,具有提升用户体验、增强发布内容接受度的突出特点。国内外众多的应用实践业已证明,随着市场竞争的日益激烈和消费者自主意识的不断提高,传统的那种强制性、灌输式硬性商品广告营销方式的传播效果不但已经式微,甚至还会遭到消费者的抵触与排斥,取而代之的便是将广告内容化,与传播内容与呈现风格高度融合的"原生广告"形态。其无缝对接、自然流畅的商品展现方式在"无形间"便可令广告传播效果倍增。

相关统计显示,我国原生广告市场规模从2013年的25.9亿元增加到2017年的701.4亿元,四年间增长了27倍。而在2015~2017年间中国网络视频媒体不同类型广告的收入结构中,原生视频广告占比从5%迅速扩大至23.2%。预计到2020年我国原生广告的市场规模将达到2472亿元。[①]

---

① 数据来源:艾瑞咨询《2018年中国互联网产业发展报告》。

五、中国视频媒介产业之宏图大业

接下来，我们将进入本书的"高地时刻"——为我国五大视频媒介以及中国视频媒介市场的宏图大业进行整体描述与总结概括。具体呈现方式除了精准的市场数据和科学客观的分析研判之外，还辅以了一组力求神似的图腾形象，以增加生动性与加深印象。

（一）中国电视媒体产业宏图

对于1958年5月1日出生，综合实力极为强大，正在通过媒体融合、全球化、多元化发展向新的高度攀升，越战越勇的中国电视来说，"超级视频融合媒体"或可成为它的一个新称谓。

中国电视媒体产业宏图

电视接收机逾5台
节目生产投资519亿，节目产量365万小时，短视频18万条+，移动直播3000场+

国内频道3493套，三大视频网络平台、新媒体新闻客户端传播矩阵
国际频道30余套，新闻直供海外1700多频道，数百家网络平台，42个文种新媒体传播覆盖200余国家和地区

国内电视收视10864亿小时，视频客户端播放量逾700亿次；多种视频传播业态覆盖全球每一块土地
全球复合用户18.9亿，产业总收入6070亿元

数据来源：CSM媒介研究

1. 内容产品极具竞争优势，新闻、电视剧、综艺娱乐节目市场领军，移动视频领域重大新闻报道绝对主力

在众生喧哗下的中国视频媒体市场，电视媒体最大的竞争优势便是其海量高品质专业内容产品：投资额高达519亿（全行业占比48%），内容年产能逾365万小时；新闻节目日产量达3000小时；电视剧产能规模世界第一；综艺娱乐产品用户广泛，真人秀节目网络视频市场领军；位居移动视频重大新闻报道第一主力阵营。

2. 电视频道、新媒体渠道、国际传播收获全球复合用户近19亿，新增用户市场占比超过32%

多业态综合覆盖、全球化传播是为中国电视媒体近年来至为重大的发展战略转型。在最大程度地巩固已有市场成果的同时，电视媒体努力开拓互联网络视频和国际市场"蓝海"，央视新闻移动网、央视网、芒果TV三大网络平台复合消费用户达到11亿，主要电视台短视频点击量逾700亿次，海外电视、新媒体用户超过6亿，全球复合用户规模达到了

79

18.87亿。其中新增复合消费者数量至少市场占比32%等成果，就是电视媒体与时俱进长足发展的具体体现。

3. 6070亿元营收占据视频媒体市场总份额56%，成功完成产业结构多元化转型

中国电视媒体6070亿元营业收入占据了我国视频媒体产业市场总体份额的56.3%，比其余四类视频媒体收入之和还要多出1665亿元，充分显示出超级强大的盈利能力。而其传统主营业务广告与有线网络2485亿元收入市场占比仅为41%，也严重反映出电视媒体成功实现了产业经营结构的转型升级。

4. 应对频道用户流失，全面实现媒体融合发展，是对电视人集体智慧的大考

虽然成效斐然，但必须正视的事实是：中国电视的传统主营业务出现了明显衰退，电视频道收视量10年萎缩了20%，仅2017年人均消费便减少了13分钟，而有线电视网络用户的流失也已成为趋势。显而易见，传统技术逻辑下线性播出，使用者被动接受的内容消费方式已经不再代表媒介发展的主流方向。

在网络视频、移动视频以更为人本化的应用功能占据着明显传播"区位优势"的媒介生态下，在信息无比充裕、碎片化生产消费已成为气候的"后信息时代"，如何继续保持内容优势，并在"娱乐"与"严肃"内容之间找到平衡；如何有效减少年轻用户的流失，如何应对互联网电视终端在客厅快速普及带来的挑战：如何建立起大视频版权管理机制（媒介最为核心资产），如何继续扩大国际传播影响力与盈利能力，如何实现新老媒体传播与产业经营的深度融合；而更为重要的也许是，对于可以在无限信息和无限需求之间建立起一种有效关联的可控、可管、可运营的新型信息平台的构建——平台化被专家们认为是当前互联网发展的最高目标。[1]

如此看来，中国电视媒体需要做的重要功课还真的不少。以更为开放的胸襟和更为超前的理念与行动砥砺前行，是中国电视再创辉煌的必然选择。

5. 形象大使：雄风依旧的狮子

狮子或可视为电视媒体的形象大使

之所以将电视媒体比喻为雄狮子，是因为二者有不少神似的共同特征。在大型陆生哺乳动物中，狮类无疑是进化最为成功的。头颅巨大的狮子爪、齿锋利，视、听、嗅觉均很发达，在其种群繁盛之地，其他种类动物总是相对处于劣势。虽然最后一次冰期之后，这种曾经在许多地区占有统治地位的大型猫科出现了种群衰

---

[1] 观点来源：何宗就著《大视频浪潮》。

退，但其勇于迎接各种严峻挑战，王者雄风依旧。发展历史已逾60年的电视媒体的生存境况与其有一定的相似之处。

（二）中国网络视频媒体产业宏图

实力强大、日益走向成熟，寻求新的突破，是我们对2004年左右出生、使用者男性比女性多18%、青壮年用户占比87%的中国网络视频媒体形象的总体描述。

1. 自制与海纳百川内容产品满足近6亿用户自由收看需求

无论是在用户数量还是内容投资规模方面，网络视频媒体在中国大视频市场中都排名第二。通过门类日益齐全，"青春"特色鲜明的逾14万小时自制节目以及海纳百川的内容产品，充分满足了5.8亿用户的自由收看消费需求。2017年在PC端获得了6524亿次播放，人均日使用达到3.2次。以影视剧为代表的娱乐长视频是网络视频媒体的主要应用形式。

2. 1669亿元收入位居行业第二，各项经营业务增长迅速

网络视频媒体以1669亿元的产业收入也位居视频行业第二位置。其各项主营业务的发展相当迅速，在线视频、网络游戏、广告收入的年增幅均在40%左右，用户付费的年增长更是超过了100%。

3. 实现互联网电视应用的突破性发展，应对移动视频博兴引发的用户流失与市场萎缩等挑战，网络视频媒体也面临着转型升级

互联网电视是网络视频媒体的"新蓝海"，实现突破性的应用提升是其"两翼齐飞"战略的发展要务。广告业界一般认为，最具广告价值的应用终端是客厅消费模式的电视屏，其次是Pad和智能手机两种终端，PC终端排在最末。

需要特别指出，与一般的视频应用最本质的区别在于，互联网电视的应用功能首先是家庭娱乐中心、消费中心，然后才是收视中心。互联网电视会帮助用户实现在线游戏、在线音乐欣赏、获取新闻资讯、适时天气查询、适时股票查询、网上购物、缴纳费用等丰富多样的实用功能，同时还能够下载网上高清大片和各类视频节目，犹如连接了一座应有尽有的"影视博物馆"。有预测称，在未来，互联网电视

中国网络视频媒体产业宏图

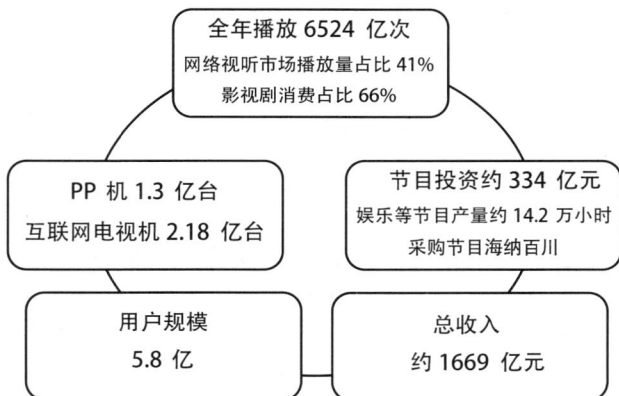

数据来源：CSM媒介研究

81

"看"的功能可能只会占到1/3左右，用户则以"玩"与"用"的应用为主，或将发展为以"玩"与"用"为主要应用方式的屏媒。

网络视频媒体至为重要的变化还包括，几年前还代表媒介新锐力量的网络视频媒体现在已经被一些人称之为"传统媒体"了。不可否认，无论是在用户规模（网络视频用户5.8亿：移动视频复合用户5.5亿），传播声量（网络视频占居网络视听节目点击总量41%：移动视频媒体占比45%），盈利能力（网络视频经营规模1669亿元：移动视频媒体1402亿元）等方面，移动视频媒体都向网络视频媒体发起了严峻的挑战——依然年轻的网络视频面临一系列新的发展课题。

老虎或可视为网络视频媒体的形象大使

4.形象大使：威风凛凛的老虎

网络视频媒体的生存状态与在山林间觅食的老虎有不少神似的地方。老虎脚上生有很厚的肉垫，行动机警隐蔽，其最精良的攻击武器就是粗壮的牙齿和可伸缩的利爪。老虎主要以野鹿、野羊、野牛、野猪、马鹿等大型哺乳动物为食，捕食时异常凶猛、迅速而果断，以消耗最小的能量来获取尽可能大的收获为原则。我们遂将应用人群巨大、盈利能力强悍，正在向新的高度发展的网络视频媒体的总体形象写意性地比喻为威风凛凛的老虎。

（三）中国移动视频媒体产业宏图

众媒入局，万众参与，前途无量，是我们对于2016年左右勃兴的中国移动视频媒体形象的总体描述。

1.媒体共力，全民参与"大生产运动"海量产能引发视频应用革命

移动视频媒体的产能规模与应用普及的突然间爆发，令媒介市场和社会有些猝不及防。根据估算，由全媒体共力和全民参与的移动视频"大生产运动"喷涌出的内容产品的数量约为52.6亿小时。如此恢宏视频内容的喷薄溢出，在人类历史上绝无仅有，也引发了媒介生态和大众生活方式的革命性变化。

2."掌上世界"跃升传播主场，国家级重大新闻移动端三大央媒主导

就2017年我国移动视频媒体主要内容的消费情况来看，短视频应用是绝对的主导，占比达到80%，开机率约为5219亿次。在用户规模上，也是短视频多于移动直播用户，前者达5.79亿，后者为3.98亿，且已有30%的网民将短视频作为未来三天唯一的媒体选择。短短几年间，移动视频便成为新的主流内容消费方式，"掌上视界"已跃升为传播声量极大的"主流媒体"之一。当然，同样重要的是，凭借天然优势，中央电视台、新华社、《人

民日报》三大央媒已经迅速占领了移动视频媒体国家级重大新闻传播高地。

中国移动视频媒体产业宏图

播出平台 200+，应用手机 5.79 亿台
内容生产投入约 137 亿元＋约逾 1.5 亿 生产型消费者"无私奉献"投入
制作总量 53.4 亿小时＋，占比视频媒体内容总产能 99.9%

三大央媒主导移动端国家级重大新闻报道

观看总量 7495 亿次
复合用户 13.8 亿
总收入 1402 亿元

数据来源：CSM媒介研究

3. 经营收入增速全行业最快，媒介财富向移动端转移成为趋势

仅仅数年时间，移动视频媒体的营业收入便达到了惊人的1402亿元，市场排名第三位，主营业务的增长极为迅速。2017年，广告收入的增幅为88%，泛娱乐直播市场增速93%，而短视频收入增长率则更是达到了300%。显然，媒介财富向移动端快速流动已成为趋势。

4.优质内容依然缺乏，MCN化成为重要发展方向

对于一路高歌猛进的移动视频媒体来说，当前最大的问题仍然是优质内容的缺乏，公众对于短视频品质的整体评价仅仅才过及格线。产品个性化、精品化、品牌化发展，大力推进各尽所能、各得其所的MCN化产业平台建设，是下一波的市场"红利"。而随着逐渐走向成熟，移动视频在文化、教育、服务、电商短视频、电商直播等市场细分领域的垂直化发展也已成为趋势。

5.形象大使：展翅高飞的雄鹰

和一般为杂食的鸟类不同，老鹰属于猛禽类，它性情凶猛，有着锐利的眼睛和锋利的爪，翼大善飞，可以捕捉比自己体型大的猎物。从市场角度上看，老鹰的个性特点与意气风发、前途无量的移动视频媒体有一些相似的地方，因此遂将振翅高飞的雄鹰作为移动视频媒体的形象代言。

雄鹰或可视为移动视频媒体的形象大使

（四）中国电影媒体产业宏图

追求卓越、勇于进取是我们对于有112年历史、女多男少、用户高等教育者接近90%的中国电影媒体形象的总体描述。

中国电影媒体产业宏图

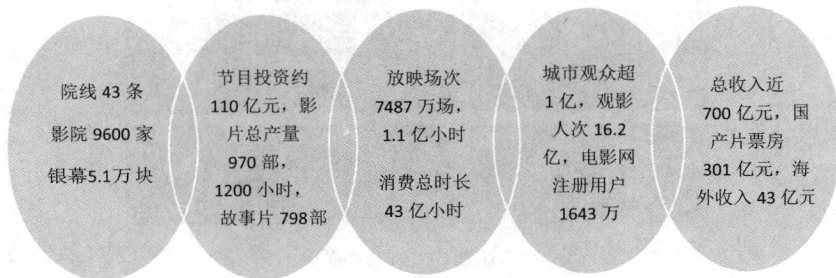

| 院线 43 条 影院 9600 家 银幕5.1万块 | 节目投资约 110 亿元，影 片总产量 970 部， 1200 小时， 故事片 798部 | 放映场次 7487 万场， 1.1 亿小时 消费总时长 43 亿小时 | 城市观众超 1 亿，观影 人次 16.2 亿，电影网 注册用户 1643 万 | 总收入近 700 亿元，国 产片票房 301 亿元，海 外收入 43 亿元 |

数据来源：CSM媒介研究

1. 观影设施居于世界先进水平，成为全球电影市场增长主引擎

近万家影院，逾5万块银幕，中国电影产业的观影基础设施无论是在数量规模，还是3D大屏幕数量和整体数字化水平都居于世界前列。

更为重要的是其超强的影响力和盈利能力，虽然2017年的电影产能只有1200多小时，但却获得了16.2亿次观看，近700亿元的产业收入。中国电影产业规模已接近了世界最大的电影市场北美市场，不久将会成为全球第一大市场的发展态势已成为世界电影业的共识。

2. 跨媒体应用能力极为突出，国际化水平大幅提高

普适性与跨媒体传播能力极强是电影媒介内容产品最为突出的特点之一。电影节目在几乎所有视频媒体中都是深受欢迎的重要内容，充分证明了优质剧情类产品永远是市场竞争中的制胜法宝。同样重要的是，在传播全球化的大背景下，中国电影的国际化发展也相当有起色，2017年合拍影片达到84部，占比10%，海外市场影片发行100余部，收入达到创纪录的43亿元。

3. 传播主渠道、主营模式或发生重大变化

在接下来的发展中，中国电影媒介的传播主渠道和经营模式或可发生重大变化。有业内人士认为，随着网络技术的进一步成熟，网络付费观看或有超过影院观影收入的可能。可供参考的国际相关情况有：在美国电影协会发布的2017年度电影产业报告中，有一个影响深远的转向，即将该报告更名为"年度影院和家庭音像市场环境报告"。因为，从2013年以来，全球电影消费增长了13%，但是数字化家庭音像消费增幅却高达161%。

总之，发展历史最为悠久，通过坚守"精品内容为王"市场策略应对传播技术进步带来市场变化能力超强的电影媒体，一定会与时俱进地找到更为有效的可持续发展路径。

熊猫或可视为电影媒体的形象大使

4.形象大使：人见人爱的大熊猫

相貌憨厚，带着浓浓黑眼圈，以内八字方式行走的大熊猫绝对是最惹人怜爱的动物之一。它们在地球上至少已经生存了800万年，被誉为"活化石"，是生物多样性保护的旗舰物种。我们遂将人见人爱的大熊猫作为视频媒介的开山鼻祖，内容产品最为精良、使用价值最高的电影媒体的形象代言。

（五）中国户外视频媒体产业宏图

聚焦大都市，不拒涓滴，见缝插针，收获丰硕是户外视频媒体真实的市场形象。

中国户外视频媒体产业宏图

液晶屏幕逾 60 万（移动电视屏幕 35 万块，电梯电视屏幕 25 万块，户外大屏、卖场店时超过10万块）	用户规模 逾 4 亿	播出总量 逾 43 亿小时
用户接触总次数约 2920 亿次 收视总时长 49 亿小时	产业总收入 634 亿元	

数据来源：CSM媒介研究

1. 都市居民一网打尽，网聚3000余亿次眼球关注

户外视频媒体创造性建立起庞大的都市生活圈传媒生态，市井百姓、职场精英来者不拒，老少通吃，网罗用户逾4亿，全年获得2920亿余次用户接触，49亿小时收视。

2. 聚沙成塔收获成果逾600亿元，都市化进程加快市场前景光明

根据用户移动性强的特点，户外视频媒体践行节目微型化和广告内容化传播理念，通过适配的节目格式形态，最大程度地增加用户的关注度，2017年收获成果634亿元，创造了市场奇迹。

就细分市场来看，楼宇液晶电视吸引了中国最具影响力和购买力的职场精英人群眼球，最具商业价值，收入达到371亿元，总体市场占比超过48%；而地铁/轻轨户外视频的增长速度最快，已成为新的重要发展空间。随着我国城市化进程的提速，户外视频媒体有着良好的市场增长前景，向着社交化、数字化、智能化演进是为其发展方向。

3. 形象大使：很有人缘的喜鹊

喜鹊是适应能力比较强的鸟类，几乎遍布世界各大陆。喜鹊也是很有人缘的鸟类之一，自古以来在中国就是吉祥的象征。喜鹊喜欢把巢筑在民宅旁的大树上，在居民点附近活动。一个普遍现象便是人类活动越多的地方，喜鹊种群的数量往往也就越多。由于喜鹊的行为特点与户外视频媒体有不少形似的地方，因此我们遂将其作为户外视频媒体的形象大使。

喜鹊或可视为户外视频媒体的
形象大使

（六）中国视频媒体产业之宏图大业

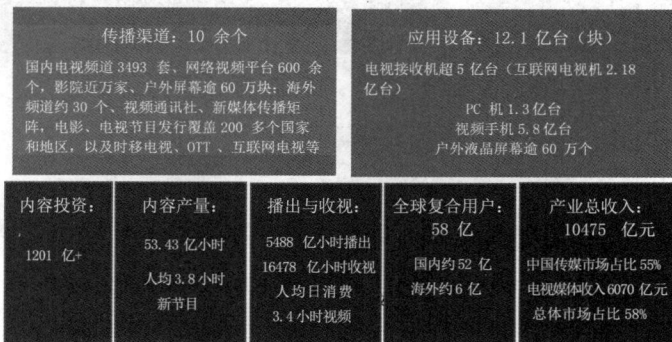

无疆视界主导传媒市场，视频消费狂欢改变社会生活，推动文明攀升，大致是为中国视频媒体产业宏图大业之总体概括。

中国视频媒体之宏图大业

传播渠道：10 余个	应用设备：12.1 亿台（块）
国内电视频道3493 套，网络视频平台600 余个，影院近万家，户外屏幕逾60 万块；海外频道约30 个、视频通讯社、新媒体传播矩阵，电影、电视节目发行覆盖200 多个国家和地区，以及时移电视、OTT、互联网电视等	电视接收机超 5 亿台（互联网电视机 2.18 亿台） PC 机 1.3 亿台 视频手机 5.8 亿台 户外液晶屏幕逾 60 万个

内容投资	内容产量：	播出与收视：	全球复合用户：58 亿	产业总收入：10475 亿元
1201 亿+	53.43 亿小时 人均 3.8 小时新节目	5488 亿小时播出 16478 亿小时收视 人均日消费 3.4 小时视频	国内约52 亿 海外约6 亿	中国传媒市场占比 55% 电视媒体收入6070 亿元 总体市场占比 58%

数据来源：CSM媒介研究

1. 视界无疆——1200亿元内容生产投资，5262亿小时节目播出，汇聚35亿全球复合用户，收获逾万亿元丰硕市场回报

中国五大视频媒介的丰功伟绩即为：通过立体覆盖、疏而不漏的传播网络，人均近1台的接收设备，1200亿元的节目生产投资，约53亿小时内容产能，5262亿小时节目播出，以及大约16144亿小时收视，聚集了35亿全球复合用户的眼球，收获10475亿元的产业收入。

2. 媒介市场主导——日均3.4小时视频应用成为全民信息获取、娱乐消费主要方式，极大促进世界1/5人口文明进程

在视频媒介以不同的"区位优势"施加着各自对于社会的强大影响，并收获着丰厚市场回报的同时，消费者也是大赢家。人均3.8小时新节目、日均3.4小时视频应用，已成为国民信息获取和娱乐消费的重要方式。这种畅快淋漓、史无前例的视频应用趋向已成为现代社会流光溢彩的新景观和新的全民生活方式，极大影响着世界1/5人口的文明进程。

3. 永远在路上——是为视频媒体产业发展的起点与宿命

进一步激发创新活力，生产出更多更好的内容产品以满足不断增长的多样性视频消费需求，建立起媒体融合时代的市场新秩序，有效推进全行业产业化、国际化发展，迎接5G、AR、VR、AI等新技术应用普及带来的挑战与机遇，都是中国视频媒体产业的重要发展课题。任重道远，永远在奋进，永远在变革，永远在路上，是为中国视频媒体生存与发展的起点与宿命。

五大视频媒介之"图腾"

六、本章小结

"认识你自己"是千百年来先知和哲人最为重要的人生教诲，到了21世纪，这个建议的迫切性更是显得前所未有——在一个信息爆炸却多半无用的世界，清晰的见解就成为一种力量。然而，要在一个像生物体那样复杂、而且仍在迅速变化的视频媒介生态谜团中理清各个部分的关系，依然是一项艰巨的任务。但我们仍旧愿意尝试从传播媒介发展演进的规律性和媒介进化促进人类文明攀升的视角和观点，来更为透彻地理解视频媒介发展进化的大趋势——这个观点并不深奥，其核心便是：媒介即人，媒介以人为本。

而我们思考过去，利用更为宏大的视野来观察考量媒介发展演进的规律性，不是为了预测未来，而是为了更好地看清未来。

（一）媒介进化论——赋能、回归、解放

作为一种基因材料与其所在星球上的任何有机体并没有什么不同的生物，一个20万年前还不过是东非稀树草原上自顾自生活的"小可怜"，一个9万年前开始向外扩张，1万年左右才从行踪飘忽不定的迁徙状态定居下来的物种，我们这个体型中等、头重脚轻、奔跑速度并不很快、肌肉力量也远不是老虎狮子对手的生命群体，之所以能够在蓝色星球上分布范围最广，实现了文明攀升，同时也不可逆转地改变了地球生态，是因为通过制造工具来突破运动器官和感知器官的生理限制，从而获得巨大能量，这种超然本领绝对是功莫大焉。

今天，人类在过去仅利用身体来完成的所有事务上都已经实现了延伸，事实上，所有的人造材料也都可以被视作人类身体的延伸。当我们用上了全部的辅助器官时，就真的非常了不起了，智人已经成为某种意义上的神。

1. 媒介即赋能——信息传播体外化是我们这个物种的力量之源

与万物相比，将信息传播最大程度地体外化绝对是人类特有的独门绝技。通过历史的广角镜头可以清晰看到，人类传播能力的每一次跃进都意味着，通过我们的眼睛、耳朵乃至于中枢神经系统的不断延伸，人类的集体学习与团队合作能力得到进一步增强。

●语言是五官结结巴巴的延伸，是人类最伟大的发明创造，为所有传播之母

大约在180万年前到170万年前，从多样的人属物种中进化出来的直立人已经会说一种原始语言，会使用简单的名词和动词，这种语言在语速、词汇和复杂性方面逐渐得到增强。①

主流学界观点认为，我们这个物种之所以能在短时间内开启一种与地球上其他大型生物完全不同的历史，语言的产生是为关键因素。语言可以使我们更为充分准确地相互交换了解到的信息，随着时间的推移，信息在一代代人当中越积越多，人类的认知能力便由此得到了不断的增强。研究者把这种信息共享的过程称之为"集体学习"。集体学习意味着人类与其他物种不一样——不但通过基因进化，也通过"文化进化"来适应周围环境，并且文化进化要快于基因组进化，这也有助于解释最近20万年来人类历史变化速度的加快。

---

① 大卫·克里斯蒂安、辛西娅·斯托克斯、布朗·克雷格·本杰明：《大历史——虚无与万物之间》，第123~124页。

得到普遍认可的意见还包括，人类语言能力的一次大跃进发生在3万~7万年前。根据该时期向世界各地迁徙的智人留下的船、油灯、弓箭以及缝制御寒衣物的针等遗存所显示出的人类的生存能力在突然间得到了爆发式增强，以及人类基因研究等相关证据，研究者认定，某次偶然的基因突变改变了人类大脑内部的连接方式，让他们以前所未有的形式来思考，用完全新式的语言进行沟通，从而出现了所谓的"认知革命"——学习、记忆、沟通能力的大幅度跃升。至于为什么这种突变只发生在智人的DNA里，而没有出现在同时期的尼安德特人身上，我们现在只能说这就是纯粹的偶然。[1]

一旦人类具备了一种新的更强有力的信息交流工具，并且由此获得了更好的集体学习能力，人类历史就启动了。而人类语言最为独特的功能，还包括能够表达我们从来没有看过、碰过、耳闻过的事物，并且讲得煞有其事。虚构事物的重点不仅在于让人类能够拥有想象力，更为重要的是可以通过"一起"来想象，编织出种种共同的虚构故事，从而得以集结大批人力物力来成就大业——人类非常善于协同工作，我们能够在极其复杂的团队中进行社会合作——这种惊人的为自身利益而控制环境的集体能力是智人成功的关键。[2]不仅仅是玩笑的话则是，虽然蚂蚁、蜜蜂和黑猩猩（与人类的基因仅相差1.5%）也会进行团队合作，但方式死板，缺乏想象，而且只限近亲。正因为如此，才会是智人统治世界。

还必须要提及的是，人类丰富的语言表达能力是将喉位下移从而获得了一个共振发声的气腔，以被呛到的小小风险交换得来了的，而我们的近亲黑猩猩就没有共鸣腔和人类那种灵巧的舌头。

作为传媒业者，我们对于人类语言功能发展的重要认知还应该包括：

在200万年前便已出现的口语传播，占据了人类历史的绝大部分时间，如果忽视了它的重要作用与巨大影响力，我们对于最近数千年来的传播媒介飞速发展的演进历程就难以理解。因为，语言永远都是人类的传播之母——今天，一个6岁的儿童掌握的词汇量便已达到了1万余个。

当然，仅通过身体器官来进行信息交换的口语传播也存在着先天的限制性，如传播范围仅限于人际面对面之间，不便于长期保存，精确度也不够严谨等，而后进媒介们的努力，便是要突破上述传播限制——虽然每一种新媒介的出现仅仅是使得人类部分的传播功能得到增强并伴随着一部分的传播扭曲。

●文字是耳朵的延伸，书籍和报纸推动人类集体学习能力实现巨大飞跃

就目前所知，世界上最早的文字来自美索不达米亚古城乌鲁克的埃安娜神殿(Eanna Temple)出土的一小块石板，其上面布满以人的头、手、脚和线形符号刻画出表示各种事物的图画符号的象形文字，年代约为公元前3500年。令人类学家们颇为惊异、无独有偶的现象是：当疲于迁徙的人类终于定居下来之后，互不往来独自发展的四大农耕文明便不约而同地各自创造出了不同形式、可以完整表意的书写文字——我们交换信息和集体学习的能力在农耕时代获得了巨大的推动，从而创造出更为庞大的文明联系网络。

文字发明的重要意义还包括：它为人类提供了一种利于生存的新的世界观和方法论。与口语传播相比，文字因其传播载体便于保存的特性而形成了一种有效的运作机制：使得整个社会创造的知识被记载下来，确保后代比前辈拥有更多的知识。此外，文字还让人类

---

[1][2] 尤瓦尔·赫拉利：《人类简史——从动物到上帝》，中信出版社2014年11月第1版，第23~24页。

提高了精确思维与深入思考的能力，而在增强我们这个物种的深入思考能力方面，没有比书籍更好的工具了。深刻反映人性复杂性的文学作品以及成体系的科学研究著作，便是人类思维能力的巅峰之作。而随着社会发展变得越来越复杂，需要深入思考的事物也随之增加，书籍不可替代的重要性便与日俱增。有资料显示，包括美国国会图书馆、英国大英图书馆、中国国家图书馆在内的全球十大图书馆目前的藏书量大约就达到了6.5亿册。

作为第一种真正意义上的大众传媒，现代报刊的诞生以19世纪30年代美国《纽约太阳报》和《先驱报》的创刊为标志。价格低廉、发行量大、内容以贴近大众生活的新闻、社会事件和娱乐为主，人人都看的报纸极大促进了普通民众的集体学习，特别是识文断字的能力。仅以美国为例，1919年报刊的发行总量便达到了2421万份，平均每户为1.36份。[1] 2017年，我国的报纸的发行量为1884种，362.5亿份。[2]

●电影、广播、电视是眼睛和耳朵的延伸，电子媒介、视频媒介令人类文化传承的效率和质量实现了新的攀升

1844年5月24日，当画家出身的莫尔斯（Samuel Finley Breese Morse）在美国联邦最高法院会议厅里用颤抖的手激动地向40英里外的巴尔的摩城发出了一封内容为"上帝创造了何等的奇迹"的电报，人类的信息传播速度便超越了信使和火车的奔跑，开启了利用电波传递信息的历史。

1895年12月28日，卢米埃尔兄弟（Lumiere Brothers）在巴黎地下咖啡馆放映了《火车进站》《工厂大门》等活动影像短片，人类通过视频进行信息传播的大门由此开启。

1920年11月，第一家商业广播电台KDKA 在美国诞生，广播成为第一个进入家庭的大众电子媒介。

1936年11月2日，英国广播公司（BBC）在伦敦以北的亚历山大宫第一次正式播出了电视节目，视频开始堂而皇之地进入了寻常百姓之家。

电子媒介的兴起是人类传播能力的一次重大革命，它使得信息的传播速度达到了几与光速等同的每秒30万公里，而视频媒介的出现，则使得人类获得信息的数量与质量得到了极大的增强。从生理角度，在我们五官对于世界的感知方面，视觉排第一（获得80%左右的信息），听觉为第二，其余的依次为触觉、嗅觉和味觉——舌头只能分辨酸甜苦辣咸，必须直接接触食物方能感知。而以1957年苏联发射了第一颗人造地球卫星为标志，人类进入了卫星传播时代——在一定意义上说，人类也因此成为了一个星际物种。以上述伟大发明为基础，广播、电影、电视媒介便进入了该时期信息传播的中心位置，人类知识和经验的积累，文化传承的效率和质量又产生了新的飞跃。

●互联网络媒体实现了我们中枢神经系统的延伸，地球成为超级学习社区，人类的博学多识亘古未见

回头看来，这个世界许多重要事情的发展事前并无先兆。悄无声息间，1969年地球上发生的最大的一件事情便是五角大楼建立了用于军事目的的阿帕网（AppANET），而随着1975年Altair公司研制出了第一台面向大众市场的计算机，1987年诞生了便于民用的移动电话，以及1989年12月由日内瓦欧洲核子研究组织(CERN)的数学家蒂姆·伯纳斯·李

---

① 郭庆光：《传播学教程》（第2版），中国人民大学出版社2014年4月第8次印刷，第104页。
② 数据来源：《中国统计年鉴2019》。

（Timothy John Berners-Lee）发明并无偿奉献给社会，赋予Internet强大生命力的万维网（World Wide Web），人类便进入了将部分中枢神经系统外包、感觉器官全球化延伸的信息时代。

具备有实时性、海量性、多媒体性、检索的便利性、应用的交互性以及传播范围的全球性等突出特点的互联网络传播所产生的威力空前绝后，其强大张力使得每个人在顷刻间便可以与人类的一切知识与经验取得联系，人们突然之间变成了游走不定的知识采集者，万众也在一夜之间由媒介的消费者变成了信息的"生产型消费者"。最为引人注目的现象是，手机几乎成为人类身体信息器官的一个有机组成部分，须臾不见，一时不用，许多人便会魂不守舍——随时随地与想要的信息保持联系，是一种深刻的人类需求。

互联网络传播对传媒市场所产生的震荡与影响更是山呼海啸，其对于媒介生态的冲击包括了"去中心化"。过往，传播媒介的内容生产与传播基本都是按照自产自销、我主动传播你被动接收这样的"媒介中心"方式来进行的，而网络媒介则颠覆了这一传统方法，内容消费变成自主的我看我选，被动接受也变成了边观看边参与互动。这种自主消费参与性消费成为媒介应用主流的变化，对于整个媒介生态产生了颠覆性影响与市场重构。

传播媒介发达所带来的最为直接的结果便是社会信息绝对量的增加，据推测，目前人类社会的信息量倍增时间仅仅需要18个月，而此前则是需要花费数十年乃至上千年的时间。[1]而当地球成为一个巨大的学习社区，教育成为人人的责任，地球人的博学多识，人类"文化进化"的大幅度攀升也就自然是亘古未见了。

综上所述，不断发现新的信息传播方法，通过不断延伸感觉器官来适应环境的能力，这是人类历史的基础，也是我们这个物种的力量之源。

2. 媒介即回归——"不忘初心"向着更多地复制人类自然交流状态发展演进

我们可以将传播媒介视为一个拥有着自己生长规律的生命体。只是，该生命群体所特有的演进路径是根据达尔文进化论的普遍适用性，以及向着人类传播本源回归的方向来进行的。就像生命是在基因水平上进行自我复制一样，古往今来，传播媒介竭尽全力复制的就是人类真实自然的传播情境——即最大可能地再现人们日常交流中的那种面对面，色彩、动作、声音、互动等功能——传播手段的"完整性"与传授双方的"在场性"是人际传播最为突出的特点。

总体看来，一种媒介之所以存活或者居于市场主导地位，就是因为它在模仿"前技术时代"的传播方式优于其他对手。比如黑白照片、无声电影被彩色照片和彩色有声电影所取代的原因，就是由于其所反映出来的影像与人类原始传播的真实情境大相径庭。又如只听不看的媒介之所以有很高的生存概率，也是因为广播的传播形式与远古人类那种在昏暗的洞穴里只听不看进行交流的方式有着高度的契合——对于媒介的生存来说，精准地再现"前技术时代"环境的一部分往往比大范围的重现更为重要。至于移动视频媒体目前如日中天的主要原因，也是因为其在即时性、互动性、便捷性等方面比其他媒介更为完整地复制了人类真实传播环境的特点而获得了竞争优势。

所以说，传播媒介发展进化至为重要，永远恪守的方向，便是"人性化"地循着复制

---

① 郭庆光：《传播学教程》（第2版），中国人民大学出版社2011年4月。

人类的自然交流状态不断演进。每一种新媒介都是对于人类传播本源的更多的回归。而当一种媒介找到了与"前技术时代"传播方式高度契合的"媒介生态位"，便获得了可持续发展的通行证。

可以肯定的是，没有哪一种媒介能够完全吻合人类的全部真实传播环境，尽可能接近与回归，便是媒介们为之竭尽全力的奋斗目标。将达尔文的进化论机制和媒介的人性化发展特性结合起来，就是对媒介进化理论的最好诠释。

3. 媒介即解放——"看、玩、乐、用"传播潜能获得不断释放

稍加梳理我们便能看到，传播媒介的发展演进方向还包括有对于传播功能和传播内容的不断解放。

在日常谈话中，人们交流的内容是无所限定的，但早期的媒介由于技术条件限制等原因，对于传播内容进行了不同程度的剪裁和限定。随着技术的不断进步，媒介的内容传播也日趋走向无所不包的本源回归，媒介的发展演进最大程度地释放了其本身固有的"看、玩、乐、用"潜能。

在"看"的方面，视频内容已然成为大众媒介消费的主流，视界革命所引发的视频应用创世狂欢正深切地改变着社会的面貌和每个人的生活。

在"玩"的领域，万众参与的短视频和移动直播内容生产，以及近5亿用户"刚需"的网络游戏都是对于传播媒介"玩"的功能的巨大释放。

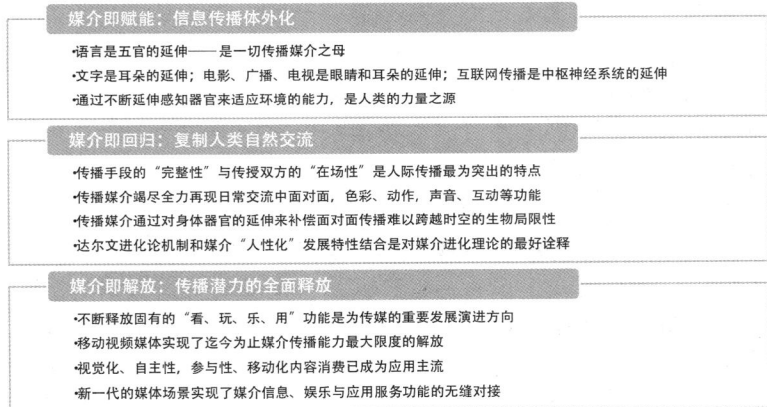

媒介即赋能：信息传播体外化
- 语言是五官的延伸——是一切传播媒介之母
- 文字是耳朵的延伸；电影、广播、电视是眼睛和耳朵的延伸；互联网传播是中枢神经系统的延伸
- 通过不断延伸感知器官来适应环境的能力，是人类的力量之源

媒介即回归：复制人类自然交流
- 传播手段的"完整性"与传授双方的"在场性"是人际传播最为突出的特点
- 传播媒介竭尽全力再现日常交流中面对面，色彩、动作，声音、互动等功能
- 传播媒介通过对身体器官的延伸来补偿面对面传播难以跨越时空的生物局限性
- 达尔文进化论机制和媒介"人性化"发展特性结合是对媒介进化理论的最好诠释

媒介即解放：传播潜力的全面释放
- 不断释放固有的"看、玩、乐、用"功能是为传媒的重要发展演进方向
- 移动视频媒体实现了迄今为止媒介传播能力最大限度的解放
- 视觉化、自主性，参与性、移动内容消费已成为应用主流
- 新一代的媒体场景实现了媒介信息、娱乐与应用服务功能的无缝对接

传播媒介进化图示

在"用"的功能开发上，互联网电视向着主要以"用"与"玩"的功能方向发展，电商、财经、教育以及美食、美妆等细分市场的旺盛需求，都是媒介在"用"功能方面获得的长足进步。

而对于人人都喜欢的"乐"的内容的拓展方面，传播媒介则更是不遗余力。影视剧类产品占据着最大的用户收视规模，综艺娱乐节目、手机音乐视频、秀场直播等娱乐内容市场需求的快速增长也使得媒介的"乐"传播功能实现了空前延展。

技术的改变塑造了新一代的媒体场景，新技术也使得媒体的社会功能发生了变化，在原来的舆论引导与娱乐服务之外，传播媒介融入了信息社会整体，实现了与无限需求应用服务功能的无缝对接，正向着未来的智慧媒体演进。

我们思考过去，梳理传播媒介发展历程的主要目的不是为了预测未来，而是为了拓宽视野，更好地看清楚现在。

（二）媒介娱乐消费增加是一种社会进步，文化精神"娱乐至死"现象从未发生，短视频和泛娱乐直播海量内容溢出是媒介"娱乐化"发展至为重要的影响因子

视界革命如火如荼快速发展的进程，使得媒介的"娱乐化""泛娱乐化""碎片化"发展倾向变得极为明显，"雾里看花"中，容易产生迷茫、无所适从，甚至有人将这种娱乐化趋向视为"洪水猛兽"。因此，尽量厘清它们个中在传媒市场中的"生态区位"，较为透彻地理解媒介内容发展演进变化趋势的规律性，对于传播媒介本身以及从业者都有着重要的现实意义。

1. 影响视频媒介"娱乐化"发展的四种力量

总体来看，业内外对于当今视频媒介严重"娱乐化"发展趋向的认知主要是由以下四种内容力量的影响所造成：

●影视剧和综艺类节目：产能不断提高，永远是拉动用户媒介消费的核心产品

前面我们已经充分谈到，视频媒体在剧集类产品和综艺娱乐节目的生产与投资上一直都在不断增加，消费者对于该类型内容的消费规模数量也是最大的。2017年在上述领域的投资高达628亿元，占据了整个视频媒体内容生产总投资额的58%以上。而在电视和网络视频收视市场，剧集类节目的消费份额占比均为过半。虽然电影的产能只有1200小时，但年度观影人次则高达12.6亿。

对于影视行业，一个总的市场规律是，娱乐类长视频永远都是用户消费的第一主打产品。在市场的旺盛需求下，其生产规模在不断水涨船高。

2. 短视频与泛娱乐直播：海量溢出内容是造成媒介"娱乐化"发展极为重要因素

造成社会对于媒介娱乐化发展倾向认知的另一个重要原因，还包括了以手机为代表的移动视频的广泛应用所带来的巨大影响。初步估算，我国参与短视频内容制作的"生产型消费者"至少达到1.2亿，产能规模约为8300万小时。至于泛娱乐直播的主要内容产品秀场直播和游戏直播的生产规模更是达到了令人惊诧的约52.6亿小时之巨，而且游戏直播的消费者还是特别的"铁粉"。

在此需要特别指出的有两点：

一是制作门槛降低，万众进入内容生产领域所带来的最为显著的市场变化就是表现民生百态的内容爆炸性增长，以及节目长度的短暂化、表述语态的口语化和呈现方式的"泛娱乐化"——与媒介中心时代权威、严肃、内容格式相对固定的产品形态特征形成了鲜明的反差。

二是海量"泛娱乐"产品极大颠覆了视频市场的固有生态。在短时间内迸发出来的移动视频"泛娱乐"内容产能高达逾53亿小时，而电视、电影、网络视频媒体的专业内容2017年产量仅为380万小时左右，二者相差高达1400倍。

海量"泛娱乐"视频内容的突然间喷薄溢出，不但引发了视频市场生态的剧烈震荡，而且也是造成媒介内容"娱乐化"发展的极为重要原因。

●媒介表现方式进步之影响：提升传播内容感染力，与"娱乐化"几无关系

还必须要提及的一个容易产生混淆的问题是，我们要把媒介为增强传播效果不断发展的种种专业努力与过度娱乐化区分开来。视频内容生产方式总的发展趋势是：内容表现的故事化、注重讲述的细节化以及亲切平和的口语化等已成为当今"标准"的内容呈现方式，这是媒介传播理念与表达方式的进步使然，与娱乐化无关。对于专业制作者来说，把传播内容讲清楚了，仅仅是刚刚及格，而能够把事情讲得生动有吸引力才是功力之所在——一部媒介发展史，也就是把叙述主题讲得越来越生动的历史。

●海量广告的高频次传播：增强了媒介"娱乐化"发展整体印象

长期以来，传播媒介都扮演着中间商的角色，通过内容来吸引消费者的关注，然后把这种关注的规模数量推销给广告主，再通过播出广告来获得生存发展的资金。即使到了今天，广告仍然是传媒重要的收入来源。

在视频媒介上播出的广告有两个突出的特点：一是如电影品质般制作精良，非常好看。广告是表现力和艺术感染力最强的一类视频节目类型。二是播出频次高，原则上在10~30分钟左右便会出现一次曝光。如此这般日复一日地全天候反复播出广告，极易给消费者造成媒介娱乐化发展的印象。此外，在节目段落间加上片花间隔提示也已成为视频内容传播的一种重要表现范式，而大量播出的间隔片花，也会增加公众对于传播媒体向着娱乐化发展的总体印象（即使是在严肃的《新闻联播》中，片花间隔也会反复出现)。

由此可见，在上述四种力量之中，造成视频媒介娱乐化发展趋向最为重要的推手便是短视频、泛娱乐直播、游戏直播等海量"泛娱乐"内容产品所带来的巨大影响，这种颠覆性影响力仍在继续发展之中。

3. "泛娱乐"与"碎片化"代表传播本源的一种回归，但传媒产品绝不都是"欢乐总动员"与"微"形态，长视频、严肃内容自有其不可替代的市场地位

在媒介内容已经一部分交由万众来生产制作的当下，如果我们站在传播媒介发展演进历程的宽广视野，以媒介的人性化发展趋势来考量，内容生产与消费的"泛娱乐化"与"碎片化"趋向，总体上便代表着一种重要的媒介发展方向。因为人们面对面交流的一般状态便是有话则长、无话则短，短语、短句形式占据了谈话内容的绝大多数。而且，坊间新闻、生活中的有趣故事等家长里短内容，是人们最津津乐道的主要话题，无须也没有必要进行那么严肃的表述——大众生活的众多交流情状就是如此这般的不够严肃与碎片化。本质上，没有传播技术的长足进步，万众便没有可能大规模地参与内容生产，视频的碎片化消费也就无所依托——移动视频技术的广泛应用带来了人类传播本源的进一步回归。而且从发展趋势来看，"吃瓜群众"生产的该类型视频产品的数量规模仍然会持续增加。

面对传播媒介的一种"泛娱乐"和"碎片化"发展趋向，业界同仁们应当清晰认识到的是：媒介产品绝不都是"欢乐总动员"，严肃内容依然有着不可替代的市场地位。路透社的研究发现，受欢迎的视频中有33%是硬新闻，而在Facebook上被观看的热门视频也有超过60%是关于硬新闻的内容，例如政治、正在发生的大事件、环境等新闻。[①]　国内的相

---

① 数据来源：mediashift.org，作者 SimoneKovacs，2017-02-15。

关情况则是，2017年通过在优酷、腾讯视频、爱奇艺三家网络平台的视频客户端，电视媒体提供的新闻总播放量达到了684亿次，36家上星电视台的App仅在安卓客户端的下载量便平均达到了5892万次。[①]而央视的《新闻联播》《焦点访谈》的用户规模也一直稳居收视前列。

因此，可以肯定地说，近年间出现的媒介"泛娱乐化"和"碎片化"发展趋向，主要是适用于娱乐新闻和民间生产的相当一部分内容产品，绝不代表传播媒介的产品格式和表现方式全都向着这一方向发展。正常的媒介表述语态和内容呈现形态应该是多种多样的，视具体的内容而选定。我们在日常生活中的那种碰到什么事便采用什么样的语态和时间长度来讲述，应该是传播媒介最为自然有效的表达形式。如果以国家级新闻、重大社会新闻、重大灾难性事件等内容为主要报道方向的专业媒体，在上述内容上都采用"泛娱乐"语态和"极短格式"来进行报道，那才真正是不够正常了。

4. 媒介娱乐消费增加是一种社会进步，文化精神"娱乐至死"现象从未发生

《娱乐至死》是美国著名传播学者尼尔·波兹曼(Neil Postman)20世纪末写就的一本有着全球性影响的专著，该书悲天悯人地讲述了媒介的娱乐化倾向将给人类社会带来严重影响，但我们又无法控制。随着公众媒介娱乐消费的大幅度增加，特别是由于短视频和移动直播突然间勃兴而引发的泛娱乐内容的大规模溢出而令社会猝不及防，一时间，关于媒介的娱乐化发展趋向将导致社会文化精神"娱乐至死"的话题便再次成为业界讨论的热点。

笔者认为，波斯曼教授发现了传播媒介的集体娱乐化发展趋向，此乃重要的学术贡献，但遗憾的是，他却没有找到出现该潮流倾向的内在动因与发展规律，对于其社会影响的研判也似乎有些过于主观与悲观。如果我们以媒介的人性化演进趋势和媒介的传播功能不断获得新的解放的媒介进化观来进行观察与思考，得到的则是另外一个更为积极乐观的认知：娱乐是人类生活中的"刚需"消费需求，是人性发展之重要所依，我们生活的至高目标便是为了幸福与快乐。媒介的娱乐功能增强趋向严重符合社会的人性化发展方向，代表着媒介的进步——生活需要有更多的闲暇与快乐。而如果以服务大众为己任的传播媒介连万众所向的通过增加娱乐消费来提高生活品质和释放压力这样的需求大势都莫然视之，没有积极应对，那反而是不太正常了。

对于一些业内外人士认为传播媒介娱乐化发展将可能会造成社会文化精神"娱乐至死"的担忧，笔者的主要意见是：我们应该充分相信社会主流价值观的巨大引领和每位公民为自身的生存与发展所进行的自觉把控的主导作用。的确，人们的媒介娱乐消费量出现了大幅度增加，虽然，社会的中间力量们也流连手机、也乐于消费网络游戏以及娱乐节目，但总体上都没有耽误在工作、教育、享受生活等事物上的投入热情。在若隐若现间，似乎也有媒介在资本的利益驱动下朝着泛娱乐化方向发展，但与国人的文化定力、与社会强大的公序良俗价值观以及政府的强大管理力量相比，其作用乃是微乎其微。近年来相关管理部门对于违背公序良俗视频内容的严厉打击和整改，便是国家对于维护媒介生态环境与市场正常秩序决心的最好反应。

---

① 数据来源：《2017年中国媒体融合传播指数报告》。

综上所述，是消费者的旺盛需求、传播技术的进步、媒介的市场适应等几方面的力量共同推动了传播媒介的娱乐化发展趋向。一个最为重要的事实是：《娱乐至死》已经出版了20多年，媒介的娱乐化倾向也变得更为明显，但教授所担忧的那种文化精神枯萎现象在世界各国都没有发生，人类社会仍在大踏步地走向经济和文化的持续繁荣。我们不能用20世纪的社会生存环境、国民文化程度以及媒介生态情况来思考和要求今天的大众传媒市场——娱乐内容的大幅度增加，这在总体上适配了社会文化的发展需求，人类的文化精神绝不会因娱乐产品的繁荣而就被"娱乐至死"，我们对此要有充分的文化自信。

（三）媒介进化五段式

生命因繁衍进化而生生不息。从进化论的角度，演化的基础是差异而不是平等，"生而平等"其实应该是"演化各有不同"。总体看来，生机盎然的媒介生命群体在人性化方向主导下大致都是循着以下五个生命演进步骤来进行发展进化的：

步骤一：新媒介的出现具有"基因突变"性质；新老媒介交汇处会产生媒介生态系统的"热核反应"，令信息传播的形态、规模和速度发生变化，进而改变人的关系与活动

与其他生命形态的发生发展类似，每一种新媒介的出现都有着"基因突变"性质，但这种类型的突变并不常见，存活率也不高。生命体的基因突变可以是自发的也可以是诱发的，媒介进化中的基因突变以外界诱发因素为主，只有当社会与技术发展到一定阶段，新的传播媒介才因多种环境因素的影响而产生。传播媒介的DNA就像是它的身份说明书，是一种生命的先知，决定着媒体的发育、成熟、衰老、病变与死亡的时间。

重要的是，人类的任何一种延伸都会在我们的事务中引进一种新尺度。新媒介为人类的沟通交流创造了一种新方式，其对于社会施加的最强大的影响，便是通过我们的感官改变人的关系与活动。与此同时，任何新媒介也都会使得媒介之间产生出新的比例关系，使得信息传播的形态、规模和速度发生变化。新老媒介交汇之处，便是发现真理给人启示、媒介获得进一步自由解放、有力推动文明发展进程之时。比如在所有产生巨大能量和变革的文化杂交结合中，没有哪一种超过了读写文化和口头文化交汇时所释放出来的能量。而由视觉文化代替听觉文化的这场"基因突变"，是人类历史上对于社会生活和政治生活所产生的最为猛烈的爆炸。

步骤二：新媒介会将其他媒介作为自己的主要内容，通过技术优势释放出更为丰富和海量信息资源来主导媒介消费，发出时代的"最强音"

一切技术都是肉体和神经系统增加力量和速度的延伸，都是自然资源的增加。新媒介出现的最为重要表征，便是令社会信息拥有量和消费量出现大规模增长，同时也会提高信息的传播速度。正如前文所述，在媒介快速演进的有力推动下，目前人类社会信息量倍增时间仅需18个月左右。

有意思的是，一般来说，新媒介都不是内容生产的主要贡献者，它会将旧媒介作为自己的内容，通过先进的传播方式对所获得的相关内容产品进行重新的统筹与利用，并由此释放出比旧媒介更为丰富的海量信息内容来主导媒介消费，发出时代的"最强音"（对于这种大规模的资源借用发展方式，新媒介一般都不愿意公开提及）。正所谓任何媒介都是另一种媒介的内容，媒介的影响力之所以强烈就是将其他媒介变成了自己的内容，任何新媒介都是"媒介的媒介"。相关的例子，如广播媒体在诞生之时，便将报纸与书籍作为自己的主要内容；又如我国电视行业在发展初期主要播出的内容就是电影和戏剧演出录像，其自产节目真正的大规模发展，则是1965年文化部因影响了相关市场发展断然停止了影片供应与戏剧演出录像许可之后不得已而为之的结果；再如即使在目前，我国网络视频媒体原创内容的产量依然相当有限，其播出的主要节目仍然依靠来自电视和电影业的内容产品。

步骤三：新媒介会为自己制造创世神话，旧媒介则深受发展前景暗淡、老态龙钟形象之苦

传播媒介发展进化的另一个规律性现象还包括：新入局者往往都会为自己制造创世神话。一般来说，石破惊天的传播革命、前无古人后无来者的颠覆性开创、发展前景无可限量等溢美之词，便是对新媒体形象描述的标准用语配置。而旧媒介，则通常会变成不受待见的明日黄花。100多年来，中国视频媒体产业至少讲述过四个创世传奇故事：电影神话（1905~1958年）——话剧是新兴电影媒体英姿勃发形象的反面陪衬；电视神话（1958~2004年）——电影与舞台戏剧则成为躲在角落里苟延残喘的的受气包形象；网络视频神话（2005~2015年）——电视媒体饱受了发展前景暗淡、老态龙钟的保守形象之苦；移动视频神话（2015年至今）——连诞生不久的网络媒体也被称之为代表旧势力的"传统媒体"了。传媒业人士需要了解的一个重要认知便是：施加于旧媒介的种种贬义之词一般都会与市场发展的最终结果大相径庭。

步骤四：新媒介会不停地"压迫"旧媒介，引发市场重新洗牌；旧媒介一般不会消亡，通过增加运行的复杂性来获得可持续发展

一方面，作为新锐力量，新媒介是市场新规则的制定者并引领媒介发展方向；另一方面，每一种新媒介都会通过"创造性破坏"行为来不停地"压迫"旧媒介，造成固有市场格局的混乱与重新洗牌。例如电视的出现便造成了电影产业的一时低迷；互联网的勃兴对电影和电视都带来了巨大冲击；而移动视频媒体则正在引发视频市场的全方位震荡与变局。

需要强调的是，新媒体一般都不会令旧媒介消亡，"传统媒体"都自有其存在的必然性与合理性的媒介"生态区位"——与人类的传播本源相契合，功能和产品在媒介市场无可替代。比如广播媒体，再现的是人类传播本源中最为重要的元素之一声音，以及随时随地使用的传播功能，因此具有着长久的生命力。再如书籍，作为人类眼睛的延伸，其内容的广度与深度，其对人类知识的固化积累与传承功能，以及给人们带来的阅读快感，其他媒体无可替代。至少，在我们可以预见到的时间范围内，象征着人类进步阶梯的书籍的墨香是一直会围绕我们其间的。

历史上也出现了一些新媒介令旧媒介消亡的情况。比如，有声电影出现半年左右，无声电影便退出了历史舞台；光碟流行开来之后，卡式录音带便因此销声匿迹了。从媒介的人性化发展的观点来看，无声电影再现的黑白与聋哑状态的生活状态，与现实世界人际交往中的彩色、有声、互动环境相去甚远，其迅速被彩色有声电影所取代应该不难理解；而至于光碟取代了卡式录音带，则主要是由于传播介质进步所产生的影响，与人们的旺盛音乐消费需求无关。

一个重要的媒介发展规律则是，伴随着旧媒介即将凋亡的喧闹以及新媒介的不停"压迫"，经过一段时间的市场不适，"传统媒体们"会通过增加运行的复杂性来重新调整和找到新的市场定位与产品应用空间。

在采取有效方略应对市场不断变换与抗压能力方面，电影媒介是学习的好榜样。在电视兴起之初，一向唯我独尊的电影业面对市场突然间的大幅度低迷一时不知所措，情急之下，甚至出现了好莱坞对美国电视媒体进行10年节目"禁运"的极端行为。在此之后，电影行业冷静下来，通过审时度势，找到了提高节目品质，给消费者提供无可替代震撼视听享受内容为核心竞争力的发展道路。"高概念"的大投入、大市场生产运作方式，3D、4D、环绕立体声等观影享受，产品在几乎所有视频媒介中进行多渠道分发的"通吃"，以及大力拓展相关延伸产业等作为，便是其超越竞争、与时俱进发展的具体体现。如此这般，电影媒介不但没有因为新媒介的不断兴起而衰败，日子反而是越过越好了。再比如中国电视近年来在新的发展定位与产业升级方面开拓出了电视传播、网络传播、国际传播三大市场多元化发展产业格局的杰出表现，也很是值得大书一笔。

步骤五：媒介即融合，新的市场平衡会保持一段时间，更趋人性化的新媒体诞生周期正在加快

在大视频时代，传播媒介的发展与传统的媒介分立时代最大的不同点之一，还包括了打破行业壁垒的媒介融合化发展趋势。"融媒体"并不是指一个独立的实体媒体，而是通过把不同媒介的传播优势进行有机整合，实现资源效益最大化的一种媒介运作模式。数字技术的应用是媒介走向融合化发展的助推器。过去无论是报纸、书籍，还是广播、电视，其功能原则上都是单一的，相互之间缺少兼容与联系，而数字技术则把此前独立发展的文字、声音、影像媒介都整合到一个有机联系的传播系统中来实现多媒体传播，媒体的资源利用率，综合性传播影响力便因此得到拓展与放大。比如网络媒体通过互联网电视对电视固有的家庭客厅传播领地的不断占领，对于电影票务市场和制作市场的大规模拓展；移动视频媒体对于网络游戏、秀场直播市场的攻陷；电影、电视媒体大力进军网络与移动视频领域；包括户外视频媒体也在尝试与新媒体进行融合传播等作为，都是媒介间相互融合、拓宽发展空间的有效实践。总之，过往媒介间偏安一隅、各自为政、互不往来的生存方式已经被内容兼容、资源通融、利益共融的发展模式所取代，"融合化"发展已成为当下媒介生存的新常态。

在新媒体狂飙突进式的开疆拓土，以及旧媒体通过增加运行的复杂性寻找出新的生存方式和发展空间之后，市场通常会出现一个相对稳定的时期，众媒介会努力耕耘着属于自己、当然也包括不时"融合"来的他人领地，收获着相应的市场果实。而一旦技术成熟，人类文明出现了新的攀升需求，新型传播媒介、新的信息传播方式便会应运而生。我们必须认识到的一个重要趋势是：媒介间迭代的时间正在不断缩短。

如此这般，传播媒介的"宿命"便是循着这一时而相对稳定、时而动荡不安的发展轨迹生存着，进化着，岂有他哉。

（四）未来已来——走向新文明

现如今，这个世界唯一不缺的，就是风驰电掣般的发展变化；不太好处理的，便是对于无用信息的有效剔除；而比较过剩的，则是连篇累牍的趋势预测与分析报告。如果一定必须要对我国视频媒介产业接下来的发展趋势说上几句的话，我们对于未来的认知大致包括以下几个方面：

●第三次人类信息传播革命正当其时，视界革命聚合能量正在火山般释放

如果说用声音代替眼睛，以族群为主要应用范围的口语传播是人类的第一次传播革命；用图形和符号延伸视觉和听觉，以国家和地区为主要应用范围的书写文化是第二次传播革命。那么集合了此前所有信息传播方式的优势，最为真实地再现人类信息传播本源，连接起全球人类视觉、听觉和中枢神经系统，正在如火如荼发展中的视频传播，则是人类信息传播的第三次革命性变化。

作为人类沟通与交流的新尺度，视界革命通过新的信息感观方式，改变了人的关系与活动，改变媒介间的比例关系，为人类提供了一种利于生存的新的"视界观"和发展方式。其通过技术进步产生"核聚变"聚合的能量正在火山爆发般释放，视频传播革命对人类文明的攀升和我们每个人生活现在与未来的深刻影响，怎么强调都不为过。

●技术进步提供无限可能，"智慧媒体时代"已到了临门一脚关口

作为媒介发展的决定性力量，接踵而来的技术革命首先便是以实现"万物互联"为目标——中国三大电信运营商已高调宣布，2020年实现5G全面商用，而且6G的研究工作已经开始启动。

在增强乃至于超越我们固有的视听觉感知能力的传播技术进步方面，将IP技术与电视技术相融合的超高清电视机，以及可以实现"从观看到体验"转变的AR、VR技术也都正在如火如荼的快速发展当中。

而更为重要的是，作为人类大脑的深度"外包"，随着大数据深度学习、人工智能、区块链等应用技术的发展，一个超乎任何人想象的"智慧媒体时代"正在大踏步向我们走来。

下图即为IBM公司2019年5月展示的将使得人类计算能力、处理大数据的能力出现上万乃至上亿次提升的量子计算机样机。将于三年后面市的量子计算机来得恰逢其时：人工智能时代已来到了临门一脚的关口——无论是在生产、科研还是日常生活等方面，世界将会经历一场颠覆性改变。

将于三年后面市的量子计算机样机

●全社会视频"大生产运动"是视频媒介不竭力量之源，娱乐类长视频和资讯类短视频成为发展重点

对于视频市场来说，当今最为重要的变化之一便是全媒介和全民共同参与的"大生产运动"催生出的浩瀚内容产量和丰富多样的形态种类。这种内容生产"冲动"所释放出的不竭能量，成为视频媒介产业发展的力量之源。

就数量规模来看，我国视频媒介在消费人群最为广泛的影视剧类长视频节目的产量已经达到了国际领先水平，提高产品质量和进一步丰富形态种类将会是其接下来的发展重点。同样，在综艺类、泛娱乐直播和游戏直播内容生产领域，虽然产能仍将保持一定数量的增长，但大力提高产品质量也将是其发展重心。

在信息消费大规模向手机应用转移的趋势下，见微知著的短视频必然是所有专业媒介和内容生产机构扩大传播声量的极为重要领域。

另外，随着媒介内容应用功能的全面释放，生活服务、电子商务、在线教育、投资理财等服务类节目也将会出现较大幅度的增加。

在短视频和移动直播生产领域，万众生产的内容将会是产量增幅最大的"潜力股"，比目前8000余万小时的短视频年产能再增长1~2倍可能也就是在"顷刻"之间。一个可供参照的例子是，根据中国摄影家协会的统计，我国的摄影爱好者已经达到约1亿，拥有单反相机的人数超过了9000万。我们有充分的理由相信，假以时日，民间视频内容的产量和质量都将会出现大幅度的整体提高。当然，该类产品"通俗"的本质也不会出现大的改变。

●注意力资源将更为稀缺，把握细分市场和争取复合用户成为媒介发展关键

一种形式的充裕便是另一种资源的匮乏。短内容的充裕，是信息容量的匮乏；"泛娱乐"之泛滥，便是严肃内容的匮乏；实现了信息消费的"碎片化"，但又牺牲了深度；在资讯无比充裕的现代社会，信息无处不在的最大影响，便是注意力的匮乏。

"一对一"线性传播模式

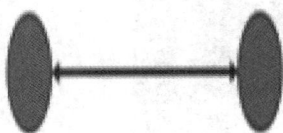

"一对多"星型传播模式

"多对多"网络传播模式

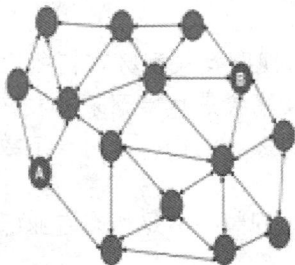

"多对多"平台传播模式

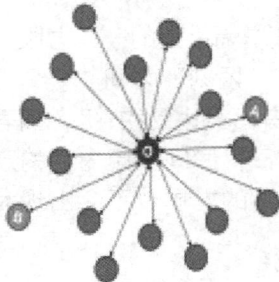

不同媒介传播方式图示

对于大多数传播媒介来说，完全独家的内容占有、举世瞩目的传播盛况大都已经成为了历史。而牢牢地吸引住细分市场的消费者，最大程度地扩大复合用户规模，才是消费者已经高度分化、眼球注意力资源极为稀缺的现代传播生态下媒介生存与发展的关键。

●融合化发展是必由之路，可控可管可运营信息平台是为媒介制高点

无论是从技术进步提供的可能性，还是从生存所需的角度，融媒体化发展都已成为传播媒介别无商量的必然选择。而如何根据自身特点与竞争优势拓展出有效的媒体融合之路，则是对媒介们综合能力的大考。

在"后信息时代"，传播媒介重要的发展趋势还包括：有价值的不是信息，而是"信息的信息"，即在无限信息和无限需求之间找到一种最有效的关联方式，这个制高点就是高效的信息平台。传播媒介在经历了以电信为代表的"点对点"线性传播，以广播、电视和报纸为代表的"一对多"星型传播，以及"多对多"的网络传播之后，目前已发展到了"多对多"的平台传播模式。在"网络传播模式"下，信息从一个端点传递到另一个端点有多种路径选择，需要经过多次传递和扩散方能实现。而在"平台传播模式"下，信息从任何一个端点传递到另一个端点，只需要经过"0点"的中转便可以实现交互。网络传播是离散的、"去中心化"的，是对传统线性、星型模式的解构和颠覆，为"多对多"的交互提供了潜在的可能性，但却是不易控制和运营的；而平台传播是聚合的，是对线性、星型模式解构之后的重构，是在去中心化基础上的"再中心化"，是可控可管可运营的。因此，平台传播而非网络传播才是互联网最具真实存在的运行模式，真正找到了一种在信息丰裕时代对于碎片化信息的有效管理方式，有效解决了海量信息端点间的效率匹配和交互的问题，代表着传播媒介的发展方向。以谷歌、苹果、脸书、腾讯、阿里巴巴为代表的互联网企业的市场实践业已充分证明平台传播的强大力量。[1] 中央广播电视总台新近推出的"央视频"则是主流媒体在该领域上的最新作为。

对于视频媒介接下来的发展来说，是自建信息平

① 何宗就：《大视频浪潮》，重庆出版社2015年7月第2次印刷，第146~159页。

台、合建信息平台、或是通过别家平台搭载自家的传播内容则将是重要的战略选择。随之而来的也将包括媒介运营理念、资源利用、生产与合作方式、投入规模、利益分配、组织结构调整、体制机制创新等一系列的重大变化。

●未来已来，共创新文明

我们最为确定知道的未来大致有以下两个方面：

一是共创新文明。趋势自上而下，潮流自下而上，趋势不可抗拒，影响深远广泛，而潮流则往往转瞬即逝。以视频为主要信息传播方式社会的到来，全民共享视频饕餮盛宴，是人类社会的划时进步。面对视界革命波澜壮阔的发展大趋势，共创新文明便是视频媒介和每个地球人共同的发展主旋律。

二是未来已来。在当今这个"唯一不变的就是变化本身"的纷繁世界，对于许多事物来说，"如其运转便已过时"。大视频产业的发展便也如是，一切意义都随着媒介的加速运动而发生变化，靠已有的知识和常规的智慧得到的利益总是被新媒介超越和吞没。视界无疆浩浩汤汤，没有人躲得开这一革命大潮的影响与裹挟，媒介同仁最应该慎思的事情便是：脚（生产力）已经踏进信息时代，身体（生产关系）还在工业时代，头（思维方式）仍然留在小农经济时代。

结束语

人类真是一个智慧和神奇的物种，大约1万年前，信息的传播主要还是在百来人的村落间通过口语交流来进行的，也就是仅仅用了五六千年的时间，在信息的传播能力方面，我们便发明了文字、广播、电影、电视、网络、移动通信等一系列延伸我们感知觉器官的信息传播工具，将人类社会的所有知识与经验，以及70多亿人的大脑连接成了一个有机的整体，令每个拥有着"千里眼、顺风耳"的地球公民都成了亘古未见的知识和能力上的超级巨人。而接下来，在万物互联、AI、VR、AR等一系列新技术的推动下，视界的革命将会令人类的感知能力获得怎样的巨大飞跃，人类文明又将会实现怎样的大幅度攀升，我们充满着无限的期待。

下图似乎颇有深意。人类身体进化最伟大的成就，便是从四肢匍匐、从佝偻状态变成了昂首阔步地直立行走。由此，我们这个最初只有几千人的种群通过解放了的双手制造出各种得以将身体器官延伸的赋能工具，从酷热的非洲稀树草原一路走来，成为自己命运的主宰和影响蓝色星球存亡的决定性力量。如今，科技的进步让我们几近于神，然而，在自己创造的现代传播工具的影响与裹挟之下，人类身体的进化轨迹，似乎又出现了重新回到佝偻前倾状态的趋向（小编或"程序猿"或低头一族）。至于人类到底会走向何方，我们至今也不得甚解。

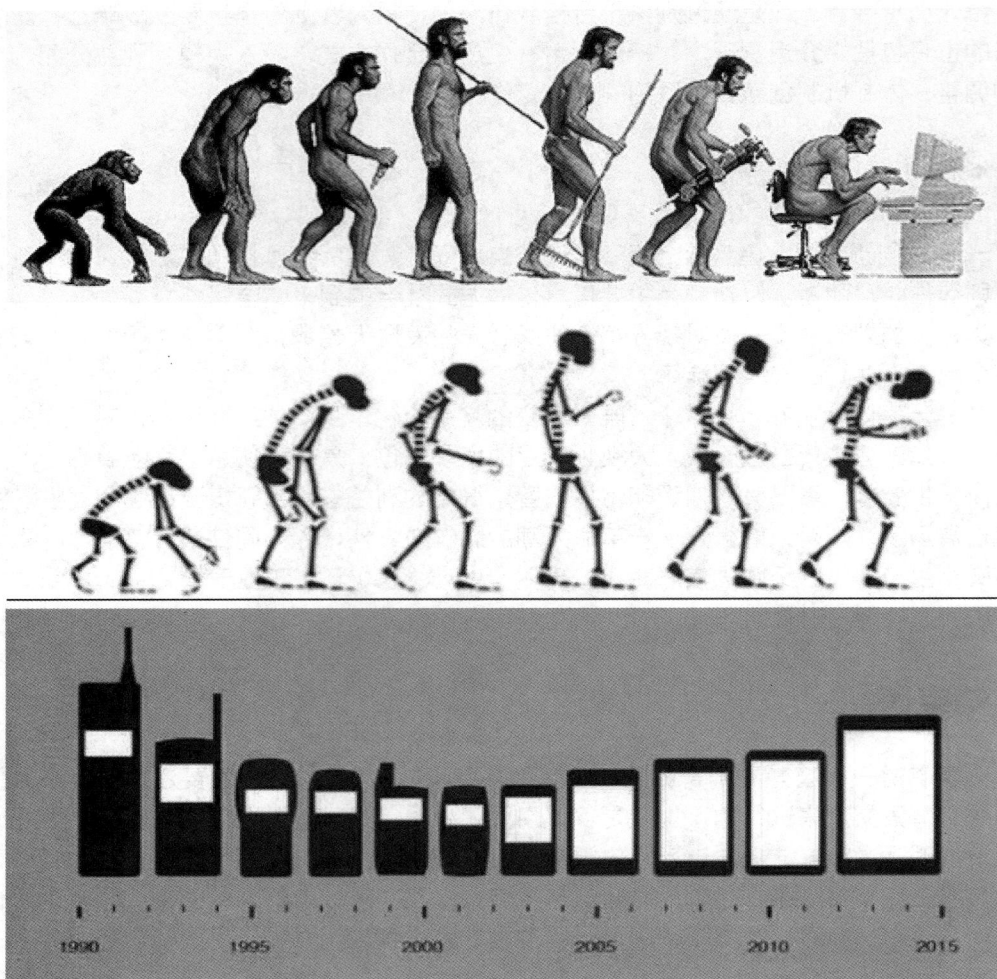

人类与手机进化图示

104

第二部分
中国视频媒体生态大观

第一章　多屏共生时代"逆生长"的中国电视

主　笔：丁　迈　中国广视索福瑞媒介研究（CSM）董事、总经理

相当一段时间以来，业内外关于"电视将亡"的声音不绝于耳。究其原因，不外乎是一叶障目不见泰山，抑或是企图不良、别有用心。实际的情况是，在当今复杂多变的媒介生态下，中国电视在越战越勇地"逆生长"，日子总体还过得相当的不错。

通过权威机构发布的精准市场调查数据可以看到中国电视准确的媒介生态区位：

在用户规模方面，电视业汇聚了12.87亿的庞大收视人群，相比于电视存在竞争关系的网络视频、手机视频11.27亿的用户规模，后者在数量还存在一定的差距。[1]

在节目生产方面，电视业全年节目产量达到了创纪录的365万小时，平均每天就有1万小时的新节目与观众见面。视频市场制作水平最高的新闻、电视剧、综艺和纪录片等节目，绝大部分出自电视媒体。[2]

在利用新技术、融入新型传播形态方面，中国电视媒体通过打造"中央厨房"、布局"一台一网、三微一端"等方式，发展微视频、IPTV、外接智能电视、OTT等设备上的应用，不断扩大着舆论阵地和市场份额。

在产业收入上，全国电视总收入达6070亿元，比2016年的5040亿元同比增长20.4%，逾中国大视频市场总收入的半壁江山。[3]

至为重要的是：中国电视长期积累的公信力、权威性仍具备强大的影响力，每每关乎国计民生的重大新闻发生，电视媒体均会在第一时间准确及时地进行报道。中国电视人以高度的社会责任感和特有的资源优势一直发挥着引领舆论潮流的主导作用，仅从制播数量来看，电视媒体每天便要生产3000小时，播出2222档新闻节目。[4]

当然，事物均分两面，在谈到成绩的同时，也应看到中国电视在发展中的困顿与不足。

在收视时长上，2017年电视观众日均139分钟的收看时间相比上年的152分钟大幅下滑13分钟；从目标人群来看，35~54岁中青年观众成为收视量下降最大的群体，2017年比上年减少了16分钟。[5]电视收视量的下滑已经开始蔓延至重度收视群体（时移收视的勃兴又成为电视媒体"开疆拓土"的新疆域）。

在当下的媒介融合时代，观众收看电视节目已经从原来具有"仪式感"的客厅转换到各种媒介终端，不同属性观众的收视方式不尽相同，形成了各自不同的收视气质，如何去

---

① 数据来源：CNNIC、CSM 媒介研究，截至 2017 年底。
② 数据来源：CSM 媒介研究，截至 2017 年底。
③ 数据来源：国家新闻出版广电总局财政司 2017 年统计。
④ 数据来源：CSM 媒介研究 2017 年统计。
⑤ 数据来源：CSM 媒介研究 2017 年统计。

契合这种气质，也是传统电视在大视频时代需要思考的问题。

此外，在体制机制创新和现代管理方面，电视媒体也存在诸多需要改进的地方。

总之，在多屏共生时代，电视媒体的市场份额虽然出现了凶狠的分食者，但广大观众对电视的兴趣犹存，其综合竞争实力依然是无比了得，万万不可妄自菲薄。

一、电视节目生产

仅仅用了二三十年的时间，人类社会便进入了史无前例的多屏时代，媒介生态也因此发生了革命性的变化。然而，无论这种变革多么翻天覆地，媒介的本质依然是不改其衷，抑或是以不变应对着万变：那就是优质内容永远是市场中的王者，而且，竞争越激烈，"内容为王"的作用就愈发凸显。接下来，让我们一起来梳理一下中国电视媒体在2017年可圈可点的节目生产与创作成就。

（一）节目总产量：持续增长，日均生产10000小时，每分钟生产14小时

内容产品是媒介生存与发展最为重要的核心资源。2017年，中国电视行业的节目生产量成绩斐然，全国电视节目制作时长为365.18万小时，比2016年（350.72万小时）增加了14.46万小时，同比增长4.12%。该数字也意味着，电视业平均每天向国人推出1万小时，即每分钟约有14小时的新节目播出。

从主要电视节目类型的产量来看：

新闻资讯类节目的制作量达到108.51万小时，比2016年（98.99万小时）增加9.52万小时，占节目制作总量的29.71%；

专题服务类节目的制作时间排名第二，为90.90万小时，比2016年（89.98万小时）增加0.92万小时，占节目制作总量的24.89%；

排名第三的广告类电视节目制作时间达53.49万小时，比2016年（48.36万小时）增加5.13万小时，占节目制作总量的14.65%；

综艺益智类节目制作时间47.43万小时，比2016年（48.41万小时）减少0.98万小时；

影视剧类电视节目制作时间15.31万小时，比2016年（11.91万小时）增加3.40万小时。

从主要节目产量的增长幅度来看：影视剧类节目增幅最大，比上年增长了28.6%；广告类节目制作时间增加了10.61%；新闻资讯类节目涨幅达到9.6%；专题服务类节目同比增长1.02%；唯一出现负增长的是综艺类节目，同比减少了2.02%。

2015—2017年全国电视节目按类别制作时间情况（万小时）

制作电视节目类别	2015年	2016年	2017年
制作新闻资讯类电视节目	97.88	98.99	108.51
制作专题服务类电视节目	93.03	89.98	90.90
制作综艺类电视节目	51.14	48.41	47.43
制作影视剧类电视节目	12.06	11.91	15.31
制作广告类电视节目	48.20	48.36	53.49
制作其他类电视节目	49.71	53.07	49.54
全年制作电视节目时间合计	352.02	350.72	365.18

数据来源：《中国广播电影电视发展报告》

（二）新闻资讯节目：每天生产3000小时，播出2222档

2017年，我国电视媒体不断创新宣传方式，各级电视台建立健全重大时政报道协调机制，精心设计、精准实施，多频道、多栏目、多媒体集中发力，形成全国广电媒体齐心聚力营造主流舆论语境的恢宏气势，圆满完成了各项重大主题、重大活动的宣传报道与解读阐释工作。全年生产新闻资讯类节目合计为108.53万小时（连续三年稳步增长），每天生产3000小时（2973小时），占所有节目制作量的比重最大。

根据CSM媒介研究节目监播数据，2017年我国共播出新闻节目2222档，其中包含193档新节目。中央级频道共播出138档新闻节目，有16档新节目亮相荧屏；省级上星频道共播出了337档新闻节目，推出了31档新节目；省市级地面频道是新闻节目制作与播出量的主体，共播出新闻节目1917档，其中包含新节目146档。

1. 中央级频道新闻节目：综合优势明显

中央级频道作为重大新闻的首发平台，专业、权威、可信度高，综合优势显著。每当有重大新闻发生时，观众首先关注的仍是中央级平台，如2017年"一带一路"国际合作高峰论坛成功举行、金砖国家领导人第九次会晤、庆祝中国人民解放军建军90周年大阅兵、香港回归20周年以及中国共产党第十九次全国代表大会顺利召开等重大新闻事件引发全球关注，中央级频道也成为这些重大事件的舆论中心与宣传中心，收视人数远高于其他平台。此外，中央级频道的新闻评述类节目因其分析和观点的专业性、权威性而受到观众的青睐。《焦点访谈》《今日关注》《海峡两岸》《中国舆论场》等一批深度新闻评论类节目在百姓和高端人群中都有着广泛的影响。

2.地方频道新闻节目：更接地气，主打民生新闻

与中央级频道侧重时政新闻和新闻评述不同，地方频道更接地气，主打民生新闻，贴近百姓生活。2017年省市级地面频道共播出以民生新闻为主的"新闻/时事其他"类节目1200余档，其中不乏优秀节目，如上海电视台新闻综合频道《新闻坊》、重庆电视台新闻频道《重庆发现》等节目均在本地赢得了很好的收视表现。

（三）电视剧：产能回归理性，市场集中度依然较低

我国的电视剧生产经历了前几年的投资狂潮之后，逐步回归理性，产量逐年紧缩。2017年，通过审批发行的电视剧共314部，13470集，创下了近10年新低。

近年来我国电视剧通过审批发行的数量

数据来源：国家新闻出版广电总局

2017年，我国电视剧产业的CR8①产业集中度约为10%左右，与前几年没有太大变化。有25家年制作机构产量逾100集，重庆笛女阿瑞斯影视传媒股份有限公司生产量最多，为5部220集；深圳广播电影电视集团、南方影视节目联合制作中心、公安部金盾影视文化中心各有4部剧通过审批发行；年产2~3部剧的公司分别为10家和29家；而仅年产1部剧的制作公司占比超过了八成，充分显示出我国电视剧生产集中度高度分散、小作坊生产的特征依然未变。

此外，与前些年电视剧越拍越长有一定变化的是，2017年我国电视剧的平均集数有所下降，从上年的平均每部45集降到了平均43集。

（四）综艺类节目：全年推出223档真人秀，类型发展多元化

真人秀是对经过挑选的自愿参与者在规定情境中遵循预设规则而做出的行动进行记录和加工而成的大型综合性电视节目。在当今我国电视市场上，综艺类节目主要由综艺晚会和娱乐真人秀两种节目类型组成。除了在重大节假日仍保留了部分综艺晚会节目，如中央台《春节联欢晚会》《湖南卫视跨年晚会》等外，真人秀节目已经成为综艺类节目在日常

---

① 集中度指数，CR8表示领先八个竞争者市场份额之总和。

播出的主流类型，以应和观众不断增加的多元娱乐需求。

从2003年起，我国的综艺节目便进入了真人秀时代。① 根据中国广视索福瑞媒介研究有限公司CSM-TVPRISRS软件统计数据显示：2017年，真人秀节目产量与上年基本相同，为223档。从最近3年分别为210档、220档和223档的生产情况来看，电视真人秀节目的生产进入了平缓增长时期。

2003年以来上星频道季播真人秀栏目及播出季数量

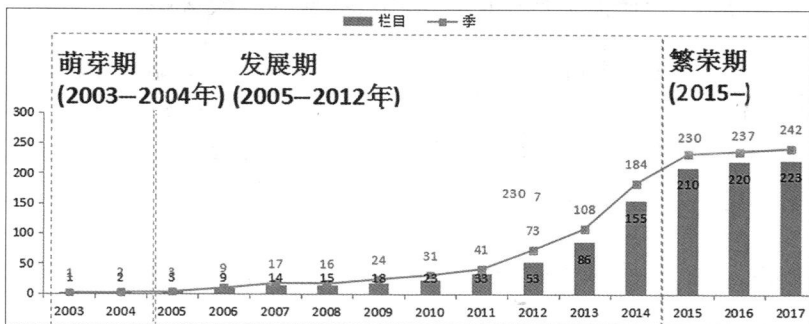

数据来源：CSM媒介研究

主要综艺类节目分类图示

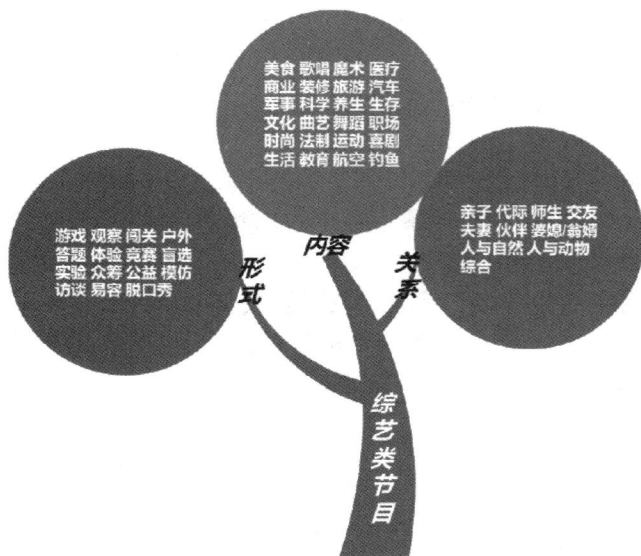

数据来源：作者整理

进入繁荣期的我国真人秀节目无论是在主题的选择还是在表现形式上，都得到了长足的发展。如果按大的节目模式归类，我国电视市场上的真人秀节目又以才艺秀（Talent Show）、游戏秀（Game Show）和生活秀（Life Show）为主打。通过脍炙人口的《非诚勿扰》《中国好声音》《爸爸去哪儿》《超级演说家》《中国梦之声》《星跳水立方》《极限挑战》等节目还可以看到，真人秀节目的内容元素已经拓展至音乐、舞蹈、竞技、跳水、亲子、求职、相亲、体验等丰富多样的题材之中。

如若再从根子上来探寻，当今的真人秀节目则可以由"生存""生活""能力""情感"

---

① 广义的电视综艺节目，包括典型的综艺节目和以娱乐、休闲、消遣为目的的真人秀节目，典型的综艺节目基本在节日晚会上出现，以栏目形式出现的基本不可见了，因此，本文研究的综艺节目主体为真人秀节目。

和"情怀"五个关键词来统领。这恰恰十分符合经典的马斯洛需求层次学说，生存是最基础的底层需求，情怀则达至生活的最高境界。比如才艺秀，更多展示的是能力与情感；游戏秀可以充分挑战生存的意志和能力；而生活秀则能够再现生活，升华情感，抒发情怀。

此外，一个益发突出的现象是，真人秀类型节目的迭代期越来越短暂，不过两三年就会"风吹雨打去"，而新节目随即迅速填补市场空白。

（五）纪录片：年产约2万小时，多屏传播力有较大提高

近年来，纪录片在政策支持与市场拓展方面均迎来利好，影响力和产业价值均得以拓宽。根据CDRC[①]年度最新调研数据显示，2017年电视纪录片全年总产量约2万小时，同比增加5.8%；各级电视机构投入电视纪录片制作（不含人力成本和技术成本），以及相关政府部门用于扶持国产纪录片生产的资金，超过38亿元（不包括新媒体、民营机构等其他渠道）。[②]

依据我国特有国情，长期以来每逢重大政治活动，推出相关的政论纪录片与之呼应，已成为中国电视业的标准配置。在2017年，为配合党的十九大召开以及一系列国家重大政治活动，央视和地方台播出了《不忘初心继续前进》《将改革进行到底》《辉煌中国》《强军》《大国外交》《2012—2017我们这五年》《法治中国》《巡视利剑》等一批影响力广泛的高品质政论片，取得了弘扬主旋律和良好收视的双丰收。

我国纪录片除了在电视屏幕上大放光彩外，在电影院线市场亦表现良好。2017年获得电影局过审的纪录电影一共有44部，同比增长37.5%；进入院线放映的有9部，同比增长50%（有79.5%的纪录电影没有进入院线）；纪录电影总票房达到创纪录的2.6亿元。业内相关人士认为，随着节目质量和观众消费意识的提高，纪录电影或将成为纪录片产业板块的重要一极。

此外，在多屏共生时代，不少影视纪录片放下过去"高冷"的身段，晋升为广受网民欢迎的"网红"，不但长期出现在网络社交话题热搜榜，而且还成功打入青少年喜爱的弹幕网站。根据相关统计，2017年互联网视频点击活跃的纪录片共计2631部，网络视频媒体、微信公号及社交网站用户对纪录片的关注程度大大超越往年。在新的媒介技术驱动下，网生纪录片，尤其是纪实短视频热潮的出现，也成为媒体融合时代泛纪实内容的海量来源和视频市场纪实内容生态的新景观。

二、电视节目创作

2016年6月，国家新闻出版广电总局发出《关于大力推动广播电视节目自主创新工作的通知》，在这样利好政策以及电视人的竭尽努力之下，我国电视行业迎来了节目创作的春天，成效斐然。

---

① 中国传媒大学中国纪录片研究中心（China Documentary Research Center, 简称 CDRC）。
② http://www.bj.xinhuanet.com/bjxxjd/2018-04/18/c_1122702200.htm.

（一）新推节目：逾4000档，综艺、服务、专题、青少节目创新力度大

根据CSM媒介研究2017年对71个大中城市晚间时段各级频道的统计，播出新节目的数量超过了4000档，其中进入频道日常播出序列的常态新节目近600档。从不同类型节目的创新数量来看：

综艺类节目以绝对的领先优势成为电视节目创新数量最多的类型，其在常态新节目中占比达到32%，在非常态新节目中占比达41%。

生活服务类节目由于其紧密的贴近性和周到的服务性，近年来在常态新节目中的数量占比仅次于综艺节目，成为第二大创新节目类型。

专题和青少节目近年来在电视节目去娱乐化政策导向之下也迎来新的发展，成为继生活服务类节目之外的又一热点创新领域。

（二）态度转变：放下身段，关注民生

有道是：方向比努力重要，态度决定一切。2017年，中国电视在节目生产上最为引人注目的变化就是放下身段，关注民生，在题材内容上回归生活本源，推出了一大批聚焦"芸芸众生"，以及与大众生活密切相关的衣食住行等问题的节目。

1.视角下移：百姓成为主角

中央电视台综合频道《欢乐中国人》从爱情、亲情、友情等不同维度，再现"真实素人喜剧"，捕捉平凡生活中的令人开怀的幽默瞬间；中央台二套《城市梦想》以农民工生活为主题，向社会传递不同劳动群体相互尊重的价值观；北京卫视《我想见到你》聚焦平凡人的"不平凡"经历，展现为爱圆梦的生命温暖；湖南卫视的《百心百匠》则用年轻的语态讲述濒亡的中国手工艺及其传承者的故事，揭示中华传统文化的传承价值；山东卫视《超级惊喜》通过民间高手脑力、体力的对抗完成超越自我的挑战；云南卫视《了不起的你》中拥有不凡经历的平凡人，讲述自己的人生经历和励志故事；黑龙江卫视的《驿站》则用普通人不平凡的感人故事，打造了一座心灵的驿站；山东台影视频道《麦霸大搜索》和安徽台综艺频道《全民KTV》则是利用多屏互动形式，极大提高了节目的参与性与互动性。

2.服务类节目：消费升级背景下的兴盛

近期中国电视市场上一抹可圈可点的亮色，便是以健康、饮食、旅行、相亲、求职乃至于展现生活方式本身的生活服务类节目的兴盛。

2017年，《向往的生活》《中餐厅》《亲爱的客栈》《漂亮的房子》《三个院子》《熊猫奇缘》等一批服务类真人秀节目进入了卫视频道晚间黄金档，在饮食、种植、建筑、民宿等生活化场景中体现人与人的情感沟通与生活的本真。节目中，明星或素人嘉宾、或种菜、或下厨、或盖房、或揽客，不同于以击败对手为主要诉求的对抗型真人秀节目，生活服务类（也有媒体称之为"慢综艺"）真人秀则通过展现温馨惬意的"慢生活"，满足现代观众对于"诗与远方"的渴望，体现出别样的力量与温情。

又如中央台二套的《秘密大改造》，在14天的周期内，顶级设计师免费为榜样人物

进行居室设计与改造，挑战性、公益性、神秘性兼具；上海东方卫视《生活改造家》和浙江卫视《全能宅急变》，从普通人的家装需求出发，提升观众的生活品质；中央台十二套《律师来了》、河北卫视《拜托了律师》，以及辽宁广播电视台公共频道(沈阳台)《帮你找律师》，从法律服务的角度为受众提供公益帮助；东南卫视的《美人帮》、江苏卫视《疯狂的衣橱》在时尚美妆和潮流穿搭上引领消费，广受关注；内蒙古卫视《嘿！马上出发》和山西卫视《探秘大峡谷》则是通过优美的画面和体贴入微的信息服务聚焦人文旅行。

在中国居民消费升级的大背景下，生活服务类节目的繁荣是必然的趋势。同时也应该注意到，由于消费习惯差异和贴近性等原因，总体来说区域电视台在该领域的优势更为明显。

（三）"文化类"综艺的繁荣，与"混搭"之流行

融合了新闻、纪实、戏剧、综艺、竞技等表现形式，题材内容延伸至生活、艺术、职场等各个领域，集形式"百搭"、内容"万变"于一身，视觉效果精彩纷呈的真人秀节目发展得方兴未艾，是技术进步与观众视频消费升级的必然结果。从严格意义上讲，"真人秀"并不是一种节目形态，而是一种节目制作的思维方式，是一种世界电视节目发展的重要趋势。因此，一方面可以说，真人秀特有节目形态是没有国界的，另一方面，节目的内容题材选择、节目所表现出的对事物的"态度"则是有国别之分的，这一点对于中国影视媒体至关重要。应和国家加强主流文化引导与观众欣赏升级的需求，近几年以真人秀形态为主流的电视综艺节目在创作上的突出亮点便是"文化类"综艺节目的繁荣。

1."文化类"综艺：主打知识分享与价值传承

近期的电视节目创新越来越注重对于文化和公益内涵的挖掘，由此引发"文化类"节目的井喷。有广泛影响的该类节目包括中央台综合频道的《朗读者》、中央台十套的《见字如面》、中

央台十一套的《中国戏曲大会》、东方卫视的《诗书中华》、北京卫视的《创意中国》、江西台少儿频道的《中国亲子阅读大会》、山东台影视频道的《一封家书》、西安台丝路频道的《品味中华经典》等数十档，打破了娱乐真人秀"霸屏"的市场格局。"文化类"节目以知识分享、智慧输出、精神愉悦为使命，源于对中华传统价值观的传承，富有文化底蕴和深沉的"文化自信"，引发了不同年龄段观众的高度关注与情感共鸣。

2. 内容与角色的"跨越边界"：兼收并蓄，相得益彰

说到2017年的电视创作，节目形态的"混搭"与内容元素的"融通"是绕不开的话题。中国电视人尝试通过将各种娱乐形态与内容元素进行有机打通与融合，以应对多屏时代的激烈竞争，有效提升节目吸引力。

●内容跨界

山东卫视的《超强音浪》，将音乐与游戏融合；北京卫视《厉害了我的歌》将音乐与喜剧混搭；江苏卫视《中国乐队》和北京卫视《舞力觉醒》两档文化纪实节目则直接将触角深入音乐和舞蹈产业链，对中国原创音乐和街舞文化进行深耕；湖南卫视《让世界听见》则让音乐节目搭上公益支教和致敬传统文化的元素，明星音乐人对大山里儿童的音乐梦想的关注在受众中引发热议。

●人物跨界

以"星素结合"为创新突破的真人秀开始在荧屏走红。明星跨界经商、冰上实况表演、户外生存探险，素人则凭借独特的乐观幽默、超群技艺和励志故事呈现生活的本真。如中央台二套《跨界见真章》，以财经访谈为主要形式，深入挖掘明星跨界经商背后的故事，呈现他们在创投领域的真实投资能力；北京卫视、河北卫视推出的《跨界冰雪王》，展示明星们从滑冰菜鸟蜕变为翩翩起舞的跨界冰雪达人的过程，燃起了观众对冰雪运动的兴趣；江苏卫视《大梦小家》和北京卫视《向往的空间》则以星素互动的模式，通过家装见证亲情、友情、爱情，重现家庭的真正价值意义；上海东方卫视的《越野千里》，通过世界著名探险节目主持人贝尔带领韩庚、傅园慧、李彦宏、姚明等明星跨界进行户外生存探险，展现了对自然和生命的敬畏以及参与者自身的突破和成长。

与当今社会各行各业相互渗透、互相包容、兼收并蓄的趋向相对应，电视节目在节目形态、表现主题、内容元素间的融通与混搭，也是必然的发展趋势。

（四）大"IP"并非万能，现实题材剧强势回归

由于自带粉丝效应，近年来网文IP异军突起，成为影视剧市场新锐。2013~2016年，在我国电视市场首播的新剧中，IP剧占总量的1/4~1/5。

1. 重视二度创作：极大关乎剧集成败

2017年，IP剧依然火爆，改编自唐七公子同名小说的古装玄幻仙侠剧《三生三世十里桃花》收视率破2%；《楚乔传》《择天记》《秦时丽人明月心》《醉玲珑》等11部IP古装剧竞相登陆各大卫视周播剧场；当代剧中也不乏IP改编作品，如《浪花一朵朵》《那片星空那片海》《极光之恋》《路从今夜白之遇见青春》《春风十里不如你》等。

从市场效果来看，由IP网文改编成电视剧集的作品收视喜忧参半。在2017年晚间黄金档播出的37部IP剧中，仅有14部收视率超过1%，[①]占比不到四成。因此可见，收视率并不能完全被原著已有的影响力所左右。超级网文IP也有可能变成收视低迷的庸剧，而一些名不见经传的作品也能变成爆红剧目。例如，源自顾漫的超级"大IP"《微微一笑很倾城》卫视单频道收视率均不足1%；改编自辛夷坞的《致我们终将逝去的青春》同名电影票房大卖，但拍成电视剧后单频道收视率却仅在0.5%上下。又如《芈月传》，原著的IP价值并不高，得益于郑小龙导演的超强专业功力，改编成电视剧之后则焕发出了无穷魅力，北京卫视、上海东方卫视首播后总收视率高达5.17%，而后的无数次重播也是观看者众多，成为近年来最大剧王。因此，不能不说二度创作对电视剧成功与否也起着至关重要的作用。

2. 现实主义作品领军：永远是电视剧创作主流

2017年，我国电视剧市场上的另一个突出特点就是现实题材剧目的强势回归。2017年上星频道晚间黄金档总收视率超过1%的首轮剧有48部，其中当代剧23部，古装剧7部，年代剧15部，跨越剧3部；总收视率超过2%的剧集有8部，其中有7部都是现实题材作品。由江苏卫视和上海东方卫视联播，以清末陕西女首富周莹为原型，讲述她惊心动魄的创业故事和跌宕起伏的情感历程的《那年花开月正圆》，100城总收视率达3.98%，成为年度冠军；湖南卫视独播的表现检察官与贪腐分子斗智斗勇故事的《人民的名义》，收视率达到3.74%，居年度收视亚军；都市生活剧《欢乐颂2》在浙江卫视、上海东方卫视的总收视率为3.11%，收获年

---

① 文中所涉及电视剧收视均采用 CSM Tvpris100 城市，19：30~21：30 时段数据。

度收视季军；此外，根据大作家欧阳中石的扛鼎之作改编，再现渭河平原上传统的坚守与时代变迁下人性的撕裂与挣扎的《白鹿原》、真切描摹义乌人在改革开放及全球化发展进程中积极进取精神的《鸡毛飞上天》、书写"70后"致青春的《生逢灿烂的日子》《情满四合院》以及《我的前半生》（原著作者亦舒）等剧目均取得了良好的收视表现。

历史告诉未来。纵观中国电视60余年的发展历程，可以肯定地说，无论是过去、现在还是在未来，现实主义题材作品永远都是电视剧创作的主流。

（五）拓宽传播渠道，进军短视频领域

在"多屏共生"的大背景下，积极开展内容与传播方式创新，发力短视频便成为电视行业实践媒体融合的抓手之一。

在新闻节目领域，短视频已经成为电视媒体进入移动端的重要产品，其生产与传播带动了新闻节目融合传播水平的提升。目前，硬新闻和软民生是新闻类短视频的两个主要制作方向，随着国家对互联网新闻视频内容的制作和传播准入门槛的提高，传统媒体在信源采集、节目品质与公信力等方面的优势，特别是在"头部"新闻内容上的竞争优势就表现得更为突出。统计数据表明，2018年第一季度，在腾讯视频、秒拍、今日头条三个重要短视频竞争平台"头部"发布者[①]发布的短视频中，发布量中的19.6%、播放量中的26.7%来自传统媒体所属账号。此外，由央视、《人民日报》、澎湃新闻、《新京报》、《环球时报》等传统媒体生产的"头部"短视频新闻，更是稳居市场占有前列。以央视为例，2018年第一季度，围绕"十九大"、全国"两会"、习近平总书记治国方略等内容制作原创时政短视频100余个，在"央视新闻+"、腾讯视频等8个平台获得的播放量超过15亿次。这些短视频内容准确、视野开阔、形式多样，配合电视端长视频传播，形成了良好的立体传播效果。

不仅如此，契合互联网时代的碎片化、快节奏信息获取的特点，基于热门影视剧剪辑的短视频，也有力促进了节目的营销宣传。例如，根据湖南卫视《猎场》主演明星曾经拍

---

① "头部"发布者：各平台播放量前100个短视频账号，三个平台共计300个。

摄过的经典影视剧角色进行重新剪辑，并配以动画，同时融入《猎场》相关镜头制作的短视频，在腾讯视频播放量达2320万，对节目起到了很好的推介作用。此外，纪录片短视频因制作精良、内容丰富，聚焦历史、自然与传统文化，往往可以在社交媒体上引发较高的讨论热度。《了不起的匠人》第二季、《如果国宝会说话》《看鉴历史》等均在社交媒体引发关注。当然，央视纪录等一批专业化纪录片频道将节目中的精彩内容制作成美轮美奂的片花进行常态化、规模化播出，既宣传了节目，又强化了频道品牌影响力的做法绝对是视频节目有效营销的成功典范。

而更应提及的是，伴随着视频制作技术门槛的降低，纪实短视频已经从全民纪录发展到全民创作，纪实短视频已然成为大视频市场纪实内容的新晋生力军。

（六）节目创新：既是发展需要也是业者宿命

电视节目和所有其他消费产品的生产一样，一方面，根据市场需求量需而出进行节目制作，另一方面则是前瞻性地把握观众收视需求发展方向，通过内容和形式上的创新，开拓出新的市场空间，创造出新的消费需求，即好的开创性节目对市场会有主动性的反作用。

从某种角度上来说，一部视频史就是通过持续的内容和表现形态创新来满足观众不断提高的观赏需求的历史——在极为"喜新厌旧"的影视市场，不创新往往就意味着死亡。在整个大视频行业，通过节目创新来带动市场，创造新的消费需求的成功例子不胜枚举。迪士尼公司通过高品质动画片节目引领，带动出玩偶、演出、日用消费品，乃至令无数儿童欲罢不能的主题公园等庞大产业链的开发经营，便是极为成功的典范。前文提到的2017年"文化类"节目的繁荣，既宣扬了中华传统文化，促进了优良价值观的传承，同时又带动了观众结构的变化，引发了不同年龄段、特别是有较高文化水平观众的高度关注与情感共鸣，便是节目创新推动用户市场消费的一个最近的成功案例。

谈到节目创新可以拓展出新的市场需求，湖南卫视的《超级女声》是绕不开的话题。它的诞生，堪称中国电视的奇迹。"无门槛"的报名机制、颠覆传统的游戏规则、灰姑娘们的励志传奇，使得这档节目从开播伊始就注定了它的不平凡。《超级女声》不仅开启了中国选秀黄金十年，更是将无数即将远离传统电视的年轻观众再度拉回到电视机前，让电视媒介、广告商看到了年轻受众的价值和激情，也为日后众多频道发力年轻受众市场提供了模式和表率。

如果说"超女"开启了一场"草根"偶像登场的盛大序幕，那么7年后浙江卫视《中国好声音》的横空出世，则通过让更具专业水平的"民间歌手"之间的PK，瞬间俘获了无数爱好音乐的观众。2013年伊始，湖南卫视另外一档音乐节目《我是歌手》再获观众追捧，节目的参与主体一改以往的"草根性"，由在华语乐坛已经获得一定地位的歌手进行竞演，他们在节目中彻底平民化，仅作为一个纯粹的歌者出现在比赛现场。至为重要的是，由于参演歌手都是跨越过特定年代、令人耳熟能详、被许多观众寄予了很深的情感，再加上其精良的制作水准，因此，《我是歌手》的收视观众实现了"老少通吃"。

随着观众知识文化水平的不断提高，其在视频内容消费上除了"娱乐"和"放松"功能之外，对于节目的文化品质和知识含量自然就会提出更高的要求。作为应对，世界电视产业顺势推出了一种将知识与娱乐元素结合在一起的，被称之为知识娱乐（Eduotment）

的新型节目产品，风靡全球的探索频道和国家地理频道，便是知识+娱乐元素创造新的市场需求的成功典范。说到中国的知识娱乐节目，《幸运52》和《最强大脑》在节目创新史上具有标志性意义。《幸运52》打破了娱乐节目、知识竞赛节目的界限，将娱乐性、知识性、游戏性与竞赛性并重，充分满足了观众多方面的观赏需求，同时也调动了观众的参与热情，一经推出就受到观众的热捧，因此火爆了若干年。随着时代的发展，简单的知识问答和竞猜已经不能满足受众对于视野拓展、智力提升等方面的诉求了，于是，知识娱乐的升级版节目《最强大脑》又应运而生。该节目以"让科学流行起来"为口号，将丰富的各类知识通过有效的艺术加工（包括运用明星的偶像效应），实现了知识性、故事性、趣味性、观赏性的完美结合，俘获充满求知欲的青少年以及知识文化阶层观众无数。

观众永远都是求新、求变的。无论竞争如何激烈，市场空间永远都是存在的。对于视频媒介的从业者来说，行业的生存发展规律便是，没有创新就意味着原地踏步，甚至是死亡。因此，不断地开拓创新是每一位电视事业人士的宿命——选择了一种职业，便是选择了一种生活方式。

（七）加强政策引导，坚持正确导向

1. 政策引导成效显著，主旋律节目风光无限

2017年中国电视行业在内容生产等方面所取得的一系列成就，与相关管理部门有力的政策引导密不可分。

2017年8月5日国家新闻出版广电总局发布了《关于把电视上星综合频道办成讲导向、有文化的传播平台的通知》，强调电视媒体要把社会效益放在首位，加强公益属性与文化属性，鼓励文化类、公益类节目的播出。2017年9月4日，"五部委"联合发布了《关于支持电视剧繁荣发展若干政策的通知》，进一步强调电视剧内容要弘扬主旋律。在上述政策的引导下，一大批导向正确、收视良好的电视节目井喷式涌现。如前文提及的政论节目《不忘初心继续前进》《将改革进行到底》《大国外交》，文化类综艺节目《朗读者》《见字如面》《诗书中华》，热播现实题材电视剧《人民的名义》《生逢灿烂的日子》《急诊科医生》《林海雪原》等，为行业树立了标杆。

2. 台网节目施行统一标准，营造健康向上的视听环境

近年来，随着我国文化产业日益繁荣和传播新技术的广泛应用，互联网节目呈现出快速发展态势。根据国家新闻出版广电总局监管中心数据，2016年10月至2017年10月，在优酷网等21家网站共新上线网络剧[①] 206部3485集，总时长约102815分钟；在腾讯网等21家重点网站播出的网络综艺[②] 共197档，3442期，总时长约107300分钟。与前一年同期对

---

① 本节所称的网络剧，是指由节目制作机构或网民个人制作，主要在视频网站等互联网视听节目服务机构播出，并由播出平台对节目内容履行审核责任的剧情类连续剧、系列剧作品。凡是获得《电视剧发行许可证》的作品，不管是否仅在互联网传播，均视作电视剧，不纳入本节主体研究范围。

② 本节所称的网络综艺节目，是指有节目制作机构或网民个人制作，主要在视频网站等互联网节目服务机构播出，并由播出平台对节目内容履行审核责任，综合运用各类视听表现手法，广泛融合多种艺术形式并对其进行二度创作，满足大众艺术审美和休闲娱乐需求的专业类（非剧情类）视听节目。网民原创内容（UGC）和专业生产内容（PGC）中，审美娱乐功能较弱、制作专业性水准相对较低的部分节目，如美妆、食谱、母婴、整形、个人秀等，未纳入本节网综研究范围。

比，2017年网络剧数量增长了46%，网络综艺节目数量增长了53%。

然而，在网络视频节目的快速发展过程中也产生了一些内容导向问题：部分节目出现了价值导向和审美导向的偏差，特别是低俗倾向较为突出，甚至一些节目在环节、议题上面故意设置噱头，力图通过身体的大尺度暴露来博取关注。因此，2016年在政府监管下，大量低俗网络节目被紧急喊停。

2017年，国家在加强网络视听环境的监管方面继续"放大招"，一系列管理规定和政策法规相继出台。2017年5月2日，国信办一下颁布了《互联网新闻信息服务管理规定》《互联网群组信息服务管理规定》《互联网用户公众账号信息服务管理规定》三个文件，从服务许可监管制度、传播平台主体责任制、大网络监管模式、外资不得介入互联网新闻信息采编业务四个宏观层面对网络新闻的准入和监管进行了约束性规定。

在网络视频的内容监管方面，2017年6月1日，国家新闻出版广电总局发布了《关于进一步加强网络视听节目创作播出管理的通知》，重申台、网节目统一标准。紧接着，广电总局又发布了《网络文学出版服务单位社会效益评估试行办法》，正本清源、把关IP源头，并强调了网络节目先审后播，传播正能量的相关要求。2017年12月20日，"六部委"又联合发布《要求进一步加强社会主义核心价值观网上传播的通知》，要求充分利用各类网络平台，加强党的十九大精神、习近平新时代中国特色社会主义思想以及中国梦等主旋律内容的宣传。此外，对开展网络公益活动，积极探索"互联网+公益"新模式，加强网络空间治理也提出了明确要求。

在相关政策引导下，网络节目领域2017年发生了从重视生长规模向注重品质提升的转变，出现了《了不起的匠人》（第二季）、《见字如面》《读书人》等弘扬正能量、传播真善美的网络综艺作品，以及一批反映时代风貌、成长励志、向上向善等内容的高品质网剧，如《河神》《热血长安》等。可以预见，未来几年在"台、网节目同一标准"的政策指导下，越来越多的网络节目将会更为有效地传递主流价值观、传播正能量，践行媒体的社会担当，在繁荣的大视频市场中大放异彩。

三、电视节目播出

（一）播出总量稳步增加，专题服务、广告节目增幅较大

2017年全国播出的公共电视频道达到了3493套，播出时间为1881.02万小时，比2016年（1792.44万小时）增加88.58万小时，同比增长4.94%。

从2017年不同电视节目类型的播出量来看：

新闻资讯类电视节目播出时间271.85万小时，比2016年（260.18万小时）增加11.67万小时，同比增长4.49%；

专题服务类电视节目播出时间250.82万小时，比2016年（228.60万小时）增加22.22万小时，同比增长9.72%；

综艺益智类电视节目播出时间147.12万小时，比2016年（144.52万小时）增加2.60万小时，同比增长1.80%；

2017年各类节目播出比重（%）

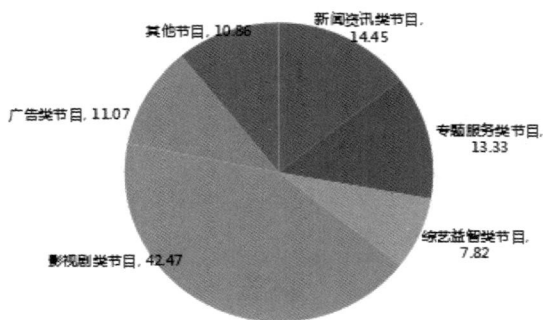

数据来源：中国广播电影电视发展报告

影视剧类电视节目播出时间798.81万小时，比2016年（765.20万小时）增加33.61万小时，同比增长4.39%；

广告类节目播出时间208.16万小时，比2016年（192.33万小时）增加15.83万小时，同比增长8.23%。

由此可见，影视剧、新闻资讯、专题服务类节目播出占比最大，分别为42.47%、14.45%、13.33%；增长幅度最快的节目类型为专题服务与广告类节目，分别达到9.72%和8.23%。

（二）播出市场竞争白热化，不同类型频道差异化生存

如下图所示，在中央台、省级上星、省级地面、市级频中，不同类型节目的播出分布有明显的区别，大致情况是：央视更为侧重专题和新闻节目，省级上星频道以电视剧当家，而省级地面和市级频道则以电视剧、生活服务和新闻节目为主打。

2017年各级频道主要节目类型播出比重（%）（所有调查城市）

数据来源：CSM 媒介研究

1. 中央级频道：播出比重较均衡，专题、新闻节目最具竞争力

2017年，中央级频道各类节目的播出分布相对均匀：专题、电视剧和新闻节目位列三甲，占据了整体播出量的46.2%，体育、综艺、电影节目也占有较高的播出比重，频道专业化优势愈发明显。

权威性、高品质、全球视野的新闻节目是央视最具竞争优势的内容资源。2017年的央视新闻节目亮点迭出，影响力、生产量双双齐增。在我国视频节目领域，国家政治生活以及经济、社会发展中的重大事件，最具权威性和影响力的分布机构，唯央视莫属，并通过其综合频道、新闻频道、CCTV-4国际频道，实现了24小时不间断的中国大陆观众和全球华人观众的有效覆盖。此外，与中国的大国崛起相匹配，央视所属的中国国际电视台开办的以新闻节目为主打的英、西、法、俄、德、阿6个语种的国际频道，在全球的覆盖和影响力也是与日俱增。仅仅从新闻节目在不同类型各级频道的播出占比来看，中央台比省级卫视、省级地面频道新闻节目播出比重高出了3.7个百分点，与城市级频道的新闻节目播出比重相等。

作为我国重要的新闻舆论机构和思想文化阵地，高度重视专题节目的生产与播出是央视最为突出的内容特征之一。专题节目在所有节目类型中播出量最大，占比近20%，足见该类节目在央视所占据的举足轻重地位。除大量常规播出的专题栏目外，为配合党和国家重大宣传任务而特别制作的宏大主题的高品质大型系列专题节目，也成为央视节目制播的"新常态"。如2017年推出的《大国外交》《巡视利剑》等大型专题纪录片在展现中国的国际担当、振奋民心的同时也发人深思，成功完成了主流价值观的有效传播，引发了热烈的社会反响。

在电视剧方面，中央台一套偏向于叙事宏大、格局高远、主旋律强的剧作，例如"重大革命"题材剧目在2016年占比超过1/3，"军事斗争"题材超过了10%。2017年，年代感强、有历史底蕴的"时代变迁"和"历史故事"剧集成为央视一套首选，二者比重均超过19%，加起来占近四成。此外"近代传奇"剧目也占有10.7%比例。

CCTV-8电视剧频道2017年播出题材比重主要分为五类，军事斗争剧播出量最大，达到27%；而"社会伦理""反特/谍战""近代传奇"和"都市生活"剧所占比重则大致相等。

此外，央视的著名品牌节目，每每在重大节假日推出的《春节联欢晚会》《中秋晚会》等大型综艺节目，仍然拥有极为广泛的受众人群。在体育节目方面，央视通过把控着诸多重大体育赛事的独家版权，资源优势显著，因此，CCTV-5依然是我国体育节目最为重要的播出平台。

2. 省级上星频道：把控优质剧资源者"赢家通吃"，青少年节目表现抢眼

2017年，电视剧在省级卫视所有节目类型中的播出比重高达34.6%（与2016年播出比重基本持平），比中央电视台高出19.6%、省级地面台高出6.4%、城市电视台高出8.8%的比例，足见电视剧在省卫视频道群收视中所占据的"中流砥柱"地位。

纵观近些年的中国电视剧市场，一个非常令人瞩目的现象便是被一些业内人士称为"阶层固化"的优质剧目严重的"分配不公"——最好的电视剧资源被几个强势卫视所垄断。以2017年为例，晚间黄金时段，虽然中央台八套、上海东方卫视、浙江卫视、北京卫视、湖南卫视、江苏卫视、安徽卫视、中央台综合频道、山东卫视这9家卫视频道电视剧的播出量仅占所有卫视频道电视剧播出总量的1/3，但是，上述9个频道所播出的首轮剧目却囊括了全国首轮剧总量的70%以上。更有甚者，即便是在如此严重的"20/80"律差距的情况下，强势卫视仍在大举向"全首轮化"目标迈进。2017年，中央台一套、上海东方卫视、北京卫视、江苏卫视4家卫视均实现了晚黄档全部播出首轮剧；浙江卫视、湖南卫视、安徽卫视首轮剧播出比重也超过了九成。

从收视效果看，强势卫视对优质电视剧资源的"垄断"所取得的成效斐然，2015年至2017年，全国收视率超1%的好剧几乎都锁定在湖南卫视、上海东方卫视、中央台一套、浙江卫视、中央台八套、江苏卫视、北京卫视、山东卫视等几家卫视上。当然，在上述频道中，湖南卫视、中央电视台综合频道高收视剧目的占比又最为突出。

与此相对应的是，那些因"囊中羞涩"而无奈地放了对首轮剧资源争夺的"九强"之外的卫视们，只好通过播出二轮剧来艰难度日，收视地位进一步下降，生存环境也渐趋恶化，陷入了恶性循环状态。

主要卫视电视剧收视率≥1%的部数及收视达标率[①]（19:30–21:30，100城市，内地剧）

卫视	电视剧≥1%部数			电视剧≥1%比重（%）		
	2015年	2016年	2017年	2015年	2016年	2017年
湖南卫视	15	12	10	32	27	29
中央电视台综合频道	11	7	2	23	16	6
山东卫视	5	2	–	11	5	–
江苏卫视	4	3	2	9	7	6
中央台八套	4	8	9	9	18	26
上海东方卫视	3	4	7	6	9	21
浙江卫视	3	4	2	6	9	6
北京卫视	2	4	2	4	9	6

数据来源：CSM媒介研究

作为省一级地区的主流视频媒体，省级卫视制作的专题类节目在所有节目播出比重中排名第二，占比高达14.6%，与中央电视台该类型节目的播出比重相差仅为4.8个百分点。显然，由于配合各项宣传工作以及彰显媒体话语权的需要，专题节目在省卫视的重要地位暂时不会改变。

省级卫视最具特点、也是近年来制播量增长最快的是青少年节目，2017年该类节目的播出量占比位列前三甲，高达9.3%。在媒介竞争愈演愈烈的当下，省级卫视大力发展的青少类节目与时俱进，其表现手法也非常之丰富，包含纪实、调查、室内表演、外景播报、动画、文艺演出、真人互动等多种形态，收视效果总体向好。

省级卫视还必须要提及的另一种重要节目类型，虽然其播出比重并不靠前，但是影响力、创收能力却不可小觑的真人秀类节目。与主要通过购买的影视剧类节目不同的是，真人秀类综艺最能体现播出平台的把控能力和凸显媒介品牌价值。为此，各卫视频道，特别是强势卫视都竞相推出带有自己鲜明个性和品牌烙印的真人秀类节目，《非诚勿扰》《中国好声音》《爸爸去哪儿》等便是其中的成功代表。公允地说，与前些年的突出成就相比，2017年省级卫视在真人秀娱乐节目上的力作并不太多。

3. 地面频道：大剧"流失"加剧，生活服务、民生新闻为重要支柱

就省、市级地面频道而言，电视剧、生活服务以及新闻节目是其主要播出节目类型的

---

① 收视率≥1%比重为本频道收视率≥1%的剧占所有卫视频道收视率≥1%剧的比例；收视达标率为收视≥1%的电视剧部数占频道内播出部数的比例。

三大支柱。其中，电视剧是地面频道播出比重最大的节目类型，在省、市级地面频道均占比25%以上。 然而，近年来，随着首播大剧更多地流向强势卫视，一些地面频道逐渐沦为二流剧平台，竞争实力受到影响。

由于有着与其受众在心理、文化、生活习惯、价值标准等方面的接近性，地面频道的这种与接受者之间天然的血缘关系是其他覆盖范围的视频媒体所不具备的，因而，接地气的民生新闻和生活服务类节目便自然成为地面频道的主打节目类型。2017年生活服务类节目在省级地面及市级频道分别占有16.5%和16.0%的播出份额，新闻资讯节目则分别占有8.1%和11.8%的播出比重，分别占播出比重的前二和前三。

需要指出的是，由于接地气和极强的贴近性，无论是现在还是未来，上述两类节目都是地面频道最不可替代、最具竞争优势的重要节目类型。

四、电视观众与收视行为

（一）观众总规模：稳中略升，高达12.87亿

"唱衰电视"是当下的一个热门话题，然而这一过于悲情的观点似乎是个伪命题。且不说电视的权威性、主流性、专业性等突出特点，单就受众的广泛性这一点，中国电视业就具有得天独厚的优势。就目前的情况来看，电视的人口覆盖率仍远远大于网络，是最廉价、覆盖范围最广的现代视频传播媒介，尤其是在广大农村和边远地区，电视仍是影响力最大的媒体之一。而以社交传播为主的网络新媒体，短期内很难在受众规模上全面超越面向普罗大众传播的电视，这一点，仅从CSM媒介研究全国测量仪收视调查网的电视人口规模数据便可见一斑。

2015年，中国大陆年龄在4岁及以上电视观众规模为12.83亿人，到2017年，该数值达到了12.87亿人，比2015年增加了400万人，升幅为3.12%，占全国4岁及以上人口的97.5%。从最近三年来观众规模基本呈现稳中略升的态势便可以充分说明，在这个"多屏共生"时代，中国观众对电视这块屏幕的兴趣依然浓厚。

2015—2017年电视观众规模变迁

数据来源：CSM媒介研究

（二）观众特征：青壮年、低学历、低收入者占比巨大，收视偏好差异化明显

1. 年龄结构：青壮年观众占比达80%

我们在此要特别说明的是，在接下来进行的观众年龄构成、收视偏好等的细化分析中，笔者根据全球性的人类史无前例的大规模集体增寿，以及退休年龄普遍延迟等情况，将14岁以下人群定义为青少年、15~44岁定义为青年、45~64岁定义为壮年、65岁以上人群定义为老年。由此，主要基于2015—2017年全国测量仪收视调查网的数据，当今中国电视观众的年龄构成分布如下：

青年观众：位居观众数量前三位的15~24岁、25~34岁、35~44岁青年群体，2017所占比例分别为17.5%、15.6%、19%，三者之和为52.1%。

壮年观众：2017年，45~54岁、55~64岁电视观众所占比例分别是14.6%、11.2%，该群体拥有25.8%的总体观众比例。

青少年观众：4~14岁观众所占比例为12.7%。

老年观众：65岁及以上观众群占比为9.4%。

通过以上数据我们可以清晰地看到，我国超过半数的电视观众是青年群体，而青壮年观众的占比更是高达77.9%。

2. 学历情况：初中以下学历观众占比70%

2015—2017年，超过三分之一（35.球球圈圈群·3%）的电视观众为初中学历，小学文化者占比24.9%，高中18.8%，大学及以上为11.8%，未受过正规教育的观众占比9.1%。虽然，初中以下文化观众所占比例高达69.3%，但不可忽视的一点是，高中和大学及以上群体呈现出逐年增长的态势，2017年较2015年分别增长了0.7和1.6个百分点，增幅为3.9%和15.5%。

3. 职业分布：农/渔/牧/无业群体数量较多

包含了农民/渔民/牧民等职业人群和无业（包括离退休人员）群体一直是电视收视的主体受众群，历年来所占比例都居最大收视人群的前列。随着时间的推移，电视观众中初级公务员/雇员、个体/私营

2015—2017年全国测量仪收视调查网观众年龄构成（%）

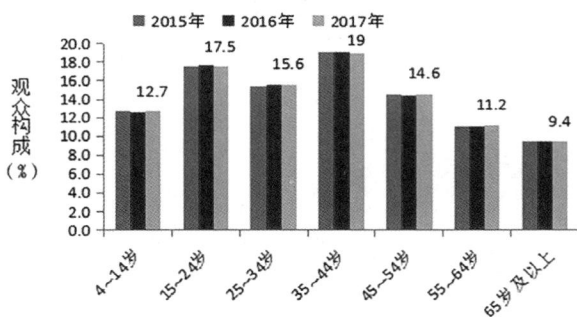

2015—2017年全国测量仪收视调查网观众学历构成（%）

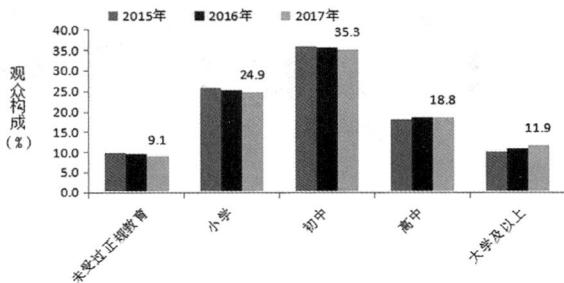

数据来源：CSM媒介研究

企业人员和学生所占比例均有不同程度提升，2017年较2015年增幅分别为14.7%、7.1%和4.4%，而其他人群所占比重则出现了明显下滑。

4.收入结构：中低收入观众依然为大

中低收入人群历来都是电视的最大受众群体。随着我国经济持续高速增长（2015—2017年，国内生产总值年均增长6.8%，2017年国内生产总值达827122亿元），电视观众的收入水平也在悄然发生变化。低收入观众占比逐步减少，中高收入人群则急速增长，尤其是3501元及以上收入人群，2017年较2015年增长了5.2个百分点，增幅达41.3%，不可不谓一个不小的飞跃。

5. 收视偏好：社会角色严重影响收视选择

在全球电视市场上，电视剧、新闻和综艺节目被誉为是电视媒体拉动观众收视最为重要的"三驾马车"。而体现在这三类节目的核心受众规模和收视偏好上，则呈现出差异化和个性化的特征。

2015—2017年全国测量仪收视调查网观众职业构成（%）

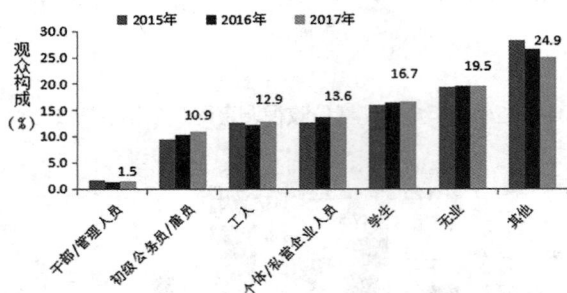

2015—2017年全国测量仪收视调查网观众收入构成（%）

数据来源：CSM媒介研究

从年龄结构上看：比较严肃的新闻/时事节目45岁及以上的中老年观众占比更高，尤以65岁及以上人群为甚；广谱性的电视剧更受45~54岁观众喜爱；娱乐性强的综艺类节目则对44岁及以下的年轻观众更具吸引力。

从受教育程度来看：更具大众文化特质的电视剧在初中学历观众群体中占比最高；与国家政治生活密切相关的新闻/时事节目深受初高中学历观众的青睐；综艺类节目近年来在题材、模式、技术等方面不断推陈出新，在其收看主体中，大学及以上学历观众所占比例较为突出。

从职业分布来看：电视剧和新闻/时事节目的最大拥趸明显集中于以离退休人员为主的无业观众人群中；综艺节目观众的职业构成，初级公务员/雇员、工人和学生比例最高。

从收入情况来看：在电视剧节目观众构成中，月收入为0~1200元观众所占比例明显较高；月收入在2601~5000元的观众对新闻/时事类节目的关注度更高；为观众带来欢乐和放松的综艺类节目则在各收入群体中所占比例相对较为均衡。

2017年主要电视节目观众构成（%）（2017年所有调查城市）

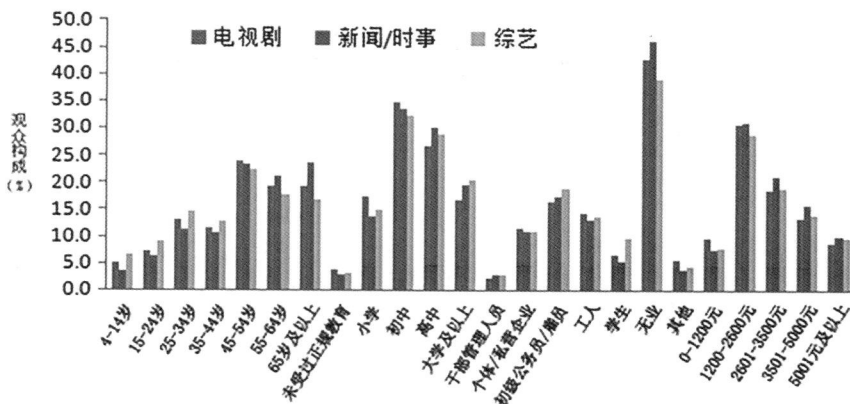

数据来源：CSM媒介研究

（三）重大收视变化：全天收视下降13分钟，青壮年观众减少16~17分钟

我们所处的环境是一个由注意力经济构筑的信息社会，在多媒体竞争生态下，受众的目光必然会被分散到多块屏幕上，然而注意力资源却是有限的。反映在电视市场上，最直观的表现就是观众的收视时长被不断地稀释。在观众对电视媒体的游离上，2017年出现的情况绝对称得上是"触目惊心"了！

1.全年收视走势：更趋扁平化，细分人群收视个性化

总体来看，2017年全年不同时期收视水平较2016年均有不同程度下滑，虽然在春节的收视高峰期间出现了短时回升，但持续时间短，回升幅度小，也仅与2016年同期收视水平持平，较2015年则跌势明显。通过2015~2017年分周收视走势可以看出，我国电视观众的全年收视更趋扁平化，惯常每年暑假期间都会出现的一个收视小高峰，在2017年则再也无影踪了。与此同时，细分人群收视的身份特征属性也愈发明显。

2015—2017年观众全年分周收视走势（历年所有调查城市）

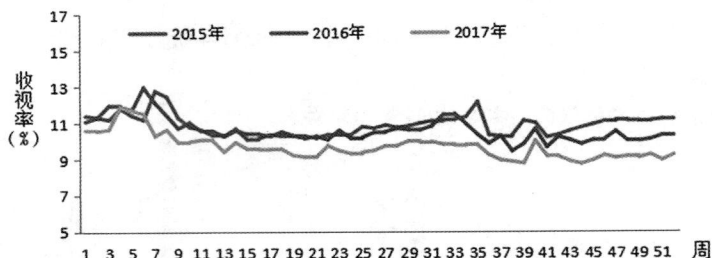

数据来源：CSM媒介研究

就不同年龄段观众的收视变化情况来看：

45岁及以上中老年人群全年各个时期收视水平均明显高于年轻观众，且全年波动小，较为平稳；

35~44岁和25~34岁青年人群收视水平位居中游，且全年各时期均较为稳定；

24岁及以下的青少年群体大多数时期的收视水平均相对较低，但季节特征突出，每逢寒暑假及十一黄金周期间，此类观众就会表现出较为明显的收视高潮。这一特征在4~14岁学龄儿童小观众群体中表现尤为明显，相对而言，高中和大学及以上文化程度观众虽然全年收视也较为稳定，但总体收视水平偏低。

2017年分目标人群全年分周收视走势（所有调查城市）

数据来源：CSM媒介研究

2. 黄金时段：收视萎缩加剧

根据CSM统计，2015~2017年三年的全天收视走势基本保持一致，总体呈现为双高峰型，即中午时段的小高峰和出现在19:00~22:00黄金时段的收视大高峰。2017年全天收视峰值出现在20:30左右，收视率接近33%。相较于前两年，2017年晚间黄金时段收视萎缩明显加剧了。

2015—2017年观众全天收视走势（历年所有调查城市）

数据来源：CSM媒介研究

3. 全天收视时长：比上年下降13分钟

从收视总量上来看，2017年电视观众人均每天收看时长为139分钟，相比2016年的152分钟下滑13分钟，下降幅度创历史新高。

2015—2017年观众规模及收视时长（历年所有调查城市）

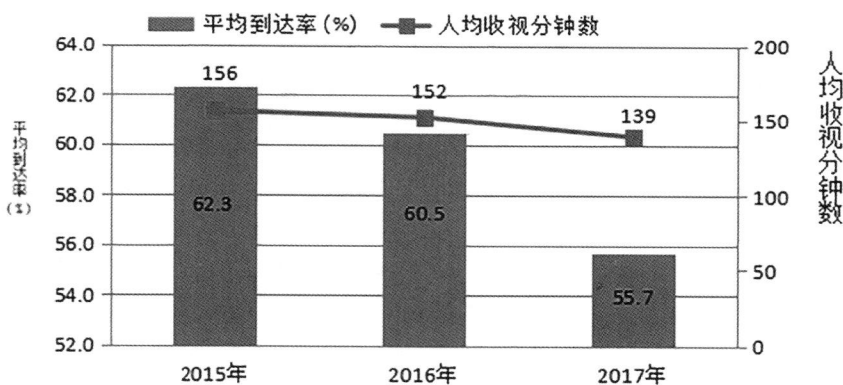

数据来源：CSM媒介研究

4. 35~54岁青壮年观众：同比下降达16~17分钟

从分目标人群来看，35~54岁中青年观众成为收视量同比绝对值下降最大的群体，其中，35~44岁观众同比下降16分钟；45~54岁观众同比下降17分钟。此外，55岁及以上重度电视观众的收视时长也首次出现明显回落。因此可见，电视收视量的下滑已经开始蔓延至重度收视群体，特别是青壮年观众游离于电视媒介的趋势在进一步蔓延。

2015—2017年分目标观众人均日收视时长（历年所有调查城市）

数据来源：CSM媒介研究

5.越高学历观众：收视时间越短

不同受教育程度观众人均日收视时长较2016年均出现了不同程度下滑是2017年最为突出的收视变化特点，中低学历观众与高学历观众在人均收视时间上的反向变动关系趋势更为明显，学历越高、花费在看电视上的时间越短。

综上所述，中国电视行业收视时长的种种减少，更多缘于电视总体观众规模的萎缩。2017年电视观众的日均到达率为55.7%，较2016年同期下降了4.8个百分点，降幅为近三年来最大。

6.重大利好：时移收视日均用户逾5000万，超过市级频道份额1倍多①

相对于前文所述的电视收视量大幅下降的"颓势"，2017年，中国电视行业最为令人振奋的"利好"便是"其他频道组"的市场份额的爆发式增长，2017年达到了14.7%，超过了市一级频道7.4%市场份额的1倍多。而仅仅就在2015年，二者的市场占有比例几乎是一样的。具体来说，"其他频道组"包含了数字频道、境外卫视等直播频道、IPTV、外接智能电视、OTT设备等的回看点播以及游戏使用等收视行为。令该频道组快速增长的"秘密武器"主要便是被业界称为"时移收视"的广泛应用，而其背后的推手便是智能设备的普及、网络提速降费的实施以及一键回看、点播等技术的革新。

从观众规模来看，2017年下半年，全国网电视端7天时移观众总规模超过3.6亿人，日均达5142万人。累计收视时长超过5900亿分钟（基于全国测量仪12.84亿推及人口）。其中，12个上星频道的7天内时移观众规模过亿，中央电视台综合频道、湖南卫视和江苏卫视分别以1.55亿、1.42亿和1.40亿的观众规模位居前三位；其余9个频道的观众规模也都在亿级范围；此外中央台电影频道、湖南金鹰卡通频道、北京卡酷少儿频道、央视少儿频道4个专业频道表现也相当突出，说明电影和动画专业频道对用户具有很强的吸引力。

---

① "时移收视"是指电视直播节目播出后7天内观众通过电视机或其连接设备（有线、IPTV、智能电视和OTT）点播或回看功能收看该节目的收视率。

2017年下半年全国网全天时段7天内时移观众规模

数据来源：CSM媒介研究

通过对15个重点城市的调查显示，在2017年有14个城市的时移收视量较2016年出现显著增长，其中郑州、长沙、济南、重庆的增幅超过了1倍，有9个城市时移收视增长超过50%。

2016—2017年各主要城市时移人均收视时长

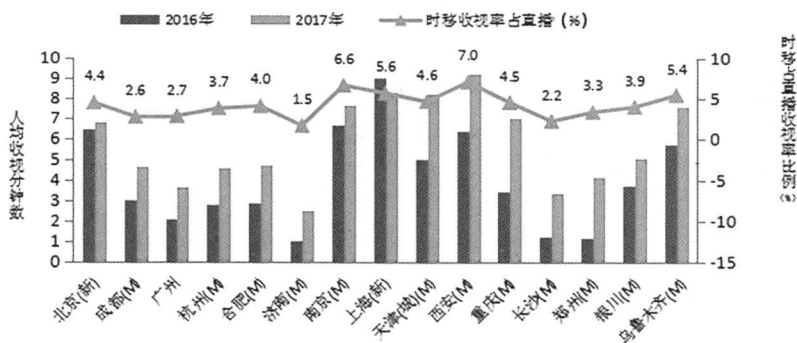

数据来源：CSM媒介研究

对分年龄段时移收视时间分配比例的调查显示，各年龄段人群时移收视量均有提升。其中4~44岁观众时移首播收视占比最高，接近5%，相比上年增幅明显；45岁及以上观众的时移首播收视时间也有明显增长，特别可喜的现象是时移收视开始向高龄观众群体扩展。

2016—2017年不同年龄段观众时移分配时间比例（15城市）

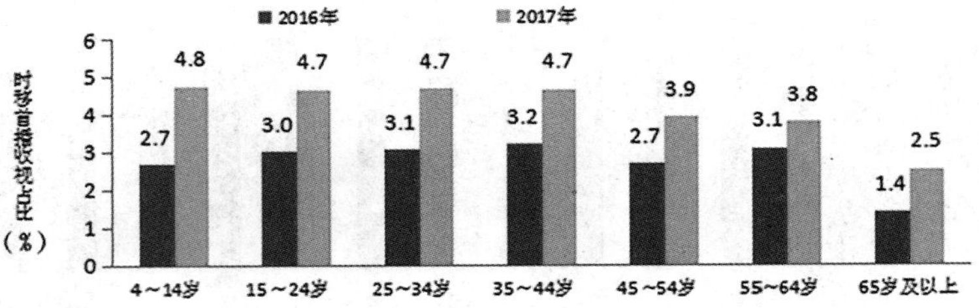

数据来源：CSM媒介研究

电视业自诞生以来最为看重的"黄金时段"之所以贵为黄金，关键是在传统的生活方式、生活节律与媒介生态环境下，在该时段大多数人最有机会也最有可能方便地接触电视媒体，并因此形成数量最为庞大的收视群体。数十年来，世界电视就是主要靠着这"黄金时段"观众眼球的大规模汇聚，获得了"丰衣足食"的生存与发展。然而，今非昔比，时代发生了变化，人们的生活方式、生活节律、知识水平、更包括媒介选择的日益丰富多样，传统的"我播你看"，将观众固定在某一时点进行媒介使用的方式，必然要让位于"我看我选"的自主媒介消费方式。时移收视的迅速崛起极有说服力地表明，相当一部分流失的观众并不是没有电视消费需求，而是电视内容的获取方式需要做出调整与革新。同时，这也充分证明了媒介传播技术进步的巨大变革力量以及传统媒介与时俱进发展的重要性。

从电视智能设备的家庭普及情况看，除了智能电视，有线运营商和IPTV推出的各种智能盒子也在加速电视端的智能化发展。多个渠道的推进使得拥有回放功能的家庭比例从2017年初的30%增长到年底的40%，有力促进了时移收视的增长。相信未来时移收视还会大有看点。

五、电视收视竞争格局

（一）收视竞争白热化，频道两级分化加剧

1. 中央电视台收视"一路高歌"，竞争优势进一步凸显

2017年，全国3000多个频道整体竞争格局保持相对稳定，但各级频道之间的竞争角逐更趋白热化。总体来看，中央级频道竞争优势进一步凸显，一路高歌，而省级卫视和地面频道则受挤压明显，市场空间进一步萎缩。通过下图可以看到，三年来，央视频道的全国市场占有2016年出现了较为大幅的增涨，2017年则与上年持平。

2015—2017年各级频道市场份额对比（历年所有调查城市）

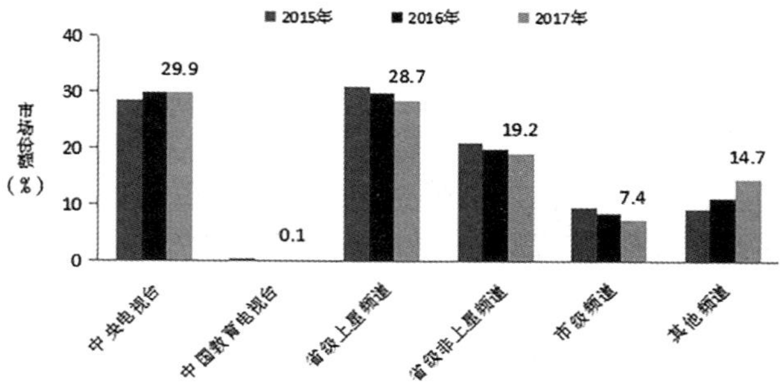

数据来源：CSM媒介研究

　　2017年，在全国收视市场份额排名前16位的频道中，中央级频道和省级卫视在频道数量上平分秋色，但论"单兵作战"能力，中央级频道显然更具优势。在Top5频道中，中央台占据了其中4个席位，省级卫视中，仅有湖南卫视入围市场份额排名前五位频道。而单个频道市场占有增幅最快的是CCTV-4，增长幅度为0.7%。

　　收视份额是一个体量相对固定的大蛋糕，谁多收了三五斗，势必意味着另外几方受到了损失。通过下图在中国电视市场最具竞争力的16个上星频道两年市场份额变化对比可以看到，央视一、四、六、八套，湖南卫视，上海东方卫视，湖南电视台金鹰卡通卫视7个频道2017年收视份额有不同程度的增长，有3个频道与上年持平，6个频道出现了负增长。

2017年全国电视收视市场份额排名前16位的频道

排名	频道	2017年市场份额（%）	2016年市场份额（%）
1	中央电视台综合频道	4.4	4.3
2	中央台四套	4.2	3.5
3	湖南卫视	3.4	3.3
4	中央台六套	3.2	3
5	中央台八套	3.2	3.1
6	中央台三套	3	3.4
7	中央电视台新闻频道	2.5	2.6
8	浙江卫视	2.5	2.7
9	上海东方卫视	2.5	2.4
10	江苏卫视	2	2
11	中央台五套	1.9	2.4
12	北京卫视	1.7	1.8
13	中央电视台少儿频道	1.6	1.6
14	湖南电视台金鹰卡通频道	1.5	1.4
15	安徽卫视	1.3	1.6
16	山东卫视	1.3	1.3

数据来源：CSM媒介研究

2. 头部卫视强者愈强，地面频道处于下滑通道

头部省级卫视占据更多市场资源，地面频道地域差异越发显著，是2017年电视市场表现出来的突出特点之一。

2017年省级卫视间的收视竞争力依然呈现阶梯式分布，市场份额超1%的卫视有8个，与2016年水平相当。但收视也更多地向头部卫视集中，Top5卫视的累计市场份额达到42%，较2016年提升了2个百分点；Top10卫视的累计市场份额则达到了63%；而处于第11至24位的省级卫视收视份额普遍下降，与第一阵营频道的差距被进一步拉大。

2016—2017年省级卫视市场份额对比（历年所有调查城市）

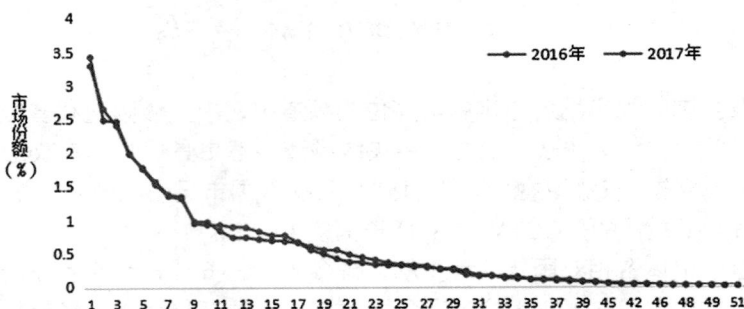

数据来源：CSM媒介研究

再来看地面频道，则总体处于下滑通道。从25个省网及4个直辖市的地面频道近两年数据的对比来看，省一级地面频道晚间时段整体市场份额从27.8%下滑至27%。其中有12家频道同比上涨，17家呈现下跌，最大降幅的频道超过了8个百分点。

2017年省级地面频道晚间市场份额增长值对比（18:00~24:00，各省网）

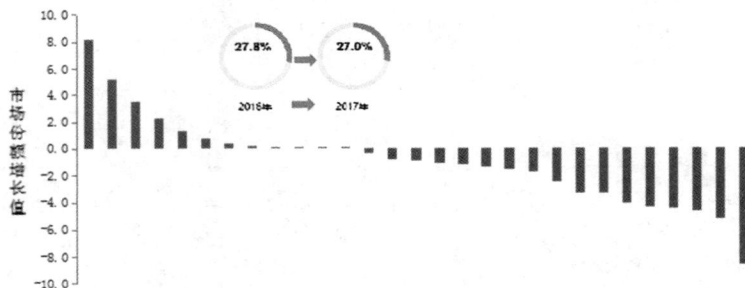

数据来源：CSM媒介研究

城市台的下滑趋向就更为明显。在对116个城市的调查中，2017年，市级频道整体平均收视份额从14.5%下降至12.8%。其中，仅26家城市台收视上涨，其余90家台均呈下跌之势。在晚间时段市场份额降幅最大的城市台下降超过了8%。

2017年市级地面频道晚间市场份额增长值对比（18:00~24:00，各城市网）

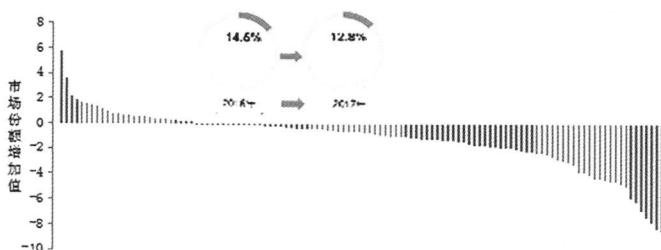

数据来源：CSM媒介研究

（二）突出自身优势，形成差异化竞争格局

各级频道组之间的竞争最为具体的体现便是，根据自身的频道特质和节目资源在全天不同时段的收视中做出特色，拥有专属自己的收视高峰，形成一种差异化的竞争优势。在此方面，2017年的电视市场给出了一份满意的答卷。

1. 各级频道组倚重节目类型存在差异

对于各电视播出平台而言，由于市场定位、节目资源占有不同等原因，所倚重的节目类型必然存在差异。

2017年，中央级频道各类节目的收视分布相对均匀，电视剧（18.1%）、新闻（17.8%）和综艺节目（12.3%）位列三甲，占据整体收视量的48.2%，专题、电影、体育节目也取得了较好的收视效果。

省级卫视则更多倚重电视剧和综艺节目，二者贡献了近六成的收视总量，其中电视剧独占了40%左右的份额，"偏科"似乎有点严重。

电视剧、新闻及生活服务类节目是维系地面频道收视的三大支柱。具有明显的地方化特征的地面频道，2017年，市县级频道在新闻/时势节目上领军；省级非上星频道生活服务类节目的收视贡献最为突出，这也是实现差异化竞争的结果。

2017年各级频道各类型节目收视贡献率（%）（所有调查城市）

节目类型	中央级频道	省级上星频道	省级非上星频道	市县级频道
电视剧	18.1	40.0	35.3	36.8
新闻/时事	17.8	6.6	14.6	24.4
综艺	12.3	15.9	8.3	4.8
生活服务	4.2	8.0	10.2	8.1
专题	11.2	3.7	4.4	4.5
青少	4.1	9.2	3.0	2.1
电影	9.5	1.9	3.3	1.3

续表

节目类型	中央级频道	省级上星频道	省级非上星频道	市县级频道
体育	5.8	0.5	3.3	0.8
法制	2.0	0.4	2.1	1.8
音乐	2.5	0.3	0.1	0.1
财经	1.5	0.2	0.7	0.3
戏剧	0.7	0.1	0.3	0.6
教学	0.1	0	0	0.1
其他	10.3	13.1	14.3	14.2

数据来源：CSM媒介研究

2.不同频道组各自拥有专属收视高峰

中央电视台在4:00~13:30时段保持绝对的领先优势，尤其在早间6:00~7:00时段的竞争力更强；

省级卫视则在13:30~17:00时段和19:45~23:45时段获得了市场占有的反超；

省市两级地面频道，在整体上无法与上星频道相抗衡，但在17:00~19:00的民生新闻时段竞争力明显提升，尤其是省级地面频道在18:00~19:00的市场份额甚至超过中央电视台，成为该时段竞争力最强的频道组。

2017年全国电视收视市场各类频道市场份额全天走势

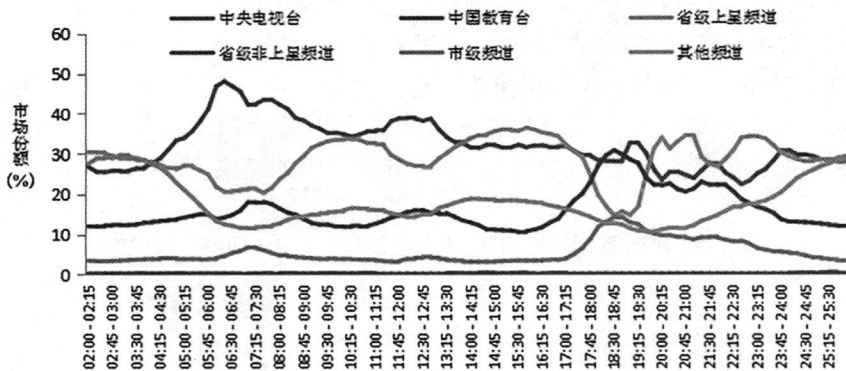

数据来源：CSM媒介研究

（三）不同类型节目收视比重基本保持稳定

不同类型节目的收视份额占有不尽相同，乃至差距甚大是不同节目形态的自带属性。一般的规律是，娱乐节目的收视竞争力最强，新闻节目次之，专题和服务等类节目排名再后。具体来看：

1.电视剧收视比重有所增加，省级频道占比70%

电视剧在激烈的眼球争夺战中依然是收视市场的"定海神针"，约占总收视量的31%，较上年有2%左右的增长；综艺节目则出现了萎缩，收视比重同比下降了1.7%，为12%。

不同节目类型收视比重（全国所有调查城市）

数据来源：CSM媒介研究

近三年省级卫视、省级地面频道在被誉为"收视发动机"的电视剧资源上的竞争实力最强，份额占比达43.9%和25.5%，合计为69.4%；剩余的30%，中央级频道和地市级频道各占20%和10%左右。

2015—2017年各级频道组电视剧收视份额对比（历年所有调查城市）

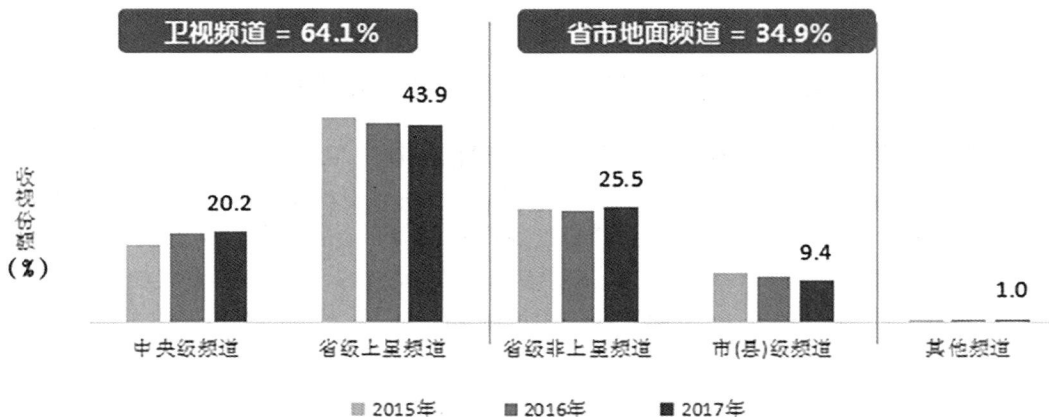

数据来源：CSM媒介研究

2.综艺节目收视减少，省级频道占比58%

综艺节目的市场竞争格局与电视剧颇为相似，也是省级上星频道占主导，中央级频道居次席，地面频道处于劣势。与上年对比，中央台、省级地面频道综艺节目收视份额有所增长，省级卫视有明显下滑。

2015—2017年各级频道组综艺收视份额对比（%）（历年所有调查城市）

数据来源：CSM媒介研究

当下的综艺节目（主要为真人秀类）呈现出竞争强度大、更新换代快、类型多元化，以及随之而来的同质化严重、创新乏力等一系列问题。再加上视频网站的网络综艺"强插一杠"对观众的分流，使得综艺节目的市场竞争陷入了扑朔迷离的境况。

3. 新闻节目收视稳定，专题、青少、电影节目收视略增

通过三年对比可以看到，新闻/时事节目基本保持稳定，2017年其全国收视比重为13.9%；此外专题、青少、电影等节目的全年收视量均有一定的增加；体育、财经、法制等节目出现了下滑。

（四）时移收视聚焦娱乐节目，优质频道时移市场占先

1.湖南卫视、浙江卫视和中央台八套位居时移收视三甲

从时移频道的市场份额分布来看，湖南卫视、浙江卫视和中央台八套分别以10.5%、6.3%和6.2%的市场占有位居全国全天时移收视的前三位，上海东方卫视、江苏卫视等7个频道位居其后，份额均超了3.0%。

与直播频道的收视相比，时移收视的频道市场分布更为集中，收视前10名频道累计的市场份额超过52%，而在电视直播市场中，前10名频道的累计份额仅为34%。此外，在直播收视市场份额占有前13位频道中，除中央新闻频道外，其余的12个频道也都位居时移收视的前13位。上述现象显示出在观众自主地选择收视内容时，掌握优质内容的频道更有机会进入他们的"收视篮子"。

2017下半年全国网全天时段时移市场份额（%）

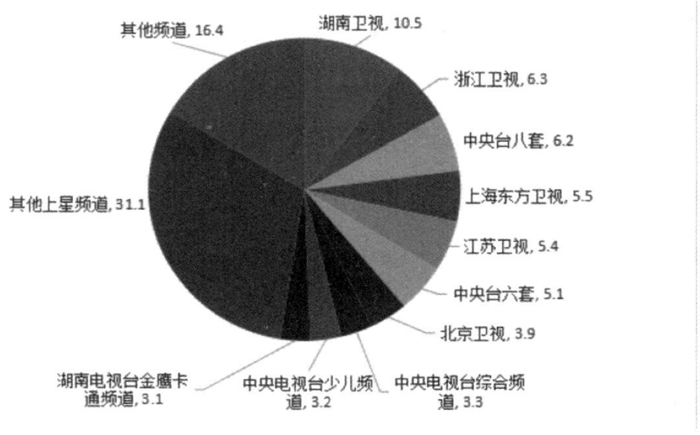

数据来源：CSM媒介研究

2. 电视剧、综艺、电影成为时移收视重点

迅速发展的时移收视为电视市场带来了一股暖流，2017年7~12月，52城市收视测量仪数据显示，电视剧、综艺和电影类节目成为时移收视份额最高的三大节目类型。其中，电视剧的时移收视最为活跃，占据了观众时移收视总量近一半的份额，较电视剧在直播中有三成左右的收视份额增幅；综艺节目次之，时移收视份额较直播份额增幅近40%；电影同样也有不俗表现，时移收视份额较直播收视份额增幅过半。

2017年7~12月52城市各类型节目直播与时移收视份额（%）

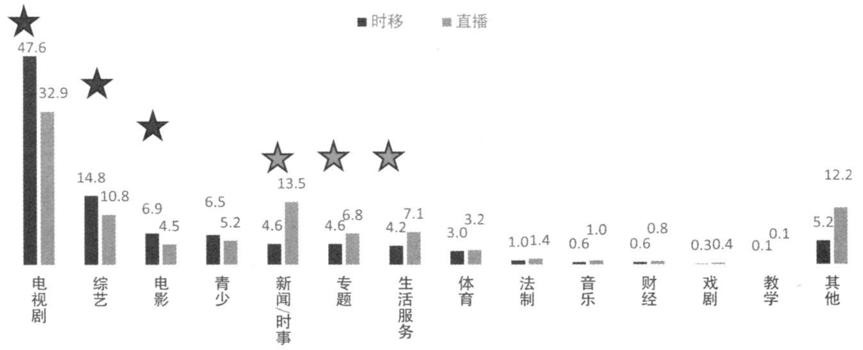

数据来源：CSM媒介研究

《那年花开月正圆》《楚乔传》《我们的少年时代》和《我的前半生》是2017年下半年的热门电视剧，其时移收视相比电视首播收视的增量都在8%以上，《我的前半生》《楚乔传》的时移增量更是接近20%。4部电视剧的时移观众规模也均在千万级别，人均收视总时长都超过了200分钟。《楚乔传》和《那年花开月正圆》的时移观众规模更是分别达到5000万和4600万，收视总时长分别为104亿和101亿分钟。

2017年7月~12月全国网部分电视剧直播与时移收视表现

节目	《那年花开月正圆》	《我的前半生》	《楚乔传》	《我们的少年时代》
播出频道	东方卫视/江苏卫视	东方卫视/北京卫视	湖南卫视	湖南卫视
播出日期	2017/8/30-2017/10/8	2017/7/4-2017/7/26	2017/7/3-2017/8/1	2017/7/9-2017/7/31
播出时间	19:30	19:30	22:00	19:30
集数	74	42	35	38
首播收视率（%）	2.86	1.58	2.43	2.21
时移收视率（%）	0.24	0.30	0.45	0.19
时移首播收视占比（%）	8.4	19.0	18.5	8.8
首播累计观众规模（亿人）	4.9	3.0	2.9	3.7
首播+重播观众累计规模（亿人）	6.6	5.4	5.5	3.7（无重播）
时移累计观众规模（亿人）	0.46	0.39	0.50	0.23
时移累计收视总时长（亿分钟）（基于全国网推及人口）	101.0	84.4	104.0	48.0
本剧时移观众人均收看总分钟数	220	216	208	209

注：1.《那年花开月正圆》《我的前半生》收视率为两频道收视相加之和；

2.《楚乔传》实际开播日期为2017年6月5日，本数据统计周期仅为2017年下半年播出的35集内容。

数据来源：CSM媒介研究

　　在综艺节目方面，《快乐大本营》《中国新歌声》《中餐厅》《非诚勿扰》和《极限挑战》五档节目的时移收视相比电视首播收视的增量都在13%以上（《极限挑战》时移增量接近60%），观众规模也均在千万级别，其中《快乐大本营》《极限挑战》和《中国新歌声》的时移观众达到3000万及以上。周播节目《快乐大本营》的时移总收视时长最高，为62.4亿分钟，季播节目《极限挑战》12期的时移收视总时长也达到39.7亿分钟，两个节目的人均时移收看分钟数分别为164分钟和154分钟。此外，季播节目《极限挑战》的时移观众人均收看总分钟数也达到132分钟。

2017年7~12月全国网部分综艺节目直播与时移收视表现

节目	《快乐大本营》	《中国新歌声》	《中餐厅》	《非诚勿扰》	《极限挑战》
播出频道	湖南卫视	浙江卫视	湖南卫视	江苏卫视	东方卫视
播出日期	2017/7/1 −2017/12/30	2017/7/14 −2017/10/8	2017/7/22 −2017/9/30	2017/7/1 −2017/12/30	2017/7/9 −2017/11/17
播出时间	20:10	21:10	22:00	21:15	22:00
期数	27	15	11	27	12
首播收视率（%）	1.51	1.22	1.18	0.77	0.62
时移收视率（%）	0.20	0.18	0.22	0.15	0.37
时移首播收视占比（%）	13.2	14.8	18.6	20.0	59.7
首播累计观众规模（亿人）	4.6	2.6	1.9	2.9	1.1
首播+重播观众规模（亿人）	5.7	5.7	4.3	6.4	3.0
时移累计观众规模（亿人）	0.38	0.30	0.25	0.27	0.30
时移累计收视总时长（亿分钟）（基于全国网推及人口）	62.4	25.1	27.0	41.7	39.7
本节目时移观众人均收看总分钟数	164	84	108	154	132

注：1.《中国新歌声》只包含15期正片，不含其他内容；
2.《极限挑战》统计数据仅包含12期正片，不含前后传、番外篇、特辑等内容。

数据来源：CSM媒介研究

　　一个非常突出的现象是，在直播中占据较高收视份额的新闻/时事、生活服务和专题类节目，在时移收视中的份额则都相对较低，不足5%。由此可见，娱乐休闲属性的节目在时移收视中更具竞争优势，是观众最主要的节目消费类型。

六、电视产业市场

（一）电视媒体进入收入多元化时代

1.收入总额增加，收入结构调整

　　电视行业创新发展理念，优化产业结构，增加有效供给，提升服务质量，引导文化消费升级，全国电视服务业总收入大幅增长。根据国家新闻出版广电总局财政司数据，2017年全国电视总收入达6070.21亿元，比2016年总收入5039.77亿元同比增长20.4%。

　　一般来说，电视产业收入来源主要由国家财政补贴、广告、网络和其他收入四大板块构成。2017年，全国电视产业收入结构发生了一些变化：

　　财政收入为699亿元，所占比重与上年变化不大；

　　广告收入1651亿元，虽然比2016年增长了6.72%，但27.20%的市场份额占比却比上年下降了3.5%；

　　网络收入为834亿元，比上年减少了76亿元，比重下降了4.3%；

　　新媒体收入为277.66亿元，占比5%左右。

最引人注目的是"其他收入"这一块达到2607.84亿元，比上年增加638亿元，增幅32.4%，所占比重也上升了3.87%，达到了43%。

2015—2017年全国广播电视总收入分类构成情况（人民币：亿元）

指标	2015年		2016年		2017年	
	总收入	比重(%)	总收入	比重(%)	总收入	比重（%）
财政补助收入	572.76	12.36	612.32	12.15	699.04	11.52
广告收入	1529.54	33	1547.22	30.70	1651.24	27.20
网络收入	866.06	18.69	910.26	18.06	834.43	13.75
新媒体收入	–	–	–	–	277.66	4.57
其他收入	1666.20	35.95	1969.97	39.09	2607.84	42.96
全国总收入	4634.56	100	5039.77	100	6070.21	100

数据来源：中国广播电影电视发展报告

电视业的"其他收入"，主要包括节目版权、零售业务以及其他行业收入等部分。

在版权销售方面，各大卫视通过将赛事转播、自制剧集和自制综艺等节目的播放权出售给网络媒体可以获得一笔不菲的版权收入。如央视将其拥有的重大国际体育赛事转播权对新媒体进行版权分销；湖南卫视以15亿的价格将2015—2017年所有节目版权打包出售给芒果TV，[①] 实现了"芒果TV独播战略"。此外，各大卫视的火爆综艺类节目也成为网络媒体竞相争夺的对象。

我国电视产业中的零售业务自20世纪90年代起就存在，最初是以电视购物形式发展，但近年来随着电商的崛起，电视零售业务的形式也在创新，出现了新一代的T2O（TV to Online）模式。[②] 如东方卫视于2016年播出的综艺节目《女神的新衣》第三季——《我的新衣》，在电视节目中引入了移动端入口，观众只需要扫描就可以进入购买页面，既提高了观众的节目参与度，又实现了直接的跨平台购物。又如，中国教育电视台调动频道、品牌和人才资源优势打造了"TV+教育"线下产业，在全国范围内实施"早教频道+幼儿园、儿童培训机构、儿童艺术团、儿童影视作品、少儿经纪"等覆盖早教全产业链战略，探索视频与文化教育产业联动的新型运行方式。

更为重要的是，许多电视媒介已发展综合性多元化跨界的产业运营模式，以上海文化广播影视集团有限公司（与上海广播电视台合称SMG）为例，其拥有13套广播频率、15个电视频道、6种报纸杂志，同时还经营内容制作、演艺经纪、互联网新媒体、电子商务等相关业务板块，构建起较为完整的产业链。除SMG外，中央电视台所属的中国国际电视总公司、湖南广电、江苏广电、湖北广电等的跨界发展也早已形成了相当巨大的规模，它们通过不断拓展经营空间，形成了跨行业、跨媒体、跨区域的产业链条，为电视台创造了丰富多样的收入来源。

谈到"其他收入"业务板块的迅速扩大，时移收视可谓功莫大焉。在应用技术进步和

---

① 《快乐购视频电商第一股，收购芒果TV 15亿预购湖南台3年独播版权！》，http://baijiahao.baidu.com/s?id=1585388722492473277&wfr=spider&for=pc。

② 《中国电视创新赢利模式解析与思考，告诉你如何"电视＋"》，https://mp.weixin.qq.com/s/5XpoVOhemi0P_IKw1adQRg。

用户媒介消费方式变化的双重推力作用下，近年来时移收视出现了"井喷"态势，成为电视市场上的一匹黑马。正如前文所述，其所引领的"其他频道"的市场占有仅在两年间便超过了城市频道群1倍的市场份额。显而易见，在接下来的发展中，时移收视无论是在扩大用户规模还是在增加经营收益方面，都将会成为电视业的一支极为重要的生力军。

在此需要特别强调的是，所有的市场信号都在明确地昭示着，中国的电视媒介已经告别了依靠单一广告收入支撑的经营局面，虽然广告依然是电视重要的收入来源，但其他产业收入份额却再也不是电视广告收入的有益"补充"了，而是日益成为电视产业化经营的支柱力量。仅从三年对比情况看，电视广告在电视市场大盘中的比重由2015年的33%下降为2017年的27%，而"其他收入"则由35.95%增加到了42.96%。在这一降一升之间，折射出了电视媒介多元产业化发展的新格局，其大趋势不可阻挡。

（二）电视广告投放额略有回升，央视拔得市场头筹

1.投放总额小幅增长，电视广告止跌回升

根据央视市场研究（CTR）发布的广告监测数据，[①] 2017年中国电视广告投放额为5605亿元，同比2016年增加了101亿元，增长1.7%。2016年电视广告投放额比2015年减少了210亿元，下降了3.7%。相较于广告投放总额的止跌回升，电视广告的投放时长连续两年下跌，2017年比2016年减少4.5%，比起2016年4.4%的跌幅继续加剧。

2016—2017年全国广告投放额及时长变化幅度

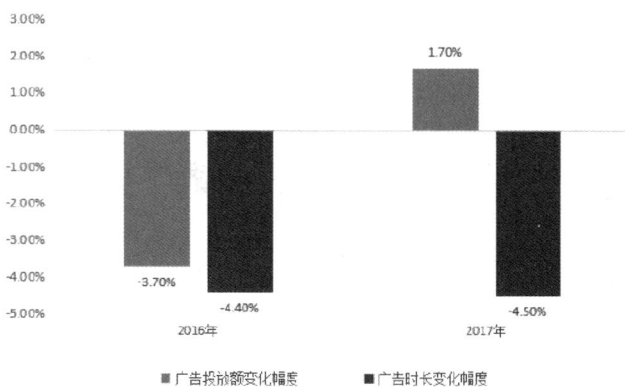

数据来源：央视市场研究媒介智讯(CTR MI)

就投放行业而言，在21个主要行业中2017年电视广告投放额同比2016年有7个增长、3个行业基本持平、11个行业下跌。而各行业对电视广告增长的贡献率[②]与往年相比发生了一些变化，其中酒精类饮品、家居用品和药品行业对电视广告投放的增长贡献较大，化妆品/浴室用品、清洁用品行业则出现了下滑现象。

---

① 2017 年广告投放额以 CTR2017 年监测范围为基准进行统计，广告投放额以媒体公开报价为统计标准，不含折扣；广告监测时间为 17:00~24:00。

② 某行业对电视广告增长贡献率 = 某行业电视广告增长额 / 电视广告总增长额 × 电视广告总增长率。

2017年不同行业对中国电视广告投放额增长的贡献率

数据来源：央视市场研究媒介智讯(CTR MI)

2. 投放品类整体稳定，化妆品、浴室用品降幅最大

对比2015年至2017年品类投放额排名情况，除邮电通信和清洁用品外，其余8大品类连续三年位于投放额排名Top10品类中。显示出虽然排名情况略有调整，但整体保持稳定。其中，排名提升的品类是酒精类饮品和药品行业，饮料、化妆品/浴室用品、商业及服务、娱乐及休闲行业则排名连续下降，投放额减少最大的是化妆品浴室用品品类，2017年同比2015年下降24.8%。

2015—2017年中国电视广告投放额排名前10位的品类（亿元）

排名	2015年		2016年		2017年	
	品类	投放额	品类	投放额	品类	投放额
1	饮料	928.4	药品	812.3	药品	899.9
2	化妆品/浴室用品	802	饮料	798.5	饮料	826.1
3	食品	738.3	食品	719	食品	711.6
4	药品	694.8	化妆品/浴室用品	687.5	化妆品/浴室用品	603.3
5	商业及服务性行业	429	酒精类饮品	376.9	酒精类饮品	478.6
6	娱乐及休闲	358	商业及服务性行业	372.1	商业及服务性行业	333.2
7	酒精类饮品	338.2	娱乐及休闲	322.3	娱乐及休闲	291.7
8	交通	243.4	交通	216.2	家居用品	221.9
9	邮电通讯	194.7	活动类	209.7	活动类	203.9
10	清洁用品	179.1	清洁用品	190.6	交通	202.3

数据来源：央视市场研究媒介智讯(CTR MI)

3. 药品业占据投放额Top10品牌80%江山

在2015年至2017年电视广告投放额Top10的品牌中，药品类企业占据了绝大部分。企业数量从2015年的5个，增加到2016年的6家，再发展至2017年的7家，投放总额达641.6亿元，在Top10品牌中投放金额占比高达79.8%。具体来看，鸿茅、陈李济和汇仁三家药品

企业连续三年均在Top10品牌中，其中，鸿茅在2016年、2017年均是投放额最高的品牌，2017年达到了226.7亿元，超过第二位陈李济1倍多。

2015—2017年电视广告投放额排名前10位的品牌中药品企业情况

	2015年	2016年	2017年
药品企业个数	5	6	7
药品企业投放总额	395.9亿元	508.9亿元	641.6亿元
占Top10投放比重	55.60	70.20	79.80

数据来源：央视市场研究媒介智讯(CTR MI)

4. 央视广告增幅达32%，其他频道组市场占有出现不同程度下滑

从各级电视频道广告投放额的情况来看，2017年：

中央级频道广告投放额同比2016年上涨了31.8%，广告播出时长同比上涨17.5%；省级卫视广告投放额同比2016年下降0.6%，广告播出时长同比上升0.6%；

省级地面频道广告投放额同比2016年上升0.1%，播出时长同比下降6.2%；

省会城市台广告投放额同比2016年上升2.1%，时长同比下降1.0%；

其他频道广告投放额和时长下降幅度最大，分别是7.5%和6.0%。

在各级频道中，中央级频道广告是唯一增加的频道，且增幅明显，而省会城市台广告投放额下降幅度最大。

2015—2017年全国各类频道的广告投放额（亿元）

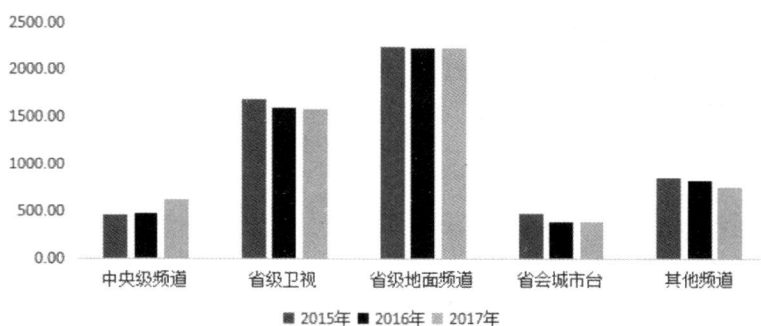

数据来源：央视市场研究媒介智讯(CTR MI)

除了中央级频道对广告商的吸引力正在增强，发展势头良好之外，在各省级卫视中，河南一套、湖北卫视三年来均位于前三名中，2017年投放额均超过了100亿元。浙江卫视广告投放额在2017年排列第三名，同比2015年增加15.4%，达98.9亿元。而江苏卫视、天津卫视、山东卫视广告投放额则连续大幅下降，其中江苏卫视跌幅最大，达37.2亿元。由于数据统计口径为硬广告刊例价，广告投放额以媒体公开报价为统计标准，不含折扣，所以像湖南卫视、上海东方卫视、北京卫视等比较强势的省级卫视没能进入Top10。

在各省会城市电视台中，大多数台的广告投放额也出现了不同程度的下滑。就2015—2017年的情况来看，合肥电视台、长沙电视台和广州电视台投放额及排名下降明显，跌幅分别达68.3%、54%和31.4%。其中，下滑幅最大的合肥电视台从2015年的42亿元下降到了2017年的13.3亿元。表现较为稳定的省会城市电视台是昆明电视台、南京电视台，三年均位于投放额前三名。

（三）电视广告的创新发展

1. 央视推出"国家品牌计划"，权威平台提升广告价值

在多屏争夺广告份额的市场生态下，传统的电视广告模式难以为继，必须寻求新的突破。为此，许多电视台结合自身定位，创新广告策略，重塑媒介价值，有效促进了广告提质增效。

2017年，中央电视台推出了"国家品牌计划"这一拳头产品，除配置《新闻联播》《焦点访谈》等王牌新闻节目广告资源外，还为入选企业定制"中央电视台国家品牌计划Top合作伙伴/行业领跑者宣传片"和企业品牌故事短片，在央视各频道高频次播出；同时，还在央视广告中心主办的各类线下活动、论坛中充分体现企业元素，全面释放出国家平台的传播价值。[①]

"国家品牌计划"不仅是对电视市场的革新，更是顺应了时代对国家品牌的呼唤，代表着供给结构和需求结构的升级方向。该计划为各行各业的一流品牌提供全方位传播服务，把广告经营与国家品牌建设紧密结合起来，以中央级媒体的公信力、影响力和权威性，打造一批能够在全球市场上参与竞争的国家级品牌。其一流企业+顶尖媒体+中国的大国崛起为宏伟背景的设计安排宏大而精妙，是对央视以往广告招标模式的革命性创新。

根据CTR媒介智讯的研究显示，加入"国家品牌计划"的企业对中央台刊例收入贡献大幅提升，2017年在中央台刊例收入的比重较2016年高出近17个百分点。可见"国家品牌计划"获得了企业主的广泛认同，对广告价值充满信心。[②]此外，作为"国家品牌计划"的延伸，央视还推出了广告精准扶贫计划，利用权威媒体拓展贫困地区特产走向全国大市场。

2. 以节目品质提升平台价值，创新"广告+"营销模式

就平台特点而言，电视媒体与互联网、新媒体各有优劣势。但是互联网与新媒体平台投放的视频广告在类型和创意度上远比电视广告要丰富，新的广告形式也在不断出现，如根据内容场景，出现适用于产品使用场景的画面的特殊压屏条广告；在剧集中间插入剧情化的广告短片，将产品与剧集更好地融合起来；弹幕广告、快进快退广告、后期植入广告等网络视频媒体独有的广告形式。虽然上述众多创新的广告形态给予了网络新媒体在广告创意、内容展现和市场运营上极大的发挥空间，但由于不少平台相较于电视媒体缺少公信力、权威性以及良好的观看体验，因此在一定程度上也影响了广告投放效果。

---

① 《二十余家品牌入选央视国家品牌计划》，http://money.163.com/16/1108/22/C5CPEGN1002580S6.html。
② 《2018年中国媒体市场趋势：广告企稳回升，头部化格局显现》，http://www.ctrchina.cn/insightView.asp?id=2238。

近年来，广电系统大力推动节目创新创优，有力提升了传播平台的形象和价值，为发展广告运营夯实了基础。2017年总局出台《关于把电视上星综合频道办成讲导向、有文化的传播平台的通知》，鼓励上星综合频道在黄金时段增加播出公益、文化、科技、经济类节目。在政策引导鼓励下，涌现出《朗读者》《经典咏流传》《国家宝藏》《中国国宝大会》《见字如面》《一本书一座城》《中华文明之美》等弘扬中国精神、中国审美和中国价值观的文化节目，有效提升了电视媒体的传播力、公信力、影响力。随着公益、文化、原创类节目兴起，电视媒体的社会责任、文化担当也得到了加强，电视平台的综合价值也在不断上升。由此，各电视抓住此契机，积极创新"节目+平台"的广告运营模式，把节目内容营销和平台价值营销更加紧密地结合起来，综合施策、精准发力，吸纳了更多广告商的关注。[①]

传统电视广告中的硬广告存在冠名契合度弱、植入与剧情违和、缺少剧情创意等痛点，而且品牌与受众无法形成有效互动也是其屡遭病诟的重要原因。[②] 因此，电视广告转型升级的另一方向在于实现电视媒体与品牌企业的有效连接，通过积极创新"广告+"的运营模式，延伸价值链，实现电视广告的融合经营。

例如，上海东方卫视、湖南卫视、浙江卫视、北京卫视等卫视以及一些地面频道积极探索"节目+电商"，以及线上线下互动等新型营销模式，陆续推出了"广告+旅游推广""广告+产品""广告+服务"等多种经营模式，积极进行人文、旅游、购物、财经产业同广告的融合尝试，拓展垂直领域的服务业务，依托节目或者广告开发农产品、汽车、房产、旅游、家居等产业链。此外，有些电视台还在积极探索"栏目—广告推广—线下销售"的模式，尝试引入社会资本合作经营，并与兄弟台开展在旅游、绿色食品、特色农产品方面的整合联动，将一些原本零散的销售项目转变成可以持续经营的产业。[③]

实践说明，只有在改革创新中才能令电视广告的发展充满勃勃生机。"节目+平台""平台+活动""广告+"等新兴广告营销模式，就是对传统硬广告经营模式的一次革命。

七、电视媒体的融合发展

（一）把控重大报道资源，"中央厨房""三微一端"扩大传播声量

对于电视媒体而言，多屏共生的媒体融合时代既带来了颠覆性的冲击，同时也是一个不断强化、重塑电视媒体自身优势的过程。

首先，电视媒体掌握的重大新闻、突发新闻等报道资源是"刚需"的内容产品，是其最为重要的核心竞争力。全国"两会"、时政新闻、重大体育赛事版权等报道资源目前仍掌握在电视媒体为首的传统媒体手中。据统计，"十九大"期间，中央电视台融合传播观众触达人次达248亿，其中电视端185亿次、新媒体端62亿次。而在"两会"、香港回归20

---

①③ 《负增长？总局解析广播电视广告经营数据》，https://mp.weixin.qq.com/s/S5RnKi1mEderKEVxwqVbIg。

② 《2017广播电视广告收入下降1.84%，首次负增长，如何止跌回稳？》，https://mp.weixin.qq.com/s/LSO3PvO9U0KgOItfO9vC5A。

周年、建军90周年阅兵等重大宣传报道中，各级广播电视机构积极探索多屏互动的融媒体传播新方式，实现了大小屏融合互动报道常态化。

电视媒体正通过打造"中央厨房"，布局"一台一网、三微一端"等方式，革新新闻生产流程，扩大主流媒体舆论阵地。随着视频网站、社交媒体、自媒体等多种媒体渠道的兴起，电视单一渠道线性的分发方式在新型媒介生态中的话语权日渐降低。正因如此，"中央厨房"便应运而生。在"中央厨房"，新闻编辑可通过数据库对文字、图片、声音、视频等素材进行汇总、调用、加工，满足"一台一网、三微一端"不同渠道的传播需求，实现"一次采集，多次分发"，节省人力成本、提高新闻素材利用率。在电视领域，已有湖北广电集团"长江云"、江苏广电总台"荔枝云"、河南广电全媒体"中央厨房"等进行了应用实践。在传播渠道的布局上，以央视新闻、上海文广SMG、北京时间新媒体、广东广播电视台为代表，进行了移动客户端、微博、微信、短视频等渠道的拓展实践，大大扩容了电视媒体的传播声量和传播效果。

其次，电视媒体长期以来积累的品牌公信力、权威性仍具备强大的影响力。在纷繁复杂的传播环境中，一些商业媒体平台在商业利益和追求娱乐效应的驱使下，对于媒体职业规范、社会责任感的缺位造成了标题党、虚假内容横行。与之相比，电视媒体仍是受公众认可、信赖的传播平台，其社会担当、品牌公信力必将延续至旗下的新媒体产品之中，成为电视进行媒体融合拓展最为有力的助推器。

（二）发力原创精品、垂直领域深耕，细分用户市场

近年来，在资本的推动下，网络视听行业的内容热点不断变换，从视频网站的长视频，到娱乐化、个人化的网络直播，再到精品与庞杂共生的移动端短视频不一而足。其间，电视媒体的内容优势受到过冲击，但也在过度碎片化、娱乐化的媒体环境中认清并强化了自身优势，打造众多高品质的网生节目产品，树立起了网络精品内容创造者的媒介形象。

在时政内容方面，央视新闻推出的原创时政系列微视频《初心》总阅读量超12.36亿，创下时政微视频传播最高纪录；《习近平总书记的一天》首次将电视端未播出的时政画面投放至移动端传播，在国内收获1.2亿次播放量的同时也收获了来自Facebook、Twitter、YouTube等海外平台超80万的阅读量。2018年全国"两会"期间，中央电视台在"央视新闻客户端"中开设"V观"短视频专区，在"央视新闻+"中进行了网络直播，实现了"两会"新闻的跨屏立体化传播。

有别于电视内容的普及性，网络新闻资讯内容的发布则呈现出垂直深耕、服务个性化需求的新特点。

以上海文广SMG为例，其旗下众多短视频账号通过内容细分，打造出了不同的品牌化新闻产品："看看新闻Knews"主打综合新闻，"全球眼News"力推国际资讯，"环球交叉点"着眼国际时政，"酱紫娱乐"聚焦娱乐业最新动态。通过多个差异化的内容品牌，覆盖不同的用户群体。

在精品短视频内容创作方面，"看看新闻Knews"推出的系列新闻纪录片《人间世》，以新闻媒体的责任感、精良的制作品质、悲悯的人文情怀，描绘出一幅当代中国式医患关系的生动画卷。湖南广电芒果TV原创综艺节目《明星大侦探》，以缜密的逻辑推理、别致的道具布景、默契配合的明星团队赢得了网友的一致好评。开播3季以来，《明星大侦探》在豆瓣网络评分一路走高，第三季达到了9.2分，成为网络综艺节目的业界翘楚。

（三）发挥制作优势，跨越渠道壁垒

从本质上来说，在网络媒体上传播的视频内容与电视媒体播出的节目内容和制作方式没有多大的区别，视频网站三大主要内容，网络综艺、网络剧、网络大电影就是直接沿袭了电视媒体的节目形态。人们从网综《奇葩说》《吐槽大会》《偶像练习生》《创造101》，网剧《太子妃升职记》《白夜追凶》等大热网络节目上均能找电视辩论赛、真人秀超女快男、偶像剧、警匪剧等电视节目形态的身影，其制作团队也主要来自电视行业的优秀创意制作人才。而短视频、网络直播，在节目形式上也与电视媒体如出一辙。细微的差别是短视频时长较短、制作门槛低，强调娱乐性、个性化、互动性；而网络直播与传统电视直播具备一定的调性差异，前者强调"人"的个性化表达，后者更重视体现"内容"的独家性、现场感。

显然，在内容制作的经验与实力上，电视媒体无与伦比；而在媒介使用的便捷性与互动性方面，网络视频媒体更胜一筹。近年来，在电视媒体内部，跨越网络鸿沟，挖掘电视人才的网络气质、更新人才管理制度，培养复合型人才，已成为业界共识和具体行动。比如，吸纳"网红主播"打造的经验，为电视媒体带来了更具个性化标识主持人的创新思路。央视新闻频道主播朱广权凭借幽默、网络化的语言表达，被网友誉为"央视段子手"，成为具备"网红"气质和个性化标识的新型电视主播的一个成功范例。

在人才管理和激励机制方面，各大卫视内部也不断试水独立制片人、工作室制度，以独立小团队模式激活内部创意活力。2018年，湖南卫视宣布试行工作室制，首批试行工作室制的包括7支团队，占湖南卫视26个节目团队导演人数中的36.2%，他们完成了湖南卫视60%的自办节目。新的工作室制度将人员招录、用工权力下放，以"投入产出"为依据制定奖励机制，鼓励工作室积累网络视频节目研发和制作经验。

八、未来发展趋势

（一）VR技术、智能家居系统、5G网络引领电视进入智媒时代

VR立体成像技术、杜比全景声技术(Dolby Atmos)、8k超高清显示器使得观众获得前

所未有的"沉浸式"观影体验升级；智能家居系统的发展使得电视与其他家居设备共生，成为未来开放家庭设备系统的操控中心；而5G网络也将助力电视的融合发展，电视媒体进入智媒时代，这是专家们描绘出的在不远的将来每个家庭将出现的智能电视应用场景。

据2017年《中国智能家居设备行业前瞻与投资策略规划报告》预测，未来几年，我国智能家居将迎来爆发期，年增长率将保持在50%左右。2018年，我国智能家居市场规模达到1396亿元，而AI人工智能技术在这其中扮演重要角色。在2017年CES大会（国际消费类电子产品展览会）上显示出来的最为重要的信息便是："电视将不只是电视。"作为家庭大屏，电视将是智能家庭中心、虚拟助手访问点、游戏机和电脑的集合体，可以用于工作、游戏和娱乐等多种场景。未来的电视有望消除传统电视、广播、手机、平板电脑以及家用电器等设备的隔阂，形成共生物联系统，增强人机交互体验。

截至2020年，5G通信技术将正式投入商业用途，打破3G、4G时代各国制式不同、互不连通的壁垒。5G技术将带来全球统一的技术标准，在全球市场上普及通用的设备和服务。届时，消费者将迎来"信息随心至，万物皆可及"的智媒时代。由于5G技术的传输速度高达每秒数十个GB，热点内容可以按照用户需求发送，每位用户在终端界面接收的内容将实现高度个性化定制。与此同时，5G网络还将为智媒云的形成提供一个可行的技术平台，网络的技术融合将打破电视、广播、移动通信和互联网等分散的孤岛状态，依托越来越强大的云计算技术和日渐成熟的物联网环境，传统的广播电视网络架构可能会被取代，出现以云化、虚拟化为核心特征的广播电视融合网。

（二）大众与小众节目、原创与IP翻拍、专业与业余制作并存共荣

在技术进步的支持与社会阶层分化的大背景下，大视频市场的内容生产除了在总体上更加丰富多样之外，具体表现上则将更多地向着"大与小""新与旧""精与粗""看与用"方向发展。

自诞生以来，电视这种极具广谱性的大众传播媒介就在不遗余力地追求能将普罗万众一网打尽的节目影响力。在渠道稀缺时代，凭借技术优势，电视独享了好一阵子这种"唯我独尊""不看就没得看"的美好时光。然而好景不长，在当下，面对如此丰富的大视频生态，电视人要想聚焦观众的眼球，所要花费的力气与辉煌过往，那可是非同日而语了。在接下来的发展中，电视节目的生产大致会向着"大与小"，即向着能引起广泛关注的"现象级"节目和针对特定人群的"中众"，乃至"小众"节目方向演进。实际上这种变化在任何饱和的消费品市场领域里都会发生，其本质就是消费升级，市场细分后的必然结果。

"高概念"（High Concept）是当今视频节目生产中的一个重要名词，它特指一种以美国好莱坞为代表的大投入、大制作、大营销、大市场的商业电影模式。由于用该理念与方法制作的影视节目具有原创、独家、精品的产品优势，往往能实现赢家通吃的市场效果，同时还可以抬高竞争门槛，将分食者排除在外。因此，"高概念"已成为国际上众多大型节目制作公司和媒体机构比较成熟的一种重要的节目生产运营方式。我国电视领域中出现类似"高概念"的节目运作模式大约是在2010年，包括湖南卫视的《中国最强音》，投资规模为2亿元；上海东方卫视的《中国梦之声》，制作费用达1.6亿元；浙江卫视《中

国好声音》仅第二季造价高达1亿元等。在接下来的发展中，视频媒体要想获得"现象级"的影响力，除了偶然的运气之外，大投入、大制作、大营销、大市场的生产运营方式，应当是重要的选择方向。

与此同时，由于用户收视偏好的日益细分化趋势，相当一部分视频节目会向着专业化、窄播化方向发展，以利于比较牢固地锁定那些相对忠诚的受众人群。这种趋向在2017年的文化类综艺节目受到知识界热烈欢迎、青春偶像剧网罗了大批年轻粉丝，便可见一斑。再往后，向垂直内容领域纵深拓展，必然会成为视频节目生产的重要发展方向之一。

"新与旧"在此指的是视频节目的题材、创意会向着追求"IP"化和原创性这两个方向发展。成熟的"IP"作品经过市场检验，又自带粉丝，因此，将其改编成影视节目的成功几率会比较大。自电影诞生以来，通过将名著改编成成功影视作品的案例不胜枚举。视频业利用成熟"IP"一般分为两种情况：一种是根据影响广泛的文学作品进行影视改编；另一种就是在已经获得成功的、由名著改编而成的影视作品的基础上进行翻拍。据不完全统计，仅在2017年，电视翻拍剧便多达42部，其中既包含《倚天屠龙记》《绝代双骄》等经典武侠IP，更不乏《流星花园》《泡沫之夏》《放羊的星星》等曾经大火的偶像剧；而利用海外著名影视剧《深夜食堂》《东京女子图鉴》等进行本土化翻拍也榜上有名。此外，诸多成功的电影也将以电视剧的形式被重新搬上银幕，如《七月与安生》《夏有乔木雅望天堂》《滚蛋吧！肿瘤君》等。因此可见，出于市场保险，也包括原创精品故事稀缺等原因，IP改编剧在未来的发展中仍将会大行其道。

然而"老瓶装新酒"，终归不能成大气候。由于在影视市场上，观众最喜闻乐见的是现实主义题材作品，因此，追求原创精品，便成为下一步影视节目发展的重中之重。无论有多少困难，无论有多大的市场风险，根据社会发展变迁原创的现实主义题材作品，永远都是视频市场中绝对的刚需。

节目生产的"精与粗"趋向，在这里指的是未来的节目生产会向着越来越精良的专业制作品质和几乎人人都可参与、质量相对"业余"的个人视频制作两个方向发展。随着在节目创意上的进步，以及VR立体成像技术、杜比全景声技术、8k超高清显示等技术的普及，影视节目的品质向着更高层次演进是必然的发展趋势。对于视频内容的制作者来说，不是要不要进行节目的升级换代，而是不这样发展就必然会被淘汰的问题。因此，对于视频用户来说，未来的节目内容将会更好看，将会获得更好的观影体验，那将是我们的视听觉福利。

与此同时，每一位视频的使用者，也都会成为视频节目的生产者，他们由此还得到了一个新名称——生产消费者（Prosumer）。可以说，未来视频市场最大的内容增量，将来自千千万万的用户自制UGC（User Generated Content）视频。除了漫无天际的海量之外，该类产品其最大的优势在于不可替代的身临其境与个性化特征。特别是在一些突发事件，或者在一些罕见的情境之中，UGC往往能获得独家的原创内容。

视频制作门槛的降低，有点类似于数码相机普及前后的情景。在胶片时代，昂贵的器材成本和高难的拍摄技术，对于一般的人来说，拍照可是一门技术含量很高的手艺。随着技术门槛的降低，短短十来年间，拍摄照片便成为一件极简单的事情了。当然，对于专业摄影者来说，拍摄优质照片仍然是一项高难度的活计。如今，视频内容的个人创造已呈燎原之势，随着发展其数量和质量也将会得到极大的提高。

"看与用"在此指的是视频节目的生产，除了在消费者观赏内容上的增加以外，还有一个重要的增量就在于视频内容与商业的结合领域。前面我们已经介绍了，电视广告的产量2017年达到了53.49万小时，比2016年（48.36万小时）增加5.13万小时，在所有节目类型中排名第三；电视广告的制播方式的主流已经由传统的、往往与节目内容违和的硬广告，革命性地转变为"节目+平台""平台+活动""广告+"等新兴广告营销模式。更为不可限量的是，在增加销售的驱动下，无数电商所制作的海量产品促销视频内容。可以预见，接下来商业类视频的产量和质量将会有更大幅度的提升空间。

（三）影视产业迎来巨头时代，跨界融合将成为新常态

总体来看，目前我国电视节目的生产由两股力量来构成：新闻、专题、服务等内容主要由电视媒体自制完成，电视剧、综艺、纪录片等节目则由民间制作公司来生产。根据广电总局统计，我国现有影视制作公司约1.5万家。[①] 2017年，只有25家年制作机构电视剧产量逾100集，而年产仅1部剧的公司占比超过了八成，充分显示出我国电视剧生产集中度高度分散的特征。然而，这种小作坊式生产方式正面临着越来越大的挑战。仅从BAT三家互联网巨头公司近年来通过并购、入股等资本运作方式对内容制作领域进行全面布局的情况来看：

腾讯共投资了51家娱乐公司，主要集中在动漫市场，包括幕星社、糖人动漫、使徒子、绘梦动画等动漫制作公司；

阿里在影视布局上注重打通产业链上下游，试图在文娱领域实现制作、宣发、影院全覆盖。在其投资的48家公司中，既有光线传媒、大地影院等大型公司，也兼顾了兴格传媒、新片场等蹿升势头明显的内容制作公司；

百度的投资则更为侧重于影视内容制作方面，共投资18家，如爆娱文化、灵河佳壹文化、东阳浩瀚影视等。

因此，为争夺日益紧缺的头部视频内容，无论是央视、湖南、上海等顶级电视媒体，还是BAT等互联网巨头，都必然会加大对原创内容的制作投入。在这场物竞天择、优胜劣汰、不断升级的内容争夺战中，生产集中度高的大中型制作公司会脱颖而出，而一些抗风险能力低、过于小型的制作机构被淘汰出局的情况也是在所难免的。

对于大型电视媒体来说，依托内容优势，打造"中央厨房"，布局"一台一网、三微一端"已经成为基本的标配动作。经过前些年的探索与反思，电视媒体已经深刻地认识到，屏只是一种介质，内容才是最终的竞争力。除在传播渠道、表述语态、互动参与等方面的细微差别外，电视的视频内容与网络视频内容鲜有差别，只要稍作调整，定向生产或"一鱼多吃"，那是轻而易举的事。因此，保留现有优势，积极拥抱新媒体，已成为绝大多数电视媒体的新常态。一个眼前的例子是，2018年，中宣部副部长、中央广播电视总台台长慎海雄会见了腾讯董事会主席马化腾、阿里巴巴董事局主席马云、百度公司董事长兼首席执行官李彦宏等，就加强中央级媒体与互联网企业的合作，加快建设国际一流新型主流媒体建设进行了沟通。另一个电视行业实现媒介融合的成功案例是，湖南广电旗下芒果

[①] 2017年，共113家机构通过国家新闻出版广电总局《电视剧制作许可证（甲种）》审核，14389家机构通过《广播电视节目制作经营许可证》审核。

TV超越优酷、爱奇艺、腾讯视频，率先取得盈利。据其2017年财报显示，芒果TV营业收入为33.85亿元，相较于2016年的18.17亿元，增长86.3%；在净利润方面，2017年实现了扭亏为盈，净利润达4.89亿元，而上年同期则为亏损6.9亿元。成立4年来，芒果TV与湖南卫视在内容生产、市场占有、产业经营等方面比翼齐飞，有力促进了湖南广电的战略转型。

而对于那些中小型电视媒体的跨界融合，有一种观点认为，由于资源和实力的原因，仅靠单打独斗是难以成功的，如果他们之间通过资本和资源的形式结成传播网络，成功的几率将会更大些。比如城市频道、省会频道形成视频网络联盟等。

总之，无论是在内容上，还是在渠道上，电视媒体的多屏发展是一个重要的趋势。

（四）盈利模式更趋多元，市场空间仍然巨大

面对竞争日益激烈的市场环境，"不被看好"的电视媒体在产业经营上的成绩却是一路飘红。2017年全国电视总收入达6070亿元，比2016年的5040亿元同比增长20.4%。而仅仅从2015年到2017年，电视媒体的总营收便从4635亿增加到了6070亿元，增收1435亿元，增长率为30.96%。

在上述数字的背后，却也发生了一些重要的变化：一是电视广告的投放总额三年来处于下跌或者徘徊状态；二是电视广告在电视市场收入中的比重由2015年的33%下降为2017年的27%；而"其他收入"则由35.95%增加到了42.96%。

根据电视媒体内部和外部市场环境所显示出来的所有信息，我们大致可以说，起码在相当一段时间之内，电视媒体的盈利能力不会有大的减少，其最大的增长点可能会出现在时移收视、电视购物、内容延伸产业，乃至于新媒体等领域。当然，尽量保证其广告收入不要下跌得太厉害，也是非常重要的。

小　结

麦克卢汉说过："新媒体并不是旧媒体的增加，它永不会停止对旧媒体的压迫，直到它为旧媒体找到新的形态和地位。"此话言之有理。在电视媒体刚刚博兴之时，电影市场被其挤压得一片萧条。在经过一段时间的阵痛与业务转型之后，全球电影产业又焕发出了勃勃生机，如今的日子过得还越来越好。同理，在网络新媒体的浩荡东风席卷下，电视业也重现了当年它给电影市场带来的相同困顿。但是，在新媒体环境中，中国电视行业不断调整角色定位，发挥固有优势，积极拥抱传播变革，其媒介特色和竞争实力得到了进一步的加强与巩固。本文所展现出来的所有信息都表明：电视根本就没有消亡这么一说，它只是不再具有绝对的垄断地位，自身也换了个活法而已。至于其在多屏生态下后续发展如何，让我们静观其变。

第二章 从电影大国向电影强国的转型之路

主 笔：尹 鸿 北京电影学院高精尖研究中心特聘研究员、清华大学教授
梁君健 清华大学新闻与传播学院副教授
孙俨斌 北京电影学院管理学院讲师

从非常态到新常态，从增数量到提质量，从重票房到重口碑，近几年，中国电影在整体创作水平和制作质量上都有了全面提升，这不仅体现在2017年有50多部国产影片超过亿元票房，更体现在如《建军大业》《十八洞村》等多部献礼影片在主旋律创作模式上有了新的探索；出现了像《芳华》这样艺术性与大众性相结合、口碑与票房相统一的影片；以及以《战狼2》《妖猫传》《功夫瑜伽》等为代表的商业类型片在主流价值、社会关照与娱乐功能的融合上表现得更加自觉；而《羞羞的铁拳》《绣春刀2》《闪光少女》等中小成本影片在类型开拓和叙事强度等方面也有了新的突破。与此同时，还出现了《冈仁波齐》《不成问题的问题》《二十二》《嘉年华》《相爱相亲》等一批具有鲜明风格和独特视觉表现的优秀艺术影片。这些影视作品不仅得到了业界认可，也得到了许多观众的高度评价。我国电影创作的多样化和电影观众审美选择的多样化都在形成新的格局。

2017年，全球电影市场平均增长速度低于5%，世界第一大电影市场北美观众人次和票房总量略有下滑，欧洲大部分国家的电影市场也都出现了萎缩，而中国电影仍然以两位数以上的增幅，以超过全国GDP增长速度近1倍的经营业绩数据回应了一些人在上一年的拐点担忧，证明了中国电影产业从高速增长的非常态进入了稳定增长的新常态。中国电影以继续保持着最具增长潜力和市场价值的发展态势在全球电影产业版图中占据着越来越举足轻重的地位。

一、电影产业发展的新常态

（一）世界第一大电影市场目标几近实现

在全球电影产业低速增长的大背景下，中国电影市场的良好运营数据为2017年交上了满意的答卷。中国电影的对外开放度越来越高，国产影片的竞争力持续提升，业界对于发展的信心满满，中国成为世界第一大电影市场的目标在未来一至两年有望实现。通过对2017年中国电影市场总体运营情况的梳理可以看到以下五个特点：

1. 影片产量近千部

2017年我国生产故事片798部、动画电影32部、科教电影68部、纪录电影44部，特种电影28部，共计970部。虽然影片产量再创历史新高，故事片数量和影片总数量分别比上年增长了3%和2.7%，但以上数据也清晰地反映出中国电影产量的增速在放缓，从注重数量向着提高质量上发展。

2. 票房增长幅度明显

2017年全国电影总票房为559.11亿元（约89.94亿美元），同比增长13.45%，远高于上年3.73%的增幅。中国内地电影市场与全球第一大的北美电影市场的票房差距缩小为10亿美元（65亿元人民币）。本年度国产电影海外票房和销售收入达42.53亿元，比上年增长11.19%，为国内电影票房总量的7.5%。

3. 国产片市场份额占优

2017年度共引进了98部国外电影（其中批片64部），数量创历史新高。而国产电影以301.04亿元的票房成绩、53.84%的市场份额占据着市场优势。年度票房冠军为国产片《战狼2》；在年度票房排行榜前5位中，有4部国产电影；排名前10位中，国产电影有5部；全年过亿票房的影片有92部，其中国产影片51部；票房过10亿电影共15部，国产电影6部。

4.观影人次快速增加

2017年，全年观影人次达16.2亿，增长率18.08%，超过13.45%的票房增幅。以全国人口计算，人均观影1.17次；以城市人口为基数看，人均观影2次。《战狼2》以单片1.6亿的观影人次凸显出我国观众规模的浩大空间。与此同时，观影人次与经济发达程度的相关性愈发明显，部分一线城市如北京的人均观影已达3.51次，与北美人均观影频次逐渐接近。

5.银幕和影院数量继续增长

本年度我国影院银幕总量达50776块，新增银幕9597块。影院总数已有9600多家，新增约1700家，银幕和影院增量都高于前一年。中国银幕数和影院数居全球第一，3D、大银幕数和整体数字化水平也居于全球前列。

2002—2017年内地故事片产量（单位：部）

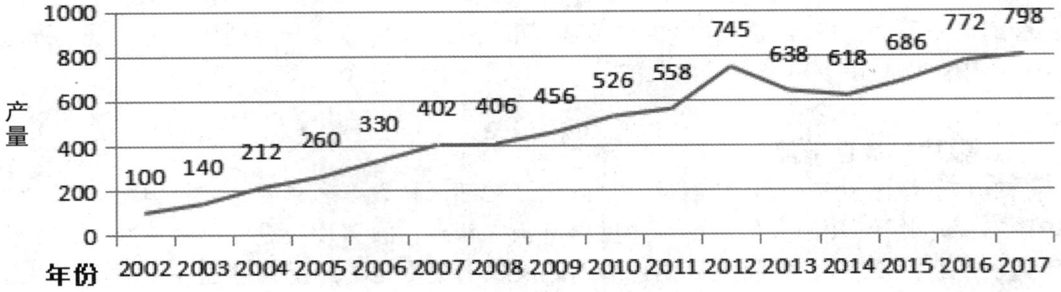

2003—2017年中国电影市场收入（单位：亿元）

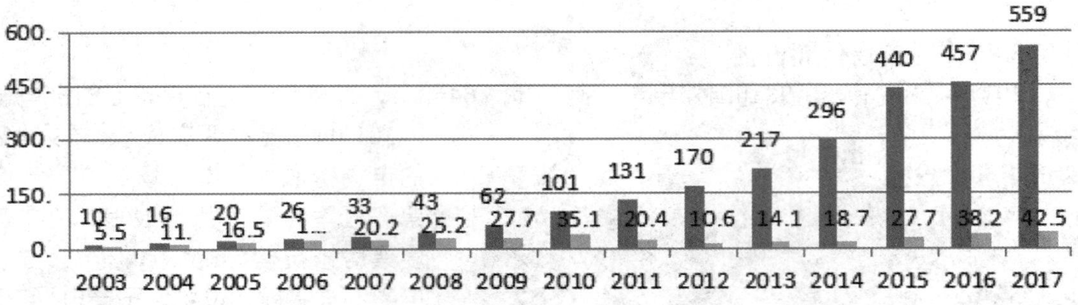

数据来源：根据电影局公开数据整理

156

2007—2017年国产电影与进口电影市场份额（％）

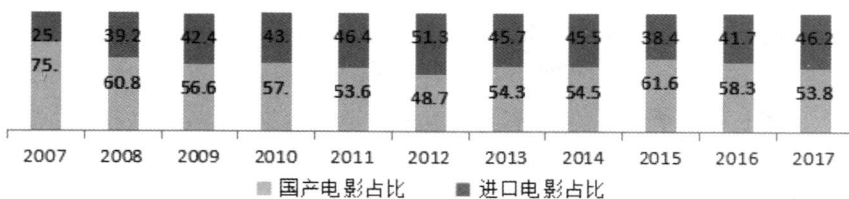

数据来源：根据电影局公开数据整理

2007—2017年内地观众观影人次（单位：亿人次）

数据来源：根据电影局公开数据整理

（二）在法律保障下长足发展

《中华人民共和国电影产业促进法》2017年3月1日正式实施，为中国电影产业规范有序发展提供了法律依据和保障。而本年度推出的诸多行业政策措施则都是在该法框架下的进一步细化。

1. 依法整顿和规范电影市场

根据《中华人民共和国电影产业促进法》，全国电影市场专项治理办公室于2017年3月21日针对电影行业存在的票房偷漏瞒报现象通报了326影院，有126家影院停业整顿，其他影院也被给予罚款、通报警示等处罚。北京市文化执法总队率先依法执法，对北京某影院偷瞒票房的行为依法罚款21万元，成为"促进法"实施后执法落实的第一案。如果说2017年是我国电影市场的"规范年"的话，那么2018则是电影市场管理的"加强年"，有关部门依法对电影市场偷漏瞒报、注水票房、盗录盗播、放映质量、偷税漏税等违法违规问题加强监管。

2.地方政府出台促进电影发展政策

依照促进法相关精神，各地方政府出台了诸多政策促进当地电影产业发展。如重庆市出台"重庆市电影扶植计划"；山西设立专项资金扶持本地的电影精品创作；上海也出台了《关于加快本市文化创意产业创新发展的若干意见》，提升文创产业的竞争力和影响力；北京市则新出台了补贴新影院建设的措施等。

3.鼓励国产电影放映

2017年12月14日，国家电影事业发展专项资金管理委员会办公室下发《关于奖励放映国产影片成绩突出影院的通知》，以差额退还专项资金的办法奖励全年放映国产影片票房收入占票房总收入55%以上的影院，以促进国产电影的放映市场规模。

4.规范点播影院管理

2017年4月21日，国家新闻出版广电总局正式发布《国家新闻出版广电总局关于规范点播影院、点播院线经营管理工作的通知》，对点播影院、点播院线的申报和管理等提出具体要求；6月12日，国务院法制办发布了关于《点播影院、点播院线管理暂行规定（征求意见稿）的通知》。两个政府相关管理部门的文件对于规范点播影院管理，令其朝着健康方向发展起到了良好的促进作用。

二、资本和网络技术驱动下的产业格局调整

（一）资本高烧减退，投资回归理性

经过前一阶段资本对电影行业的狂轰滥炸，中国电影在资本市场上的表现逐渐回归"常态"。在A股市场，传媒板块整体下跌了20%。除新股外，大部分电影公司股价连续两年下跌。据相关媒体对18家上市影视公司进行的分析报道，2017年，除文投控股、光线传媒等市值有一定的增幅外，包括两家国有上市电影公司和14家民营影视公司在资本市场上蒸发了932.15亿元，其中11家跌幅在30%以上。资本市场的这种表现，一定程度上是对前两年狂热投资的调整，也是资本市场近期整体低迷的反应。

从整体市场情况来看，随着明星资本的遇冷、跟风者的退场，使资本对看似光鲜亮丽但险象环生的电影行业有了更为理性的认识。同时，监管部门也强化了对文化产业资本市场的管控。证监会和监管部门收紧了影视行业IPO审核的尺度，2017年在A股428家公司完成IPO数量创历史新高的大环境下，影视行业中只有横店影视、金逸影视和中广天择3家公司成功IPO（横店影视和金逸影视得以成功上市因其持有经营状况尚好的实体影院）。

电影市场的繁荣发展离不开资本的助力，影视业对于资金的渴求依然强烈，不少影视公司开始通过其他途径来完成上市的目标。如通过被上市公司并购、重组或借壳曲线上市或转战美国等海外资本市场等。此外，电影企业也在积极创新多种融资方式，如光线传媒、慈文传媒、唐德影视等采用发行公司债券的方式融资，A股市场也出现了发行可转换债券等方式。经过了几年的跌宕起伏，电影人已开始逐渐学会了在市场中跟资本博弈与配

合，资本市场亦逐渐回归投资理性，电影行业与资本市场也向着共生共荣的良性发展道路上前行。

（二）电影行业三分天下，扬长避短各展所长

当今的中国电影已形成传统电影企业、新兴电影企业、互联网电影企业三分天下的发展格局。三方力量都在市场环境中扬长避短，形成各自的核心竞争优势。传统电影公司利用固有优势积极拓展多元业务，寻求更为稳定的可持续发展道路；一批资本雄厚、跨界而来的新兴电影企业高举高打，力图用最短的时间争得在电影圈中的一席之地；互联网电影公司则瞄准线上线下两个市场，夯实上下游，构建适配产业生态。而在线票务市场经过几年厮杀终成基本定局，淘票票和微影猫眼以终端优势把控了重要发行环节并开始进入制作领域。虽然目前我国电影行业"做大做强"的领导型企业尚未真正形成，但各企业在竞争中形成的"独特优势"却也逐渐明朗起来。

1. 老牌企业稳扎稳打，分散风险，构建全产业链

2017年，传统电影公司的各项市场举措总体都较为谨慎，尤为突出的是大制作电影多是选择多家公司共同投资、联合出品，实现资源的优势互补，以及分散风险。统计数据显示，本年度票房排名前20位的国产电影的制作公司平均有11.5家，发行公司平均有4.3家。

内容把控能力、发行能力、院线资源、资本实力是传统影视公司的优势特长。如华谊、博纳、光线等拥有强大的地面发行资源、对电影内容的控制力以及丰富的市场运营经验。中影和华夏拥有发行网络和进口片发行权等多项业务优势。五洲发行公司与四海发行公司的强项也在于院线资源。

此外，拥有产业链终端的院线公司也进入发行领域，如万达影业、金逸、大地、浙江时代等。万达拥有国内最有价值的院线，是发行渠道领域的王者。许多影片的发行方在联合发行时，会首要考虑与强势的院线公司合作，而线上的发行资源则更多地被淘票票和猫眼微影所据有。

万达、光线、华谊、博纳等老牌影视内容公司，除在影视剧生产方面已具备优势外，还拥有网票平台、发行、影院等诸多产业链下游的资产。华谊兄弟从2014年提出"去电影化"之后，着眼于四大业务板块的运营，除影视娱乐外，还有品牌授权与实景娱乐板块、互联网娱乐板块以及产业投资板块。万达电影2017年实现营业收入132亿元，同比增长18%。其中非票房收入51亿元，同比增长31%。[①]万达影视业务包括电影、电视剧以及游戏等多个板块，布局影视全产业链、开拓电视剧和游戏领域，实现影剧互动、影游联动。奥飞娱乐也在寻求从"孩之宝"向"迪士尼"的转型，构建以IP为核心的泛娱乐产业体系。

2. 市场新秀跨界而来，初生牛犊紧追猛赶

在22家影视上市公司中，中南文化、文投控股和鹿港文化是从制造业通过并购影视公司、投资成立文化子公司进而跨界转型到影视行业的。完美世界从游戏领域转型"游戏+影视"，收购了今典院线和嘉行传媒10%的股份，并在网生内容领域投资新片场。北京文化通过对摩

---

① 参见：《万达电影去年营收132亿元》，《新快报》2018-01-11。

天轮文化传媒等一系列影视企业的收购实现了从旅游业的跨界而来，该公司制作发行了多部高票房电影，其中8亿元保底发行《战狼2》是极为经典的成功案例。中南文化也是通过收购大唐辉煌影视公司、千易志诚艺人经纪公司以及购买"鬼吹灯"等IP作品的电影改编权而转型影视娱乐行业的，该公司2107年度投资了《建军大业》《绣春刀2》等。有国资背景的北京文资控股有限公司，通过其前身松辽汽车相继收购了耀莱影城、上海都玩、悦凯影视和宏宇天润等文化传媒公司而布局影视文娱业旳。这些从其他行业跨界而来的新秀们借助资本实力，以"买买买"的方式进入影视业，在短时间内构建起影视产业链，大力招揽业内优秀人才，以溢价和票房保底方式争夺优质片源，向传统影视公司发起挑战。

3. 网络电影既加强内容占有，又着眼渠道建设

2017年互联网巨头在进军大文娱板块、争夺电影市场份额的作为上面更加积极主动，既关注优质内容的占有，也着眼渠道建设与把控。在参与电影的投资、制作与发行的同时，新兴的互联网电影公司也在快速占领网络视频传播平台和线上票务平台。本年度互联网影视企业更加遵循电影行业的规则和规律，更专注于打造平台优势，通过资源整合在电影版权经济上发力。阿里系将阿里影业确立为影视行业的"新基础设施"，构建了融阿里文学+阿里影业+优酷等为一体的产业链，除了生产优质影片，还要为影视行业提供从大数据、网络宣发，到衍生品开发销售等资源支持，力图将阿里影业打造成为连接影视行业与阿里系海量电商、文娱资源的重要通道。腾讯影业拥有着资金与成本等方面上的比较优势，腾讯系已设立阅文集团+腾讯影业+新猫眼+腾讯视频等为一体的影视生态系统。

总体观之，我国电影产业中的影视公司无论是老牌的传统企业还是跨界而来的市场新秀，都在全力进行产业链的布局、拓展和延伸产业边界，为接下来的发展夯实基础。就目前来看，优质内容、宣发平台、影院终端是竞争最为白热化的三大领域。中国电影产业仍处在一种逐渐成长壮大的时期，真正出现具有超强竞争能力的领导型企业，还有待时日。

三、类型多样、品质为王的电影创作和生产

2017年度中国电影的题材、类型、样态和风格更加丰富。在票房过亿的53部国产片中，既有《功夫瑜伽》那样的大制作商业类型片，也有《冈仁波齐》这样的中小成本文艺片；既有《妖猫传》那样的奇幻类电影，也有《芳华》这样的现实题材影片；既有《战狼2》那样的动作片和《羞羞的铁拳》这样的喜剧片，还有《二十二》这样的纪录片。可以说本年度国产影片的多样性是前所未有的。

（一）动作电影最受欢迎

从市场接受度来看，动作电影仍然最受观众认可。28部国产动作电影创造了108.58亿票房，其中过亿影片有11部，依次是《战狼2》（56.8亿，票房冠军）、《功夫瑜伽》（17.5亿）、《追龙》（5.7亿）、《英伦对决》（5.4亿）、《杀破狼·贪狼》（5.2亿）、《空天猎》（3.2亿）、《绣春刀·修罗战场》（2.7亿）、《侠盗联盟》（2.4亿）、《逆时营救》（2.0亿）、《非凡任务》（1.6亿）和《追捕》（1.1亿）。

（二）喜剧影片成为热门

喜剧电影在经历了上一年度的低迷之后，再次成为市场热门类型。2017年第一天的电影市场便以喜剧《情圣》开启，而岁末最后一天则通过都市轻喜剧《前任3》画上了句号。本年度推出的43部喜剧电影共创造了43.38亿的票房，第一名是开心麻花团队的《羞

羞的铁拳》（22亿）；春节档的《大闹天竺》取得近7.2亿的票房；国庆档的《缝纫机乐队》票房为4.6亿。能讲好故事、具有合家欢特点、适合假期消费的喜剧片是中小成本电影创造票房奇迹的主要类型。

（三）奇幻题材市场发力

汪洋恣肆、天马行空的奇幻题材电影，越来越能代表电影工业的制作水准。2017年度的奇幻电影共有7部，创造了37.16亿的票房成绩。其中有6部票房过亿，如《西游伏妖篇》（16.56亿）、《悟空传》（7.0亿）、《三生三世十里桃花》（5.3亿）、《妖猫传》（5.3亿）、《奇门遁甲》（3.0亿）等。上述影片都是根据大IP改编而来，虽然没有出现惊艳之作，口碑评价也参差不齐，但这类作品对于扩展青少年电影市场具有重要的推动作用。

（四）悬疑电影量质齐增

2017年度悬疑电影的数量和质量都创了历史新高，共生产了16部作品，创造了约13亿票房。有一定影响的包括《嫌疑人X的献身》（4.0亿）、《心理罪》（3.0亿）、《记忆大师》（2.9亿）、《心理罪之城市之光》（2.2亿）等。但这些悬疑电影的故事大多来自日本的IP。

（五）新主流类型片已成气候

从2016年的《湄公河行动》到2017年度的《战狼2》，两部制作精良、走市场化运作的商业电影成为中国新主流电影的重要标志性产品。此外，献礼香港回归20周年的《明月几时有》，献礼建军90周年的《建军大业》，纪念长征胜利80周年的《血战湘江》，以及《十八洞村》《空天猎》《龙之战》《荡寇风云》《守边人》等一批主旋律影片也在宣传与市场的结合方面取得了卓有成效的业绩，融合主旋律和大众商业电影特点的新主流电影产品形态渐趋成型。

（六）文艺片和小众电影多样化发展

本年度的其他类型电影虽然没有大的惊喜和突破，但在整体质量的提升方面进步明显。特别值得一提的是，文艺片以及其他样式的小众电影在艺术的极致性和完美度上都有了明显加强，而且创造了不俗的票房成绩。《相爱相亲》《嘉年华》《不成问题的问题》《一念无明》等文艺片不仅拉高了国产片的整体质量，也获得了一些国际电影节的认可。如《嘉年华》入围威尼斯电影节主竞赛单元，《暴雪将至》让段奕宏在东京电影节获得大奖，《老兽》也让主演涂们获得了金马奖最佳男主角。文艺片整体质量的提升，对于中国电影产品的多样化、满足电影观众日益提高的多元化需求有着重要的作用。

（七）网络大电影追求精品化、类型化与系列化

类似于电视行业中的"电视电影"，近年来"网络大电影"的发展也是风生水起。一方面相当一部分获得电影公映许可的电影进入网络平台播出，成为事实上的带有"龙标"的网络大电影；另一方面大量网络自制的介于电影与电视剧之间的"大电影"也在补充和争夺着电影产品的网络市场份额。网络大电影与电影之间的界限，与其说是否拥有公映许可证，不如说是产品主要是在影院或者是在互联网终端播放。

2017年我国网络大电影在经历了野蛮生长期之后逐渐步入正轨，走向精品化、类型化和系列化的发展道路。本年度网络大电影总产量为1892部，比2016年减少了571部，降幅达23%；而投资规模则增长了74.2%，总投资额从上年的15.5亿增长到27亿；制作成本在100万~300万的网络电影占比从20%增长到45%，成本超过300万的占比为6%。投资额的增加为网络大电影质量的提高提供了有力的支持。从类型上看，网络大电影涵盖20多个题材类型，其中爱情、喜剧、悬疑等类型占比重大，还出现了动画网络大电影、科幻题材、军事题材等新类型。七娱乐、奇树有鱼出品的《超自然事件之坠龙事件》投入上千万，上线当月便获得了1761万的网络点播分账。此外，在网络平台首播的《哀乐女子天团》还拿到

了进入院线发行的"龙标"，并入围了第十二届华语青年影像论坛。网络大电影在制作质量上已经向院线电影靠近，与影院电影相比，该类型影片更加注重品牌化和系列化发展，形成了如《大梦西游》系列、"大明锦衣卫"系列、"血战铜锣湾"系列、《魔游纪》系列等。网络大电影致力于打造大IP的本质，便是通过提高市场的稳定性和观众的黏性来增强和扩大市场占有。

（八）"走出去"成效显著，国际接轨乃大势所趋

由于中国电影市场的良性发展，也随着"走出去"战略的实施，特别是"一带一路"建设的带动，中国电影也更加自觉地与世界电影加强了交流合作，而世界各国的电影人也都在寻求与中国电影行业进行更多样和更为深入的合作。2017年度我国与希腊、意大利、印度、俄罗斯、巴西、西班牙等20个国家签订了电影合作协议，在国内举办的大型中外电影节、电影展超过了20个，平均每个月都有中外电影交流活动举行，更有各种中外电影周、影片展映活动超过了百场。据不完全统计，2017年海外各国举办的中国电影展、电影周数量也有近50个，呈现出大幅增长态势，而我国在世界各国的孔子学院等机构组织的中国电影的小型节展则更是难以计数。

在全球电影文化大交流、大融通的大背景下，中外电影合拍也进入了新阶段。2017年度共有19部合拍电影取得过亿票房，贡献了83亿的票房总成绩。其中以中国内地和香港地区的合拍片数量最多，共有14部。中印合拍的《功夫瑜伽》取得了合拍片在国内的最佳票房成绩。其他的中外合作项目，还有耀莱影视和美国STX娱乐公司合作的《英伦对决》、美国罗素兄弟参与制作的《战狼2》、腾讯参与投资的《金刚：骷髅岛》、万达参与出品的《神奇女侠》等。中外电影合拍发展最为突出的新现象便是与大公司、大导演合拍，直接面向国际主流市场。在这方面《英伦对决》的成效最为明显，该片在美国2515家影院上映，北美票房为3439万美元，在全球取得1.4188亿美元票房，成了本年度中国电影海外收入的主要贡献者。此外，浙江天鹏传媒有限公司与奥斯卡奖获得者比利·奥古斯特合作的《烽火芳菲》，虽然票房收入不尽如人意，但也反映出中国电影的合拍层次越来越高，对接国际市场的愿望越来越强烈。

总之，2017年中国电影的供给类型品种增多，整体品质也出现了较大的提升，在引进片数量增加的基础上能够继续占据市场份额领先优势。但是在产品的收入结构上，通过仅《战狼2》就占据了国产电影票房总量的近1/5、收入前8位影片的票房占据了国产片票房份额的四成以上可以看到，国产影片的"中产阶级"基础仍然还不够扎实，优质商业类型电影的数量仍显不足，在头部内容与分众内容之间留出了较大的市场空隙，中国电影的产品结构还需进一步优化。

四、中国电影产业存在的危机与挑战

毋庸置疑，中国的电影产业可以说是形势一派大好，不是小好：全球坐二望一的电影市场规模，全球数一数二的电影产量，全球最多的银幕数量，且3D银幕、大银幕和数字化银幕比例最高，全球增长速度最快的大票仓（《战狼2》创造了全球单一市场最高的票

房纪录），无数在中国乃至世界五洲四海举办的中国电影节展……中国的大国崛起所激发出来的巨大电影市场活力已为全世界所共睹。但与此同时，在史无前例的辉煌业绩面前，中国电影产业也存在着不少隐忧和问题，需要我们直面正视。如果深入我国电影市场内部，你就会听到电影行业上下游之间时常出现的相互指责、互相埋怨之声。编剧怪导演，导演怪出品人，出品人怪投资方，投资方怪院线，院线怪票房平台，平台怪发行，发行怪电影品质，各说各的道理……如此循环往复。

归纳起来，这些问题不外乎包括：

第一，国产电影的质量和数量严重失衡，烂片太多好片稀缺，能在市场上得到良性商业回报的影片比例很低，但是产量却居高不下。

第二，小作坊式影视公司数量众多，无论对于提高影片质量还是抵御市场风险，能力都严重不足。

第三，虽然电影行业的宏观态势欣欣向荣，但是到每一个具体的电影项目却都是如临深渊、如履薄冰，风险大得谁都难以把控。中国电影在产业化、规范化，降低市场风险，以及增强运营能力和机制建设等方面都亟须提高。

第四，中国有着全球最大的电影教育规模，每年报考影视专业的学子汗牛充栋，但是优秀人才稀缺却成为中国电影最大的发展软肋。

第五，过度依赖电影票房，衍生产品市场仍然小得可怜，电影的品牌价值和版权效益远远没有达到好莱坞电影70%以上的收入总占比。

如果从上述角度来考察当下的中国电影，我们就会意识到，中国电影市场出现这些问题的根本原因还是在于中国电影产业结构不合理，产业链不完善，产业运行规则尚未完全确立，产业对外界影响的抗衡能力太弱。这些症候背后，深入分析会发现有四大危机的病根：

第一，电影结构高度分散，行业秩序难以建立。中国电影产业最大的困境就是产业结构不合理，体现为企业过度分散，形成过度小规模的竞争格局。电影行业的小企业多如牛毛，品牌性企业却很稀少，领导型企业几乎没有。上游一次性生产的制片公司比比皆是，下游的电影院线40多条，而且在同一城市就可能有二三十条院线同台竞争，整个行业都处在恶性竞争压力之下，惶惶不可终日。于是企业和创作生产往往容易急功近利，有时甚至不择手段，导致全行业很少有那种有定力、有耐心、有格局、有前瞻性的优质企业和创作生产者，大家都打一枪换一个地方，饥不择食寒不择衣。这种状态对电影品质当然会产生巨大影响，优质作品的出现常常成为可遇而不可求的低概率事件了。

第二，过度竞争带来行业生产创作要素供不应求。过度竞争带来的另外一个更大的问题，便是电影行业的创作生产要素的高消耗、低供给。为了减少风险和提升获得市场空间的机会，大家都拼命高价争抢那些具有商业价值的生产创作要素，而很少有企业愿意为未来投资去发现新人、培养新人、使用新人，于是导致供求关系失衡，大家都愿意选择现成的商业元素而不去培养新兴的商业元素，天价片酬的出现也就自然不可避免。不仅明星价格疯长，甚至名导演、名编剧的价格也直线上升。与此同时，由于投资者的推动使得这些"高价"要素更加快速地投入影片生产的流通过程中，有的明星只能用一周或半个月的周期拍一部电影，有的明星几乎同时赶两三个片场拍戏。在这种被资本牵引的创作状态中，浮躁在所难免，甚至一些高价明星和导演自己也叫苦不迭，在最好和最贵之间费尽周折进行选择。

第三，行业缺乏能够制定规则、引领发展的领导型企业。行业规模分散、过度竞争，根本还是在于中国电影行业缺乏像好莱坞的迪士尼、派拉蒙、华纳兄弟、环球、福克斯、索尼这样的领导型企业。美国之所以成就全球最成熟和最强大的电影工业，就是因为这些在投资、生产和发行全产业链条上的领导型企业成为产业的发展核心，大量的独立坞（好莱坞拥有股权的独立制作公司）、独立制片公司和相关技术、服务企业围绕着他们，构成了完整的工业系统和相对公平的商业运行体系。但目前中国的电影行业却是各自为政、四分五裂，无法形成有约束力的行业规则，导致乱象丛生、纠纷不断。而且行业之外的，无论是资本还是其他方面的力量，都能够轻易地搅合得这个行业风生水起、动荡不安。这些年发生的热钱进场做局、互联网企业的影响、资本杠杆的撬动等现象，都表明电影行业的进入门槛太低，抵抗外力的能力微乎其微。

第四，电影产业各发展环节之间出现了严重的不平衡。我国电影产业链条上的大部分环节都高度分散、过度竞争，但只有线上票务平台一个端口实现了寡头垄断。该环节处在电影上下游的咽喉位置，由于进入风险相对较低，又需要网络技术平台的支持，近年来在互联网企业和资本的推动下，快速发展并通过资本博弈形成了2+N的寡头垄断格局。如今，影院售票约80%已由票务平台完成，而其中70%以上主要为两家平台所占有。当高度分散的电影生产环节与数千家影院、40多条院线几乎全部依赖有限的票务分发渠道时，其所带来的不公平交易风险就会大大提高。在寡头垄断的市场环境下，店大欺客、坐地起价，收了服务费再收票补，最后还垄断发行、控制电影信息传播通道等企业不良逐利现象的频繁发生也就不难理解了。而仅仅靠道德说教和良心发现是很难从根本上解决这些症结的。

上述问题，在媒体的报道中，在相关论坛的主题中都属于是老生常谈。其实，发现这些问题并不难，难的是发现问题为什么会出现，找出问题后面的问题，然后制定出解决的方向、路径和方法，让这些问题逐渐不成为问题。

行业布局分散、市场过度竞争、领导型企业匮乏、产业环节发展不平衡四大病症，才是国产电影数量多、质量低、急功近利、天价片酬、市场失范等现象的根本原因。应该说，这些问题的出现，与产业结构调整和行业规范形成跟不上中国电影高速发展的步伐相关，在一定程度上也是中国电影市场发展进程中的必然现象。但是，我们应该更为积极主动地将中国电影发展不平衡、不充分的影响降到最低，推动中国电影不仅走得更快而且走得更好。

第一，各主要的电影企业、有影响力的电影人应该尽快达成行业规范的共识，建立真正的行业共同体组织。在行业领导型企业没有出现之前，应该加强行业协会、行业组织制定规则、执行规则的能力。行业组织要对成员提供权利和义务对等的约束并且让这种约束具有契约效应，这样才能真正起到协调、管理和规范的作用。没有规矩不成方圆。电影行业需要制定规则和执行规则，才能保证其健康发展。在这方面，美国的电影协会、导演工会、演员工会、经纪人组织等都发挥了重要作用，而这种作用的发挥也依赖于电影行业主要企业的支持和参与。推动行业组织的专业化、规范化、赋权化发展，是电影企业共同的义务。

第二，政府应该以电影促进法和知识产权法、反垄断、反不正当竞争等相关市场经济的法律体系为基础，加强对电影行业经济行为的法律监管。如今电影行业内许多纠纷的出现，都是因为缺乏法律解决的途径和意识，往往停留在舆论层面上的相互指责，交易过程的潜规则更是层出不穷。政府和企业都应该利用法律手段坚决打击不正当竞争、行业垄断、商业欺诈、侵害知识产权、违反合同约定等违法行为，使电影产业的运行更为符合市场经济秩序，保障相关利益方的合法权益。

第三，政府、行业协会应该广泛听取利益相关者的意见，参照国际上比较成熟的行业规范，制定出相应的电影行业运营发展中的指导意见、指导性标准，以利于各相关方面作为工作中的参照。目前这种公说公有理、婆说婆有理的局面，关键还在于我们缺少比较科学、成熟的法律法规参照系。

第四，大量发展电影相关服务业，提升电影行业的专业水平。中国电影仍然处在粗放发展状态，特别是一些中小公司、单片生产发行企业更是缺乏专业化、规模化的操作能力。中国应该大力发展专业的律师事务所、会计事务所、投融资公司，使电影产业的相关业务运营更加专业化。比如，对于行业外的投资，需要通过专业的投融资平台来进行评估，以减少项目运行和投资者风险，也能避免外来投资的搅局后果。只有让专业的人来干专业的事，中国电影才能成为规模化、市场化、专业化运行的成熟产业，而不是那种稍有简单的异动，如一些资本的进入、某位有影响人物的入局以及市场上的些许风吹草动，就会产生混乱、动荡不安的局面。只有在这些市场化、产业化要素与条件不断完善的情况下，中国电影产业才能按照市场规律进行产业结构调整，形成真正的领导型企业，并且让领导型企业与大量的独立企业、关联企业能够相互依赖、良性竞争、和谐共存，形成真正的中国大电影产业。

我们一直在推动中国电影的工业化发展，但许多人都把电影产业的工业化理解为电影的重工业化、高新技术化。其实，工业化最核心的问题，是工业体系的完备和产业链条的良性布局。从纵向的投融资、创作生产、发行、放映、版权销售等链条，到横向的跨媒体融合、品牌管理、国际贸易、跨行业协作等，都需要行业的标准、规则、流程、共识和执行手段。只有这样，中国才能形成有影响力的电影品牌企业、品牌产业，电影企业和电影人才能更加专心致志地进行创作生产，如同美国电影协会（MPAA）在"自我介绍"中所说的那样，"我们是全球影视工业的声音，一个处在创新、想象、创意交汇点上的讲故事者的共同体"。中国电影行业也应该成为这样一个共同体：创作更多更好的被观众、被世界所共享的影像故事——而不仅仅是成为票房黑马、票房冠军、票房赢家。商业的成功只能是一种市场结果，而把创新、创意、想象融为一体的好故事讲给观众听，在观众获得极大审美满足和心理慰藉的同时，也为企业赢得相应的市场收入才是电影这个行业崇高的使命和荣誉。

五、品质为王新时代

2017年是新常态下中国电影逐渐形成新格局的一年。这里既有新主流电影的异军突起，也有各种不同题材、风格、类型、样式的影片所形成的百花齐放；而更为有见地的电影评论也为创作者和市场提供了良性反馈和有效的需求信号，中国市场电影呈现出前所未有的多姿多彩的文化生态。

随着互联网和资本的大规模进入，颠覆和改变了原有的中国电影产业格局，也改变了原有的产业运行规律，让一度已经形成的数强争霸"战国"局面的中国电影业重新回到了群雄逐鹿的"春秋"时代。但是，这已经不是一个相互屠戮、你死我活的时代，而是一个创业、创新、创造，全球化发展，充满活力，百花齐放的大电影时代。新企业、新平台、新影人、新影片、新潮流、新现象、新市场、新观众纷至沓来，层出不穷，这一方面使得中国的电影产业朝气蓬勃、日新月异、生机盎然；另一方面也令电影市场风云变幻、险象丛生。在机遇与挑战面前，中国电影多了一些匆忙、多了许多紧张，增加了诸多的不可预见性，但同时也激发了中国电影人无限的想象力。谁能料到，一部《战狼2》能够跻身全球电影票房第6位，全球影史第56位；没有小鲜肉也不是大IP的《羞羞的铁拳》可以在国庆档的竞争中一枝独秀；《芳华》能够把多年不进影院的老人们吸引到银幕前，创造出14亿的票房佳绩；一部中小成本的爱情题材电影《前任3》竟然在贺岁档向20亿票房纪录冲击……这就是中国电影产业的市场现实，充满了不确定性、想象力，也充满了令人惊艳的市场结果。

当然，这一年国产电影创作也存在许多值得重视的问题，比如类型化电影的整体品质参差不齐，一些IP改编的电影过于急功近利，往往是制作能力好于故事创作水平，商业性高于艺术性，感官娱乐多于情感满足，视觉呈现强于故事表达等。由于这些问题，导致类型电影的整体观众满意度不高，也使得类型影片市场留出了一个较大的观众需求空间。与此同时，中国电影"走出去"的全球化目标也还远远没有实现，反映时代精神，体现人类共同精神价值、具备国际传播潜质的精品力作仍然匮乏，即便是《战狼2》这样受到全球舆论关注的电影也很难真正走向国外主流观众，同时中国电影的国际通用输出体系的构建也还缺乏坚实的发展基础。

如果说中国电影在创作上还须提高讲述故事能力的话，那么首先应予增强的便是讲述显人性、动人情、达人心的内容的表现能力。而这种能力的来源，除了足够的艺术修养和专业技能之外，更需要创作生产者对社会人心具有真正的洞察力，以及对生命、自由和悲天悯人的价值观情怀，当然也需要直面人生和现实的勇气。这一切，既是中国电影人需要面对和提高的问题，也是新时代中国文化构建所面临的共同主题。

对于当下的中国电影产业来说，防止不正当竞争，限制不合理的垄断利益，保障市场的健康成长，也应该是努力的方向。如何让促进法落地，防止急功近利、假冒伪劣、偷漏瞒报、恶意中伤、店大欺客、坐地起价等现象泛滥，让资本不能肆意妄为，让互联网平台的利益诉求止于理性，让企业主体有法可依、有规可循，应该是目前电影产业须面对的重大课题。流量明星、大卡司、大IP、大场面、火爆动作等的作用，往往一时有效但可持续有限，而只有讲好故事、演好角色、打动人心、形成口碑的电影才能真正成为市场主导。这一点，对于电影全产业链来说，从投资到后产品开发，都已开始形成了关键共识。只有生态健康了，才能海阔凭鱼跃，天高任鸟飞；生态污染了，谁都很难出污泥而不染。一个行业，如同社会一样，一旦良币被劣币驱逐，一旦黄钟毁弃、瓦釜齐鸣，那就必然会走向衰落甚至溃败，相反则会走向成熟与辉煌。

总之，无论未来多么难以预料，中国电影的整体发展态势绝对是光明灿烂的。中国电影产业的"大盘"走向是欣欣向荣的"牛市"，一切的"不可预测"都最终归结为一条冉冉上升趋势的发展曲线。观众持续增长的观影热情，深不见底的市场发展空间，电影人越来越竭尽全力地对电影品质的不懈追求，才是中国电影产业可持续发展的生命力之所在。

在可预见的未来，中国电影市场的整体规模超过全球最大的北美电影市场，只是时间问题。而中国电影能不能为这个市场提供最优质的产品、能不能出现有品位、有品牌、有品质的优质电影企业，能不能打造出一个有活力、可持续发展的健康产业环境，才是人们最殷切期待的。

第三章　走向融合发展与产业升级的中国网络视频产业

主　笔：司　若　清华大学新闻传播学院影视传播研究中心研究员、博士生导师
　　　　吴　楠　中国传媒大学电影学专业硕士研究生

2017年中国网络视频行业持续高速发展：用户数量进一步增加，市场规模日益扩大；在内容创作水平、分发形式完善、盈利能力等方面都有了明显进步；同时行业竞争也日趋激烈，产业链格局也在逐渐形成。随着有效监管政策的不断出台，对于市场乱象有了一定的遏制与规范，网络视频行业正在朝着规范有序和健康繁荣方向发展。

一、网络视频产业概况

（一）行业快速发展，市场规模或破千亿

随着经济的不断发展以及技术的更新，网络视频迅速崛起，尤其是近几年规模不断扩大。据中国互联网信息中（CNNIC）第41次《中国互联网络发展状况统计报告》显示：截至2017年12月，我国网民规模达7.72亿，全年共计新增网民4074万人，互联网普及率为55.8%，较2016年底提升2.6个百分点。[1]随着网民数量的不断增加，网络视频产业的用户规模和使用率进一步得到提升，对于内容的需求也呈爆发式增长。

纵观2017年的网络视频产业，可以发现其在内容创作以及市场规模等方面都有长足的进步：网络自制内容进入精品化时代，消费移动化趋势日益显著，用户付费意识已初步养成；且随着用户需求的提高以及内容创作的丰富和品质提高，市场在细分方面进化提速，视频平台在真正实现盈利之路上的前景较以往更被看好。根据估算，2017年中国在线视频市场规模达到890.4亿元，同比增长43.1%，总体高于美国流媒体视频服务商在2017年所创造的67.66亿美元（约441亿人民币）商业收入。随着中国在线视频付费用户规模的扩大以及在线视频增值服务的优化，2018年网络视频市场突破了千亿元规模。[2]

目前，网络视频产品中的网络剧、网络大电影以及网络综艺三种网生内容表现一直较为突出。在经过2015年的快速爆发期、2016年的调整期之后，2017年的网络剧市场变得更趋成熟。国家新闻出版广电总局监管中心报告显示：2016年10月16日至2017年10月15日，

---

① 中国互联网络信息中心，第41次《中国互联网络发展状况统计报告》，http://cnnic.cn/gywm/xwzx/rdxw/201801/t20180131_70188.htm。
② 徐亚萍：《2017年中国网络视频产业发展综述》。

在国家新闻出版广电总局的"网络剧、微电影等网络视听节目信息备案系统"中，备案登记的网络剧共计206部，播放总量达833亿次。网络剧上线数量较2016年同比增长46%，剧集数量较2016年同比增长33%，总时长较2016年同期增长65%。[①]与此同时，在剧集数量以及播放量双增长的情况下，实现了剧集制作水平快速、整体的提升，并且优秀的作品开始"出海"，为我国的国产影视剧"走出去"带来了新的发展方向。

2016—2017年网络剧集数与时长统计

年份	2016年	2017年
剧集总数（集）	2615	3485
剧集时长（分钟）	62366	102815

数据来源：国家新闻出版广电总局

网络大电影经过了2016年的"野蛮生长"期，在2017年随着监管等政策的加强以及市场优胜劣汰，全年上线总量1763部，相较2016年的2271部有明显下降。[②]但其头部影片的分账以及单片投入都有显著增长，并且在内容创作上开始向精品化、多样化以及系列化方向发展，口碑效应也越来越明显。同时，随着网络大电影整体市场的长足发展，越来越多的电影厂、院线以及著名影人、影评人等也将目光移向网大，更为快速地推动了行业升级。

2013—2017年网络大电影数量统计

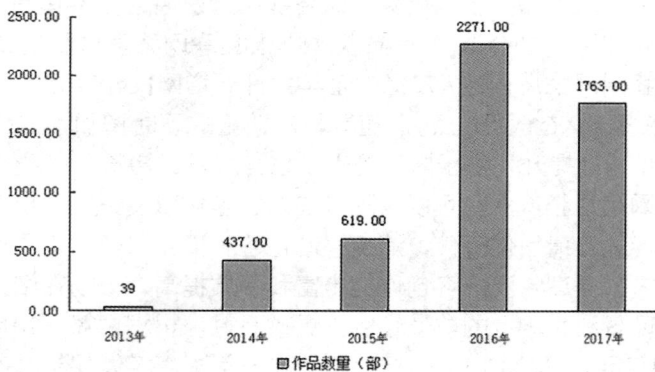

数据来源：骨朵数据

网络综艺节目在经历了2016年的井喷期之后，2017年规模持续扩大，作品数量达到了159部，[③]较之2016年的111部同比增长了43%。而且是爆款频出，内容丰富多元，各平台逐步形成了稳定的内容调性布局以及较为成熟的生产、制作和发行体系，会员付费、广告

① 国家广电智库：《2017年网络剧发展分析报告》。
② 数据来源：骨朵数据。
③ 数据来源：艺恩视频智库，统计周期至2017年11月30日。

投放等商业盈利模式也日趋完善。

此外，网络直播和短视频领域也有着令业界欣喜的发展。截至2017年12月，网络直播用户规模达到4.22亿，较2016年增长22.6%，其中，游戏直播用户规模达到2.24亿，较上一年年底增加了7756万，占网民总体的29.0%，增速高达53.1%。真人秀直播用户规模达到2.2亿，增加7522万，占网民总体的28.5%。[①]　由于政策监管的加强，以及行业内部的自身规范，移动直播用户出现环比下滑现象。

与此同时，短视频用户维持着环比增长，经过2016年的黄金爆发期，2017年以来的短视频市场整体增速强劲，第四季度中国短视频行业的用户规模达2亿，比2016年增加用户0.72亿，同比增幅达14.9%（如下图）。

2016—2017年短视频行业用户规模及增长率

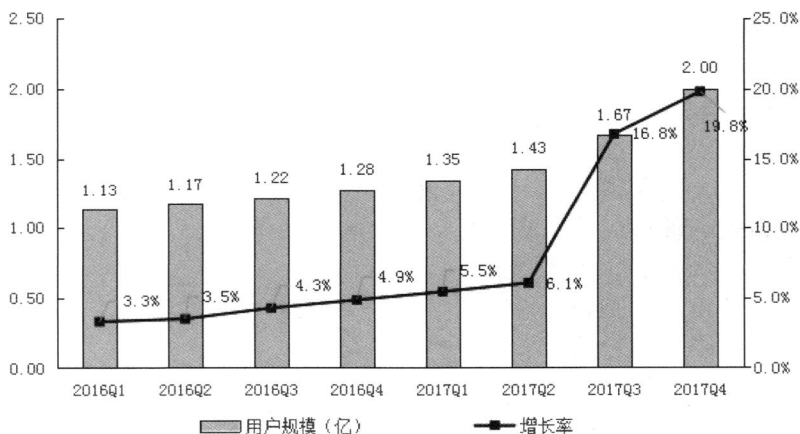

数据来源：比达咨询

随着整体市场规模以及运营经验的提高，网络视频平台盈利变现模式变得清晰起来，其中广告盈利收入依旧占有主要地位，但随着内容的细分化，流量变现和内容变现双方面都有了不同程度的增加。2017年中国网络视频广告市场规模达到489亿元，相比2016年增长37.8%，其中移动视频广告市场规模为314亿元，占比达到64.2%。[②]　此外，伴随着用户付费意识的逐渐养成，2017年中国网络视频付费市场规模达到213.7亿元，付费用户达到了9763万人，[③]　而2018年我国网络视频付费用户突破了1亿。

根据易观《中国网络视频市场趋势预测2018—2020》数据，2018~2020年，中国网络视频广告市场和用户付费市场的增长速度均在14%左右，2020年时的盈利规模将分别达到863亿元和647亿元，比2018年净增518亿元。

---

①　中国互联网络信息中心，第41次《中国互联网络发展状况统计报告》，http://cnnic.cn/gywm/xwzx/rdxw/201801/t20180131_70188.htm。

②　易观：《中国网络视频市场趋势预测2018—2020》，https://www.analysys.cn/analysis/trade/detail/1001342/。

③　数据来源：易观数据。

（二）市场竞争激烈，产业格局初成

随着近两年来网络视频产业的迅速发展，在各个细分领域都出现了居于领先地位的领跑者。整体来说，由于综合视频运营商在内容资源和用户运营方面经验的积累沉淀和不断革新，综合视频领域的产业集中度以及各大视频平台的发展趋势逐清晰，不少平台积累了明显的竞争优势，头部内容资源整合的能力进一步得到提高。

在综合视频领域，爱奇艺、优酷、腾讯视频、芒果TV、搜狐视频、乐视视频等六大视频平台占据头部领先位置。其中爱奇艺、优酷、腾讯视频依靠自身优势抢先领跑，不论在网络剧、网络大电影还是网络综艺等方面表现都极为突出，占据市场第一梯队位置。紧随其后的芒果TV、乐视视频、搜狐视频以及暴风影音等视频网站的用户规模相较前者有着数量级的差距，居于第二梯队。

在网络剧方面，随着产业链不断的整合完善，运作模式升级，各大视频平台都开始朝

2018—2020年中国网络视频广告市场规模预测

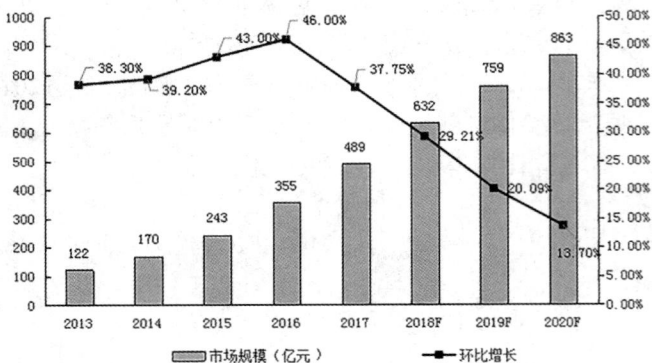

2018—2020年中国网络视频付费市场规模预测

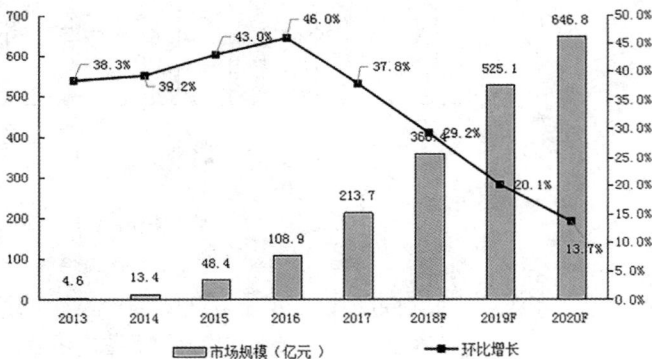

数据来源：易观数据

着集投融资、内容生产、营销发行、衍生品开发于一体的完整产业链方向发展。爱奇艺、优酷、腾讯视频三大网络视频平台形成了三分天下、三足鼎立的格局，在第一梯队的位置难以撼动。如下表所示，2017年播放量Top20的网络剧大多由三大巨头承包了，其中优酷凭借《热血长安》《大军师》等"超级剧集"在2017年度榜单中占有重要地位；腾讯视频有7部网络剧跻身榜单，爱奇艺有5部。

2017年主要视频平台网络剧播放量Top20

排名	网络剧名称	播放量（亿）	平均单集播放量（亿）	类型	播放平台
1	《热血长安》	106.2	2.2	古装	优酷
2	《大军师司马懿之军师联盟》	67.5	1.6	古装	优酷
3	《将军在上》	63.3	1.0	古装	优酷
4	《大话西游之爱你一万年》	63.0	1.1	玄幻/穿越	爱奇艺/乐视视频/芒果TV/腾讯视频
5	《九州，海上牧云记》	62.2	1.1	玄幻/穿越	爱奇艺/腾讯视频/优酷
6	《春风十里，不如你》	58.5	1.4	青春/校园	优酷
7	《白夜追凶》	47.8	1.4	悬疑/推理	优酷
8	《双世宠妃》	42.0	1.7	玄幻/穿越	腾讯视频
9	《天泪传奇之凤凰无双》	30.4	0.5	古装	爱奇艺
10	《镇魂街》	30.1	1.2	玄幻/穿越	优酷
11	《致我们单纯的小美好》	29.6	1.2	青春/校园	腾讯视频
12	《无心法师2》	28.7	1.0	玄幻/穿越	搜狐视频/腾讯视频
13	《鬼吹灯之黄皮子坟》	27.1	1.3	悬疑/推理	爱奇艺
14	《亲爱的王子大人》	26.3	1.3	都市/爱情	芒果TV/搜狐视频
15	《奇星记之鲜衣怒马少年时》	24.6	0.4	玄幻/穿越	优酷
16	《颤抖吧，阿部！》	24.0	0.9	古装	优酷
17	《独步天下》	23.3	0.5	古装	腾讯视频
18	《使徒行者》	20.6	0.6	悬疑/推理	腾讯视频
19	《终极三国2017》	19.8	0.2	科幻	优酷
20	《河神》	19.5	0.8	悬疑/推理	爱奇艺

数据来源：笔者综合整理

　　网络大电影方面，爱奇艺作为"网大"概念的提出者以及领航者，一直都在该领域占有显著地位。据爱奇艺数据显示，2017年爱奇艺上线的网络大电影数量为1321部，占据整个网大市场的半壁江山，其中十余部影片票房分账超千万。[①]优酷与腾讯视频紧随其后，

---

① 爱奇艺：《2017网络大电影行业发展报告》。

以2017年1~8月播放数据为例，二者分别以20.4%和17.5%的播放量居于第二梯队。[①]

网络综艺方面市场集中度较高，2017年新上线网综播放量Top10节目的流量占比该类节目总播放量的48%，其中芒果TV的《爸爸去哪儿》以48.9亿的点击量高居榜首，该平台共有4档节目跻身Top10。腾讯视频的《明日之子》和爱奇艺的《中国有嘻哈》则成为热搜、流量双高的爆款网综。[②]

2017年网络综艺节目播放量Top10

新上线网综名称	平台	搜索指数	播放量（亿）
放开我北鼻	腾讯视频	32,520,527	12.0
吐槽大会	腾讯视频	32,150,911	16.6
明日之子	腾讯视频	24,712,719	41.8
明星大侦探	芒果TV	23,337,829	20.8
中国有嘻哈	爱奇艺	16,414,296	29.1
爸爸去哪儿	芒果TV	10,746,841	48.9
妈妈是超人	芒果TV	3,472,114	15.2
脱口秀大会	腾讯视频	2,711,724	12.0
2017快乐男声	多平台	966,632	27.3
变形记第十期	芒果TV	100,467	15.1

数据来源：艺恩智库

由于2016年直播行业的红利爆发，2017年大量资本相继进入市场，直至目前，网络直播服务平台已经超过500多家，直播市场开始出现激烈竞争之势，行业蓝海逐渐变红。移动直播方面，花椒的日活跃数在第四季度超越映客成为第一位，[③]以斗鱼、虎牙为代表的游戏直播平台则因为《王者荣耀》《绝地求生》等游戏的火爆而迅速蹿红，游戏直播在2017年度为整个直播市场贡献了超过约70%的流量。除此之外，直播+综艺、直播+旅游、直播+教育等"直播+"模式都相继开始发展。

---

① 新传智库：《中国互联网视听行业发展报告2018》。
② 数据来源：艺恩智库。
③ 艾美报告：《2017-2018中国在线直播行业研究报告》，http://www.iimedia.cn/60511.html。

2017第四季度中国主要娱乐内容类直播App用户活跃占比

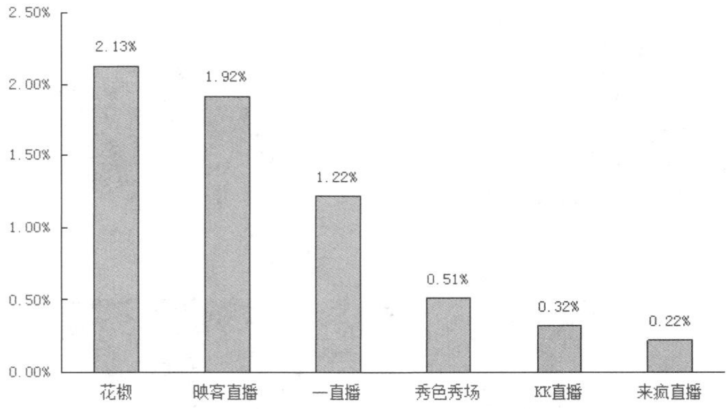

数据来源:《2017-2018中国在线直播行业研究报告》

2017年是短视频行业快速发展的一年,呈多元化发展趋势,平台和内容成为各大巨头短视频布局的制高点,阿里大文娱、今日头条在进入短视频市场上动作不断,秒拍、陌陌、快手等短视频业务增速明显。移动时代之下的短视频行业发展步伐明显加快,整体市场集中度呈金字塔形。头部平台地位逐渐凸显,并占据市场逾60%的份额;腰部平台正追求内容差异化,以打破行业壁垒;除此之外,尾部市场正不断涌现新的平台。随着市场逐渐成熟,准入门槛开始提高,垂直细分成为短视频领域的竞争焦点。

(三)内容精品化,市场规范化

1. 自制内容蓬勃发展

2017年以来,在以网络剧、网络大电影、网络综艺为主的网络视频内容平台中,头部内容的地位越来越凸显。当前网络视频各大平台竞争激烈,优质大剧和综艺资源等相对集中,随之而来的内容成本尤其是头部内容成本的不断攀升,成为视频平台盈利方面的极大阻碍。相较于购买头部内容的高投入,自制内容投入更低、播放时间和周期等限制更少,而且在对留住用户以及引导用户付费转化上效果更为明显，因此自制内容更利于各大平台形成以内容为中心的全产业链布局。2017年，网络视频行业整体的自制内容数量下降，但质量却大幅度提升，其中自制网络剧221部，前台播放总量达723.7亿，较之2016年384亿同比增长率高达88.5%。[①]

截至2017年9月，豆瓣评分Top10的网络影视剧内容中，自制剧占4席，其中优酷自制网络剧《白夜追凶》以9.0分位列榜首，该剧也是第一部"出海"到国外的网剧；综艺节目Top10中，自制综艺有6档，前三名《圆桌派》（优酷）、《明星大侦探》(芒果TV)、《晓说2017》(优酷)均为自制节目。此外，自制剧及综艺节目在吸引用户方面有了较大进步，在自制剧用户规模 Top10的榜单中，单月最高覆盖设备数目均超过了8000万，自制综艺则超过4000万，位于榜首的音乐选秀类节目《中国有嘻哈》单月覆盖设备量过亿。[②]

---

① 骨朵数据：《2017 年网络剧报告》，https://www.sohu.com/a/216877771_436725。
② 艾瑞：《2017 年中国网络自制内容行业研究报告》。

2012—2016年视频平台版权内容成本变化

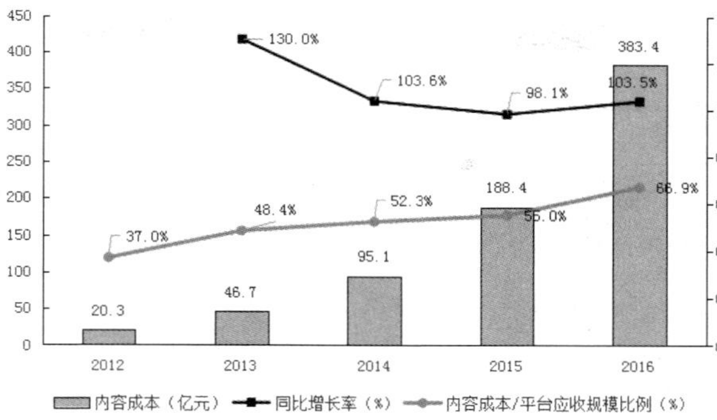

数据来源：艾瑞网

2017年网络上线影视剧豆瓣评分Top10

序号	剧集名称	豆瓣评分	评价人数
1	白夜追凶	9.0	33069
2	白鹿原	8.8	45995
3	无证之罪	8.5	7985
4	那年花开月正圆	8.4	23805
5	河神	8.4	60240
6	人民的名义	8.3	170526
7	杀不死（纯网剧）	8.2	13870
8	大军师司马懿之军师联盟	8.1	52936
9	花间提壶方大厨（纯网剧）	8.0	21505
10	颤抖吧，阿部！	7.7	10099

数据来源：豆瓣网

2017年网络上线综艺豆瓣评分Top10

序号	综艺名称	豆瓣评分	评价人数
1	圆桌派（第二季）	9.2	7021
2	明星大侦探（第二季）	8.9	11335
3	晓说2017	8.8	3394
4	朗读者	8.6	13288
5	中国诗词大会（第二季）	8.5	6692
6	放开我北鼻（第二季）	8.1	4690
7	极限挑战（第三季）	8.0	21200
8	奇葩说（第四季）	7.7	16260
9	花儿与少年（第三季）	7.6	11583
10	中国有嘻哈	7.1	20987

数据来源：豆瓣网

2017年1~9月网络自制剧用户规模Top10

序号	剧集名称	平台	最高单月设备覆盖数（万台）
1	鬼吹灯之精绝古城	腾讯视频	20199.6
2	河神	爱奇艺	17731.5
3	射雕英雄传	爱奇艺	16023.2
4	鬼吹灯之牧野诡事	爱奇艺	15624.7
5	鬼吹灯之黄皮子坟	腾讯视频	11790.8
6	春风十里不如你	优酷	11619.7
7	双世宠妃	腾讯视频	10924.6
8	鬼吹灯之牧野诡事2	爱奇艺	9924.4
9	云巅之上（第一季）	爱奇艺	8220.3
10	无心法师2	搜狐视频/腾讯视频	8121.1

数据来源：艾瑞数据

2017年1~9月网络自制综艺用户规模Top10

序号	综艺名称	平台	最高单月设备覆盖数（万台）
1	中国有嘻哈	爱奇艺	10768.7
2	爸爸去哪儿（第五季）	芒果TV	8256.2
3	姐姐好饿（第二季）	爱奇艺	6110.7
4	明日之子	腾讯视频	5578.4
5	奇葩说（第四季）	爱奇艺	5533.1
6	奇葩大会	爱奇艺	5279
7	吐槽大会	腾讯视频	5233.6
8	爸爸去哪儿（第四季）	芒果TV	5099
9	吃光全宇宙	爱奇艺	4961.3
10	火星情报局（第三季）	优酷	4093.5

数据来源：艾瑞数据

2. 监管收紧，行业建设升级

　　网络视频行业近年来发展态势迅猛，除网络剧、网络大电影、网络综艺等主流网络节目发展势头十足之外，直播以及短视频的兴起也大大吸引市场的目光。但在经过2016年的"野蛮生长"之后，种种问题也随着网络视频行业的高速发展而不断涌现。为规范市场，引导和促进整个行业的正向发展，国家相关部门针对市场乱象相继出台了一系列的法规政策。

　　2016年12月19日，国家新闻出版广电总局出台了《关于进一步加强网络原创视听节目规划建设和管理的通知》，正式落实了原创网络视听节目的备案制度。该通知除了指出所有的网络剧、微电影、网络电影及网络视听节目等网络原创节目，都需要填写重点网络原创节目信息登记表进行备案登记之外，还要求加强对节目评议以及对节目内容的监管，对于重大违规和屡次犯错的要加大处罚力度。在该通知出台后，各大网络视频平台纷纷进行了自审，并依据规则要求下架了大量节目：乐视下架了热门网络剧《心理罪2》；腾讯视频宣布下架107部不符合上线要求的网络剧；爱奇艺下架了包括《单身公寓》《屌丝男士第二季》等众多热门网络剧集。此外，各大视频网站也主动加强了对平台内容的审核，如发布了"爱奇艺禁九条""搜狐七把控"以及"乐视十不准"等相关的自审自查要求，以杜绝价值观存在偏差的内容播放。

随后到2017年5月，总局又发布了《关于进一步加强网络视听节目创作播出管理的通知》，对网剧等视听节目制作播出进行了全面性的规范。该通知提出网络视听节目要与广播电视节目同一标准、同一尺度，实行统筹管理，即实行"线上线下统一标准"，并要求各网络视听节目服务机构建立健全有效的把关机制。同年6月30日，中国网络视听节目服务协会发出了《网络视听节目内容审核通则》，对网络视频内容把关与审核流程提出了更为具体、细致的要求，明确了审核要素包括政治导向、价值导向和审美导向，并确立了"先审后播"和"审核到位"两大审核原则。2017年9月4日，国家新闻出版广电总局、国家发展和改革委员会等五部委联合发布《关于支持电视剧繁荣若干政策的通知》，该通知规定了促进电视剧发展的各种管理和支持机制，并强调网络剧及网络综艺节目与电视媒体的同类节目实行统一管理审核标准，对重点网络剧创作规划实行备案管理。

近年来我国对于文化产业的发展极为重视，在《国家"十三五"时期文化发展改革规划纲要》中提到，要全面实施国家知识产权战略，以版权保护推动文化创新。行政机关对于网络视频行业的知识版权保护意识也不断加强，在国家版权局开展的"剑网"系列活动中，就包括打击网络视频行业侵权盗版现象。

总之，通过出台的一系列相关政策可以看出，国家对网络视频市场的监管正在走向更加成熟的管理体系，网络视频内容的审查标准和流程也在逐渐向传统电视节目靠拢。在严格规范市场的同时，也有系列措施来保护和推动网络视频行业的发展，通过双管齐下，以有效引导全行业走向健康化、规范化的发展之路。

二、主要网络视频节目分析

（一）网络剧——走向成熟与融合

2014年被业内称为网络剧的发展"元年"，随后2015年进入了爆发期，2016年的剧目数量呈井喷之势。随着市场自身的优胜劣汰竞争加剧，以及相关的监管力度加强，2017年我国网络剧的整体制作水平明显提升，自制精品剧目数量不断增加，爆款的头部剧集引流可观，但生产数量有所减少。随着产业链的不断整合，网络视频平台也逐渐完成了以网络剧为内容中心的产业转型与升级，网络剧市场开始走向成熟。

2015—2017年网络剧总数量和总播放量

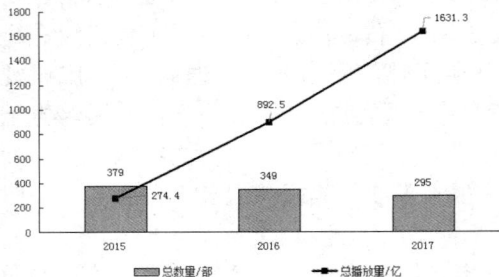

2015—2017年单部网络剧平均播放量

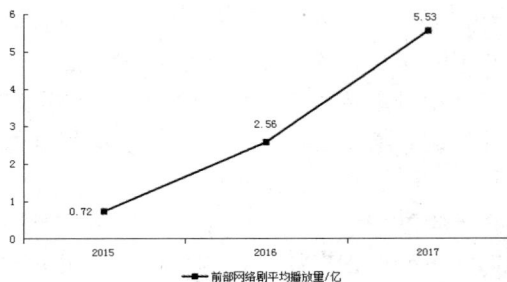

数据来源：骨朵数据

1. 播放量与口碑齐升，精品化趋势明显

根据2015~2017年的数据显示，网络视频平台的网络剧整体数量呈下降趋势，但播放总量则高速增长。如左图所示，2015年的网络剧总数量为379部，总播放量27.4亿次，平均每部剧的前台播放量为0.72亿次；2016年网络剧上线349部，播放总量892亿次，平均每部播放量2.56亿次；到了2017年，剧目数量为295部，总播放量1631.3亿次，平均每部播放量高达5.53亿次。①

从2017年全年的网络剧生产与播放量情况来看，不同月份的新剧推出数量较为均衡，就算是数量最低的7月和10月，其上新剧数量也在13部；从新剧播放量来看，后半年明显优于前半年，并且在8月新剧播放量突破198亿次，成绩可观。此外在整个暑期档，新网剧的播放量一直居高不下，同时期上线的《大军师司马懿之军师联盟》《鬼吹灯之精绝古城》《春风十里不如你》《双世宠妃》等剧成为拉动流量的主力军。

2017年各月网络剧上新数量及其播放量

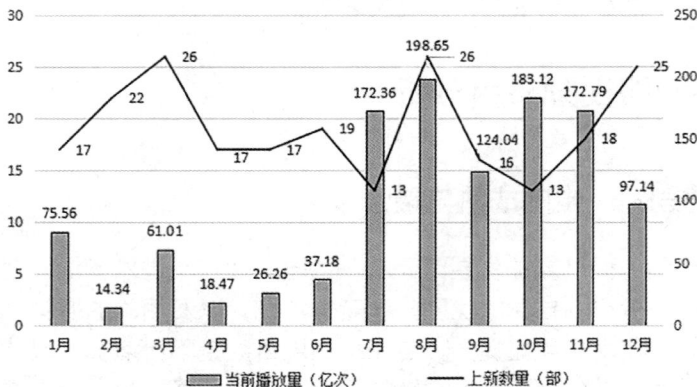

数据来源：艺恩数据

---

① 数据来源：骨朵数据，http://news.guduomedia.com/?p=24811。

2017年网络剧尤其是头部网络剧的创作都更为重视对于导向的把控，故事多为展现一些积极向上的精神风貌的内容。此外，上线剧集在画面质感、制作水准等方面也都有了大幅度提高，不少网络剧的制作水准堪比电视剧。整个2017年网络剧爆款频出，精品化趋势已成了网络剧的发展主流。2016年网络剧播放量在20亿次之上的有20部，而在2017年则达到了35部，其中超100亿的是《热血长安》、超50亿的有《大将军司马懿》《将军在上》等5部。

2016—2017年网络剧播放量区间分布

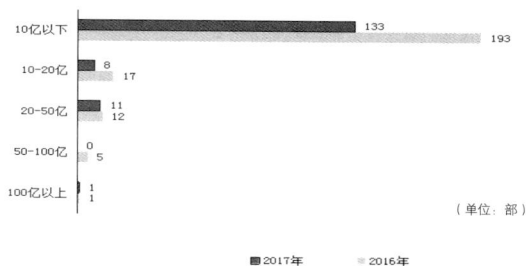

（单位：部）

■ 2017年　　■ 2016年

数据来源：艺恩数据

不少头部剧集在2017年收获高流量的同时，也收获了高口碑。截至2017年12月31日，上线的网络剧中豆瓣评分8.0分以上的有10部，相较于2016年的4部和2015年的2部，网剧的用户好评度有了明显提升。如下表所示，2017年豆瓣评分Top10的网剧分别是《白夜追凶》（优酷）、《一起同过窗2》（优酷）、《你好，旧时光》（爱奇艺）、《河神》（爱奇艺）、《大军师司马懿之虎啸龙吟》（优酷）、《无证之罪》（爱奇艺）、《杀不死》（腾讯视频）、《大军师司马懿之军师联盟》（优酷）、《少年有点酷》（腾讯视频）以及《花间提壶方大厨》（爱奇艺）。这10部均为独播剧，其中优酷的《白夜追凶》以9.0的评分位列榜首，爱奇艺与优酷均有4部上榜，腾讯视频有2部，三大视频平台的地位一时难以撼动。

2017年中国网络剧豆瓣评分Top10

排名	网络剧名称	豆瓣评分	总播放量（亿）	平均单集播放量（亿）	播放平台	主演
1	白夜追凶	9.0	47.8	1.4	优酷	潘粤明、王泷正等
2	一起同过窗2	8.9	3.2	0.06	优酷	武雨泽、徐晓璐等
3	你好，旧时光	8.6	6.7	0.3	爱奇艺	李兰迪、张新成等
4	河神	8.3	19.5	0.8	爱奇艺	李现、张铭恩等
5	大军师司马懿之虎啸龙吟	8.2	10.9	0.5	优酷	吴秀波、刘涛、李晨等
6	无证之罪	8.2	4.8	1.4	爱奇艺	秦昊、邓家佳等
7	杀不死	8.2	1.1	0.09	腾讯视频	杨羽、邵庄等
8	大军师司马懿之军师联盟	8.1	67.5	1.6	优酷	吴秀波、李晨、刘涛等
9	少年有点酷	8.1	0.8	0.02	腾讯视频	孙天宇、周梓琦等
10	花间提壶方大厨	8.0	7.9	0.2	爱奇艺	蒋佳恩、雷牧等

数据来源：豆瓣网

2. 题材类型多元化

由于网络视频市场每年都在快速增长，用户的需求也变得更加多元，网络剧的题材类型迎来了百花齐放的生态环境。随着近年来各项监管政策的不断加强，以及行业自身的优胜劣汰竞争，一些导向意识薄弱、制作水平低下、严重缺乏艺术和审美，过度宣扬色情、暴力等内容的剧目已被淘汰出局。整体而言，2017年网络剧的题材类型依旧丰富多元，但内容选择和制作水准有了质的提高。

2017年主要视频平台分类型网络剧数量

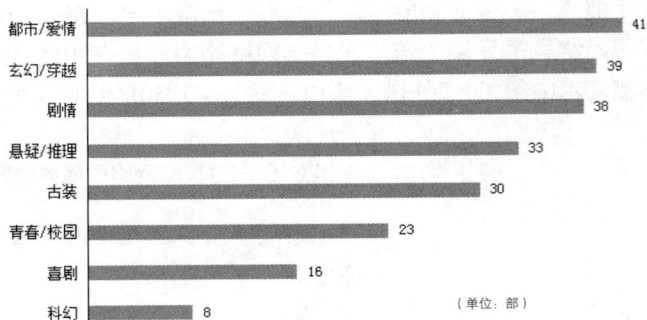

类型	数量
都市/爱情	41
玄幻/穿越	39
剧情	38
悬疑/推理	33
古装	30
青春/校园	23
喜剧	16
科幻	8

（单位：部）

数据来源：易观数据

根据易观数据整理的资料显示，在2017年主要视频平台上播出的新网络剧类型数量中，占榜首的是都市/爱情剧，总计41部；玄幻/穿越剧在数量和播放量两个方面都排名第二；古装类虽然剧集数量少，仅有30部，但总播放量居于所有类型之首，高达362亿次；悬疑/推理剧虽然看起来整体成绩平平，却有不少爆款；此外，科幻类型的作品也开始逐渐走进大众视野。①

对于网络剧类型化的积极探索，将有助于满足用户的不同内容需求，也利于播放平台清晰地描绘出用户画像，以便广告的投放更为精准。内容创作的垂直化和细分化已成为网络视频平台的重要发展趋势。

3. 独播剧成引流主力

主要视频平台凭借庞大的资金投入、大数据分析以及生态化的产业链运营推动着网络剧整体水平的发展。而独播剧以及自制剧的兴起也对传统电视剧市场带来了不小的冲击，视频平台与电视台的差距正在不断缩小，其制作的头部剧集对形成行业新标准产生重要意义。从上线新剧集数量、制作水准以及播放量来看，视频平台中以BAT为背景的爱奇艺、优酷以及腾讯视频当之无愧为第一梯队，它们因有着庞大的用户规模和足够的资源支持而成为网络剧生产的主力军，是当今网络视频产业中"内容航母"的存在。

在竞争激烈的网络视频行业中，网络剧已成为各大平台最为重要的流量入口之一，而独播模式更是成为争夺受众和流量的核心举措。以三大视频平台为例，虽然各自都试图涵盖所有的题材类型，但在不同题材领域的探索上依旧是各有优势。2017年爱奇艺独播剧多达113部，占其全部播出网络剧数量的97.3%，在各大视频平台中遥遥领先，它的古装喜剧类《花间提壶方大厨》系列、悬疑推理类《河神》系列和《盲侠大律师》系列以及青春校园类的《你好，旧时光》等均有不俗的表现；腾讯视频的独播网剧有66部，占其全部网络

---

① 数据来源：易观数据《泛娱乐生态下的中国网络剧市场洞察2018》，https://www.analysys.cn/。

2017年主要视频平台分类型网络剧播放量

古装	362.1
玄幻/穿越	321.5
悬疑/推理	221.3
都市/爱情	153.5
青春/校园	150.0
剧情	53.8
科幻	26.8
喜剧	23.9

（单位：亿）

2017年主要视频平台独播网剧数量

独播网络剧数量（部）　　独播网络剧占全部网络剧比例（%）

2017年主要视频平台独播网剧播放量

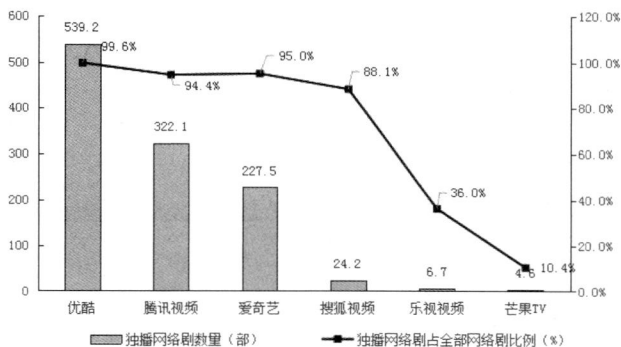

独播网络剧数量（部）　　独播网络剧占全部网络剧比例（%）

数据来源：易观数据

剧数量的93.9%，最大的黑马当属言情剧《双世宠妃》；优酷的独播网剧数量在三大视频平台中最少，仅有28部，但其在头部剧集生产方面的表现极为突出，总播放量高达539亿次，比生产量第二位的腾讯视频播放量高出了67%，超级剧集《大军师司马懿之军事联盟》《大军师司马懿之虎啸龙吟》以及《白夜追凶》等都为其带来了巨大的流量。

4. 中国特色季播模式的兴起

季播剧这一概念起源于美国的电视产业，通常是指电视媒体根据观众收视的淡旺季而采取的一种节目生产与播出策略，即在人们户外活动多、收视时间短的夏季以重播旧剧为主，而人们大量时间待在家中的冬季，则主要播出新剧集。此外，再辅以边拍边播、每周播出一集的生产播出方式，以追求资源使用率和投资回报率的最大化。

但季播剧模式的引入国内却出现了一些水土不服的问题。首先是我国的产业成熟度不足，难以担负起边拍边播的任务强度。其次是每周一集的播出方式与我国观众经过电视媒体多年培养、业已形成的连续观看模式存在有较大的差异，不少网络视频用户对此难以接受。但盛行于西方数十年的季播剧模式无论是在剧目质量保证（边播边拍可以随时根据观众反馈调整节目内容或者更换主创人员等）、成本控制（市场反映不好可以随时停播剧集，不至于满盘皆输）还是投资回报方面（根据观众和广告主反映决定剧集是否继续生产等）都有很大的合理性，具有很多可资借鉴的基础。因此，我国网络剧中的季播剧是经过本土化的改造演变而来的，即目前我国的网络剧的季播模式是以部为单位来进行生产与播放的一种中国化季播模式的探索，类似于品牌化剧目的续集生产与播出格式。它的优势在于可以最大限度地维持话题热度，合理控制投资，创造更大的商业价值和影响力价值。

2017年季播剧占网络剧剧集数量的**30.70%**，其播放量占比为**39.98%**，可以明显看出季播剧整体在播放量方面成绩还不错。在这之中，比较典型的几部季播剧有优酷的《大军师司马懿》系列、搜狐的《无心法师》系列、爱奇艺的《鬼吹灯》系列以及腾讯视频的《狐狸的夏天》系列。此外，上述季播剧均为在网络上有一定影响力的文学IP改编，由此也可以看出季播剧可以提供更充足的时间以及容量来挖掘IP的自带价值。

2017年中国网剧季播剧与非季播剧分布

	播放量分布	数量分布
季播剧	39.98%	60.02%
数量分布	30.70%	69.30%

数据来源：易观数据

2017年中国典型季播网络剧及播放量

序号	典型季播网络剧	平台	播放量（亿）
1	大军师司马懿之军师联盟	优酷视频	67.5
2	大军师司马懿之虎啸龙吟	优酷视频	10.9
3	无心法师2	搜狐视频	28.7
4	鬼吹灯之牧野诡事1	爱奇艺	12.8
5	鬼吹灯之牧野诡事2	爱奇艺	9.0
6	狐狸的夏天1	腾讯视频	12.6
7	狐狸的夏天2	腾讯视频	9.2

数据来源：易观数据

随着更多专业的制作人才和资本的涌入，使得网络剧的质量和口碑飞速提升，也由于网络视频平台本身拥有的互联网基因，使得它们更注重以用户为中心的产品思维模式，因此季播剧这一概念和模式逐渐被看重，其生命力的根本在于以市场导向来生产播出优质的内容，由此可见，季播剧制播模式更有助于创作与生产回归市场本身。

5.IP改编剧稳步增长，原创网络剧成绩显著

由于网文IP剧自带的话题度和粉丝受众，所以IP改编剧的创作一度备受关注，目前已经成为网络剧的主要创作题材内容之一。如下图所示，2015—2017年三年时间，IP网络剧的数量一直在稳步增长，2015年全网IP剧为37部，播放总量148亿次，而到了2017年则增

长到了74部，同比2016年增长32%，播放总量达907.6亿次，同比2016年增幅为79%。[①]　IP剧数量占全年上线网剧总数量的25%，播放量却超过全年播放总量的55%。

2015—2017年IP网络剧数量和总播放量

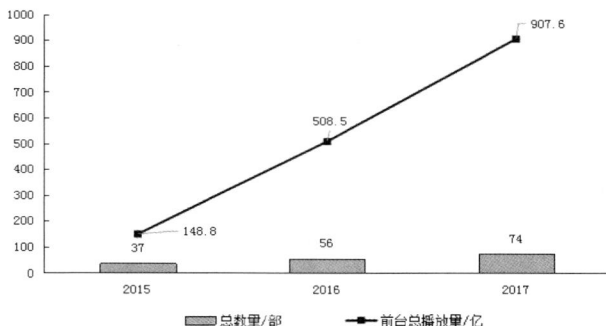

数据来源：骨朵数据

在2017年的74部IP剧之中，播放总量达1亿次以上的有65部，占全年IP网络剧播放总数量的87.8%。其中青春校园类题材的剧集数量最多，有14部；古代传奇类播放总量最高，达254.8亿次，平均每部剧集播放量达31.9亿次；其次冒险、玄幻、武侠等类型表现也都可圈可点，武侠剧《射雕英雄传》高度还原了金庸的原著风貌，被观众称赞是"拍得最好的"一版；《河神》对原著小说进行了很大的改编，讲了一个充满新意的故事，同样取得较大成功；奇幻风格的《琅琊榜之风起长林》和《九州·海上牧云记》都堪称是超级剧集，不仅故事设定大气磅礴，画面的质感也比之前的网剧更为精细，演员的演技也是相当出彩。

另外，值得关注的是国产动漫剧的改编创作，2016年的《画江湖之不良人》以及2017年的《镇魂街》《端脑》都是成功的范例。

2017年IP网络剧类型数量及总播放量

数据来源：骨朵数据

---

① 数据来源：骨朵数据，统计截至2017年12月31日。

相较于IP剧，原创剧近年来数量呈缓慢下降状态，但在播放总量上增速明显。如下图所示，2015年期间上线网络原创剧有342部，播放总量125.6亿次；2016年原创剧293部，播放总量384亿次；到了2017年全网上线网络原创剧仅有221部，但播放总量却达到了723.7亿次，平均每部剧播放量3.3亿次。

2015—2017年原创网络剧数量与总播放量

数据来源：骨朵数据

在这些原创剧中，播放量超过1亿次的有66部，总计693.5亿次。其中，悬疑推理剧数量最多有11部，播放总量高达172.5亿次；历史剧的平均播放量最高，有43.3亿次/部。有些原创剧也获得了流量和口碑的双收，如罪案剧《白夜追凶》、悬疑推理剧《盲侠大律师》、青春校园剧《一起同过窗》等。

2017年原创网络剧类型数量及总播放量

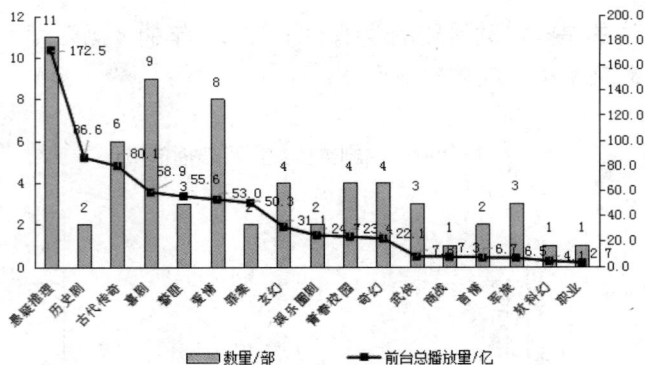

数据来源：骨朵数据

6. 付费模式渐趋成熟，广告营销多维度

目前在网络视频平台，用户的付费意识已经在逐步养成，付费用户的规模也在大幅度增加。网络剧的典型付费模式主要有三种，一是"会员看全集"，付费会员在网剧上线时就能观看全集，无须等待更新；二是"会员抢先看"，即更高一级的付费会员可以提前观看下次更新的内容；三是"会员独享"，结合前两种形态，该类会员可以单独观看一些内

容。通常视频平台会针对不同的网络剧采取不同的播出模式，通过会员特权吸引用户，提高用户体验，增加用户黏性。

通过对2017年腾讯视频、爱奇艺、优酷、芒果TV、搜狐视频、乐视视频六大视频平台播出的网络剧统计，需要付费的网络剧占比76.8%，非付费网络剧仅23.2%，可见内容付费的模式已经趋于成熟。

广告一直以来都在视频网站的收入来源中占有重要地位，网络剧创作生产的市场火爆，也为广告品牌提供了更好的投放阵地，营销方式也在泛娱乐的背景下突破了传统的贴片广告形式，多是围绕内容形成多维营销，兼具了传播效果和盈利效果。比如优酷在其超级剧集中与广告主联手打造创意中插"小剧场"，在展现产品之时还衔接了剧情，嫁接原剧中的人物性格，以此来消除受众对于硬性广告的不适感与抵触情绪。

7. 精品化、垂直化发展，与电视剧在形式与传播渠道上趋于融合

从产业链的各环节来看，制作方从源头上加大了对原创IP的生产力度，各大视频平台的IP全产业链开发变成常态化，开始围绕内容生产对整个产业链进行垂直化的深耕，播出模式也在不断翻新。一方面为留住用户在创作上不断追求精品化和多元化，另一方面充分利用网络剧的品牌联动效应，不断向泛娱乐化的衍生品市场进行渗透，提高品牌热度和核心竞争力。依托互联网平台的联动宣发优势，使得网剧宣发打破了原有的"单打独斗"模式，通过资源整合放大了宣发效果，释放出网络生态宣发更大的能量。另外，网络剧的制作成本也在市场不断加剧的竞争中逐渐提高，最初网络剧单集成本不足10万元，现在一些精品网络剧单集成本动辄过百万元，而且数目还在不断攀升，网络剧的"超级制作"时代已经到来。

2017年对于网络剧的政策监管不断收紧，使得行业监管流程不断细化，为市场的繁荣提供了强有力支撑，加速了行业的生态构建。此外，随着市场的不断洗牌和重组，行业准入门槛提高了，优胜劣汰的趋势更加明显。未来网络剧的发展依旧是在注重"内容为王"的前提下，寻找差异化的发展道路，各平台头部剧集的标杆作用会更加突出。与此同时，重视原创IP的创作，在资源分配上将更多地向创作环节倾斜，走出一条依靠网络剧打造大IP、孵化新星的道路。在内容上将多维度地深挖用户需求，在精准受众定位的基础上开展创作与生产，全面提升网剧的竞争力。

在网台竞合关系方面，随着网络剧的产业体系逐步成熟，大IP、大投入、大卡司等创作因素不断出现，视频平台不仅是剧集的播出地，更成为集投融资、内容生产、整合营销、播出发行、衍生开发于一体的全产业链布局者。网剧的整体制作水准已逐步向电视剧靠拢，随着视频平台话语权的提升，网络剧与电视剧的界限将进一步模糊，在形式与渠道上趋于融合。

（二）网络大电影——向多元化、品牌化、系列化发展

1. 产量、点击量增速放缓，头部效应愈发明显

"网络大电影"类似于在电视媒体上播出的"电视电影"，是介于电影与电视

剧之间的一种制作精良、收视良好、成本比较合理的影视剧形态。我国的网络大电影于2013年前后开始兴起，经过2014年、2015年的蓄力发展，在2016年呈现出一种"野蛮生长"的爆发之势。但由于2016年末至2017年初政府一系列规范市场发展的监管政策出台，以及平台准入门槛的提高和市场的优胜劣汰，使得2017年网络大电影在上新数量上明显放缓。2013年网络大电影的产量仅有39部，2014年上新450部，同比增长达1054%；2015年为689部，同比增长53%；2016年的网络大电影爆发式的增长，数量达2193部，同比增长218.2%；而到了2017年，网络大电影数量为1973部，在第三季度时网络大电影的上线量仅有381部，虽然第四季度的上新数量上升到了462部，但明显低于第一、二季度，且相比2016年第四季度的660部也相差较远（见下表）。

2014—2017年网络大电影上新数量

年份	2014年	2015年	2016年	2017年
上线数量（部）	450	689	2193	1973

数据来源：骨朵数据

2016—2017年网络大电影各季度上新数量

		第一季度	第二季度	第三季度	第四季度
上新数量（部）	2016年	408	492	381	462
	2017年	559	571	381	462

数据来源：骨朵数据

在点击量方面，2016年网络大电影的点击量约为210亿次，而到了2017年的总点击量仅约80亿次，同比下降62.13%。从年度累计播放量的排名来看，播放量Top10的作品占到了总播放量的10.16%，其平均播放量达到0.81亿次，远远高于第11~100名作品的0.26亿次的平均播放量。网络大电影的头部效应变得更加明显。

2. 题材类型多元化

影视剧的题材类型也是影响用户观看和市场效果的重要影响因素。通过对近几年来上线网络大电影类型的统计和归纳，可以看出剧情、喜剧、爱情、惊悚一直都是网络大电影的四个主要题材类型，但在2017年有了一些变化，主要表现在惊悚类型占比减少，而动作、奇幻和科幻类型的占比增加。

通过这张图可以看出，惊悚类型的作品在2014~2016年占比一直稳居前四名，甚至在2015年跃居第一位，而到了2017年其市场占有比上年下降了一半，跌落至8.5%，被挤出前四名的位置。与惊悚类型占比下降相反的是动作、奇幻和科幻三种类型占比的逐年上升。业内观点认为，产生这样的变化主要是由于市场的成熟和繁荣带来的用户对于题材类型上的多元化观影需求。此外，从上面的类型分布图中还可以看出，动画片、歌舞片、文艺片以及纪录片等垂直类型近两年都开始崭露头角，而不再仅仅是局限于喜剧、剧情、爱情等几种主流题材领域。

2014年网络大电影类型分布

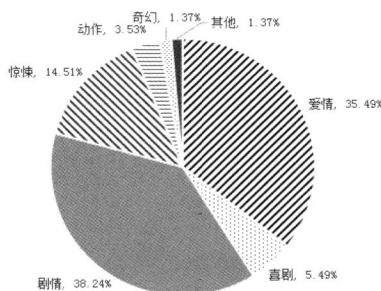

2015年网络大电影类型分布

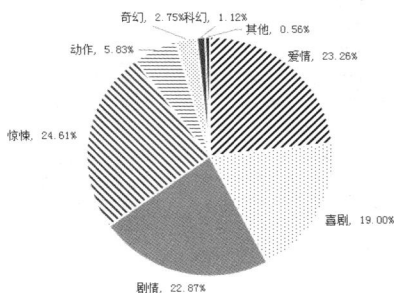

2016年网络大电影类型分布

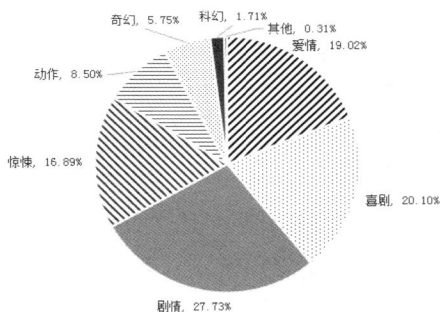

2017年网络大电影类型分布

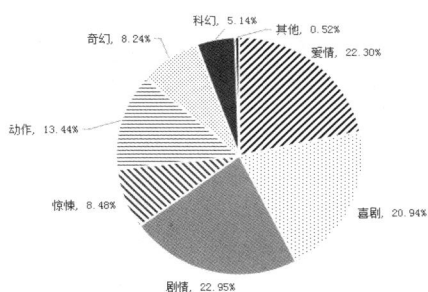

3. 爱奇艺市场份额逾半，独播模式成为主流

网络大电影的播映平台主要有爱奇艺、腾讯视频、优酷、搜狐视频以及乐视视频，其中爱奇艺作为网络大电影的最早发起者和推动者，其生产的数量和播放量一直以来处于市场的领先地位。2017年爱奇艺上映网络大电影总数量为1311部，播放总量45.3亿次，占市场份额的57.01%；[①]　其次是处于第二梯队的腾讯视频和优酷，2017年二者在上线总数量上相差不大，分别是312部和326部，但播放总量上腾讯视频以19.97亿次的总播放量高于优酷；处于第三梯队的是乐视视频和搜狐视频，2017年搜狐得益于发布的"无天花板"分账模式，上线网络大电影总数量403部，获得影响力与市场效果的双丰收。反观乐视视频，由于公司营运状况的风波，使得其网络大电影上线仅有144部，市场成绩平平。

---

① 数据来源：娱影智库，http://www.sohu.com/a/223928551_100097343。

2017年主要平台上线网络大电影总数量、播放量和市场份额

	上线"网大"总数量		2017年播放量	2017年播放量市场份额
	2017年	2016年		
爱奇艺	1311	1804	45.3亿	57.01%
腾讯视频	312	924	19.97亿	25.13%
优酷土豆	326	648	9.89亿	12.45%
搜狐视频	403	1217	2.55亿	3.21%
乐视	144	562	1.69亿	2.13%

数据来源：娱影智库

从播映形式上看，独播还是非独播对于一部网络大电影而言至关重要，因为不同的发行方式意味着不同的分账模式。通过对2016年1月至2017年8月各月独播网大的数量分析，可以看出独播影片的数量有着非常明显的上升趋势，2016年1月网大的独播占比仅有30%，而到了2017年8月份占比跃至91.2%，可谓突飞猛进。

2016年各月网络大电影播出情况统计

月份	1	2	3	4	5	6
独播	50	27	35	37	47	55
非独播	107	79	110	113	124	116
总计	157	106	145	150	171	171
独播占比（%）	31.8	25.5	24.1	24.7	27.5	32.2
月份	7	8	9	10	11	12
独播	51	79	91	101	120	137
非独播	113	152	95	74	84	144
总计	164	231	186	175	204	281
独播占比（%）	31.1	34.2	48.9	57.7	58.8	48.8

数据来源：娱影智库

2017年1~8月网络大电影播出情况统计

月份	1	2	3	4	5	6	7	8
独播	106	108	171	173	163	150	153	83
非独播	98	38	50	46	33	18	14	8
总计	204	146	221	219	196	168	167	91
独播占比（%）	52.0	74.0	77.4	79.0	83.2	89.3	91.6	91.2

数据来源：娱影智库

如今，独播已成为各视频平台网络大电影的主流发行模式。由于市场竞争激烈，各大平台为了争夺影片播放权，纷纷制定有竞争力的分账模式来吸引制片方，独播的兴起既有制片方为了回本的考量，亦有视频平台增强自身独播资源，以提升市场竞争力的因素。此外，与非独播影片在平台的宣传几无作为相比，网络平台会为独播影片的宣传推广提供极大便利。

同时，视频平台会以出品方和发行方的身份介入到网大的制作流程，为影片的成功保驾护航，实现双赢局面。因此在这样的市场环境中，独播模式成为主流也是大势所趋。

2016—2017年各平台独家和非独家网络大电影播映数量

平台	独家播映数量		非独家播映数量		影片独播比例(%)	
	2017年	2016年	2017年	2016年	2017年	2016年
爱奇艺	1035	504	276	1203	78.95	27.77
优酷土豆	238	39	88	609	73.01	6.02
腾讯视频	218	223	94	701	69.87	24.13
搜狐视频	109	45	294	1172	27.05	3.70
乐视视频	28	44	116	518	19.44	7.83

数据来源：娱影智库

4. 分账收入大幅提高

伴随着网络视频平台的快速发展以及付费用户规模的高速增长，网络大电影的市场规模亦在不断扩大，单片分账的纪录在不断被打破。根据爱奇艺在2018年1月份公布的数据，2017年其用户付费表现最好的网大影片《斗战胜佛》片方分账达2655万，较2016年的最高分账1823万增长了45%。此外票房分账超1000万的影片2016年仅有3部，而在2017年增加到了10部。爱奇艺在2017年Top20的影片分账累计达3.21亿，相比较于2016年Top20的1.98亿，同比增长了62.12%。从投资回报率来看，爱奇艺2017年的20部头部网络大电影除了《大嫂》一部为负数以外，其余均有着良好的市场表现，其中部分影片的投资回报率惊人，如《陈翔六点半废话少说》实现了近10倍的回报率，《超级大山炮之夺宝奇兵》的回报率超过8倍。

2017年爱奇艺网络大电影分账Top20

排名	片名	版权方	分账金额（元）	投资回报率(%)
1	斗战胜佛	天津淘梦影视发行有限公司	26554311	453.21
2	超自然事件之坠龙事件	东阳奇树有鱼文化传媒有限公司	18795154	134.94
3	超级大山炮之夺宝奇兵	天津淘梦影视发行有限公司	18729871	836.49
4	降龙大师	天津淘梦影视发行有限公司	16488412	472.51
5	陈翔六点半废话少说	云南爆笑江湖文化传播有限公司	13117398	993.12
6	伏妖·白鱼镇	映美传世（北京）文化传媒有限公司	11954870	398.12
7	血战铜锣湾3	天津淘梦影视发行有限公司	11340323	136.26
8	大梦西游2铁扇公主	浙江美视众乐文化传播有限公司	11262205	125.24
9	特种兵王2使命抉择	念响映画（北京）文化传媒有限公司	10691928	256.40

续表

排名	片名	版权方	分账金额（元）	投资回报率(%)
10	牧野诡事之金豹子	东阳奇树有鱼文化传媒有限公司	103767373	85.30
11	乱世豪情	天津淘梦影视发行有限公司	9289893	93.54
12	小小爸爸	天津淘梦影视发行有限公司	9005543	181.42
13	大嫂	北京爱奇艺科技有限公司	8374743	−16.25
14	佣兵的战争	东阳奇树有鱼文化传媒有限公司	7871043	293.55
15	一狱一世界：高登阔少蹲监日记	北京新益影视文化传播有限公司	7682500	122.44
16	大梦西游3女儿国奇遇记	浙江美视众乐文化传播有限公司	7619473	90.49
17	王者归来黄飞鸿	蓝石互娱（北京）文化传媒有限公司	7570749	170.38
18	星游记之风暴法米拉	映美传世（北京）文化传媒有限公司	7521302	25.36
19	寻龙契约	映美传世（北京）文化传媒有限公司	7027495	75.36
20	笑嗷喜剧人	河南欢娱视线影视制作有限公司	6814906	751.86

数据来源：爱奇艺《2017年网络大电影市场发展报告》

此外，通过优酷于2017年11月开始公布的全年网络大电影票房分账排行榜Top10也看到了，其分账千万左右的影片也达2部。

2017年优酷网络大电影票房分账Top10

排名	片名	上线时间	分账金额（万元）
1	青天降妖录	2017年11月10日	1320.53
2	镇魂法师	2017年12月1日	956.47
3	西河口秘闻、	2017年09月22日	449.41
4	特战王妃1幻境之争	2017年11月17日	397.90
5	聊斋狐仙	2017年09月30日	301.15
6	新聊斋之僵尸新娘	2017年07月6日	209.70
7	上古阴阳天师	2017年09月27日	191.00
8	萧魂传2上古神器	2017年07月19日	176.08
9	引爆者	2017年12月29日	170.19
10	将军在上之时空恋人	2017年12月15日	167.40

数据来源：优酷数据

5.投资规模水涨船高，专业影视公司纷纷进入

网络大电影出身草莽，早期依靠一些粗制滥造大尺度题材来吸引流量。随着监管机制的加强，大批不符合要求的影片纷纷被下架，市场在不断经历洗牌和重组后，焕发出蓬勃的生命力和良好发展空间，也吸引了一些大制作公司和知名的电影人加入，使得网络大电

影整体制作水平有了更进一步的提高。2016年全网大电影市场投资为15.5亿元，而2017年的投资规模达到了27亿元，增幅74.2%；制作成本也出现了明显增长，单片投资在100万~300万的影片占比从20%上升到45%。[①]

2017年全网网络大电影投资规模

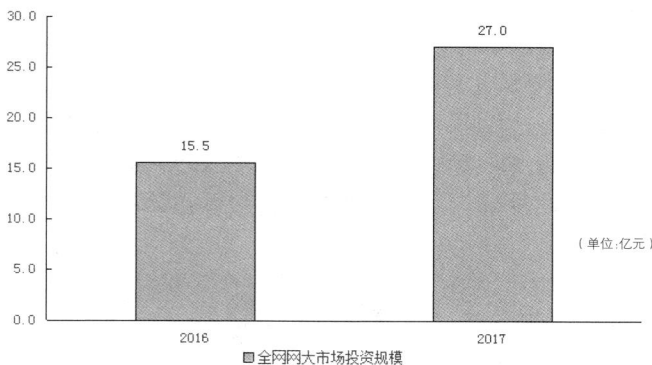

数据来源：爱奇艺数据

2016—2017年全网网络大电影投资区间占比

■ 100万元以下　　100万-300万元　　300万-600万元　■ 600万元以上

数据来源：爱奇艺数据

　　此外，不少大型专业的传统影视剧公司也纷纷入驻网络大电影市场。由华谊控股的子公司华谊创星娱乐在2017年出品了爱情类型网大《恋爱的正确姿势2》和惊悚类型网大《消失的妻子》等几部作品；金盾影视参与出品了军事题材网大《特种兵王2：使命抉择》，获得2139万的播放量，为网大领域的军事动作题材树立了标杆；光线影业2017年参与的网大是唯一一部进入头部市场的动画类型影片《星游记之风暴法米拉》。[②]除此

---

① 数据来源：爱奇艺《2017年网络大电影市场发展报告》。
② 数据来源：新传智库《2017年网络大电影行业发展报告》。

之外，2017年参与网大合作的传统影视公司还有大地电影、索尼影视、山影集团、China 3D、华策影视等，他们都开始重视网络大电影市场，并在网大领域内进行积极的尝试。

6. IP改编和品牌化、系列化成为发展趋势

相比较非IP的作品来说，通过自带影响力和粉丝基础的网络文学IP作品制作的影视节目往往会有更为稳妥的投资回报保证。因此，在经过电视剧、网络剧的IP改编热之后，网络大电影也开始刮起了IP风。以西游IP为主的改编剧有《斗战胜佛》系列、《大梦西游》系列以及《西游记之三圣归来》等，分别从不同的故事情节描绘了西天取经过程中不同的人物形象；《水浒客栈》改编于水浒IP，并对其进行了戏剧化的改造；言情片《腹黑少爷小冤家》、惊悚灵异片《探灵笔录》以及玄幻片《御天神帝1》均改编自同名的网络小说；而《陈翔六点半之废话少说》以及《星游记之风暴法米拉》则分别由网络剧和动漫衍生而来。

IP改编作品的出现，极大地拓展了网络大电影的市场空间。之前网大由于其自身品质有限，始终难以成为网络视频产业中的主流，而随着产品质量的提升，这种情况开始发生改变。从2017年开始，网络大电影也成为网络视频领域娱乐价值产业链中的重要一环，各大视频平台相继成立自己的文学部，启动各自的网络大电影的IP孵化计划。比如2017年8月，爱奇艺启动的"云腾计划"，为其网络剧免费开放100部、网络大电影免费开放500部的IP文学作品版权，并采用收入分成模式，与合作方共同推进IP改编剧的研发与生产。

与IP剧的改编相呼应的是网络大电影的品牌化、系列化运作。在2017年网大领域出现了众多品牌化的系列化影片：《魔游记》系列有《魔游记1：盘古之心》《魔游记2：异乡奇遇》等六部，《茅山邪道》系列有《茅山邪道之引魂煞》等，《大梦西游》系列有《大梦西游2：铁扇公主》和《大梦西游3：女儿国奇遇记》，还有根据同名小说改编的《御天神帝》系列的《御天神帝1：雄霸白鹿》《御天神帝2：修罗戮神》等。这些系列作品在类型上明显偏于动作、爱情和奇幻。众所周知，虽然文学IP自带光环，使得不少制片方趋之若鹜，但在IP改编过程中也存在种种风险，尤其是现在不少IP被市场炒得价格虚高，也为制片方带来很大的投资压力。因此在这样的情况下，孵化自己的IP项目就显得尤为重要，不少制作方开始着手于自己的IP孵化，而系列运作正是IP孵化的有效模式之一。系列化的优势在于，在第一部作品成功的基础之上，继续运作第二部、第三部作品时，开发成本会大幅度降低，市场也会形成相应的IP品牌效益。其运作方法与路径大致为下大力气保证第

一部作品的高品质，并在接下来的创作中不断超越，由此经过多部影片的积累，形成有持续影响力的节目品牌和稳定受众群。

通过上述各方面的分析可以看出，网络大电影若想在大浪淘沙的市场竞争之下生存与发展，致力于打造精品化的头部内容必不可少。只有持续深耕优质内容，提高创作质量，跟上日益提升的观众审美需求，才能立于视频大市场之林。

（三）网络综艺——向系列化、产业联动方向发展

网络综艺节目(简称"网络综艺"或"网综")是在2014年左右开始发展起来的，出现了《奇葩说》等一批有影响力的节目。在随后的几年时间里，网络综艺不断奠定其作为网络视频内容重要组成部分的地位，通过在制作上的不断探索创新，培养了一批固定的粉丝受众，积累了大量优秀制作人员，同时也吸引了更多资本的加入。到了2017年，网综多元化、产业化发展的趋势已逐渐凸显，以节目和艺人为中心的系列化IP开发不断成熟，网络综艺的商业模式和产业价值链逐渐趋于完善，市场规模不断扩大。

1. 网络综艺节目市场现状
● 节目产量、播放量与投资量增幅显著

近几年，网络综艺节目在数量上一直保持增长态势，如下图所示，在2105年全网上线综艺节目96档，到了2016年增至111档，2017年则达到了179档。而且随着商业化的制作模式逐渐成熟，投资规模也在不断加大，2017年网综市场投资总规模43亿元，相比较2016年同比增长了43.3%。

2015—2017年网络综艺作品部数　　2015—2017年网络综艺节目投资规模

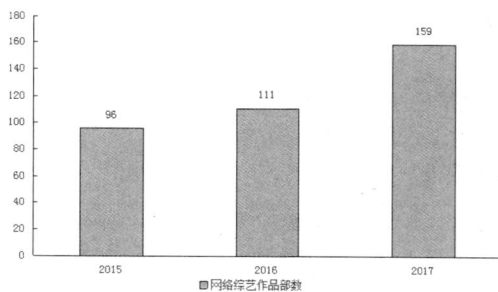

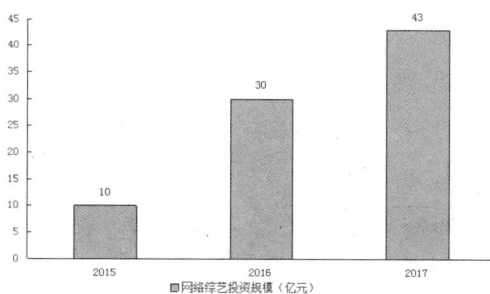

数据来源：艺恩数据

2017年各月均有网络综艺新节目上线，全年上新并无规律。其峰值出现在1月，上新数量有30余部，总播放量达148亿次；最低值出现在4月，仅有1部新节目上线。1月、3月、6月、9月是全年新节目推出数量和用户点击量的四个高峰。有一定市场意义的迹象是，虽然在11~12月间推出的新节目数量达到全年第二高峰的26部，但对播放量的提升拉动效果却有限，可能是岁末人们比较忙碌而疏于观影的缘故。

2017年各月网络综艺上新数量及播放量

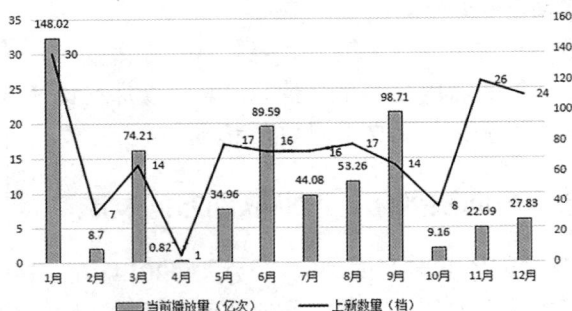

数据来源：艺恩数据

●头部内容市场占有近半，真人秀、脱口秀节目占比8∶2

与其他类型节目的用户点击量情况相似，在所有的网络综艺节目中，流量大多集中于头部内容。2017年上线的网综播放量Top10的节目，占全年网综播放总量的48%，而排名Top11-50的网综播放量占比仅为42%。

2017年网络综艺播放量区间占比

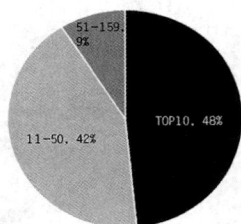

数据来源：艺恩数据

2017年网络综艺节目播放量Top10

排名	节目	播放量（亿）	类型	平台
1	爸爸去哪儿5	48.9	亲子真人秀	芒果TV
2	明日之子	41.8	选秀	腾讯视频
3	中国有嘻哈	29.1	选秀	爱奇艺
4	2017快乐男声	27.3	选秀	多平台
5	明星大侦探2	20.8	明星真人秀	芒果TV
6	吐槽大会	16.6	脱口秀	腾讯视频
7	妈妈是超人2	15.2	亲子真人秀	芒果TV
8	变形记13	15.1	纪实真人秀	芒果TV
9	脱口秀大会	12.0	脱口秀	腾讯视频
10	放开我北鼻2	12.0	亲子真人秀	腾讯视频

数据来源：艺恩《2017中国网络综艺市场白皮书》

头部综艺意味着能吸引更多的流量，更利于进行广告招商以及其他变现方式的实施，是整个网综市场"标杆"性的存在。在播放总量Top10中，芒果TV有《爸爸去哪儿第五季》《明星大侦探第二季》《妈妈是超人第二季》以及《变形记第十三季》四档节目上榜，优异成绩使其超越BAT，成为网络综艺领域的领跑者。其次，腾讯视频的综艺节目也在2017年取得了不错的成绩，同样有四档节目上榜，但整体播放量略低于芒果TV，屈居第二。腾讯视频的音乐选秀类节目《明日之子》开启了网络综艺的选秀元年，爱奇艺的《中国有嘻哈》则是引领小众文化进入大众视野，二者都取得了口碑和流量的双丰收，堪称2017年的爆款级网综。

从节目类型的分布上，可以明显看出真人秀节目在网络综艺节目中占据着主流地位。在10部头部内容中，真人秀类型占据8部，脱口秀有2部。真人秀综艺节目经过了电视媒体多年的市场检验与创新，已经有了较为成熟的节目运作形式可供借鉴，而电视脱口秀节目类型相当成熟，在网络上的表现亦非常突出。

亲子类综艺节目一直是深受网络用户喜欢的节目题材类型，从《爸爸去哪儿第一季》开播引起巨大反响之后，不同侧重点的亲子真人秀便纷纷涌现，而且由于受众参与讨论热度的持续增加，该类节目的二次传播效果甚为良好。但亲子类真人秀节目也存在过度消费艺人子女、侵犯未成年人隐私等问题，受到观众的诟病和相关政策的限制，但经过创新和整改之后，《爸爸去哪儿第五季》《妈妈是超人第二季》以及《放开我北鼻第二季》等节目依旧获得极好的市场反馈，跻身"爆款俱乐部"行列。

网络音乐选秀类节目则是通过《明日之子》《中国有嘻哈》《2017年快乐男声》等打开了市场局面。这三档音乐节目摒弃了原有音乐选秀类综艺节目"讲故事""赚眼泪"的套路，更强调选手的个性和实力，并以养成偶像作为节目卖点，这种依托互联网而形成的"偶像养成系"，受到了众多的观众喜爱。

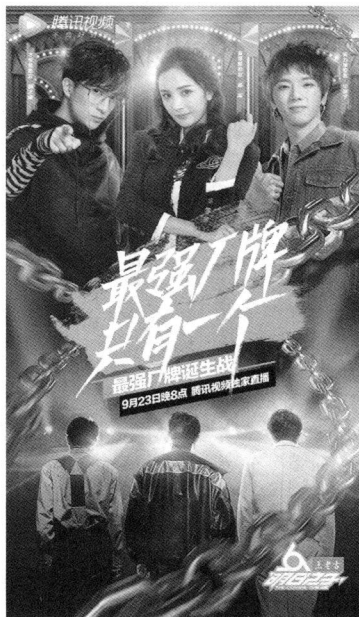

脱口秀类节目一直以来在网络综艺市场中的表现并不算突出，但伴随着网络"吐槽"文化的诞生，"吐槽"类脱口秀综艺节目也在2017年迎来大爆发，其中以《吐槽大会》最为突出。作为语言节目的一个分支，"吐槽"类的脱口秀节目节奏明快活波，主题内容犀利，形式活泼幽默，再加之经常请一些带有"槽点"的艺人参与，使得整个节目与观众有了极强的互动，带来热度的节节攀升。尽管也存在一些需要调整把握的问

题，但依旧取得了16.6亿次的播放量，位列榜单第6位。

2015—2017年网络综艺节目Top10平均播放量

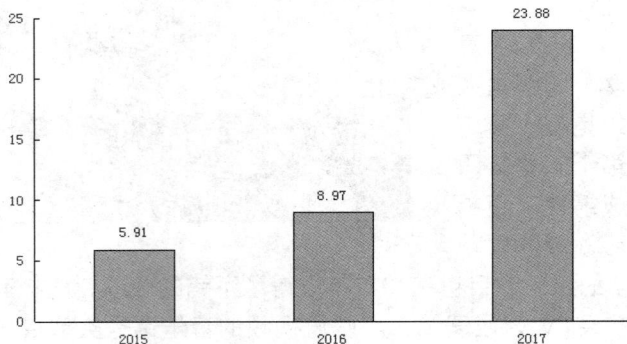

数据来源：艺恩数据

除此之外，在上图中可以看出，2017年Top10作品的平均播放量达23.88亿次，比2016年均值8.97亿次增长了166%。随着网络视频产业不断走向成熟，网络综艺也开始了精品化发展之路。

●独播成为主流播出方式

2017年独播网综成了网络综艺节目播出的主流。在上线的197档网络综艺节目中，以腾讯视频、优酷、爱奇艺、芒果TV为首的各大视频平台的独播节目达到了170档，占全年节目总数量的86%。其中，腾讯视频和爱奇艺在网络综艺节目的上线数量上大致相当，分别为63档和62档，独播节目也都是46档，但腾讯视频独播节目总播放量远超爱奇艺；虽然优酷和芒果TV上线的网络综艺节目数量均不高，但独播节目在其所有综艺类节目中的占比分别为80%和68%。

2017年主要视频平台独播网络综艺节目情况统计

主要视频网站	网络综艺上线数量（档）	独播节目数量（档）	独播节目占比	独播节目总播放量（亿次）
腾讯网	63	46	73%	211
优酷网	45	36	80%	95
爱奇艺	62	46	74%	70
芒果TV	34	23	68%	48

数据来源：艺恩数据

2. 网络自制综艺与播放平台概览

在视频平台的发展早期，更多的是一种试水型的分发渠道功能，在内容上的话语权较低，对于用户的吸引力有限。近年来随着市场前景的日渐明晰、盈利方式的逐步成熟，众多视频平台遂将自制内容作为其核心的竞争战略之一。与此同时，激烈的竞争也带来了网络视频产业的内容成本增长速度过快，影响视频平台尽快实现盈利的问题。大家都在拼命烧钱，看谁是能坚持到后的赢家。

据统计，2016—2017年，芒果TV共计上线13档自制网络综艺节目，其中《爸爸去哪儿》《明星大侦探》《2017快乐男声》和《妈妈是超人》均在全网年播放总量Top10的榜单之中，使得芒果TV成为众视频平台自制内容的佼佼者。在内容的创作模式上，芒果TV以其独有的优势开创了"传承+自制"的发展模式，即将湖南卫视部分著名综艺节目从电视平台播出转向了通过视频平台投放，《爸爸去哪儿》《变形记》《2017快乐男声》等节目的前身都是电视综艺节目。在自制网综方面，芒果TV先后开发了《明星大侦探》《妈妈是超人》等热门综艺节目，并通过不断开发，将其发展成为成熟的IP系列项目。

在播放方式上，芒果TV实行的是"自制+独播+版权"的发展策略。首先，它不断加大对自有IP项目的开发和创作，加强原创综艺节目的品牌效应；其次，由于身后有湖南卫视支撑，所以它把控了《快乐大本营》《天天向上》等老牌强势综艺节目的网络独播权，并由此打造出了像《大本营的秘密花园》类的衍生综艺节目，扩大原有IP品牌的影响力度；此外，芒果TV还会将部分自制综艺节目版权进行分销，如《爸爸去哪儿第四季》就曾在优酷播放，以实现一部分内容的价值变现。通过上述方式，芒果TV在网络综艺节目的IP增值、台网联动以及内容变现等方面都取得了较为显著的成绩，有效地推动了平台的发展。

腾讯视频在网络综艺领域的起步较晚，但2017年它在全网平台中网络综节目上线数量最多，而且在播放量Top10中，它与芒果TV一样有4档节目上榜，跻身网络综艺节目领域的第一梯队行列。

腾讯视频采取的是"联合出品"发展策略，即在内容上挖掘出IP项目之后，交给外部制作团队来制作。基于此战略，腾讯视频于2016年宣布成立"嗨基金"，投资10亿元进行网综的孵化，定制独家综艺节目内容。在其2017年综艺节目播放量Top5里面，均是腾讯视频与其他制作方联合出品的节目。如与哇唧唧哇合作的《明日之子》在2017年引起巨大市场效应，话题度与播放量都居高不下；与笑果文化合作的《吐槽大会》曾因话题尺度问题被下架，但在改版再上线之后依旧取得了很好的成绩，而与笑果文化继续合作的第二档吐槽类节目《脱口秀大会》也受到了观众的喜爱。联合出品的方式让腾讯视频在增加综艺节目数量的同时也丰富了节目类型，据统计在2016—2017年腾讯视频自制的20档网络综艺节目便涉及了15种题材、5个类别。此外，联合出品还使得腾讯视频有了更大的内容选择空间，为其在大娱乐布局中提供更大的助力。

2017年腾讯视频自制综艺节目播放量Top5

排名	节目	联合出品方	播放量（亿）
1	明日之子	哇唧唧哇	41.8
2	吐槽大会	笑果文化	16.6
3	脱口秀大会	笑果文化	12.0
4	放开我北鼻2	东方娱乐	12.0
5	约吧大明星2	华谊浩瀚	7.65

数据来源：腾讯数据

优酷在2017年推出"6+V"综艺矩阵计划，即在打造喜剧、真人秀、脱口秀、偶像养成、亲子、音乐6大类型的网络综艺节目同时，推出文化、益智、推理等精准化定位的综艺节目。在"6+V"的综艺矩阵战略中，优酷将自己拥有版权的一些综艺节目，包括电视综艺、网络综艺以及自制综艺都纳入整体的发展体系。

从播放情况来看，优酷在2016—2017年播放量较高是两档购买版权综艺《爸爸去哪儿第四季》《2017快乐男声》，总计带来超20亿次的播放量。但优酷的自制节目仅有《火星情报局第二季》和《美女与极品》播放量超过了10亿次，勉强进入头部网综行列（《美女与极品》因为婚恋价值观导向问题被下架）。整体看来，优酷依旧对版权综艺的依赖性比较大，但在其2017年的自制综艺中，有73.68%的播放量都在1亿次以上，成绩依旧可观。[1]优酷的"6+V"战略不仅针对于网络综艺的发展，还可以带动平台整体的营销，推动内容的产业链优化。比如它的偶像养成综艺节目，以提供担任优酷主播、参与网络剧和网络大电影等方式形成艺人选拔和培养的生态闭环，为优酷未来的发展储备人才资源。

2017年爱奇艺上线综艺节目数量紧随腾讯视频之后，虽然整体播放量略差，但也有爆款综艺出现。从2011年开始，爱奇艺便开始涉足网络综艺节目的自制，在2014年启动"工作室"战略，2015年推出的自制网综节目《奇葩说》产生了良好的市场效果。2017年，由爱奇艺幼虎（YOH）工作室打造的《中国有嘻哈》成为一档现象级爆款节目，在获得29亿播放量的同时也产生了巨大的话题热度。值得一提的是，创新性地将广告与节目内容融合，推出了如"原创帖""创可贴"等广告模式，在广告投放、用户转化率上都有了较好口碑，使其与合作的品牌方达成共赢。

3. 网络综艺节目创作特点
● 系列化IP开发

在2017年网络综艺节目Top10的榜单中，《爸爸去哪儿》《明星大侦探》《妈妈是超人》《变形记》《放开我北鼻》等6档节目都属于系列综艺类型。纵观近年来的网络综艺市场也不难发现，那些口碑较高、影响力较大的综艺节目大部分都属于系列综艺。这些节目通常在内容上有自己独特的视角和风格，有着突出的品牌效应，拥有较为固定的受众群体。在2016~2017年的数据统计中，"综N代"综艺节目有37档，播放总量为222亿次，占全网总播放量的48%；非综N代节目有88档，播放总量240亿次，占全网总播放量的48%。虽然综N代与非综N代网综节目在播放总量上几乎平分秋色，但在平均播放量上，综N代网络综艺节目明显更胜一筹。

2016—2017年综N代与非综N代节目数量及播放总量

类型	节目数量	播放总量（亿次）
综N代.	37	221.98
非综N代	88	239.76

数据来源：新传智库

① 信息来源：新传智库《2017年网络综艺行业发展报告》。

　　虽然综N代的节目性价比更高，但非综N代与它之间的影响力差距正在不断缩小。一方面是随着时间推移，观众容易对综N代节目产生审美疲劳；另一方面则是由于网络综艺节目的类型越来越丰富多元，爆款时常出现，受众的注意力容易被分散。所以不少综N代节目的制作都趋向于在原本模式上进行一些创新，增加看点以吸引观众注意力。此外，在新的网络综艺节目创作理念中，IP和系列化的概念不再局限于以往单一的固定模式，泛娱乐的产业联动将成为网络综艺节目系列化的新发展目标。

　　●注重互动，增强代入感

　　真人秀是当下网络综艺的主要节目类型。以往的真人秀节目中大多都是明星参与，但随着广电总局对综艺娱乐、真人秀等节目进行管控，抵制追星炒星，同时鼓励星素结合的节目创作之后，星素结合成为了网络综艺节目创作的新趋势。星素结合比全明星阵容更容易增加观众的代入感，如亲子类真人秀多为明星+素人萌娃的搭配形式，该形式不仅保留了明星的流量优势，也由于萌娃的存在为节目带来新的看点；又如一些脱口秀类节目采用"老人"带"新人"的方式，其中老人多为成名艺人，新人则大部分是为制作公司培养的后备力量，既增加了观看效果，也为新人积累了舞台经验。

　　网络综艺节目互动感最强的一类播出方式应该是直播了。直播的网综节目多为竞技、选秀类，因为这类节目的对抗性和结果的未知性更容易吸引观众。在一些游戏节目中，观众甚至可以通过互动弹幕来决定游戏走向，极大提高节目与观众之间的互动性和代入感。腾讯视频在2017年10月直播了《看你往哪跑》节目，该节目的点播版本于2017年11月上线后，播放量超过了5亿次。除了竞技和选秀之外，这种"直播+点播"的播出方式也出现在一些情感类的谈话节目之中。

　　●传统主持人加盟，培养网综新星

　　与电视综艺节目相比，虽然网络综艺节目整体上节奏更紧凑、笑点更密集，但对于机智且充满个人魅力的主持人的要求却与电视综艺节目如出一辙。因此，具有丰富实践经验的传统综艺节目主持人也备受制片方青睐。马东、何炅、撒贝宁、蔡康永、孟非、张绍刚等，都相继成为网络综艺的重要参与者。近两年蔡康永身影活跃，共参与了8档综艺节目，他还与马东、何炅联合参与《奇葩说》，极大增加了节目的趣味性；撒贝宁多以嘉宾身份出现在各网络综艺节目中，以活跃现场气氛；张绍刚则从《吐槽大会》开始频频穿梭于各类脱口秀节目，并因其善于自黑和幽默机智的主持风格，使得节目经常自带"槽点"，从而惹人关注。

　　除了传统主持人纷纷加入网络综艺的行列之外，网络综艺节目的制作方也开始注重对新人的培养。比如笑果文化公司在《吐槽大会》中安排自家新人李诞、王建国作为节目的固定"副咖"逐渐积累人气，再通过不断参加其他节目，老带新等方式以扩大其知名度，打造成网络综艺新星。

（四）移动直播 —— 规范下的成长

1.直播行业的发展现状

● 规模持续扩大，增长速度放缓

网络直播初现于2015年，在2016年有了爆发式增长，巨大的市场红利被发现，一度被看作视频市场的"蓝海"，吸引大批的投资者入局。基于网络直播本身所具有的高度互动化、极低的准入门槛以及互联网技术特性的加持，从而引发了直播市场极为迅速蓬勃发展。由于在发展初期缺乏有效监管，一些低俗化的内容不断出现，严重影响了行业的生态健康。政府管理部门为创造健康有序发展环境，一些相关的监管政策相继出台。

在政策监督以及社会需求逐步趋于理性的大环境下，直播用户规模在2017年的增速明显变缓。2016年我国直播视频用户规模为3.1亿，较2015年同比增长超60%；2017年用户规模达3.98亿，同比增长为28.4%。到2019年，我国直播用户规模或可突破5亿。[①]由此可见，虽然增长率在逐步下降，但网络直播的整体用户规模仍在持续地大幅增长。

2015—2019年中国在线直播用户规模

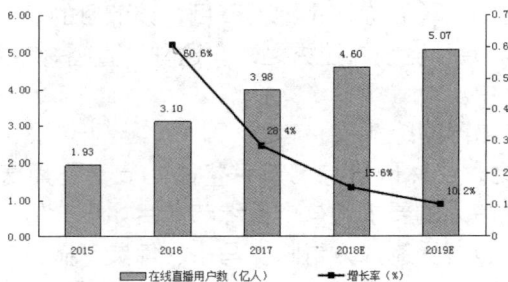

数据来源：艾媒咨询

● 竞争加剧，产业链逐渐形成

截至2017年上半年，网络直播的平台数量就已经超过了500家，一些新的网络直播平台仍在不断涌入，百度、腾讯、阿里巴巴、网易等行业巨头也纷纷试水直播。直播市场中的竞争开始变得激烈与尖锐，主播、用户和版权成为争夺的焦点，不少中小型的网络直播平台均因种种原因倒闭和退出，行业在不断洗牌。

随着直播行业的竞争和发展，其产业链已经初步形成，并不断完善。如下图所示，产业链上游是直播内容的提供方，包括主播和版权拥有者，他们是整个产业的主体部分，形成了直播平台的核心竞争力；中游是网络直播平台和传播渠道，其中多为微博、微信等社交平台以及腾讯、优酷、爱奇艺等内容平台，通过这种传播渠道，使得直播内容能更好地触及用户，得到良好的推广和宣传效应；下游则是直播产业的支持方，主要是指直播用户

---

① 数据来源：艾媒咨询，http://www.iimedia.cn/60511.html。

以及技术支持和硬件提供，在这里，得到用户是最终目的，是平台流量的主要来源，也是获得营收的重要渠道。

网络直播产业链

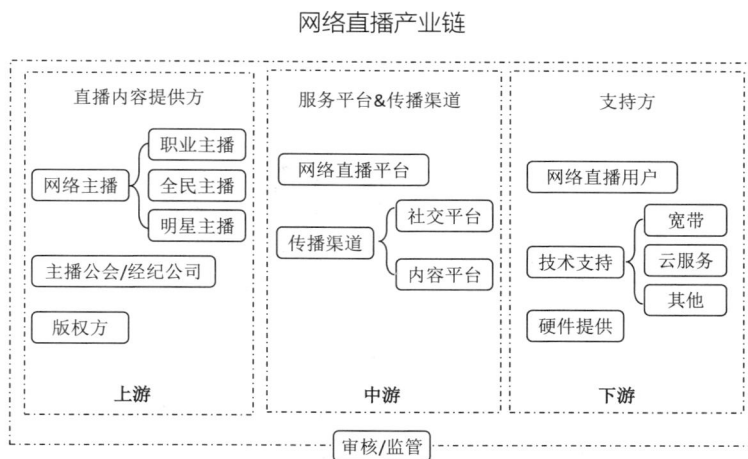

数据来源：作者整理

此外，在线直播覆盖的内容领域越来与宽泛，目前涉及的主要的领域有泛娱乐直播、游戏直播、企业直播、电商直播、体育直播、财经直播、教育直播等，内容越来越多元，形式也越来越丰富，直播的工具化应用特征趋于显著。

2. 泛娱乐直播市场分析

● 市场现状

泛娱乐直播涵盖了秀场、影视、综艺等多种娱乐内容形态，目前在整个直播市场中数量占比最高。截至2017年第一季度的统计数据，泛娱乐直播数量占比为 **44.5%**，近市场的半壁江山，主要平台有一直播、映客、YY直播、花椒、来疯、KK直播等。

中国移动直播应用类型分布情况

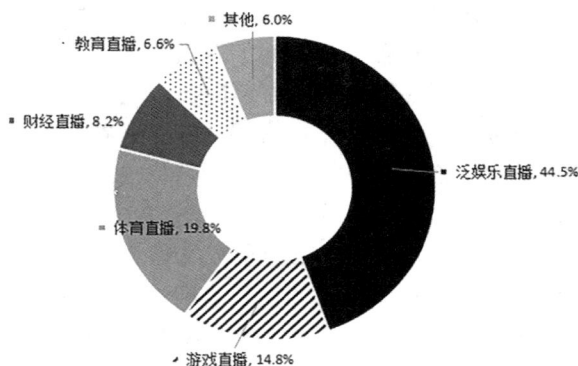

数据来源：易观数据

在相关管理部门2016年底针对直播市场混乱现象推出一系列的监管政策之后，不少平台被整顿，行业内部也开始自身的洗牌，挤出市场泡沫，逐渐趋理性。泛娱乐直播在2017年第一季度活跃用户规模出现下跌，但从4月开始，活跃用户规模又开始趋于平缓增长。

2017年移动直播平台月活跃用户规模

数据来源：易观数据

● 平台分析

在2017年，一直播、映客直播、花椒直播、YY LIVE是较受网民欢迎的几个直播平台。

一直播　作为行业重要领军企业，一直播保持着年度全网用户渗透率最高纪录。2016年初，一直播与微博建立战略合作伙伴关系，依托微博的庞大用户群体来挖掘网红入驻，以网红带动流量，吸引大量粉丝群体的关注；2016年2月，一直播与人民日报社新媒体中心、新浪微博三方共同上线全国移动直播平台——人民直播，开始触及专业媒体内容与政务；3月开始试水付费功能，主播可以自己设置入场观看金额，用户可以免费预览60秒，随后的内容就必须付费观看了；4月开启了"直播+综艺"模式，联合公益组织和明星一起举办公益项目直播活动；6月，联手阔知，通过阔知旗下的网校系统进军在线教育，试图另辟蹊径，为知识付费打造新的直播服务。此外，随着明星直播体系的完善，一直播在打造明星与粉丝互动方面也越来越成熟，粉丝可以在直播中与明星直接对话，明星也可以借直播来宣传自己的新作品。通过在各领域不断的探索和尝试，使一直播在完善以网红经济为基础的产业链条与深化品牌影响力上有了长足进步。

映客直播　在成立之初奉行的便是全民直播的理念，在该理念的影响之下，映客不签约主播，也不着重在明星直播上布局，反而注重的是将流量向长尾拓展，让更多普通人参与直播，从而获得流量红利。也得益于这一发展理念，2016年映客直播异军突起，到2017年第一、三季度，市场渗透率分别达到了22.6%和30%，位列行业第二名。此外，映客一直主打的是"内容多元化和社交立体化"的发展战略，力图给用户带来全新内容和娱乐方式的良好体验。在这之中，"直播+游戏"是其发展重点。映客首次布局的游戏直播便是《王者荣耀》，在2017年《王者荣耀》是国内顶级的游戏IP，春节期间的日活跃度突破了8000万，映客便拿下了《王者荣耀》LPI职业联赛的转播权。随着电商、综艺、体育和音乐等"直播+"领域的被开发，映客也开始向产业链上游延伸，力图打造"直播+娱乐"的长产业链条，通过对上游自有内容的IP孵化，完善平台在内容多元化方面的布局，实现平台生态的跨越式发展，为用户带来更多的话题内容和娱乐方式。

花椒直播　在2017年开始不停探索直播的新玩法，开拓直播新领域，以提高用户黏性和日活跃量。比如在2017年"春晚"期间，花椒直播举办了首届直播春晚，推出了"1亿红包"计划，邀请了王祖蓝、张继科等明星在春节期间开启直播，为粉丝送上红包大礼。2017年3月，花椒直播举办机器人直播，由机器人图图和灵灵担当主播，凭借他们极高的智商和超萌的互动，吸引了超过百万网友的围观，拉开了"直播+人工智能"的帷幕。除此之外，花椒也发力于"直播+"的多领域探索，如与京东联合打造"直播+电商"活动；与深圳卫视合作直播《歌手来了》，成为其唯一投票渠道；成立游戏频道，与狼人杀App达成战略合作，举办"HWT花椒百万狼人杀巡回赛"，开幕赛邀请了人气玩家和花椒人气主播进行游戏对决，获得打赏约50万元。在2017年9月，花椒直播还推出了"一千万招募计划"，公开招募技术高超且有直播能力的优秀游戏主播，以强化游戏直播的频道建设。除此之外，花椒也在大力推动短视频和社交应用的发展，试图通过不断的探索来明确平台未来的发展新方向。

3.游戏直播市场分析

● 市场现状

电子竞技的兴起是游戏直播高热度发展的重要原因之一。伴随着用户需求的不断变化，游戏直播平台的内容开始更加多元化，市场规模2017年达44.2亿元，同比增长70%，到2018年依旧有长足增长，规模达58亿元。[①]

2016年游戏直播市场用户为2.1亿，2017年发展到了3亿人，同比增长约28.57%。随着直播平台的稳定发展，游戏用户的增长速度将会放缓，但同时也是稳定核心用户群体，增强粉丝黏度时期的到来。

对于游戏直播平台的发展而言，多方面的因素使得市场的准入门槛越来越高，整个市场也逐渐步入成熟期。首先是政策环境的影响。自2016年11月网信办发布了《互联网直播服务管理规定》之后，相关部门开始查处和关停多家违规的网络直播平台，行业监管的力度加强；其次是生存环境的改变，从2017年开始游戏直播的用户规模增速放缓，市场渐趋饱和，直播平台需要不断地更新娱乐模式和内容才能挖掘用户的新需求以吸引流量，由于优质内容和版权资源越来越稀缺，一些中小型平台开始面临生存困境；此外一些云数据、云计算、人工智能、虚拟现实等技术的不断发展，也为游戏直播提供了有力支持，不少直播平台开始借用新技术来更新自己的发展模式，为用户带来更好的体验。因此，行业之间的竞争开始进入"下半场"，游戏直播平台开始向着在内容上的深耕和精细化方向发展。

● 主要游戏直播平台

经过市场不断的洗牌和优胜劣汰，使得游戏直播平台形成以虎牙直播和斗鱼直播两大头部平台领跑的行业格局，两平台市场占有超过了76%。而就用户黏性而言，头部平台与其他平台间的差距也比较明显。

---

① 数据来源：易观数据，https://www.analysys.cn/analysis/8/detail/1001277/。

2014—2020年游戏直播市场规模及预测

市场规模（亿元人民币）　增长率（%）

2017年游戏直播平台年均启动次数行业渗透率

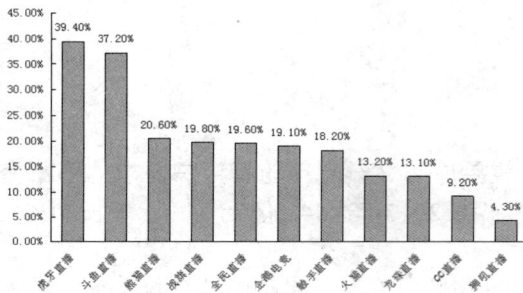

2017年游戏直播平台年均人均单日使用时长

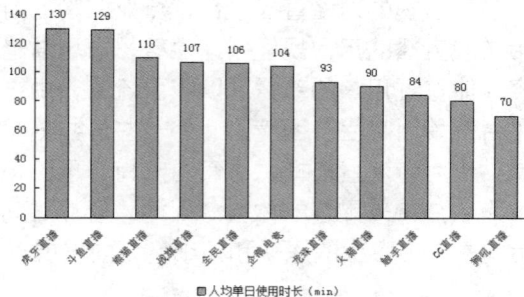

人均单日使用时长（min）

数据来源：易观数据

虎牙直播　是YY直播投入核心技术与资源打造的互动直播平台，在众多网络直播平台中属于后来者。依托自身的技术优势，着重打造有吸引力的内容，通过几年的发展，虎牙直播已经成为行业内的佼佼者。虎牙以游戏直播为发展重点，游戏直播种类达2600多种，覆盖了绝大部分的客户端游戏，同时通过引进超人气游戏主播和大批的战队，直播了300多场电竞比赛。目前虎牙以打赏模式为盈利核心，再辅以广告、用户付费等方式来实现其商业价值的变现。2017年虎牙直播付费用户达810万，为2016年的2.19倍。[①]随着用户付费意识的增强，虎牙直播在该方面或有较大的成长空间。

斗鱼直播　是直播行业的先入者之一，自成立来就颇受资本追捧，目前已成为游戏直播领域中的领军平台之一。在2017年上半年，斗鱼直播同其他许多娱乐直播平台一样走的是"直播+"的市场战略，其生存策略最大的特点便是以游戏为基础向其他娱乐内容延伸，使平台发展成为一个可以分享的用户直播视频社区。为增加流量与黏性，斗鱼将《王者荣耀》发展为主力的移动端游戏，并且在《绝地求生》成为直播新热潮时，推出了如"小叮当""17shou"等新主播。旗下主播陈一发的歌曲《童话镇》成为网易音乐2017年上榜的热门歌曲，主播冯提莫也越来越为人所熟知，开始接触综艺节目，向着艺人方向发展。此外斗鱼在2017年开始大力布局短视频，试图利用"直播+短视频"的天然互补优势继续扩大主播影响范围，拓展以内容为中心的商业价值链，带动平台发展。

① 金融界网站，《游戏直播下半场：虎牙如何引领商业新模式》，http://mApp.jrj.com.cn/news/usstock/2018/05/11220424529216.shtml。

● 移动直播目前困境

虽然随着政策监管的加强和行业内部的不断清理，直播市场的发展渐趋稳定，但依旧存在一些不可忽视或将严重影响市场未来发展的问题。

首当其冲的就是直播的内容问题。众所周知，在移动直播市场中，一些庸俗化、低俗化内容一直都在以各种形式存在着。为了吸引用户流量，不少主播都以打"擦边球"的方式，直播一些猎奇类或者色情类内容，污染网络环境。这种乱象如得不到有效遏制，移动直播市场绝不会有良好的发展前途的。

此外，随着行业竞争加剧而引发的"造假"问题也不容忽视。一些直播平台内容注水、数据造假已成为公开的"秘密"，而造假带来的行业繁荣的虚假现象又吸引了大量资本蜂拥而至。据统计，2017年上半年网络直播领域发生融资并购交易约14起，金额超过70亿元。与活跃的资本相对应的是直播行业的发展显得有些力不从心。不少平台的盈利模式不够成熟，付费体系不完善，加之竞争剧烈，直播用户本身又带有不固定性，因此使得吸引资金、争夺用户、伪造数据、再度吸引资金入局，成为一种恶性循环。显然，这种泡沫性的繁荣是很难长久发展的。

总之，移动直播市场"看上去很美"，或有"大金矿"存在，但，其政策要求和技术与制作专业门槛都要比短视频高很多，经过市场洗礼后的为王"剩者"，或许还没有出现。

（五）短视频 —— 构建完善产业生态

1. 市场现状

在网络视频技术飞速发展和高涨的碎片化娱乐需求的推动之下，短视频因其生产门槛低、传播速度快、内容丰富多样等特性，呈现出了高速发展态势。据艾瑞数据显示，截至2017年底，中国短视频用户规模增至2.42亿人，相较2016年的1.53亿人次同比增长了58%，到2018年短视频用户规模达3.53亿。[①]

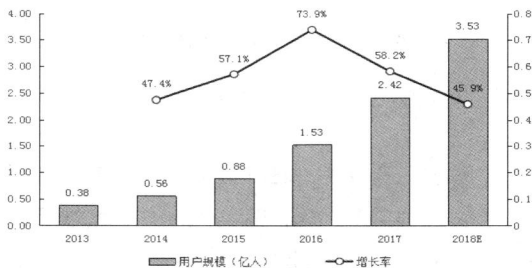

2013—2018年中国短视频用户规模

数据来源：艾瑞数据

根据移动短视频用户2017年人均单日使用时长和启动次数的统计数据所示，虽然在9

---

① 数据来源：艾瑞北极星。

月出现了较大的波动，但短视频用户全年使用量总体仍是呈现快速增长态势，可见碎片化的短视频对于用户有着较大的吸引力和黏性。

2017年移动短视频用户人均单日使用时长

数据来源：艾瑞数据

2017年移动短视频用户人均单日启动次数

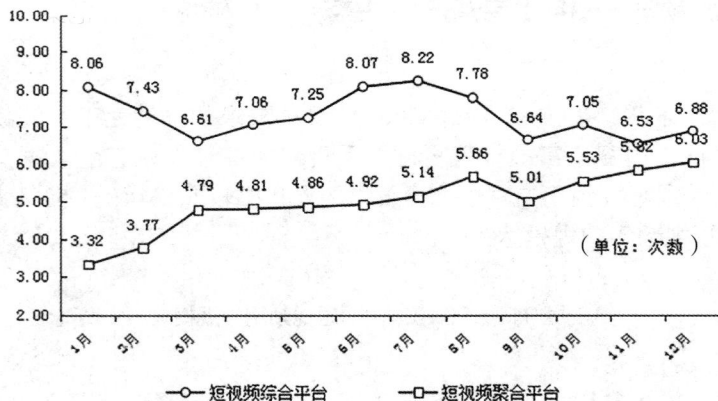

数据来源：艾瑞数据

在短视频的内容生态发展上，由于其制作门槛低、类型多样、来源丰富等特点，一些短视频UGC平台将内容生产的权限完全交给普通用户（比如快手），而短视频的PGC平台则具备较高的专业生产能力，制作的内容质量普遍较高，依托大数据的算法和推送分发模式帮助平台实现内容的变现。随着短视频的长足发展，整个网络视频行业对于内容的需求不断增加，因此不少平台也不再拘泥于单纯的UGC模式，MCN模式开始快速发展起来，产业链的上、中、下游的市场格局开始逐渐走向完善。

短视频行业产业链

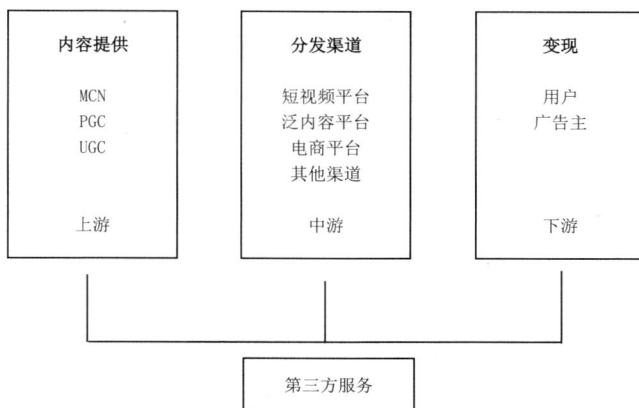

数据来源：作者整理

正如上图所示，短视频行业的上游是包括MCN、PGC和UGC在内的内容提供方。其中MCN聚合短视频的内容创作方，为短视频平台提供内容制作、版权管理、宣发推广、分析运营以及变现销售等专业化的服务；PGC和UGC的内容主要由普通用户和专业制作者提供。

产业链中的中游是内容的分发渠道，主要包括快手、抖音、美拍等短视频平台，爱奇艺、腾讯视频、优酷等泛内容平台，淘宝、京东等电商平台以及其他渠道。

产业链的下游是内容分发的最终目的——变现环节，目前短视频平台实现变现的方式主要依靠用户付费和广告销售，市场的反馈表明，用户付费的流量正逐渐得到增加。

而第三方服务则是为产业链的各环节提供相应的适配服务。如对上游的内容方提供数据监测、广告代理等服务；对中游分发渠道提供视频技术支撑、支付服务等；对下游的广告运营则可以提供数据监测等服务。

整体而言，短视频行业的产业链已经逐渐体现出细分化、规模化和效益化，其商业化的运作体系越来越完善。

此外，短视频领域也在积极向着内容的相互渗透与融合方向发展，形成了"短视频+长视频""短视频+直播""短视频+图文"等多种形态。比如"短视频+长视频"的发展策略，短视频不仅是长视频的补充，更是扩展为与长视频并驾齐驱、互为支撑的内容矩阵。以爱奇艺、优酷等为首的综合视频平台都已着手在短视频领域进行布局，爱奇艺在2017年6月上线了头条，主要针对影视内容和明星活动提供短视频资讯，随后优酷也在秋季发布会上推出新资讯产品矩阵，其中就有以"辣报"为核心产品的短视频场景资讯。综合来看，短视频的泛娱乐内容和形态的融合可以将原有的市场边界进行拓展，增强它的商业价值。

2. 平台案例分析

根据易观数据显示，在2017年第四季度（Q4）移动全网短视频平台用户渗透率Top10中，秒拍以53.42%的用户渗透率位居第一位。再结合前三季度秒拍的用户渗透率分别是

62.2%、59.3%、56.26%，均居行业第一位的数据来看，① 其处于行业的领跑地位毋庸赘言。紧随其后的是快手、西瓜视频和美拍。从各平台用户渗透率的分布来看，短视频行业已经形成了层次分明的梯队格局，马太效应开始凸显。

2017年第四季度短视频平台用户渗透率Top10

数据来源：易观数据

秒拍短视频　一下科技旗下的短视频平台，一下科技通过加强在移动视频领域的生态布局，以"短视频+直播"的形式，使得秒拍拥有了核心竞争优势。除秒拍之外，一下科技还先后打造出小咖秀、一直播等移动视频平台，并建立一个以秒拍、小咖秀、一直播三个平台联合为基础的完整移动视频生态矩阵，将用户的创作、分享和社交联系起来，通过与新浪微博的独家合作，形成了"N+1"的移动视频生态联合体，在吸引流量方面有着得天独厚的优势，也借力于此，保持了秒拍在短视频领域的领先地位。

作为短视频市场中最大的聚合分发平台，秒拍将内容创作、分发和观看集于一身，形成了较为完整的商业闭环。随着产业走向内容深耕，秒拍也在内容创作的深度和广度上持续发力，目前秒拍可以提供40多个垂直领域的内容，是短视频领域内容覆盖最广的平台。②不仅如此，秒拍在开拓头部资源方面也在持续发力，先后与多家MCN公司、视频创业团队以及网红经纪公司建立合作关系，涵盖了5000余个专业的内容创作者，为其保持可持续发展的后劲打下了坚实基础。

除自身快速发展外，秒拍还陆续推出了秒拍榜单、行业白皮书、金栗子奖等措施，制定出了新的短视频内容标准，在推动短视频行业走向健康和深度等方面有着重要意义。

西瓜视频　前身是今日头条视频App，成立于2016年7月，产品内容主要是以PGC为主，依托大数据算法分析，根据用户的观看习惯进行个性化的短视频推送。它于2017年6月升级为西瓜视频，通过扶持原创、升级原创作者平台等工作，发力短视频业务，力图在短视频行业内建立一个辨识度清晰的著名品牌。

2017年11月25日，西瓜视频在其举办的首届西瓜PLAY嘉年华中表示，将拿出20亿元巨资推出"3+X"的计划，通过提升原创作者的创作力、影响力以及商业力，为短视频内容生

---

① 数据来源：易观数据。

② 《揭秘秒拍成最大短视频平台》，http://mo.techweb.com.cn/phone/2014-06-17/2516887.shtml。

产赋能，构建更全面的变现生态。目前短视频内容变现常见的三种模式分别是用户打赏付费、广告营销和电商。西瓜视频的"3+X"模式首先是将自己的分成机制做了彻底的重构；其次是推出视频电商功能，与天猫、京东、淘宝等主流电商平台达成合作，在短视频中插入与视频内容相关的商品卡片，创作者可以通过这个方式自营商品，或者与电商平台获得佣金收益。在2017年11月为期两周的相关测试中，参与内测的1129位创作者通过这种方式实现的成交总额接近2300万。[①]　第三是进行"短视频+直播"的布局，鼓励创作者以更加丰富的形式和内容与粉丝产生互动，从而获得更大的效益回报。

快手视频　如右图所示，其活跃用户在2017年一直保持着快速增长，规模从1月的1.2亿人次，发展到12月的近2亿人次。除此之外，快手在用户渗透率、用户留存率、人均单日使用时长等方面也一直保持行业的领先水平。

快手的快速发展一方面得益于整个短视频行业的规模不断扩大，另一方面也是因为其自身的强大运营能力。快手视频具有很强的社交属性，并在此基础上不断提升自己的用户基数、海量的内容自生能力和品牌影响力。快手的发展策略是以"农村包围城市"，2017年数据显示，快手的日活跃用户量可达4000万~5000万，其中在北上广深四个一线城市中的用户约为1300万人，其余70%的应用者分布在其他省区，基本符合中国的网民分布格局。[②]

此外，快手奉行的是简单的产品逻辑，以及"坚持原创、弱化私信"的产品设计思路，一切以留住用户为关键。首先，快手App里面没有转发功能，这使得其所有内容均为原创，并通过人工智能和兴趣推荐算法，根据用户的兴趣爱好推荐用户感兴趣的内容类型。其次，为防止用户大量流失，快手在私信功能上做了相应弱化，一方面是隐藏私信入口，另一方面则是增加私信的发送时间的延迟，弱化用户对该项功能的使用体验，从而较好地保护了用户的隐私。

2017年快手短视频月活跃用户规模

数据来源：腾讯数据

美拍视频　通过不断努力，聚集了大量在时尚和生活方面有较高需求的女性用户，并累积了大量内容资源、创作资源和广告资源。在2017年，美拍的发展一直稳居于短视频行业的第一梯队，其用户活跃度规模相当可观，在4月的最高峰值时超过了2700万人次。[③]

和快手的用户群体画像不同，美拍超过一半的用户是一二线城市人群，其中女性占比76%。由于市场定位精准，所

---

①　36氪：《20亿出品基金、三种变现模式，西瓜视频要帮创作者加速赚钱》，ttp://mo.techweb.com.cn/phone/2014-06-17/2516887.shtml.

②　腾讯创业：《估值已达30亿美金的快手，到底做对了哪些事？》http://tech.qq.com/a/20170413/050913.htm.

③　数据来源：易观数据。

以美拍的用户黏度相对较高。基于良好的社区生态，美拍2017年5开始尝试广告之外的变现渠道，推出了国内首家短视频营销服务平台"美拍M计划"，促进美拍达人与企业品牌之间的更便捷合作。目前美拍除了和奔驰、哈啤、拉芳、奥利奥等多个著名品牌建立合作关系之外，也开始了尝试"边看边买"业务，拓展"短视频+电商"的合作领域。

从最开始的单纯工具化产品，逐步发展成为短视频平台，美拍开始对内容赋能，进而联合整个美图集团旗下的产业矩阵，形成了自己独有的视频生态系统。

快手用户数据全网占比

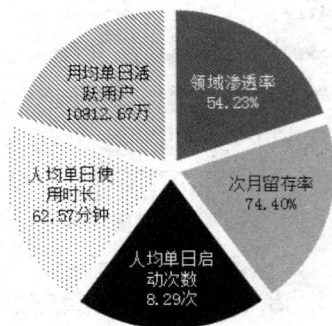

月均单日活跃用户10312.67万

领域渗透率 54.23%

次月留存率 74.40%

人均单日使用时长 62.57分钟

人均单日启动次数 8.29次

数据来源：腾讯数据

3. 目前行业发展困境

短视频同其他所有的网络视频类型的发展一样，市场的高速增长背后必然会出现种种行业乱象。虽然政策发力以及行业自律的发展，使得市场正在逐步走向健康、有序，但不可否认的是，短视频行业目前的发展依旧存在有诸多困境。

首先是在内容方面。由于准入门槛低，不少短视频平台都使用UGC模式，即主要是通过用户来上传内容。虽然技术的进步和市场的发展，使得用户上传视频的数量在不断增

2017年美拍月活跃用户规模

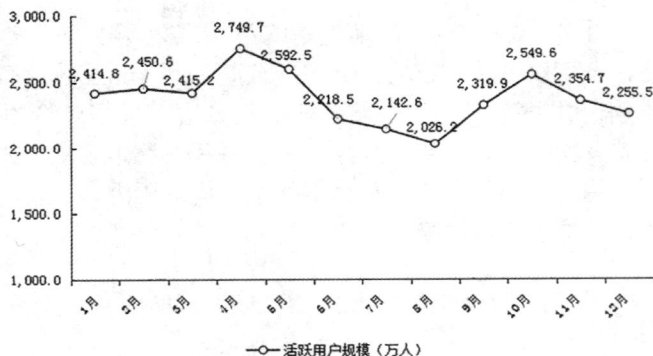

数据来源：易观数据

加，但是内容的质量却难以得到保证。随之而来便是平台的内容审核以及编辑修改量的压力急剧加重，这对于平台的运营能力极具挑战性的。

其次则是在内容的变现能力方面。虽然在2017年不少短视频平台都表示自身有了盈利能力，但在用户付费意识还未成熟、主要受众群体还没有完全稳定下来的情形下，要想在短时期内形成相对稳定的规模化盈利模式几乎是不可能的。此外，不少短视频平台只是其母公司在短视频领域布下的一个棋子，只是母公司内容矩阵版图中的一个环节，近期目标仅为市场探索和形成初步的产业链条，对短期内的盈利并没有特别的要求。总之，对于短视频平台而言，真正的盈利时代还未到来。

三、网络视频产业的发展趋势展望

（一）综合趋势

1. 融合发展与产业升级是大势所趋

随着网络视频的蓬勃发展，用户规模的不断扩大，对于整个网络视频产业而言，最重要的一是用户，二是内容，最终目的是实现盈利。如果网络视频单纯依靠购买版权或通过非IP化的单部作来进行经营，那必然会导致成本高而收益小。此外随着竞争的不断升级，使网络视频行业不论是在内容资源，还是受众占有上都开始进入了大规模的整合和市场细分阶段，向着垂直化深耕和交互式方向发展，进而加速了整个产业链的上下游发展进程。目前一个可以贯穿整个网络视频产业内容提供、渠道分发、智能终端、新媒体营销以及衍生开发等上、中、下游的产业链条已经初步形成，众多网络视频平台已经完成了从单一的播出平台向制播一体化平台的转型，并在文学、动漫、体育、游戏等细分领域中不断布局，以内容为中心的全产业链运营模式已经开始出现。此外，各大视频平台也在积极拓展与电商、旅游、教育等各领域的合作，加速线上和线下资源的融合，提升网络视频产业链的整体商业价值。

但在目前网络视视频产业链的运行体系构建中，依旧存有三大短板。首先是投资端风控体系的相对不完善。通常来说，某个领域出现了快速发展都会形成一个巨大风口，吸引众多资本纷纷入局。对于网络视频这种依托于海量内容和用户的烧钱行业而言，其发展所需的资金量是相当惊人的，有时候一些现象级作品的出现往往会掩盖繁荣表象背后的许多问题。投资风控体系的不完备，会使得一些资本盲目入局，造成无谓损失，非但不能推动行业的正向发展，反而会挫败投资者的热情，对整个行业丧失信心。其次是内容制作端的工业化水准普遍偏低，小作坊林立，规模化的内容生产机构寥寥无几，无法保证产品的数量、质量的规模化量产，即使偶尔出现个别的现象级作品，也只能是昙花一现，无法形成持久、规模化的可持续竞争能力。最后是播出端的监控体系存在漏洞，在利益的驱动下，投机取巧的盗版和数据造假行为屡禁不止，严重挫伤了原创作者的积极性，造成了巨大的市场泡沫假象，影响力行业的健康发展。

总之，这三大硬伤短板直接影响了整个网络视频产业的内容创新能力、资源吸收能力以及可持续发展进程，使得市场总体处于一种不温不火的温暾境地。产业的发展要求使得上述"木桶上的短板"问题暴露无遗，因此全方位地进行产业升级将成为不可避免的行业发展趋势，网络视频产业将走向寻求升级、寻求创新、寻求转型的发展之路。

2. 准入门槛提高，内容创作精品化

近些年网络视频行业虽然看起来市场火爆，但其实除了大量依赖电影、电视媒体生产的节目之外，其自身制作的内容很大程度上是数量有限，且良莠不齐的。随着市场的日益成熟和用户审美需求的提升，对于内容质量的要求也越来越高。于是越来越多的专业制作团队开始进入这一领域，高投资、大制作已经成为网络视频行业的发展常态，市场的准入门槛不断被提高。

此外，由于不少网络平台经过前一阶段的"原始累积"逐步走入了盈利期，对于保持用户黏度、增加用户的时间留存方面的竞争便愈发激烈，其最终目的不外乎增加广告收入和付费用户转化率，而通过精品化、细分化的内容通提高对用户的持续吸引力便成为视频网站的必然之选。与这一发展趋势相对应的就是，近年来大型视频网站在自制电视剧和综艺节目投入上的诸多"一掷千金"的大手笔行为。

3. 变现渠道拓宽，市场前景广阔

目前在网络视频平台上，变现渠道主要有广告销售和用户付费两大主要方式。其中广告依旧是平台的盈利主力，而随着用户付费意识的增强，会员付费也开始走向规模化，成为平台新的重要盈利点。

在市场运作最为成熟的广告营销方面，各大平台对于广告商和用户资源的争夺极为激烈，对广告资源的开发和价值挖掘也最为深入，广告的表现形式也在不断优化，众多探索中，原生视频广告逐渐成为主流。原生视频广告主要包括有内容原生、形式原生等，由于该类型广告与节目内容和场景有着高度的融合性和互动性，使得企业品牌理念与核心卖点与内容形成有机契合，只要不影响用户的观看体验以及可能引起的反感情绪，可以充分发挥广告的曝光效果，因此日益受到广告主的青睐。内容制作、分发渠道以及技术服务构成了原生广告产业链的主体，它们之间相互协作促使资源整合，推动了现阶段原生视频广告市场的扩张发展。由于网络视频媒体自带的社交属性和高用户黏性，对于广告的营销开发有着独特优势，一些定制道具、创意包等都创新了原生视频广告的形式，不断丰富和扩充了场景化的广告营销体系。可以预见，未来原生视频广告将同场景营销进行融合，成为在广告营销的重要发展方向。

在用户付费方面，消费观念的改变和视频内容价值的升级，使得用户以付费形式来换取更高品质的内容和服务体验逐渐成为常态。随着付费用户人群的大幅度增长，付费收入已经成为视频平台新的盈利重点之一。未来，视频平台将会继续在内容生产上加大投入力度，一方面会不断提高节目的精品化程度，另一方面向内容付费的精细化方向拓展，通过众多垂直领域对于用户进行精准覆盖，拉长付费链条，充分发掘内容的商业价值。

除此之外，各网络视频平台正在积极布局与其他领域比如电商、教育等之间的合作，通过内容和资源整合，不断尝试新的变现模式。因此，可以比较乐观地预测，未来网络视频的盈利渠道将会发展得更加丰富，各平台的盈利的能力也会相应随之提高，市场前景极为广阔。

（二）各内容领域发展趋势

1. 网络剧：精品化与分众化，与电视剧走向融合

在接下来的发展中，深耕内容、打造精品将成为网剧发展的主要方向，而随着网剧整体质量的不断提升，与电视剧之间的融合也将成为趋势。第一，在市场竞争的压力下，资本和专业人才的进入使得网络剧进入了大投资、大制作的精品化"大"剧时代；第二，作品类型将不断丰富，小众化的剧集也会越来越精细化，以求对分众用户的精准锁定；第三，随着网络剧质量的不断提升，网剧反哺电视台现象开始频繁出现，台网之间的界限也

开始变得模糊，电视剧与网剧之间的边界也在快速消融，逐步趋于融合。

2. 网络大电影：向IP化、系列化发展

网络大电影的"野蛮生长"时代已经终结，在激烈的行业竞争和严格的审查机制下，行业自身的洗牌加速，一些靠博眼球赚快钱的劣质作品被市场驱逐，资源逐步聚集于头部内容，网络大电影的制作向精品化发展成为必然。与此同时，网络大电影的IP化与系列化发展也将成为趋势。此举可以降低制作成本，减少市场风险，持续聚集忠诚用户，进行规模化生产和推动相关衍生产品的开发，实现市场效益的最大化。

3. 网络综艺：创新多元盈利模式

网络综艺节目一直以来的主要盈利模式是广告收入，但随着节目制作成本的不断提高，以及行业竞争的加剧，迫使出品方不断寻求新的盈利渠道。首先是创新广告形式，嵌入式的场景广告将会被大力发展，让企业品牌与节目之间产生有机联动，使广告传播实现更有效的用户触达。其次，将会有越来越多的付费综艺节目出现，通过优质内容来增加用户的使用黏度，提升用户的付费意愿。此外，与电商合作的边看边买模式也将会更多地出现在网络综艺节目中，以及利用粉丝经济效应开展的衍生品开发也会越来越受到重视。因此网络综艺节目在未来会更加注重于发展多元的创新盈利模式。

4. 直播："直播+"市场将大放异彩

依赖于直播的互动性和及时性，以及用户普遍年轻化、需求多元化的特点，近几年来，直播行业在"直播+"方面的布局动作频繁。通过向"直播+游戏""直播+教育""直播+综艺""直播+电商"等纵深内容领域的拓展，从而实现市场的垂直细分，满足用户日益增长的个性化需求，无论是在完善大视频市场的产业链条还是在提升平台自身竞争力方面都有着重要的意义。未来，以内容付费为盈利驱动的细分市场的长尾效应或将会在网络直播领域大放异彩。此外，人工智能、虚拟现实等新兴技术以及大数据分析、精准推送等网络工具也都会在直播领域获得广泛应用，有效促进全行业的快速发展。

5. 短视频：MCN全方位提升发展潜能

随着短视频行业的不断发展和大量的资金涌入，各平台定位逐渐明确，并且已经形成了头部平台带动产业发展的格局。一个至为重要的趋势是，为短视频行业提供从内容创作、版权管理、渠道分发到内容变现和衍生品开发等一系列的服务的MCN将会得到进一步的发展。对于短视频内容创作者来说，MCN可以为其提供更好的专业规划，延长作品的生命周期，扩大产品的商业价值；对于平台方而言，短视频MCN能以较低的成本负担提升平台的内容和商业运营效率；对广告商和投资人而言，短视频MCN能对整个项目有着更高效的管控办法，减少投资风险。因此，短视频行业未来对于MCN的依赖性将会大幅度提高，而短视频MCN也将会在推动产业链完善和优化、提升全行业发展速度等方面产生重大影响。

小 结

我国网络视频产业经过近些年的发展与积累，市场规模不断扩大，行业监管日趋完善，在告别短暂的"野蛮生长"期后，逐渐形成有序、健康的发展生态。接下来，创新、升级将成为全行业发展的主旋律，网络视频市场新一阶段的发展大幕已经拉开，无论是在内容生产、技术创新、盈利模式还是在管理运营能力提升等方面的市场曙光已经开始初现，但真正的繁荣大戏还在后面，让我们拭目以待，翘首以盼。

第四章　前途不可限量的中国移动视频市场

主　笔：赵子忠　中国传媒大学教授、博士生导师

　　　　陈　雪　中国传媒大学硕士研究生

　　　　刘　苏　中国传媒大学硕士研究生

　　　　胡　越　中国传媒大学硕士研究生

一、移动视频市场大观

（一）移动视频市场的形成

移动视频市场的形成是近五六年来移动宽带网络普及、速率提升，网络视频用户由PC端向移动端迁移，移动视频领域不断吸引新用户、开发新应用、拓展新业态的结果。

2010年，我国开始大范围提供3G服务。在3G时代，移动互联网开始有能力向用户提供个性化、内容关联和交互作业等应用，业务范围也拓展至信息、娱乐、旅游等多个垂直领域。随着我国移动互联网基础设施的逐渐完善，2013年底至2014年初，三大电信运营商开始面向全国推出各种4G服务套餐。在8年时间里，移动互联网技术飞速发展，资费不断下降。根据易观智库发布的数据，2013年至2016年，我国移动宽带3G/4G用户规模从4亿上升到9.4亿。[①]

2013—2016年我国移动宽带3G/4G用户规模

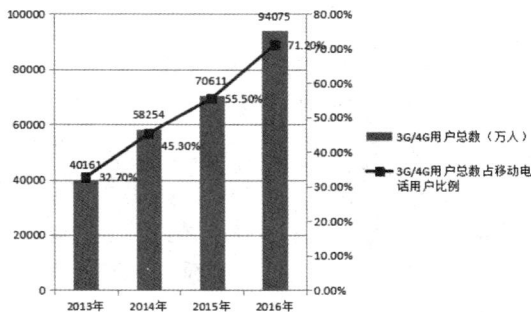

数据来源：易观智库

与此同时，移动网络视频用户规模和用户渗透率，也随着移动互联网用户规模的增长

---

① 易观：《2017中国移动视频市场年度综合分析》。

而快速扩大。移动视频用户规模从2013年的2.4亿上升到2016年的近5亿。[①]

而移动视频用户规模的扩大，催生出更多移动视频应用及服务的出现，又反过来刺激了移动视频用户的增长。这使得在互联网"下半场"传统网络视频用户增长乏力的情况下，移动视频成为重要的增长点。根据CNRS针对60个城市中15~69岁用户的调查，自2012年开始，用户每天在不同互联网终端上花费的时间出现了显著变化：PC用户从2012年的每天134分钟逐年下降到2016年的96分钟；Pad用户由2012年的每天55分降至2016年的50分钟；而手机用户使用时间则从2012年每天56分钟一路飙升到2016年的99分钟。[②]

2013—2016年我国移动网络视频用户规模及其渗透率

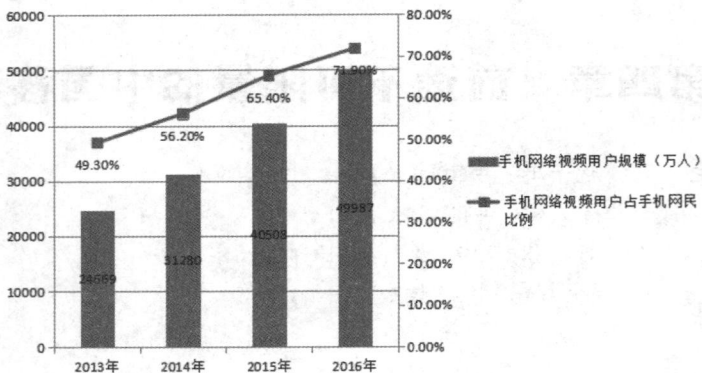

数据来源：易观智库

用户每日移动媒介使用时长（单位：分钟/天）

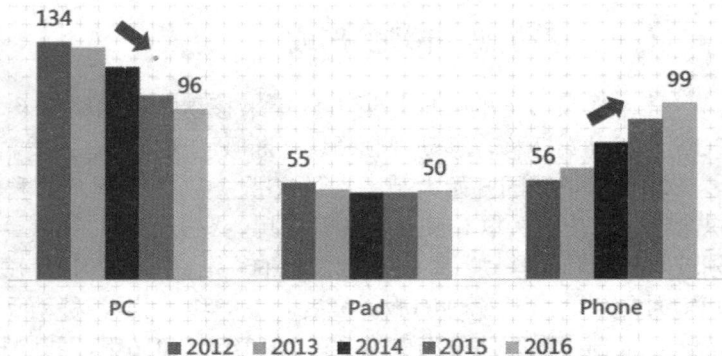

图片来源：CNRS，60cities，age15-69

（二）何谓移动视频

1. 本文的研究对象

移动视频，指在上文所述背景下出现的，基于移动宽带通信网提供的一系列视频形式的内容产品和服务。目前移动视频已经形成了较为完整的产业链，内容制作机构、内容分发平台、专业内容服务机构（MCN）和内容工具、数据监测、营销服务、移动支付等基础服务提供商都是这条产业链的参与者。借助专业内容服务机构的运营，制作机构生产出的内容产品被分发到各类网络平台，触达用户，通过广告、内容付费等形式获取经营收入。移动视频产业链在政府相关部门的监管下，实现有序健康发展。本文将沿着移动视频领域的产业链脉络，对其有代表性的业务形态，竞争格局、内容格局、收入格局和用户格局等方面做深入分析。

① 易观：《2017中国移动视频市场年度综合分析》。
② 数据来源：CNRS。

2. 移动视频的业务分类

之所以要对移动视频进行分类，是因为不同业务形态的移动视频平台在内容制作、分发、用户等方面都有各自特点。如优酷、爱奇艺、腾讯视频等移动综合视频平台，向其提供内容的多是传统内容制作机构，以综艺节目、影视剧等传统长视频居多。而如抖音、快手、西瓜等移动短视频平台，其内容制作者的实力很难与大型制作公司相提并论，节目时长一般也都不超过5分钟，用户经常利用碎片化时间观看短视频内容。本文重点讨论的是移动综合视频、移动垂直视频、移动短视频、移动直播等主要细分移动视频业务类型，此外传统电视媒体在移动视频领域的创新应用也是我们关注的一个方面。

2016年12月移动端视频用户使用情况[①]

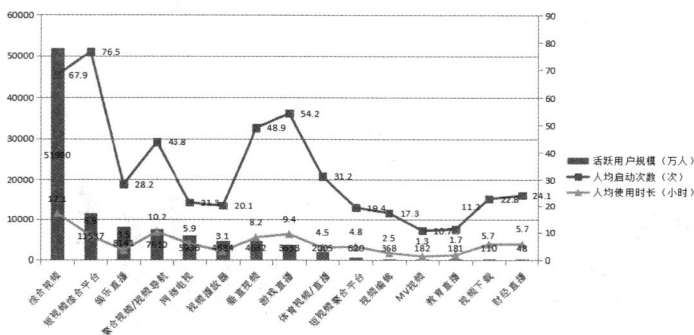

数据来源：易观智库

移动综合视频　以优酷、爱奇艺、腾讯视频为代表，内容上以长视频（电视剧、电影、综艺、纪录片）为主，短视频为辅。移动综合视频平台业务范围与其PC端网络视频平台基本一致，用户可以通过移动综合视频平台在手机、Pad等移动终端上跨屏追剧、看电视。

移动垂直视频　以AcFun、bilibili等为代表，针对垂直领域（如二次元）提供内容上传与观看服务。由于聚焦垂直内容，其用户群体区分度高、黏性强，易往社区化发展。

移动短视频　当前移动视频领域最活跃的业务形态。移动短视频平台通常只播出5分钟以下的视频，利用用户的碎片化时间与碎片化阅读习惯，吸取大量的移动流量。其内容以UGC（用户自制）和PGC（专业制作）为主。移动短视频分发渠道又可分为专业移动短视频平台和其他分发平台。前者包括抖音、快手、西瓜视频、火山小视频、美拍和秒拍等，后者则包括腾讯新闻、天天快报、今日头条等移动新闻平台以及微信、新浪微博等移动社交平台。

移动直播　2015年至2016年左右兴起。使用一部手机就可以在任何地方、任何时间进行直播，大大降低了网络直播的门槛。移动直播平台除专业直播App，如斗鱼、虎牙之外，美拍、抖音、网易音乐等App也提供移动直播功能。

---

① 数据来源：易观智库。

传统媒体在移动视频方面的创新应用　在媒体融合的道路上，传统电视也开展了一系列移动视频方面的创新与探索。如中央电视台开发的"央视影音"App，就有来自CCTV系列频道种类多元的海量内容。既有5分钟以内、帮助用户快速浏览新闻的短视频，又有剧集、综艺、纪录片等长视频内容。同样，湖南卫视也推出了芒果TV App，其业务模式与PC端相仿，方便用户通过移动终端收看该平台的独家内容。

（三）移动视频发展的特点

1. 有较大的收入增长潜力

移动视频市场呈现出广告收入和用户付费收入双轮驱动的局面。

广告是移动视频平台的主要收入来源。随着用户规模和用户渗透率的增长，以及在广告表现形式上的创新，近年来广告主的广告投放呈现出向移动视频倾斜的趋势。根据易观发布的数据，我国移动视频广告总收入从2013年的5.5亿元，仅用了三年时间就飙升到2016年的近200亿。移动视频在整个网络视频广告收入中的比重也由2013年的4%上升到2016年的56%。未来，移动互联网技术的更新迭代将进一步推动移动视频业务快速发展，大数据技术将优化出更加精准的营销方案，到2019年底，网络视频广告收入中来自移动视频的贡献达到80%左右。[①]

在用户付费收入方面，网络视频用户的付费习惯正逐步养成，付费用户和付费收入规模正稳步增长。根据易观发布的数据，2016年我国网络视频付费用户规模达6130万，是2013年的20倍；2016年我国网络视频付费总收入达108.9亿元，这个数字2013年仅为4.6亿。[②]移动视频应用的发展，使得用户付

中国移动网络视频广告市场规模

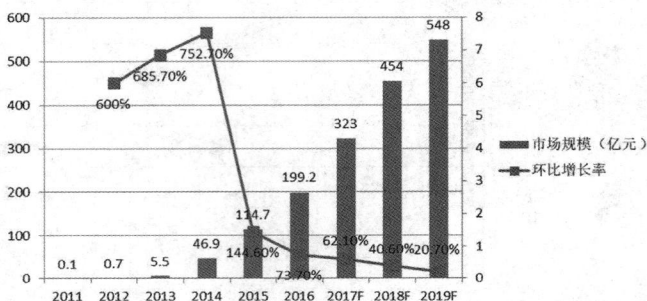

中国网络视频广告市场规模

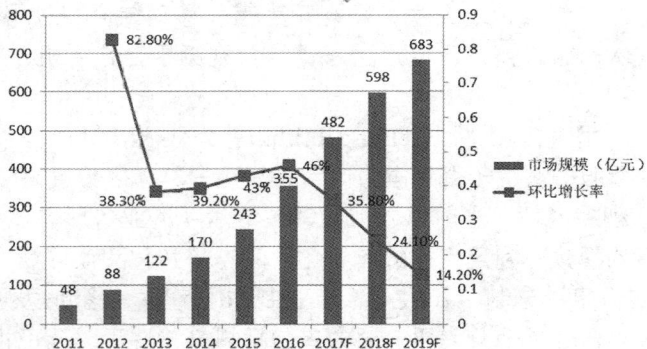

数据来源：易观智库

---

① 数据来源：易观智库。

② 数据来源：易观智库。

费形式更加多样化，如直播和短视频中的"打赏"、知识付费等，这些都为移动视频用户付费收入的增长提供了广阔的空间。

2. 受到资本青睐

移动视频凭借良好的发展预期成为各路资本竞相追逐的"风口"。行业内激烈的竞争格局，内容、带宽等成本高企，使得移动视频企业对资本的需求十分迫切；而资本市场在移动视频领域的竞争也演变成了一场资本规模之战。根据极光数据的统计，我国网络视频投资并购项目涉及金额最高曾经达到过46.7亿美元，为2015年阿里巴巴集团并购优酷土豆（合一集团）的投入；腾讯视频在综合视频网站中估值最高，达74亿美元；芒果TV2016年完成了B轮融资，估值135亿元。[①]

移动短视频在2014年开始崭露头角，被业界认为颇具增长潜力，从而吸引了一些资本

中国网络视频付费用户规模

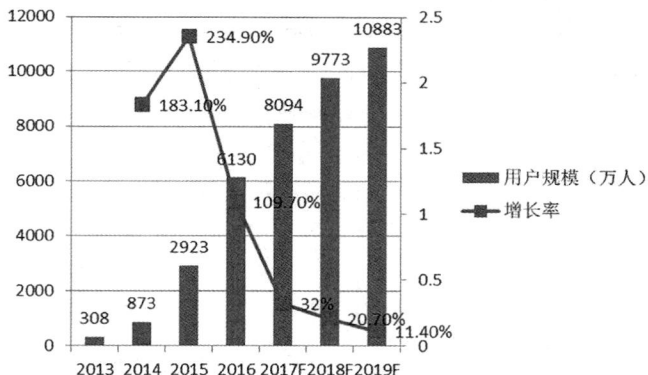

中国网络视频付费市场规模

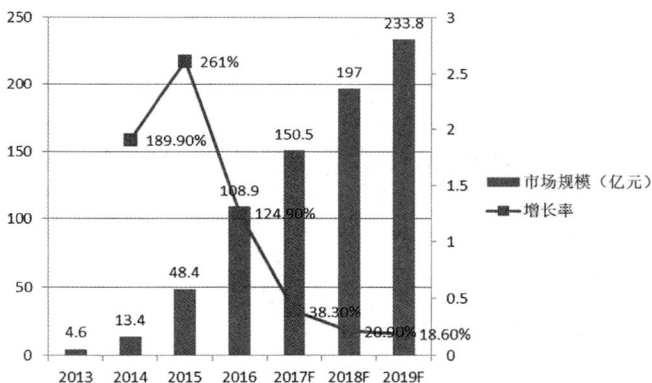

数据来源：易观智库

进入。2017年，短视频平台、内容制作格局初现，产业集中度也逐渐增强，流量主要掌控在少数平台与IP上，导致投资窗口收缩。随着投资人对变现能力要求的提高，资本更倾向于投注在用户、内容、技术、模式等有一定经验积累的成长型企业身上。根据易观的数据，2017年前三季度，移动短视频投融资数量与金额都有所增加。

3. 对传统媒体人才的虹吸效应明显

传统媒体人才出走新媒体早已不是新闻，2011年微信公众号成为了流量聚集地，很多人才走出传统媒体，在微信公众号、今日头条等安家，其中不乏佼佼者。如曾任《南方都市报》深圳杂志部首席编辑的周凌创办了"咪蒙"公众号；新华社资深记者王晓磊创建公众号"六神磊磊"，专读金庸；曾在央视任职的罗振宇创立"罗辑思维"品牌，1分钟语

---

① 数据来源：极光大数据《中国移动视频 App 研究报告》。

音火遍全国后开始专注知识付费领域。

近年来，抓住网络视频、短视频、移动视频爆发的契机，一批传统媒介的优秀人才也聚集这一新兴领域。代表人物包括曾经担任过《春节联欢晚会》总导演的马东，他2013年辞职加入爱奇艺任首席内容官，并于2015年再次辞职创建"米未传媒"，运营《奇葩说》等热门网络综艺；又如《外滩画报》前总编徐沪生，于2014年辞职创立公众号"一条"，每天发布一条5分钟左右的原创精美视频，很快成为爆款，其于2017年9月又获得C轮融资4000万美元；曾任《东方早报》社长兼澎湃新闻CEO的邱兵，2016年辞职创立新闻短视频平台"梨视频"，并获得了黎瑞刚5亿元的创业资金支持；原《三联生活周刊》副主编苗炜，2016年辞职创建了"刻画视频"等。

传统媒体从业者投身新媒体，一方面，由于传统媒体在体制机制上管束较严，影响一些有想法的年轻人的业务发挥；与新媒体相比较，传统媒体在收入上也存在着较大的距离；另一方面，新媒体的快速发展，也迫切需要大量成熟的内容生产、管理者。除了传播渠道，使用工具上的不同，传统媒介与网络新媒体在传播规律的本质上几无区别。可以预见，在接下来的发展中，传统媒体仍将是新媒体重要的人才来源。

4. 技术进步提供更大发展空间

手机App上的简单操作，带宽越来越高的移动网络，均大幅降低了短视频内容制作的门槛。据快手给出的数据，2017年4月快手的日活跃用户数量（DAU）达到了1个亿，每天就有数百万的UGC内容生产量。随着虚拟现实、增强现实（VR、AR）等技术的发展，也很大程度上丰富了视频内容的表现形式。

在抢占新内容形式入口上，优酷、爱奇艺等移动综合视频平台均开通了专门的VR应用频道；橙子VR、榴莲VR等一系列VR垂直移动视频应用也开始出现。

在内容制作方面，《谁是大歌神》《我是歌手4》《超级女声》等网络自制综艺也涉水VR领域，向用户提供360°的全景观影视角。

目前移动视频用户已超过5亿，[①]对海量用户行为数据的有效应用已逐渐成为业界运营的标配，主要体现在内容的精准分发与广告的精准投放等方面。如2017年下半年抖音大火，在短视频的个性化精准推送上，智能分发技术的应用功莫大焉。此外，优酷等移动综合视频平台也均有个性化的内容推荐服务。

在广告投放方面，出现了微易播等基于大数据的程序化移动视频广告投放平台。根据用户的观看行为，描绘出用户画像，圈定广告主的目标客户群，有针对性进行广告推送，将日益成为网络和移动视频的标准化广告投放流程。

5. 针对性的管理政策正在逐步完善

在我国目前体制下，具有媒体属性的产品，均会受到严格管制。对于传统媒体，一般采取事前管理的办法。但对于快速发展的移动视频行业，政府管理具有一定的滞后性。目前，对移动视频的管理大多还是沿用对PC端视频管理的办法，即由平台承担主体责任，政府和行业组织协力进行相关管理。针对一些新业务，如直播和短视频，管理部门也在不

---

① 《中国视频服务体验白皮书》。

断摸索更为有效的管理办法。比如针对网络直播热，网信、文化和广电部门2016年均出台了相应的管理文件，划分了管理责任，将其纳入规范管理范畴。对于短视频业务，目前还是采取事后管理的办法，发现问题后采取约谈、停止栏目、罚款等措施。由于移动短视频涉黄涉暴，违背公序良俗的内容仍然不时出现，备受舆论谴责，相关部门可能出台针对性的管理办法，进一步加强管理力度。

二、移动综合视频

移动综合视频是移动视频中最主流的应用，其内容编排结构、运行方式均与综合性视频网站类似，其中绝大部分应用也正是综合性视频网站向移动端的延伸。

（一）移动综合视频平台的竞争格局

根据易观智库的统计，2017年2月，我国移动综合性视频App用户规模前10位的分别是：爱奇艺（月活2.45亿）、腾讯视频（月活2.39亿）、优酷（月活1.5亿）、乐视（月活5500万）、芒果TV（月活4700万）、搜狐视频（月活4100万）、暴风影音（月活2600万）、PPTV（月活2300万）、土豆（月活2200万）、咪咕视频（月活2100万）。[1]由此可以看出，移动综合视频的竞争格局与综合性视频网站基本一致，即爱奇艺、腾讯视频、优酷稳居第一梯队，第二梯队竞争激烈。

其他统计数据也可以成为这一市场格局的佐证。智察大数据《2017年7月在线视频市场数据报告》显示，在线视频App市场格局较为稳定，2017年1至7月，App月活跃用户排名几乎没有出现变动。爱奇艺、腾讯视频、优酷领先优势明显，其中爱奇艺7月活跃用户为49264.3万人，排名第一；腾讯视频活跃用户为46441.7万人，排名第二；优酷视频活跃用户为27910.7万人，排名第三。[2]

【延伸】"三国"家史：头部的由来

老品牌优酷：从上市到合并再到委身阿里

优酷由古永锵2006年创立，2010年于纽交所上市。2012年3月，优酷与2011年在纳斯达克上市的土豆网以100%换股方式合并，2015年8月更名为合一集团，原优酷公司股东持有优酷土豆公司71.5%的股份，剩余股份由原土豆公司股东持有。在被阿里集团全资收购前，优酷土豆公司20.7%的股权被阿里巴巴和云峰基金组合所持有，其中阿里集团持股比例达18.5%，是优酷土豆公司的第一大股东。2015年11月，阿里集团以现金形式收购合一集团。2016年4月，优酷土豆完成私有化正式成为阿里全资子公司。现在优酷土豆隶属阿里巴巴文娱集团大优酷事业群。

历经阿里战略性投资收购后，优酷网与土豆网实现了全频资源融合，主要以网络视频平台的用户流量为盈利主体，通过全面整合视频营销渠道和信息资源进行移动化网络视频

---

[1]　易观智库。

[2]　智察大数据《2017年7月在线视频市场数据报告》。

共享，实现全领域覆盖、全模式营销。优酷土豆平台目前为阿里文化娱乐板块的视频营销中心和品牌战略推广中心，阿里众多的线上品牌推广服务几乎全部由优酷平台承担，包括菜鸟网络、蚂蚁金服、网商银行等。目前，优酷土豆网络播放平台覆盖4.5亿视频播放终端，包括移动端、PC端、网络电视终端，兼具多元化用户视频服务体验，涵盖版权、制作、自媒体、直播、VR可视化服务等，具有多种用户服务中心模式。

爱奇艺：背靠大树下的成功之路

爱奇艺是2010年百度投资组建的综合视频网站，2018年在美国纳斯达克挂牌上市。据公开数据显示，2017年底，爱奇艺会员数达到5080万。爱奇艺于2010年4月上线，同年9月26日，首家推出网页版客户端全站支持iPhone4和iPad观看。仅用一年的时间，爱奇艺月度独立用户数已经达到了1.48亿，覆盖了当时超过50%的中国网络视频用户。2011年5月，该网站推出会员专区，随后推出App专区，2012年3月，爱奇艺App终端已经覆盖9037款机型和所有操作系统，iPad客户端装机量超过500万，手机客户端装机量超过3680万。

2013年5月，百度以3.7亿美元收购网络电视软件（PPS）视频业务，并将PPS视频业务与爱奇艺进行合并，PPS作为爱奇艺的子品牌运营。合并完成后，龚宇出任新爱奇艺公司CEO，负责新公司的统一管理。同年7月，爱奇艺开始依托大数据进行网络视频的个性化首页推送，随后又在其移动端推个性化首页。2014年2月，爱奇艺携手杜比发布新版移动端，致力视频高保真播放。同年10月，爱奇艺拉开2015网络视频内容营销大幕，随后4+X超级网剧战略启动，引领网络剧进入品质时代。

2015年1月4日，爱奇艺个性化电影频道上线，为用户"私人订制"观影平台。同年4月20日，爱奇艺万能播放器上线，着力打造简洁强大的本地视频播放体验。随后爱奇艺商城正式上线，开始布局视频电商。同年7月24日，爱奇艺开始打造多元VIP会员内容片库，多部网络大电影流量破千万。同年10月14日，爱奇艺VIP会员品牌全面升级，邀请一线明星成为爱奇艺VIP会员品牌代言人。

2016年2月，百度收购爱奇艺，排除现金及负债交易，爱奇艺估值28亿美元。同年7月25日，百度董事长兼首席执行官李彦宏和爱奇艺首席执行官龚宇代表买方财团致信百度董事会，宣布撤回2016年2月提出的爱奇艺私有化要约。2018年3月，爱奇艺在美国纳斯达克挂牌上市，股票代码：IQ，根据爱奇艺招股书中股权结构显示，百度占股69.6%，小米科技旗下子公司小米投资持有该公司总股本的8.4%，归属于高瓴资本管理的美元基金HH RSV-V Holdings Limited占总股本的5.7%。

腾讯视频：实现弯道超车

腾讯视频2011年4月上线运营，原名为腾讯播客。腾讯视频是腾讯旗下的视频播放产品，定位于中国最大在线视频媒体平台。是聚合热播影视剧、综艺娱乐、体育赛事、新闻资讯节目等为一体的综合性视频内容播放平台，并通过PC、移动及客厅产品等多种形态为用户提供高清流畅的视频娱乐体验，满足用户不同的观影需求。2011年6月，腾讯视频纪录片频道上线，到2012年8月，日均播放量超过2亿。2013年4月17日，腾讯视频首部英剧《欢喜冤家》上线，全网独播。随后腾讯视频宣布与英国广播公司、英国独立电视公司、弗里曼特尔传媒、All3Media国际传媒、埃德蒙公司（BBC Worldwide、ITV

Studios、Fremantle Media、All3Media International、Endemol）等六大国际著名节目制作机构达成中国最大英剧资源引进合作业务。同年6月3日，腾讯视频英剧频道上线。2016年11月4日，在腾讯视频V视界大会上，腾讯公司网络媒体事业群总裁、集团高级执行副总裁刘胜义宣布腾讯视频全新品牌精神"不负好时光"。2017年12月，腾讯视频少儿频道上线，其内容布局进一步完善。

（二）移动综合视频的内容布局

对于移动综合视频平台来说，优质内容特别是优质独播内容是吸引用户、获取竞争优势的最重要手段。如爱奇艺2015年推出《盗墓笔记》，旨在试水用户付费观看。在该剧开播5分钟内，瞬时播放请求就达1.6亿次，VIP开通请求达到了上百万次。大量用户的涌入挤爆了爱奇艺会员支付和播放系统，出现了前所未有的"盛况"。[①]　可见好内容能带来巨大的流量，从而获得丰厚的广告和用户付费收入。

在很长一段时间里，优质内容主要来自传统视频产业，特别是热播国产电视剧、电影和电视综艺节目。由于高品质资源的稀缺，引发了头部玩家在市场占有份额上的激烈竞争，优质内容价格被越抬越高。爱奇艺、优酷、腾讯视频每年都要耗巨资在内容的购买和制作上，以致盈利状况普遍不太理想。

爱奇艺最新招股书披露，其在2015年、2016年、2017年的净亏损分别为25.75亿元、30.74亿元和37.369亿元。[②]

根据阿里巴巴集团财报，2017年4月1日至6月30日，阿里数字媒体和娱乐业务营收为40.81亿元（约合6.02亿美元），同比增长30%，较之前四个财季增长速度（超230%）出现了大幅下滑，[③]　主要原因是优酷土豆内容购买成本的增加。该财报还显示，该部分业务运营亏损为33.88亿元，直逼爱奇艺全年亏损额。

---

① 搜狐网《"盗墓笔记"开启网剧付费模式？》。
② 爱奇艺2018招股书。
③ 阿里巴巴集团财报。

2017年8月腾讯在发布中期业绩时，总裁刘炽平表示："在线视频业务恐怕需要很长一段时间才能实现收支平衡"，"我们会在成本和收入上逐渐达到平衡。但不幸的是，就目前而言，在线视频业务的净亏损正在扩大。"

为应对这一疯狂烧钱的局面，各平台纷纷发力自制网络剧、网络电影、网络综艺等节目，网生内容因此获得了快速发展，目前已经成为移动综合视频平台重要的节目类型。

1. 版权内容购买的激烈竞争

●热门剧集与综艺节目是争夺主战场

外购优质剧集与综艺节目，是移动综合视频吸引流量的一贯打法。早在2012年底，爱奇艺便以2亿元天价买断了湖南台《爸爸去哪儿2》《快乐大本营》《天天向上》《百变大咖秀》和《我们约会吧》五档热门综艺的独家网络版权。在电视剧方面，爱奇艺也不惜投入重金拿下《爱情公寓4》《红高粱》《武媚娘传奇》等一系列大剧的网络版权。2013年12月，爱奇艺独播《来自星星的你》引爆网络点播热潮；2014年1月，爱奇艺又趁势开播了《爱情公寓4》，继续维持了收视热度；紧接着在同年4月，《舌尖上的中国2》在爱奇艺热播，播放量破1.8亿。这些早期的成功版权购买让爱奇艺充分体会到独家版权带来的大流量。2016年，爱奇艺凭借《太阳的后裔》斩获了超高流量与良好口碑；2017年的《锦绣未央》《楚乔传》《三生三世十里桃花》《人民的名义》等热门大IP更是为爱奇艺带来了千万级的付费会员规模。截至2017年底，爱奇艺对未来几年采购版权节目的承诺已高达165亿元，其中2018年为61.5亿元，2019年至少为53.8亿元，[1]足见其在外购优质内容上的投入力度。

从2016年开始至今，腾讯视频《芈月传》《欢乐颂》《青云志》《三生三世十里桃花》《择天记》等热播剧集接连上线，无论在播放量、讨论度还是口碑上均取得极佳战绩。2017年11月8日，腾讯视频在其V视界大会上公布了2018年度独家版权采购内容。在头部大剧方面，腾讯视频力图全面覆盖热门剧集。由杨幂主演的古装女性励志大剧《扶摇》、赵丽颖主演的古装大剧《知否知否应是绿肥红瘦》、都市商战剧《你和我的倾城时光》等都在2018年上线腾讯视频。在综艺方面，腾讯视频也努力包揽了2018年各大卫视的热门王牌综艺节目，推出《真正男子汉3》《演员的诞生2》《亲爱的客栈2》《中餐厅2》等一系列优质独播综艺内容。

●加强与内容生产机构合作，锁定独播版权

为了更进一步锁定优质内容的独家版权，移动视频平台与内容制作方的合作形式也开始多样化，除了单剧单买的交易模式，还出现了"打包"购买等其他形式。2018年3月，优酷联手香港无线电视台、卫星电视台(TVB、TVBC)推出"全球同步剧系列"，即在2018年同步上线TVB剧集，包括《大帅哥》《跳跃生命线》《是的，法官阁下》《兄弟》《危城First Lady》等。这一独家版权采购、剧集同步上线的合作方式，是TVB与优酷之间的独家协议，具有排他性。

其他平台也都在努力锁定优秀制作团队，力求在竞争中获得独到优势。在优质电影上的竞争尤为激烈。2018年奥斯卡奖颁布之后，优酷、爱奇艺、腾讯视频三家几乎同时公

---

① 爱奇艺招股书。

布了即将在自家平台上映的奥斯卡影片——优酷16部、爱奇艺18部、腾讯视频11部。爱奇艺电影版权合作中心总经理宋佳指出："这些采购行为并没有发生在评奖之后，而是在很早之前，甚至是只有一个故事大纲的时候就被拿下了。"爱奇艺要上线的18部奥斯卡影片，基本都是与好莱坞片厂进行长期合作、打包购买的，所以如《三块广告牌》《水形物语》，还有《爱乐之城》这些获奖影片都包含在早期的框架协议当中。至于说每部影片的采购费用，则是从几万美元到几十万美元不等，这样的价格对于动辄上亿的国内剧集版权和自制内容的投入来说，应该是相当划算的。

2. 发力自制内容

近年来，网络视频版权价格呈现出疯狂上涨之势。2006年火遍南北、共80集的《武林外传》，网络版权售价仅为10万元。相比之下，2016年腾讯视频豪掷8.1亿元购买"准爆款"《如懿传》的网络版权，天猫网则斥4.6亿元巨资买下范冰冰主演的《赢天下》网络版权，其无与伦比的天价实在令人咋舌。外购版权内容除了推高成本之外，也存在着巨大的风险。如腾讯视频天价购买的《如懿传》，本来期待可以引爆全网，但当该剧因种种原因制作周期一拖再拖终于上线之后，其市场效果则与预期大相径庭。

在这种情况下，各移动综合视频平台纷纷另辟蹊径，主动切入内容制作上游，试水自制节目。自制内容的好处有很多，如把控度高，可以完全由自己独立决策；作品的知识产权永久属于投资平台；通过自制项目，平台内部成员的专业能力也会得到提升。

公开数据显示，截至2017年底，爱奇艺共拥有15.64亿元的自制内容版权，远超2016年的4.14亿元。[①] 2018年该平台对顶级原创视频制作团队进行孵化扶持，更多的PGC（专业内容生产）节目将进入爱奇艺平台。与此同时，腾讯视频2017年也大幅度提高了在自制内容方面的资金投入，投资额比上年高出了8倍。

【延伸】头部平台发力自制内容

爱奇艺

在自制剧方面，2014年3月爱奇艺自制剧《灵魂摆渡》上线一周播放破1.2亿；2015年发布的高预算网剧《盗墓笔记》24小时内就产生了超过1亿的流量，总流量逾40亿，原创剧集《老九门》和《无证之罪》产生了大约130亿流量；2017年大热的自制剧《无证之罪》也为爱奇艺带来了大量的流量和会员。

在自制综艺方面，爱奇艺推出了一系列非常受欢迎的互联网综艺节目，如发布于2014年的《奇葩说》和《中国有嘻哈》均产生了30亿流量，短视频的播放量达到了80亿次；在新浪微博的50个热门话题中占据了36个席位。该节目产生了巨大的经济效应，大结局60秒的广告位置为4500万元。

腾讯视频

腾讯视频在自制内容中的布局堪称"全覆盖"。剧集方面，《那年花开月正圆》《鬼吹灯》系列、《乡村爱情》系列、《双世宠妃》《致我们单纯的小美好》等剧的

---

① 爱奇艺招股书。

强劲表现，在进一步加强会员黏性的同时，也在不断吸引新付费会员。自制网络综艺《明日之子》拓展粉丝经济，以全新的付费模式为会员业务增长带来广阔的空间。而以《全职高手》《斗破苍穹》《斗罗大陆》等为代表的精品国产动漫，以及《蓝色星球2》为代表的纪录片，在满足付费用户多元观影需求的同时，也成为会员业务的新增长点。

2018年，腾讯的自制节目更是高举高打，随着《三国机密之潜龙在渊》《沙海》《鬼吹灯之怒晴湘西》《全职高手》《三生三世枕上书》等重磅自制剧陆续上线，《明日之子》《创造101》《吐槽大会》《拜托了冰箱》等为代表的超级综艺矩阵的推出，以及动漫、电影、纪录片、线上音乐等内容板块的全力加码，使腾讯视频倾力构建的多元、立体优质自制内容库变得日益丰满。

优酷

在目前视频网站高价购买版权的"烧钱"游戏中，阿里烧得尤其"火焰高涨"。阿里巴巴公布的2018财年第一季度业绩显示，阿里大文娱业务，即数字媒体和娱乐业务，第一财季运营亏损为33.88亿元，几乎赶上爱奇艺一年的亏损。对此，阿里在财报中表示"亏损主要是由优酷土豆内容购买成本的增加"。所以，除了花大价钱买优质内容之外，优酷也在试图寻找一条与传统电视剧、综艺节目版权采购不一样的路径。

2017年，优酷将其内容策略调整为"以用户为中心"，基于该指导思想，主帅杨伟东将剧集内容分为"黄金档剧集""超级剧集"与"网络剧集"三种，分别对应不同的目标受众群。"黄金档剧集"题材主打合家欢；"超级剧集"以中青年用户为主；"网络剧集"则以探索性的题材为核心，主打低龄人群。其中"超级剧集"概念，是杨伟东在2017年4月首次提出，剑指"爆款"。

其时，自2016年暑期档开始，优酷自制剧集便爆款频出，从三国题材的《军师联盟》，到青春剧《春风十里不如你》，再到《白夜追凶》，这些超级剧集的播放量占据了优酷近一半市场份额，既赢得了流量也收获了不俗口碑。初战告捷后，优酷尝试向类型化发展，重点布局古装传奇、女性言情、现代都市、燃血青春、悬疑冒险这五大类型剧集。以2017年爆款网络剧黑马《白夜追凶》为例，其播放量达到35亿次，豆瓣评分为9.0，优异的市场表现将优酷的影响力提升到了一个新台阶。除《白夜追凶》之外，2017年优酷陆续推出了《三生三世十里桃花》（播放量突破百亿）、《大军师司马懿之军师联盟》《镇魂街》《颤抖吧，阿部！》《春风十里不如你》《反黑》等多部超级剧集，也取得了良好的市场效果。在资金投入上，除了少数剧集是由优酷主投主控外，其余多采用联合制作的方式。

网络综艺节目也是优酷近年来重点布局的内容。2018年优酷陆续推出了"这就是"系列网综，对标青年人关注的街头文化、人工智能以及偶像文化，发力点集中于《火星情报局》《这！就是街舞》《这！就是铁甲》《周六夜现场》和《言王的诞生》等项目。作为优酷开年的首部综艺大片《这！就是街舞》自2018年2月24日上线后，话题度居高不下，引发对街舞文化的关注热潮。首播12小时内，节目相关的热搜词霸屏微博热搜榜，占据话题总榜、综艺话题榜第一位。如今《这！就是街舞》已面向全球发行，首轮将在中国香港、马来西亚、新加坡、泰国等10余个国家和地区的电视台播出，创下了国内综艺海外版权的价格新高。

值得一提的是，2018年优酷成立了优酷天猫工作室，与天猫网携手开发内容产品。谢霆锋的《锋味》、蔡康永的《第101只眼》《美味的猎手》以及《脑洞大开2》等均是将节目内容与电商、消费打通的项目。

3. 移动综合视频的收入格局

●广告仍是重要收入来源

近年来，在线视频广告保持良好的增长态势，通过对爱奇艺、腾讯、阿里巴巴年报的分析可以发现，广告依然是当前移动综合视频平台重要的收入来源。例如2015—2017年，爱奇艺的广告收入分别为33.999亿元（总营收52.95亿元）、56.504亿元（总营收112.83亿元）和81.589亿元（总营收173亿元）。

●广告形式有所创新

在移动综合视频平台上，广告的发布模式更加多样化，既有传统电视广告模式的发展延伸，也有基于移动视频客户端所具有的独特属性而推出的创新广告模式。移动综合视频平台上的传统电视广告模式仍普遍存在，如：贴片广告、冠名、植入等。根据2017爱奇艺常规资源刊例价，其贴片广告产品就有悦享看、超级品牌日、奇5飞扬、步步高、视频最强音、离线广告六种；前置广告、banner、漂浮栏、弹出广告等网页广告形式，在移动综合视频平台上，也同样被大量沿用。但不同于网页时代一味追求广告数量而缺乏考虑页面美观度的情况，App的界面设计更顾及产品的质感，尽量不破坏用户的使用体验。

大致看来，各移动综合视频平台以增强用户体验为基本逻辑，对广告投放进行创新改良的方法和途径主要有以下两种：

一是充分利用用户的碎片化时间的广告形式。比如腾讯视频提出的"观影伴随性广告"，整合网友追剧的黄金碎片时间，推出三种经过包装的广告产品，供广告主选择：（1）在视频加载的过程中，在画面中央出现抢占网友注意力的"Loading"图文广告；（2）在网友观看视频拖动进度条的时候，广告紧随着进度条移动的"进度条"广告；（3）在网友切换清晰度，或者网速不加视频卡顿时在视频中间、下方或者上方出现的图文式广告，或者纯文字广告。腾讯视频认为，这种模式在观影的过程中充分利用了观众的零散时间，巧妙捆绑IP，能够有效地触达用户，实现小投入大影响的效果。从前的弹出广告即是该类广告的原型。

二是增强与内容之间的互文程度的广告形式。具体包括信息流广告和原生广告增强垂直互文两种主要类型。信息流广告由于格式、模样看起来与"视频原生"内容相似，所以当该类广告出现在用户浏览内容的时候，不会像传统广告那样突兀，可以减少广告对用户观看体验的影响。可以说信息流广告在一定程度上解决了节目内容与广告品牌调性的游离问题，实现了更好的广告触达效果。如爱奇艺的信息流广告发展战略，一方面提供更多元的移动端广告展示方案，另一方面利用信息流广告高转化、重效果的特性，将其作为品牌展示广告的有效补充，为广告主提供品效平衡的视频营销产品组合。一个比较新的动向是除了发展短视频，发展AI技术，2017年爱奇艺上线了350个地方站，为区域性内容提供发展机会，并且吸引区域MCN加盟。对于信息流广告来说，地方站的设置也是实现广告精准投放的一个有效平台。

凭借其更原生的展现方式、更有效的点击转化，信息流广告目前已成为广告主最为青睐的产品形式之一。艾瑞监测报告显示，信息流广告的比例在不断攀升。2017年，以社交、新闻、视频等为主要载体的信息流广告在网络广告中的占比达11.2%，首次超过视频贴片广告。2016年中国信息流广告规模为325.7亿元，同比增长89.5%，预计未来三年仍将保持50%以上的增长，到2019年将突破1400亿元。

基于减少广告打扰用户观看视频体验这一基本逻辑，除了与内容的表现形式相似的信息流广告发展迅猛之外，与视频内容垂直互文的广告模式也备受广告主青睐。这类广告目前市面上大概可分为两种：

一种是名为"创可贴"的弹出广告，由爱奇艺2016年首度推出，在内容播放到与品牌相关的时间点弹出相应广告。"创可贴"推出的广告商品往往与视频内容深度相关，结合内容情节给出创意性的"小贴士"，使得其弹出行为既增加视频内容趣味性、可观性，又能在恰当的时间点出现吸引用户注意，提高广告投放效果。"创可贴"广告比较著名的成功案列是"东鹏特饮"广告。

除了爱奇艺首推的"创可贴"，腾讯视频在自制剧《暗黑者2》《鬼吹灯之精绝古城》中也使用了另一种创新广告形式——"蛋黄广告"。"蛋黄广告"是指移动综合视频平台在播放剧集时，中间插播的广告。其与传统插播广告的不同点在于，这些广告均由剧中演员出演，广告调性多轻松愉快，与原剧形成垂直互文的高度融通，增强了广告触达效果。《鬼吹灯》广告全部由剧集原班团队高标准制作，创意追求与正剧内容的统一，所有的角色和情节均要符合正剧的调性，力图使观众不跳戏又不会产生对广告的违和感，连续性的广告剧情串起了整个系列品牌故事，可以说是专为品牌量身打造的"私人订制"产品。

移动综合视频平台广告渐成一剧多元的发展态势。上文谈到的传统广告（如贴片、弹出广告）和创新型广告（如信息流广告、创可贴、蛋黄广告），现在均大量出现在移动综合视频平台中，而且渐渐形成了一部剧里有多种广告形式并存的局面。以优酷的《大军师司马懿之军师联盟》为例，这部戏以创新的"内生广告"模式引领大剧营销从以贴片广告为代表的硬广1.0，植入为代表的原生2.0时代，进入到3.0时代。内生广告包括：冠名及赞助、前贴广告、创意中插、压屏条、弹幕广告、前情提要、精彩预告等7类大剧营销广告形式。《大军师司马懿之军师联盟》也是行业内首部涵盖这么多广告形式的剧集，创下大剧营销新纪录。

此外，移动端广告的定向投放维度也更为多样。通过研究移动综合视频平台的广告刊例价可以看出，大数据时代下的广告定向投放，在移动端有更多的维度，比如爱奇艺的贴片广告按照地域进行定向投放时，广告主选择不同的触达媒介所给出的价格也是不同的。通过对触达媒介的设备进行区分定位，所投放的广告有可能更加精准，广告的效果会更好。

爱奇艺广告刊例价（节选）

一、地域定向政策（资源属性：NET）						
广告形式	市场分级	区域定向	15秒贴片（元/CPM）			
			PC+移动端+TV/ PC+移动端	PC/移动	IOS	TV/PAD
贴片	K	北京/上海	130	加收10%	加收30%	加收50%
	A+	5个城市	90			
	A	13个城市	70			
	B	其他城市	50			
	省级	省级	45			
	一	全国	40			
说明：						
移动端=手机+PAD；IOS=IPHONE+IPAD						
5秒/6秒价格=15秒价格×40%；30秒价格=15秒价格*200%						
A+（5个）：广州、深圳、沈阳、南京、成都；A（13个）：大连、长沙、武汉、青岛、杭州、天津、重庆、西安、苏州、宁波、合肥、济南、昆明						
PDB采购加收原则：（推送比－100%）×40%=加收系数，PDB最低加收10%（包含不退还情况）						

数据来源：爱奇艺公开信息

● 付费收入快速增长

以2015年网剧《盗墓笔记》使爱奇艺的VIP会员数猛增50%为标志，用户付费已成为与广告并列的移动综合视频平台两大主要收入来源。从2016年开始，移动综合视频平台用户付费收入以每年100%的速度增长。爱奇艺招股书显示，爱奇艺的会员服务收入从2015年的9.967亿元人民币增长到2016年的37.622亿元，涨幅达277.5%，到2017年其付费收入更是增长到65.36亿元。爱奇艺会员服务收入占总收入的比例从2015年的18.7%上升到2016年的33.5%，2017年进一步升至37.6%。[1] 截至2017年底，爱奇艺付费会员达5080万，优酷的付费会员突破3000万。腾讯2017年第四季度的财报中也显示，受公司独播电视剧、电影及自制内容的人气带动，腾讯视频的流量及付费用户数实现迅速增长，截至2017年底，订购用户数目超过5600万，2018年2月底，腾讯视频订购用户进一步增至约6260万。[2]

网络视频用户付费意愿的逐步形成，有两方面的推动因素：一是社会整体版权保护意识的提高，移动支付的普及，这是基础性条件；二是网络视音频内容数量、质量显著提升，特别是各网站加大网络剧等自制内容的投入，令高质量独播内容吸引着越来越多的用户付费观看。

用户的付费方式大致可以分为两种，一种是会员付费制，一种是单片付费制。

会员付费制，即用户缴纳费用成为会员，可以观看移动综合视频平台上只对会员开放的热门影视剧，并且享受免去广告、跳过片头片尾等会员专项服务。比如腾讯视频VIP会员，除了可以24小时畅享超过万部高品质电影、电视内容资源之外，还可以有热剧提前看、获赠观影券、享有一键关闭片头广告等特权。

至于单片付费制，目前移动综合视频平台大多采取"免费+付费"方式，即平台上

---

[1] 爱奇艺招股书。

[2] 腾讯在2017年第四季度的财报。

的很多影视剧综艺等内容资源，允许用户免费观看，但是一些热门内容，如独家版权内容，需要付费成为长期会员之后才能观看。另外，一些新发行的电影，即使是VIP会员，也需要额外支付电影点播费才能观看，即"付费会员+付费"模式。但付费成为会员之后，移动综合视频平台会赠送若干张电影点播券，如优酷，VIP1~4级每月赠送2张观影券，VIP5~7级每月赠送3张观影券，一次付一年VIP，则额外再赠送2张，观影券的有效期为31天。[①]

●版权分销收入成为有力补充

除广告和用户付费这两种最主要的收入来源外，一些头部移动综合视频平台利用自身对内容的掌控力，通过版权分销也能获得一部分收入。特别是随着自制内容比重的增加，版权分销收入还会有一定程度的增长。以爱奇艺为例，随着其内容产品数量的不断增加，分销收入在逐年增长，2017年达到11.92亿元，同比增长137.9%，占营收比例的6.9%，比2016年提升了2.5个百分点。[②] 目前爱奇艺通过转授第三方供应商已向30多个国家和地区销售电影、电视剧、综艺等节目等。

4. 移动综合视频的用户洞察

●爱奇艺、腾讯视频、优酷的用户规模最大

移动综合视频在移动视频中占有最大的用户规模。爱奇艺（2016年12月月活用户22047.9万）、腾讯视频（2016年12月月活用户21332.2万）、优酷（2016年12月月活用户13840.4万）三家头部移动综合视频平台，至少逾8亿的月度活跃用户规模远远超过其他所有类型的移动视频平台。[③] 这种状况，一方面是由于移动综合视频的定位就是要触达最广泛的受众，另一方面是这些平台长期重金投入，积累了大量优质内容资源，是最顶级的流量源。

●移动综合视频用户画像

来自易观的数据显示，移动综合视频用户女性占多数，男性女性用户比例为4：6；年龄在24~35岁的用户超过50%，41岁以上用户超过20%；一线城市用户分布更为广泛，接近40%。[④]

---

① 自统计于优酷 App 的会员专区。
② 爱奇艺招股书。
③ 易观智库《2017 移动视频市场年度综合分析》。
④ 易观智库。

移动综合视频用户年龄分布

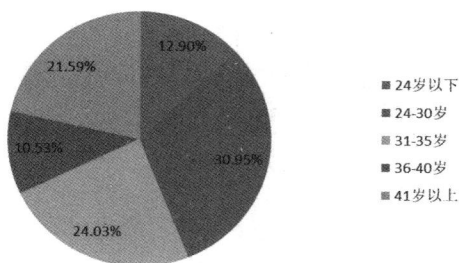

移动综合视频平台用户的分级城市分布

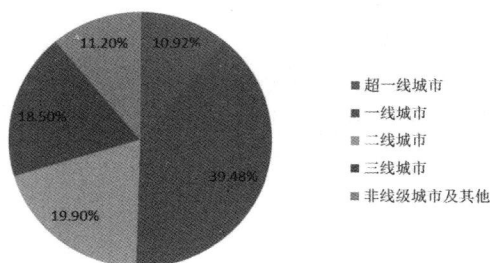

数据来源：易观智库

● 移动综合视频的用户行为特点

根据易观千帆监测数据，移动综合视频平台的人均单日启动次数保持在7次以上，人均单日使用时长达到130分钟以上；就全年来看，8月人均单日启动次数达到峰值10.7次，8~9月人均单日使用时长达到峰值174.7分钟。由此可以看出，暑期移动综合视频用户使用更为活跃。[1]

2016年1~12月移动综合视频人均单日启动次数

2016年1~12月移动综合视频人均单日使用时长

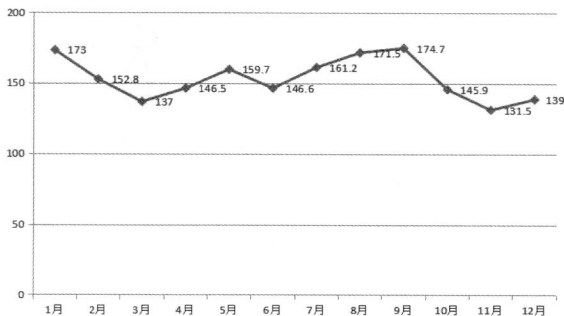

数据来源：易观千帆监测

一个非常突出的现象是，移动视频用户观影时的互动意愿在增长。《中国网络视听节目服务协会网络视频用户调研2017》数据显示，50%以上的用户在移动端观看影视剧时会产生互动行为，最多的互动行为是点赞与点踩。[2]

---

[1] 易观千帆监测数据。
[2] 《中国网络视听节目服务协会网络视频用户调研2017》。

观看影视剧时的互动行为

数据来源：《中国网络视听节目服务协会网络视频用户调研2017》

　　而来自优酷网的数据也显示，该网站月评论数与观众人均评论数呈增长趋势，75%的观众会在观看影视剧时关注弹幕内容。[1]

观看视频时关注弹幕内容的用户比例

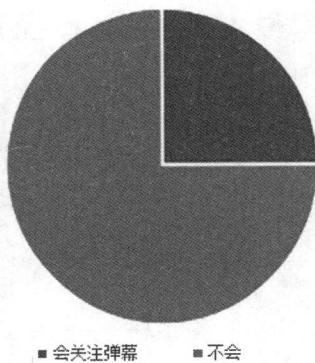

■会关注弹幕　■不会

数据来源：优酷网

三、移动短视频

　　移动短视频，顾名思义，就是通过移动互联网传播的时长较短的视频内容，时长一般在5分钟以下。本文中所研究的移动短视频，不仅指的是一种节目类型，而是包括内容制作、分发、变现以及政府监管等多个环节在内的完整产业链。

---

① 优酷网数据。

（一）移动短视频的发展历程

1. 我国短视频的早期发展并不顺利

UGC内容，即用户产生内容是网络短视频早期的主要容身之所。而UGC在我国的发展并不顺利。

在互联网发展早期迎来了一次UGC内容的发展机遇，即美国YouTube创造了全球UGC平台的神话，于2006年以16.5亿美元被Google收购，刺激了国内一大批UGC创业。2005年土豆成立，2006年优酷网上线。到2007年CNNIC数据显示，我国互联网用户中，网络影视用户比例已达76.9%，在线视频服务已经非常普及。但是在PC端时代，内容的拍摄、剪辑、后期等制作步骤对于普通用户来说非常繁琐，盗版问题也非常严重，大大降低了原创内容的数量与质量。在网络原创内容不够丰富多样、用户使用习惯没有形成等多重因素的作用下，该时期国内的UGC虽有发展，但没有像YouTube一样取得巨大成功。

我国UGC发展没有抓住第一波国际短视频热潮带来的机遇，又在2009年之后被席卷全行业的正版长视频版权争夺战掩盖了风头。2009年第四季度，坚持走正版长视频路线的美国视频网站葫芦网（HULU）正式实现盈利，证明了其商业模式是正确的，引来新一轮的热论与追捧。同年，政策也开始加强视频内容版权保护。一时间，国内所有的视频网站都开始调整战略，通过大规模融资、合并、IPO，一掷千金地囤积长视频版权，打响了影视版权和大IP争夺战。价格昂贵的影视剧、综艺等长视频内容占据了绝大多数视频网站的版面，UGC的内容得不到分发，活力被压抑。

2. 移动互联网为短视频带来发展生机

2010年，iPhone4的发布让全世界

加速步入互联网时代。随后一年，国外的短视频创业开始兴起。据美国新创公司数据挖掘平台Crunch Base和美国互联网企业风向标科技博客Tech Crunch数据显示，2011年2月上线的视频分享网Socialcam以移动性、社交分享性、便捷观看性为主打特点切入视频分享领域，首月用户25万，8个月后用户涨到200万，在势头正旺时被收购；同年4月上线的手机摄影网Viddy以滤镜等主要功能模仿当时还是以图文为主的图片墙网站Instagram，在2012年5月便融资3000万美金，2012年7月累计达到了4000万用户；2013年1月上线的藤蔓网（Vine）主要功能就是1~6秒视频录制分享，同年6月便达到了1500万的用户规模；Instagram也于2013年推出短视频功能，与图片互为补充。目前，Socialcam、Viddy已被关停，Vine于2016年10月底被推特网（Twitter）关停。①

在我国，随着移动互联网的进一步普及，移动智能终端的功能不断强大，带宽的不断提高，带来了用户行为的深刻变化，用户从传统手机用户变成了智能手机上网用户。相比较需要深度阅读的图文信息和感官刺激度更高的视频内容一旦没有了带宽限制，很快成为用户的新宠，这为移动短视频的创业者带来新的生机。国内创业团队察觉到了移动互联网时代下的短视频领域新生机，从2013年开始，短视频应用开始慢慢出现。2010年，秒拍公司成立，主要经营移动视频工具，后涉足短视频平台，被新浪微博内置其功能；2013年9月腾讯高调推出"微视"；2013年3月，美图推出"美拍"；2012年底快手由原来主营可交换图像文件（GIF）制作转为短视频社区。

3. 移动短视频的爆发

2015年，国务院、工信部均召开会议明确加快高速宽带网络建设、运营商降低资费、大幅提升网速等进程，我国通信业开启"提网速、降网费"热潮。在此基础上，从2016年开始，移动短视频进入高速发展期。2015年之前上线的早期移动短视频开始陆续获得资本的青睐，秒拍、美拍等均在这期间获得亿元美元以上的融资金额。而新一代短视频也在这一时间纷纷上线：一下科技继秒拍之后布局小咖秀，得到何炅、蒋欣、林心如众多明星加持，口碑扶摇上涨；今日头条布局抖音、火山小视频、西瓜视频。其中，抖音在2017年引发全民15秒视频狂热浪潮，凭借《海草舞》等现象级内容被网民大肆模仿。移动短视频行业迎来了大发展的春天。

（二）移动短视频的特点和发展现状

1. 移动短视频的四大特点

首先是内容生产门槛低。从硬件上来说，仅使用一台智能手机，人们就能通过移动短视频平台完成短视频内容的拍摄、剪辑、后期等一系列工作。虽然对于需要打造高质量内容的专业团队来说，专业设备的介入必不可少，但对于绝大多数录个短视频以图一乐的普通网民，短视频制作的门槛就是一台智能手机。2017年11月，我国移动电话人数达14.1亿人，移动互联网用户达12.5亿。②在这种移动终端的高普及率下，移动短视频的内容制作基本上没有硬件门槛。从内容制作能力上来说，有很多短视频平台，比如抖音，内容大多

---

① Crunch Base 与 Tech Crunch 数据。
② 工信部 2017 年 12 月发布数据。

数在15秒至1分钟以内。15秒的内容，不用写脚本，不用有场景策划，短视频平台为用户提供了简单易操作的界面，上到80老人下到5岁孩童均可轻松使用。

第二个特点是强社交属性。由于移动短视频具有体量小的天然优势，在目前市面上的4G带宽下，能够容易且快速地被上传。据实验数据显示，15秒的视频上传到抖音平台上的时间在5秒之内，1分钟的视频上传到网络上的时间在20秒以内，转发的速度更是快到可以忽略不计。目前的移动短视频平台均支持使用社交账号进行登陆，利用社交平台的大账号体系，将用户的社交关系转移到了短视频平台上，极大地刺激了用户的转发行为，故而增强了短视频的社交属性。

特点三是内容生产者与消费者重合度高。移动短视频的用户有时兼具观众和内容制作者的身份。来自快手的数据显示，有50%的观众会在观看内容时也去自己制作内容。所以，短视频的观众与内容制作者在自然人、使用时间等维度上，均存在高程度的重合。

第四个特点是碎片化传播。能够利用碎片化时间进行消费，是移动短视频的重要特征。这一特征也促进了移动短视频的广泛传播。移动短视频的分发渠道非常广泛，可以分发到微信朋友圈等强关系社交平台、新浪微博等弱关系社交平台、今日头条等新闻资讯平台，而这些大流量入口级平台在应用上的海量分发，也加快了短视频内容的传播速度。

2. 移动短视频的发展现状

首先是用户规模不断扩大。来自全球领先的第三方全景数据服务平台Mob Data的数据显示，我国短视频行业2017年第二季度的用户规模为1.4亿，比2013年的0.4亿有大幅提升。[①]比达咨询的数据也印证了这一观点。从比达的数据中可以看出，2016年第一季度到2017年第二季度，移动短视频用户增长略缓，但在2017年的第三季度增长态势出现转机，到2017年底，移动短视频用规模已达2亿人。[②]

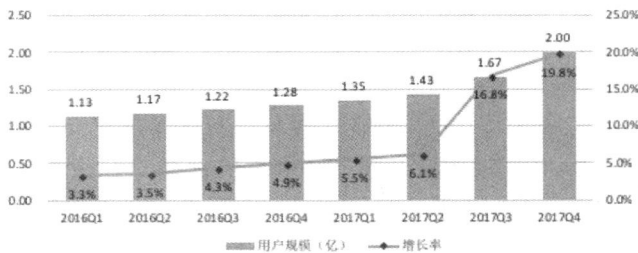

2016年第一季度到2017年第二季度用户规模

数据来源：比达咨询

移动短视频是在2017年下半年开始增速的，迅速打败了即时通信、综合资讯、微博社交等所有移动领域的垂直细分行业的应用。据北京贵士信息科技有限公司（Quest

---

① Mob data 数据。
② 比达咨询《2017 年度中国短视频市场研究报告》。

Mobile）数据显示，2017年9月，短视频用户使用总时长渗透率为4.1%，在所有移动垂直细分行业中排名第五，但是同比增长率为311.3%，大幅超越其他所有细分行业。[①] 据头条指数2017年5月的数据显示，其短视频消费数量占比超越图文阅读。短视频消费势头正好。

其次是移动短视频与长视频、直播的界限逐渐清晰。在移动短视频的发展中，其与长视频的竞争分野愈发明朗起来，无论是从内容制作、内容形式、运营方式还是用户，都体现出很大的差异。最明显的差异就是短视频是由明星、网红、普通用户生产的UGC与PGC为主，时长在5分钟以内。而长视频则主要包括影视剧、综艺、网络影视剧等，时长大多在30分钟以上。移动短视频与移动直播往往联系在一起，很多短视频平台也开办了直播业务。北京贵士信息科技有限公司（Quest Mobile）的数据显示，2016年移动短视频与直播的发展均向好。但2017年第二季度以来，形势出现了一些变化：短视频继续保持快速上扬势头，而直播则开始一路下滑。

（三）移动短视频的内容生产

1.移动短视频内容生产概述

移动短视频的内容需求非常旺盛。通过前文分析我们知道，移动短视频是以移动媒体为传播渠道，以明星、网红、PGC、UGC生产的内容为主要来源，时长在5分钟以内的视频内容，是继文字、图片、传统视频之后新兴的又一种内容传播载体，具有生产成本低、传播速度快、生产者和消费者之间界限模糊等特点。近年来，我国移动互联网快速发展，2017年6月，我国手机网民规模已达7.24亿，占总网民人数的96.3%。[②]随着门户网站渐趋衰落，微博、微信等移动社交平台崛起，人们逐渐放弃传统媒体，把大量时间花费在移动媒体上，高涨的碎片化娱乐需求促进了短视频内容生产的高速发展。

内容生产是短视频产业链的核心，是吸引用户的根本动力。手机网民数量的增长，为短视频行业提供了肥沃的发展土壤，短视频内容制作门槛较低、参与面广，因此其内容呈现百花齐放、百家争鸣的特点，平台间的竞争十分激烈。在短视频产业链中，包括UGC、PGC在内的大量内容创作者是整个短视频产业链条的核心，其竞争力主要体现在优质内容的持续产出能力和产品迭代能力。从目前已经获得千万粉丝的短视频产品来看，优质的内容是它们能够获得关注的根源，而不是那些哗众取宠、浅薄、无厘头的搞笑内容。例如爆红的Papi酱，它主打的内容包含了很多当下的社会热点，能在搞笑的同时引发受众的共鸣。内容为王的法则在短视频领域仍然适用，唯有让优质内容脱颖而出，实现差异发展，才能真正打动用户和拓展市场。

2017年以来，短视频市场整体增速强劲，到12月短视频综合平台与短视频聚合平台活跃用户规模分别达到3.341亿人与1.099亿人。而在对用户时间的占用上，短视频综合平台与短视频聚合平台的用户使用时长分别在12月达到34.857亿小时和10.256亿小时。[③] 各项数据与年初相比增长幅度均远超100%。用户流量与用户时长的不断增长昭示着短视频

---

① Quest Mobile 数据。

② （CNNIC）在京发布第 40 次《中国互联网络发展状况统计报告》。

③ 《2017 年中国短视频 MCN 行业发展白皮书》。

处在内容领域的风口地位，越来越多的用户花费更多时间在短视频上，也意味着用户对内容品质的追求将跃升到新的高度，对短视频内容更精细化、专业化的运营把控必然是平台方、内容方、品牌方下阶段的重点发力方向。

移动短视频内容生产也成为热门投资方向，主要投资轮次集中于天使轮和A轮。2016年以来，短视频内容创业方向已发生了超过30笔融资，在秒拍Top50榜单内，2017年有12家机构完成了融资，投资机构中出现了经纬中国、红杉资本、真格基金、华映资本等知名创投基金，其中真格基金、基石资本等都发生了三次以上针对短视频内容行业的投资。

2017年短视频MCN投资情况（节选）

内容生产方	成立时间	融资事件	融资时间	金额	投资方
新片场	2012年	定增	2017.8	1.47亿	德比软件、孚惠资本、完美世界等
暴走漫画	2010年	E轮	2017.7	—	晟道投资
一条	2014年	C轮	2017.9	4000万美元	宽带资本、欧翔投资
二更	2015年	B+轮	2017.8	1亿	云峰基金、源码资本
罐头厂	2014年	B轮	2017.9	数千万	祥峰投资、正心谷创新资本
日日煮	2014年	B轮	2017.7	1亿	郑志刚、阿里巴巴创业者基金
Zealer	2012年	A+轮	2017.3	数千万	腾讯
何仙姑夫	2014年	A+轮	2017.9	数千万	深创投、百度视频
陈翔六点半	2014年	A轮	2016.7	数千万	贝塔斯曼亚洲投资基金

数据来源：秒拍网

2. 移动短视频内容生产呈现金字塔式格局

目前在短视频内容行业内，大大小小的制作团队有2万~2.5万家，并呈现明显的金字塔结构，马太效应明显。至少有超过2.3万家内容团队处于金字塔底层，主要是靠自制生产内容、代工生存；几家大的内容组合型专业化、规模化制作机构（MCN）霸占在市场腰部，同时一些小型MCN机构和独立专业制作（PGC）团队因其竞争力较强或拥有排他性内容优势也进入到腰部；而综合能力突出、资本雄厚的行业领跑内容团队仅有10余家。目前尚未有新媒体平台的大型

短视频内容制作金字塔

数据来源：卡思数据

短视频内容制作团队。[①]

●UGC为移动短视频提供高品质内容

短视频内容创作者主要有两类：专业制作和用户制作（PGC和UGC）。PGC具备较强的流量变现能力，是各平台之间争夺的主要焦点之一。易观数据显示，在2017年第一季度移动全网短视频平台用户渗透率中，秒拍、快手、美拍等UGC产品以62.2%、45.1%和41.3%占据首位和第三、四位。[②] 2017年6月9日，由微博、秒拍和亿幕共同推出的视频内容服务平台云剪系统正式开放，最快可在2分钟内制作出一个高质量的短视频。

相对于PGC用户，UGC群体基数大、与平台的消费人群重合度较高，它是短视频的海量内容来源，同时在一定程度上也是社区氛围的维护者，所以UGC的创作活力对平台生态的形成至关重要。一个生态健康的短视频平台，其UGC贡献的站内流量或粉丝量应当占到总流量或粉丝量的40%以上。与传统长视频相比，短视频对于生产者的要求低得多，制作成本低、技术要求低、形态丰富多样、对流量的吸附力强是其突出特点。UGC本质上就是拓展了传统意义上的内容生产者，而他们就是移动短视频的重要的海量内容来源。

3. 短视频MCN化

●什么是移动短视频MCN

MCN指的是联合若干垂直领域具有影响力的互联网专业内容生产者，利用自身资源为其提供内容生产管理、运营、粉丝管理、商业变现等专业化服务和管理的机构。而短视频MCN则是聚合若干短视频内容创作方，为其提供包括内容制作、版权管理、宣发推广、用户拓展、变现销售等专业化的服务，获取广告或销售收益分成的机构。一套经典的MCN公司制作流程首先是低成本流量测试、找到成本最低的模板，再稳定产出内容，实现广告电商变现，接着新人嵌套红人模板，导入大规模付费流量，至流量成本回升。优秀的短视频MCN具备突出的资源能力，包括IP资源、广告主资源、电商平台资源、内容制作（集成）能力、宣传发行能力、流量推广能力、全网营销能力、数据分析能力、粉丝运营能力等。

●移动短视频MCN化的原因

内容重要性的凸显催生了MCN市场。在流量成本不断走高的背景下，内容成为更高效地获取精准用户的流量入口。内容数量上急剧爆发，创作者数量激增，对产业运行效率提出更高要求，具备专业化能力的中间环节机构产生大量需求缺口。在国外成功案例的商业模式背书下，为直播网红、电商网红提供孵化运营、资源对接的MCN机构在网红经济大潮下应运而生、大量出现。

●移动短视频MCN化发展势头良好

从一个方面来说，移动短视频市场需求的爆发带动了MCN市场规模的大幅攀升。2015年以来短视频成为互联网的重要内容来源之一，而2017年微博等社交平台、企鹅号等内容平台、美拍等短视频平台对MCN机构的大力扶持，造就了视频MCN机构的爆发之

---

① 卡思数据2017短视频行业白皮书。
② 易观数据。

势，带动了整体MCN市场规模的扩大。

2015年以前，少部分嗅觉敏锐的内容机构借鉴YouTube的MCN模式在国内开始尝试性探索，但由于缺乏市场基础以及平台动力，这个时期的MCN模式并未掀起波澜；2015—2016年，

2017年中国互联网短视频MCN市场规模

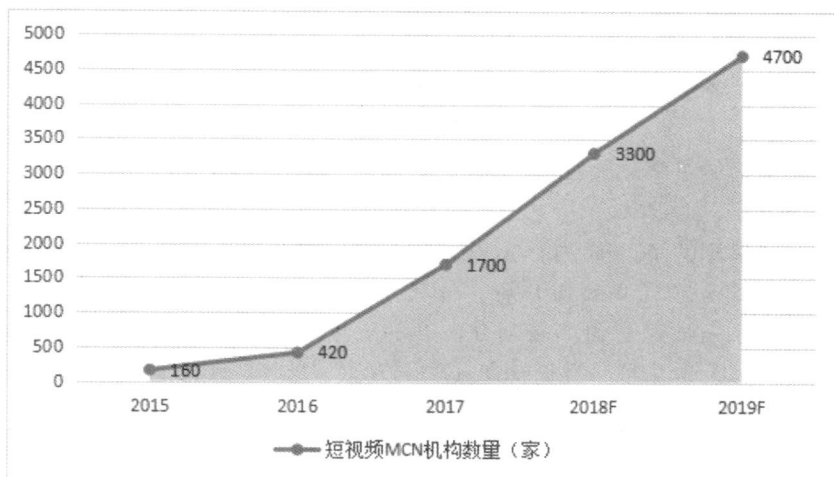

数据来源：《2017年中国短视频MCN行业发展白皮书》（易观与美拍联合发布）

快速爆发的短视频内容市场使得短视频平台开始逐步尝试MCN模式，结合社会化营销机构、网红孵化器的商业模式，矩阵式、机构化的短视频内容生产模式逐渐走向主流；2017年，在平台投入大量资源和资金扶持的驱动之下，MCN模式收获大范围市场共识，包括万合天宜等网络剧提供商以及瑞丽等传统内容生产商也开始渗透、跨界到短视频MCN业务中，多个垂直短视频内容分发平台的快速发展也给一些针对细分市场的短视频MCN机构的崛起带来更大的市场空间。

从另一方面来看，短视频MCN使得短视频行业多方受益。对短视频内容创作者来说，短视频MCN可以帮助他们进行更有规划的生产周期管理，为创作者的价值变现打开更多通路；对平台方来说，与短视频MCN的合作能促进其实现以较低成本大幅提升平台内容运营效率和产品运营效率，更加专注于平台的各项业务发展；对广告主来说，与短视频MCN的合作，可以实现对整个营销项目更高效可控的生产对接和流程把控；对投资人来说，对短视频MCN的投资在风险控制、投资回报方面有了更有效的保证。概括起来，短视频MCN面向多个价值链环节，使得短视频行业内容方、平台方和广告方的沟通更加高效，创造了新的细分市场并探索出一种使产业链各方都颇为满意的盈利模式，同时，整个短视频产业链和价值链的长尾化，证明了短视频精细化发展进入新的阶段，分工协作成为主流。

此外，MCN对于短视频生态系统的构建起着重要作用。在内容的规范化和规模化方面，UGC/PGC的长足发展起到了提升内容生产效率，有效把控质量的作用。在助力优质内容成长、有效触达目标用户方面，UGC/PGC借助MCN一系列流程机制实现优质内容更快更有效地触达目标受众，帮助优质内容快速孵化成长。在运营方面。MCN机构在各运营环节都有专业团队，整合包括IP资源、广告主资源、电商平台资源、内容制作资源以及流量推广和全网营销、数据分析、粉丝运营能力等。在商业化方面，MCN公司可以为旗下短视频达人提供广告合作、包装推广、内容分发、版权维护等一系列的服务。单一IP的发展往往是有天花板的，但将一群IP聚集起来则可能实现群聚效应。

总之，MCN模式是移动短视频市场未来发展的必然走向。随着内容创作数量急剧爆发、创作者的迅速增加，对移动短视频产业的运营效率有了更高的要求，更加专业化、职业化的内容运营模式是市场发展的必然，而 MCN模式将向更多内容领域推及，吸引更多专业化人才和机构进入，但同时市场洗牌也在逐步展开，优胜劣汰的大戏将不断上演。

【延伸】移动短视频MCN化案例

新片场的MCN魔力TV：成立时间短，制作实力雄厚

成立于2012年的新片场，依托于短片分享平台"V电影"发展而来，通过互联网平台聚集了一批优秀的年轻创作人，并逐步发展为国内领先的新媒体影视出品发行平台机构。2015年新片场挂牌新三板（公司从"V电影"更名为"新片场"），2016年获得7000万C轮融资。基于创作人社区运营模式，新片场聚集了40万创作人员，创作出了170万部作品；短视频MCN业务已经吸引超过380个联盟成员加入，并打造出了《造物集》《魔力美食》《小情书》《理娱打挺疼》等10个系列头部内容品牌。魔力TV是V电影和新片场旗下的MCN品牌，致力于互联网视频内容UGC与PGC的扶持与孵化，虽然它刚刚成立一年多时间，但是已经是MCN机构中的龙头。在秒拍2017年3月原创作者Top10榜单中，魔力系短视频品牌生产的《魔力TV》《魔力美食》《理娱打挺疼》《造物集》《小情书》《Ilove》就占据了6席，足见MCN机构的强大发展潜力。①

Papi酱成立PapiTube：打造影响广泛的创意短视频平台

Papi酱成立PapiTube，其创始人试图利用自己知名的短视频品牌签约孵化更多新进入该领域的创作者，将PapiTube做一个影响广泛的创意短视频平台。泰洋川禾文化传媒徐州有限公司CEO杨铭表示，在业务上泰洋川禾并不把PapiTube定位成推出网红，而是更接近自媒体的角色。PapiTube的主要的发展思路是沿着生活方式的方向做垂直化的自媒体运营，未来希望可以成为一个生活化方式的自媒体矩阵。截至2017年4月统计，PapiTube签约了近30万短视频创作者，其中有多个创作者的粉丝已到达百万级别。PapiTube每日针对不同的粉丝受众产出内容，已经成为典型的MCN机构。

微博平台的MCN：微博垂直MCN合作计划

为进一步扩大微博在各个垂直领域的内容生态建设，2017年5月，微博启动各个垂直领域MCN机构的接入合作，通过资源倾斜和政策倾斜的方式，帮助垂直机构建设旗下优质账号矩阵，包括账号推荐、内容推荐、开放特定功能权限以及特定权益等深度合作模式，加快相关MCN机构的发展速度。2017年6月，微博、秒拍与万合天宜等 MCN 机构达成基于迷你剧和微综艺的 MCN 战略合作，并成立"创作者联盟"，共同推出的PGC视频内容服务平台云剪系统正式开放，为 PGC用户提供视频素材管理、剪辑和分发服务，进一步降低PGC视频制作门槛。截至2017年8月，与微博合作的视频MCN机构已经超过300家；11月，微博又推出了短节目视频平台酷燃；12月，微博宣布将联合成立30亿元基金扶

① 《2017 年中国短视频 MCN 行业发展白皮书》。

持优质MCN机构。

作为中国互联网市场颇具代表性的内容发布与消费平台，微博帮助大量内容生产者利用多种形式实现精准传播和粉丝互动，而微博对于内容创作者的社交赋能，也实现了自身的内容生态构建与优质内容的持续输出，形成微博在用户规模、用户活跃和商业化能力提升上的正向循环。微博的MCN业务也整体呈现出互动渠道开放、服务体系完善、变现最大转化、发力垂直领域等显著特点。

4. 短视频从泛娱乐向垂直内容转型

短视频出现之初，以纯搞笑类、娱乐明星八卦内容为主，流量获取容易，但内容趋于同质化、实现商业转换困难。2016年，专注于美妆、美食、生活方式等垂直领域的创作者集中发力，其他垂直品类也开始逐步出现短视频内容创作者。至2016年四季度，短视频创作者覆盖的垂直品类已经超过40个。在秒拍该时期的原创作者Top50榜单中，只有15个属于搞笑类型，其他35个来自8个垂直品类，尤以美食、美妆类居多（分别上榜11人和10人）。而在2015年，排名前列的几乎全部为搞笑类内容，非娱乐明星、非新闻现场、非纯搞笑内容获得的流量比例不足20%，到了2016年，各个垂直类内容的流量占比便超过了60%。

短视频内容向垂直化发展主要有两个动因，一方面，由于资本对短视频内容生态的支持，使得更多垂直领域的内容创作者可以获得投入的回报；另一方面，在消费升级的背景下，短视频使用者会对垂直细分领域的内容产生更多的需求。未来几年短视频在内容上的变化主要表现在三个方面：一是垂直内容的细分类型会产生更细的内容维度，如地域方言类等；二是垂直领域的内容质量和数量都将得到较大的提升；三是在母婴和美妆等领域获得商业上的成功之后，会有更多垂直领域的商业价值和变现手段被挖掘，比如汽车、家电等。

【延伸】短视频从泛娱乐向垂直内容转型案例

一条：聚焦生活品质

"一条"的创始人为《外滩画报》前总编徐沪生，他是传统媒体人在新的内容表现形式下获得成功的代表性人物。其短视频内容聚焦于对生活品质和审美有所追求的消费人群，吸引了大量新兴的中产阶级。做线上的无印良品或短视频内容版的网易严选或许是其最新瞄准的全新市场定位。"一条"的成功也在一定程度上也提高了生活美学类短视频创作的准入门槛。目前，"一条"的电商收入已经是其广告费的10倍，2017年"一条"的销售额目标为10个亿。

办公室小野：跨界与独特视角

凭借独特的视角及跨界内容，"办公室小野"用创新搞怪的内容满足观众心理诉求，迅速走红。从2017年2月开始正式上传视频，截至到5月20日，"办公室小野"共发布了16条视频，单条视频播放量超过3000万，全网点击量超过5亿；其2017年2月9日发布的短视频饮水机煮火锅在秒拍、美拍、土豆等平台走红，合计播放量超超1675万；2017年8月18

日发布的"景观灯烤蛋糕"视频合计播放量超1850万。

（四）移动短视频内容分发平台

移动短视频分发平台的竞争十分激烈，从近两年的情况来看，尚未形成类似移动综合视频领域已经形成的相对稳定的竞争格局情境，但基本市场生态格局已然出现。2016年至2017年早期，位于头部的三个短视频平台为秒拍、快手、西瓜视频。随着时间的推移，2017年后半年，秒拍渐渐淡出，抖音开始迎头反超，在多个运营数据维度上成绩不俗。

之所以形成这种市场总体相对稳定、局部剧烈调整情况，一是由于移动短视频门槛低，内容上难以形成高壁垒，模仿和借鉴比较容易，分发平台很难建立绝对的竞争优势；二是移动短视频行业发展极为活跃，新技术新产品会不断对旧有格局发起冲击。当前，抖音是移动短视频行业的关注焦点，预计未来一定还有新的爆款短视频应用对其发起挑战。

2017年12月主要短视频App的月活用户数（万人）

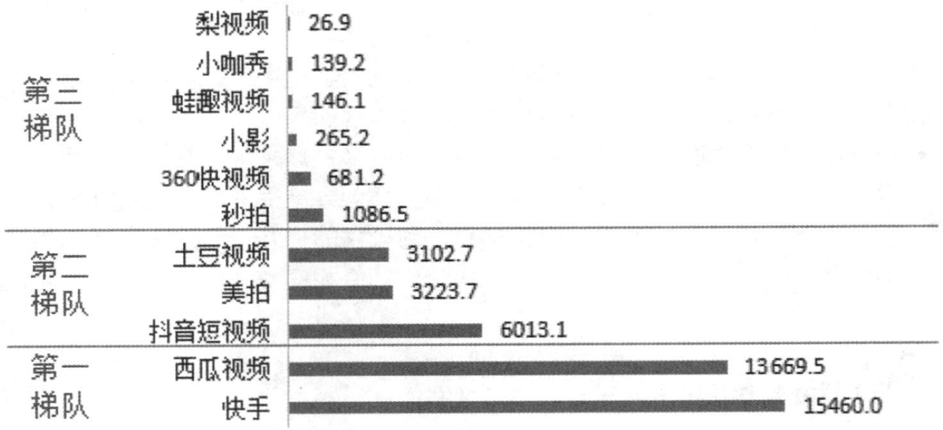

数据来源：易观数据

资本进入短视频行业以分发平台为主。据统计，2012~2017年，短视频平台方的融资事件占短视频行业融资事件的44.8%（内容方36.6%、工具类18.7%）。不少移动短视频分发平台很早就接受了投资，如美拍2009年就开始天使轮融资。2009—2016年短视频平台融资情况良好。根据易观数据，2015年针对短视频平台方投融资有18笔，2016年针对短视频平台的投融资为15笔，其中较为著名的有秒拍的母公司——一下科技，获得由新浪微博领投的5亿美金的E轮投资。2016—2017年，除了寡头获得投融资之外，一些垂直类的短视频平台也受到了资本的青睐。

2011—2016年主要短视频平台融资情况

平台方（母公司）	成立时间	融资事件	时间	金额	投资方
秒拍（一下科技）	2011年	E轮	2016.11	5亿美元	新浪微博、乐逗游戏、凤凰资本等
快手	2011年	D轮	2017.3	3.5亿美元	腾讯
Musical.ly	2013年	C轮	2016.7	1.3亿美元	纪源资本、启明创投、光信资本
小红唇	2014年	C轮	2016.8	6384万美元	华策影视
小影	2012年	B轮	2016.7	数千万人民币	光照资本
快美妆	2014年	B轮	2017.7	6000万人民币	华银资本中国、前海母基金
花卷	2016年	B轮	2017.1	4000万美元	创新工场、EMC等
开眼	2016年	Pre-A轮	2016.7	千万级人民币	经纬中国
今日头条	2016年	天使	2017.1	数百万人民币	今日头条

数据来源：公开数据

2017年，短视频投资在一级市场持续升温，互联网巨头纷纷布局短视频。2017年3月，陌陌将原有短视频模块整合到一级入口"附近"的位置，积极探索"社交+短视频"，新浪、搜狐也把短视频列入2017的战略规划。BAT方面，腾讯领投的短视频"快手"宣布完成D轮3.5亿美元融资；百度领投人人视频的B轮融资；阿里巴巴文娱集团旗下土豆网全面转型为短视频平台，并投入20亿元打造"大鱼计划"。

短视频产业链图示

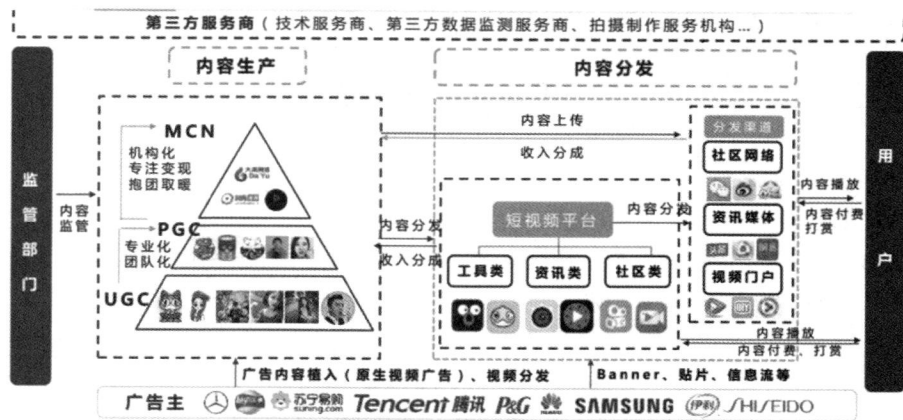

数据来源：笔者绘制

从上图所描绘的短视频产业链可以看出，短视频内容的分发平台可分为短视频平台，如快手、抖音等，社交平台、资讯平台与移动综合视频平台也是短视频内容的扩充性分发渠道。下文将选取四类分发平台中的代表性平台进行经典案例分析，以期找到不同类型短视频分发平台的特点。

【延伸】四类短视频分发平台的代表性案例

移动短视频平台

腾讯系——快手——7亿短视频用户的乐园

用户渗透率一直名列前茅的短视频平台——快手，前身是成立于2011年3月，一款叫作"GIF快手"的手机应用。2012年11月，快手从纯粹的工具应用转型为支持录制、发布、观看时长为1分钟左右的短视频平台，用于用户记录和分享生活的平台。到2017年4月29日，快手注册用户超过5亿，日活跃用户6500万、日均上传短视频数百万条。2017年11月，快手App的日活跃用户数已经超过1亿，进入"日活亿级俱乐部"，总注册用户数据已经超过7亿，其用户留存和用户黏性都处于前列。

根据世界移动应用和市场数据分析的行业领导者苹果安妮（Apple ANNIE）数据显示，快手的海外表现也非常不错，截至2017年11月，快手在韩国地区的Google play软件市场视频编辑类应用下载排名及下载量总排名均为第一，App应用商店（App store）所有类别以及摄影与录像类别下载量也均为第一。

差异化的用户定位催生大量UGC

快手的目标用户群定位与其他短视频领域的竞争对手不同，主要用户所处的位置相对偏远，收入不高，年龄比较小，学历偏低，多为四五线城市的年轻人、农村用户、中学生等。这种"农村包围城市"的用户聚集策略，在7亿庞大注册用户规模的基础上，快手平台上每天产生超过1000万条新视频内容，且多以UGC为主。

自主研发内容分发技术

大量的UGC内容，导致快手的分发环节与PGC为主的其他头部短视频平台的分发策略不同。快手以"记录和分享"为内核，定位于"产品技术驱动""千人千面"个性化社区。千人千面的精准推送的技术是今日头条的"看家本领"，为自主研发精准推送核心技术，快手依仗400名工程师对其智能匹配与推荐技术进行支撑和改造。

通过快手的分发机制，用户发布内容的质量权重非常高，而用户本身粉丝量的权重则非常低，也就是说作为普通的用户，即使不是大V，也不出名，只要发布的内容质量比较高，仍有可能被快手推送到其"发现"页面到达更多的用户。据36氪统计，用户发布内容被快手推荐至"发现"页面的概率明显高于其他视频平台。

短视频营销提高品牌质感

通过公益活动、与IP内容合作、将黑科技融入短视频等新奇的玩法，快手正在努力摆脱老铁、喊麦那些low级的标签，通过优质品牌内容，加上线上线下的互动行为，扩大更高端的用户数量，提升品牌质感。2017年7月，快手公益成立，同年9月，开展快手公益计划，在App上线爱心包裹，平台所得收益捐赠给中国扶贫基金会"爱心包裹"项目。在与IP内容合作方面，快手涉足影片宣发，电影《猩球崛起3》上映前夕，其主角凯撒在快手上开通账号"猿族首领凯撒"，并发布视频与网友互动。

AI研究致力于视觉新体验

2016年9月，快手成立专注前沿科技的Y-lab实验室，研究领域涉及人工智能、机器学习、计算机视觉和计算机图形，尝试将过去在PC段取得的成功经验以创新形式转移到移动端，以期带给用户全新的视频纪录体验。目前，快手已经推出了动态人像背景替换、AR虚拟现实体验等技术为基础的一系列新体验应用。2017年，Y-lab基于人体姿态捕捉技术上线功能，辅助《猩球崛起3》宣发推广。

遭央视点名批评，平台重整前行

2018年3月，央视在新闻调查节目中集中曝光直播平台乱象，包括低龄生子、早恋直播等问题，快手等平台被点名。2018年4月1日，央视点名短视频平台低龄孕妈炒作炫耀，快手清查并封停账号；4月3日，针对央视批评短视频平台出现大量未成年妈妈视频等低俗内容，快手CEO宿华在微信公众号中发表了道歉文章《接受批评，重整前行》；4月5日，快手App已在安卓手机各大应用商店内下架；4月8日，快手宣布已清理5.1万条问题短视频，封禁用户1.1万余人。4月13日，快手App首页左侧栏增加了一个有带有未成年图标的"家长控制模式"。

今日头条系——抖音——从默默无闻到一飞冲天

2016年9月，抖音正式上线，专注新生代的音乐短视频社区，支持用户发布15秒的短视频。上线之初其反响平平，直到2016年12月还排徊在App store的500名左右。真正迎来转折点的可能是上线尬舞机这一新玩法，该功能上线后抖音很快蹿升至App Store免费榜第一名，超越微信。

抖音的另一波应用狂潮爆发在2017年春节期间。根据QuestMobile数据，2017年春节期间（2月14日~2月17日），抖音日活规模超过了6500万（相较于1月份，活跃用户数增长突破4600万），仅在除夕当日，抖音便斩获了4200万新安装用户。值得注意的是，在用户画像城市等级分布方面，抖音在一二线城市的占比要超过快手。同时，来自App Annie的2017年2月份数据，抖音下载量冲至全球第7。据第三方数据机构Questmobile在2017年6月发布的报告，抖音已经进入了短视频行业的前10名，在UGC短视频领域排名仅次于快手。2017年8月，抖音VV（视频播放量）已经超过10亿，并且在持续增长。

从 App Store 的排名来看，上线 500 天的抖音已经强有力地压制住了快手的"一哥"地位。仅在2018年1月31日至2月27日期间，抖音短视频在App store的排名一直稳居高点；而根据感应塔（Sensor Tower）平台的数据，从2017年9月开始，在App Store上抖音的单日下载量一直持续走高；而从话题热度与社交影响力来看，抖音也足以与快手并驾齐驱。

多元营销助力快速发展

2018年3月19日，短视频应用抖音首次对外发布新品牌口号：记录美好生活。抖音的定位从"专注新生代的音乐短视频社区"改变为"记录美好生活"。围绕"记录美好生活"这个关键词，抖音在2018年启动"美好生活"计划。

在运营上，抖音的产品设计中有个好玩的功能叫作"挑战"，通过设置挑战的方式，来引导用户参与。比如，"谁说京剧不抖音"的挑战就是将传统文化与抖音风格相结合的产物，在站内传播效果非常好，用户参与程度很高。抖音会对优质的内容挂上精选的标签。站内的官方账号"抖音小助手"也会定期输出视频合集。例如2017上半年《乡村爱情》谢腾飞的表情包在网上走红。抖音的运营团队就进一步将谢腾飞在《乡村爱情》里的音乐和玩得很酷（Thug Life）结合起来，发起了#谢腾飞Thug Life#的挑战，产生了一种"越是本土化越是国际化"的感觉，不到一周就有超过1万多用户参与挑战。

明星效应也是抖音用户规模腾飞的重要助力，2017年3月13日，岳云鹏在自己坐拥上千万粉丝的微博里转发了一条和自己长相非常像的女生唱歌的视频，并带有抖音LOGO，之后抖音的搜索指数便一直呈上升趋势。在抖音得到越来越多的关注之后，不断有明星加入这个炫酷音乐短视频拍摄的队伍，其中不乏一些大咖：钟丽缇张伦硕一家、胡彦斌、杜海涛、李小璐、赵丽颖、大张伟等，此外明星也会给素人的作品点赞。借助明星的影响力来运营确实为抖音的用户增长奠定了良好的基础。

高曝光度是用户增长的强动力

抖音的投放规模从2017年5月开始上涨。当时，抖音逐渐出现在主流视频网站的爆红网综和网剧中，比如《春风十里不如你》和《中国有嘻哈》。2017年的夏天，抖音的高频露出让它实现了3000万的日活。除了视频网站，抖音还在虾米音乐、美柚、墨迹天气、一点资讯、今日头条、腾讯新闻等各大平台中刷存在感。据报道称，抖音花费2500万买下《中国有嘻哈》的赞助商口播、花字歌广告歌等权益。2017年8月，抖音的视频日播放量突破10亿。半年内，抖音的用户量增长了10倍以上。2017年底，抖音一跃成为App Store总榜的亚军，在摄影与录像类别长居第一的位置。

进入2018年，抖音的"势头"更加凶猛。2月1日，抖音宣布了吴亦凡的加入——正式任职为首席运营官（此前，抖音邀请了鹿晗、李易峰等人气明星入驻抖音宣传新作品）。春节期间，抖音邀请了12位流量明星，何炅、李宇春、迪丽热巴、周冬雨、杨颖等进行了两拨发红包的活动。明星效应带来的结果，就是从2018年2月13日开始，抖音进入各大应用商场下载量的前列。

音乐行业的爆款制造机

凭借广泛而深远的传播力，2017年，以王欣宇、胖胖胖、段娟娟、郑湫泓为代表的许多新晋独立音乐人均已在抖音上累积了百万粉丝。许多此前无人问津的音乐作品在抖音上传之后全网爆红，相关搜索指数飙升。

原创、独立音乐人拥有强大的创作能力但缺乏与之匹配的推广资源和渠道。作为国内广受年轻人欢迎的音乐短视频App，85%的抖音用户年龄在24岁以下。垂直且庞大的年轻用户群让新晋音乐人在短时间内聚集大量粉丝。同时抖音基于人工智能的精准分发和大数据服务，以及创意挑战赛、专属贴纸等适合移动短视频时代的新型推广创意能很好地助力音乐的有效传播。2017年，抖音已经深刻影响了音乐行业的传统宣传推广形式，捧红了《Panama》《Boys》《爱的就是你》等音乐作品。以抖音热门挑战"爱的手势舞"的背景音乐《爱的就是你》为例，该音乐作品在抖音上被使用173万次，以该歌曲为背景音乐的视频播放量超过3000万次，挑战上线后，歌曲百度指数一度飙升至之前的10倍。抖音也因此被音乐行业视为"爆款制造机"。

抖音为了进一步拓展更为丰富有效的宣传渠道和资源，在2018年1月25日上线"看见音乐计划"，挖掘和扶持原创、独立音乐人，寻找未来影响华语乐坛的新生原创力量。"看见音乐计划"第一期在为期5个月的时间里，对获得认证的原创音乐人给予推广资源、导师指导、单曲制作奖金、定制MV等多个维度的支持。"看见音乐计划"的首发导师阵容包括：汪峰、陶喆、李伟菘、李偲菘、臧鸿飞、孔令奇、董冬冬、崔恕。

2018年2月，抖音与摩登天空音乐集团正式宣布达成战略合作，抖音将成为摩登天空短视频战略合作平台，双方将在音乐、音乐人、音乐演出宣传推广以及原创音乐新人培养等方面展开深度合作。达成合作后，摩登天空旗下艺人将陆续入驻抖音，并在抖音首发新歌及MV。以外，"草莓音乐节"等演出品牌也将和抖音联合进行相关推广。

今日头条系——西瓜视频

西瓜视频的前身是头条视频，2016年5月，头条视频从今日头条App的短视频功能脱离，以独立App的形式正式上线，2017年6月，头条视频改名为"西瓜视频"。西瓜视频的定位是个性化推荐的聚合类短视频平台，通过算法分析用户的浏览量、观看记录、停留时间等数据，得出每个用户的个人喜好，从而有针对性地进行视频推荐。

西瓜视频上的内容主要以PGC为主，既有传统电视台的视频内容上传到西瓜视频，也有网络原生视频内容团队的作品上传到该平台。与其他分发平台一样，西瓜视频也非常注重内容，打出"平台内容生态建设"的口号，通过帮助内容制作者更好地进行内容制作、粉丝运营以及商业变现等，吸引以及运营珍贵的内容资源。例如西瓜视频推出了"进击课堂""创作者派对"等一整套的培训体系，帮助内容制作者提高专业程度。此外西瓜视频还推出"3+X"政策，通过平台分成升级、边看边买以及直播等方式，帮助短视频创业者拓展商业变现的渠道。

一下科技——秒拍——新浪微博与秒拍合作短视频

2011年9月，炫一下科技有限公司于北京成立，专注于为用户提供便捷的移动多媒体娱乐服务，先后开发了秒拍、小咖秀与一直播等移动视频App，其中秒拍与小咖秀属于移动短视频平台，一直播属于移动直播平台。秒拍是炫一下科技有限公司研发的第一款短视频应用产品，2013年上线，同年与新浪微博达成合作，秒拍成为新浪微博的手机端内置应用。

借助新浪微博的巨大流量，秒拍在同时期的短视频平台中占据了绝对的流量优势，很快冲进短视频头部。2016年12月，秒拍的用户覆盖率占据短视频行业最高。2017年第一季度，其用户渗透率仍排名第一，日覆盖用户数高于7000万，日均上传量150万+，每分钟播放量150万次+，视频内容设计垂直领域40余个，专业内容创业者高达5000余人，3000多明星以及大V入驻秒拍。

打造多维短视频内容，试图抢占内容高地

在内容方面，秒拍也有一系列的动作，如结合暑期档推出主题短视频活动。2017年6月26日至7月31日，秒拍针对18~30岁的年轻人发起了夏季主题活动"放肆一夏"，产出话题视频超7000条，总播放量高达23.71亿，阅读量达到7亿，产生的话题讨论达56.4万人次；活动分为妆扮、青春、音乐、运动、美食、旅程、演绎七大垂直领域展开，每个主题之下单个视频播放量前三的用户获得"放肆大奖"。

2017年9月，在新浪微博举办的"电视影响力盛典"上，秒拍凭借着在台网联动中庞大的内容资源以及强大的内容运营与话题制造能力，荣获"最具影响力短视频平台大奖"。

根据比达咨询腾云天下（Talking Data）数据显示，2017年下半年开始，秒拍的用户渗透率被抖音大比分反超。在群雄崛起激烈竞争的市场环境下，未来的日子，秒拍需要更加努力。

移动社交平台

新浪微博

2013年新浪微博与秒拍展开深度合作，将后者嵌入新浪微博App，作为段视频录制工

具正式发展短视频业务。2016年凭借新浪微博的高流量，其短视频业务曾在短视频领域一度跻身前三。在内容制作方面，新浪微博推出一系列动作促进MCN发展，提供了成员管理、资源投放、商业变现以及数据分析四大功能。

2017年5月，微博正式发布垂直MCN合作计划，通过政策和资源倾斜的方式帮助MCN机构进一步的发展；一个月后，新浪微博、秒拍以及亿幕共同推出了PGC视频内容服务平台云剪系统，为PGC用户提供素材管理、内容剪辑以及分发等服务；除了提供工具，签订合约，新浪微博还成立了30亿元的基金扶持MCN发展，这些行为都是为了吸引优质PGC落户微博短视频。

（五）移动短视频的收入来源

1. 短视频广告成为广告主新宠

广告是短视频平台最主要的收入来源。短视频在传播力、表现力、传递信息完整度上的优势，迎合了广告主在碎片化、移动化时代的营销需求，受到越来越多广告商的追捧。广告和平台补贴是目前短视频生产者最主要的变现方式。移动短视频广告的形式多元，主要有贴片广告、植入广告、信息流广告、定制内容广告、边看边买等。

贴片广告　其优势是覆盖范围广，曝光度高，是电视行业重要的广告营销工具。2017年2月，秒拍在其平台上投放了已签约的50个短视频达人账号，两天时间播放量便达1.3亿次，广告覆盖上亿粉丝，这是秒拍的首度规模化视频广告贴片的尝试，也是短视频业内首次贴片广告试水。同年第三季度，秒拍推出"放肆一夏"活动将明星、短视频达人的流量与品牌商进行深度绑定和互动，提升平台商业化水平。如高通联合秒拍平台投放TVC视频"地表最强反差"，宣传其产品——骁龙835手机，总播放量超过198万；同时定制了品牌专题页面，用户可直接跳转引流至电商平台。

植入广告　植入广告指将广告信息与视频内容结合，通过品牌露出、剧情植入、口播等方式传递广告主诉求的一种广告投放形式。植入广告的优点是广告与内容联系相对紧密，影响观看者于无形，市场效果较好；但对内容和品牌的契合度要求较高，容易受到粉丝排斥，其精准度受到质疑，用户往往不一定会点开广告内容。

信息流广告　出现在视频推荐列表中的信息流广告，是当前应用较多的短视频广告形式。形态上来说，内容按类似的规格样式上下排布就是信息流，有按时间顺序，有按热度，也有按算法。它的触达率较高，符合移动端视频观看习惯，这使商业行为和用户体验之间有了较好的一种平衡，容易激发受众的主动性，促使其主动接受与分享。

定制内容广告　平台可以整合品牌方的推广需求，定制营销方案，并精准匹配到达目标人群，将传播效果最大化。平台可以依托大数据分析能力及时向广告品牌方、视频达人反馈营销数据，起到很好的中转作用以达到共赢。

在短视频内容营销逐渐崛起的当下，由今日头条短视频出品、网红艺术作家顾爷制作、肯德基Chizza冠名播出的短视频栏目《你好！艺术》系列，无疑创造了顶级品牌与优质内容、新媒体平台结合的成功典范。该栏目于今日头条短视频客户端首发，第一集《画得不像就是艺术？200秒带你看4个颠覆艺术史的大魔王》，历数了三位颠覆西方艺术走向的艺术家乔托、塞尚和杜尚，并根据他们的成就总结出伟大艺术品的特性是"混搭+消失=颠覆"，继而引出堪比艺术品的美食——肯德基Chizza，上线12天，突破千万次播放量，肯德基新品Chizza就成为刷爆朋友圈的新晋网红美食，销售情况空前火爆。

边看边买 这是基于电商变现的一种广告形式。当用户在观看短视频的时候，会在屏幕中弹出商品，感兴趣的人点击商品就会跳转到购买页面。考虑到移动视频庞大的用户群体，在视频中插入商品功能将更容易实现电商变现。视频作者在平台后台发布内容时，可在其中插入第三方平台(支持淘宝、天猫、京东、亚马逊、有赞、微店等)的商品，商品在视频中会以卡片浮层的形式展现，用户可点击实现跳转购买，而当产生购买后，作者即可获取相应的佣金。西瓜视频推出了边看边买功能，创作者可以在视频中插入与视频内容有关的商品卡片，用户点击商品卡片，就能直接跳转到商品购买的淘宝或其他商城链接，直接下单。

未来，一方面信息流广告或将成为移动短视频平台变现的一大法宝。庞大的用户群体及日活量是去中心化分发技术发挥作用的必备土壤。基于共同的技术内核，大数据分发技术也是千人千面的信息流广告精准推送的技术基础。2016年，我国信息流广告市场规模达325.7亿，同比增长率为89.5%。以快手为例，据 App Annie统计，截至2017年11月，快手在韩国地区Google Play软件市场视频编辑类应用下载量排名及下载量总排名均为第一；App Store所有类别以及摄影与录像类别下载量均为第一。[①]另一方面，平台营销服务能力对吸引广告主至关重要。短视频平台也在吸引着广告主的加入，这意味着需要充分考虑到短视频营销服务能力能否满足广告主的需求。因此，广告主需精准地找到与自己产品匹配的短视频合作者，而短视频创作者也需通过寻找合适自身内容属性的广告主实现变现，故如何找到彼此，是这个利益链两端共同的着力点。

【延伸】短视频平台广告经营案例

首次试水广告贴片的：秒拍

2017年2月，秒拍首推6S贴片，成为实现贴片广告的第一家短视频平台。秒拍一共投放了平台上已签约的50个达人账号，两天时间，投放视频播放量达1.3亿次，广告覆盖上亿粉丝，这是秒拍的首度规模化视频广告贴片的尝试，也是短视频业内首次试水。第三季度，秒拍推出的"放肆一夏"活动将明星、达人的流量与品牌商对接，进行深度绑定和互动提升平台商业化。高通联合秒拍平台宣传产品——骁龙835手机，投放TVC视频"地表最强反差"，总播放量超过198万；同时定制品牌专题页面，直接跳转引流至电商平台。

创新广告合作形式的：美拍

2017年伊始，美拍联合大众点评网合作推出了"全民吃货"活动。活动进行不到一周，话题曝光量已超过3亿，参与人数近30万，开创了"餐饮+ 直播+大事件"的新玩法。2017 年6月美拍推出了"M计划"直接对接广告主需求，上线5个月后，平台内已经累积1000名进驻达人，广告视频共获得了6亿播放，为广告主创造了超 2.4亿元的商业价值。同

① App Annie 统计数据。

年9月底，美拍又联手旺旺、滴滴、美图手机等9大品牌发起"广告也有戏"话题活动。由此，美妆、美食、亲子等品类成为美拍的头部广告类别，广告主包括了宝洁、欧莱雅、乐事、哈啤等。

精准信息推送技术实现信息流广告的：快手

快手视频信息流广告可以在兴趣标签分类的基础上，支持包括地域、性别、年龄、手机系统、联网类型等在内的细分定向推送功能，以最大限度地保证产品直接触达目标用户。此外，与游戏公司联合运营以及App视频直播也是快手目前主要的变现方式。通过直播应用付费功能，快手居全球全品类应用收入排行榜第六名，为全球Top10唯一的短视频应用。另外，在海外市场，快手也取得了不错的成绩。

其他移动短视频平台广告经营模式的代表

短视频平台已经踏上商业化之路，短视频在为用户带来沉浸式体验的同时也为广告主提供了多样化的营销解决方案。2017年9月，抖音在官方微博上发布了"抖音首次品牌视频广告合作重磅开启"，合作品牌为雪佛兰、哈尔滨啤酒和视频在线租房公司爱彼迎（Airbnb）；陌陌也推出红人广告投放平台——"陌陌明星"，全面升级广告系统。利用短视频这个载体，将产品与红人、场景的对接实现互动营销。

2.短视频内容付费前景可期待

移动短视频平台的内容付费形式主要有产品付费和打赏两类。

●用户打赏方式正在尝试中

占短视频内容大多数的是娱乐内容，其目前的付费方式主要为用户打赏。用户打赏即用户对喜爱的短视频内容给予金钱上的支持，该盈利方式主要在直播中应用较广，而在短视频行业应用还较少。目前秒拍、美拍等都开始尝试通过打赏、赠送礼物等来获取相应收益。

●知识付费是重要增长点

知识类的短视频内容数量相比较少，其盈利模式主要为知识付费。知识付费近年来在国内发展迅速，网民为内容买单的习惯正在养成，知识经济仍处于互联网行业新趋势的风口之上。而短视频作为比图文和音频信息承载量更为丰富的内容形式，未来在专业知识类垂直领域的产品付费上将大有可为。

艾瑞分析认为，短视频用户付费短期内仍然难有突破性进展，未来垂直内容付费是突破口。用户打赏严重依赖粉丝效应，与短视频相比，具有高互动性的直播更能激发粉丝的打赏行为；会员付费模式目前在传统长视频和音频平台中比较常见，主要因为其有稳定且优质的内容生态，而短视频当前还处于发展期，用户还没有培养起对内容付费的习惯，但短视频版权在未来几年内将受到重视，短视频网站过度依赖广告生存的局面正在改变，短视频内容付费前景可期待。

以文史知识为主要内容的垂直类短视频平台"看鉴"，2017年3月上线付费短视频专辑和App。"看鉴"主打3~5分钟的短视频，重点介绍中国的历史、地理、人文资讯内容。截至2017年底，"看鉴"App共推出42个付费专辑，每个专辑约有10个左右短视频，每条短视频约3分钟长。每个专辑的单价14~48元不等，题材涉及历史故事、人物、典故、诗词歌赋、古代文化等。"看鉴"团队一半以上的人负责内容生产，已经做了超过600个视频，每日更新1~2个，形成了二十四节气、紫禁之巅等系列产品。至2017年底其短视频累计播放量已经超过20亿，App累积用户200万，其中有5万多的付费用户，每个月付费视频带来的收入近百万元。

"看鉴"创始人CEO李锋表示"轻松，不要低俗；娱乐，不要搞笑"是平台的内容与风格定位，如《古代后宫妃嫔工资揭秘》《法海和白素贞的秘密》《越王勾践剑千年不朽之谜》等；平台的目标用户为中产阶层或准中产阶层，该类人群时刻需要应对来自内外部的各种竞争，对于自己未来的发展有着深刻的焦虑感和不安全感，需要不断保持学习状态。现在的知识付费过于强调"速成"，但"看鉴"关注的地理、历史、人文类内容，既是对现在单一同质化的知识付费市场的补充，也是希望用户在知识学习的态度上，能回归到沉淀和积累的本质上。

3. 电商变现——短视频上也可带货

电商变现也是目前视频创作者最常用的变现手段。短视频凭借其生动丰富的信息展示、直接的感官刺激、自带的优质流量以及商品跳转的便捷性，在电商变现的商业模式上有着得天独厚的优势。相比于其他的内容变现方式，电商的天花板较高，适用性更强，无论是在内容的电商化，还是电商的内容化方面，都是其原有内容和风格的延续。短视频涉足电商的突破点在于如何把标品做成非标品，保持稀缺性和持续性，为商品赋予情感溢价能力。但目前，短视频电商转化率较高的多集中于时尚、美妆、美食、星座等垂直领域，其他品类的电商转化路径仍在探索之中。当前短视频电商变现模式主要分为两类，一类以UGC个人网红为主，通过自身的影响力为自有网店导流；另一类以PGC机构为主，通过内容流量为自营电商平台导流。

【延伸】短视频电商变现案例

案例一：张沫凡护肤产品

网红张沫凡团队里有4~5个编导，在过去的几年里，他们每周产出3~4条短视频，将公司拥有自主品牌的护肤品融合在视频之中，并将观众导入店铺，最终实现购买。2015年其护肤产品实现了单季度销售额破千万，2016年销售额破亿。

张沫凡在2018年新网商营销大会中分享了自己对红人优势与新零售业的观点："打造品牌就像是一场旷日持久的热恋，首先要有感觉，要热爱和享受创业的过程，其次就是要懂行，为了能够打造更好产品，我愿意花费大量的时间、精力和费用去进行专业系统的学习。爱上了就得拼尽全力去了解它，做一个懂它的人，从一个爱好者升级为内行。经过

8年成长，2017年'双十一'我们的护肤品牌美沫艾莫尔创下了1分钟冲破1000万的好成绩，也是当晚行业中第一个破千万的红人护肤第一名，全行业排名第20，销量超越了很多国际品牌。喜悦过后接下来就是要精进不休，与品牌一起成长，增加品牌的价值、增加品牌的服务，用优质的内容服务粉丝及大众。与其他品牌建立连接，和更多的品牌进行合作。重视传播渠道、了解客户群体、清楚他们的需求并帮助到他们。"

案例二：淘宝二楼短视频电商转化

淘宝二楼仅在深夜时段（10pm~7am）可进入，每期发布一个关于美食的竖版短视频。淘宝《一千零一夜》用16个夜晚讲述了16个关于人和食物间牵绊的故事：鲅鱼水饺、伊比利亚火腿等故事中的主角和这一系列走心走脑的故事一起，受到了极大追捧，其用精良的制作、惊人的成交数据、良好的用户口碑，为短视频内容营销开辟了一条全新的道路，甚至对整个电商行业的运营模式也产生重大影响。《一千零一夜之鲅鱼水饺》上线的2个小时之内，就卖掉了近20万只饺子；《巨人的赌约》在节目播出2小时之后便卖完了所有单价为150元的伊比利亚火腿。

案例三：一条生活馆

以生活美学为主打概念的"一条"，开发了"一条生活馆"视频平台，主要瞄准的是对生活品质和审美有要求的消费人群，在其推出电商新平台后，半个月销售额便突破了千万。目前，一条的电商收入已经是其广告费收入的10倍，2017年一条销售额目标为10亿元。

（六）移动短视频用户洞察

我国移动短视频用户自2013年以来呈逐年上涨的趋势。比达咨询的数据显示，到2017年底，我国移动短视频市场用户规模已经达到2亿人。[①]

1. 移动短视频的用户画像

我国移动短视频用户中，男性与女性的比例大约是4∶6。但是，克劳瑞自媒体数据平台分析了秒拍与快手的用户数据，发现这两个短视平台的用户性别比例中男性偏多，占53%，而女性

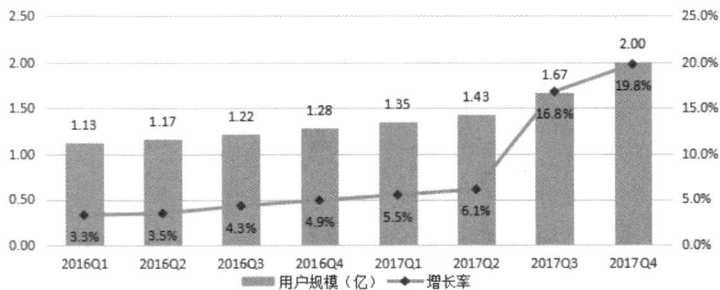
2016—2017年移动短视频用户市场规模

数据来源：比达咨询

---

① 比达咨询：《2017年度中国短视频市场研究报告》。

不同性别观看的短视频内容比较

数据来源：企鹅智酷与迅雷数据

占47%。[1]

不同的性别会带来不同的短视频使用习惯，企鹅智酷与迅雷发布的《2016中国视频娱乐消费报告》的数据显示，性别差异在短视频的内容选择上所呈现出的差异同样非常明显。男性看时事政治的短视频内容高于女性，女性更倾向于观看娱乐八卦、轻松幽默的视频内容。[2]

第三方全景数据服务平台Mobdata根据2017年之前的短视频数据分析得出结论，在短视频用户中，18岁以下青少年是主流。这个情况在2017年有所改变，易观《中国移动视频市场年底综合分析2017》数据显示，2017年我国短视频平台用户中，24~30岁的年轻人数量最多。[3]据第一财经商业数据中心CBN Data总结，30岁以下的年轻用户对短视频的使用黏性更高，相对于用户人数占比来说，使用时长与播放次数更大。[4]

数据显示，娱乐和搞笑的内容所有年龄段都喜爱，但是对于垂直内容来说，不同的年龄对内容的偏好的差异非常明显。18岁以下青少年热衷于游戏类、19~25岁用户喜欢追剧和动漫、而26~30岁育龄青年更关注育儿类题材内容。

短视频平台用户学历比例分布图

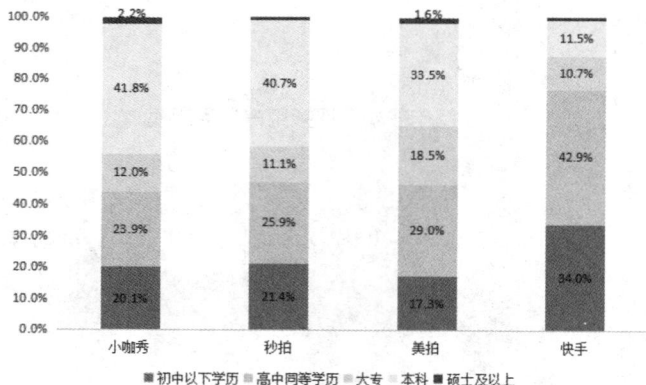

数据来源:Mobdata与克劳瑞数据

短视频平台用户学历分布差异明显。Mobdata与克劳瑞数据显示，2016年，我国短视频平台用户的整体学历偏低，高中及以下学历用户占比七成；在热门短视频App中，快手用户的高学历者占比最低，而梨视频、小咖秀等App的高学历用户占比较高。[5]

短视频用户收入偏低。

---

① 克劳瑞数据。

② 《2016年中国视频娱乐消费报告》。

③ Mob data 数据。

④ CBN data。

⑤ 克劳瑞数据。

Mobdata数据显示，2016年短视频将近七成用户月均收入低于4000元。克劳瑞的调查数据也显示，短视频平台八成用户月收入在万元以下。

来自Mobdata的数据显示，我国短视频用户一二线城市是主流，用户的职业Top10依次为：消费制造业、学生、服务业人员、自由职业、IT业人员、物流交通人员、教育培训人员、金融人员、政府及事业单位人员和制药医疗人员。这部分人群的用户可自由支配时间更多，更愿意尝试新的娱乐形式。

根据Mobdata的数据，使用中级移动端设备的短视频用户占比达到39.1%，使用高级设备与低级设备的占比分别为18.2%与18.4%。在使用的机型中，OPPO和vivo占比最高，分别为26%与24%，华为与小米紧随其后。[1]根据易观数据，短视频用户在运营商的选择上更偏爱使用中国移动。

2. 移动短视频的用户行为特点

在观看行为方面，不同性别、不同年龄的短视频用户表现出很大差异。CBN Data的数据显示，年轻用户的短视频使用时间高峰值在晚上10点以后，而年长者的使用时间大多在晚上7~9点。[2]女性用户的短视频使用高峰时间在晚间9~10点，男性用户的高峰使用时间为晚间10~11点。而在凌晨11~3点这段时间，熬夜看短视的多为男性。[3]

在互动行为方面，用户的喜好也是有所区别。CBN Data数据显示，19~30岁的用户更喜欢用评论的方法发表自己的思考与看法；青少年用户对弹幕更加青睐；而年龄越大越不喜欢发弹幕。[4]

四、传统媒体在移动视频领域的表现

（一）传统媒体的移动视频转型概况

1. 移动媒体时代传统媒体面临挑战

移动媒体的兴起，正在重塑当下的信息传播格局。传统媒体在旧格局中的中心地位和优势正在被消解，其生存与发展越来越遭到去中心化的新媒体的挑战。一方面，新媒体组织灵活，适应性强，用户中心的观念深入人心，而传统媒体由于体制机制的原因，在内容和表达方式上都受到限制。另一方面，传统媒体渠道价值变低。互联网作为一种融合媒体，涵盖了各种传播方式的优势。人们已逐渐适应随时随地方便地获取信息，而不再愿意回到电视前被动接受信息。面对这样的局面，很多传统媒体开始谋求转型。

2. 移动视频兴起为传统媒体带来新的机遇

新的机遇一是提供了转型的方向。在互联网的激烈竞争下，传统媒体的发展后劲不足。据广视索福瑞（CSM）公布的数据，从 2010 年开始，全国电视人均收视时长和观众

---

[1]　Mob data.
[2][3][4]　CBN data.

的平均到达率双双下降。2017年8月4日，中国互联网络信息中心(CNNIC)发布的《第40次中国互联网络发展状况统计报告》显示，截至2017年6月，我国网民规模达到了7.51亿，占全球网民总数的1/5；互联网普及率为54.3%；网民中使用手机上网的比例从2016年底的95.1%提升至96.3%。[①] 随着手机上网用户比例的持续提升，移动互联网的重要性愈发凸显，很多传统媒体开始转向提供移动端产品和服务，如《人民日报》《澎湃新闻》等都开发了自己的手机客户端，其产品、功能和应用都体现着强烈的互联网思维，同时又在互联网思维的引导影响下，不断寻求移动化发展新举措。

机遇二是媒体融合被纳入顶层设计。2014年8月18日，中央全面深化改革领导小组第四次会议通过了《关于推动传统媒体和新兴媒体融合发展指导意见》。习近平总书记还强调，推动传统媒体和新兴媒体融合发展，要遵循新闻传播规律和新兴媒体发展规律，强化互联网思维，坚持传统媒体和新兴媒体优势互补、一体发展，坚持先进技术为支撑、内容建设为根本，推动传统媒体和新兴媒体在内容、渠道、平台、经营、管理等方面的深度融合，着力打造一批形态多样、手段先进、具有竞争力的新型主流媒体，建成几家拥有强大实力和传播力、公信力、影响力的新型媒体集团，形成立体多样、融合发展的现代传播体系。融合发展已经成为传统媒体普遍采取的战略选择。

机遇三是提供了相对成熟的在线视频市场。《视听新媒体蓝皮书（2017年）》显示，截至2016年底，全国共有590家机构获准开办互联网视听节目服务，2016年中国在线视频市场规模达到609亿元，同比增长56%。[②] 视听新媒体蓝皮书还指出，当前我国媒体融合正在大步向纵深推进，资源整合与资本运作愈加频繁，中国在线视频行业全面进入发展快车道。数据显示，2017年上半年，我国在线视频市场规模达到503.3亿元，同比增长35.6%。移动短视频成为继微博、微信、客户端以后，新媒体蓬勃发展的新方向，这对于探索融合转型的传统媒体来说是一个机会。

3. 传统媒体大力发展移动视频业务

近年来，传统媒体大力推进移动视频业务。如《人民日报》打造"中央厨房"推动采编流程再造，其"中央厨房"体系主要由空间平台、技术平台、业务平台构成。截至2016年底，其客户端累计自主下载量达到1.54亿次。

2017年"两会"期间，《人民日报》"中央厨房""文艺九局""半亩方塘""碰碰词儿""麻辣财经""一

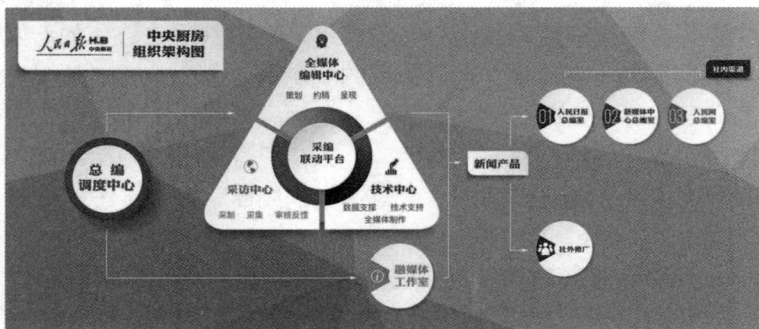

《人民日报》"中央厨房"体系图示

数据来源：《人民日报》

① CNNIC：《第40次中国互联网发展状况统计报告》。
② 《视听新媒体蓝皮书（2017年）》。

本政经""思享者""零时差"等多家工作室联手推出"晨美丽聊天指南"系列视频，以轻松活泼的脱口秀形式向互联网用户介绍"两会"知识，对这一国家基本政治制度进行科普，受到网友欢迎。5月初，《人民日报》中央厨房与《人民日报》客户端、《人民日报》微博共同策划推出晨美丽"一带一路"聊天指南系列，微博总点击量超过2200万，客户端的浏览量也达到465万。由"学习大国"工作室推出的《每段人生路 都有同行人》，看似不同的人实则有着相同的生活习惯、个人经历，关注着同样的社会话题，想要的也是同一个未来。《全国"两会"，共同关注我们的未来》用电影化的拍摄手法，点出"两会"与普通人的关系，直击人心。《人民日报》自2017年3月2日发布视频至今，各平台可统计的播放量总计260万次，被近40家网站转载并放在重要区域展示。由"一本政经"工作室推出的《当民法总则遇上哪吒》动画视频，将中华民族传统故事和民法总则草案的新亮点相结合，寓教于乐，贴近地气。通过"胎儿哪吒受赠记""游戏装备找回记""见义勇为获补偿记"等一些小故事，介绍了民法总则草案中的新变化。一经推出，迅速刷爆了微博、微信朋友圈，被200多家媒体广泛转载，成为"两会"报道的又一"爆款"。

除此之外，《求是》杂志也建立起自己的录播室，寻求视听新媒体和传统媒体的融合。新华社打造"网上通讯社"，相继推出了新华社客户端新版和新华网新版，制定了新华网、新华社客户端"双轮驱动"战略规划，截至2016年底，其客户端累计下载量达1.8亿次，新华社推出的国内首部沙画新媒体融合产品《"山神"刘茂真：我用一生护青山》新媒体沙画特刊在短短几天内点击量超830万次。

（二）电视媒体发力移动视频业务概况

1.从央视影音看中央电视台移动视频业务转型

中央电视台作为最大的电视视频生产者与播出者，如何实现有效转型，完成电视台与互联网的融合，在互联网视频市场占据一席之地，是其迫切需要解决的问题。为此，中央电视台形成"三微一端"的新媒体立体传播矩阵。截至2016 年，央视影音客户端收获 5.5亿下载量；"央视新闻"客户端下载量达4195万次、微博粉丝量4700万；微信公众号订阅量680万，[①]它们是中央电视台实现向互联网转型的重要战略举措。其中，央视影音目前拥有中国最全面的电视栏目网络直播平台，涵盖中央电视台、卫视和地区电视台的主要频道。CBox央视影音是央视网推出的视频客户端的软件，2009年推出桌面版，后来又推出了移动版，围绕这一视频客户端的软件，还建设了网络视频的数据库和社交电视的互动平台。央视影音充分发挥中央电视台在视频领域独特的优势，把传统电视的优质节目与互联网新技术结合起来，用户在观看视频直播的时候可以随心所欲点击收看播放过的任何一帧的画面，同时它还提供包括视频的回看、预订、智能EPG、搜索、动态码率等新的功能，中央电视台海量视频库的点播服务以及央视网大量的微视频与移动直播都可以在央视影音看到。与此同时，央视影音打造全方位传播矩阵，覆盖电脑、手机、IPTV、互联网电视等多终端，并能同时一键分发到微博、微信等第三方平台，构建起了中国最大的视频内容分发网络，实现央视内容的"无处不在"。

---

① 《2017视听新媒体蓝皮书》。

●海量独家内容为央视影音的突出优势

央视影音的主要优势体现在内容方面，它拥有中央电视台的直播版权以及海量的视频资源。2014年世界杯为央视影音用户数量带来了爆发性增长，期间，央视影音新增的安装量超过了4000万，移动客户端的下载量、播放次数和同时在线的时长均创了历史最高纪录，活跃用户已占到PC端活跃用户的30%，用户移动化的趋势非常明显。2016年，央视国际网络有限公司得到国际奥林匹克委员会授权，独家享有在中国大陆和澳门地区对里约奥运会赛事进行转播的新媒体权利。此外，中央电视台新闻节目以及科教片与纪录片的资源优势都带动了央视影音的下载量和播放量。数据显示，央视影音的绝大部分用户为成年男性。

●内容不断创新促进消费升级

央视在内容创新、用户体验、传播模式创优等各方面不断深耕细作，引领中国视频媒体用户内容消费方式的转型升级，树立了主流媒体与新媒体融合的行业标杆，实现了"大屏带小屏、小屏回大屏、多屏联受众"的新型视频传播格局。2014年，央视将二维码引入《春晚》，实现《春晚》大小屏互动融合传播。为顺应移动短视频潮流，2018年春节，央视影音客户端推出"影音秀"功能，即可根据喜好创建虚拟形象，搭配场景后生成拜年小视频，分享给亲朋好友。在2018央视《网络春晚》播出期间，央视影音客户端上线央视网络春晚AR互动，用手机下载并登陆央视影音客户端，便能召唤AR贺岁狗、AR灯笼等以狗年春节元素为主题的四个新春AR内容，通过AR技术的视觉性、互动性等功能为全球观众带来更多元的观看体验福利。目前，央视影音已经成为中央电视台在融媒体大环境下移动平台的视频主入口。

●广告为主要盈利模式

在收入来源方面，央视影音的盈利主要以广告为主，但与成熟的视频网站通过会员付费、广告以及冠名等多种获利收入方式相比，仅售卖广告的盈利模式显然还不够成熟，央视影音仍需要继续发展探索。

2. 从芒果TV看湖南卫视移动视频业务转型

电视媒体进军移动视频领域成效较为突出的还有湖南卫视。自1997年上星以来，湖南卫视迅速发展成绩斐然，一路领跑全国地方电视媒体。2014年4月20日，湖南卫视旗下两大新媒体平台"金鹰网""芒果TV"实现融合，推出全新"芒果TV"网络视频平台。2014年5月，湖南卫视官方声明：湖南卫视旗下自制节目网络版权不再分销，全面开启芒果TV独播战略。此次为标志，湖南卫视改变了原有资讯门户网站的发展定位，开启了网络视频业务的全新篇章，着力打造极具竞争优势的专业视频网站和客户端。

●优质内容为竞争力核心

一是内容独播是芒果TV崛起的首要策略。依靠湖南卫视得天独厚的内容基础，

芒果 TV 除了享受着优质节目的独家资源供给之外，一些金牌栏目如《爸爸去哪儿》《我是歌手》《快乐大本营》《天天向上》的拍摄花絮和未播出版本都会在芒果 TV 上独家播出。上线短短半年，芒果TV在百度上的搜索指数急剧增长，视频点击量从百万级飞升至千万级，其影响力直达行业一流水平。

除综艺外，影视剧集也是芒果TV重点运作的领域。电视剧《美人制造》播出未过半，仅在芒果TV(PC 端)的点播量便破5亿次；凭借《不一样的美男子》《深圳合租记》《美人制造》三部热剧的独播，芒果 TV 就轻松斩获了超过15亿的点播量。

二是充分整合内容衍生资源。除内容独播战略，芒果TV还进行全平台资源的深化整合，制作相关衍生内容。如在《我是歌手3》播出期间，独家推出《正在粉丝楼》《备战T2区》《歌手相互论》等衍生栏目，并于每周五邀请《我是歌手3》的重量级嘉宾参与粉丝握手会活动，粉丝可以通过PC端、移动客户端留言、互动，既满足了观众的好奇心，增强了用户的黏性，又使得节目资源得以充分利用。

三是内容生产需要有所创新突破。芒果TV目前最大的内容优势，最为突出的"福利"，得益于其独享的独播政策。纵观芒果 TV 的主要内容，几乎成为了湖南卫视热播节目的网络转播工具，其自制节目数量少、节目形态传统化、单一化，其运营的时间越久，这个问题就越突出。随着优酷、爱奇艺、腾讯视频等视频网站的内容越来越多元化，自制节目能力的不断增强，付费模式一片光明，芒果TV要实现可持续发展，其原创节目能力、资源整合能力和综合运作能力都有待提高。

●在广告的基础上发展多元业务模式

根据芒果TV CEO蔡怀军介绍，2017年该网站盈利达4亿~5亿元，包括广告、版权分销、付费会员、IPTV、OTT等多元收入。

一是芒果 TV 的主要盈利模式是通过广告收入来实现的。独播战略为其吸引了一批广告客户，客户们在广告上可享受价格优惠，广告价格甚至会比大型视频网站低到8折左右。但仅仅依靠广告收入仍旧不足以支撑互联网视频的运营所需，芒果TV仍然需要通过其他方式来增加收入。

二是发展移动增值业务。芒果TV的增值业务主要是与国内三大电讯运营商合作，围绕湖南卫视的核心节目内容为用户提供包括视频、音乐、动漫在内的多种优质资源的流量包月服务。如与中国移动合作的芒果TV品牌包，与中国电信合作的芒果娱乐包月包，与中国联通开展的定向流量包业务等。虽然移动增值业务的开展增加了芒果TV的播放量和影响力，也带来了一定的利润，但这种简单的运营模式在科技迅速发展的今天，不一定是长久之计。

三是积极探索会员付费盈利模式。此前，电视媒体开办的视频网站的经营思路与传统电视媒体一样是通过免费内容争取更多用户，从而来吸引广告客户。但"会员+广告"比传统的纯广告模式有着更大的变现能力，所以增加付费会员数量成为当下几大视频平台都在蓬勃推进的事业。从数据来看，芒果TV会员付费模式的发展并不太理想，目前仍处于积极探索阶段。

四是探索内容分销新路。2015年下半年，芒果TV便开始弱化"独播"策略，提出了由"独播到独特"的口号。随着将新一季《爸爸去哪儿》低调分销给优酷，或许标志着芒果TV独播策略的终结。在2017年的内容推介会上，芒果TV继续强化"独特"的概念，高调宣扬"独播"已成过去式,芒果TV要紧跟传媒环境变化,在业务模式上探索新的发展道路。

五、移动直播

(一)移动直播应用现状

1. 移动直播进入泛娱乐、泛生活时代

自2005年开始,网络直播进入大众视野。直播1.0时代是PC端的秀场,以YY、9158、六间房为代表,其商业模式主要是签约主播、礼物打赏等。此阶段发展较为缓慢,移动端直播还没有开始出现。

2014年网络直播进入2.0时代。在这一阶段游戏直播兴起,以斗鱼、龙珠、战旗为代表,游戏主播成为各平台的核心竞争资源,商业模式以虚拟道具购买为主。

现阶段移动直播正处于从泛娱乐时代向泛生活时代过渡的3.0阶段,接收的终端以手机为主,明星、综艺内容、电商等纷纷开始涉足该领域。

下一个阶段的直播将进入泛生活、场景化4.0新时代。结合VR等新技术手段,开启新闻、旅游、教育、医疗等全场景的沉浸式直播。

2. 移动直播用户规模大,市场增速快

根据TalkingData移动数据研究中心的数据显示,2016年第一季度,我国视频直播用户规模已达到1.86亿同比增长近90%。移动视频直播用户规模是指安装有视频直播应用的智能移动端累计活跃设备总数,包括智能手机、平板电脑、智能手表、电视盒子等。2016年视频直播领域的融资金额已超过10亿元,资本热度较高。中国直播市场规模2017年达到近50亿美元,为移动游戏市场的一半。直播市场的增长将由高速发展转为平稳增长,但仍将保持两位数的增长速度。

3. 移动直播领域的企业布局

在BAT大公司方面。百度旗下的百秀直播以真人秀场为主,主打泛娱乐直播。2016年5月,淘宝直播平台正式上线,主打消费直播,商家和消费者进行直接互动,吸引用户边看边买。2016年4月腾讯推出"腾讯直播",以真人秀场为主,同时投资斗鱼、龙珠布局游戏直播。其他互联网企业方面,2016年1月,乐视收购了章鱼TV,以体育直播为主。2016年5月,新浪携手秒拍推出"一直播",以真人秀场为主。网易公司推出网易BOBo和网易CC,主打真人秀场和游戏直播。搜狐旗下的千帆直播专注于真人秀。在传统视频企业,合一集团旗下的来疯直播以真人秀场为主,其投资的光圈直播和火猫TV,分别以真人秀和游戏直播为主。

4. 移动直播的细分市场

根据播出内容的不同,移动视频直播应用可以分为体育直播、游戏直播、真人秀场、

商务直播、财经直播等类型；随着直播的火爆和竞争的加剧，未来可能会出现诸如购物、新闻等更加垂直化的直播应用。

在体育直播方面，移动端知名度和流量靠前的App包括直播吧、风云直播、乐视体育、PPTV第1体育、A8体育直播、章鱼TV等；

游戏类直播主要平台包括斗鱼、虎牙直播、熊猫TV、龙珠直播、战旗TV、触手TV等；

真人秀场包括YY、映客直播、花椒直播、来疯直播、小米直播、繁星直播等；

商务直播主要有微吼直播等，财经直播主要有知牛财经等。

我国移动直播行业内容格局图

数据来源：作者根据公开资料整理

5. 真人秀场、游戏直播用户规模最大，发展较为成熟

在移动视频直播各细分领域中，真人秀场发展较为成熟，用户规模也最大，但是增速较低；游戏直播用户规模较大且增速较快，是发展相对成熟且潜力较大的细分领域；其他如商务直播、财经直播等，起步较晚，用户规模尚小，但发展潜力巨大。

从应用数量上来看，真人秀场应用的款数最多，占比超过六成；其次是体育直播类应用；其他类型的直播由于起步较晚，应用款数较少。

真人秀场和游戏直播类的用户覆盖率最高，其中YY、斗鱼和映客直播的用户规模分别排在前三位。

6. 直播垂直化趋势明显，"直播+"升级垂直领域

"直播+"目前已经在电商、教育、财经等领域有广泛的应用。对于"直播+"而言，找到合适的应用场景，通过直播延展业务边际将是其应用的核心。目前电商直播是垂直领域中渗透率最高的，根据企鹅智库调研，有41.25%的受访者表示曾观看过电商直播，超过六成会浏览主播推荐的产品，近两成曾发生购买行为。

"直播+"在各种应用领域进行垂直发展已经成为直播的一大趋势。"直播+教育"相较于录播课程，可以进行实时互动，更有上课的感觉，提高教育的仪式感和教学质量。"直播+金融"可以通过直播平台直接销售金融产品等。"直播+财经"以财经资讯的解读为核心，观众可通过"拜师"机制购买课程，可以进行一对一咨询，获得针对性指导。

【延伸】不同垂直领域直播案例

体育直播典型应用分析

"直播吧"2013年上线，是一个以足球、篮球、NBA等体育项目为主要内容的体育直播视频聚合平台，将赛事分为关注、重要、全部、已结束四个板块，设有论坛、新闻板块以及提醒功能，避免用户错过精彩赛事，无版权。

"风云直播"2012年6月上线，包含足球、篮球、高尔夫、网球等体育项目，另有游戏、电视剧、综艺等内容。风云直播按照体育、游戏、电视剧、综艺直播进行分类，用户可以预约感兴趣的赛事或娱乐内容，是一个直播导航平台。该平台引用外部资源，无版权，已经过天使轮IDG数轮融资。

"乐视体育"2015年5月上线，包含足球、篮球、赛车、搏击、网球、棒球、橄榄球、自行车等十几款体育项目，在乐视体育App中，用户可以加入有共同兴趣的阵营，参与讨论比赛，预约感兴趣的赛事。乐视体育拥有全球海量赛事版权，包括2016赛季中超的独家直播权。作为乐视旗下应用，现已上市。

游戏直播典型应用分析

斗鱼。2014年1月上线，按照游戏和娱乐内容进行分类，具有能按照用户兴趣进行推荐的功能，更加注重UGC模式，拥有"英雄联盟职业联赛"和"英雄联盟大师系列赛"（LMS、LPL）等国际游戏赛事直播权，也有娱乐直播内容。先后经过B轮1亿美元融资，腾讯领投。

虎牙直播。2014年11月上线，按照游戏和直播内容分类，具有关注和订阅功能，包含粉丝圈和娱乐频道，拥有英雄联盟季中冠军赛、世界电子竞技大赛、全国电子竞技职业联赛（MSI、WCA、CSL）等国际国内游戏赛事的直播权。作为YY旗下的游戏直播平台，虎牙直播现已上市。

熊猫TV。2015年7月上线，按照游戏和直播内容分类，具有关注功能，可按照用户兴趣进行推荐，拥有英雄联盟职业联赛、北京电子竞技公开赛（LPL、NEA）等大型游戏赛事的直播权，也有娱乐直播内容。

真人秀场典型直播应用分析

映客直播。2015年5月上线，经过A+轮6800万人民币融资，昆仑万维领头，定位是"90后"视频娱乐直播平台。主播创建直播时输入话题，用户可以根据话题进行直播搜索。在线互动方式有文字互动、私信主播等，登陆方式可以选择

QQ、微信、微博等。

花椒直播。2015年6月上线，初期定位是全民直播，现已转型为娱乐直播，登陆方式有手机号、QQ、微信、微博、360账号。直播内容分类有热门、最新、明星主播，也可以按地域搜索，购买花椒豆赠送礼物，特色功能有清屏模式，左右滑动切换直播房间等。作为奇虎360旗下产品，花椒直播已上市。

（二）移动直播用户洞察

1.社交直播依然以主播为核心

直播平台想要获取流量就要对目标用户有深入了解，洞悉他们的真实需求，优质内容是吸引用户的核心竞争力。根据企鹅智库的调查，直播社交依然以主播为核心，主播个人IP成为强有力的吸引要素，连麦沟通能显著提升互动效果，头部用户付费金额较高，"95后"付费意愿更娱乐化。

2. 不同类直播平台用户使用差异较大

从性别比列和年龄情况上看，游戏直播、体育直播的男性用户占比近七成；真人秀场男女比例近1：1，分布均衡。游戏直播和真人秀场的25岁以下用户占比均高于体育直播，更趋年轻化；体育直播用户较其他两类更为成熟，46岁以上的用户明显高于其他两类。

不同类型视频直播用户中，体育直播一线城市用户占比高于其他两类，一线城市用户更偏好体育直播；真人秀场的三线城市用户占比高于其他两类，三类城市用户更偏好真人秀场。

以地理位置来区分，一线大城市中的北京用户偏爱真人秀场，上海用户偏爱游戏直播，广州用户偏爱游戏直播和体育直播，深圳用户更喜欢体育直播。三线城市用户更偏好真人秀场。

在活跃度上，体育直播、真人秀场用户的活跃度略高于游戏直播用户，其中体育直播用户在凌晨至早8点较其他两类更活跃，真人秀场在早9点至夜间活跃度高于其他两类。此外，不同类型视频直播用户的偏好有所不同，真人秀场用户爱音乐、爱玩图、社交和消费意愿强烈；游戏直播用户爱游戏、爱教育阅读，娱乐与学习兼顾；体育直播用户爱旅游、爱出行。

六、移动视频的发展趋势

（一）整体呈融合发展趋势

1.平台业务相互融合

移动视频发展到今天，各平台已经充分意识到：单一的内容模式会让自己在流量之战中处于下风，多业态布局才能更加具有竞争力。遵循着哪种内容最热门就发展哪类业务的经营理念，擅长做长视频的移动综合视频，在短视频的浪潮下，也纷纷进入了短视频领域，为其长视频内容作补充；而一些短视频平台，也开辟了直播板块，希望用直播加强与用户之间的互动联系，为平台集聚起更多的流量。随着未来新的平台与新的业态的不断面世，这种平台之间业态融合发展的趋势还将进一步发展。

2. 参与角色互相融合

移动视频参与角色的融合现象在存在大量"UGC""PGC"等内容的短视频领域中体现得尤为明显。

首先，在短视频中，用户与内容制作者这两种角色之间产生巨大的融合，难以界定。大量的草根网红同时也是用户，而普通用户也可以随时拿起手机便利地制作自己的短视频并上传到网络。其次，"PGC"的"P"方（专业制作机构）也在发生着融合。智能手机与移动互联网的发展让具有一定技术门槛的视频制作不再像过去那么困难，除了媒体与专业的内容制作机构以外，一些行业部门、旅游景点，自制出的视频内容也相当专业，广泛获赞。比如网红——"故宫博物院"。再者，一些内容制作方不再仅制作内容，还搭建了自己的平台，涉足分发领域。如自己分发内容。再如Papi酱，自有的短视频平台Papitube已经开始投入运营。

3. 与其他业态融合

除了移动视频内部的融合发展，一些移动视频平台甚至开始向其他业态发展，如著名短视频自媒体"一条"，便在2017年5月推出电商产品，开始布局电商业务。

其实移动短视频本身的市场价值，并非只是让用户"消费内容"，还包括信息的承载工具价值。移动视频近几年被广泛运用在电商、知识付费、网络游戏等其他领域，如"淘宝二楼"精美的短视频广告以及各类店家在淘宝的"卖家直播"；再如知识付费平台核桃LIVE使用移动视频方式讲授付费课程等应用。

此外，移动视频一直不懈地尝试通过各种方式加强与用户的互动。如试图通过留言区等方式形成各类社区，增进视频的社交性；又如陌陌便在社交视频方面不断推陈出新，创造新的品牌形象。未来，移动视频的内容的承载形式会被广泛应用到各类业态之中。

4. 与新兴技术融合

5G技术的发展为视频的传输带来更强有力的支持，为移动视频未来的发展提供了更大的想象空间。与此同时，VR技术、AR技术的发展，有望为移动视频的内容表现形式带来颠覆式的改变；而种类更加丰富的移动穿戴设备的研发，或许将打破智能手机、平板电脑等硬件作为移动视频主要终端的现状。

此外，除了内容与设备的改变，大数据技术、人工智能技术的发展，也将在内容分发与内容制作方面为移动视频提供新的可能性。

（二）整合产业链 内容竞争升级

移动视频平台对内容资源的争夺已经进入白热化。移动综合视频投入的大量金钱已成为运营的巨大成本压力；短视频与移动直播虽然内容体量巨大但是头部数量不多，也面临优质资源紧缺的问题。而且一些头部内容制作方在其内容已经形成影响力口碑后，还会发展出自己的平台来抢夺优质内容资源。

在抢夺稀缺内容资源的战场上，各移动视频平台的应对之策是纷纷布局上游内容制作。比如移动综合视频选择通过投入资金、成立团队等方式自制内容；移动短视频、移动直播平台则通过MCN、网红孵化器等方式来抢占优质内容。然而，目前这种优质内容僧多粥少的局面短时期内难以产生本质上的改变，内容的抢夺大战仍将持续上演。

（三）创新广告形态，内容付费或为新战场

目前我们可以看到移动视频领域出现了一些新的、区别于传统视频广告的表现形式，比如应用在移动综合视频中的"创可贴""蛋黄广告"等。对于创新广告形态以及与企业品牌生产更有机的联动等相关问题上，移动视频领域的从业人员也在积极思考，比如字节跳动营销中心总经理陈都烨就曾在公开场合表示：在短视频平台上"品牌与用户的关系要被重新定义，短视频营销应该更注重与用户的互动、场景营销以及数据沉淀，广告主要重新思考在如抖音短视频这样的平台上品牌与消费者如何实现更有效的连接"。

在接下来的发展中，在竞争日益激烈的广告市场反推下，移动视频广告必将向着形式更加有趣、投放更为精准、效果评估更加科学的方向发展。此外，移动视频的内容付费或许也会成为各大平台新一轮的竞争战场，尤其是移动综合视频，加强会员付费比重的发展策略已经显露。

（四）政策监管与社会监督将日趋完善，助力行业健康发展

在移动视频市场，尤其是直播与短视频领域，自上线以来，除了带动了一些社会风尚，比如"喊麦""海藻舞"等之外，也引发出了一些负面问题引起社会热议，比如直播涉黄事件、网友学习抖音动作摔伤事件以及在短视频早期野蛮生长阶段出现的缺乏内涵、标题党、内容低俗化、传播谣言等问题。所以，相关管理部门对移动视频内容的监管势在必行。2018年7月26日，网信办发出通知，针对一些网络短视频格调低下、价值导向偏离和低俗恶搞、盗版侵权、"标题党"突出等问题进行集中整治。2018年8月14日，国家广播电视总局发布公告，分别对"快手"的开办单位北京快手网络科技有限公司、"今日头条""西瓜视频"的开办单位北京字节跳动科技有限公司和"抖音""火山小视频"的开办单位北京微播视界科技有限公司存在的问题做出警告和罚款的行政处罚。

未来，在规范短视频制作、传播健康内容等方面，相关的管理会进一步加强，在各方力量的共同作用下，使行业向着更加健康的方向发展。

小　结

近几年，移动视频领域不断出现新业态，无论是2014年的移动直播，还是2015年的抖音、快手，一经面世便很快成为社会热点、行业新宠，并受到资本的青睐。而移动互联网本身具备的碎片化场景与不受时空限制的特点，也吸引各大视频网站纷纷建立移动端（爱

奇艺App、腾讯视频App等）。同时，受众行为的巨大改变，也促使许多传统媒体纷纷入局移动视频。随着不同媒介角色带着各自的优势进入移动视频市场，形成了目前移动视频复杂与融合的业务形态：内容方也做平台，平台方也生产内容；以电视剧、综艺为本的长视频平台努力尝试发展短视频，短视频平台同时也在发展直播等业务。

虽然业务模式交融复杂，平台类别难以界定，但是其盈利模式则相对来说较为一致。目前广告仍是各种移动视频的主要收入来源，但是移动综合视频已经开始发力内容付费，并取得一定的成绩。内容付费为移动视频打破依靠单一的广告盈利方式带来了无限的遐想空间。

当然，稀缺的优质内容资源仍是移动视频行业的痛点。无论是对于移动综合视频、移动短视频，还是移动直播视频平台来说，抢占最优内容，占据上游产业链，都是各家不惜成本来捍卫的生命线。

综上所述，中国移动视频市场的发展极为迅速，是五大视频媒介中，市场前景最具发展潜力的存在。

第五章　向智媒体转型的户外视频市场

主　笔：姚　林　央视市场研究股份有限公司资深研究顾问
　　　　黄　磊　央视市场研究股份有限公司媒介智讯副总经理
　　　　沈　睿　央视市场研究股份有限公司个案研究副总监
　　　　李　聪　央视市场研究股份有限公司媒介智讯高级研究经理
　　　　王　娜　央视市场研究股份有限公司媒介智讯高级研究员
　　　　张　镝　央视市场研究股份有限公司媒介与消费行为研究经理

在视频媒体大家族中，户外视频可以说是略显"另类"。它的终端不在客厅、卧室、办公室等室内环境，也不在人们的手上随处移动。户外视频置身于楼宇、公交、地铁、机场、商场、超市等各种公共场所，无论你身在何地，只要处于都市的户外环境下，总有各种场景的户外视频与之伴随。

随着互联网、大数据的发展，更随着城市居民生活方式的转变，户外广告正在向场景化视频智媒体转化。户外视频以场景媒体的特征，全方位地融入城市居民外出的每一个场景，正在从广告屏、新闻屏演变为融入人们生活的智媒体。

本章聚焦近三年户外视频的发展变化，将在分析户外视频市场环境变化的基础上，力求探究户外视频的发展新特征及发展趋势。基于户外视频的管理制度，以及户外视频的传播和经营特征，我们把户外视频分成内容型（能播放节目内容，也能播放广告）户外视频和广告型（不允许播放节目，只能播放广告）户外视频，分别论述其发展变化。

一、户外视频市场概览

（一）产业升级的创新窗口已开启，机遇与挑战并存

1. 传播优势不可替代，市场持续繁荣发展

户外视频媒体在城市中多占据着交通要道、城市地标、城市主要商圈、电梯住宅等优势媒介资源，从诞生初期就备受营销界的青睐。随着影响力的持续增强和运营规模的不断扩张，其不可替代的传播优势得到了广告主和业界的充分肯定。同时在政策和监管力度的不断加强下，经营者们在发展经营智慧创新的同时，也不断向市场反哺行业的相关标准规则，并表现出积极的社会责任感，共同维护着城市的美好形象和市场的稳定与繁荣发展。

2. 产业升级和模式创新的需求窗口已打开

一则，伴随着国内物质和文化消费市场稳定增长，以及全民日益提升的物质文化需

求，消费升级的势头明显；

二则，广告主面对众多营销手段和媒体传播方式，呼吁多年的"如何高效实现整合营销策略"的诉求借助大数据的力量已经进入解决方案出台的快车道；

第三，媒体融合创新、内容及产业模式创新，在户外视频行业中已经形成讨论热点，且业界中的市场领先者或勇于实践者，已经并正在拓展着创新的媒介传播方式、线上线下融合创新发展、内容创收新模式乃至于产业及产业链的新型发展模式。

3. 新技术带来革命性变革，机遇与挑战并存

当下，大数据和大数据分析在全球范围内引起了越来越多的关注，其原因不仅是所处理的数据量的"庞大"和复杂度，更是其强大且智慧的高级分析方法和算法营销能力之使然。前者驱动着人类新型的大数据产业的发展，后者引领着数据算法的社会大讨论和智识的跨界实践，进而颠覆式地改变着企业界的市场营销策略和战略布局。

在这样的数字化大背景下，以及各行各业的转型和创新冲击下，对于规模稳步增长的户外视频媒体来说，新一轮的市场冲击和优胜劣汰浪潮已经开启。是机遇也是挑战，考验着各家户外视频媒体的经营智慧、技术创新以及媒体的价值主张。

（二）智能技术推动户外视频转向智媒体

作为户外媒体的一种形态，户外视频媒体除具有户外媒体"传播效果持续、特定场所场景发布"的特点外，借助于技术和城市人文环境的发展以及从业者的努力，在过去的几年里，户外视频媒体以开放的心态和敢于实践的勇气，迎接着"互联网+"、大数据、产业创新等大趋势的到来，通过不断的技术升级涌现出众多融合创新的传播新模式，持续发挥着独有的媒体优势。

1. 通过高品质声、光、影技术的艺术表达，与城市相融共生

户外视频从最早的液晶LCD，到后来的LED、OLED，再到目前的高清、节能屏以及绿色健康的技术理念，在城市中始终如一地以丰富生动、高品质声画效果向受众广泛传播着新闻资讯和商品信息。

特别重要的特有功能是，通过充分利用声、光、影新技术的艺术表达，户外视频媒体可以将媒体内容与城市文化、城市地标相融共生，打造具有文化标签特征的城市名片，为城市增添出一道亮丽的风景。例如，坐落在外滩花旗大厦5层至38层的巨型LED灯光幕墙"外滩之窗"，便成为了上海的新地标，每天通过变化万千的璀璨光影艺术以及定制化的传播内容，温暖着、欢迎着、影响着浦江两岸的市民和来自全国以及世界各地的游客。此外，通过社交媒体，人们在此拍摄的照片和视频又引发出了大量线上的二次传播。

2. 融入信息交互和智能新技术，向着社交化、数字化、智能化演进

媒介和商业机构的业务在线上线下融合发展早已不是新话题，时至今日，无论是传统产业巨头，还是新经济新兴企业，都纷纷将线上线下的整合定位为整个市场运营策略的核心，以期达到经营效果的倍增。

对于视频媒介来说，运用二维码和微摇技术，其发布的内容可以"走下"屏幕，与用户进行线上线下的零距离分享互动，从而实现传播效果的最大化；通过屏幕设备技术改造升级，户外视频媒体逐渐融入日趋成熟的移动Wi-Fi、精准微定位技术iBeacon、人脸识别、声纹识别、虚拟实景、增强实景、实时数字通讯、裸眼3D、触摸屏技术以及苹果支付（ApplePay）功能，同时借助与BAT大数据公司的数据融合技术，实现内容的精准传播，甚至个性化推荐、扫码刷卡付费，从而使户外视频媒体在传播过程中的受众参与性、互动性、趣味性以及营销传播转化率大大提升，从而更为有效地实现营销传播的价值变现。

以上海地铁视频媒体为例，从2012年以来，先后发布了诸如立顿、魔兽黑暗之门、统一冰红茶、乔雅咖啡等近百个带有行业标杆意义的互动广告，引发了乘客在移动端的拍照和分享，从而实现了线上线下媒体内容的融合。此外，上海地铁视频媒体还开展了码上淘、地铁购等项目，尝试与电商共同构建O2O的商业模式。上海地铁视频媒体的数字化转型过程正在逐步推进到动感化、互动化、融合与重构阶段，最终将发展为数字化地铁视频媒体。

近几年来，随着最新的信息交互和智能技术的推广普及，为户外视频媒体运营者提供了一种有效的新工具，形成一些新的合作方式和商业模式。例如，2017年底厦门电视台移动电视媒体利用厦门声连网的声连码技术，推出了"声动公交刮刮刮"活动，在鹭岛厦门掀起了全民互动潮。

3. 依托定位技术，不断尝试利用场景优势实现流量价值变现

近些年来，依托无线Wi-Fi、探针、蓝牙等定位技术，实现与高德地图、大众点评等零售商业信息位置数据融合后，户外视频媒体的内容传播加入了最直接的商业信息，从而使场所和场景营销成为现实。

4. 在内容资源上与其他媒体形成相互融合

2017年被业界称为是短视频元年，"抖音""快手"等泛娱乐短视频媒体的快速崛起，以及MCN产业格局的初见成效，让行业从业者和受众又一次见证了媒介"内容为王"的核心价值所在。

在传播媒介向着社交化、数字化、智能化演进的大趋势下，有极强市场敏感触角的户外视频媒体迅速将其播出的品牌企业广告与电视台、互联网视频、美拍/秒拍等诸多直播平台上热播的节目形成内容上的融合。在电梯里，公交地铁上，户外繁华商圈，我们常常可见户外视频媒体上播放的"好声音""天籁之战""极限挑战"等电视台王牌综艺节目的最新片段，以及"奇葩说""吐槽大会"等互联网视频王牌综艺的剪辑……

而另外一个方面，在电视、网络等媒体的传播过程中，观众也会在节目、电视剧剧情、微博文字中看到户外视频媒体的"身影"。

5. 以受众收视体验为核心，传播内容精品化，广告创意内容化

户外视频媒体可以从传播的内容视角分为内容型户外媒体、广告型户外视频媒体两种类型。

我国的内容型户外视频媒体多数依托于省市广电强势的内容制作资源，面向市民提供亲民性的新闻资讯、娱乐、体育、生活时尚、文化休闲等短视频内容，不断形成并打造出诸多不同节目类型的精品栏目。

而对于广告型户外视频媒体，则充分利用其场景特点与受众观看的形态乃至关注热点形成内容联动，将广告创意内容化，从而提升广告的实际传播效果和受众记忆点。

6. 形成以生活出行场所为主要区隔的寡头垄断特点，分别讲述着自己的场景故事、彰显各自的价值主张

在城市中，户外视频媒体资源有限，多年的市场开发令媒体资源基本聚焦于交通工具、户外商圈广场大屏、楼宇电梯，且资源垄断性比较强。由于户外媒体主要通过规模经营才能持续盈利，因而极易形成垄断格局，竞争也比较有序。

大致看来，经过多年市场洗礼，我国的户外视频媒体已经形成了分众传媒所垄断的城市电梯电视媒体、各城市广电系统所垄断的多种形式的交通视频媒体以及以凤凰都市传媒、郁金香传媒为主要经营者的户外大屏媒体等几大市场格局，它们在经营过程中分别讲述着自己的场景故事、彰显着各自的价值主张。如分众传媒突出自己是都市电梯场景下的生活圈媒体；最早成立的东方明珠移动电视则强调"资讯信息、直播互动、生活服务、社会公益"的内容主张和"主流声音无处不在""一眼看懂一下被打动"的价值主张；户外大屏媒体则多强调都市商圈的场景优势，如凤凰都市传媒提出的"连接销售终端'最后一公里'"的传播价值主张。

另外值得一提的是，在2012—2015年涌现出来的如医院、酒店、银行、酒吧等场所的户外视频媒体，则多因为各种原因逐渐淡出或退出户外视频媒体的主流市场。

（三）户外视频用户总体稳定

1. 户外视频用户规模

根据央视市场研究中国城市居民调查CNRS-TGI的36城市连续调查，对比近三年公共场所液晶/户外大屏广告周到达率，可以看出平稳中有小幅下降。从2015年的85.6%下降到2016年的84.4%，但2017年仍然平稳保持在84.4%左右。

2015—2017年公共场所液晶/户外大屏广告周到达率（%）

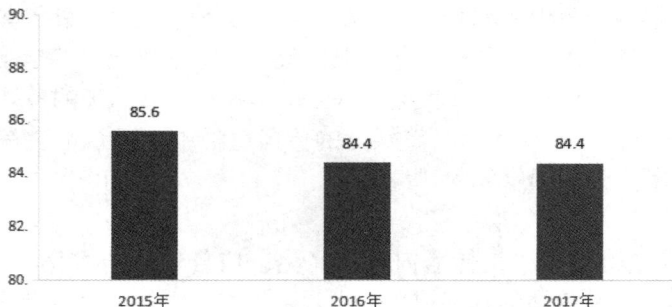

数据来源：CTR CNRS-TGI 2015年1-12月、2016年1-12月、2017年1-12月（36城市）

272

2017年央视市场研究公司（CTR）所调查36个城市公共场所液晶/户外大屏的周受众规模是12550万人。近三年公共场所液晶/户外大屏广告周受众规模始终保持在12500万~12800万人。

公共场所液晶电视/户外大屏的覆盖水平在各线城市间的差距相对较小。特别是一二线城市，公共场所液晶电视/户外大屏的周到达率分别是86.8%和85.0%，相差仅2个百分点。三线城市由于其公共场所欠发达，到达率略低，但每10人中也有近8人在一周之内看到过公共场所液晶电视/户外大屏广告。

西北地区公共场所液晶电视/户外大屏广告的周到达率最低，仅有72.0%。其他区域均在80%以上。特别是在偏南的西南和华南地区，公共场所液晶电视/户外大屏广告周到达率达到了88%左右。

从城市来看，公共场所液晶/户外大屏的周到达率前10位都是南方城市。海口遥遥领先，周到达率是96.2%，无锡、重庆、长沙和温州的周到达率也均在90%以上。

2. 户外视频接触场景

户外视频基于它所处

2015—2017年公共场所液晶/户外大屏广告周受众规模（万人）

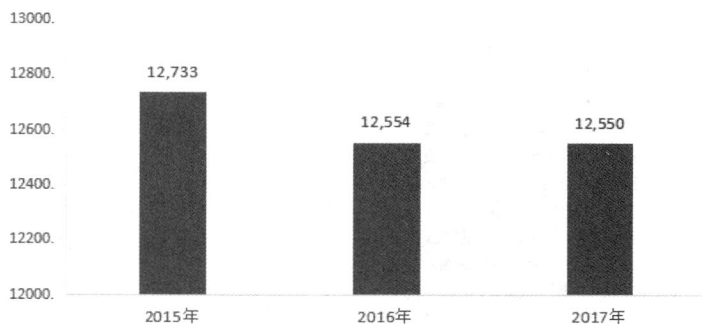

数据来源：CTR CNRS-TGI 2015年1-12月、2016年1-12月、2017年1-12月（36城市）

2017年不同城市级别，公共场所液晶/户外大屏广告周到达率（%）

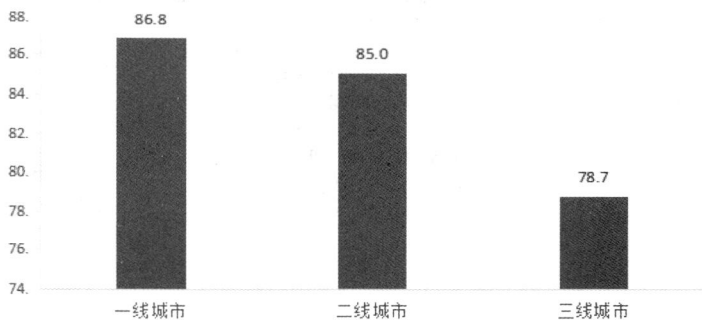

数据来源：CTR CNRS-TGI 2017年1-12月（36城市）

2017年不同区域，公共场所液晶/户外大屏广告周到达率（%）

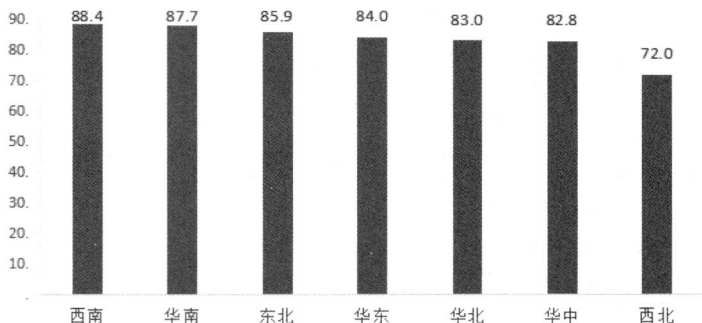

数据来源：CTR CNRS-TGI 2017年1-12月（36城市）

2017年不同城市，公共场所液晶/户外大屏广告周到达率Top10（%）

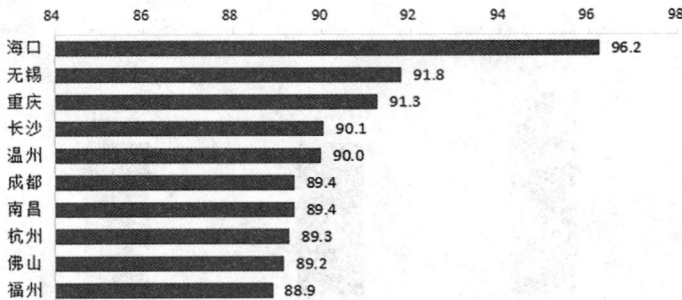

城市	到达率
海口	96.2
无锡	91.8
重庆	91.3
长沙	90.1
温州	90.0
成都	89.4
南昌	89.4
杭州	89.3
佛山	89.2
福州	88.9

数据来源：CTR CNRS-TGI 2017年1-12月（36城市）

2017年，过去一周看到户外视频的地点Top10（%）

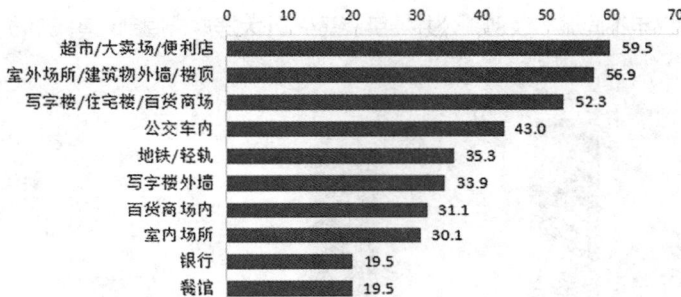

地点	百分比
超市/大卖场/便利店	59.5
室外场所/建筑物外墙/楼顶	56.9
写字楼/住宅楼/百货商场	52.3
公交车内	43.0
地铁/轻轨	35.3
写字楼外墙	33.9
百货商场内	31.1
室内场所	30.1
银行	19.5
餐馆	19.5

数据来源：CTR CNRS-TGI 2017年1-12月（36城市）

的投放位置，具有很强的场景特性。场景本身即为场景媒体（业内也称户外媒体为场景媒体）的新入口。根据人们通常接触的生活空间环境特性，一般可以将生活场景分为出行、购物、休闲娱乐、餐饮、住宿等五大类场景。户外视频在这五大场景都有投放，场景媒体与消费者生活轨迹是相互融通的。

调查显示，在城市居民总体中，有超过一半的受众过去一周接触过商超液晶、室外场所/建筑物外墙/楼顶大屏和楼宇液晶视频。

3.户外视频用户特征

公共场所液晶/户外大屏广告对各个年龄都有较好的覆盖，主要集中在19~38岁（80后、90后），其占比逾总体受众的一半。

公共场所液晶/户外大屏受众中有近六成拥有高等学历（大专及以上），特别是有四成人群具有本科及以上学历。公共场所液晶/户外大屏受众学历构成与城市居民总体学历构成大体相当。

从就业情况来看，公共场所液晶/户外大屏受众中72.9%是全职人员，13.2%是退休人

公共场所液晶/户外大屏广告受众年龄构成

	公共场所液晶/户外大屏广告受众（%）
18岁及以下（00后）	5.9
19~28岁（90后）	29.3
29~38岁（80后）	21.9
39~48岁（70后）	17.9
49~58岁（60后）	15.0
59岁及以上（50后）	10.0

公共场所液晶/户外大屏广告受众学历构成

	公共场所液晶/户外大屏广告受众（%）
高中及以下	41.4
大学专科	18.0
大学本科	35.6
本科以上	5.1

数据来源：CTR CNRS-TGI 2017年1-12月（36城市）

公共场所液晶/户外大屏广告受众工作状态构成

	公共场所液晶/户外大屏广告受众（%）
全职人员	72.9
学生	9.6
兼职(包括退休后在职)	2.3
退休(在家不工作)	13.2
无工作/不工作	2.1

公共场所液晶/户外大屏广告受众职业构成

	公共场所液晶/户外大屏广告受众（%）
公务员	2.0
专业技术人员	9.8
企业管理人员	20.8
企业普通职员	19.1
事业单位人员	6.8
制造业/生产企业工人	3.3
个体户	5.1
其他	8.3

公共场所液晶/户外大屏广告受众个人月收入构成

月收入	公共场所液晶/户外大屏广告受众（%）
3000元以下	24.0
3000~4999元	27.3
5000~7999元	24.6
8000~9999元	9.9
10000~14999元	9.1
15000元及以上	5.0

数据来源：CTR CNRS-TGI 201年1-12月（36城市）

员。其基本结构与城市居民总体相当。

在职业特点上，企业管理人员和普通职员占比最高，均在20%左右。其次是专业技术人员，占比9.8%。公共场所液晶/户外大屏受众职业构成与城市居民总体情况相当。

公共场所液晶/户外大屏受众个人月收入主要集中在8000元以下，占比达75.9%。3000元以下低收入群体占比为24%。

（四）新型户外视频广告市场稳步增长

根据CTR2018年的广告主调查结果，在2017年全媒体广告费用分配中，广告主对数字户外①的投放分配比例为6%，相比2016年增加了1个百分点。2018年数字户外媒体继续受到广告主的青睐，预期花费将稳步增长，占比将达到7%。国家工商行政管理总局公布的中国广告业2017年广告经营额为6896.41亿元。以此推算，2017年广告主对数字户外媒体的投放规模应该超过了400亿元。CTR媒介智讯的数据显示，2017年在数字户外媒体中，地铁视频广告投放增长了9.9%，楼宇电视广告增长了20.4%，影院视频广告增长了25.5%，移动公交视频广告减少了5.2%，而传统户外广告则下降了1.0%。可以看出，户外

---

① 本调研所指的数字户外指的主要是商务楼宇液晶电视、卖场液晶电视、空港媒体（机场、港口内的数字媒体）、移动户外（公交车、出租车、列车、飞机内的液晶/数字电视）、电梯海报、数字影院六类户外媒体。

2016—2018年广告主数字户外媒体花费占比变化情况（%）

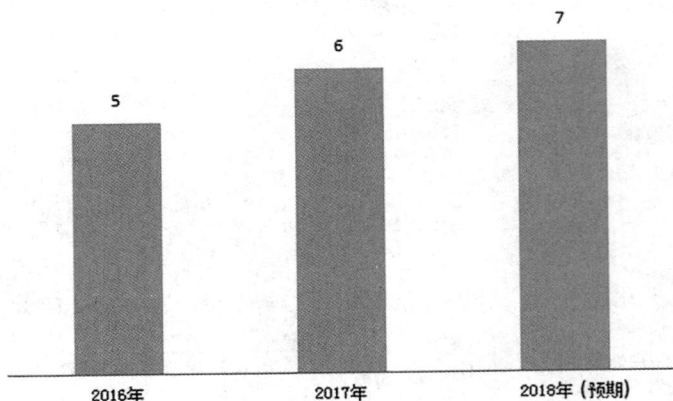

数据来源：CTR 2018中国广告主营销趋势调查结果

媒体正在向视频化转型，新型户外数字视频已经成为户外媒体经营的主力。

另外，在不同场景中，楼宇类、地铁类是2017年广告主选择的重点类型。在2018年的广告投放计划中，楼宇类投放占比最大，达到50%，但仍比上年减少了1个百分点；地铁类广告相较去年投放比例增加3个百分点；公交车类则下降了4个百分点；机场类提高了3个百分点。

数字户外媒体的主要形式就是户外视频，相比传统户外广告形式，户外视频媒体通过动态的画面和音效展示，广告传达的信息往往更加丰富，包含更多的细节；相比静态海报，户外视频广告更能吸引路人的注意，给人留下深刻的印象；另外同一版本的电视广告素材基本也可以同时应用在户外视频中，节省了广告制作的费用。

户外视频广告因为天然的户外属性，打破了传统媒体在时间和空间上的限制。以电视媒体为例，电视广告的黄金播放时间是下午5点至晚上12点，集中在晚间时段，通常是在室内观看。而在现代社会，人的活动半径越来越大，夜生活也越来越晚，从早上9点到晚上9点，视频广告散布在各类不同的户外场景中，广告的到达率和媒体接触频次都很高。

广告主户外广告投放类型两年对比（%）

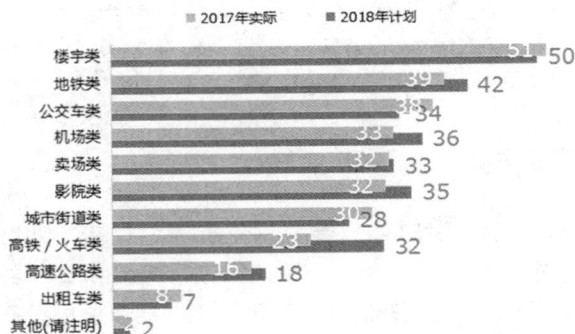

数据来源：CTR 2018中国广告主营销趋势调查结果

从受众范围来看，户外视频媒体更加具有针对性。以地铁和公交为例，乘坐特定班次列车的乘客在很长的一段时间内可能是固定不变的，商场或者卖场的顾客辐射半径也是有一定地理范围的，所以户外视频媒体的受众在很大程度上是固定和可预测的。

这为广告的精准投放打下了基础，同时也要求户外视频广告在更新频次和内容编排上需要更加的注意，避免造成用户的审美疲劳和广告资源的浪费。

（五）户外视频市场的竞争格局

1.交通工具移动终端屏幕超35万块

根据《2017年中国移动电视发展报告》中的数据，截至2016年底，全国41个省/市（17个直辖市/省、10个省会城市、14个其他级别城市）运营的交通工具上的移动电视，移动电视终端屏幕合计超过35万块。具体如下表：

41个全国主要移动电视运营省/市

行政区划	（按拼音字母排序）	数量（个）
省/自治区/直辖市	安徽、北京、重庆、甘肃、广东、广西、黑龙江、湖北、湖南、江西、辽宁、上海、山西、陕西、四川、天津、云南	17
省会/首府城市	长沙、成都、福州、广州、杭州、济南、南京、乌鲁木齐、西安、西宁	10
其他城市	大连、汉川、黄石、洛阳、宁波、青岛、苏州、深圳、温州、芜湖、无锡、厦门、烟台、扬州	14

数据来源：《2017年中国移动电视发展报告》

2.楼宇视频传播力及竞争格局

楼宇视频目前以分众传媒占据绝对优势市场地位。经过十多年辛苦耕耘，分众传媒持续稳固其在户外甚至是媒体广告行业中的重要地位，以独特的经营智慧和独到的经营理念打造了电梯电视这一新型媒体场景。2017年分众传媒在美欧亚三个广告节上代表中国媒体斩获了三项大奖：纽约广告节"品牌传播大奖"、伦敦国际奖"实效媒体大奖"、釜山广告节"数字媒体大奖"，其全球影响力可见一斑。

从受众覆盖规模而言，根据分众官网发布的相关数据，分众电梯媒体覆盖120个城市、120万块电梯海报、25万块电梯电视，在中国4亿城市人口中，每天有2亿人看分众。

除此之外，在部分城市中还零散分布着几家楼宇视频运营商，在此暂不赘述。

3. 户外大屏视频传播力及竞争格局

2013年之后发展至今，户外大屏视频媒体的主要类型依然是都市商圈类、机场户外类、车站类，而其中都市商圈类户外大屏媒体主要运营商在几经上市融资等市场波折之后，截至目前，依然表现出强大生命力的有凤凰都市传媒、郁金香传媒、北广传媒等，

机场类户外大屏主要是航美传媒，车站类则主要为永达传媒把控。除此之外，根植于上海的"外滩之窗"以其特有的地标场景位置和科技创意的艺术表达，近几年备受业内青睐和关注，为历经强暴风雨后的户外大屏视频媒体注入了新的青春活力，也为进一步推动并激活户外媒体经济发展提供了新的方向和解决办法。

二、内容型户外视频媒体稳步发展

2007年底，国家广播电影电视总局向各省、自治区、直辖市广播影视局发出《广电总局关于加强车载、楼宇等公共视听载体管理的通知》，要求各级广播影视行政管理部门加强对户外视频媒体播出内容的有效管理，同时建立健全内部监管机制。

2015年以来，内容型户外视频媒体在资本市场遇冷，加之严格的内容制作监管要求，截至目前，户外视频媒体拥有内容播出权的主要集中在"与当地广电部门合作的公交地铁移动电视"，以及依托新华社的"新华频媒"。

"新华频媒"是"新华社稿件多媒体展示屏"的简称，是新华社独家构建的创新型视频媒体，也是目前国内唯一的多媒体户外新闻联播网。它利用先进的数字网络传输和后台播控一体化技术，以多媒体形式，全方位展示新华社的视频、图片、文字等新闻信息，同时发布省内各地的政务信息动态，借助新华社权威信息发布的品牌优势，打造政务信息联播网。

而在新闻信息之外的内容市场上，内容型户外视频媒体主要是聚焦于交通工具的移动电视媒体。下文中研究的内容型户外视频节目将主要围绕交通工具类媒体展开，即城市移动电视媒体。

（一）内容型户外视频节目的发展与特征

1. 内容型户外视频节目的特征

2014年国家新闻出版广电总局在《关于规范发展移动数字电视的意见》（2014年60号

令）中指出："开展移动数字电视业务，就是广播电视播出机构利用地面数字电视技术手段开办电视频道，在公交车、地铁、轻轨、出租车及国家广播影视行政部门认定的其他公共交通工具上向流动人群提供电视节目服务"，给公交移动电视做出了明确的定义。

同时在该文件中还进一步明确了"移动数字电视频道是引导和加强舆论宣传的重要阵地，是党委、政府发布公共和应急信息的重要渠道，也是广大人民群众获取生活资讯和文化娱乐服务的新平台"。

在这样的政策要求大背景，以及传播市场对于户外视频媒体的强烈需求下，以交通工具为主要载体的移动电视内容型户外视频媒体努力实践着"内容资讯+渠道平台+场景营销"的经营方针和内容定义新标尺，各城市移动电视整体呈现出"公交地铁沿线生活娱乐风貌、城市人文特色、便民生活服务、媒体+零售/生活馆、广告内容化整合"的特征，而各个城市移动电视的经营战略和管理模式又各有千秋。

2. 内容型户外视频节目的类型

内容型户外视频节目的类型可以从节目来源以及节目内容类别两个角度去考察。

●按照来源主要分为自制节目、集成节目、引进节目和转播节目

简单来说，自制类节目是由移动电视运营商自主制作的视频内容。近年来，移动电视从业者开展各类创新，逐渐形成了一批有创意、有创收、有品牌的自创栏目。集成类节目主要是对当地电视台各类栏目或节目进行压缩、组合或重新编排的内容。引进类节目主要包括面向社会节目制作公司和其他城市移动电视媒体出品的节目进行采购的内容。转播类节目则是针对重大事件和特定重要节目，对电视台播出内容的完整转播，多为新闻类和体育直播类内容。

据不完全统计，截至2017年3月，全国移动电视在播的这四类节目的分布情况大致为：自制节目占比36%；集成节目占比31%；转播节目占比19%，引进节目占比14%。

《2017中国移动电视发展报告》的调查还显示，相比2015年，自制类节目的占比有所增长。各地移动电视公司的自制类节目代表佳作有很多，如北广传媒移动电视的《我在北京挺好的》《秀逗爱生活》；上海东方明珠移动电视的《新闻天天报》《警民直通车》《财金新干线》；重庆广电移动电视的《乐在其中》《壹资讯》；青岛广电无线传媒集团的《乐悠悠》《爱食尚》；杭州广电公交移动的《道听途说》《新动搜索》；深圳移动视讯的《阿SIR说交通》《好片风向标》；陕西广电移动电视的《高校直通车》《畅游三秦》等，不一而足。

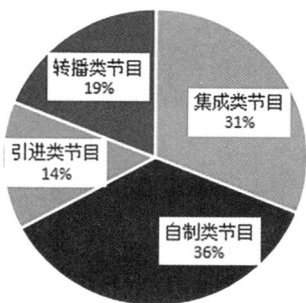

2017年移动电视节目分布

资料来源：《2017中国移动电视发展报告》

●按节目类型主要包括新闻、文娱、体育、服务、公益、企业宣传等类别

根据公交和地铁乘客乘车时间和乘坐场景的实际情况，公交与地铁移动电视的节目多以短小精彩见长，类型上丰富多样。在多数城市中，市民还可以通过家中电视终端收看到公交

移动电视频道。

经过多年的实践，各地的移动电视纷纷拥有了一些有一定影响力，甚至具有粉丝基础的栏目，节目内容也比较多集中在新闻资讯、生活智慧、美食、旅游等方面，同时在利用UGC资源和短视频MCN上也在不断打造一些品牌栏目。如，东方明珠移动电视依托集团《看看新闻》栏目的资源优势，每天早晚高峰时段每隔半小时播出的5分钟的本市当日发生的重大事件或特别会议的新闻《Knews》；此外还推出了上海市民喜爱和关注的《防范伴你行》《警民直通车》等生活服务类节目。广西广电移动电视频道本着有效吸引乘客眼球的角度，自创了一批聚焦在美食美人美景，以及收集公交地铁沿线吃喝玩乐场所的栏目，同时以开展线上线下互动上屏活动的方式引了发全城热议。

3. 内容型户外视频节目的发展

创新是移动电视行业多年来的发展方向，而具体的方法和举措则通过"技术创新拓展商业模式、内容创新推动市场发展"两方面落实。就在笔者撰写此文的过程中，移动电视行业召开了第十一届移动电视峰会，会以更宏大的视野和格局提出了"破界、缔盟"的大会主题。除了进一步厘清发展动力、目标方向外，大会还提供了技术合作和产业拓展的成熟技术平台方案和具体操作实施办法。

●技术创新拓展商业模式

近两年来，各地移动电视除做终端屏的升级改造外，还运用公交地铁环境内的Wi-Fi技术、iBeacon、蓝牙通讯技术以及ApplyPay支付功能等，不断探索实践电视屏与手机端的融合交互。2017年在移动电视协会的组织下，移动电视行业与声连网技术公司开展合作，联手打造公交移动电视特有的受众交互方式。

●内容创新推动市场发展

借势粉丝营销、UGC/PGC/UGP营销等行业热点，一些城市公交移动电视不断开拓思维，探寻内容上的创新。例如，重庆移动电视利用微信与乘客做互动，将乘客手机端的微信内容传到移动电视屏幕上，增加乘客的关注并且触发数字电视社交功能的开启。其开展的"大声说出我爱你"活动，在短短几分钟内微信留言便接近6000条。再如凤凰都市传媒利用高速网络传输技术将市民文化娱乐活动演出现场的情况传至户外大屏，实现了都市户外大屏远程同步直播。

●开启产业合作平台

在行业协会的组织和支持下，引入视频节目交易平台（如国内2017年主板上市的中广天泽传媒公司），各城市移动电视媒体尝试探索节目交易或版权输出的新商业模式；同时，各城市移动电视媒体之间也在频繁进行着实体产业商业合作模式的探索。

（二）内容型户外视频节目的播出与收视

1.各类内容型户外视频节目播出量

内容型户外视频媒体主要为公交地铁移动电视。根据《2017年中国移动电视发展报告》中发布的数据，全国移动电视的平均全天播出时长超过16.5小时，一般从早上5点到晚上10点。其中节目与广告的平均时长之比基本在3：1，亦即75%的时长为节目时间，广

2017年不同城市级别，城市交通类液晶电视广告周到达率（%）

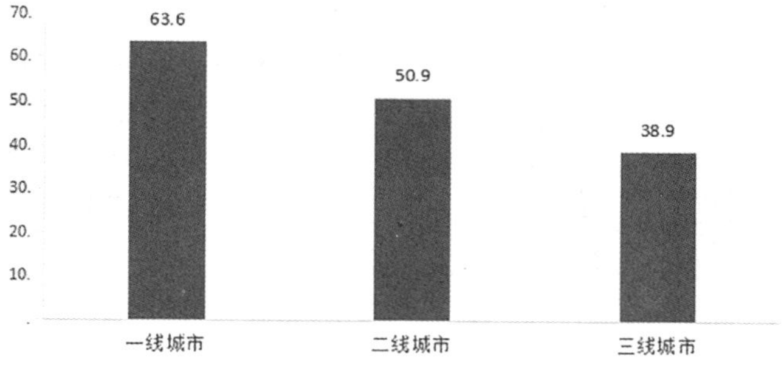

数据来源：CTR CNRS-TGI 2017年1-12月（36城市）

2017年不同区域，城市交通类液晶电视广告周到达率（%）

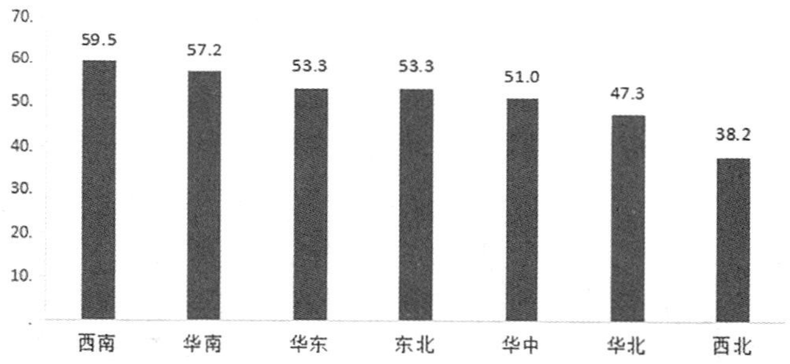

数据来源：CTR CNRS-TGI 2017年1-12月（36城市）

2017年不同城市，交通类液晶电视广告周到达率Top10（%）

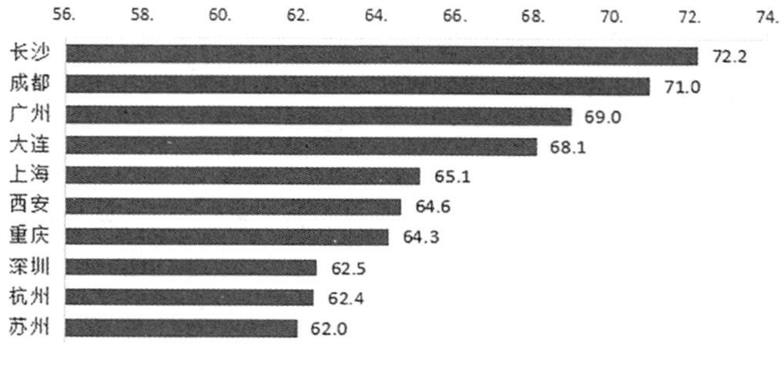

数据来源：CTR CNRS-TGI 2017年1-12月（36城市）

告时长目前仅占25%。

另据不完全统计，截至2017年3月，全国移动电视在过去两年中在播或已播的各类型栏目共计740档，其中在播的有665档。按照节目播出数量依次为新闻类、文娱类、服务类、公益宣传类、体育类、企业宣传类、动画类等。移动电视的每档节目要求短小精悍，所以"节目微型化、编排板块化"成为移动电视从诞生之日起就践行的内容生产格式。

随着移动互联网的发展，微信、微博等社交媒体改变着人们的生活，例如CTR在上海当地的一项调研发现，在搭乘公交地铁过程中，有近九成的乘客低头看手机。面对注意力不断被吸附到手机屏端的状况，移动电视在继续保持原有内容生产特征外，已将"互动节点化"纳入日常的制作和播出工作中，以此来回应乘客注意力碎片化传播的时代特征。

2. 各类内容型户外视频节目的收视

城市规模、城市公共交通发达程度和居民出行依赖公共交通的程度与交通类液晶电视广告到达情况相关。数据显示，交通类液晶电视广告周到达率在不同级别城市呈现明显差异。在城市交通最为发达的一线城市中，交通类液晶视频的周到达率是63.6%，而在三线城市中，这一数值只有38.9%，两者之间相差24.7%。换个角度

2015—2017年公交、地铁/轻轨液晶电视广告周到达率（%）

数据来源：CTR CNRS-TGI 2015年1-12月、2016年1-12月、2017年
1-12月（36城市）

2015-2017年公交/地铁/轻轨液晶电视广告周受众规模（万人）

数据来源：CTR CNRS-TGI 2015年1-12月、2016年1-12月、2017年
1-12月（36城市）

各类内容型视频受众学历构成

学历	公交车内液晶视频受众（%）	地铁/轻轨液晶视频受众（%）
高中及以下	47.4	28.1
大学专科	17.5	19.4
大学本科	30.9	45.4
本科以上	4.2	7.1

数据来源：CTR CNRS-TGI 2017年1-12月（36城市）

说，三线城市交通类液晶视频的周到达率仅有一线城市的60%。

从全国不同区域来看，交通类液晶电视广告分三个阵营。西南和华南交通类液晶电视广告周到达率最高；其次是华东、东北、华中和华北；西北地区的周到达率最低。

从城市来看，长沙和成都的交通类液晶电视广告周到达率最高，均在70%以上。其次是广州和大连，接近70%。进入交通类液晶电视广告周到达率前十的城市主要集中在一二线城市，而一线城市的北京却没有入榜。

对比2015—2017年近三年的数据，公交液晶电视广告周到达率稳定中有小幅下降，而地铁/轻轨液晶电视广告周到达率却有较大上升，这与近年来城市轨道交通的大力发展息息相关。地铁/轻轨液晶电视与公交液晶电视广告周到达率之间的差距正在逐步缩小。

从交通类液晶电视广告每周能够影响到的人群规模来看，公交液晶电视广告每周可覆盖6390万人，较2015年减少了426万人。而地铁/轻轨液晶电视广告每周可覆盖4468万人，较2015年增长了25.9%，1159万人。

各类内容型视频受众年龄构成

年龄	公交车内液晶视频受众（%）	地铁/轻轨液晶视频受众（%）
18岁及以下（00后）	8.0	5.4
19~28岁（90后）	29.3	35.6
29~38岁（80后）	18.2	25.9
39~48岁（70后）	15.6	17.2
49~58岁（60后）	16.6	10.4
59岁及以上（50后）	12.5	5.6

数据来源：CTR CNRS-TGI 2017年1-12月（36城市）

各类内容型视频受众工作状态构成

工作	公交车内液晶视频受众（%）	地铁/轻轨液晶视频受众（%）
全职人员	66.7	78.5
学生	12.3	9.8
兼职(包括退休后在职)	2.3	2.1
退休(在家不工作)	16.7	8.1
无工作/不工作	2.0	1.6

数据来源：CTR CNRS-TGI 2017年1-12月（36城市）

各类内容型视频受众职业构成

职业	公交车内液晶视频受众（%）	地铁/轻轨液晶视频受众（%）
公务员	1.2	2.3
专业技术人员	8.2	13.1
企业管理人员	17.6	27.1
企业普通职员	19.9	20.5
事业单位人员	5.7	6.4
制造业/生产企业工人	3.0	2.0
个体户	4.7	3.6
其他	8.8	5.5

数据来源：CTR CNRS-TGI 2017年1-12月（36城市）

各类内容型视频受众个人月收入构成

月收入	公交车内液晶视频受众（%）	地铁/轻轨液晶视频受众（%）
3000元以下	27.9	16.6
3000~4999元	29.6	23.1
5000~7999元	23.7	27.9
8000~9999元	8.0	12.9
10000~14999元	7.2	12.4
15000元及以上	3.5	7.1

数据来源：CTR CNRS-TGI 2017年1-12月（36城市）

3. 各类内容型户外视频的用户

从受众的年龄结构来看，地铁/轻轨液晶视频受众更多集中在19~38岁之间，青壮年为主，占比61.5%。而公交液晶视频受众年龄分布更加均匀，对00后、60后、50后也都有很好的覆盖。

地铁/轻轨液晶视频受众的教育水平普遍高于公交车液晶视频受众。地铁/轻轨液晶视频受众中有52.6%拥有大学本科及以上学历，而在公交车液晶视频受众中，这一比例仅有35.1%。有近一半的公交车液晶视频受众学历在高中及以下。

由于地铁/轻轨液晶视频受众中青壮年比例更高，所以他们中的全职人员占比更多，达到了78.5%，较公交车液晶视频受众高出12%。而公交车液晶视频受众中学生、退休人员比例略高。

从职业分布来看，地铁/轻轨液晶视频受众中的专业技术人员、企业管理人员占比较公交车液晶视频受众高。特别是地铁/轻轨液晶视频受众中的企业管理人员较公交车液晶视频受众中的这一比例高了近10个百分点。

地铁/轻轨液晶视频受众较公交车液晶视频受众有更高的收入。公交车液晶视频受众中81.1%的个人月收入都在8000元以下，地铁/轻轨液晶视频受众则有67.6%个人月收入在8000元以下。

（三）内容型户外视频的经营

1. 公交移动电视

● 广告经营概况

2016年公交移动电视广告的刊例价较上年下降了22.1%。2017年虽然仍是下降趋势，但相较2016年只下降了5.2%。

2016—2017年公交移动电视广告刊例价变化

年份	2016年	2017年
增长率	−22.1%	−5.2%

数据来源：CTR媒介智讯

● 广告经营特征

从2017年公交移动电视广告投放行业花费增减情况来看，共5个行业增加了投放，15个行业减少了投放。花费前5行业相较2016年仅排名发生了变化，电脑及办公自动化产品的花费增幅最大，排名直接从第4名上升到第1名，投放额增加了1倍，主要来自软件和顾问服务广告的增长。商业及服务行业、娱乐及休闲、邮电通讯行业的投放花费均有较大幅度的下降。活动类行业保持排名前5名不变，投放额增加了18%左右。

从行业花费集中度的角度看，2015年到2017年公交移动电视广告花费前5行业占比基本稳定在70%左右。2017年在大部分行业选择缩减投放花费的情况下，电脑及办公自动化产品花费的强势增长对前5行业的集中度有明显的拉动作用，较上年增加了4.6个百分点。

除前5行业外，清洁用品凭借92%的广告增幅，排名上升5位，由第17名上升到第12名。衣着行业降幅最大，花费减少88.8%，排名也从16位跌到了19位。

2017年公交移动电视广告投放前20行业

2017年排名	2016年排名	行业	增幅（%）
1	4	电脑及办公自动化产品	106.8
2	1	商业及服务性行业	−28.7
3	2	娱乐及休闲	−15.0
4	3	邮电通讯	−7.4
5	5	活动类	17.8
6	8	药品	57.8
7	6	食品	−33.7
8	7	饮料	−34.9
9	9	家居用品	−9.5
10	10	化妆品/浴室用品	−25.5
11	11	金融业	−15.5
12	17	清洁用品	92.3
13	12	家用电器	−52.6
14	13	交通	−31.0
15	14	酒精类饮品	−49.4
16	15	房地产/建筑工程行业	−46.9
17	18	工业用品	4.3
18	19	个人用品	−6.6
19	16	衣着	−88.8
20	20	农业	−73.0

数据来源：CTR媒介智讯

2015—2017年公交移动电视广告花费前五行业集中度（%）

年份	2015年	2016年	2017年
前5行业集中度	69.9%	69.0	73.6

数据来源：CTR媒介智讯

●广告品牌特征

公交作为一种传统的交通工具，因其便宜的票价和广泛的站点分布一直广受欢迎，同时也深受传统行业广告主的青睐，尤其是药品行业。2017年公交移动电视广告花费前20品牌中就有多个药品品牌上榜，这可能与中老年人更喜欢乘坐公交出行有关。

从2017年公交移动电视投放前20的品牌花费增减来看，除叫我行动派、豆本豆和泽十字3个新增品牌外，共12个品牌增加了广告投放花费。巴士头条、百度、鲜小妞和999的广告花费增加10倍以上，伊康美宝、顶呱呱、乐虎的广告花费增加5倍以上。

2017年公交移动电视投放花费前20的品牌中还有5个品牌减少了投放，其中降幅最大的是肯德基，花费减少2.5%，降幅最小的是爱国者，花费减少1.1%。

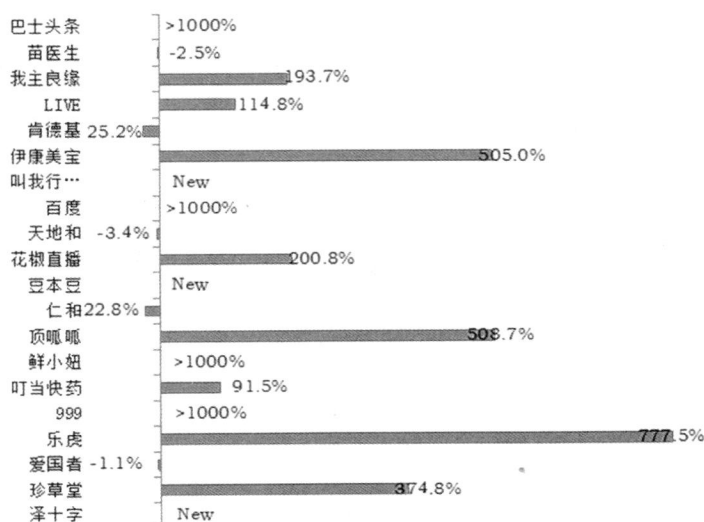

2017年公交移动电视广告花费前20品牌增幅

数据来源：CTR媒介智讯

2. 地铁视频

●广告经营概况

2016年和2017年地铁视频广告花费一直保持稳步增长，2016年花费增幅是13.3%，2017年增速有所放缓，在10%左右。

2016—2017年地铁视频广告刊例收入变化（%）

年份	2016年	2017年
增长率	13.3	9.9

数据来源：CTR媒介智讯

●广告经营特征

从2017年地铁视频广告投放前20行业花费增减情况来看，共8个行业增加投放，12个行业减少投放。邮电通讯行业投放增幅68%，跃升为第1位；饮料行业花费增加了超过4倍，排名从上年的第11名升到第3名，这主要来自液体饮料的广告投放增长；另外软件及顾问服务的广告投放增多，带动电脑及办公自动化产品花费增加167.2%，排名从第8名上升到第5名；娱乐及休闲行业，商业及服务性行业均减少了广告投放，排名也分别从第1名和第3名下降到第2名和第4名。

从行业花费集中度的角度看，2015年到2017年地铁视频广告花费前5行业集中度非常稳定，保持在76%左右，波动很小。2017年投放额前5行业的排名花费变化没有对集中度造成明显影响。

除前5行业外，衣着行业花费增长超过了10倍，行业排名向前蹿升了6位，由19名升到13名。金融业的排名下滑最多，花费降幅达到83.9%，从第6名下滑到14名。

2017年地铁视频广告投放前20行业

2017年排名	2016年排名	行业	增幅（%）
1	2	邮电通讯	68.0
2	1	娱乐及休闲	−28.8
3	11	饮料	455.4
4	3	商业及服务性行业	−40.6
5	8	电脑及办公自动化产品	167.2
6	4	活动类	26.2
7	7	食品	6.4
8	5	化妆品/浴室用品	−36.4
9	9	交通	−16.8
10	13	个人用品	100.8
11	14	家居用品	43.1
12	10	家用电器	−57.0
13	19	衣着	>1000
14	6	金融业	−83.9
15	16	清洁用品	−37.7
16	15	药品	−49.4
17	12	房地产/建筑工程行业	−85.4
18	18	酒精类饮品	−65.2
19	17	工业用品	−86.3
20	20	农业	−38.1

数据来源：CTR媒介智讯

2015—2017年地铁视频广告花费前5行业集中度（%）

年份	2015年	2016年	2017年
前5行业集中度	76.5	76.2	77.5

数据来源：CTR媒介智讯

● 广告的品牌特征

相比公交，地铁的起步时间较晚，但是发展速度很快，尤其是在一线城市，因其准时、便捷的特点很受年轻上班族的青睐。投放地铁视频的品牌也偏向年轻化，在2017年地铁视频广告投放前20品牌中，迎合年轻人口味的旅行和玩乐类品牌数量占比很大。

在2017年地铁视频广告花费前20品牌中，除东鹏特饮、御研堂、中国联通、顶呱呱、顶呱呱贷款5个新增品牌外，还有10个老品牌增加了广告投放，其中怡宝、皇家加勒比、票牛、泰森的花费增长均超过10倍；我主良缘、西十区、ABC、宝矿力水特、Master达人的花费增长超过1倍。

2017年地铁视频广告花费前20品牌中还有5个品牌缩减了广告投放。其中降幅最大是腾讯，花费减少66.0%，降幅最小的是苗医生，花费减少11.6%。

2017年地铁视频广告花费前20品牌增幅

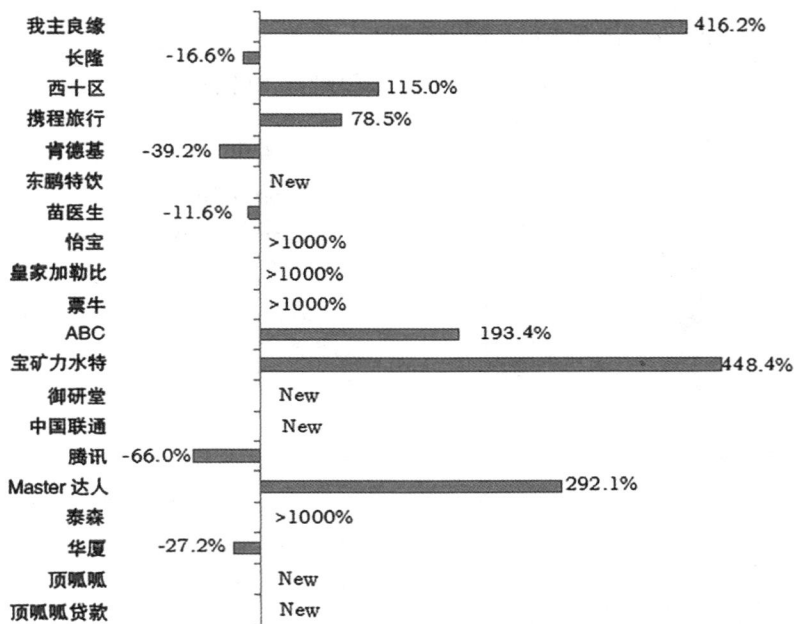

品牌	增幅
我主良缘	416.2%
长隆	-16.6%
西十区	115.0%
携程旅行	78.5%
肯德基	-39.2%
东鹏特饮	New
苗医生	-11.6%
怡宝	>1000%
皇家加勒比	>1000%
票牛	>1000%
ABC	193.4%
宝矿力水特	448.4%
御研堂	New
中国联通	New
腾讯	-66.0%
Master达人	292.1%
泰森	>1000%
华厦	-27.2%
顶呱呱	New
顶呱呱贷款	New

数据来源：CTR媒介智讯

三、广告型户外视频媒体快速增长

（一）广告型户外视频的类型与发展

广告型户外视频，与内容型户外视频最大的不同之处是没有节目播出，只有广告的密集播放。因此，这种纯粹播放广告的媒体，本质上是户外视频化的广告平台。由于先天缺乏吸引用户的节目内容，广告型户外视频的发展有着更多的要求，在广告制作上，需要简单直接的短平快式，通过情节化的创意来引起用户的关注。由于用户行为轨迹的稳定性，对广告型

户外视频媒体的接触往往具有高度的重复性。在广告播出上，要根据受众接触的时段特点进行针对性的编排。在广告环境上，封闭式环境的效果要好于开放式的效果，当然，广告型户外视频也可以在开放式环境中通过广告播放设备的附加功能而形成较高的关注度。

广告型户外视频，由于设置的位置环境不同，大致可以分为户外LED大屏、电梯电视、卖场电视、校园电视等。其中，户外LED大屏是在传统户外广告基础上实现的技术转变。电梯电视、卖场电视等则是充分挖掘了特定环境中的受众需求。从近几年各类广告型户外视频的发展来看，楼宇电梯视频由于其相对封闭的环境和用户反复接触的特点，发展更为显著。

2017年不同城市级别，楼宇液晶广告周到达率（%）

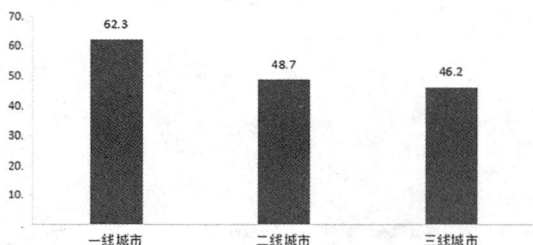

2017年不同区域，楼宇液晶广告周到达率（%）

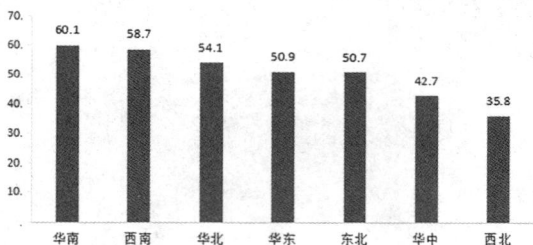

2017年不同城市，楼宇液晶广告周到达率Top10（%）

数据来源：CTR CNRS-TGI 2017年1-12月（36城市）

（二）各类广告型户外视频用户规模及特征

1.楼宇（写字楼/住宅楼/百货商场）液晶视频的用户规模及特征

楼宇液晶视频的周到达率是从高线城市到低线城市呈现递减的情况，特别是一线城市周到达率遥遥领先。一线城市楼宇液晶广告周到达率是62.3%，较二线城市高13.6%，较三线城市高16.1%。

就区域来看，华南和西南地区的楼宇液晶广告周到达率最好，该区域的人群均有六成看过楼宇液晶广告。其次是华北、华东和东北区域，而华中和西北区域楼宇液晶广告周到达率均在一半以下。

从城市来看，除北京、长春外，楼宇液晶广告周到达率Top10的都是南方城市。海口是楼宇液晶广告周到达率最高的城市，近八成海口的城市居民在一周内看到过楼宇液晶广告。其次是北京、南宁和温州，属于第二梯队。

纵观2015—2017年三年数据，楼宇液晶广告周到达率在稳定中有所上升。事实上，2012—2016年楼宇液晶广告周到达率始终保持在49%左右。到2017年有了提升，超过一半的城市居民在过去一周看到过楼宇液晶广告。

鉴于2017年楼宇液晶广告周到达率的小幅上升，周受众规模增加了352万

2015—2017年楼宇液晶广告周到达率（%）

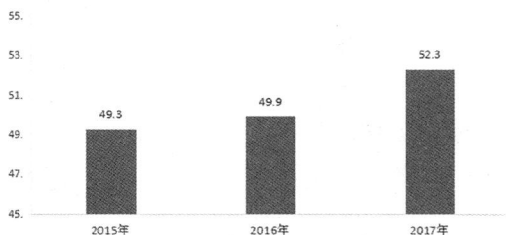

2015—2017年楼宇液晶广告周受众规模（万人）

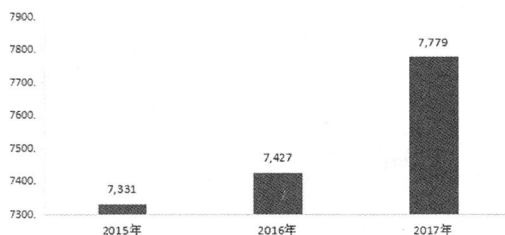

数据来源：CTR CNRS-TGI 2015年1-12月、2016年1-12月、2017年1-12月（36城市）

人，向8000万人迈进。

　　楼宇液晶广告受众以80后和90后为主，占比超过城市居民总体一半。对70后也有很好的覆盖，18.9%70后（39~48岁）在过去一周看到过楼宇液晶广告。

　　61.4%楼宇液晶广告受众拥有高等学历（大学专科及以上），其中42.9%更是拥有大

楼宇液晶广告受众年龄构成

年龄	楼宇液晶广告受众（%）
18岁及以下（00后）	5.6
19~28岁（90后）	29.7
29~38岁（80后）	24.3
39~48岁（70后）	18.9
49~58岁（60后）	13.5
59岁及以上（50后）	8.1

楼宇液晶广告受众学历构成

学历	楼宇液晶广告受众（%）
高中及以下	38.6
大学专科	18.5
大学本科	37.4
本科以上	5.5

楼宇液晶广告受众工作状态构成

工作	楼宇液晶广告受众（%）
全职人员	76.7
学生	8.7
兼职(包括退休后在职)	2.0
退休(在家不工作)	10.8
无工作/不工作	1.8

楼宇液晶广告受众职业构成

职业	楼宇液晶广告受众（%）
公务员	1.7
专业技术人员	10.4
企业管理人员	23.3
企业普通职员	20.2
事业单位人员	7.0
制造业/生产企业工人	3.0
个体户	5.4
其他	7.8

数据来源：CTR CNRS-TGI 2017年1-12月（36城市）

学本科及以上的学历。该学历分布与城市居民总体一致。

鉴于全职人员有更多机会接触到楼宇液晶，所以楼宇液晶广告受众较城市居民总体有更高的全职人员占比。

楼宇液晶广告受众中有43.5%企业管理和工作人员，较城市居民总体中这一比例高了3.8个百分点。其次是专业技术人员（如工程师/教师/教授/医师/律师等），占比10.4%。

由于楼宇液晶广告覆盖到了更多全职工作者、企业管理及工作人员，所以他们的个人月收入更高。27.1%楼宇液晶广告受众月收入在8000元以上，较城市居民总体的这一比例高了3.1个百分点。

楼宇液晶广告受众个人月收入构成

月收入	楼宇液晶广告受众（%）
3000元以下	21.1
3000~4999元	25.4
5000~7999元	26.3
8000~9999元	10.8
10000~14999元	10.9
15000元及以上	5.4

数据来源：CTR CNRS-TGI 2017年1-12月（36城市）

2. 商超（超市/大卖场/便利店）液晶视频的用户规模及特征

2017年不同城市级别，商超液晶广告周到达率（%）　　2017年不同区域，商超液晶广告周到达率（%）

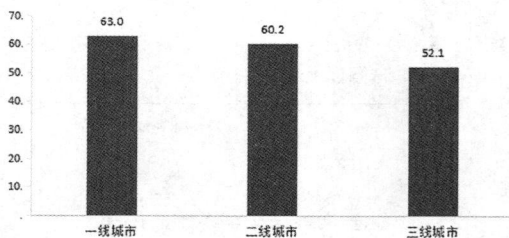

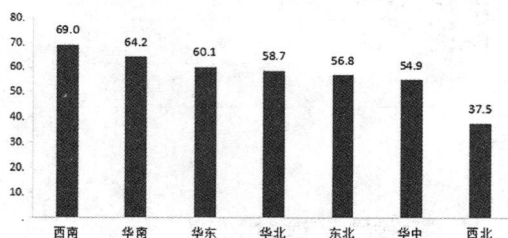

数据来源：CTR CNRS-TGI 2017年1-12月（36城市）

商超液晶广告周到达率随着城市级别的降低而降低，即城市级别越高，城市经济越发达，则其商超液晶视频的周到达率越高。一线城市周到达率是63.0%，较二线城市高了2.8个百分点，较三线城市高了10.9个百分点。

与公交类视频广告、楼宇液晶广告的周到达率趋势表现一致，商超液晶广告西南和华南地区的周到达率最好，西北最差。除西北区域外，其他区域的商超液晶广告周到达率均在50%以上。西南地区商超液晶广告周到达率比西北地区高了31.5个百分点。

分城市来看，与楼宇液晶广告周到达率趋势一致，海口仍然是表现最好的城市，较其他城市起码高了12个百分点以上。除长春外，商超液晶广告周到达率Top10都是南方城市。

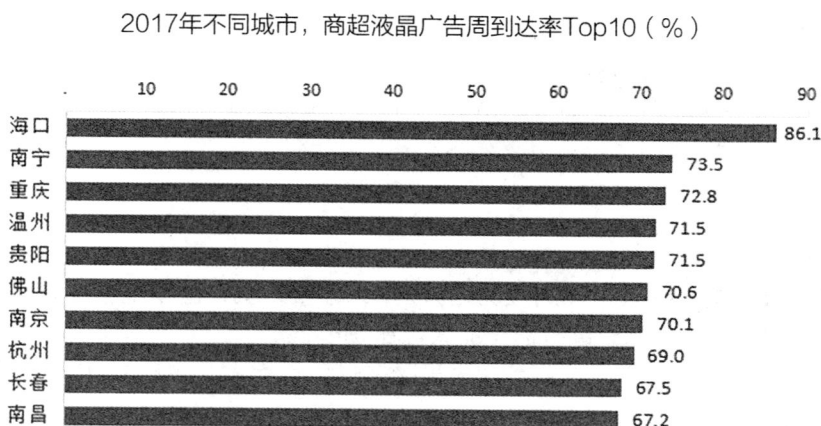

2017年不同城市，商超液晶广告周到达率Top10（%）

城市	百分比
海口	86.1
南宁	73.5
重庆	72.8
温州	71.5
贵阳	71.5
佛山	70.6
南京	70.1
杭州	69.0
长春	67.5
南昌	67.2

数据来源：CTR CNRS-TGI 2017年1-12月（36城市）

纵观2015—2017年三年数据，商超液晶广告周到达率始终在60%左右波动。2016年较2015年有5.5个百分点的提升，但2017年回落2.1个百分点，至59.5%。即10个城市居民中，有6个人在过去一周看到过商超液晶广告。

2017年商超液晶广告周受众规模是8848万人，较2015年增加了508万人。

商超液晶广告受众较交通类液晶广告受众、楼宇液晶广告受众、公共场所液晶/户外大屏广告受众拥有更多49岁以上人群（50后、60后），30.0%商超液晶广告受众是50后或60后。

2015—2017年商超液晶广告周到达率（%）

2015—2017年商超液晶广告周受众规模（万人）

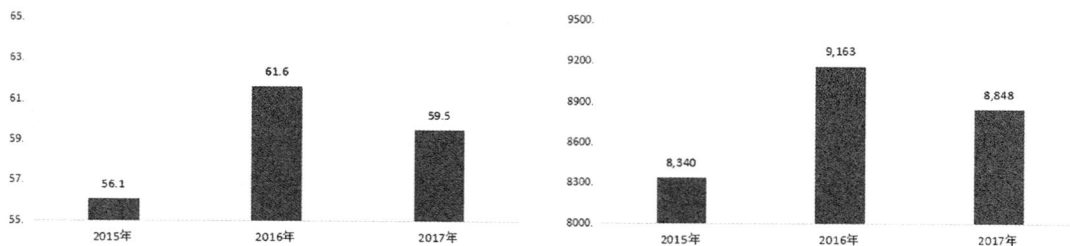

数据来源：CTR CNRS-TGI 2015年1-12月、2016年1-12月、201年1-12月（36城市）

商超液晶广告受众学历构成与公交车液晶广告受众构成相当，高中及以下人群占比接近一半。较地铁（轻轨）液晶广告受众、楼宇液晶广告受众学历略低。

291

商超液晶广告受众年龄构成

年龄	商超液晶广告受众（%）
18岁及以下（00后）	6.5
19~28岁（90后）	27.4
29~38岁（80后）	19.3
39~48岁（70后）	16.8
49~58岁（60后）	17.5
59岁及以上（50后）	12.5

商超液晶广告受众学历构成

学历	商超液晶广告受众（%）
高中及以下	48.2
大学专科	17.1
大学本科	30.5
本科以上	4.2

数据来源：CTR CNRS-TGI 2017年1-12月（36城市）

鉴于商超液晶广告受众中50后或60后人群比例达30.0%，所以他们中退休（在家不工作）的比例较城市居民总体要高，而全职人员比例要低。

商超液晶广告受众同样以企业管理人员和普通职员居多，占比37.2%。较城市居民总体该比例略低。

商超液晶广告受众中有55.9%的个人月收入在5000元以下，该受众群体的个人月收入较城市居民总体低。

商超液晶广告受众工作状态构成

工作	商超液晶广告受众（%）
全职人员	69.0
学生	10.0
兼职(包括退休后在职)	2.2
退休(在家不工作)	16.7
无工作/不工作	2.1

商超液晶广告受众职业构成

职业	商超液晶广告受众（%）
公务员	1.2
专业技术人员	8.0
企业管理人员	18.6
企业普通职员	18.6
事业单位人员	6.5
制造业/生产企业工人	3.6
个体户	5.6
其他	9.1

数据来源：CTR CNRS-TGI 2017年1-12月（36城市）

商超液晶广告受众个人月收入构成

月收入	商超液晶广告受众（%）
3000元以下	26.5
3000~4999元	29.4
5000~7999元	23.6
8000~9999元	8.5
10000~14999元	7.9
15000元及以上	4.0

数据来源：CTR CNRS-TGI 2017年1-12月（36城市）

（三）广告型户外视频的广告经营概况

广告型户外视频媒体的类型较多，点位监测繁杂且成本巨大，不像电视等传统媒介可以实施较全面的调查监测。因此，这里仅以电梯电视为例来分析广告型户外视频媒体的广告经营状况。

CTR媒介智讯的数据显示，近两年电梯电视广告市场一直稳定增长，2016年刊例花费增长率是22.4%，2017年增幅略微收窄，最终落在20.4%。

1. 电梯电视广告行业特征

从2017年电梯电视广告投放前20行业花费增减来看，共有12个行业增加了投放，9个行业减少投放。花费前5的行业都增加了广告投放，邮电通讯行业花费增长23.0%，仍保持第1名不变。化妆品/浴室用品行业花费增加31.1%，由第6名上升到第5名。

从行业花费集中度的角度看，2015年到2017年前5行业的花费集中度一直在增长，2016年相比2015年提升了7.2个百分点，2017年增速放缓，相较2016只提升1.9个百分点。

另外花费前20品牌中药品行业的花费增幅最大，花费增加10倍以上，排名也从第17名上升到第11名。其次是清洁用品行业，花费增加5倍多，排名上升2位，从16名升到第14名。减少投放的行业中，家用电器的花费降幅最大，花费减少46.8%，排名从14名跌到16名。降幅最小的是个人用品行业，花费减少3.3%，排名上升1位，从第11名升到第10名。

2017年电梯电视广告投放前20行业

2017年排名	2016年排名	行业	增幅（%）
1	1	邮电通讯	23.0
2	3	电脑及办公自动化产品	55.9
3	2	饮料	20.5
4	4	娱乐及休闲	16.0
5	6	化妆品/浴室用品	31.1
6	8	食品	28.2
7	5	交通	−25.0
8	7	家居用品	−7.7
9	10	商业及服务性行业	63.1
10	11	个人用品	−3.3
11	17	药品	>1000
12	13	活动类	53.0
13	9	酒精类饮品	−32.0
14	16	清洁用品	507.9
15	15	金融业	5.4
16	14	家用电器	−46.8
17	12	房地产/建筑工程行业	−76.0
18	18	工业用品	35.0
19	19	衣着	−38.4
20	20	农业	−45.6

数据来源：CTR媒介智讯

2015—2017年电梯电视广告花费前五行业集中度（%）

年份	2015年	2016年	2017年
前5行业集中度	64.8	72.0	73.9

数据来源：CTR媒介智讯

2. 电梯电视广告品牌特征

电梯电视主要覆盖商务楼宇，受众以白领商务人士为主。投放电梯电视的品牌和用户需求的契合度很高。例如2017年电梯电视广告投放量最大的20个品牌中，二手车交易相关业务的广告数量很多，针对的就是商务人群中的有车一族，还有专注外卖市场的饿了么，也是瞄准了商务楼宇中白领的外卖需求。

2017年电梯电视投放量最大的20个品牌中，除毛豆、车置宝两个新增品牌外，共10个品牌增加了广告投放，优信二手车、人人车、郎酒的广告花费增加超过10倍，西王的花费增加超过6倍，天猫、蒙牛、金立的花费增长超过1倍。

2017年电梯电视投放量最大的20个品牌中，还有8个品牌减少了广告投放，其中降幅最大的是神州，花费减少48.7%，降幅最小的是简一，花费减少5.0%。

2017年电梯电视花费前20品牌增幅

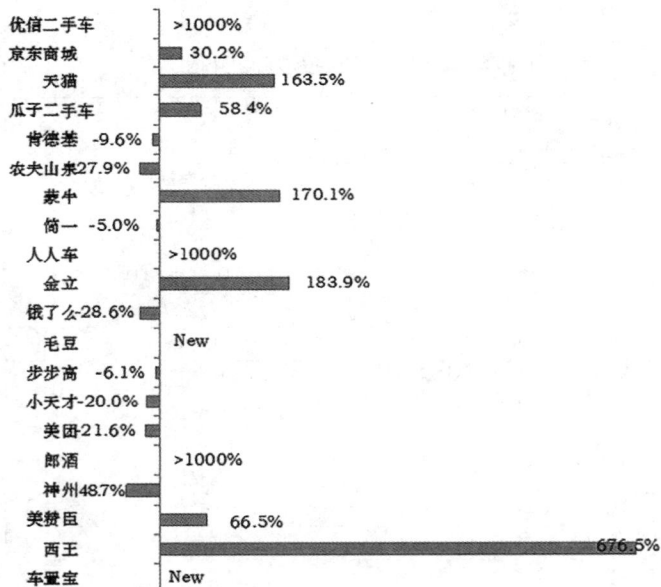

数据来源：CTR媒介智讯

四、户外视频媒体的发展趋势

随着生活方式的变化，人们的户外停留次数和时长都在增加，各类户外媒体的到达率都相应增加。例如根据CTR CNRS的数据显示，人们平均每天的通勤时间从2011年的

28分钟增加到了2016年的35分钟，户外媒体的日到达率在2016年为84.1%，高于其他媒介类型。户外视频媒体随着移动互联网技术和大数据的发展，逐步呈现出向智媒体发展的趋势。

（一）更趋向体验型设计

移动互联网的出现大大改变了人们的信息消费过程。消费者的消费决策去中心化，他们在各个接触点都可以完成消费的体验、分享。而且企业也利用移动互联网技术打通线上线下的场景联动，不断拉近与消费者的距离，完成"最后一公里"的营销。在消费者的接触点覆盖、企业的场景化建设中，户外视频媒体都可以发挥体验型的功能，建立企业和消费者的沟通连接点。

（二）从媒体转向渠道

传统意义上的媒体，承担的是将品牌或产品信息广而告之的功能。但是随着广告主营销需求中对投资回报率（ROI）的要求提升，他们对媒体的期望也从传播信息转为实现销售。越来越多的媒体，在技术的支持下，逐渐开发出帮助广告主实现流量转化销售的服务产品。户外视频媒体具有天然的场景属性，在帮助广告主转化销售方面有一定的优势。

（三）为新零售赋能

新零售强调更多的是社交与社群属性，这也使更多的广告主想要建立自己的线下实体来稳定社交功能。而当线下实体增多，就意味着户外媒体的接触可能性增加。户外视频媒体可以利用移动定位服务（LBS）、大数据等技术实现户外场景的重组，让分享社交带动更多的流量到达。

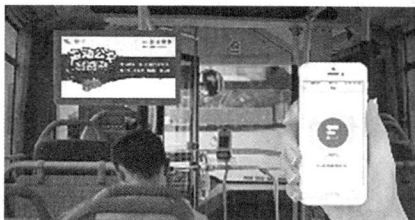

这是外滩之窗与极限挑战第一次的携手合作，黄磊老师亲情串场，也为外滩之窗大屏赚足了眼球

凤凰都市传媒工作人员抵达上海黄兴公园现场进行摄像，现场影像通过4G网络传送至直播平台后发送至上海来福士广场屏上，实现了活动现场与大屏的远程同步直播。

上海黄兴公园活动现场　　摄像机拍摄　　直播平台发送信号　　上海来福士广场屏实现直播

小　结

户外视频是典型的场景化视频媒体,它虽然不在客厅、卧室和办公室等人们日常滞留时间较长的场所，但却填充了人们外出时途经的每一个场所信息"真空"，成为人们在外出时的碎片化时间里接触率很高的场景视频媒体。随着互联网技术、大数据技术和视频技术的快速发展，户外视频近几年得到了快速的发展，跻身为主流视频媒体行列。

由于户外媒体管理制度的限定，户外视频仍然是两大类型并立，可以播放节目内容的户外视频仍然集中在部分有运营资质的官方媒体机构，场所也集中在公交、地铁和部分楼宇等场所。而只能播放广告的户外视频还是由广告公司运营，场所主要集中在户外大屏、楼宇电视等。这种格局处在相对稳定的状态中，没有变化的迹象。

纵观近几年户外视频的发展，大致显现出以下几个特征：

第一，户外视频在城市的复合用户数量在2017年已经超过4亿人次，进入主流视频媒介传播阵营。根据CTR CNRS-TGI的36城市数据，2017年几类主要的户外视频用户规模与2015年相比，公共场所液晶/户外大屏的用户规模大体稳定在12550万人，而公交液晶视频用户规模比下降了6.3%为6390万人，地铁/轻轨液晶视频则大幅增长了35.0%达到了4468万人，楼宇液晶视频用户增长了6.1%达7779万人，商超液晶视频也增长了6.1%达到8848万人。

第二，户外视频经营模式创新的窗口已经打开。在大数据和大数据分析的数字化发展大背景下，以及各行各业的转型和创新冲击下，已趋稳定且规模稳步增长的户外视频媒体正面临着新一轮的市场冲击和优胜劣汰。在大数据和融媒体时代，户外视频媒体的竞争已经不再局限于户外媒体产业内部，各种形式的新型媒体，尤其是融媒体都对户外视频带来了巨大的冲击。

同时，伴随着国内物质和文化消费市场稳定增长，以及全民日益提升的物质文化需求和消费升级，户外视频媒体的经营智慧、技术创新以及媒体的价值主张的创新提升已经势在必行。媒体融合创新、内容及产业模式创新在户外视频行业中已经形成讨论热点，且行业中不乏有市场领先者或勇于实践者，他们已经并正在拓展着户外媒介创新传播方式、线上线下融合创新、内容创收模式，甚至产业及产业链平台模式的创新。

第三，户外视频正在向智媒体转型。大数据的发展，声光影像的技术发展，以及智媒体技术的发展也为户外视频升级转向智媒体提供了技术支持。户外视频通过二维码和微摇技术的运用，媒体内容得以实现线上线下分享互动，让节目内容或广告"走"下屏幕，与受众进行零距离亲近互动，从而实现节目及广告传播效果的最大化。与此同时，通过屏幕设备技术改造升级，户外视频媒体逐渐融入日趋成熟的移动Wi-Fi、iBeacon、人脸识别、声纹识别、虚拟实景、增强实景、实时数字通信、裸眼3D、触摸屏技术以及ApplePay支付功能，同时借助与BAT大数据公司的数据融合技术，实现媒体内容精准传播，甚至个性化推荐、扫码刷卡付费，从而使媒体传播过程中的受众参与性、互动性、趣味性大大提升，进而大幅度促进营销传播转化率的提升，从而实现营销传播的价值变现。

第四，户外视频的广告市场规模稳步增长。根据CTR2018年的广告主调查结果，在2017年全媒体广告费用分配中，广告主对数字户外的投放分配比例为6%，相比2016年增加了1个百分点。2018年数字户外媒体继续受到广告主的青睐，花费稳步增长，占比达到7%。在不同场景中，楼宇类、地铁类和公交车类是2017年广告主选择的重点类型，在2018年的投放计划中，楼宇类投放比例依然很高并保持稳定，地铁类相较上年投放比例增加3个百分点，公交车类则下降了4个百分点。

CTR媒介智讯的数据显示，2017年在数字户外媒体中，地铁视频广告投放增长了9.9%，楼宇电视广告增长了20.4%，影院视频广告增长了25.5%，移动公交视频广告减少了5.2%，而传统户外广告则下降了1.0%。可以看出，户外媒体正在向视频化转型，新型户外视频已经成为户外媒体经营的主力。

第五，户外视频市场的竞争格局暂时趋于相对稳定。户外视频的竞争是由传统户外媒体竞争的基础上演变而来，过往"圈地"占有的场地资源逐步转化为视频资源。经过激烈的市场竞争转化，户外视频的经营格局也进入一个相对稳定的阶段。

延续传统户外媒体的竞争特点，户外视频的竞争也具有不同程度的垄断性。无论是内容型户外视频，还是广告型户外视频，头部户外视频媒体都具有明显的领先地位。后来者虽然可以占得一席地位，但要动摇头部户外视频媒体的地位则相当困难。

第六，也是最为重要的就是：户外视频市场未来发展空间极为巨大。人口学界有一句至理名言：人口即命运。指的是一个地区的人口数量与质量是决定该地区社会经济发展，影响每一位居民生存与发展的决定性因素。

国家统计局发布的《中华人民共和国2017年国民经济和社会发展统计公报》显示，2017年末全国大陆总人口139008万人，其中城镇常住人口81347万人，占总人口比重(常住人口城镇化率)为58.52%，比上年末提高1.17个百分点。另据统计，从1949~2017年的68年间，中国的人口总量由5.4亿增至了12.9亿，增长了大约239%，而同期的中国城镇人口数量，却从5763万上升到了81347万，增长了大约1412%。

从进入农业社会的1万年以来，城市作为个人的生存与发展，社会经济、科技、文化繁荣兴旺的最佳载体，集人类智慧的最高成就，以不可阻挡，前所未有的速度和规模迅猛发展。目前，发达国家的城市化率大约都在80%左右，英国等国更是超过了90%。根据预测，到2020年中国的城市化率将达到60%左右。按照国际经验，在城市化率达到70%之前，城市化水平都会快速增长。以此判断，中国的城市化率仍将在未来一二十年间中快速发展。依托于如此庞大且增长迅速的丰饶都市化人口生态基础，中国的户外视频媒体要想不繁荣发展都难。

第 三 部 分
内容、技术、用户、资本与市场

第一章 技术成就未来
——走向万物互联的智慧媒体时代

主　笔：何宗就　中央电视台前副台长、教授级高级工程师
　　　　林起劲　台网协作专委会
　　　　曾会明　台网协作专委会

　　著名科幻小说《三体》[①]有一句话被互联网人经常引用和称道，就是："我消灭你，与你无关！"但事实上，随着新技术的快速发展和革新，越来越多的事物被连接和挖掘，推动整个社会进入一种"万物互联"的时代。所以，从媒体竞争、媒体融合的角度来说，这句话应该改为："我消灭你，因为我改变了TA。"这里的TA就是指媒体消费者或用户。新媒体利用新技术手段，成功地导致了用户（TA）消费习惯的迁移，越来越多地接触和利用新媒体；然后，TA就越来越不依赖传统媒体。更进一步，为了更好地满足大众需求和提供"美好生活"服务，新技术使得媒体服务与信息服务无缝连接，媒体服务就可以和社会产业服务更紧密地对接，成为信息社会不可或缺的一部分。

　　也就是说，技术的革新使得媒体社会功能发生了变化，在原有的舆论喉舌与家庭娱乐服务之外，融入信息社会整体，向未来的"智慧媒体"演进。正是在这个意义上，技术革命改变和塑造了新一代媒体场景，推动和成就了未来的媒体世界。

一、概述：立体化的技术革新及其与需求之间的复杂辩证关系

　　回顾过去二十多年电视技术的变迁，从最早的模拟电视阶段之后（经历了从黑白电视到彩色电视的变化），大概经历了"数字化"（20世纪初）、"IP化"（2005年前后开始）和目前的"智能化"这三个关键阶段。

　　为了相对系统地阐述电视技术的变革与演进，我们根据技术本身属性，将大视频产业的技术支撑体系区分为底层传输、呈现与上层应用三类技术。

　　第一类是底层通信传输技术，这主要包括：从20世纪末期的窄带传输技术发展出来的准宽带技术（ADSL），到2008年左右逐渐兴起的"光进铜退"和"宽带中国"战略，以及同时期迅猛发展的移动互联网。另外，从2003年左右开始的CDN技术，作为一种介乎底层传输与上层内容应用之间的技术也获得不断的发展。

　　第二类是与视频行业本身直接相关的呈现技术，这可以认为也是视频行业重要的底层

---

　　① 《三体》是刘慈欣创作的系列长篇科幻小说，作品讲述了地球人类文明和三体文明的信息交流、生死搏杀及两个文明在宇宙中的兴衰历程。其第一部经过刘宇昆翻译后获得了第73届雨果奖最佳长篇小说奖。

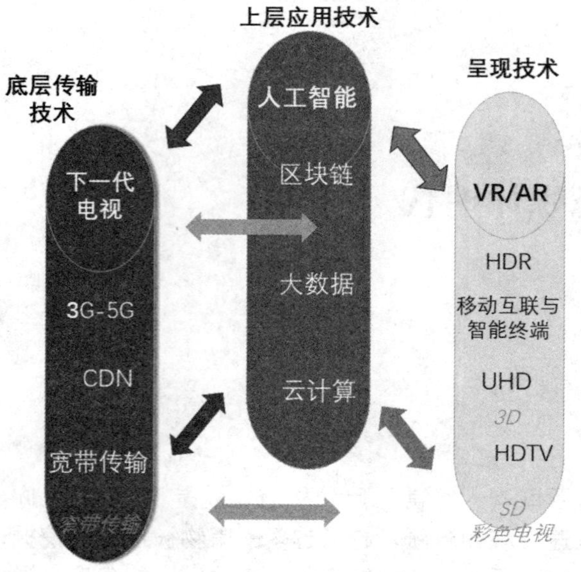

立体化的技术体系

技术，但相对传输技术而言又是属于上层技术，这主要包括：从早期彩色电视与标清电视发展出来的高清电视HDTV，再到目前快速发展的UHD（超高清）技术缓慢起步的HDR（高动态范围图像）技术，[①]以及面向未来的VR/AR（虚拟现实/增强现实）技术。

此外，与移动互联同步发展起来的智能终端技术，可以认为是联结底层技术（包括底层传输技术与底层呈现技术）与上层应用技术之间的关键，总的来说也可以归为呈现技术范畴。智能终端也是"智慧化"发展阶段的重要抓手与应用点。

第三类就是上层应用技术，是为了向未来信息社会乃至"智慧社会"演进的核心关键技术，主要包括：云计算技术、大数据技术、人工智能与区块链技术等。其中，云计算可以认为是未来信息社会的基础设施，大数据技术则是在应用端走向智能化的基础，人工智能是真正实现智慧媒体、智慧社会的核心技术，区块链技术是支撑未来去中心化和可信应用的核心架构。

如上图所示，上述三类技术是一种立体化关系，共同构成大视频产业的技术支撑体系。上述技术革新对产业变迁的支撑作用，是技术引领阶段，这发生在电视从模拟到数字、从黑白到彩色以及传输从窄带到宽带这样一个"从无到有"的阶段。这其中，技术对产业的核心引领作用是非常显著。而电视在向宽带化、IP化以及智慧化的进一步深入发展过程中，电视更多进入信息服务领域，三类不同层次视频技术创新与用户需求之间存在复杂的、辩证的相互震荡关系。

如下图所示，一方面，底层传输技术的提升（如从窄带到宽带的演进），大大支撑和提高了用户对非线性视频的需求，并逐渐推动HDTV乃至UHD技术的需求；而在高清化、真实化等用户需求的驱动下，UHD、VR等技术的深入发展又对底层传输技术提出需求（包括CDN、4G、5G等）；反过来，正是UHD、VR/AR等技术的出现，使得底层传输技术有了用武之地和演进路径。另一方面，非线性视频的规模化发展以及用户的便利性、亲和性体验需求，加上灵活部署、便捷实施等深层次商业需求，推动了云计算架构、大数据平台的应用，并逐渐产生了人工智能的应用需求。同时，在复杂的市场竞争与合作演进中，区块链作为一种重构或优化互联网应用的平台性技术开始浮出水面。

---

① 在呈现技术方面，与显示直接相关的屏显技术更多属于终端制造技术，就不作为本章讨论范畴。

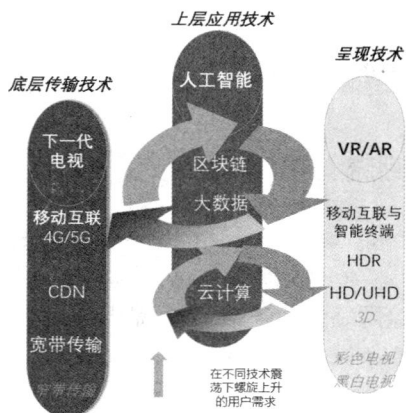

立体化的技术体系及其与用户需求之间的震荡关系

在信息社会从大视频向万物互联的智慧社会发展的过程中，上述不同层次技术浪潮与产业需求之间的震荡中，底层传输技术、呈现技术与上层应用之间的作用就像风暴中的冷热对流，其演进方式是螺旋式交叉推进，非常复杂乃至多变。这有点类似于当年所谓的wintel联盟，微软的视窗操作系统与英特尔的CPU芯片之间相互促进，不断迭代。

从技术的生命周期来看，宽带传输技术经过近二十多年的发展历程，已经进入一个相对成熟阶段，但光网络的潜力还可以继续挖掘，4G也是类似情况。而移动互联网、智能终端以及CDN技术与其他新兴技术的结合之后处于一个再兴期。在宽带的支撑以及视频运营逐渐深入的情况下，UHD、云计算、大数据处于快速发展和应用逐渐成熟的阶段，相关应用成果将日益显著。与之相比，VR/AR的前景虽然广阔，但不管是底层传输的带宽支撑还是产品应用的成熟度方面，都有待进一步提高。而人工智能在2016年围棋人机大战之后进入一个全新的发展阶段，各种视频识别和语音识别应用实践也越来越多，但从长远看还处于培育期，有些人工智能技术领域甚至还处于萌芽期。区块链技术作为具备一定颠覆性特质的互联网上层应用技术，也基本处于萌芽期。

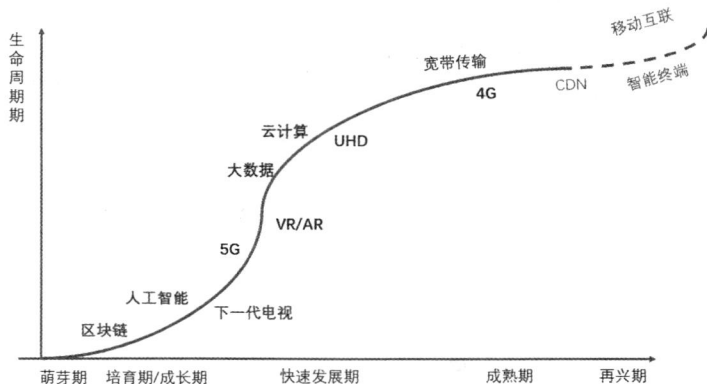

不同技术所处的生命周期

二、新技术发展浪潮

（一）底层传输技术潮流

1. 宽带传输：超100G技术

当前的云计算、高清视频、移动互联网、VR等新型互联网业务和应用推动着网络带宽需求高速增长，并对光传输网络的带宽容量等提出了越来越高的要求。使得400G、1T等超100G传输技术成为当下高速光传输系统的发展方向。

具体而言，传输的本质就是以更高的频谱效率和更低成本进行长距离信号传送。无论是超100Gb/s客户侧还是线路侧，在最终技术路线选择时面临的关键问题就是如何让频谱效率和传输性能尽可能在特定阶段接近某种平衡，或者说是性能与成本的平衡。这将直接影响超100G标准的发展。整体来看，未来的超100G传送网络架构的演进具有如下特点：

一是灵活可变调制格式和速率，灵活波道间隔：利用DSP可编程技术实现调制格式的灵活可调，灵活波道间隔支持面向Tbit/s Superchannel（超级信道）的平滑演进。

二是接口开放，资源云化：通过对第三方开放接口实现对传输资源进行编程使用。

三是网络智能，即时带宽：实现网络智能化，可以根据用户业务需求快速提供业务。

●超100G宽带传输技术已趋成熟，电信运营商积极进行网络部署

中国电信集团科技委主任韦乐平在2016年指出：超100G技术已趋成熟。就实践来看，100G技术在2016年就已经成为电信运营商主流应用技术，2017—2018年平则处在100G/400G网络部署的重要阶段，电信运营商纷纷开展相关实践应用。例如，中国移动在2017年进行了超100G新技术的测试工作，测试结果表明双载波200G指标2014年B2BOSNR为~18.5dB，到2017年底性能有较大提升，同时验证了单载波400G性能指标。2017年，中国移动明确将双载波200G纳入省内集采招标范围。而中国电信和中国联通也都在2017年进行了100G传输网络设备招标。

2. CDN：与云计算、SDN/NFV[①] 及HTTP/2[②] 相结合

CDN（Content Delivery Network，内容分发网络）通过在IP网络上部署服务节点，并利用应用层协议将这些服务节点联结构成应用层覆盖网络，为用户提供内容分发服务。CDN从地理上缩短用户获取互联网内容和应用的距离、从负载上分担骨干网和主服务器的访问压力、从安全上保护主服务器不易受攻击，是目前大颗粒互联网内容特别是流媒体加速的最佳手段。CDN网络在发展过程中，在计算能力、存储能力、网络架构、内容部署等方面，一直不断创新，吸收新的思想和技术，持续提升CDN服务能力和服务质量。随着云计算、HTTP/2协议、SDN/NFV等技术的出现，CDN厂商也将陆续开始探求将这些新技术

---

① NFV 即网络功能虚拟化 (Network Function Virtualization),SDN 即软件定义网络（Software Defined Network），是网络虚拟化的一种方式。

② HTTP/2（原名 HTTP/2.0）即超文本传输协议 2.0，是下一代 HTTP 协议，目的是在开放互联网上增加使用加密技术，以提供强有力的保护去遏制主动攻击。

和CDN网络结合起来。

● CDN和云计算相互补充，大幅提升资源利用率

CDN自身的发展将逐步和云计算紧密联系在一起。CDN将成为云服务的一部分，大量云计算服务都是采用分布式架构，连接不同服务器之间的数据和应用交付以及将云服务请求发送到正确节点，正是CDN所擅长的工作。通过云计算的分布式平台，以及业务存储分享、节点资源池化、内容智能感知、分级缓存等关键技术，可将大流量的内容中心和CDN节点部署在云上，大幅度地提升CDN的节点存储能力和资源利用率，提供全局视角的流量智能调度，并提升CDN服务的带宽弹性，既满足用户访问高峰时期的带宽需求，又避免建设大量CDN节点在访问闲时的资源浪费。

● CDN支持HTTP/2协议，提升网络效率和服务能力

据公开披露数据，中国90%以上的App未使用HTTPS（HTTP/2主要运行在HTTPS上）加密连接，启用全站加密的更是少之又少。CDN支持HTTP/2能够有效地预防这样的事件发生，可以让客户内容防劫持、防篡改、防窃密，保证通信的安全。不只是安全，CDN服务支持HTTP/2为企业带来的还有性能的飞速提升。专业机构测试显示：采用HTTP/2的CDN服务时，页面加载时间降低30%~50%。对于许多大流量，大QPS的网站、App来说，这样能大大提升用户黏性与体验。

● SDN/NFV显著提高CDN网络的资源管理效率和弹性

而对于CDN而言，SDN的高速发展也将给传统以节点布置、缓存设计、负载均衡等为核心的策略带来转变。SDN与NFV的出现以及正式商用，将能够显着提高传统CDN网络的资源管理效率和弹性。网络虚拟化技术旨在确保不同缓存资源之间的连通性，计算和存储资源虚拟化技术将缓存从专属硬件中剥离出来，缓存容量可以被增至整个网络中的已有数据中心，或者是以更具成本效益的方式被部署到距离订阅用户边缘更近的全新微数据中心，实现内容缓存的快速部署，满足不同的流量需求。

3.5G：致力万物互联

2018年3月5日，李克强总理在《政府工作报告》中提出，加强制造强国建设，推动"第五代移动通信（5G）"产业发展。3月6日工信部相关领导表示，"目前我国5G水平处于全球第一梯队，工信部将加快5G技术试验测试和5G频率使用，尽快启动5G商用工作"。从2G时代技术标准的"看客"，到3G时代的积极跟进，到4G标准的并行参与及目前5G标准的引领者，这充分证明中国对5G技术的高度重视，以及5G技术对未来信息服务的重要支撑作用。

5G指的是第五代移动通信，是继4G之后的延伸，并在峰值速率、流量密度、频谱效率等各项关键能力均有大幅度的改善。一般而言，5G通信技术设定的目标包括：在容量方面，5G通信技术将比4G实现单位面积移动数据流量增长1000倍；在传输速率方面，典型用户数据速率提升10~100倍，峰值传输速率可达 10Gbps（4G为100Mbps），端到端时延缩短5倍；在可接入性方面：可联网设备的数量增加10~100倍；在可靠性方面：低功率MMC（机器型设备）的电池续航时间增加10倍。与4G、3G和2G不同的是，5G并不是一个单一的无线接入技术，而是多种新型无线接入技术和现有无线接入技术演进集成后的解决方案的总称，其针对的目标是"万物互联"。5G并不会完全替代4G、Wi-Fi，而是将

4G、Wi-Fi等网络融入其中，为用户带来更为丰富的体验。

5G针对的场景可以归纳为包含以下四个特点：

连续广域覆盖：对用户来说，要求体验速率达到100Mbit/s。为5G的覆盖不再局限于目前小区的概念，而是多种接入模式的融合，通过智能的调度，为用户提供更快的体验速率。

热点高容量：在用户的集中区域，如大型演唱会、车站等人口密度大、流量密度高的区域，5G要根据动态的资源调度，满足体验速率1~10Gbit/s和流量密度10Tbit/km^2的网络要求。

低时延、高可靠：在未来的自动驾驶和工业控制领域，对时延和可靠性的要求是非常严苛的，未来端到端毫秒（ms）级的延迟和可靠性接近100%的网络要求是5G必须满足的。

低功耗、大连接：万物互联将是下一代信息技术革命的目标，未来在智慧城市、环境监测、森林防火等以传感和数据采集为目标的应用场景，具有小数据包、低功耗、海量连接等特点。这类终端分布范围广、数量众多，不仅对连接数密度有很高的要求，而且还要保证终端的超低功耗和超低成本。

5G与万物互联

随着网络承载能力的加强，5G将通信能力与其他行业相互连接，提高全球的智能环境，如5G将渗透到物联网等领域，与工业设施、医疗器械、医疗仪器、交通工具等深度融合，全面实现万物互联，有效满足工业、医疗、交通等垂直行业的信息化服务需要。

2017年3月，国际电信标准制定组织3GPP的RAN第75次全体大会通过5G加速提案，计划于2017年12月完成、2018年3月冻结非独立5G新空口标准。2018年2月26日，IMT-2020(5G)推进组宣布，已联合华为在北京怀柔5G测试外场率先开展中国5G技术研发试验第三阶段新技术验证测试。这意味着我国5G技术进入网络系统验证阶段，并将于2018年底前完成。在商用日程方面，5G标准预计在2020年完成并进入商业应用。

数据显示，目前我国提交5G国际标准文稿占全球32%,牵头标准化项目占比达40%,无论是推进速度还是质量在全球范围内均属较高。此外，我国还在积极探索5G应用和商业模式,加快5G应用于相关场景。2017年初,我国已启动5G应用征集大赛，向全社会征集5G特色创新应用。2018年是5G标准确定和产品研发的关键一年,我国将注重"标准、研发与试验"。

4. 下一代电视：混合播放成为技术趋势[①]

近年来，在全球范围内掀起下一代电视发展潮流，就是将互联网IP技术与电视相融合。这主要包括美国推导的ATSC3.0技术和欧洲的HBBTV技术。尤其是在美国，FCC（美国联邦通讯委员会）审议通过ATSC3.0传输标准后，该技术迅速升温成为关注热点。

美国ATSC3.0进展迅速

在美国，当前的广播电视应用的还是ATSC1.0传输标准，这是一个21世纪初期确定的技术标准，而那时的产业还刚开始向数字电视过渡；而到了现在，它显然是已经过时。ATSC1.0无法满足消费者对于更高分辨率、更高画质、更优质音响、更具个性化和互动性的服务以及更稳定应急能力的需求，无法提供电视媒体机构需要的精确收视率，也无法使用视频压缩领域的最新技术。特别是在OTT业态的冲击下，包括NBC、FOX等在内的美国主流电视台都受到了巨大的冲击。为此，在欧洲同行推出HBBTV技术之后，美国电视业者也推出了ATSC3.0技术标准。

ATSC3.0技术优势。与HBBTV类似，ATSC3.0也是一次广播技术与IP宽带技术的结合。

高效传输　由于ATSC3.0脱胎于MPEG-2视频压缩应用并支持H.265（HEVC）Main 10 Profile编码（压缩效率提升最高50%以上），因此可以让广播商在6Mhz RF频段内实现高达25Mbps的数据传输。这相对于ATSC1.0的19.39Mbps传输速率而言是一次巨大的飞跃。广播商可以自由地应用4K超高清、HDR、增强型HD、广色域、可伸缩编码甚至3D技术。

定制化服务　向ATSC 3.0的迁移不仅仅意味着传输更好的图像质量和更多的声道，还关系到定制化服务。新标准的音频功能在定制化中扮演着重要的角色。除声音本身的方位感、距离感增强外，带有元数据的声道和对象（或称"要素"）的使用也支持解码器渲染，将声音放置在观众音响系统可支持精确的位置效果。这一适应性同时支持固定和移动设备，广播商可将其应用于不同的设备、设置和音响环境。

与此同时，该标准支持基于对象的音频（Object-Based Audio），广播商可利用这一性能为观众提供选择和控制音频声道的权限。例如，在全美汽车竞赛协会（NASCAR）的比赛中，观众可以选择最喜爱车手的后勤维修音频声道，也可以对其他音频声道进行调节，降低人群和背景噪声。总而言之，观众既可以控制音频内容，也可以控制混响。

更加个性化　ATSC3.0也引入了对于个性化数字内容传输和交互而言至关重要的应用环境。在使用电脑和移动设备时，消费者已经对互动功能习以为常，例如投票、购物等，但对于广播电视这样的单向服务而言是不可能实现的。ATSC 3.0建立成熟的IP互联网技术之上，可以让广播商提供定制的、动态的体验，包括动态广告置入、个性化图形以及第二屏应用同步等功能。这样，观众可以使用他们想要的功能，广告商也可以实现定向广告投放和更精确的收视率监测。

ATSC3.0还给广播商带来了在危急时刻成为实用消息源的机会。在电网和蜂窝网络瘫

---

① 何宗就：《2016-2017 中国电视媒体融合发展报告》，中国广播影视出版社，2017 年 11 月出版。

痪的情况下，广播站可以发挥地理定向的一对多应急警报能力，成为本地应急信息的传播源，包括提供多语种紧急通知等。除播报警示音，提示匍匐前进，或者将听众引导到别处外，广播商还可以通过富媒体显示天气雷达、飓风风场、疏散路线、避难地点等信息。通过这些功能，广播商可以在紧急情况下更好地为公众提供服务。

混合传输　与欧洲推导的HBBTV一样，由于ATSC3.0支持广播和宽带混合传输，广播商可以开发应用新的内容传输模式。服务商既可以通过线性广播，也可以通过流媒体传输实时内容，还可以发送非实时内容，进行本地缓存并可在任意时间调用观看。新的标准可将互联网作为反向信道，与用户之间形成一个闭环。未来，相关的数据传输服务和应用将拥有广阔的空间。

美国广电业者认为ATSC3.0是"电视的未来"（Future of Broadcasting）。按照ATSC主席Mark Richer的说法，如果ATSC3.0能够实现既定水准，则可以在地面无线传输网络环境下提供定向广告和HDR（high dynamic range，高动态范围显示）视频服务。广播电视组织Pearl TV的CEO Anne Schelle表示："更大更精细的图像（支持4K），更好的音频，这都仅仅是开始，重要的是ATSC3.0标准是基于IP技术，可以提供VOD和定向广告；这对于精准定位不同类型的观众非常有意义。"

●标准化与产业实践进展

在标准推进方面，2017年9月，ATSC标准研发副主席Jerry Whitaker在TV Technology表示，之前已经设定了在"2017年二季度末前"完成ATSC3.0标准主要内容的目标。因此，大多数ATSC3.0标准的组成部分已经完成。剩下的部分也在快速推进。在继续完善剩余标准的同时，新的工作将围绕研发"建议准则"（Recommended Practices）展开，为电视台工程师提供实现指南。此外，已通过的ATSC3.0标准的更新也按照需求进行着。

2017年11月16日，FCC以3∶2的票数投票决定，批准广播商在自愿的基础上启动下一代电视标准ATSC3.0的无线广播传输。但ATSC3.0部署进度最快的地区是韩国。2018年4月，美国位于凤凰城的ATSC3.0示范市场推出了首个ATSC3.0服务。Univision Communication公司旗下KFPH-CD35频道目前正使用ATSC3.0标准播送UniMás电视网的节目。

但ATSC3.0在韩国的应用实践要更早一些。早在2016年中，韩国为其超高清电视广播选择了ATSC3.0标准。韩国科学信息通信技术和未来规划部表示，与欧洲超高清电视的DVB-T2标准相比，韩国更倾向于ATSC3.0标准。韩国几家重要的地面广播商公司（KBS）、韩国文化广播公司（MBC）和首尔广播公司（SBS）已同相关研发机构组成联盟。总的来看，在2018年至2019年间，ATSC3.0将在真实世界环境中逐步成熟，广播商也会逐步解决一系列问题，例如标准转换对消费者的影响等。

欧洲HBBTV应用走向深入[①]

HBBTV的英文全称为Hybrid Broadcast/Broadband TV，意为广播宽带混合电视，它是一种与DVB兼容的内容发布平台，可以为增强和互动的电视业务提供信令、传输和呈现机制。基于HBB的相关应用同时针对广播和互联网领域而设计，并可以在同时具有广播和互联网混合连接的终端上运行。

---

① 林起劲：《HBBTV进一步崭露头角》，发表于微信公众号"台网协作发展"，2018年5月28日。

作为欧洲地区推动的下一代电视技术，HBBTV在欧洲的落地是从德国、法国开始的，之后西班牙、奥地利、荷兰、捷克、波兰、芬兰等其他欧洲国家都纷纷加入。按照HBBTV Forum提供的数据，截至2018年5月的数据，HBBTV已经在全球35个国家落地应用，支持该技术的设备超过4400万台（其中大部分支持DASH和DRM），在HBBTV基础上发展出来的电视应用超过300个。Gfk在2017年初的研究数据显示：欧洲几乎所有（份额接近100%）的智能电视都支持HBBTV标准。其中，德国混合电视市场发展前景最为可观，60%以上的电视机都是智能电视，57%的电视机支持HBBTV标准；瑞士智能电视占72%，准HBBTV电视占64%；荷兰智能电视占74%，支持HBBTV的占62%。在西班牙，2015年电视销量超过320万台，其中140万台联网电视支持HBBTV；而到了2016年，HBBTV设备销量则接近450万台，其中联网电视机达80%。北欧地区的情况也类似。相对而言，英国和意大利的设备普及度比较低，不过英国BBC为代表的广电机构正在致力于推动HBBTV的发展。

在标准进展方面，HBBTV的生态化发展也取得稳步地进展。2017年1月，HBBTV协会发布了一份需求建议书（Request For Proposal，RfP），征求HBBTV电视和机顶盒中在线流媒体视频DRM（Digital Rights Management，数字版权保护）参考应用方案。2017年7月，欧洲电信标准协会正式对外发布了最新版本的HBBTV规范，相关标准的编号为TS102796V1.3.1，对应于HBBTV2.0。该规范相比此前的1.5版本增加了如下内容：①对配套设备以及HTML5等新能力的支持；②涵括了宽带交付视频、定时文本标记语言、广播交付字幕、改进用户隐私等应用的增强特性；③增加了对UHDTV（超高清电视）和HEVC（高效视频编码）等传输技术的支持；④增加了系统对于电视和机顶盒应用与智能手机或平板电脑上相关应用之间通信和同步的支持。

2018年2月，HBBTV协会宣布即将发布HBBTV2.0.2标准。此次发布的版本新增了如下内容：①高动态范围（HDR）技术：可大大提高视频内容的对比度，该版本标准同时支持混合对数伽马（HLG）和感知量化（PQ）编码；②高帧率（HFR），将目前的50/60 fps提升至100/120 fps。可提供更锐利的运动物体图像，这在快速运动的体育内容中尤其有效；③下一代音频（NGA）技术：支持基于对象或场景的音频，提供更具沉浸感的音频体验，该版本标准同时支持杜比AC-4①音效技术和MPEG-H视频技术。②

（二）终端呈现技术潮流

1. UHD与HDR：高清化的演进

UHD（Ultra High Definition）即超高清，是Full HD（全高清）

---

① 杜比AC-4是杜比音效（Dolby Audio）技术系列中的一种强大的新音频制式。

② MPEG-H是ISO/IEC动态图像专家组（MPEG）所开发的一组标准，包含了1个数字容器标准、1个视频压缩标准、1个音频压缩标准和2个一致性测试标准。

的下一代技术。国际电信联盟(ITU)发布的"超高清UHD"标准的建议，将屏幕的物理分辨率达到3840×2160(4K×2K)及以上的显示称之为超高清，其清晰度是普通Full HD（1920X1080）的4倍。2016年CES电子展上，UHD联盟提出新一代UHD标准UHD Premium。该标准必须满足以下五要素：以4K高分辨率为基础，支持BT.2020标准，拥有10bit色彩深度，满足60P帧刷新率，支持HDR。

此前，国际电信联盟无线电通信部门(ITU-R)颁布了面向新一代超高清UHD(Ultra-high definition)视频制作与显示系统的BT.2020标准，重新定义了电视广播与消费电子领域关于超高清视频显示的各项参数指标。BT.2020标准相对于BT.709标准，大幅度提升了视频信号的性能规范。例如色彩深度方面，就由8bit提升至10bit。10bit有效改善了因8bit视频抖动（dither）引起的明显色阶，进一步降低了画质噪点，让电视盒子在使用时画面更为清晰。10bit在色阶（1024个色段）、降噪方面明显好于8bit（256个色段）。BT.2020采用了比传统BT.709更宽广的色域空间，可覆盖78.5%，而BT.709只能覆盖38.5%，BT.2020色彩空间扩展了近1倍。

BT.2020标准规定Ultra-high definition超高清图像的显示分辨率为38402160与76804320，支持的刷新率至少要达到60P，从而进一步提升了超高清影像的细腻度与流畅感。60P的帧数刷新率，能够更好展示运动画面。

HDR（High-Dynamic Range，高动态范围技术）是电影和电视领域里的一大技术创新。人眼所能感受的亮度范围大概为10-3—106nit，所能感受的瞬时对比度范围可达10000：1，而目前消费级液晶显示器的亮度一般在300~400nit，其亮度范围一般为2000：1。因此，人眼的亮度分辨能力远高于当前主流的显示设备。而HDR显示技术就是要提升显示的亮度范围，让用户看到的图像色彩更加绚丽。HDR特点在于提升对比度的同时，智能调节亮度，增加色域、显示更多的颜色，实现更棒的色彩效果。支持HDR后的4K画面呈现生动色彩。相比普通的图像，可以提供更多的动态范围和图像细节，根据不同的曝光时间的LDR(Low-Dynamic Range)图像，利用每个曝光时间相对应最佳细节的LDR图像来合成最终HDR图像，能够更好地反映出真实环境中的视觉效果。

总的来说，UHD与HDR主要是在内容摄制与视觉呈现环节的技术，是伴随用户高清化、真实化感官需求发展起来的新技术。但该技术与新媒体互动等并无关系，该技术的应用更多是对摄制硬件设备及播放终端设备提出更新需求。不过，从竞争角度来看，相比传统广电机构，基于云计算与流媒体平台的互联网视频网站才是UHD应用的积极推动者。例如，YouTube、Netflix和Amazon Instant Video等大型流媒体公司早在2014—2015年就开始提供4K内容，其中YouTube在2015年就推出4K视频节目搜索服务。而国内的4K节目片源非常稀缺，直到2017年底广东广播电视台旗下的广东影视成为我国首个4K电视频道开始试播，而中央广播电视总台也在2018年10月开通了4K试验频道。

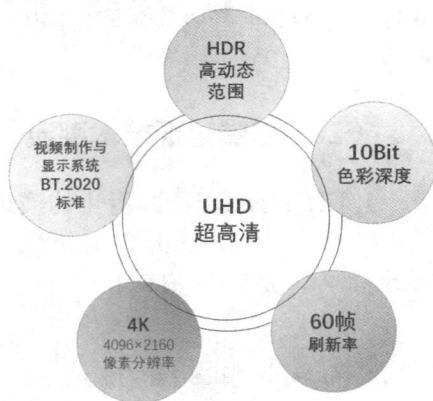

UHD的5个要素

2. VR/AR：在内容制作领域得到进一步应用
基本概念

VR（Virtual Reality，即虚拟现实）是利用计算机技术模拟产生一个三度空间的虚拟世界，提供使用者关于视觉、听觉、触觉等感官的模拟，让使用者如同身历其境一般，可以及时、没有限制地观察三度空间内的事物。当使用者进行互动位移时，电脑立即执行快速复杂的运算，并将相应精确的"3D世界"传回产生临场感。也就是说，VR技术是一种可以创建和体验虚拟世界的计算机仿真系统它利用计算机生成一种模拟环境是一种多源信息融合的交互式的三维动态视景和实体行为的系统仿真使用户沉浸到该环境中。其中，计算机生成的、可交互的三维环境成为虚拟环境（即Virtual Environment，即VE）。因此，虚拟现实是多种技术的综合，包括实时三维计算机图形技术，广角立体显示技术，对互动者身体的跟踪技术，以及触力觉反馈、立体声效、网络传输、语音输入输出技术等。

从技术的角度来说，VR系统具有三大特性：immersion-interaction-imagination（沉浸性—交互性—构想性），它强调了人在虚拟系统中的主导作用：

多感知性　指除一般计算机所具有的视觉感知外，还有听觉感知、触觉感知、运动感知，甚至还包括味觉、嗅觉、感知等。理想的虚拟现实应该具有一切人所具有的感知功能。

存在感　指用户感到作为主角存在于模拟环境中的真实程度。理想的模拟环境应该达到使用户难辨真假的程度。

交互性　指用户对模拟环境内物体的可操作程度和从环境得到反馈的自然程度。

自主性　指虚拟环境中的物体依据现实世界物理运动定律动作的程度。

在VR实现程度方面，现阶段大部分的虚拟现实技术都只是停留在3D视觉体验，一般是通过电脑荧屏、特殊显示设备或立体显示设备获得的。不过，一些仿真系统中还包含了其他感官信息的处理，比如从音响设备中获得声音效果。而在高级的触觉系统中还包含了触觉信息，也叫作力反馈；未来，VR系统甚至将包含味觉信息、重力加速度、温度等模拟功能。

AR（Augmented Reality，即增强现实），是一种实时计算摄影机影像位置及角度，并辅以相应图像的技术。这种技术可以通过全息投影，在镜片的显示屏幕中将虚拟世界与现实世界叠加。通俗地讲，AR就是在现实的基础上叠加一个新的信息展现方式。例如：用户拿着手机开启摄像头对这一个建筑物照一下可以获得这个大楼的相关数据；或者用户看报纸时用手机扫一下报纸的图片，结果图片变成了动态的视频在你手机上播放。AR也可以有一些轻量级娱乐应用。例如，很流行的Faceu激萌特效相机App，这款App会自动识别人脸，并在人脸上叠加动态贴图和道具，从而创造出卖萌搞笑效果的照片，例如加兔子耳朵、加彩虹特效，加猫须什么的。

AR强调的是，通过现实场景来触发虚拟场景。触发的方式可能有多种，比如说通过用户的位置信息，或是通过一些特定的图像标记信息，甚至可以通过一些外置传感器来实现这个功能。而基于图像识别类的增强现实产品，由于需要较高的图像识别、摄像头标定技术，同时也带来了更大的数据处理量，只适合于一些比较高端的应用领域，比如模拟驾驶、模拟飞行、游戏控制等。AR技术可广泛应用到军事、医疗、建筑、教育、工程、影视、娱乐等领域。

VR/AR技术在2016年经历了大起大落后，2017的VR/AR市场逐渐回归理性，2018年VR产业继续推进，但VR产业距离爆发与成熟还需要较长的一段时间。

●VR/AR在节目制作领域的挑战

一般而言，VR为用户呈现的是完全虚拟的场景或跨时空现实场景，其目标在于沉浸式体验；而AR则是在现实场景中融入虚拟场景，更大的目标在于延伸用户的想象力。

VR在大众领域最大的应用将是在影视内容制作领域。VR技术电影领域的应用主要包括动画电影和实拍电影两者。行业人士表示：动画电影依托CG（Computer Graphics，泛指利用计算机技术进行视觉设计和生产）技术，其灵活性、可控性较强，目前的阶段，画质也要优于实拍，但制作周期长。而VR实拍电影目前在拍摄设备、算法等方面还有待进一步成熟，但电影拍摄速度较快。另外，无论是动画电影还是实拍电影，后期制作与特效占用的时长都较长，二者之间也有重合的部分。

在具体的后期制作方面，VR全景拍摄链接除了传统的链接，更重要的是拼接技术。虽然可以通过国外相对比较成熟的软件进行缝合，但这些软件的拼接效果也存在瓶颈，同时这些软件使用者的经验能力也会影响最终效果。

有业内人士表示："电影适配VR主要有两个难点，一是需要全视角渲染，各个角度都要照顾到；二是在视角的选择上需要有很多考虑，也就是到底是选择第一视角还是第三人称的视角，不同的视角在场景布置和拍摄上有不同的要求。"实际上这是因为虚拟现实设备提供的画面名义是3D的，但实际上还是平面2D图形，并不具备真正意义上的景深，而人眼的焦点则是各有不同的，很有可能会在使用虚拟设备的时候出现无法对焦或者对焦困难的情况，从而导致视觉上的不适感。

相对而言，AR在影视节目中的应用要更广泛。AR制作技术包含了多媒体、三维建模、实时视频显示及控制、多传感器融合、实时跟踪及注册、场景融合、动作捕捉等新技术与新手段。现阶段的AR制作至少要具有以下三个主要特点：一是摄像机拍摄的真实世界和计算机生成的虚拟世界的信息集成；二是在真实的三维空间中通过虚拟植入技术添加虚拟物体；三是真实主体与虚拟物体要具有实时互动性。

事实上，如果不考虑虚实世界的实时互动性，传统的虚拟植入技术已经在电视制作领域应用多年。虚拟植入是将带有跟踪传感器的摄像机信号与提前制作好的虚拟植入场景内容同步实时渲染合成在一起，并使植入实景的AR内容跟随摄像机的景别同步变化，最终在电视中呈现虚实结合、以假乱真的视觉画面。以虚拟植入为主体的AR制作可以完成多种多样的节目需求，无论是在艺术效果上还是功能结构上，且在很大程度上弥补了画面中实景内容的不充分，丰富有效画面。例如，2017年央视春晚《清风》节目应用了大量虚拟植入技术。

3. 移动互联与智能终端：走向深入应用

相对PC互联网应用相比，移动互联网具备某些显著的技术优势。

移动通信技术具备"永远在线"的特征。这一特征能够以很低的成本满足"任何时间、任何地点、任何场景"的用户连接与媒体服务需求。特别是在3G/4G技术条件下，能够对富媒体服务形成较好的技术支撑。

信息唯一直达性和显著的私密性。移动终端一般是与固定的电话号码绑定，具备唯一可识别性。同时，移动终端作为随身携带的个人终端，其私密性也非常显著。因此，典型的App都尽量与手机号码捆绑，从而在技术角度实现用户的唯一可识别性和可鉴定能力。

智能化支持。在当前的芯片技术和智能操作系统（尤其是ARM+Android架构）支持下，移动终端的智能化非常显著，能够在富媒体环境下提供越来越好的用户端呈现能力和互动交互支撑能力，以及丰富的、开放性的多媒体应用环境。例如，移动端的摄影摄像能力，可以方便地实现UGC应用。尤其是在越来越好的摄像头硬件支撑下，移动端摄制的照片和视频也可适度应用于电视端。

在上述背景下形成真实高效的、丰富的信息交互应用。从技术角度看，基于智能终端的移动App可以调用短信、联系人、通话记录、录音、LBS地理位置、摄像能力、手机识别码（IMEI）等数据信息及应用，从而可以实现用户的地理位置定位、地理位置分享、语音（VOIP）互动、通过短信向联系人发送应用推荐信息等功能。如果移动智能终端与可穿戴设备等相连，则可以获得用户血压、心跳等个体信息。在上述过程中，移动App在获取用户真实信息的同时，也提高了互动效率、传播分享效率。

总的来看，**与PC互联网相比，移动互联网除了提高时间、空间的覆盖能力外，与现实世界的联系更加紧密，能够更加清晰地映射用户的真实生活；这是移动互联浪潮兴起的根本驱动力。**

移动互联的发展与智能终端紧密相关，并已取得广泛的应用。下一步，智能终端将进一步与物联网、虚拟现实（VR）、人工智能（AI）等技术结合起来，逐步获得深入的应用。相比传统终端的数据采集和传输，智能终端对于特征数据的抓取和数据预处理能力大大提高。随着智能芯片和算法的升级，智能终端具备更多提取特征值和文件压缩的功能，为数据查找和传输降低门槛。这一趋势将减少云计算通用处理器和网络传输带宽的压力。现在各行各业都看到了未来人工智能化的趋势，尤其是安防、无人驾驶、可穿戴设备、智能家居、智能机器人等。

（三）上层应用技术潮流

1. 云计算：容器技术、互操作性及混合架构成为热点

云计算是一种资源共享的技术模式——更是一种商业服务模型，它通过互联网将计算任务分布在服务器集群，使各种应用系统能够根据用户需要提供计算力、硬件租用、存储空间和各种软件服务。云计算的核心支撑技术主要包括：系统虚拟化、虚拟化资源管理、分布式数据存储、并行计算模式、用户交互技术、安全管理与运营支撑管理。

云计算服务主要分为以下三个层次：

IaaS基础设施即服务，是指将设备硬件、数据和计算等基础资源封装成服务，为用户提供底层的接 近于直接操作硬件资源的服务。

PaaS平台即服务，是指将应用服务、任务流程、算法服务等整合为云计算平台服务，提供运算与解决方案的服务平台。

SaaS软件即服务，是以软件租用、在线使用的方式提供软件服务。

云计算不仅涉及复杂的技术体系，也涉及丰富的应用形态和应用场景。任何一家机构都不可能完全主导或驱动整个产业，必然需要通过大量的来自各个领域的开发者，共同营

造有生命力的生态体系。这方面，OpenStack是云计算领域最具影响力的开源项目。

●云计算平台之间互操作性与标准化亟待提高

目前，有不少企业客户在使用多个云厂商提供的云服务。究其原因，一是为缓解风险，当一个供应商宕机，还有其他供应商可以提供服务；二是为降低总成本，提供商的某些服务或产品价格互有高低，通过多云可以选择成本更低的组合。随着企业越来越多地使用多个云厂商提供的云服务，也带来了一些云管理的问题。对云计算系统进行管理时，应当考虑云系统之间的互操作问题。当一个云系统需要访问另一个云系统的计算资源时，必须要对云计算的接口制定交互协议，这样才能使得不同的云计算服务提供者相互合作，以便提供更好更强大的服务。

互操作性显然与标准化问题直接相关。目前，云计算还没有开放的公共标准，这给用户造成了许多不便。用户很难将使用的某个公司的云计算应用程序迁移到另一家公司的云计算平台上，这样就大大降低了云计算服务的转移弹性。因此，云计算要想更好的发展，就必须制定出一个统一的云计算公共标准。

●云计算技术发展趋势：从虚拟化到容器技术

虚拟化技术是云计算的核心技术之一，它能够提升系统资源使用效率、消除应用程序和底层硬件之间的依赖关系，同时加强负载的移植性和安全性，但是hypervisor（虚拟监视器）和虚拟机只是部署虚拟负载的方式之一。由于hypervisor虚拟化技术仍然存在一些性能和资源使用效率方面的问题，因此出现了一种称为容器（Container）的新型虚拟化技术来帮助解决这些问题。容器技术的出现主要是为了解决多操作系统/应用程序堆栈的问题。这方面，Docker是目前最受欢迎的、不断进化的容器架构。容器服务具有部署速度快、开发和测试更敏捷、系统利用率高、资源成本低等优势，随着容器技术的成熟和接受度越来越高，容器技术将更加广泛地被用户采用。

从实际应用的角度来说，容器和虚拟机可以在同一个数据中心当中共存，因此这两种技术被认为是互补的——为现代应用程序架构师和数据中心管理员添加了可用工具集，通过不同的方式为应用负载提供支持。随着时间的推移，Docker和虚拟机之间的协作会更多。更高级别的编排工具将允许用户推出组件集成到容器或虚拟机或在VM中的容器中。一种技术不会取代另一种技术，它们将共存并建立彼此之间相互的价值。另外，容器技术的出现使得原来相对清晰的IaaS层服务和 PaaS层服务趋于模糊，实际上是出现了CaaS（Container-as-a-Service，容器服务），这也推动了云计算应用的进步。

●云计算的安全问题

作为一项新的事物，云计算的推广遇到诸多困难，其中遇到的最大挑战是用户对安全问题的担忧。Gartner、IDC等专业机构的调研也表明，安全问题已成为阻碍云计算推广的最大障碍。鉴于云计算的复杂性，它的安全问题也应该是一个涵盖技术、管理，甚至法律、法规的综合体。下图是云计算安全总体框架，包括了云计算安全政策、法规、标准等；应用安全；平台安全；网络及基础设施安全四个层面。

标准化是云计算安全发展的重要措施之一，但目前云计算安全研究还处于发展阶段。国际上这方面的重要研究机构包括云安全联盟（CSA）、国际电联（ITU）、IEEE 等组织，国内有中国通信标准化协会（CCSA）、中国云计算技术与产业联盟（CCCTIA）等组织，但这些组织的研究也都处于阶段性进展中，尚未形成获得一致认可的安全技术和标准。

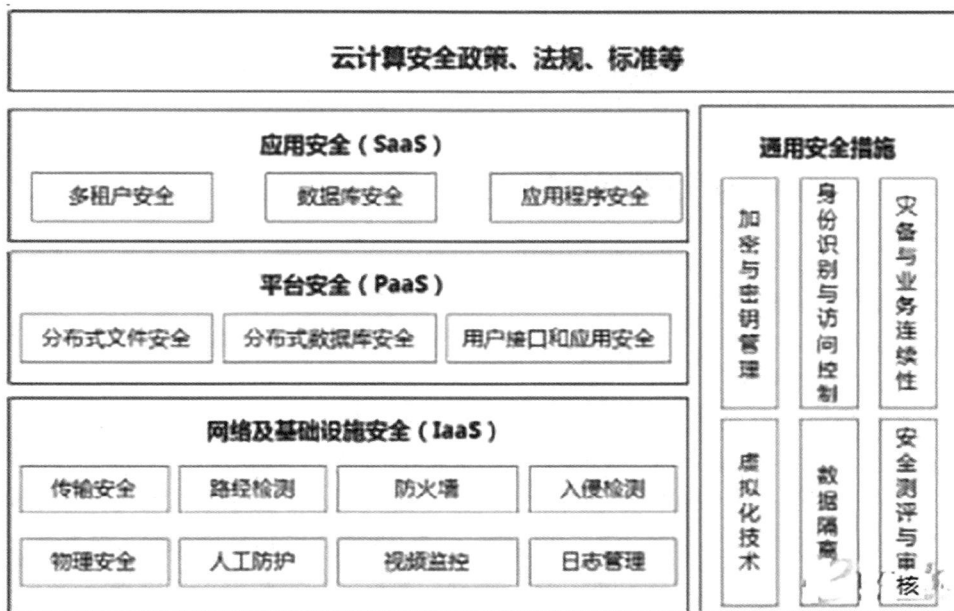

云计算安全总体框架

混合架构

云计算的众多优点如敏捷性、弹性支持的能力会越来越被认可；但对许多企业客户而言，成本不是考量的唯一要素。从企业的顾虑来看，安全性依然是最被企业客户看重的方面。在这种背景下，公有云与私有云的混合架构将越来越被重视。混合云对很多安全性要求高的行业客户是必要和有价值的：①将私密数据放在本地，公开访问入口放在公有云；②高峰期能利用公有云的资源进行无限拓展；③本地业务能加密备份在公有云；④多数据中心通过公有云实现星形连通；⑤开发测试在本地快速迭代，生产业务放在公有云；⑥内部业务放在本地数据中心，对外开放业务放在公有云，完全摒弃掉公有云控制台，在本地闭环完成所有操作。

但混合云不是简单地进行连通，它是包含了公有云各资源和产品以及私有云各资源和产品的一个有机整体系统。市场对混合云的声音日益庞大，但目前混合云并没有真正的标准，也没有准确的定义。目前的混合云产品主要基于以下三类：①基于灾备产品，服务商通过用户自定义的策略将用户的数据备份到公有云，并可以恢复到本地；②基于网络互连产品，服务商主要做网络服务，帮助用户快速完成本地数据中心与公有云的对接服务，达到互联互通的目的；③多云管理产品，服务商主要做多云管理产品，致力于帮助用户在一套管理平台上对多个公有云或私有云产品进行管理层面服务，增强用户的一致性体验，帮助用户更好管理自己的云计算资源，并提供部分运维及PaaS服务。

混合云架构核心思路是"连接一切IT、无缝混和体验"。"连接一切IT"的本质是实现数据层面的打通，这是实现混合云一切场景的前提条件。"无缝混合体验"更多是从控制面的设计来讲，达到用户所有的云资源，不论是在公有云还是私有云，都能得到一视同仁的处理。但事实上由于公有云和私有云平台天生模型的不一致(Azure stack这样的平台例

315

外），很难强行把它们用相同的界面和逻辑来进行操作。所以在实现上，好的无缝体验应该是让公有云和私有云的资源在同一个平台上操作，它们的操作内在逻辑是完全一致，而非相互割裂。这方面，仍然存在众多需要解决和改善的问题。

2. 大数据：深度学习与数据安全备受关注

大数据是基于市场运营中所产生的大量非结构化或半结构化数据，通过特定的统计分析软件，在合理时间内撷取、处理、并归纳为能够支持决策的有效信息。在大视频领域，大数据具备以下特征：①在线服务产生大量实时用户数据；②用户数据具备多维度特征，从点播、直播、观阅时长、正常观阅、快进观阅这些直接的视频应用数据信息，到评论、视频分享这些衍生性数据，再到用户年龄、收入、职业等人口特征信息，涉及多种维度；③从结构化数据，扩展至非结构化、半结构化数据；④用户数据来自不同终端或传播渠道。特别是新媒体大数据具有解析度高、广度大、即时交互等诸多特点，这对数据支撑平台提出了复杂的数据采集和分析能力要求。

从产业发展角度，大数据在2016~2017年逐渐从前两年的预期膨胀阶段、炒作阶段转入理性发展阶段、落地应用阶段。在大视频领域，大数据分析正成为全媒体发展中必不可少的关键支撑，并体现在运营分析、营销分析、产品优化分析、产品运营和用户分析等各个领域。

● 大数据算法越来越智能，人工智能与深度学习获得应用

Gartner认为，机器学习是2017年的十大战略技术趋势之一。在2017年，随着大数据分析能力不断增强，越来越多的企业开始投入机器学习，并从中获益。企业可以通过机器学习算法识别潜在客户，或识别即将流失的客户，或识别营销推广中作弊的渠道，或及时发现关键KPI下跌的原因等。总之，机器学习可以驱动企业运营更加智能化。

随着机器学习的大规模应用和发展，越来越多的企业将使用深度学习算法，使用深度学习算法将会使得预测更为准确。深度学习是机器学习领域中一系列试图使用多重非线性变换对数据进行多层抽象的算法，互相关联的多层级为深度学习提供了"深度"，相较于传统的机器学习算法来说，是一个巨大的进步，尤其是卷积神经网络等深度学习算法，将会越来越受欢迎。

● 数据安全与资源共享成为下一步发展关键

随着大数据的发展和落地，大数据的安全稳定也将会逐渐被重视。对于拥有大数据厂商来说，最大的挑战就是数据安全；对于安全厂商来说，最大的机遇也是数据安全。网络和数字化生活也使得犯罪的分子更容易获取关于他人的信息，也有更多的骗术和犯罪手段出现。所以，在大数据时代，无论对于数据本身的保护，还是对于由数据而演变的一些信息的安全，对大数据分析有较高要求的企业将至关重要。

另外，在大数据应用日益重要的今天，数据资源的开放共享已经成为在数据大战中保持优势的关键。商业数据、政府机构数据和个人数据的共享应用，不仅能促进相关产业的发展，也能给我们的生活带来巨大的便利。但是，制约我国数据资源开放和共享的一个重要因素是政策法规有待进一步完善，开放与隐私保护如何平衡。如何在推动数据全面开放、应用和共享的同时有效地保护公民、企业隐私，逐步加强隐私立法，将是大数据时代的一个重大挑战。

3. AI：与大数据深度融合

●基本概念与发展历程

人工智能（Artificial Intelligence）是研究、开发用于模拟、延伸和扩展人的智能的理论、方法、技术及应用系统的一门新的技术科学。也就是说，它是研究人类智能活动的规律，构造具有一定智能的人工系统，研究如何让计算机去完成以往需要人的智力才能胜任的工作，也就是研究如何应用计算机的软硬件来模拟人类某些智能行为的基本理论、方法和技术。

人工智能并不是一个新的概念，人工智能实际上经历了起起落落的三个阶段：第一个阶段20年，1956年到1976年；第二个阶段是30年，从1976到2006年；2006年以来是刚刚开始的第三波浪潮。

人类智能有很多方面，例如逻辑能力、语言能力、空间能力、感知能力、音乐感知的能力、肢体的控制能力，更复杂的还有人的自我反省能力、人际关系的处理能力、自然探索的能力。现在的人工智能在上述九种能力上只有三个做得还可以，另外六种则远远不如。对此，中国工程程院院士、北京大学教授高文表示：总体来看，人工智能现在大概发展到"刚上小学"的阶段，后面还有很长的路要走，人工智能至少还需要10~20年的上升发展阶段。

●人工智能2.0

与前两个阶段不同的是，第三次人工智能的热潮有了更多的技术支撑和商业化应用空间。经过60年的发展，社会信息环境发生了巨大变化，出现了互联网移动计算、超级计算、穿戴设备、物联网、云计算、搜索引擎等；这些数据流和大数据技术，成为人工智能的新的基础。现在的人工智能仍然是以数据驱动的，但是过去的数据是小数据，是经过人工编辑的数据，而现在是非人工处理的大数据。过去人工智能处理的是符号，而现在大量的数据是各种多媒体数据，不但有图形、文字，还有图表，包括一些VR数据和AR数据等。因此，人工智能的基础和目标和过去大大不同。根据上述态势，中国工程院在2015年设立了一个重大研究项目——"中国人工智能2.0发展战略研究"。

在技术进展方面，2016年Alpha Go与李世石的围棋较量令世人震惊，尤其是Alpha Go的升级版本Alpha Zero，完全

不依赖人类经验的自学能力，使得人工智能研究成果得到大众的高度关注。中国工程院院士、原常务副院长潘云鹤认为，人工智能已经进入一个以大数据为基础、以人机融合的"增强智能"为目标的"2.0"阶段，同时要通过网络，把群体的智能结合起来。中国工程院由此建议新一代人工智能技术致力于研究大数据智能、群体智能、跨媒体智能、人机混合增强智能和自主智能系统。潘云鹤院士还表示：和过去60年有很大不一样，新一代人工智能将更多地应用在复杂的系统处理上面，如电子商务、智能城市、智能医疗、智能交通、智能物流、智能制造、智能电网、智能社区、智能经济、智能图书馆。这些都是中国目前经济和社会发展急需的一批领域，也是中国发展规模最大的一批领域。另外，新一代人工智能的具体产品还将包括无人飞机、无人车、机器人、智能手机、智能游戏、穿戴式设备、AR/VR等领域。"最终人工智能将会和中国的信息化合为一体，使信息化从数字化进展到网络化，最后进展到智能化。"

●AI的未来发展五大发展方向

潘云鹤院士表示：人工智能2.0已经呈现如下发展端倪。第一，大数据的深度学习和自我演化已经出现。例如，Alpha Go设计团队DeepMind还为谷歌的数据中心进行用电综合调节，其中综合考虑了包括数据中心风扇、制冷系统和窗户、室外天气等120个变量，最终提升了谷歌数据中心15%的用电效率，节省了数亿美元电费。有数据表明，2015年全国数据中心耗电量达到1000亿千瓦时，相当三峡水电站一年的发电量，这显然是人工智能可以应用的领域。第二，基于网络的群体智能已经萌芽。例如，普林斯顿大学在做脑科学试验时，动用了全球145个国家的16.5万名科学家参与成像分析，成为人类历史上对视神经最为系统的一次分类。第三，人机一体化的混合智能（人机混合增强智能）越来越多的出现。如增强手臂力量的外骨骼系统等，未来更多的发展将出现在穿戴设备上，实现人和计算机的无隙连接。第四，听觉、嗅觉、味觉之间跨媒体的推理已经兴起。人在解决问题时，同时运用各种信息来支撑进行创新性识别，这是未来60年人工智能的重要发展方向。第五，无人系统或自主智能系统将迅猛发展。回顾历史，机器人发展最快的并不是类人型机器人，而是对于机器进行智能化和自主化改造，如无人系统。

4. 区块链：从信息互联网到价值互联网

区块链的诞生，源于人类基于对等的信息互联网构建价值传输网络的实践。这个新型网络就是价值互联网，它将使人们能够在网上像传递信息一样方便、快捷、低成本地传递价值，这些价值可以表现为资金、资产或其他形式。

●区块链概念与架构

狭义来讲，区块链是一种按照时间顺序将数据区块以顺序相连的方式组合成的一种链式数据结构，并以密码学方式保证的不可篡改和不可伪造的分布式账本。广义来讲，区块链技术是利用块链式数据结构来验证与存储数据、利用分布式节点共识算法来生成和更新数据、利用密码学的方式保证数据传输和访问的安全、利用由自动化脚本代码组成的智能合约来编程和操作数据的一种全新的分布式基础架构与计算方式。

一般来说，区块链系统由数据层、网络层、共识层、激励层、合约层和应用层组成。其中，数据层封装了底层数据区块以及相关的数据加密和时间戳等基础数据和基本算法；网络层则包括分布式组网机制、数据传播机制和数据验证机制等；共识层主要封装网络节点的各类共识算法；激励层将经济因素集成到区块链技术体系中来，主要包括经济激励的发行机制和分配机制等；合约层主要封装各类脚本、算法和智能合约，是区块链可编程特性的基础；应用层则封装了区块链的各种应用场景和案例。该模型中，基于时间戳的链式区块结构、分布式节点的共识机制、基于共识算力的经济激励和灵活可编程的智能合约是区块链技术最具代表性的创新点。

●区块链前景

区块链能够大幅度缩小信任成本、时间成本乃至制造成本。它采用P2P技术、密码学和共识算法等技术，具有数据不可篡改、系统集体维护、信息公开透明等特性。区块链提供一种在不可信环境中，进行信息与价值传递交换的机制，是构建未来价值互联网的基石。区块链也能在多种领域提供解决方案，最熟悉的数字货币行业，可以显著地降低成本、提高效率，并且提供清晰透明的货币结构。不仅是数字货币，而且还有数字资产，数字资产是比数字货币范围更大、价值更大的数字化资产。也就是说，区块链既可以构建一个信用社会，又可以实现信息互联网向价值互联网的转变，有望应用于供应链管理、食品安全、信息传播等多个领域。

作为价值网络的基础，区块链逐渐成为未来互联网不可或缺的一部分。随着应用场景日益丰富，区块链与云、大数据、人工智能的结合日趋紧密。在另一方面，区块链虽在数学上具有完备性，但也存在安全问题，未来还需要从工程和管理等层面加强安全，也需要标准提升可信程度。目前区块链技术尚不十分成熟，还需要很长一段时间发展。此外，区块链技术未来将逐步适应监管政策要求，逐步成为监管科技的重要工具。

●区块链政策支持

总的来说，区块链目前还处于发展初期，相关监管政策也还不完整。各个国家对区块链数字货币的态度都大不一样，但基本是支持区块链技术在其他信息化领域的应用。2016年12月，区块链首次被写入国务院发布的《国务院关于印发"十三五"国家信息化规划的通知》，此后，各地政府纷纷出台有关区块链的政策指导意见及通知文件。

据不完全统计，截至2017年12月底，国内共有浙江、江苏、贵州、福建、广东、山东、江西、内蒙古、重庆等9个省、自治区和直辖市就区块链发布了指导意见，多个省份甚至将区块链列入本省"十三五"战略发展规划。另外，国务院在2017年发布的五个文件中也提及区块链。

三、新技术引领大视频产业链创新发展[①]

本质上说，新技术革命浪潮已经大大跨越传统的产业界限与技术边界，将媒体服务与信息服务日益交融，一道向未来的智慧社会迈进。因此，下文尽量从客观和易于理解的角度阐述新技术对大视频产业链环节的影响。

---

① 参考《2015年传统媒体与新媒体融合发展研究》，国家新闻出版广电总局新媒体技术管理处，2015—2016年研究课题。

（一）新技术对媒体内容传播与用户消费方式的影响

1.宽带网络、智能终端与流媒体技术促成多屏传播的全媒体格局

首先，在宽带网络支撑下，用户就可以通过固定网络、移动网络、家庭网络等渠道获得媒体内容，使得"任何时间""任何地点"的媒体内容获取成为一种必然趋势。特别是在"宽带中国"战略的支撑下，骨干传输网与接入网的带宽能力越来越高，8Mbps以上带宽产品逐渐成为固定网络主流服务形态，将进一步推动高清流媒体应用日益普及。未来，大屏、高带宽、高品质或将促成付费视频的发展。同时，4G和Wi-Fi热点的快速发展，加上移动智能终端的普及，使得移动媒体服务成为当前及未来相当长时间内的发展热潮。尤其是移动媒体"轻"传播的特征非常适合年青一代用户，使得各种短视频及视频交流社区迅速发展发展，UGC视频成为年轻用户交流方式。

在服务端，以自适应码率（ABR）或自适应码流为代表的新兴流媒体技术，能够较好地适应复杂的互联网环境，有利于提供较佳的产品体验。同时，面向内容传输的CDN网络从基础传输网分离出来，其实质是以廉价的硬件存储性能代替拥挤和昂贵的骨干传输，日益成为改善用户内容体验最重要的传输手段，其在网络支撑中重要性日渐提升。上述自适应码流技术、CDN网络平台逐渐与云计算整体架构深度结合在一起，成为大视频服务的基础IT支撑系统。

2.移动互联及智能终端技术造就"后门户"传播时代

门户在当前大视频传播格局中的地位已经快速让位给移动SNS为代表的流量平台。以移动App为代表的移动互联网应用，对媒体信息服务具有强大的技术支撑，包括"永远在线"、信息唯一直达性和私密性以及丰富的多媒体应用支持，以及在上述背景下形成真实高效的、丰富的信息交互应用。这与SNS平台的开放分享、多场景相结合，造就了旺盛的社交化及分享氛围，使得移动SNS逐渐成为基础性信息服务与流量平台与信息。

传统门户时代网站的核心目标基于特定内容是获得点击"流量"，而不注重对"用户"的到达能力、用户黏性。后门户时代移动SNS网站的核心目标应是赢得"用户"，并与用户形成持续的——乃至是永久在线的平台互动。而用户与好友的信息分享、转发是SNS平台最重要的活动。特别是在信息过剩的背景下，除了强势品牌内容之外，用户并不关注内容的制造者是谁？用户更关心在哪些地方可以方便地看到自身感兴趣和最新的内容，并且用户最重视的是与之相关的好友所关注的内容和信息。也就是说，基于SNS平台的"人际传播"成为最重要的传播模式。这是SNS平台取代门户成为"后门户时代"信息传播渠道的核心原因。

因此，在新的媒介技术环境下，门户网站作为信息"入口"的意义已经大大降低。这使得很多还依赖于门户网站的传统媒体处于一种缺乏出口渠道的状态，逐渐成为流量海洋中的一座座"准孤岛"。由于无法形成有效的用户连接，传统媒体门户即便依旧拥有强大的内容生产能力，但也无法在自身的旧有渠道中实现价值的最大化。因此，在"后门户"时代，电视媒体在新闻及电视节目传播时，更加注意结合SNS平台进行宣传，想尽办法推动潜在用户的转发、分享，加强与用户的联系。目前，几乎所有的媒体机构都入驻了微信、微博平台等移动流量平台。

3.大数据技术推动个性化和场景化的精准传播

在传统的门户（web1.0）时代，是基于"浏览器-固定网页"的方式，以"PUSH"的方式向所有的用户提供同样的内容；用户浏览的过程实际上是"人找信息"。而随着大数据技术的兴起及用户画像能力的不断提高，可以内容推荐引擎向特定用户提供个性化的内容（"PULL"方式），用户浏览的过程实际上是"信息找人"。

通过大数据技术，可以跟踪、分析用户的相关行为，特别是如下三个方面的数据：①用户收视喜好、明星喜好、节目内容关注点等大屏端数据信息；②分析用户在SNS平台的相关行为信息（好友人数、关注内容、SNS活跃情况·）；③搜集移动端的数据（例如手机型号、LBS位置、浏览的媒体等信息）。通过长期的用户行为跟踪和数据积累，可以逐渐形成对用户的画像和性格分析，并在此基础上进行个性化的内容推荐。

这种内容推荐引擎可以和内容抓取技术（内容聚合应用）相结合成为服务，成为智能的App产品，也可以作为技术支撑模块内嵌在特定的浏览器、智能EPG等最终UI之中。在新型媒体服务中，这种个性化推荐引擎已经成为提升用户黏性的核心工作之一，对于受众的产品体验非常关键。例如，据Netflix统计，75%的观看者活动是由推荐驱动的。Netflix后台系统能够记录典型的用户数据，如用户播放的节目、搜索关键词、用户评价，还有动作发生的日期、时间以及在哪些设备上播放等；Netflix甚至还能够追踪用户的互动行为。Netflix采用若干算法处理所有的数据，每个算法都针对不同目的进行优化。从更宽泛的意义上来说，Netflix的算法大多都有一个基础：那就是假设相似口味或偏好的人用相似的观看模式。因此Netflix可以利用相似用户的相似行为为其用户提供视频推荐。

再如，中央电视台从2016年开始，与全国各地有线网络公司合作推出"央视专区"应用，就利用大数据技术向不同的用户提供不同的推荐内容，可以实现"千人千面"式的EPG服务。

4.人工智能（AI）及新型人机交互促成更亲和、更紧密的消费体验

人工智能（AI）、VR这样的技术实际上是加强了媒体与用户潜在消费心理及实体产业的连接，增强用户的媒体消费习惯。例如，当用户在听到某个歌手的音乐时，播放器会向用户推荐歌手最新的音乐或是同样风格的音乐；当用户浏览某场比赛信息时，后台向用户推出该场比赛的明星选手信息；或是下一场相关比赛的预订信息。

在语音识别、音频识别（如"摇一摇"）、二维码等技术的支持下，用户互动方式越来越多，互动体验越来越便捷，逐渐推动新型消费习惯的普及。这些技术得到智能操作系统的支持，并具体体现在产品UI之中。特别是在电视领域，由于客厅环境下电视大屏的互动不便通过遥控器进行复杂输入，所以语音识别、上述互动技术得到综合性应用。例如，微信"摇一摇"平台提供的不仅是平台与用户之间的互动，还提供了用户与用户之间分享互动服务：用户在抢红包中，必须分享给好友才能获得红包奖励。这在很大程度上增加了传播裂变的可能性，能够有效提高品牌曝光效果，同时也增强了用户之间的互动性。

此外，VR这样的技术给予用户超越3D的沉浸式消费体验，让用户对跨时空的场景感知从"观看"升级为"体验"；而AR则是在现实场景中叠加虚拟场景，让体验变得新奇和富于想象力。

（二）新技术对媒体内容生产制作的影响

1.新技术推动UGC向PGC过渡，成为重要的内容来源

如前所述，在智能操作系统和高性能芯片设备支持下的智能终端，对于用户的多媒体应用有丰富的技术支持，其中最显著的是一段终端的UGC（User Generated Content，用户生成内容）支持。在高清摄像能力、高性能录音设备等硬件能力和移动App软件支持下，用户可以随时随地地生产文字、照片、视频及语音信息内容，这就形成了广泛的UGC应用。在web2.0早期，UGC分享成为与OGC（Occupationally-generated Content，职业生产内容）并重的内容来源。

在新闻传播领域方面，移动SNS应用已经推动UGC的广泛传播，甚至在个别突发事件中成为最早、最有爆发力的媒体内容源。对开展台网融合探索的电视媒体而言，在确保有效性和内容健康的前提下，可以适度引入UGC内容。例如，CNN早在2006年就推出了UGC应用——CNN iReport被认为是新闻领域的重大创新突破。

在实际应用中，除了典型的社交领域，普通个人用户的UGC内容不太能够产生流量，大多数流量都是少数明星人物或话题领袖引起的。于是，随着移动互联网的进一步发展，随着平台对垂直领域腰部内容的进一步倾斜，乃至鼓励普通用户进行专业内容生产时，UGC应用开始逐渐分离出单独的PGC（Professional Generated Content，专业生产内容）[①]应用。一方面，付费内容的兴起也导致一些垂直领域专业人士提供PGC付费内容；另一方面，一些短视频App通过提供便捷的摄像软件、视频制作软件（例如，全景贴纸、"尬舞机"、AR贴纸、3D染发，或提供便利的背景音乐插入）等，吸引三四线城市的普通用户（或"民间高手"）分享其内容的"生活纪录"。然后，在这些短视频App的推导下，这些别具特色（或新奇，或具备"正能量"，或具备生活实用性）的普通用户高清PGC内容分享，引发了普通大众的平等交流乃至模仿。其中，"尬舞机"是该App于2017年底对外推出一个全新功能，这一功能让用户随时随地体验线下跳舞机（背景音乐+"蹦迪"）的玩法，该功能成为首个利用AI技术将"人体关键点检测"技术应用于全身的应用。

总的来看，UGC与PGC应用促成了个性化内容、多元化视角及社群化传播。

2.全媒体演播室、增强电视技术等促进电视节目的创新

2014年前后，基于全媒体演播室的直播互动应用逐渐在新媒体及电视领域取得应用。例如，南方卫视《今日最新闻》从2014年12月起采用"啪啦啪啦"App进行直播互动。观众在收看电视直播的同时可以在"啪啦啪啦"App上进行话题投票，同时还可以根据话题上传"18秒大声说"，对话题进行实时视频评论，现场节目主持人会在直播现场选择6个优秀的评论视频播放，观众的评论就可以在电视新闻直播画面中出现。这类直播互动大都是在纯粹的新媒体领域（如弹幕应用），或是出现在跨屏应用场合。

近年来，湖南台《我是歌手》、江苏卫视跨年演唱会直播在内的一些节目，则基

---

① PGC 也称为 PPC（Professionally-produced Content）。

于台网协作①增强电视技术推出面向大屏的直播互动服务，电视端用户可以直接用（机顶盒）遥控器进行简单而直接的互动。例如，2017年末，针对江苏卫视跨年直播晚会（2017/12/31晚），深圳虎瑞科技策划执行为期近1个月的跨年宣传活动。该活动首先依托虎瑞大数据平台锁定目标收视用户，然后面向虎瑞科技增强电视应用所覆盖地区（在电视端）发布互动消息进行跨年直播晚会宣传，包括以系列性活动吸引用户订阅节目并持续关注。在2017年12月31日直播当天，在虎瑞科技增强电视覆盖地区江苏卫视的收视排名第二，直播中推送了4条引流消息、6条互动消息，消息以贴合跨年氛围与福利刺激的形式（如新年抽签、新年许愿、明星红包）吸引用户积极参与互动。

最终数据显示：在增强电视覆盖地区共有61.4万用户参与了直播互动（人均参与1.26次），互动用户在收视用户的参与率为4.19%。这一数据并不彰显。但非互动用户市场为82.44分钟，互动用户平均收视时长达118.59分钟，两者相差36.15分钟（增长43.85%）。可见，为深度粉丝用户提供直播互动应用，具备用户沉淀与深层次服务的必要与可能，对于节目后期创新非常有价值，是重要的节目创新方向。

3.大数据能力在内容策划制作环节的影响

如何选择合适的演员？如何在剧情设置中增加用户吸引力？由若干演员按照某个剧情拍摄的影视剧将会有多少票房或收视吸引力？制作机构如何避免投资失败？这些一直以来都是影视行业的难题。这也是美国电视台与制作机构采用边拍边播模式的重要原因——但边拍边播模式仍然存在许多不确定性，并造成上下游的矛盾。而大数据平台则可以在一定程度上降低上述不确定性。Netflix投资的《纸牌屋》正是这方面的典型案例。

通过收集用户在视频交流平台以及其他互联网平台上的各种评论信息，并进行深入解析，可以了解用户对于电视节目模式、剧情模式、电影电视情节、导演、演员等方面的偏好，以及不同年龄段、不同区域用户的偏好差异性。这些数据对于视频内容制作机构是非常具有参考价值的。

在国内，阿里巴巴数字娱乐事业群发布的"娱乐宝"，通过建立内容制作机构与潜在观众/用户的连接，获取大规模用户偏好信息，大大改善了影视作品投资决策环境与决策速率。从产业角度来看，娱乐宝这类互联网金融产品将在资本与电影产业之间建立一个良性的通道，有助于电影产业的工业化发展。

4.VR、AI对影视制作领域的影响

VR实现了"从观看到体验"的效果，已成为电影电视制作前沿技术

长远来看，VR实际上颠覆了电影电视和电子游戏的区别，或者说把影视变成了电子游戏，可以理解成是一种3D效果的极端延伸和升级。与单纯看一个场景不同，VR技术要创造一种环境来让观众探索，观众会希望能触手可及，甚至并且与环境互动。例如，在音乐会上，观众可以随时改变所处的位置，可以站在舞台上听一首歌曲，然后再回到人群中。尝试过VR体验的人们会说，"我在金门大桥"，而不是"我看到金门大桥"。3D IMAX有一句广告语"看一部电影还是进入一部电影"；这实际上可以在一定程度上描述

①　此处的"台网协作"指的是电视台和电视网的协作。

VR "从观看到体验"的沉浸式效果。在VR支撑下，视界有限的3D变成了360度无死角的全景3D，而且强化了观者的主观视角，这才有了空前的身临其境之感。

对于现在还处于萌芽期的VR影视制作领域而言，纪录片和新闻节目是可能获得较多应用的领域。目前，一些领先的媒体机构已经积极采用VR技术用于新闻纪实报道。2015年11月，《纽约时报》在与谷歌合作，推出了一个VR新闻App。其业务模式是订购VR新闻送Cardboard（谷歌的建议VR产品）。就是通过还原新闻现场，让读者设身处地地感受新闻现场，这就相当于新闻纪录的"情境再现"。这或许能够推动特定意义的新闻节目和纪录片发展。

●AR应用已经取得初步普及

相比较而言，AR则已经较多应用在电视节目之中。早在2015年的时候，就已经有电视频道试图使用AR技术来增加节目的代入感，而目前包括新闻节目、综艺节目等在内的多种节目都开始应用AR技术，以向用户提供新奇感或提供更真实的内容或更丰富的虚拟场景，比如，使用AR技术让人们更真实地看到龙卷风的肆虐，看到城市的毁坏。

中央电视台《2017年春节联欢晚会》大量使用了AR技术制作内容，除了以往的北京春晚主会场，还在四川大凉山、广西桂林和上海这三个分会场上使用了AR技术。另外，除了拥有规模庞大的AR制作创作需求，此次春晚对AR制作的质量要求标准有着很大的提升。以四川大凉山分会场为例，AR创作团队调研了四川特有民族元素，以"火"为核心设计元素和概念，结合彝族当地文化特色，利用最新的AR渲染引擎，制作带着热浪特效喷涌飞出的"AR火龙"盘旋天际，以及在欢歌声中翱翔天空的"AR火鹰"栩栩如生，与现场舞蹈和绚丽烟火相结合，伴火欢歌，场面震撼。新的AR渲染引擎极大地提升了AR主创人员的创作发挥空间。另外，环境类的AR制作有效补充了实景中的真实环境缺失，让景别更加充实，例如更加丰富的AR烟花、远处的AR群山和满山的AR火把。

●人工智能的视频识别、语音技术等开始应用于深度内容制作

在很多涉及众多人物的大型活动中，仅仅依靠主持人记忆和认识常常是无法识别的，这对新闻的完整性或准确性是个伤害。而人工智能中的视频识别与语音技术就可在此领域得到使用。2018年1月，IBM在纽约举行的格莱美颁奖典礼上，部署其人工智能平台Watson，分析被提名者和出席者的视频和照片。由于实时内容的保存期限太短，Watson比人类更快地分析数据的能力帮助人们更多地参与到内容制作中。除确定每个人的身份外，Watson平台还能理解时尚、了解今年的 时尚趋势，并将其与前几年的时尚趋势进行比较。此外，Watson平台还能被提名者的每首歌曲的歌词，以确定主题和情感的趋势，以及将它们与60年前歌曲的歌词做对比。格莱美官方人士表示："我们想让歌迷们与他们喜爱的音乐和艺术家有更密切的联系，我们想要以一种更加无缝、更加真实的方式来做这件事。"

与之类似，2018年5月，英国天空新闻台与AWS Elemental及其AI合作伙伴合作，使用基于云的机器学习新技术来提升英国哈里王子与梅根·马克尔的皇家婚礼转播，基于上述人工智能支持，婚礼转播节目在宾客进入温莎城堡圣乔治教堂时称呼他们，并且用来宾的资料丰富视频内容。

（三）新技术对媒体生产组织方式的影响

1. "一云多屏"的全媒体传播（TV Everywhere）路线

在宽带互联网背景下，面向用户的内容分发渠道快速放大。因此，电视台推进媒体融合的首选路线是全媒体传播，其典型形式就是"一云多屏"。就是电视媒体将其拥有的广播电视节目及其他内容置放在统一的云媒体播放平台，然后利用不断改善的宽带环境，经由不同的宽带网络渠道分发给PC终端、智能移动终端（包括App端和页面端）、智能电视终端等。目前以东方明珠新媒体（原上海文广集团下属的百视通新媒体）、华数传媒、CNTV为代表的新媒体机构都努力朝上述"一云多屏"目标演进。

在全媒体传播下，电视媒体可以跨越各种时间和空间的约束，在更多的场景下输出其视频服务，从而覆盖更多的用户以及更多的媒体消费时长。因此，这一路径也被成为"电视无处不在"（TV Everywhere）模式。

2. 云计算及"中央厨房"对媒体融合生产组织架构转型的深度支持

云计算作为一种灵活、开放的服务模式，非常适合互联网和在线背景下的信息化服务，并日益成为现代信息社会的基础IT架构。在广电大视频领域，云计算也有越来越多应用，特别是在新媒体生产组织领域，云计算可以提供强大的支持。

●云计算在内容制播中心的应用

内容制播中心可以基于云建设数据中心，提供统一的云平台，具体可应用在如下几个方面：

海量媒体数据的存储：通过云存储技术可实现内容库资源共享，可实现灵活快速扩容，可应对海量视频内容的增长，避免重复存储。

媒体数据的快速处理：通过云计算的并行计算能力实现媒体的编辑处理（如在线的粗编、非编）、广告处理、格式转换（云转码）等加工能力等，可实现专业内容供应商之间共用，同时可以出租给小型内容供应商使用。

专业软件资源的共享：通过集中式数据中心，以软件即服务的方式提供给用户使用，可减少专业软件的采购数量，降低维护成本。

针对媒体的智能分析：未来随着业务发展和用户体验需求增长，可提供媒体内容的自动分析和检索能力，如识别音频中的内容并自动转换成文本。

智慧推荐引擎和大数据服务：基于精准EPG以及社交平台的开放数据服务，针对视频内容实现标签化和数据化运营，实现内容智能推荐和个性化的功能运营。

内容安全服务：基于视频基因的生成和匹配，实现内容防篡改和快速审核的服务。

最重要的是，基于云的数据中心构建了一个应用与平台解耦的、资源按需取用的云平台，未来各种新媒体应用尤其计算存储密集型的应用都可以非常容易运行在上面。从实践来看，目前众多电视媒体机构都积极推进融媒体平台或"中央厨房"建设，尤其是在重大时政新闻与重大事件报道中，按照资源共享、统一调度与策划、多渠道传播等原则传播主旋律、建设新媒体宣传阵地。

●云计算在内容分发的应用

由于视频业务属于带宽密集型业务，采用集中式的媒体服务器显然是不合适，这时候需要一个分布式的媒体交换网络，在网络边缘含有热点内容的缓存，换来对骨干带宽的节省。这就是CDN（Content Delivery Networks）的应用。

在建设媒体交换网络时，可采用控制与承载分离的架构，将媒体分发控制和媒体交换单元独立设置。媒体分发控制进行会话处理和用户行为分析，采用集中设置；媒体交换采用分层、分布式部署，尽量往边缘部署。

媒体分发控制属于计算密集型处理，可以直接部署到云数据中心，实现资源的共享和灵活扩容。会话处理能力的云化可以应对复杂多变的业务模型，应对阵发式的业务高峰；用户行为分析的云化可以提供快速实时的分析能力，通过对用户、内容和网络的感知，从而实现智能路由、个性化内容推荐等能力。

●云计算的快速发展对于电视媒体机构全媒体发展而言是一个重大机遇

传统上，电视媒体机构为了发展新媒体需要购置大量的硬件和软件设备来建立自身私有的专业平台，并根据服务需求购买宽带出口服务。但视频服务具有显著的波动性和不平衡发展特征，导致上述软硬件设备和宽带服务常常空闲状态，造成资源浪费。

电视媒体机构可以将核心资源配置在原生性和原创性内容生产（尤其是现场内容生产环节）环节，而将更多的计算资源（包括后期处理、在线转码、内容分发等）交由第三方云平台（公有云和行业云）。而在云计算服务模式下，电视媒体机构只要根据实际业务需要，租用在线服务能力即可。因此，电视媒体机构可以在灵活的IT环节下，获得高水平和稳定的服务，并大大减少软硬件投资和日常运维投资。

　　如下图所示，典型的云视频平台可以分为公共基础云、内容生产云、内容服务云和内容分发云，该架构针对电视媒体机构的不同需求提供不同层次的服务。针对这一需求，2015年底国家新闻出版广电总局科技司发布的《电视台融合媒体平台建设技术白皮书》，既包含对电视台以往全台网建设基础建设的反思，更体现了全媒体形势下，电视台技术从业人员利用云计算等新技术推动一体化媒体融合发展的期望。尤其是该文件在平台建设云模式中创造性的提出了"专属云"的概念以及"三云互动"的混合云建设模式，非常贴合当前的广电行业的媒体融合发展需求。

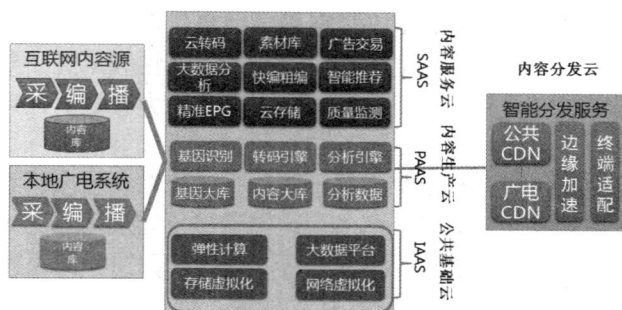

典型的云视频平台整体架构

- "中央厨房"推动电视媒体流程再造与组织转型

　　随着媒体融合走向深化，基于云计算的"中央厨房"开始成为重要的媒体融合驱动力量，促进传统媒体和新媒体在业务生产组织层面的融合。原来传统电视节目和新媒体内容存在不同的工作流程，而在"中央厨房"支撑下，两者在采集团队和编辑团队方面从并行运作流程向一体化运作流程转型，这其中需要大量的流程变革与再造。这其中，为了实现资源共享和优化资源配置，众多电视台纷纷尝试打破传统媒体与新媒体在新闻业务的隔离机制，在"中央厨房"支撑下朝着"超级编辑部"发展，所有的编辑团队共同策划、讨论和制作内容，并对所有播出平台开展新闻业务；同时所有的记者团队都向全媒体记者发展，不再进行业务上的隔离。

　　总的来看，"中央厨房"将打破原来不同类型媒体业务各自为政的"烟囱架构"和流程体系，转而按照集约化、扁平化架构理念和快速响应的市场需要，重新设计业务流程、组织架构和相关体制机制。

- 4G/5G等宽带传输技术加快媒体生产节奏，尤其是对现场直播业务形成强有力支撑

　　直播服务是广播服务中最具竞争力的电视节目形态。特别是对于"新闻立台"的电视台来说，在新的媒体环境下，加快新闻业务的采、编、播流程的节奏，在第一时间进行现场素材与信息采集同时提供现场直播服务，是新闻传播与媒体竞争非常关键的手段。随着目前摄制采集设备的小型化，电视媒体机构在第一时间采集现场素材的能力越来越强，但关键瓶颈在于如何将现场节目素材第一时间回传至电视台制作中心。在直播类业务之外，

很多综艺节目也牵涉到大量的外场节目摄制，同样也希望快速回传，以缩短制作周期进行播出。

而传统人工盘塔回传模式，回传周期较长，导出导入多次，耗时耗力。同时，高清与超高清的拍摄，让节目存储容量爆发式发展，但高价值素材占比非常低，导致高昂的成本。在此背景下，包括4G/5G在内的宽带传输技术的崛起大大加快了现场回传速率，对直播节目和非直播类节目的生产组织流程起到了显著的变革冲击。特别是4G与云计算服务相结合，可以向各种终端同时提供直播服务；这大大改善了传统的采、编、播流程和效率，可以最快速度对外提供新闻服务。

● 大数据和人工智能技术改善和提升内容监管效率

人工智能已经成为一种重要的监管科技支撑技术，并应用于视频监控与安防、金融风险防范与违规识别等领域。例如，金融监管部门通过运用大数据、云计算、人工智能等技术，能够很好地感知金融风险态势，提升监管数据收集、整合、共享的实时性，有效发现违规操作，高风险交易等潜在问题，提升风险识别的准确性和风险防范的有效性。在视频安防领域，由于大脑会自然地交替出现注意力集中和注意力分散，注意力疲劳是视频监控操作工作人员面临的一个主要问题之一。而如果通过由人工智能介入与人类合作完成，则可有效杜绝此类情况的发生，甚至更加完美。再如，在犯罪行为发生之后，为了找出犯罪嫌疑人，监控录像往往会被反复审查。而通过这种途径只有从屏幕上人为识别出来，才能后续锁定。而面部识别这样的人工智能技术则可以替代人工操作快速完成审查过程。

这样的技术同样可以应用于视频内容监管领域，预计人工智能将在次领域形成越来越大的影响，发现涉黄涉暴等不良内容。特别是在大视频时代，海量视频内容以各种方式分发，传统上依赖人工监测的电视播控方式依然无法完成事前事中的监督，更多要依靠人工智能的视频识别技术进行事前监督。例如，对于视频网站或SNS社群中的大量UGC短视频内容，为了确保UGC的及时呈现与传播，必然难以通过人工的方式来防范黄色、暴力等不良内容。Facebook就已经利用人工智能技术对直播视频进行主动的监控。2016年底，Facebook负责"应用机器学习技术"的总监康德拉（Joaquin Candela）表示：其团队正在开发一个新工具，可以对视频直播中的敏感内容进行监控和识别，这当中包括了身体裸露画面、暴力等，并且这一技术已经在Facebook直播产品"Facebook Live"中进行测试。

（四）新技术对媒体商业模式的影响

1. 大视频推动全媒体收视体系及相关应用

大视频背景下，不同的人群通过不同的渠道收看电视节目和交流收看感受，特别是热播电视节目的网络收视率、微博热度与广播渠道收视率越来越呈现出相关性。而电视台对收视率的调查还是基于传统广播的小样本数据，考虑到人群细分发展趋势，考虑到用户越来越普遍使用的按需点播（VOD）服务，传统基于小样本数据的收视率越来越难以体现真实的收视特征，更难以描绘用户的行为特征、消费心理与消费轨迹等深度信息。

因此，在新媒体渠道影响力得到越来越多重视的背景下，综合广播电视、网络视频、SNS等多个平台的源数据样本，建立全媒体收视评估体系，已经成为全媒体时代的必然要求。当然，建立全媒体收视评估体系并不是一蹴而就的事，目前在实际应用中还存在众多尚待解决的问题。尤其是传统收视率立足于小样本数据，与立足于普遍统计的新媒体数据，在思维方式、探求目标、运行应用机制等方面都有很大的差异。

在实践方面，2017年5月23日，由广视索福瑞公司（CSM）、央视市场研究公司（CTR）、广州欢网科技公司、北京勾正数据公司、深圳一点网络公司五家单位共同筹建的智能电视大数据联盟在京成立。CSM和CTR联合欢网科技发布了《家庭大屏收视全研究报告》，对电视大屏受众的直播及点播收视行为进行统合分析，同时，报告中对智能电视终端观众的广告态度也进行了深入研究。再如，爱奇艺在2017年中发布的新产品"爱奇艺指数"，可以看到所有内容在爱奇艺上播放的情况，以及相关的深度挖掘信息，如播放量分布，地域的分布，用户最喜欢的场景有哪些。

2. 基于大数据的精准广告应用

传统的广播电视广告，是广告主根据自身品牌定位结合节目影响力及目标人群，进行粗放的投放，同样的节目只能投放同样的广告。而在数字技术条件下，通过对终端受众的精准分析，可以在同一个节目中，针对不同的用户投放不同的与之相适应的广告。理想化条件下，精准广告平台可以根据广告主和广告内容，在数字媒体交易平台上，选择特定的目标用户和区域，采用文字、图片或视频三种形式，精准地将广告投放用户。

新技术对于精准广告的支撑主要体现在如下方面：

最主要是大数据技术的支撑。通过智能EPG、浏览器Cookie技术、移动互联等技术持续跟踪和积累用户的行为信息，逐渐形成对用户的深度理解。因此，大数据平台是在线精准广告平台最重要的支撑。

SNS等互动平台就可以通过对用户线下线上活动场景的支持和跟踪，实现对用户形成深度理解。与SNS平台相结合，是获取用户信息的重要途径。特别是在移动互联背景下，SNS平台常常是与手机号码捆绑，并与支付平台、LBS平台打通。这使得SNS平台的应用能够延伸到真实的线下活动，这就大大加强了对用户的理解。

视频识别等人工智能技术也有利于推动精准广告的投放。如前所言，视频识别可以识别出视频中的一些重要商品画面，由此投放与之相关的广告。

3. VR、人工智能（AI）等技术促成更紧密的用户连接，或是挖掘深层次数据信息，从而实现商业模式创新

人工智能（AI）、VR这样的技术帮助建立更加亲和与紧密的消费体验，实际上是加强了媒体与用户潜在消费心理及实体产业的连接，进而带来商业上的创新。例如，基于音频识别的电视"摇一摇"可以推动大小屏的"连接"，从而将大屏的内容展示能力与小屏的互动能力连接起来，由此实现用户互动、增加品牌露出或提供各种关联的服务，由此开拓商业空间。类似地，人工智能也有助于推进媒体消费中的深层次信息连接。比如，视频识别可以迅速在海量的赛事视频中将某两个球员的对抗情况提取出来，或者将某个综艺节目中的商品信息识别出来，同样可用于商业模式创新。

●VR推动与实体产业的连接

如前所言，VR技术能够将用户带入三维的场景，实现高度沉浸式体验。未来，VR与AR（增强现实）技术的结合，将有助于视听媒体与现实世界及线下产业的对接。VR可以

将文化展馆、舞台现场、购物商场、房屋装修等线下服务的具体场景更完美地展现给用户。这可以推动视讯服务与文化旅游、在线演唱会、在线购物、房屋租赁等线下产业的对接。例如，伦敦博物馆、北京故宫都为观众提供了虚拟现实观看体验。谷歌推出的虚拟历史服务则可以带你到庞贝古城、埃及金字塔内部一览神奇。再如，旅游公司 Thomas Cook 已在欧洲10个分店提供VR体验服务。选择目的地，戴上VR头显，你就可以站在圣托里尼酒店海风拂面的阳台上，或者坐直升机穿过纽约中央公园。据该公司内部资料显示，得益于VR技术，仅纽约项目的盈利就已经增加了190%。因此，媒体机构如果能够应用VR技术，显然可以更加深入地与现实产业形成对接，推动TV2O商业模式的发展。

●视觉感知推动精准广告

通过对计算机视觉、深度学习、像素运动、大数据信息服务等技术进行一系列自主创新研发及核心算法升级，对传统视频广告制作投放模式进行了颠覆性的变革，可以在视频制作完成后将品牌元素与视频内容无缝结合，在同等流量下开辟新的广告位置、增加广告曝光机会，实现媒体资源价值的最大化。在这个过程中，将计算机视觉和计算机动画结合，解决广告投放过程中的追踪、识别，以及其后的广告自动化、批量化"真实"呈现。

相比人工智能在传统行业的摸索尝试，得益于数字营销领域较好的信息化、网络化基础以及互联网公司卓绝的技术创新力，人工智能与广告营销的结合愈加成熟，用户在搜索引擎、信息流产品、视频网站、电视中看到的相关广告可能都经过了人工智能算法对多维度大数据的智能分析。人工智能力图为企业提供智能创意及营销策略和效果监测，结合场景、内容及渠道向用户精准推荐，实现满足用户真实需求的高价值信息传递。

●大数据智能带来新的商业价值

随着人工智能对内容的理解，它可以对视频进行深层次描述，并与大数据相结合，在一些快速传播领域进行深度的价值挖掘：通过对视频镜头的拆分进行分类，从而给视频的和镜头打上智能化的标签，理解这个视频究竟是属于哪个分类，为后期个性化视频推荐打下坚实的基础。例如，爱奇艺在2017年中发布"爱奇艺指数"产品的同时，也发布了"明星排行榜"。这一大数据产品不仅要体现每个明星在相关视频节目中出现的时长，更要反映出用户对该明星的感知与情感认同情况（包括社交网络的评价等）。

大数据智能在体育赛事领域可以有重要而关键的商业创新。体育直播环节经常需要在比赛直播场合同时提供赛场的最新数据（如跑步距离、速度、一对一对抗、双人配合等）。这些数据如果通过人工方式不仅存在很大的延迟，而且容易出错，或者根本无法完成。而通过人工智能可以提供实时的关键赛事数据并直接包装到节目之中，这大大提高赛事节目的内容价值，有助于提高用户吸引力和进行深层次分析。例如，美国STATS公司旗下Sport VU部门则在每一个NBA球馆都放了6个摄像头，以每秒25帧的速度收集每名球员和篮球的每次移动。这些数据被收集起来给教练、运动员、经纪人、赛事工作人员，来帮助运动员改善训练提升场上能力，或帮助进行合同谈判，或是避免伤病。

●区块链对媒体生产与商业模式的改进

随着区块链技术的兴起，未来可能对大视频的生产与商业变现产生极大的影响。在日益网络化的世界中，消费者的智能终端将成为区块链上的节点，并且有能力进行交易。从法律和社会的角度来看，这个新的交易生态系统中的关键是买卖双方的"同行"不再是人类，而是代表买卖双方完全执行合同的机器。在这个分散的、基于共识的区块链世界中，一个新的媒体市场正在形成中。区块链的可信网络、智能合约等应用可以为各种新的网络媒体应用提供支撑与动力。

以下是的区块链技术在新媒体领域值得关注的应用方向。[①]

①通过区块链进行广告投放和监测

首先，区块链有助于解决作弊和欺诈问题。目前广告投放和监测，以及价值评估完全依赖于第三方，或是投放平台。特别是新媒体这个领域，价值评估体系并未形成，各个数据来源不一，广告价值很难得以真实体现。无论是传统媒体的广告投放与监测行为，还是如今的通过S2S（Server-to-Server）API方式或是C2S（Client-to-Server）API[②]方式进行的新媒体广告投放与监测，都无法避免数据造假，广告到达率无法保障，甚至无法避免联合作弊。这些传统的基于中心化的监测方式都很难避免数据造假。而通过区块链的智能合约以及激励和共识的方式，对数据进行安全防篡改，避免作弊行为的出现，这是广告价值的一次重建，也就是通过P2P分布式节点的记账，确保广告价值得到实现。

其次，区块链的智能合约对网络广告也是非常有益的尝试。区块链的主要吸引力在于它能够促成买卖双方之间的共识、协作和信任。目前的媒体库存供应商和买家花费了过多的时间来协调广告系列的差异，包括原始展现量、可见度、品牌安全性或流量质量。另外，多重管理条款也一直是投放中的重要难题。而这些问题很大程度上都可以通过区块链的智能合约来处理，由此改善网络广告的合同流程，大大提高效率。未来在区块链上启用智能合约可能包括广告订单（IO）的所有组件和元数据，而且智能合约还可以自行执行协议。各方将其内容和创意等资产放入区块链中，并根据商定的条款重新分配这些资产。区块链将买方和卖方的资金托管在合同完全执行和验证之前。最终，智能合约的各方需要确保他们的复杂义务在代码中准确执行，并且具有足够的灵活性。

此外，基于区块链与数字货币的支撑，允许广告定向的消费者将通过数字钱包管理收看广告交换的奖励。这或许也是一种可行的商业模式尝试。

②通过区块链进行版权保护

在日益严格的版权环境下，大规模盗版基本被抑制了，网盘分享的情况也有所改善，但还是比较普遍，而最隐蔽的盗版其实是片段播放，这对视频行业的间接伤害极大。例如，100多分钟的电影每一秒、每一帧都倾注创作团队太多的心血，而互联网上通过鬼畜、字幕、表情、语音等方式缩减成七八分钟的短视频盗版，严重损害原创作品收益。

利用区块链技术对现在的版权保护手段，如DRM、数字水印技术进行优化，使得以往只能通过集中管理的方式变为分布式管理，内容的介质也可以不用集中存储，而是通过分布式进行存储管理，并能及时规避信息不透明和容易被篡改的问题。利用分布式账本记录版权信息，方便追踪版权消费行为记录，并以P2P交易的方式进行交易，避免中间传递

---

① 参考微信公众号"白话互联"的原创文章《新媒体如何玩转区块链思考》，2018年2月22日，https://mp.weixin.qq.com/s/GEZEUnmsPlNIYCyT_dbceA。

② 通用的OTT广告监测一般分为第三方SDK监测和第三方API监测两种，而第三方API监测又分为C2S(Client to Server) API和S2S(Server to Server) API两种。C2S即client to server，是指终端发出请求指令给下单代理服务器，终端获得指令并执行完成后，将完成指令发送给第三方监测代理的服务器，通过双方计数来进行准确的流量监测；S2S即server to server，是指终端发出请求指令给下单代理服务器，并将完成指令回传给下单代理服务器，下单代理服务器再将数据发送给第三方监测代理服务器。相比较而言，SDK监测比API监测的数据更为丰富、安全和完整，且可以实现对离线广告的监测。SDK监测和C2S的监测相比S2S更为安全，也更容易监测异常流量，可以说C2S API是OTT广告监测安全的起点。

确保版权受到良好的保护，并构建起一个良性的信用生态。

利用区块链技术，对内容介质进行数字化版权证明，这种数字化证明可以与已有的应用无缝整合，为每一个文字、图片、音频、视频加盖唯一的时间戳身份证明，这样数字作品的作者、内容和时间就绑定在一起，再交叉配合生物识别技术，从根本上保障了数据的完整性、一致性，进而保护了知识产权。此外，数据将变成有价值资产，分享数据能获得利益。

目前，区块链在版权保护方面的应用引发了众多机构的投入，包括华为、索尼、京东等知名企业都在布局自己的区块链知识产权格局。2018年4月26日，中国信息通信研究院在"2018中国网络版权保护大会"上发布了《2017年中国网络版权保护年度报告》。报告指出，在版权交易与合作方面，版权图片开放平台精准对接供需双方，版权合作共赢模式步伐加快；区块链技术也开始应用于原创内容交易平台。

③通过区块链进行大数据交易

区块链也可在大数据交易中实现应用，如同业界人士所展望的，大数据将来犹如货币一样可以进行交易，属于新经济的资产类别。在接下来的数十年中，预计数据交易会从中心化交易模型，向着去中心化、实时报价系统、更紧密匹配需求和供应的方向进化。这个进化的核心是通过智能终端的应用，物联网的使用，以及人们对隐私的保护，基于匿名方式完成数据出售，并产生无数的数据节点，这些节点不仅能够收发数据，也能执行P2P交易。

采用区块链技术将在促进交易和隐私保护两者之间取得平衡，现在互联网巨头对小数据单位进行强制性（半强制性）交易的方式，未来一定会被上述去中心化方式取代。例如，2017年顺丰和阿里巴巴有关快递信息的互通问题，这其中的关键就是阿里巴巴的菜鸟网络以"撞库"的模式把顺丰的数据给吸收合并掉。虽然这涉及顺丰和阿里巴巴的商业博弈，实则是他们两家以对抗的模式来交易用户的数据，而用户在这其中却无任何之力。互联网巨头出卖用户的信息而用户只能被动地"围观"而无能为力，这种数据交易未来一定会以去中心化的方式进行革命。

此外，区块链技术对于影视内容的发行、交易以及透明的分账，都有着重要的应用价值。

四、技术革命推动媒体传播规律与媒体价值演变[①]

（一）媒体传播规律的质变：去中心化与个性化

媒介技术进步的本质，就是为使用者提供更好地媒介应用功能与使用体验。当然，每当出现重大媒介技术创新，也就必然伴随着对于一些传统媒介技术的扬弃或者颠覆。而当下的媒介技术环境和市场需求造成了全新的传播形态，这主要体现在以下几个方面：

---

① 何宗就主编：《2016—2017中国电视媒体融合发展报告》，2017年11月，中国广播影视出版社。

1. 去中心化、去精英化的传播形态

简单地说，"中心化"的意思，是中心决定节点。节点必须依赖中心，节点离开了中心就无法生存。"去中心化"的意思，更多的情况是节点（在一定程度上）决定中心，中心的地位（在一定程度上）必须依赖节点（的选择），中心离开了节点就无法存在。任何中心都不是永久的，而是阶段性的，任何中心对节点都不具有强制性。也就是说，"去中心化"不是不要中心，而是由节点来按照自身需求选择中心；并且，往往是多个中心或者"微中心"并存的情况。

传统媒体环境下，电视节目是在一种"中心到多节点"的点到面传播体系下被传送的，"中心"被自然赋予很高的权威性，实际上是一种"精英文化"传播语态。这种语态下，"节点"本身的话语权本身就很少，甚至被忽略。

从互联网发展的层面来看，去中心化很大程度上体现在互联网发展过程中形成的社会化关系形态和内容生产形态，是相对于上述"中心化"而形成的新型网络内容生产过程与内容传播过程。在宽带网络和智能终端支持下，新媒体首先具备了媒体互动服务能力，节点可以通过某些渠道体现自身的话语权，从《超级女声》的短信投票到微博/微信的点赞、转发、评论都是一种话语权的表现。进一步，任何一个网络节点的用户都可以单独发起UGC内容和通过SNS社交平台传播。特别是在智能移动终端的支持下，每个用户的自媒体属性得到显著加强，在某种意义上获得了和传统媒体能力接近的发言权。因此，在移动SNS平台下，"中心到多节点"的传播体系真正转变为"网络化"传播体系，传播形态真正从"精英文化"形态变成去中心化的和"草根文化"形态。

2. 个性化和自组织发展潮流

按照系统论观点，如果一个系统靠外部指令而形成组织，就是他组织；如果不存在外部指令，系统按照相互默契的某种规则，各尽其责而又协调、自动地形成有序结构，就是自组织。在信息网络和智能技术支持下，出现了很多分布式的社会化协作服务，具备显著的自组织特征，如基于分享经济的Uber车辆服务，以及各种众包式项目。

在媒体领域，新媒体机构纷纷利用个性化门户、智能推荐等技术向用户提供个性化内容服务，这些智能推荐是基于用户自身的历史互动行为自动进行运算的，因此具备显著的自组织特征。例如，"今日头条""一点资讯"都可以根据用户的媒体消费偏好精准推荐新闻内容；而主流视频服务商都在其智能EPG中进行精准的视频推荐。也就是说，一方面，用户可以自主选择媒体频道进行收看；另一方面，新媒体服务平台的智能推荐技术也是根据用户已有的互动行为等信息，自动向用户推荐适合该用户的媒体内容。另外，在UGC领域，Tag（标签设置）技术被广泛应用，并常常将设置权交给用户。此外，互联网电商的众筹服务、短视频的社区分享、赛事直播中的虚拟助威团等也有自组织特征。这些具备"自组织"意义的新型服务，和应用与传统的线性收视服务有着本质的差别；其结果是推动用户越来越多地展现出自身完整的和多元化的偏好特征与习惯，或者说，用户的真实信息越来越多地映射在数字媒体与信息应用领域。

在去中心化传播趋势下，从媒体服务组织机构角度，就需要利用各种数字技术手段建立适应互联网环境的传播机制，通过平台化实现信息内容的聚合、用户的聚合乃至推动用户的自组织，更要实现面向用户的精准服务和有效激励体系，由此实现媒体平台的重构。

（二）技术革命推动媒体价值的迁移

1. 媒体的两种显性价值：内容价值与入口价值

在商业领域，媒体具备两种显性价值。第一种显性价值是内容本身的价值。这来源于内容本身的吸引力，也可能来自电视媒体作为官方喉舌的权威性与公信力（在国内传统媒体尤其如此）。近年来，以互联网视频公司为代表的新媒体机构大量购买影视节目版权，依靠海量视频内容和便利的流媒体点播服务能力聚集了大量用户的注意力。尤其是视频网站在电影、电视剧这两种版权内容的丰裕性大大超出电视台。并且，视频网站在电视剧的更新速度满足了很多"追剧族"的观阅需求。这在一定程度上分流了电视台的"内容入口价值"。

第二种显性价值是媒体 "信息入口"的价值。"信息入口"价值的本质，是将众多用户的潜在需求与能够满足相关需求的供方联系起来并落地展现，甚至固化为用户习惯的能力。传统电视媒体的入口价值实际包括三个方面：

一是丰富的和高品质的节目提供能力，以及节目（及广告）的有效编排（如线性化频道编排），我们称为"内容入口价值"；

二是客厅、卧室以及其他用户场景的网络覆盖价值；

三是提供节目最终展现的终端支撑价值。

2. 新媒体新技术对传统媒体入口价值的分流

在双向互动特别是互联网时代，上述入口价值则出现了如下演进：

搜索服务。在互联网领域用户面对的是海量的信息和内容，在解决这一问题过程，首先发展出搜索这种服务。在数据库等技术的支持下，搜索服务将供需双方的匹配能力大大提高。搜索作为一种技术含量非常高的应用，在视频服务领域同样非常关键。

智能推荐及智能EPG。与传统电视媒体播出平台的线性组织形式相比，网络视频在内容组织方面除了搜索服务，还发展出智能推荐和智能EPG系统。前者是根据用户当前的播放情况推荐关联性节目内容，后者则可以根据用户个人收视喜好设定整体EPG风格。这些应用在互动操作相对不便的智能电视终端能够大大提高产品体验。

智能终端App。在视频终端展现方面，原先的终端是采取"硬件核心功能+简约软件服务"的模式。而从PC端开始，为了加强用户黏性和提升用户体验，软件客户端开始得到广泛应用。特别是在移动互联领域，App客户端成为在线视频服务的主流形式；在互联网电视领域，客户端基本成为唯一的服务形式。在新型智能终端领域，播放功能只是这些软件系统的基本服务，而智能搜索、智能推荐、智能EPG、个人收看纪录、在线支付系统等服务被集成到这些App之中，成为在线视频服务必不可少的"入口"。

搜索服务、智能推荐及智能EPG这些互动入口的出现，都推动了用户收视习惯的迁移，用户更倾向主动式内容发现而非接受设定的服务。这种消费习惯的扩散使传统电视台过去数十年固化下来的线性节目入口遭遇巨大的冲击。对电视台来说，原来基于线性频道和栏目品牌的入口价值被大幅度地分流，用户对电视媒体本身的品牌认可和黏性将逐渐削弱，用户的消费变得更加碎片化。这种情况也充分说明了技术创新对市场格局的改变和推动。

上述互动入口的产品化形式，可称为"应用"。应用的出现，特别是在智能化条件下的App应用，实际衍生了新的媒体价值，或者说延伸和扩展了媒体的概念和定义。如前所言，智能应用为用户创造一种相对独立而又灵活的媒体消费环境，能够将信息的供给双方更高效地连接起来，代表着新型媒介对人们生活的深度渗透，向麦克卢汉所说的"冷媒介"深度演进。我们认为，可以将应用的价值列为媒体的第三种价值。

3. 从互动入口到平台

如果将信息入口的价值进一步显现，则"信息入口"可能向"信息平台"演进。这通常要符合如下条件：

该入口覆盖了规模用户，并具备较高的用户活跃度。这是硬性条件。例如，新浪微博、腾讯微信都具备数以亿计的用户，相互之间存在密切的信息互动。

该入口具备一些基础互动支撑能力（也就是平台的基础能力）。例如，IM（即时通信）能力有助于用户的分享和交流；在线支付能力有助于付费等业务的发展，有助于线上线下相互结合的商业模式创新；前述的节目智能推荐能力有助于内容运营。平台基础能力是实现规模用户的基本条件。

该入口在新型互动应用方面具备较高的扩展性，针对电视媒体的"节目—用户"创新互动提供必要的技术支撑。这通常表现为标准化第三方接口和开发工具，允许电视媒体机构做一些深度的、个性化的开发。

该入口为电视媒体的持续互动运营提供必要的（后台）支撑手段和（前端）营销工具，如统计分析、大数据分析等。这些工具和手段应该有助于电视媒体的优化和提升其服务体验。

该入口建立了产业链各环节之间合理的交易结构与协作规则。如同微信建立了公众号的规则，包括订阅号、服务号以及对不同公众号提供认证、原创、赞赏等功能，电视媒体从互动入口演进为平台，从"独角戏"转变为"我来搭台，大家唱戏"，核心在于建立合理的交易结构、协作及分配规则。

可管可控的监管机制。非常关键的环节是，电视媒体提供的互动入口，作为一种主流媒体的延伸性服务，必须是在可管可控背景之下实施的，相关的互动入口必须具备完善的审核监管机制。只有在此背景下，"我来搭台，大家唱戏"的模式才是可持续发展的。

当互动入口演进为平台时，其本身的独立性和媒体服务价值显著提高。从实际发展情况来看，具备平台能力的新型互动入口（微博、微信、QQ空间等）都是由互联网公司发展起来的。这些新型入口或平台在大规模用户基础上，这些入口本身具备很强的UGC服务能力，对媒体内容的依赖性大大降低。对这些新型入口或平台提供者而言，电视媒体、平面媒体都属于"合作伙伴"范畴；平台提供者可以与"合作伙伴"共同分享和开发用户。

从运营的角度看，从入口到平台的演变是在碎片化形势下对用户的重聚。一方面，平台本身可以提供丰富的内容，满足用户的多样化需求；特别是平台一旦具备扩展性，可以进一步扩大内容和应用，针对更多特定场景提供特色服务——也就是更多地让用户停留在平台自身范围内。另一方面，平台与用户的多样化互动接触，可以为平台提供更多维度的用户信息，从而（通过大数据能力等）加强对用户的理解，进一步将用户的潜在需求与潜在供服务方联系起来。

从介质的分离到互动入口的出现（即应用的分离），再到平台的出现（分离）；上述媒体价值演进过程显然符合前述的信息服务体系演进路径。

（三）从"注意力经济"到"影响力经济"

传统媒体符合"注意力"原则，而数字媒体则具有典型的"网络效应"特征。传统媒体与新兴媒体的融合，意味着"注意力"原则与"网络效应"相关运行规律的融合，这就带来了媒体运行规律升级乃至质变。我们认为，在媒体融合环境下，媒体的发展目标从获取"注意力"升级为"影响力"的达成。

按照传统媒体的"注意力"原则，能否引起读者的注意力是赢得用户的第一步，注意力是通往财富的路径，但注意力本身具有"瞬间性"特征，遵循"注意力经济"开展互动营销时，如果在攫取用户眼球的同时不能进入实质意义的消费阶段，则不能获取实质意义的用户和挖掘潜在的客户价值。同时，"注意力"的瞬间性特征，使得受众资源的长期和可持续开发利用存在问题。传统媒体由于缺乏双向互动能力和手段，难以解决注意力"瞬时性"问题。而在宽带互联网和智能终端支持下，则对这一问题的解决提供了可能性。我们将之称为"注意力"向"影响力"的演进。

学术界相关专家指出，"影响力是一种控制能力"，传播影响力是通过传播过程实现的，其核心是对于"社会注意力资源"能够"保持在时间上得以延续"，从而使其市场价值"丰厚"起来，从而对受众具备一定的"把握力、控制力"，对受众行为产生实质性影响。按照上述观点，学术界以"影响力经济"指代其商业化运作方式。"影响力经济"就是指通过影响力将虚拟资本转化为商业价值，即从无形的概念转化为有形的资产。

也就是说，在传媒领域，传统意义的"影响力"指的是，观阅者被媒体优质的、独特的内容（即所谓高影响力"IP"）所吸引并接受其中描述或倡导的理念、形象或事物，并在观阅之后遵循上述理念或对上述内容的衍生内容与产品形成持续关注或购买。

必须指出的是，传媒媒体由于缺乏便捷的互动方式与参与手段，因此其"影响力"机制强调的是传统媒体条件下"注意力"在时间上的延续，以解决"注意力"的瞬时性问题。而在新型互动媒体条件下，用户可以有多种在线的、直接的互动参与方式，如在线投票、评价、二次分享、在线预约、在线购买、众筹参与等；而且这些互动参与本身就会对媒体原有内容（活动或应用）带来价值的变化。例如，读书爱好者会关注和购买豆瓣的评分较高的书籍，电子商务用户会研究商铺历史购买者的评价情况，而一篇好文章在朋友圈的分享则大大提高了传播效率。这些行为就带来了"影响力"的深层次变化，它不仅是"注意力"时间上的延续，还是可以在当下就带来"注意力"的变化（点赞、分享），带来目标用户的参与关键选择（如投票）；在精准服务条件下，甚至直接转化和产生当下的订购与交易行为。也就是说，本文所指的"影响力经济"，其广义概念特指在线互动媒体环境下，用户通过在线的、直接的、即时的参与对媒体价值产生变化的过程与规律。

如果进一步看，纯粹基于互联网互动条件的互动支撑手段，与传统媒体相比难以从"无"到"有"速实现规模用户的聚集，其"影响力经济"的效果有较大的局限性；而如果将传统媒体的公信力背书、规模化注意力聚集，与互联网的在线互动支撑手段与精准信息服务结合起来，那么这种"影响力经济"则具备最优效果。本文所指的"影响力"机制，狭义上的概念正是指这种传统媒体与新媒体融合应用形成的，兼具规模化、在线化、精准服务的融合媒体服务形态。

在上述"影响力"机制模式下，以传统媒体机构为单一中心的广播式传播机制，到了新媒体环境下，变成了存在许多"微中心"的、注重分享的社区化传播机制。在这种社区化传播结构下，在各种小圈子中具备"高影响力"的主体成为传播关键。从连接的角度看，高影响力主体与其小圈子成员本身的联系就比较紧密，SNS平台实际上是将这种联系体现为更加鲜明和高质量的数字化"连接"。从传播的过程看，传统媒体将大部分精力和创新都放在一次传播过程，而新媒体更重视分享机制下的二次传播和多轮传播。新媒体服务机构总是采取包括物质激励、精神激励在内的各种手段促进用户分享及二次传播。目前广电行业在媒体融合背景下践行的TV2O（电视到电商）商业模式创新，正是典型的影响力机制体现。

五、智慧媒体未来展望

总的来看，在过去近二十年时间里，新技术经历了一个"数字化—IP化—智能化"的发展浪潮，由此带来了PC互联网浪潮、移动互联网浪潮以及目前正在进行的万物互联时代。与此同时，媒体使用者的消费习惯也处在一个快速迁移的过程之中，逐步形成了个性化内容需求、去中心化乃至自组织的传播应用特征。在用户需求的推动下，新技术逐渐对消费习惯、媒体分发、媒体生产组织等环节形成巨大的革命性影响，并最终对媒体的价值形态、商业发展规律乃至整个社会的组织形态也产生了巨大的改变。这种变化总体上可以称之为"智慧媒体"或"智慧社会"趋势，以下试作前瞻性展望：

（一）互为深度"卷入"的智慧社会

从整个社会环节来看，各种新技术的发展逐步形成"智慧社会"与"智慧媒体"，其中的人、事、物愈发紧密地联系在一起，尤其是在SNS网络、AI人工智能等现代媒介与技术推动下,，互联网把人们的喜怒哀乐都连接在一起，越来越成为人们的中枢神经"连接"，人类彼此之间，以及相关活动，都处在一种"深度卷入"的情形。一群球迷（音乐爱好者）会因为在地球另一个角落里进行的球赛（音乐会）而癫狂，或狂喜庆祝或愤怒悲伤，各种视频分享会立即出现在SNS社区或视频网站之上，一些赛事数据立刻在论坛被引用，推动球迷的深度讨论；而一些球队俱乐部则获得更高级别的数据并导致了某些球员转会价格的改变，或是改变球队下一场比赛的战术安排；一些体育商会马上推出相关纪念品并通过SNS、视频网站等渠道精准推荐给对应的球迷；一些球迷冲动之下会通过智能手机订购下一场球赛门票或是购买相关纪念品；理想情况下一些爱好者甚至可以组织一场虚拟的VR比赛，并邀请某球星参与。另一个场景则是，当某个河流（小区）的水质（空气）监测传感器发现水质（空气）突然发生改变时，相关数据信息马上被政府监测网站发布，并将提醒信息给到河流下游（小区周围）居民的移动终端或电视终端，而相关媒体机构则立刻组织采访和深度调查。基于迅捷而智慧的媒介手段，诸如此类场景可以经常发生。

这就如同传播学大师麦克卢汉所言，借助遍布地球的电子媒介的同步化（光速传输）

特性，整个地球人类的感官经验联合成"天衣无缝的网络"，人们好像恢复了面对面的人际关系；"电子媒介废弃了传统的空间维度"（而不是拓展了空间的范围或弱化了空间维度），"仿佛以最小的村落尺度恢复了这种关系"，成为密切相互作用、无法静居独处的小社区——也就是高层次的"重部落化"。

（二）万物互联推动广泛的"媒体+产业"创新

在"智慧社会"环境下，无所不在的互联网（移动互联、物联网、车联网等）让万物互联，各种新型"连接"变成现实，一切皆有可能！这其中，原有的各种边界将趋于消失，媒体与实体产业的连接日益顺畅。例如，一台特斯拉就像会移动的iPhone，除了获得各种及时的交通信息实现无人驾驶，也可以向用户提供媒体服务；戴上一个高水平的VR设备可以让用户感受户外旅游的体验，或是一场高水平的室内演唱会；一个配备摄像头的无人飞机，可以让用户愉悦地欣赏崇山峻岭的风光；或者在户外进行特定的摄像，也可能让户外救护援助更为简单。

从某种意义来说，互联网可以通过社区、游戏等创造一个虚拟的世界，但物联网、AI、VR、AR等技术则可以让媒体与实体世界无缝连接，让虚拟世界和现实世界逐渐合为一体。这样的虚实合一正是创新技术推动的智慧社会的核心和正向的趋势之一。

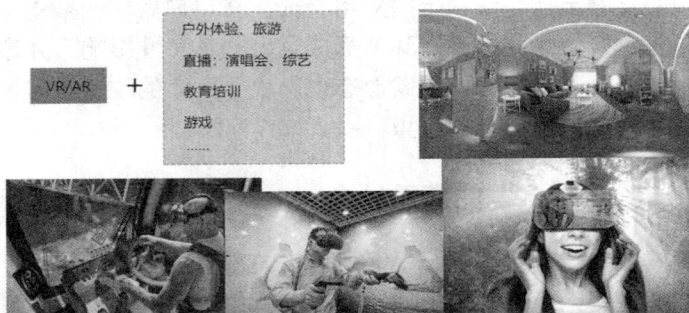

基于VR/AR技术的"媒体+产业"拓展

互联网虚拟世界与真实世界合为一体

（三）技术创新引发媒体更替

从媒体演进的角度，众多新技术的出现将加速创新，并可能驱动媒体更替，新媒体会对旧媒体形成"降维打击"。如同麦克卢汉所言："新媒介并非旧媒介的增加，它也不会让旧媒介得到安宁，它永远不会停止对旧媒介的压迫，直至它为旧媒介找到新的形态和定位。"麦克卢汉还进一步指出："一种新媒体的内容首先来自另一种旧媒体。"因此，新媒体并非要完全取代/摒弃旧媒体，而是使其成为它的一部分。这就是互联网思维的"降维"打击。

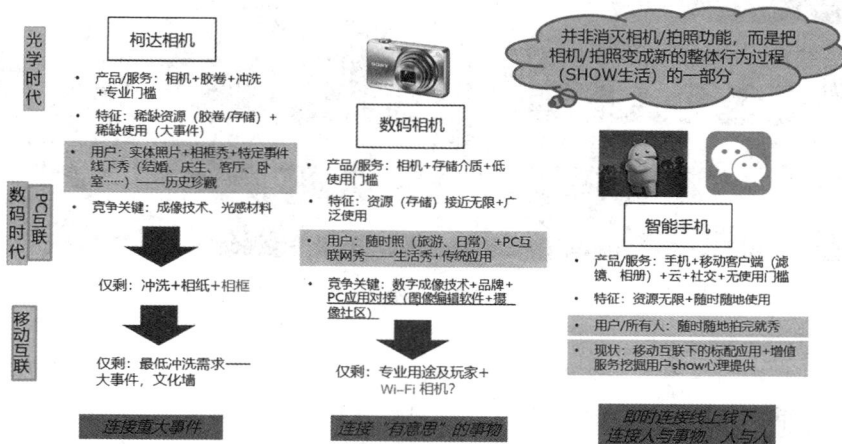

从光学相机到数码相机到智能手机的变迁

例如，在光学相机时代，因胶卷存储的稀缺性使其对应于结婚、生日、开业等重大事件；而数码相机的存储可以重复使用，使其对应于任何生活场景中"有意思"的事物；当智能手机以及3G/4G传输出现时，人们不仅可以随时随地地拍照，还可以随时分享到社群之中。因此，智能手机把拍照成为生活"秀"的一部分，成为连接线上线下、连接人与事物、连接人与人的核心媒体，由此替代数码相机。而随着VR/AR、人工智能和5G等技术的进一步成熟，这样的创新将不断出现，新的更替也将阶段性发生，一切皆有可能！

（四）"身份剥夺"可能导致的"过度娱乐主义"

当互联网成为人们的中枢神经"连接"，并成为"地球村"级别的精神"能量场"时，也可能导致另外一种极端，就是对使用者"身份的剥夺"。基于大数据能力的视频网站可能抛弃任何严肃议题，转而面向受众个人兴趣与偏好提供无限"信息流"，在极度满足用户个人兴趣的同时也占据了用户大量注意力和时间。对于价值观和独立思考能力尚未成型、缺乏自制力的青少年和文化修养不足的一些群体，互联网视频会不断诱引其注意力乃至深陷其中，甚至不由自主地参与其中。必须警醒的是，上述互联网新媒体看似提供了舒适的媒体空间，并提升了传播效率，但在议题设置及价值判断方面则严重缺位。一些互联网新媒体提供的内容常常是所谓"新、奇、特"甚至充斥色情、暴力等场景，这些内容与场景与其观阅者的身份基本无关或完全无关，互联网新媒体正是由此实现了对使用者的"身份剥夺"：让用户越来越忽视自身所在的周边现实环境及一些重要的严肃议题，通过制造特定的语境和氛围在无形中化为一种"虚拟世界"紧密包围受众，不断地强化用户的娱乐需求、叛逆需求、标新立异需求，乃至放大某些用户潜意识隐藏的非理性需求。

"身份剥夺"导致的娱乐主义

数据来源：作者绘制

所以，从社会可持续与和谐发展的角度，作为社会"公器"的任何大众媒体都需要合理的、有利于推动公序良俗健康发展的议题设置，需要从业者坚持正确的价值观，积极发挥正能量，防范过度的低俗，甚至是有害的"泛娱乐"和"过度娱乐"媒介讯息氛围。

（五）广电媒体如何拥抱技术创新机遇

面对如此巨大的技术创新与革命，广电媒体在面对激烈的竞争与挑战之外，也存在把握技术创新红利、实现媒体融合的机遇。本文试从技术角度例举广电媒体拥抱新技术的机遇。

第一，把握云计算机遇强化融媒体平台支撑，推动广电行业"新闻云"

新闻是广播电视的核心，是最能代表传播影响力的节目，以新闻为主打造大视频云平台具有重要意义，但传播体制部分导致了广电媒体影响力的局限性，特别是众多城市电视台的本地化资讯缺乏出口，使得电视新闻在与互联网资讯的竞争中处于非常不利的地位。因此，打造基于节目的、面向互联网及移动互联网的"新闻云"平台，实现全国新闻节目的汇聚和个性化推荐，可望为广播电视向平台化升级探索一条道路。

就技术与运维而言，"新闻云"可以较低的成本提供在线编播服务；凭借"新闻云"，地方台不再需要花费巨资购置昂贵的后期制作和传送设备，避免了重复建设；更重要的是获得了面向广大新媒体受众的出口，提高了节目影响力。

在运营方面，除广电及媒体行业自身的交换外，"新闻云"可以借助平台的规模效应与社交网等新媒体达成深度合作。对受众而言，"新闻云"可以利用先进的大数据技术，实现有针对的新闻分发，满足受众对资讯的个性化需求。

第二，利用移动互联、混合播放、增强电视等新技术，探索直播互动创新应用

目前电视台媒体机构的内容服务，主要是面对传统电视受众打造的，缺乏面向新媒体用户尤其是年轻用户的内容与应用服务。在已有的互动网络和智能化终端支持下，如果能够基于"电视屏—遥控器"打造面向大屏的互动创新应用，其体验是最便捷、最直接的，也是实现"观众"向"用户"转化的最快路径。在这方面，以欧洲HBBTV和美国ATSC3.0为代表的混合播放服务路线为参考，以电视台的直播服务为核心，基于电视屏为用户提供与直播内容相关的互动内容应用。

对中国广电产业来说，这种混合播放服务模式是在媒体融合过程中，确保原有电视服务价值链稳定过渡，在新形势下实现原有各方价值最大化的重要技术支撑，是电视媒体融合过程中最值得尝试的核心技术路径。

第三，推动广电技术与IP技术融合，开启电视产业的系统性创新

对整个广电行业来说，在推动媒体融合发展的过程中，在直播互动创新应用中，也需要看到广电行业自身的技术升级换代需求，将技术创新提升到战略层次。

在全球电视产业向下一代电视快速演进的浪潮中，中国广电行业也需要把握全球电视技术发展趋势，积极推动广播技术和宽带IP技术的全面融合创新，进而推动本土广播电视产业的系统性创新。这将带动广播电视产业从技术到业务应用及用户体验的全面创新，更好地满足新一代年轻用户的收看需求，进而实现"媒体+产业"的全新发展模式，实现电视媒体产业的整体升级与转型换代。

第四，加强大数据、人工智能等关键领域技术跟踪，深入研究信息安全与媒体监管等重大议题

目前，大数据、人工智能等领域的快速发展，在带来众多创新的同时，也引发了严重的隐私保护、信息安全等问题。电视媒体行业必须通过对上述领域的跟踪和研究，结合行业自身的信息安全和视听媒体服务和监管，进行针对性的战略部署，最终促进行业健康、快速发展。

第二章　精准用户为王

——大视频生态下的用户市场变革

主　笔：徐立军　央视市场研究CTR执行董事、总经理、CTR媒体融合研究院执行院长

　　　　刘　斌　中央电视台总编室主任编辑

　　传统工业时代是"制造为王"，企业家们定义消费者需求，决定市场需要哪些商品，消费者只能是被动地进行消费选择。同样，传统媒介时代，是"传者为王"，信息发布者将内容单向度地传播给受传者，而使用者只能被动地接收信息，传播者居于主导地位。

　　随着市场的日渐成熟和技术的进步，传统的商业模式被颠覆，以客户需求为出发点来进行定制化生产与销售的商业模式（C2B）正当其时。传媒领域的发展趋势也如是，媒介们正从居高临下、俯瞰众生的"王者"，谦恭地向着以使用者为中心的、"用户为王"的新型媒体转变。

　　通过精准研判用户需求而生产更高质量的内容，已经成为视频媒介的普遍共识与自觉行动。用户正在成为传媒机构最为重要的核心资产：谁拥有更大规模、最高质量、更高活性的用户，谁就会成为视频领域竞争中的王者。而不同场景下用户大数据的逐渐汇集、打通、运算和分析，正在为真正实现"为用户而生产"夯实基础。

　　对于现代媒介来说，没有对用户规模、特征、需求以及媒介间用户竞争格局的透彻了解，不能为用户提供悉心而精准的内容服务，一切都将无从谈起。可以说，本文是为数不多的将中国主要视频媒介的用户大数据、用户媒介消费行为、媒介间的用户竞争状态进行系统化科学分析的深度文章之一，其中展现出的一些数据、信息和观点，极大关乎我国大视频行业的生存与发展。

一、中国视频媒体用户大观

　　传播技术的发展改变了媒介功能，在影响用户媒介消费行为的同时，也改变着媒介的市场格局。在当今中国的大视频市场，视频媒介主要由电视、网络视频、手机视频、电影、户外视频五大部分组成。

1. 电视汇聚12.87亿用户，增长趋近饱和

　　根据CSM媒介研究数据显示，2017年全国电视观众规模为12.87亿，相较2016年增长了379万人。

2015—2017年中国电视观众规模（亿人）

数据来源：CSM媒介研究全国测量仪收视调查网基础研究数据

三年来，我国电视用户总规模保持基本稳定，一方面依靠电视媒体日益提高的节目质量；另一方面受益于有线电视网络建设的不断普及和深入。根据CSM媒介研究全国收视调查网基础研究数据显示，2017年我国电视家庭户中，有线电视用户占比最高，其中省（市、区）有线电视用户占比44.8%，其他有线或闭路用户（含IPTV）占比44.1%；碟形卫星天线用户占比16.33%；无线用户占比3%。此外，我国电视用户中可接受数字电视或IPTV的比例也在逐年上升，2015—2017年该数字分别为53.2%、59.3%、64.2%。

此外据国家统计局数据显示：2017年末中国大陆总人口为13.9亿，比上年末增加737万人；而在全国4岁及以上人口中电视观众的占比为97.5%，相比2016年增幅仅为0.3%，[①]中国电视观众规模的增长已经趋近于饱和状态。

2. 网络视频用户5.79亿，年均增长7%

根据中国互联网络信息中心（简称CNNIC）41次《中国互联网络发展统计报告》数据显示，2017 年中国网络视频用户达 5.79 亿，比2016年增长3437万，比2015年增长了7501万，成为在规模上仅次于电视的第二大视频用户群体。

2015~2017年，网络视频用户每年保持7%左右的增长；网络视频用户占网络用户的比例分别为73.2%、74.5%、75.0%，变化不大。

2015—2017年中国网络视频用户规模（单位：亿人）

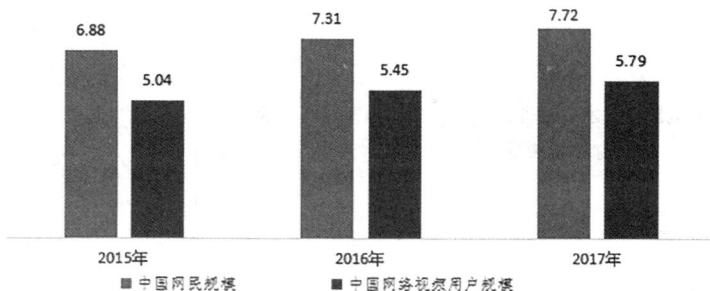

数据来源：CNNIC2018年1月第41次《中国互联网络发展状况统计报告》

---

① 徐立军主编：《中国电视收视年鉴2018》，中国传媒大学出版社。

3.手机视频用户5.5亿，年增长近5000万

2017年，我国手机网络视频用户规模达到5.49亿,较2016年增加4870万，较2015年增加1.44亿，增长率分别为9.8% 和35.6%。2015—2017年，手机视频用户规模占手机用户总规模的比例分别为65.4%、71.9%、72.9%。因此可见，手机网络视频用户规模增长相当迅猛，目前仅比网络视频用户数量少3000万。

近年来，随着国家管理部门监管力度的加强，网络视频行业朝着内容正版和精品化方向不断推进，媒介生态得到进一步优化；大型网络视频平台高度重视内容资源的制作与采购，以独家原创内容深度吸引用户；随着智能手机的快速普及，以及手机视频碎片化、个人化等发展特点，PC端用户逐渐向移动端转移，手机网民对网络视频的使用率呈现出快速增长态势。

2015—2017年中国手机视频用户总规模（亿人）

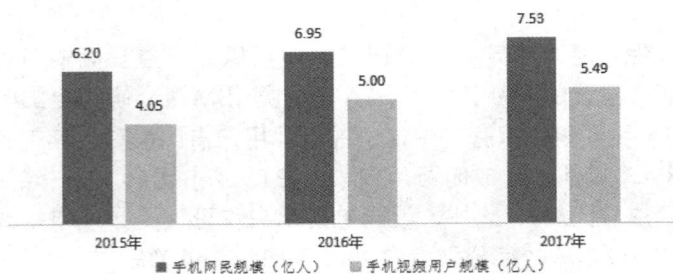

数据来源：CNNIC《中国互联网络发展状况统计报告》

4. 城市电影观众达亿级规模，票房559亿元，增幅超13%

2017年中国电影类型多样，其中故事片798部、动画电影32部、科教电影68部、纪录电影44部、特种电影28部，总计970部。2017年中国电影新增银幕近1万块，银幕总数量达到了5.08万块。不断增加的节目产量和银幕数量为中国电影市场的发展奠定了良好的基础。

2010—2017年年度观影人次（单位：亿人次）

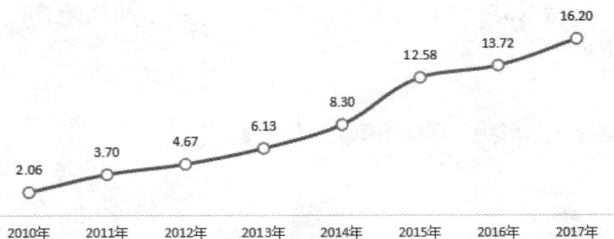

数据来源：《中国广播电影电视发展报告》（2016）、国家新闻出版广电总局电影局

根据国家新闻出版广电总局电影局数据显示，2017 年全国电影总票房达559.11亿元，较上年同期增长13.45%。看电影越来越成为人们喜闻乐见的娱乐方式之一，2017年城市院线观影人次为16.2亿，比上年13.72亿增长18.08%。另据央视市场研究（CTR） 36城市调查数据显示，2017年中心城市电影用户规模达0.82亿，基于全国近300个地级市来推算，电影用户规模超1亿。

5. 户外视频用户周到达率84%，一二线城市覆盖水平高

在CTR中国城市居民调查CNRS-TGI的36城市连续调查中，2017年所调查的36个城市公共场所液晶/户外大屏的周用户规模为1.26亿人，而户外视频在城市的复合用户数量在

2015—2017年公共场所液晶/户外大屏广告的周用户规模（亿人）和周到达率（%）

数据来源：CTR CNRS-TGI 2015年1—12月、2016年1—12月、2017年1—12月（36城市）

2017年不同城市级别，公共场所液晶/户外大屏广告周到达率（%）

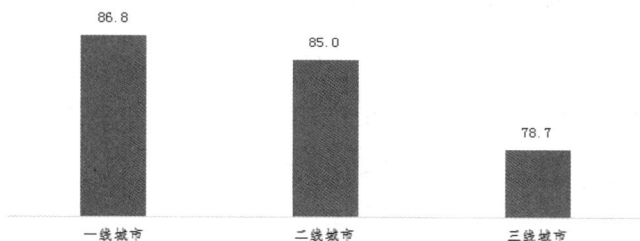

数据来源：CTR CNRS-TGI 2017年1—12月（36城市）

2017年已经超过4亿人次，进入主流视频媒介传播阵营。近三年来该调查地区的公共场所液晶/户外大屏广告的周用户规模始终保持在1.25亿~1.27亿人。对比近三年公共场所液晶/户外大屏广告周到达率，2015年为85.6%，2016年和2017年均为84.4%，总体保持平稳。

公共场所液晶电视/户外大屏的覆盖水平在各线城市间的差距相对较小。特别是一二线城市，公共场所液晶电视/户外大屏的周到达率分别是86.8%和85.0%，相差不到2个百分点。三线城市由于其公共场所欠发达，到达率略低，但每10人中也有近8人在一周之内看到过公共场所液晶电视/户外大屏广告。

二、不同应用场景下的复合视频用户

今天，视频应用形态已经异常丰富，用户时刻处于媒体的包围之中。在家里，可以上网、看电视和玩手机；出门，有楼宇、地铁、电梯等户外媒体环绕，当然更有手机伴随；到了单位，手机、电脑、投影等视频工具可以尽情使用。下班后，还可以选择去影院看场电影。仅仅就在一二十年间，中国人的视频消费水平，以及由此引发的生活方式的改变发生了质的飞跃，每位用户都可以是不同应用场景下电视、电影、新媒体、户外媒体等视频媒介的复合使用者。

1. 复合用户总规模逾29亿，全民共享视频饕餮盛宴

相关统计显示，在2008—2017年的10年间，除电视以外，其他主要视频媒体用户规模都有着大幅度增长，2017年：

电视观众规模为12.87亿，较2008年增长4.1%；

视频新媒体用户11.27亿（网络视频用户、手机视频用户），较2008年增长458%；

36个中心城市公交、地铁、户外大屏等户外视频媒体用户周用户规模为1.26亿，而户

外媒体在城市的复合用户数量在2017年超过4亿人次；

36个中心城市电影用户规模为0.82亿，基于全国近300个地级市来推算，电影用户规模超1亿，此外，据国家新闻出版广电总局电影局数据显示，2017年全国城市院线电影观影人次为16.2亿，较2010年增长686%。

总体来算，2017年，我国视频媒体复合用户规模超过29亿人次。

2017年视频媒体复合用户

电视用户规模	12.87亿人
视频新媒体用户规模	11.27亿人
36城市户外视频媒体用户规模 （户外大屏、公交、地铁、楼宇电梯、卖场）	1.26亿人
36城市电影用户规模	0.82亿人

数据来源：CSM媒介研究2017年全国测量仪收视调查网基础研究数据、CNNIC2018年1月第41次
《中国互联网络发展状况统计报告》、央视市场研究CNRS-TGI 2017年（36城市）调查

综上所述，我们大致看出中国视频媒体用户市场四个主要特征：

一是视频媒体复合用户在10年间由14.9亿的规模增加到29.14亿，增加了 14.24亿人次，增长率达95.6%。在《大视频时代——中国视频媒体生态考察报告之一》中，2013年我国视频媒体复合用户为20.7亿人次，5年间增长了40.8%，彰显出中国的视频市场正处在发展的黄金时期，生存于此"沃土"之上的视频媒体呈现蓬勃发展的态势。

二是电视在视频市场上的王者地位仍然无法撼动。但注意的是，电视观众规模的增长早已处在"触顶"状态，10年间增幅仅4.1%。而视频新媒体、电影、户外视频的用户规模在10年间均有200%~400%的增长；在接下来的发展中，上述视频媒体仍有较大的用户成长空间。

三是海量视频消费已成为全新的全民生活方式。29亿的复合视频媒体用户规模并没有包含用户自我视频应用(UGC等)以及商业等领域的视频应用，用户真实的视频消费水平还将高于以上的统计数字。我们生活在一个史无前例的无处不视频、无时不视频的大视频时代。

四是面对总体视频消费用户规模相对固定、个体消费时间有限的市场，视频媒介间的下一轮竞争将更为惨烈，"眼球为王"是媒介市场永恒的发展规律。

2. 视频消费主导媒介市场，电视接触频次最高

通过下图统计的用户各主要媒介类型的消费情况可以看到，具有视频属性的媒介占据绝大多数，同时在用户接触上处于领先。可见我们已进入以视频为主要传播方式的社会，视频消费已然成为大众媒介应用的主导力量。

2017年CSM媒介研究在上海、北京、天津、广州、深圳、武汉、南京、成都、重庆、沈阳、西安和长沙12个城市进行的基础研究数据显示，电视、网络、户外成为用户

接触频次最高的三种媒介。被访者中，每天都接触"电视"（在家里）的人数占比为76.1%，可见在家里看电视仍然是普罗大众最为主要的视频消费行为。

紧随电视（在家里）并大幅度领先其他媒介接触行为的是"上网"，每天都上网的被访者占比达74.2%。接触人数占比在10%及以上的媒介还有"户外广告""在线网络视频""广播""户外电视"，其占比分别是41.4%、31.6%、13.6%、11.5%。

被访者不同媒介每天接触至少1次的人数占比（%）

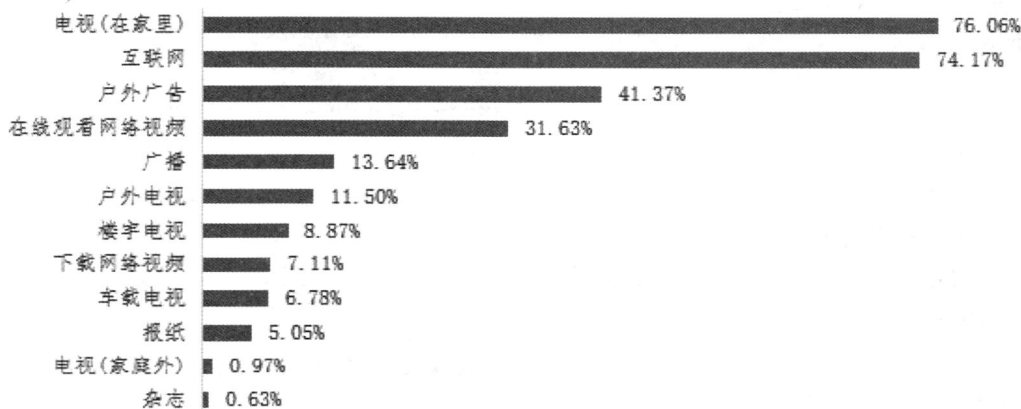

数据来源：CSM媒介研究2017年12城市基础研究

3. 多种媒体"共时"消费成为常态

传统媒体时代，用户对媒介的消费在很大程度上是排他性和唯一性的，即在某个节点上消费者只可以使用一种媒介。随着互联网、移动互联网的发展和智能手机/Pad的普及，将用户的媒介使用推到了"即时在线状态"。一方面用户的媒介接触时间得到了极大拓展；另一方面由于时间的碎片化和有限性，"多进程""多终端""多任务"的媒体"共时"生态成为一种常态。用户在一个时间点会同时消费多种媒介，由此，过去的单一媒介用户演变为"共时性"用户。

以俄罗斯世界杯为例，央视的统计数据显示，2018年6月14日至7月15日，央视播发的世界杯相关内容全媒体用户总触达为353.84亿人次，人均触达超过25

2018年世界杯电视端及新媒体端用户触达情况

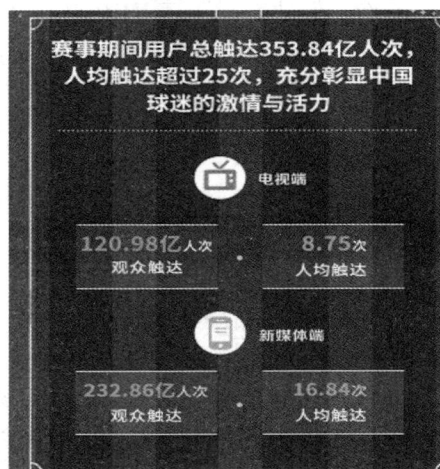

数据来源：中央广播电视台公开发布的世界杯传播效果文章

次。其中，232.86亿人次的视频新媒体触达是120.98亿人次电视媒体触达的1倍之多（在消费时长上电视遥遥领先）。根据新浪的统计，世界杯相关内容为其微博平台作出了重要流量贡献。新浪微博世界杯相关短视频的总播放量突破170.6亿，"世界杯""2018世界杯""世界杯吐槽大会"等相关话题的阅读量达到931.5亿。以上数据显示，许多用户的世界杯观看是一种"共时"状态，即在观看直播球赛的同时，也在社交媒体上看短视频的进球精彩瞬间和相关资讯，成为世界杯期间许多球迷的一种通用媒介消费偏好。

4. 用户媒体接触由分散走向聚合

渠道的多元、内容的海量，令时间变得越来越稀缺与金贵，使得用户更加注重时间的有效利用，对媒体和内容的选择也更为积极主动，把有限的精力更多地集中在最有价值的媒体资源上，成为用户媒介消费的必然选

每天接触不同媒介数量的人群比例（%）

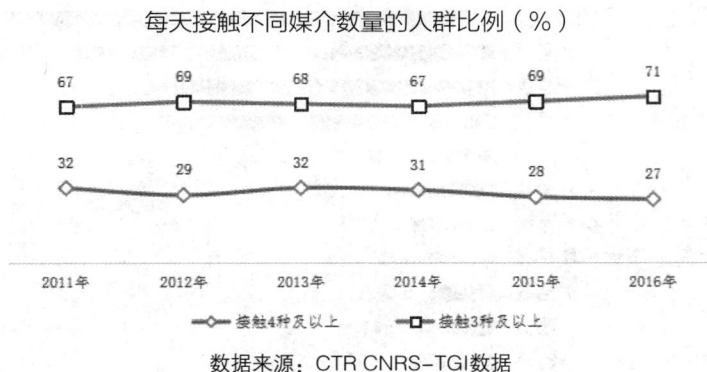

数据来源：CTR CNRS-TGI数据

择。CTR数据显示，国人日均接触 4 种及以上媒体的比例从 2011 年 的 32% 下滑到了 2016 年的 27%；而人均接触 3种及以上媒体的比例从2011年的67%上升到了2016年的71%。由此可见，用户的媒介接触由分散转变为聚合。

5. 视频媒体间形成复杂的竞争与共生关系

在同一应用场景下，当用户有两种或者两种以上的视频媒体可供选择时，媒体之间就构成了竞争、替代和补偿关系。在以时间和空间为轴所构建出的各种视频消费场景中，电视、网络、手机、户外、电影等不同的视频媒体，既相互竞争，又彼此依存，共同构建出竞争共生关系的中国视频市场消费图景。

比如，当用户回到家庭时，既可以选择电视，还可以通过网络和手机来进行视频消费。其时，网络和手机间存在强烈的竞争和替代关系，而网络和电视、手机和电视之间则是既竞争又共生。相关调查发现，不少用户选择对网络和电视、手机和电视进行"共时性"使用。同样，在户外环境下，户外媒体和手机之间，在电影院，电影和手机之间都处于既竞争又共生的状态。

三、不同视频媒体的用户特征

网络与通讯技术的发展，让用户的绝大多数视频消费行为都可以被记录。将用户的社会属性、生活习惯和视频消费行为数据与内容、时间、空间等不同维度进行有效结合，就能构建出每一位用户清晰准确的视频媒介消费画像。由于不同视频媒体的介质特性不同，使得相对应的用户特征也呈现出一定的差异性。

在预期我国人口寿命大幅提高的背景下，本文将44岁以下用户定义为中青年群体；44~65岁为壮年（中年）用户；65岁以上为老年观众。

1. 电视媒体用户：中青年占比65%，初中以下学历达62%，用户"约会"意识较稳定，"广谱"特点突出

根据CSM媒介研究全国测量仪收视调查网数据显示，从性别来看，电视的男性观众和女性观众比例基本均衡。2017年男性观众构成比例为50.8%，女性观众构成比例为49.2%。相比2016年和2015年，男性观众构成比例略有增长，女性观众构成比例略有减少。

从年龄来看，44岁及以下的中青年观众是电视的主要收视人群，2017年占比达64.8%。与2016年、2015年相比，15~44岁观众占比有所减少。55岁以上的观众占比则逐年略有增加。就不同年龄组来看，35~44岁电视观众数量最多，为19%；就观众的总体分布来看，不同年龄段电视观众占比较为均匀。在所有视频媒体中，电视观众的"广谱"特点最为明显。

从学历来看，小学和初中学历的电视观众是收视的主要力量，2017年，二者合计占比62%。高中及以上学历观众占比为30.7%。与2016年、2015年相比，2017年高中及大学学历的观众有所增加，初中以下学历的观众占比则在逐步降低。总的趋势是，电视观众的受教育程度在不断提高。

2015—2017年全国电视观众性别构成（%）

2015—2017年全国电视观众年龄构成（%）

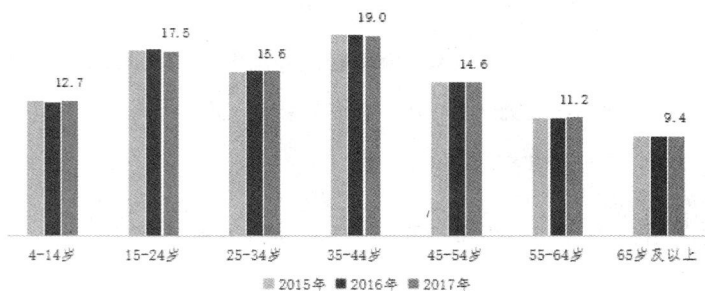

2015—2017年全国电视观众学历构成（%）

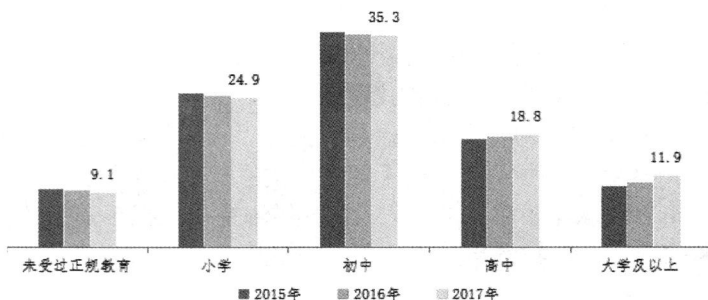

数据来源：CSM媒介研究全国测量仪收视调查网数据

中国家庭网络视频用户各年龄段比例

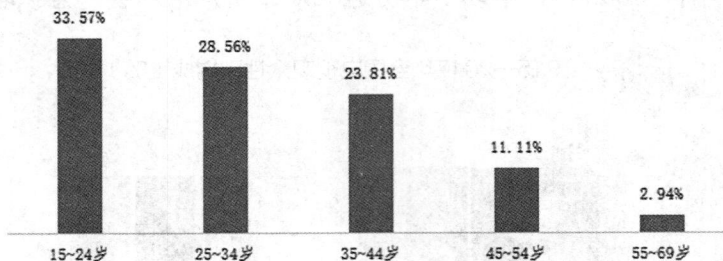

中国家庭网络视频用户的学历比例

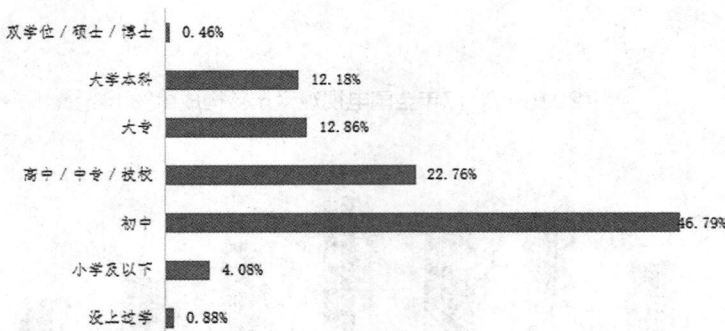

数据来源：CTR用户跨屏视频消费行为的专项调查

2. 网络视频用户：男性比女性多18%，初中教育程度比例为46.79%，用户年龄和受教育程度两极化特征比较明显

2018年央视联合央视市场研究（CTR）所做的用户跨屏视频消费行为的专项调查数据显示，在所调查的15~69岁年龄段用户中，男性比例明显高于女性，其中男性占比59%，女性为41%。从年龄分布看，15~24岁群体比列最高，占到总体视频用户的33.57%，其次是25~34岁、35~44岁人群，比例分别为28.56%和23.81%，三者之和为85.94%。相比之下，55~69岁的中老年用户群体网络视频使用占比仅为2.94%。

从学历来看，在所调查的人群中，初中教育程度的网络视频用户比例最高，为46.79%；其次是高中/中专/技校学历的用户，占比22.76%；大专和大学本科学历的用户占比分别为12.86%和12.18%；小学及以下学历用户的占比为4.96%。初中学历以下网络视频用户合计达到52%。

3. 手机视频用户：男女比例接近，年轻化和低学历用户为主导，青少年占比80%，初中及以下学历占比69%

移动互联网和手机终端的普及，为用户收看手机视频提供了便利。根据中国手机视频用户调查数据显示，我国不同性别的手机视频用户分布比较均衡，男性占比51%，女性占比49%。从年龄段来看，15~44岁群体是手机视频消费的主体用户人群，合计占到总量的80.27%（35~44岁用户占比最高，达到28.08%）。55~69岁的中老年群体所占比例较低，仅为4.85%。

中国手机视频用户各年龄段比例

数据来源：CTR用户跨屏视频消费行为的专项调查

中国手机视频用户的学历比例

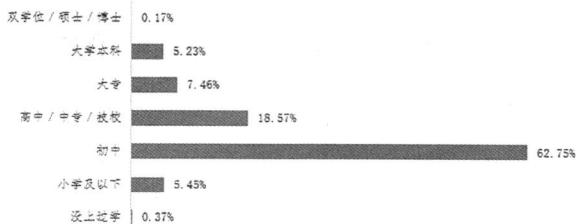

数据来源：CTR用户跨屏视频消费行为的专项调查

公共场所液晶/户外大屏广告用户年龄构成（%）

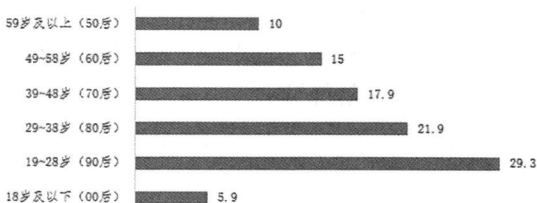

数据来源：CTR CNRS-TGI 2017年1-12月（36城市）

公共场所液晶/户外大屏广告用户工作状态构成（%）

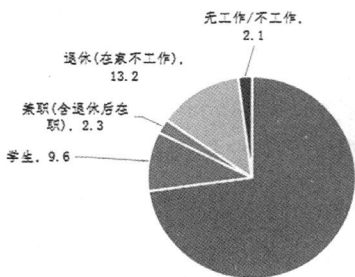

数据来源：CTR CNRS-TGI 2017年1-12月（36城市）

从学历来看，在所调查的人群中，初中学历的用户比例最高，达到了62.75%，其次是高中/中专/技校学历的用户，占比18.57%。

4.户外视频用户：网罗职场精英，用户全职人员占比73%，其中59%拥有高等教育背景

户外视频在交通工具、楼宇、电梯、银行、超市、机场、车站等公共场所构建了形态多样、创意丰富的媒体应用空间。户外视频的内容主要包括广告和节目两大类，既具备商业传播价值，也具备进行精神文明建设的社会价值。户外视频对不同年龄段用户均有较好覆盖。占比超过了50%，媒体接触行为活跃的80后和90后（19~28岁人群为29.3%）是户外视频的主体用户群体。

因户外视频媒体主要位处公共场所和交通工具上，有通勤需求的在职人员成为户外视频媒体最主要用户。根据2017年央视市场研究数据，公共场所液晶/户外大屏用户中全职人员占比接近73%。从具体职业看，企业管理人员和普通职员占比最高，均在20%左右；其次是专业技术人员，占比9.8%；事业单位人员和公务员分别占比6.8%、2%；个体户和制造业/生产企业工人分别占比5.1%、3.3%。

户外视频媒体主要分布于大中型城市，其用户高学历特征明显，近六成拥有高等学历（大专及以上），四成用户具备本科及以上学历，由此可见户外视频媒体主体用户具备较高的含金量和文化价值。

2016年电影观众学历构成（%）

初中及以下.2.8
其他.1
硕士及以上.16
高中/中专/职专/技校.9.8
大学本科/大专.70.4

2016年中国电影观众性别构成（%）

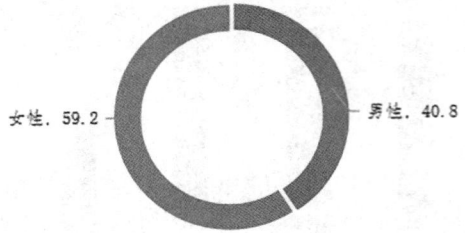

女性.59.2
男性.40.8

数据来源：新传智媒

5.电影媒介用户：女性比男性多18%，40岁以下年人群高达97%，受高等教育者占比为86%

中国电影女性观众明显高于男性观众，2016年，女性观众的比例为59.2%，男性观众的比例为40.8%。与2015年的调查结果基本一致。

从年龄上看，2016年，电影观众的主体人群为18~25岁，他们合计占到整体观影人群比例的69.2%，这其中又以18~21岁年龄组观众数量为最，达到了41.7%。此外，26~30岁的观众群体比例也相对较高，占到了15.3%。

从学历来看，大专和大学本科学历的观众体量最大，占到总体的70.4%，硕士及以上学历的观众位居第二，占比为16%。二者合计占据了总体的86.4%。电影成为视频媒体中高知观众比例最大的媒介。

公共场所液晶/户外大屏广告用户学历构成

学历	公共场所液晶/户外大屏广告用户（%）
高中及以下	41.4
大学专科	18.0
大学本科	35.6
本科以上	5.1

数据来源：CTR CNRS-TGI 2017年1-12月（36城市）

2016年中国电影观众年龄构成（%）

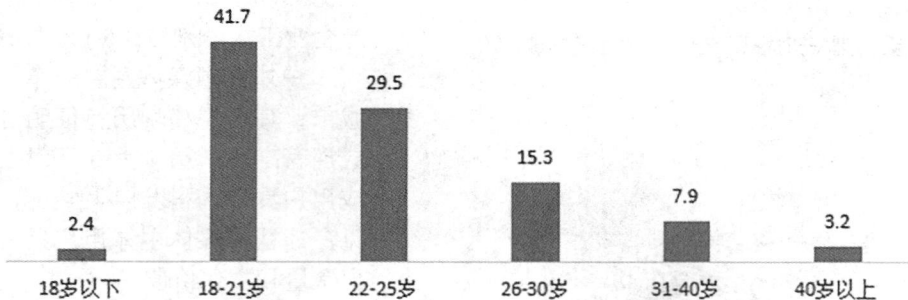

18岁以下	18-21岁	22-25岁	26-30岁	31-40岁	40岁以上
2.4	41.7	29.5	15.3	7.9	3.2

数据来源：新传智媒

四、不同视频媒体用户的消费偏好

传播与接收方式不同的媒介会自动"分化"或者"区隔"其消费人群，因此，不同的视频媒介用户的消费偏好必然存在着差异，而且用户的生活习惯、性别、年龄、职业、内容喜好等也都是影响其媒介消费的重要因素，具体来看：

1. 电视媒体用户：晚间8~9点用户超过30%，日均收视244分钟，偏爱电视剧、新闻和综艺节目

CSM调查显示，2017年晚间8~9点的高峰时段，平均每天有超过30%的观众收看电视，全国电视观众每日收视时间为243.6分钟，比2016年的242.8分钟有所回升；与此相对应的是，根据全国样本城市监测数据，城市电视观众2017年平均每天看电视139分钟，较2016年再次出现了下滑。

从全天分时段来看，电视作为家庭媒体的特征依然突出。午间吃饭时间和人们下班回到家的晚间时段，依然是全天两个明显的收视高点。2017年，在午间时段，平均每天有超过10%的观众收看电视；在晚间8~9点的高峰时段，平均每天有超过30%的观众收看电视。

需特别指出的是，相比2015年和2016年，2017年全天各个时段的电视观众规模均有所减少。

2015—2017年全国测量仪观众全天收视率走势（%）

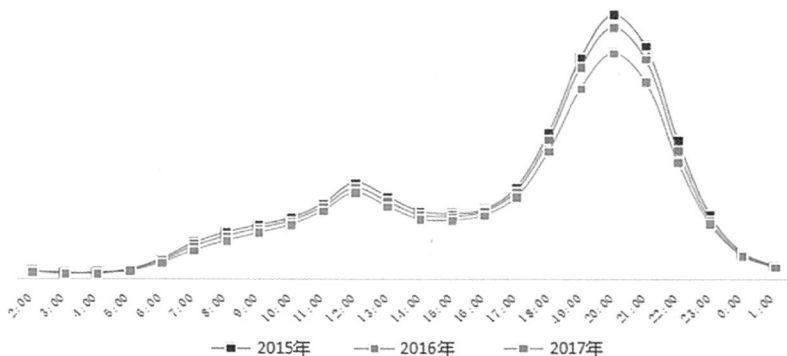

数据来源：CSM媒介研究

根据2017年CSM媒介研究全国测量仪收视率数据显示，2017年全国电视观众每日收视时间为243.6分钟，比2016年的242.8分钟有所回升；与此相对应的是，根据全国样本城市监测数据，城市电视观众2017年平均每天看电视139分钟，较2016年再次出现了下滑。因此可见，在媒介终端丰富的城市地区，各类媒体争夺激烈，电视用户的收视时间被分流明显；但从全国范围（含城域和乡域）来看，电视用户总体收视时间在2017年出现了反弹，说明非中心城市的观众依然对电视媒体保持着较高的收视黏性。

2015—2017年全国测量仪与全国样本城市电视观众每日收视时间（单位：分钟）

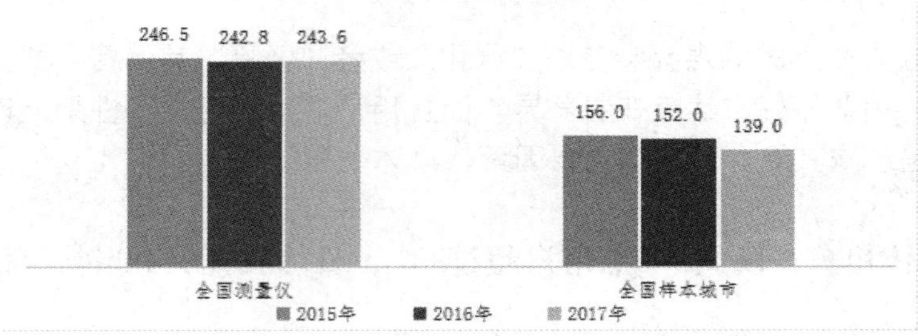

246.5 242.8 243.6   156.0 152.0 139.0

全国测量仪   全国样本城市
■ 2015年 ■ 2016年 ■ 2017年

数据来源：CSM媒介研究

从观众收视的内容偏好来看，城市电视用户更为关注电视剧、新闻/时事和综艺类节目，2017年的收视比重均超10%。

2017年城市电视用户在电视剧上的收视比重出现大幅上升，占比超过了30%。

2017年城市电视用户对新闻/时事类节目的收视比重较2016年有所上升，在综艺类节目的收视比重则出现了明显下降。

2017年城市电视用户对生活服务、专题、电影和青少类节目也较为感兴趣，收视比重均超过5%。

2015—2017年全国样本城市各类节目收视比重（%）

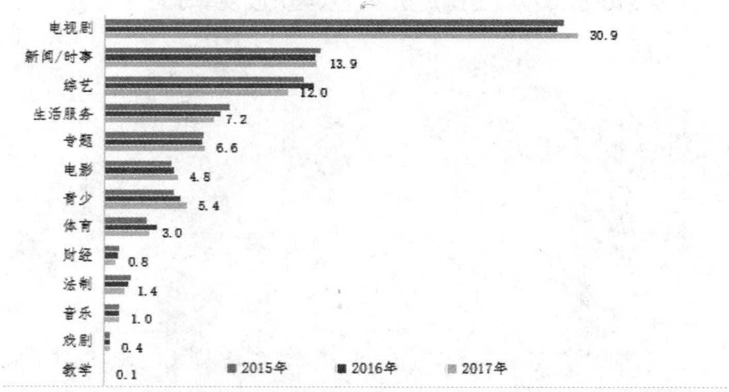

电视剧 30.9
新闻/时事 13.9
综艺 12.0
生活服务 7.2
专题 6.6
电影 4.8
青少 5.4
体育 3.0
财经 0.8
法制 1.4
音乐 1.0
戏剧 0.4
教学 0.1
■ 2015年 ■ 2016年 ■ 2017年

数据来源：CSM媒介研究

2. 网络视频用户：电视剧、电影、综艺娱乐类节目消费量最大，纪录片、财经、游戏、科技节目男多女少

根据网络视频用户经常收看的视频内容，经常收看电视剧、电影、综艺娱乐类视频的比例都超过50%；其次是新闻资讯类内容，经常收看的比例超过30%。其中，电视剧最受欢迎，经常收看的比例71.2%，经常收看电影和综艺娱乐视频的比例分别为66.5%、53.6%。

网络视频用户经常收看的网络视频类型（%）

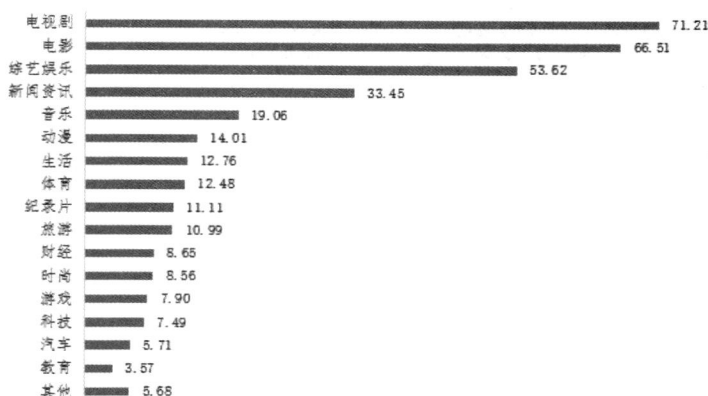

数据来源：CTR CNRS-TGI 2017年1-12月（36城市）

从性别看网络视频用户收看视频内容的差异，电视剧、电影、综艺娱乐、新闻资讯是男性和女性用户都经常接触的内容，收看比例都在20%~80%。此外，男性用户还经常收看体育类视频，经常收看占比超过20%。相比之下，男性用户在纪录片、财经、游戏、科技和汽车类视频上的收看比例明显高于女性，而女性用户在时尚类视频上的关注度更高。

从年龄看，各年龄段用户都更多地收看电视剧、电影、综艺娱乐、新闻资讯类视频，收看比例均超过20%。相比之下，不同年龄段用户对电视剧的收看差异不大，电影、综艺娱乐、音乐、动漫、游戏等娱乐属性较强的视频内容更受年轻人喜爱，收看占比普遍高于中老年人。

不同网络视频用户通常收看的网络视频类型占比（%）

	男	女	15~24岁	25~34岁	35~44岁	45~54岁	55岁及以上
电视剧	63.83	78.92	72.46	72.68	69.37	69.94	66.70
电影	68.98	63.94	70.83	71.49	66.14	54.38	45.02
综艺娱乐	47.76	59.75	61.15	58.05	48.76	40.59	38.45
新闻资讯	36.86	29.89	33.88	22.55	33.36	46.29	58.31
音乐	18.67	19.47	24.27	16.22	17.84	16.84	13.02
动漫	14.66	13.33	17.94	19.56	10.66	3.61	1.29
生活	11.27	14.31	10.87	12.42	15.68	12.67	13.61
体育	20.47	4.15	11.03	12.48	16.05	10.96	9.34
纪录片	13.34	8.78	6.81	12.18	15.88	12.33	6.83
旅游	10.22	11.80	9.03	12.12	14.55	9.09	5.72
财经	10.88	6.32	3.72	10.33	14.05	8.78	5.27
时尚	5.90	11.33	7.16	10.73	11.34	5.13	1.45
游戏	10.10	5.60	11.96	7.32	6.39	3.93	2.83
科技	10.72	4.12	5.74	9.97	9.63	4.65	2.57
汽车	8.80	2.49	3.49	8.00	8.10	3.72	1.35
教育	2.97	4.19	2.53	4.23	5.36	2.53	0.94
其他	6.43	4.89	8.40	3.85	4.00	5.77	6.10

数据来源：CTR CNRS-TGI 2017年1-12月（36城市）

3. 手机视频用户：收看频率最高的视频设备，娱乐内容受青睐

根据央视市场研究（简称CTR）2017年调查显示，手机视频用户经常收看的网络视频也集中于娱乐内容，电视剧、电影和综艺娱乐类视频占比居前三位，其次是新闻资讯和音

手机App视频用户经常收看的网络视频类型（%）

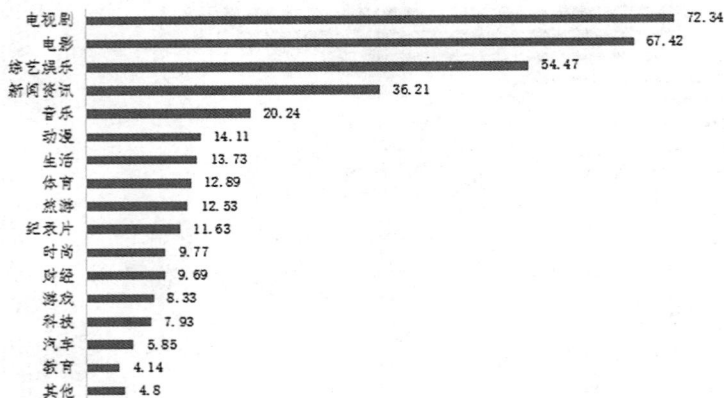

类型	百分比
电视剧	72.34
电影	67.42
综艺娱乐	54.47
新闻资讯	36.21
音乐	20.24
动漫	14.11
生活	13.73
体育	12.89
热游	12.53
纪录片	11.63
时尚	9.77
财经	9.69
游戏	8.33
科技	7.93
汽车	5.85
教育	4.14
其他	4.8

数据来源：CTR CNRS-TGI 2017年1-12月（36城市）

不同视频设备的使用频率（%）

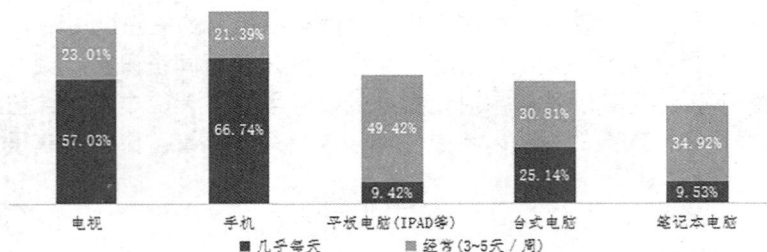

数据来源：央视市场研究CTR

不同性别和年龄段视频用户使用手机收看视频的频率（%）

数据来源：央视市场研究CTR

乐类视频。

2018年，央视联合央视市场研究（CTR）所做的用户跨屏视频消费行为的专项调查显示，手机已取代电视成为收看频率最高的视频设备。2017年手机的高频次收看占比增长至88.13%，比2012年的34.75%，增幅超过了50%，而2017年电视和台式电脑的使用频率分别为80%和56%。

从手机收看视频的收看频率看，用户对手机的接触频率随年龄的增长呈"减少"趋势。其中，25~34岁的中青年用户"几乎每天"和"经常"用手机看视频的比例高达92.79%，比55~69岁的手机收视用户高出近16个百分点。

从不同性别以及不同年龄段用户使用手机收看视频的时长变化来看，男性和女性用户均有超过40%的比例收看视频的时长较以前有所增加。15~34岁的年轻群体收看增加的情况更加显著，超过了50%的比例。相对而言，55岁以上的中老年观众，因为较少使用手机收看视频，整体比较稳定。

4. 电影媒介用户：74%用户每月至少观影一次，喜剧、科幻、动作影片最受欢迎

看电影已经成为都市青年观众视频娱乐消费的一个重要组成部分。数据显示，2016年，有73.6%的观众每月至少观影一次。其中，一周内观影一次的受访者比例为31.4%，1~2周内看过电影的受访者占比为25.8%。但是，仍然有26.4%的受访者在1~2个月前去过电影院，表明中国电影市场还有很大的发展空间。

从影片类型来看，排在观众喜爱前三位的影片分别为喜剧、科幻和动作片。具体为：男性偏爱科幻、动作、灾难和战争影片；低学历观众更喜欢综艺片。从观影形式来看，观众在观看不同类型的电影时对于观影形式的选择存在明显的差异。如观看科幻、动作、魔幻、灾难电影时偏好3D、巨幕；观看动画电影时更多选择3D；而青春、文艺电影的2D的选择率较高。

性别和年龄段视频用户使用手机看视频的时长变化（%）

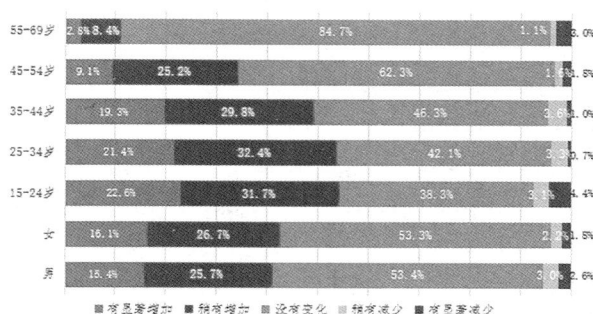

数据来源：央视市场研究CTR

2016年电影观众观影频次（%）

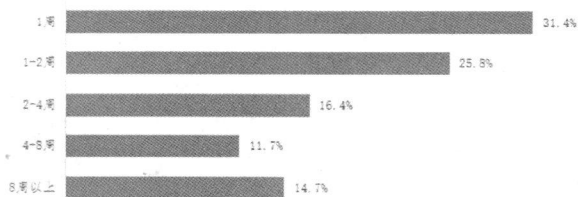

数据来源：新传智媒

2016年电影观众观影形式选择（%）

类型	2D	3D	巨幕	无所谓
喜剧	22.3%	17.1%	23.9%	36.6%
科幻	6.0%	40.2%	34.8%	19.0%
动作	10.9%	34.2%	31.0%	24.0%
犯罪	16.9%	26.6%	27.3%	29.2%
魔幻	6.9%	39.1%	32.6%	21.4%
悬疑	18.7%	23.2%	25.2%	32.9%
爱情	27.4%	15.1%	22.2%	35.3%
动画	11.8%	37.3%	24.6%	26.2%
青春	27.5%	14.4%	22.6%	35.5%
文艺	27.4%	14.9%	21.9%	35.7%
灾难	10.4%	31.2%	33.1%	25.2%
战争	12.8%	27.8%	32.2%	27.2%
纪录	22.5%	17.8%	24.7%	35.0%
恐怖	16.3%	29.6%	22.5%	31.6%
综艺	25.3%	13.5%	19.7%	41.5%

数据来源：新传智媒

5. 户外视频用户："互动节点化"，地域性与服务性特点引关注

从内容看，户外视频媒体可分为内容型和广告型两大类，内容型户外视频媒体内容包含节目和广告，广告型户外视频媒体没有节目播出只有广告。近年来，在国家政策和市场发展要求下，以交通工具移动电视为主体的内容型户外视频媒体，将"内容资讯+渠道平台+场景营销为王"作为经营方针和内容标尺，加强各类节目的制作的同时，呈现出"公交地铁沿线生活娱乐风貌、城市人文特色、便民生活服务、媒体+零售/生活馆、广告内容化整合"的特征。

根据《2017中国移动电视发展报告》数据显示，移动电视自制内容的占比最高、为36%，并较2015年占比有所增长；集成内容占比其次、占比31%。其中，多地移动电视公司的自制类节目佳作引人瞩目，类型覆盖生活服务、新闻时事、财经、综艺娱乐等。如北广传媒移动电视的《我在北京挺好的》《秀逗爱生活》，上海东方明珠移动电视的《新闻天天报》《警民直通车》《财金新干线》，重庆广电移动电视的《乐在其中》《壹资讯》，青岛广电无线传媒集团的《乐悠悠》《爱食尚》，杭州广电公交移动的《道听途说》《新动搜索》，深圳移动视讯的《阿SIR说交通》《好片风向标》，陕西广电移动电视的《高校直通车》《畅游三秦》等。

2017年移动电视节目分布

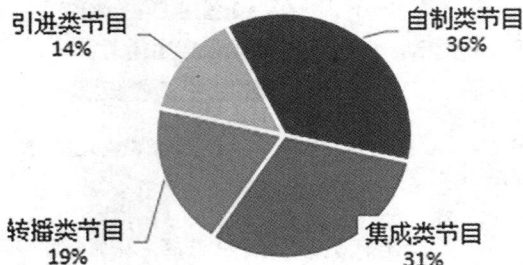

引进类节目 14%　自制类节目 36%　转播类节目 19%　集成类节目 31%

资料来源：《2017中国移动电视发展报告》

然而在移动互联网发展背景下，微信、微博等社交媒体正在分流户外视频用户的收视时间。在CTR针对上海乘客的调研中，搭乘公交地铁过程中有近九成的乘客低头看手机。因此，移动电视在继续保持原有内容生产特征外，需将"互动节点化"纳入日常的制作和播出工作中，以应对用户注意力碎片化传播的时代现状。

五、与视频用户市场相关的八个热点问题

媒介与用户，长久以来都是一种互为依存的共生关系。大致看来，2017年中国视频用户市场已经发生的和目前正在显现出的热点，主要有电视媒体价值回归、网络用户付费勃兴、票房真伪之争、用户数据造假、短视频井喷、户外视频之用户联接、基于算法的内容推送、大数据应用边界等八个问题。

1. 电视价值理性回归对视频市场影响广泛而深远

虽然一直以来电视媒体都是视频市场中的龙头老大，但近年来却饱受唱衰与诟病。然而，2017年电视广告收入扭转下行局面，止跌回暖，交上了一份亮眼答卷，电视媒体在大视频格局中的独特价值重新凸显。

2017年的中国电视：

观众规模达到12.87亿——主要竞争者网络视频、手机视频用户规模之和为11.27亿；

日均节目产量1万小时——是绝大多数高品质新闻、电视剧、综艺和纪录片节目的源头；

产业总收入6070亿元，增幅逾20%——占中国视频市场总收入的半壁江山；

广告扭转下行局面——刊例收入从2016年负增长3.7%逆转为增长1.7%（CTR媒介智讯数据）；

时移收视爆发式增长——日均用户达5142万人；

同时，电视媒体的公信力、影响力进一步提升——引领舆论潮流的主导作用更为凸显。

由此可见，在多屏共生时代，虽然出现了凶狠的分食者，但电视的综合竞争实力依然强悍，广大观众对其兴趣犹存，电视在大视频市场中的独特价值正在被进一步重新认识。正如可口可乐全球首席营销官马科斯·德·昆特所言，在所有的广告渠道中，电视提供了最好的投资回报率。美国著名广告周刊《ADWEEK》对2013年、2014年15个减少电视广告投放的品牌进行了相关分析后发现，其中的11个品牌，每少花1美元在电视媒体上，销售额就会减少3美元。[①]中国视频市场的情况也如是，2017年大品牌广告主调整广告策略，重新把投放重点向电视媒体转移成为推动电视广告回暖的主要动力。

2016—2017年各媒介广告刊例花费变化

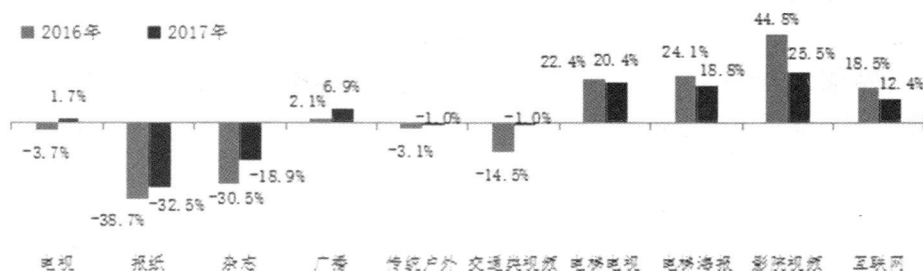

数据来源：CTR媒介智讯

无论如何，龙头老大电视价值的理性回归都绝对是中国大视频生态中一件极为重要的事件，其对视频用户和媒介市场竞争格局所产生的影响必将广泛而深远。

---

① 数据来源：《是什么让爱奇艺决定在2018年拼了？》，传媒1号，2017-11-04，https://www.sohu.com/a/202225610_650995。

2. 用户付费勃兴引发网络视频收入结构调整，产生内容取向、盈利模式平衡等一系列变化

国内网络视频的付费业务从2010年开始推出，历经了试水期、积累期，并在2015年左右迎来了全面爆发。广电总局《2017年全国广播电视行业统计公报》显示，2017年全国网络视听付费用户数达2.8亿，比2016年（1.72亿）增加1.08亿，同比增长62.79%。中国网络视听节目服务协会发布的《2017中国网络视听发展研究报告》也指出，2017年网络视频用户有42.9%曾为视频付费，相比上年增长7.4%。相关研究还表明，中国视频用户的付费消费习惯已初步形成，越来越多的用户愿意为好内容埋单。

视频付费收入的井喷并非偶然，优质内容、会员体系和技术发展是其增长的三大驱动力。

据网络版权产业研究基地发布的《2017中国网络版权产业发展报告》显示，2006年至2017年，我国网络核心版权产业规模从163.8亿元增长至6365亿元，平均增长率保持在30%以上，产业规模增长超过了30倍。版权市场正版化的趋势为整个网络视频行业构建付费市场体系营造了良好的发展环境，也为各大视频网站推出会员付费体验模式提供了现实基础。

目前国内视频网站的用户付费模式主要分为两大类：一是作品型付费。即视频平台方将电影、电视剧、原创网剧、网综、纪录片等优质作品以单次消费结算的形式向用户收取观看费用。二是会员型付费。用户通过付费成为注册会员后，享有优先观看部分视频、画质清晰度更高、过滤广告等权益。付费会员也设定有等级制度，等级越高，享受的服务就越多，视频资源也更丰富。会员型付费是国内外视频网站的一种主流用户付费模式。

稳定的付费变现能力令视频网站面临内容、服务双重升级的门槛。从内容汇聚方面来看，虽然近年来网络自制剧集、网络综艺以及通过购买的国内外优质节目为视频网站吸引付费用户取得了令人瞩目的成果，但无论是在资金投入、自制能力建设，还是对有吸引力内容的整合，形成差异化，强"黏度"的竞争优势等方面，国内相关视频网站都面临诸多发展瓶颈，国外的部分视频网站的做法可资借鉴。

如美国的葫芦（Hulu）网，为解决靠单部热播剧或单个火爆综艺节目吸引用户付费的时效局限（一旦热点消失，该热点拉动的用户则会流失），无法与用户建立起稳定且牢固的关系问题，与NBC、环球、迪士尼、福克斯、华纳兄弟和索尼等超过200个内容提供商形成了密切合作，保证了稳定的视频内容资源。

此外，从会员服务方面来看，目前各大视频网站提供的会员特权主要集中在免广告、抢先看、独家内容等几个方面，吸引力有限，还不足以激发大规模的持续付费冲动。相比之下，国外的一些付费会员体现则相对成熟，如著名的奈飞（Netflix）为对互联网隐私敏感的会员群体提供隐私保护服务；亚马逊视频网站（Amazon Prime Video）通过将其视频内容与电商服务进行联动，为付费会员服务提供"两日快递送达免邮费"等电商服务。

据艾瑞咨询数据显示，2016年中国在线视频市场规模为609亿元，随着用户规模扩大，用户使用黏性增加，预计到2019年将达到千亿级，同时用户付费将占比38%，成为视频行业除广告外第二大收入来源，用户付费表现出良好的成长空间。但是，在付费用户的大幅增长意味着更加稳定的营收结构的同时，还应该看到，"会员免广告"将使贴片广告投放空间大大压缩，视频媒体面临着广告主大面积逃离和流失的风险。如何在贴片广告与用户费收入之间达到动态的盈利平衡，是视频新媒体必须要破解的难题。

总之，用户视频媒介消费从我播你看、到我看我选、再到我付费我观影，其本质是使用者自主消费意识的觉醒和市场对视频内容价值的承认。伴随而来的则是媒介的内容取向、使用方式、盈利模式、市场结构等一系列重大变化。

3. 电影票房之去伪存真

自2002年实行体制改革以来，中国电影步入了跨越式发展通道。2002年全国电影票房不足10亿元，2010年首次突破100亿元，2013年迈过200亿元门槛，2015年超越400亿元，2017年更是达到了559亿元（比上年增长13.45%）。

2010—2017年中国电影票房（亿元）

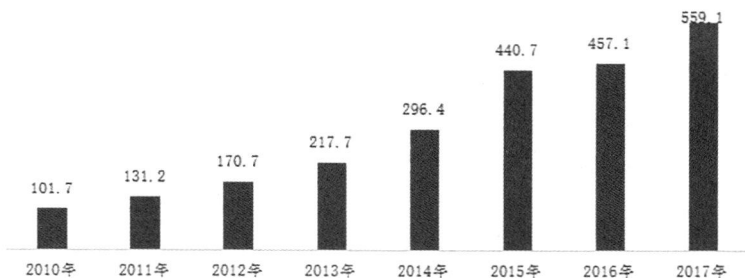

数据来源：国家新闻出版广电总局电影局

然而与电影收入高速增长数字缠绕相生的，是屡禁不止且手法不断翻新的票房造假乱象。从2009年到2018年，几乎每年都有票房造假事件曝光，偷票房、买票房、幽灵场、假排片等造假手法层出不穷。

2009年10月，《阿童木》票房注水，广电总局介入处理，片方为虚假票房致歉；

2010年12月，《赵氏孤儿》被曝"偷票房"，观众购买《大笑江湖》的电影票，被影院换为《赵氏孤儿》；

2013年12月，《风暴》被"偷票房"，票房收入被计入《私人订制》；

2014年3月，《英雄之战》自产自销，自掏腰包狂买上映前三日的电影票；

2015年7月，《西游记之大圣归来》被《小时代4》偷票房；

2016年3月，《叶问3》虚假排片、自购票房，通过票房造假拉高公司股价套现，8800多万元假票房作废，70多家影院和3家电商被警告，影片发行公司停业整顿；

2016年3月，《哆啦A梦》被曝票房造假；

2017年4月，《傲娇与偏见》票房造假，凌晨场上座率屡破100%；

2018年2月，《唐人街探案2》被"偷票房"，《后来的我们》疑票房造假，退票数量38万张，涉及票房1300多万元。①

相继披露的票房造假事件，引发社会及相关管理部门的关注。2016年4月，国家电影

① 资料来自"首席文娱观"微信公众号。

361

专项资金办公室（国内统计票房的专项机构）副主任李东在电影论坛上公开表示"目前热映的所有票房比较高的影片几乎无一例外都有票房注水，同时，票房偷漏瞒报非常厉害"。屡禁不止的票房造假背后的驱动力是商业利益，"失真"的票房扭曲了市场的真实需求，不利于创作者和制作方从观众出发准确把握电影创作的方向，破坏产业正常秩序，误导观众娱乐消费，增加了运营风险，阻碍了电影行业健康高效发展。

当前，国家多个部门和行业相关机构正在积极行动，多措并举，治理票房造假等电影市场中一系列不合理现象。2017年《电影产业促进法》发布后，"偷票房"行为被电影局明令禁止，违规影院将被公示曝光并给予处罚。在网络售票渐成主流的背景下，"云售票"平台所拥有的透明、及时等先天优势为电影售票系统更新升级提供了技术支持，成为打击票房造假的有力工具。随着国家法治和监管体系的逐步完善，以及透明的第三方统计平台的建立和运行，还电影票房以本真面目，让高票房与优质的影视内容挂钩，票房造假乱象正在得以改观。

4. 用户数据造假

除电影票房注水外，用户数据造假在视频行业内同样屡见不鲜，严重影响着行业秩序，数据反造假、反作弊成为行业关注热点。

视频用户数据注水已成行业"潜规则"，形成了地下产业链，成为视频行业痼疾之一。网络播放量是衡量视频内容传播水平的主要指标，关联到视频制作方、投资方、广告主、明星、视频平台等多方利益，对商业目的的追逐催生出通过虚假流量获取利益的现象。2017年4月，央视《中国电影报道》对数据造假乱象进行过报道，点名批评部分热播剧目为追逐利益大幅度造假的行为，包含《三生三世十里桃花》《孤芳不自赏》等；2018年初，《人民日报》引用第三方机构调查结果批评网剧点击量造假现象，指出"2017年年初某网剧前台点击量数字高达153亿次，但真实点击量仅有17亿次，注水近九成"，该报道还针对2017年1~2月上线的20部剧集进行了抽样调查，结果显示总体注水量高达六成。目前市场上滋生出大量非法经营的第三方刷量机构，通过技术手段操作虚假用户的点击行为对实际数据进行"加工"，并已形成分工完善的上下游体系。

用户数据造假严重扰乱市场秩序，干扰行业走向，危害长远发展。用户数据造假属于典型的不正当竞争行为，给内容创作与生产、广告主的利益带来极大损害。目前资本过度关注播放量，鲜有将评估重点放在内容创作本身，数据造假使视频内容估值失去平衡，优质内容难以获得与其自身质量相匹配的回报。长此以往，真正的优质内容制作者将失去生存空间，最终导致"劣币驱逐良币"，甚至引发行业整体质量下沉。虚假繁荣过后，观众与广告商将不再埋单，投资方、制作方、明星、播出平台、数据机构等自身公信力与利益均会有所受损。

针对用户数据造假现象，近几年几大视频平台上线并持续更新数据反作弊系统，过滤异常值，用以抵制刷量造假行为。2018年9月，爱奇艺宣布关闭显示全站前台播放量数据，以综合用户讨论度、互动量、多维度播放类指标的内容热度，在各终端逐步代替播放量显示。这一做法一定程度上规避了唯播放量的弊病，但热度指标的诞生能否有效抵制刷量、成为行业通用标准，仍有待观察与检验。此外，电视收视率数据污染也是行业关注的问题。收视率数据主要基于样本调查数据获取，非法机构通过不法手段干扰样本收视行为，扰乱电视市场的秩序，为此调查机构也在积极尝试升级调查技术、利用大小数据融合，并通过司法介入等方式，积极寻求解决数据污染问题，维系行业正常秩序。

用户数据亟待建立公开、透明的价值标准。2017年3月，全国人大代表、上海广播电视台首席主持人曹可凡在参加"两会"时指出，对于网络视听节目，"要成立专门的监督小组，定期对数据走向进行监控"。2018年6月，中央宣传部、文化和旅游部、国家税务总局、国家广播电视总局、国家电影局等印发《通知》，强调要"坚持把社会效益放在首位，坚决反对唯票房、唯收视率、唯点击率。要加强影视行业征信体系建设，强化行业协会组织管理能力"。随着行业法律法规的不断健全与监管力度的不断加强，期望在未来建立更加开放、透明、公平的评价指标，从而让用户数据真正做到去伪存真，促进行业绿色健康发展。

5. 短视频井喷——进入生产消费者（Prosumer）时代

从内容的使用者（User）到消费者(Consumer)，再到用户自己制造内容UGC（User Generated Content），成为生产消费者（Prosumer），视频用户的媒介使用积极性和主动性得到了极大的提高，也使得视频内容的生产和使用量呈现几何级数增长，进而引发了视频媒介市场格局出现大幅变化。

●短视频行业迎来井喷，进入生产消费者时代

移动互联时代的到来，短视频成为新的流量入口，用户激增，行业规模持续扩张。据CNNIC2018年8月发布的第42次《中国互联网络发展状况统计报告》数据显示：短视频用户在整体网民中占比为74.1%，用户规模达到5.94亿。随着5G的大规模商用，短视频的发展将迎来更多的利好；同时以BAT为首的互联网巨头纷纷携重金入局，加强对短视频内容的扶持，视频用户的媒介使用积极性和主动性大大提升，UGC短视频内容呈现爆发式增长，"以用户生产内容"为典型特征的生产消费者时代来临。

●生产与消费边界模糊，内容与用户"共同进化"

在生产消费者时代，短视频用户正经历由"观众"向"创作者"的身份转化，以"自媒体"身份引领UGC内容崛起。一方面，用户开始主动参与UGC内容的生产，使得短视频内容资源得以极大的丰富，逐渐形成短视频多样化的内容生态；另一方面，用户还参与平台内容的筛选与呈现，其在浏览使用短视频过程中的点击、播放完成度等行为记录，将成为平台开展算法推荐的重要基础数据。进入生产消费者时代，短视频内容消费者与创作者之间开始出现跨界的互动，内容与用户实现"共同进化"。

●深入原创、垂直深耕，成短视频内容发展方向

短视频的下半场集中体现为内容之争，逐渐从泛娱乐走向原创、垂直化。幽默、搞笑等泛娱乐内容虽然能迅速聚拢人气，带来大的流量，但同时也暴露出同质化严重、商业变现困难的问题；短视频账号或内容经过前期的用户积累后，更多考虑的是打造品牌影响力以及拓展变现渠道；原创性、垂直化的内容具有较好的辨识度，易与行业的产品品牌联接，具有较好的变现空间。例如原创短视频内容机构"二更"，在内容创作上奉行"真人、真事、真情"的三真战略，截至2018年10月，其官网上显示累计发行4000多部原创短视频，视频总播放量超300亿，依托原创短视频在创意性的品牌植入、商业定制方面实现变现。同时在美食、化妆、旅行等垂直领域也涌现出很多高流量短视频账号如"办公室小

野""化妆师MK""冒险雷探长"等，在满足用户不同细分领域内容需求的同时，也具有更好的变现前景和空间。

6. "推荐时代"信息找人，过度算法推荐引发"信息茧房"与"尖叫效应"

2006年，克里斯·安德森在《长尾理论》一书中预言："我们即将离开检索进入推荐的时代。"如今，预言变成现实，媒介的内容分发方式已发生了改变，推荐系统正在取代传统的信息检索方法，基于算法的个性化的内容推荐受到市场和用户青睐。

基于算法的内容推送是用户媒介使用偏好和算法的互动

人类的信息推荐模式大体上出现过三个主要的发展类型：一是在传统媒体时代所倚重的人工编辑的媒体型推荐，报纸、广播、电视等主要便是通过人工为用户推荐信息的；二是社交媒体环境下依托社交链传播的关系型推荐，即根据社交媒体上朋友、所关注的人为用户推荐信息；三是大数据环境下基于智能算法的信息推荐。易观发布的《中国移动资讯信息分发市场专题研究报告2016》显示：2016年，在资讯信息推荐市场上，通过算法推送的内容已经超过了50%，这意味着算法推荐带来的信息定制化、资讯分众化已经得到了广泛应用。

基于算法的内容推送是运用智能算法工具自动生产新闻等所需内容并实现商业化运营的过程、方法或系统。该过程大体可分为三个步骤：

第一步是依据用户在大数据平台上注册的性别、年龄、偏好等信息，结合其所在位置、天气等时空维度资料，形成初步的算法推荐模型，构建出用户需求与信息供给的相应匹配机制。

第二步根据用户的媒介使用行为偏好，制订个性化推荐算法，为用户推荐特定领域的对象化精准信息。

第三步根据用户使用反馈及阅读行为的演化，修正并完善推荐方案。[1]

在这个过程中，算法是推荐系统的核心。目前主要的内容推荐算法包括协同过滤推荐算法、基于内容的推荐算法、流行度推荐算法、混合推荐算法四类。其中，协同过滤推荐算法应用得最为广泛，它为用户找到一个兴趣相投、拥有共同经验的群体，再将该群体的选择推荐给用户；基于内容的推荐算法本质上是对用户画像与不同内容特征之间进行相似度计算，选取相似度最高的一组内容推荐给用户；基于流行度的算法则类似于新闻、娱乐、微博热榜等，根据独立访客数（UV）、页面浏览量（PV）、日均页面浏览量或分享率等数据，按某种热度排序推荐给用户；在实践中，混合推荐法常常被使用，即内容推荐系统融合了数种算法，将不同算法推荐的结果赋予不同的权重，再将最后的综合结果进行推荐，或是在不同的计算环节中运用不同的算法来混合，以达到更贴合用户需求的目的。

与传统的内容分发相比，基于算法的内容推送有三大主要特征：

第一，高度依赖数据资源，特别是高质量的数据资源。需要获取用户数据，包括人口统计学数据（如年龄、职业等）、用户的环境特征（如时间、地理位置、网络情况、天气情况等）以及用户的行为数据等。

---

① 《关于算法新闻，你需要了解的都在这里了》，http://www.sohu.com/a/242211957_653748。

主要推荐方法对比

推荐方法	优　点	缺　点
基于内容推荐	推荐结果直观，容易解释不需要领域知识	新用户问题复杂，属性不好，处理要有足够数据构造分类器
协同过滤推荐	新异兴趣发现、不需要领域知识随着时间推移性能提高推荐个性化、自动化程度高能处理复杂的非结构化对象	稀疏问题、可扩展性问题、新用户问题，质量取决于历史数据集系统，开始时推荐质量差
流行度推荐算法	简单，适用于刚注册的新用户	无法针对用户提供个性化的推荐
混合推荐算法	可实现多样性	需要通过大量的工作，才能得到正确的平衡

资料来源：文章《Google算法十年变迁史》①

第二，具有智能化。除前期的程序设计外，算法技术能够在无人干预（或较少人工干预）的条件下自动推荐新闻等内容。

第三，算法呈现的内容是人和算法不断互动、彼此调试的结果。任何一种算法都不尽完美，需要进行动态的不断优化，以适应用户的需求。如谷歌的搜索算法每年就要调整500~600次。②

智能推送以用户为中心，降低信息过载，提高内容分发效率

算法推荐作为一项先进技术，具有个性化、效率高、定位精准等优势，在一定程度上满足了不同群体对于信息的需求，在理论和应用层面具有重大的意义和价值：

其一，算法推荐有效解决了信息过载问题，让用户的应用体验得到了改善。在互联网迅猛发展的今天，"信息过载"问题逐年提高，成为不少用户对于内容选择无所适从的困境。算法推荐根据对用户行为的追踪和预测，以同类信息聚合发送的方式，自动为用户生成符合需求的信息，在海量的数据中帮助用户快速找到其可能需要的内容并进行精准推荐，有利于节省用户时间，很大程度上减少了信息过载带来的困扰，降低了获取信息的时间成本，体现了互联网时代从"人找信息"到"信息找人"的转变。

其二，算法推荐实现了内容的精准分发。人类传播史经历了从人际传播、群体传播到大众传播，再到分众传播的发展转变。分众传播更好地满足了使用者对信息的个性化、多样化的需求。算法推荐采用大数据和算法技术，根据用户的喜好对其进行精准的个性化传

① 杨博、赵鹏飞：《推荐算法综述》，《山西大学学报（自然科学版）》，2011年34（3），第337~350页。
② 《Google算法十年变迁史》，https://blog.csdn.net/preterhuman_peak/article/details/40400197。

播，大大减少了无关信息的干扰，产生良好的传播效果，是媒介由"传者中心"向"用户为王"转变的具体体现。如抖音网便是依赖兴趣标签驱动、推荐算法分发流量等途径快速帮助用户找到自己喜爱的内容，实现了有效内容与消费者之间的高效连接。

其三，算法推荐的出现使新闻/资讯生产的人力成本变低，机器可以一天24小时不间断地向用户推送相关新闻内容，极大提高了新闻/资讯的分发速度，让大规模的个人化信息传播成为可能。

●过度算法推荐引发"信息茧房"与"尖叫效应"

尽管算法推荐带来了传播方式的革新，但也产生了诸多的相关问题。从算法新闻推出伊始，"信息茧房"就一直是备受争议的焦点。换言之，用户点击什么，算法就会默认用户对该内容感兴趣，并不断给用户推荐相似的内容。相似内容的大量推送导致了用户的点击量增加，而点击量的增加又促进了推荐系统的持续推荐，形成一个信息闭环。即使用户的兴趣是多元化的，推荐系统能够做到覆盖用户感兴趣的内容，但是持续同质化的推送造成内容输出多样性的减少，没有与用户意见相左的信息，也没有可以使用户视野开阔的信息，算法成为一个"过滤气泡"，为每个使用者量身定制过滤器，使每个人都成为了一座信息孤岛。芝加哥大学法学教授凯斯·桑斯坦在其著作《信息乌托邦》中提出了"信息茧房"的概念。他认为，公众的信息需求并非是全方位的，往往是跟着兴趣走，如果只是提供他们感兴趣的内容，久而久之，会将使用者桎梏于像蚕茧一般的"茧房"中。算法通过单一化、同质化的信息推送不断在加固这种"信息茧房"，将人封闭在狭小的信息空间中，隔绝了多元化的信息来源和多元化的世界。这种所谓的"千人千面"传播实质上造成了"单向度的人"。

基于算法的个性化推荐，不仅强化了内容传播的闭环，还缺乏对于基本价值观的守望和主流价值的引导。算法推荐奉行技术至上，遵循商业逻辑，根据信息流量来识别用户阅读习惯和兴趣。暴力、犯罪、恶搞等内容往往由于关注度高、吸引眼球，会被机器"抓取"和"推荐"给用户，成为关注的热点，心理学称此种现象为"尖叫效应"。近年来，一些基于算法的短视频推荐平台频频播出"少儿不宜"、有悖社会公序良俗的内容，引发大众关注，正是利用了"尖叫效应"。2018年，因传播涉未成年人低俗不良信息，国家网信办依法约谈了"快手"和今日头条旗下"火山小视频"负责人，对其提出严肃批评并责令全面整改。

此外，内容的算法推荐还因隐私保护问题广受诟病。算法的运行离不开数据，而个性化新闻推荐、用户分析等服务需要个人数据。搜集的个人数据越多，算法对用户的"了解"就越准确。算法所有者可能会无视用户的隐私保护：一方面过度搜集用户个人数据，例如，将个人敏感数据纳入收集范围；另一方面对个人数据缺少有效保护，随意流转数据，导致个人数据泄露。路透新闻研究所《数字新闻报告2016》显示，49％的英国和美国受访者对算法推荐影响个人隐私表示担忧。2018年3月，脸书曝出个人数据泄露丑闻，剑桥分析公司借助2014至2015年间脸书推出的一款心理测验，在未经同意下盗用了高达5000万用户的个人信息，用于美国总统大选时为特朗普进行精准的广告推送，影响了选举结果。在大数据时代，个人数据被多个终端、平台所收集，被各种算法"监视"，相应的隐私风险随时都可能发生。虽然有人提出将个人数据处理时用匿名的方式规避隐私风险，但不可否认的是，多个匿名数据建立关联依然可以识别出特定的个体。因此，不让个人数据

"裸奔"，需要更为有效的防护措施。

●基于算法的内容推荐需要"守门人"

2017年，今日头条的创始人张一鸣曾在接受《财经》专访时称，"算法没有价值观"引发争议。尽管算法推荐没有价值观，但算法的设计者有价值观，算法设计者背后的企业、组织机构是有价值观的。任何内容生产和发布机构在进行算法推荐时，流量变现不应该是唯一诉求，它还要主动坚守社会责任，化解不良信息传播风险。

从自律层面来讲，内容生产和发布机构要优化平台算法的顶层设计。算法运行系统的设计要体现社会公平，不断加强技术的修正，改善算法的筛选、分发机制，开发更先进的技术和算法，将更多有价值的评价标准引入新闻产品的分发过程，尽可能避免因偏见的数据或狭隘的算法设计误导消费者，使用户能够接触更加丰富的新闻信息。

从他律层面来讲，任何时候媒介的内容推送都需要有"守门人"，即使在技术为王的时代也不能完全让算法来决定一切。针对信息质量参差不齐的现状，将算法推荐与人工推荐结合，通过"人机协同"的方式实现人与机器的优势互补日益受到业界重视。一些国内外的社交媒体在以往算法内容推送的基础上，已经开始注重加入人工推荐方法，如国外的推特、快照、图片墙、脸书（Twitter、Snapchat、Instagram、Facebook），国内网络问答社区知乎等。"人工＋算法"相结合的模式实现了优势互补，也更加人性化，让技术和算法真正造福新时代，营造出清朗、健康的网络信息空间。

由传统的"我播什么你看什么"，到现在的"我推荐什么你就看什么"，基于算法的内容推送是内容传播方式的一次重大变革。就目前的运营情况来看，其优点突出，缺点也明显是比较中肯的评价。在接下来的发展中，内容推送将会在媒介市场中扮演日益重要的角色。如何令该方式更加高效公允，并将个人、媒介、社会利益进行均衡匹配，是相关传播媒介亟须破解的难题。

7. 户外视频向场景化媒体转变，大数据实现信息有效推送

通讯和媒体技术的发展，以及受众生活形态的变迁，为户外视频媒体提供了良好的成长空间。通过互联网、无线通信网、卫星等多渠道传输以及数字电视屏、LED屏、电脑等多终端覆盖，户外视频媒体在向用户提供丰富视频资讯的同时，以智能联接用户、精准推送带动消费等特点，成功塑造了户外视频媒体新的生态环境。

新技术赋能户外视频，线上线下场景联动构建营销重要入口

随着交通运力的增强以及城市居民生活节奏的加速，人们在户外的停留次数和时长都在增长，这为户外视频媒体提升媒体价值奠定了良好的基础。根据CTR CNRS的数据显示，国人平均每天的通勤时间从2011年的28分钟增加到了2016年的35分钟；户外媒体的日到达率在2016年为84.1%，高于其他媒介类型。

在我国通信网络和设备建设升级换代背景下，网络化、互动化、数字化技术的发展应用为户外视频媒体快速发展增添了新的动力。凭借天生的场景优势，户外视频媒体近年来备受广告主重视。在CTR2018年进行的大规模广告主调查中，2017年广告主在全媒体广告费用分配中对于数字户外广告的投放比例为6%（比上年增加了1个百分点）；2018年数字户外媒体继续受到广告主青睐，花费占比达到7%。

在技术赋能背景下，户外视频媒体通过用户与各类"网络"的连接，进行线上和线

下的场景联动，缩短了企业与用户的距离，具备推动完成营销最后一步——实现消费的可能。这不仅在商业模式上为户外营销提供了新的思路，拓展了营销传播的价值空间，同时也为户外视频媒体通过与用户行为大数据的连接提升了信息推送和营销推广的精度，并借由社交网络的二次传播达到对社群的自动挖掘和营销二次曝光的效果，使户外视频媒体成为极具潜力的场景营销重要入口。

●向场景化媒体转变，互联互动功能优化用户体验

推动户外视频媒体成为用户重要的消费连接点，一方面凭借其先天的场景优势，另一方面有赖于技术发展赋予户外视频媒体的互联互动功能。

场景营销以塑造"场景"为核心，根据消费者或用户所处的时间、地点、环境和状态的差异性，提供与之相匹配的信息、产品或服务，从而满足用户当下体验和消费需求。在用户等电梯、乘车、候机、商超购物、电影观看时，都置身于特殊户外场景中，在"停留"的同时对日常所回避或被动式观看内容（比如广告）的关注显著提高。对此，分众传媒CEO江南春将其总结为"主动"与"被动"的区别。[1]在当下的互联网环境下，媒体不应该被分为所谓的传统媒体和新媒体，而应该根据用户接收信息的意愿和主动性来分类，适应移动互联网时代带来的对人的赋权之后的新变化，媒体应该分为"主动的媒体"和"被动的媒体"两类。"主动"是指使用者需要主动选择接收信息的方式方法，充分发挥其能动性，这也是当下诸多的围绕用户需求满足的互联网产品争相趋向的方向，而另外一类"被动"是指回归一个固定的空间，一个场景下，用户被围绕在其所处场景空间媒体之中。

从传统的广播式媒体到场景化媒体的转换，是户外视频媒体智能化的过程，也是用户体验升级的过程。2016年起，户外媒体行业致力于打造场景化媒体环境。比如分众传媒提出打造"生活圈媒体"生态体系的战略概念。航美传媒专注于建设航空生态圈，并于2016年在南京禄口机场航站楼以140㎡的弧面LED巨幕辐射整个机场出发大厅，搭配集合电子媒体声、光、电手段增强广告的感染力，营造身临其境式体验感。

在"互联网+"时代，户外视频媒体还已可以通过搭载"触碰技术（感应器）"实现直接"人屏互动"，即通过手机、PC、电脑等端口，结合时下热门的二维码、App等功能进行联网操作，实现户外视频媒体与用户联动。2017年"当燃京东"场景营销中，京东3C在北京地铁国贸站进行创意广告投放，通过搭建LED大屏、运用红外感应技术宣传京东3C"双十一"以及《京东杯中国青年电子竞技大赛》活动。在宣传期内，当有乘客通过大屏前，屏幕上会自动播放电竞大赛宣传视频，无人时屏幕处于静止状态，达到了精准有效吸引用户注意力的效果；此外用户在经过大屏或相关宣传海报的同时，还可扫描二维码直接登陆京东商城3C页面，通过用户的线下接触带动线上访问，提升了用户消费的便利性和满足感，打造完整的营销闭环。

视频技术的升级换代，也为户外媒体传播和营销赋能。在VR技术浪潮下，VR技术与场景营销也进行了紧密结合，给用户带来增强版沉浸式体验。借助VR技术，户外视频为品牌与消费者建立了一个新的链接界面，不仅带给用户"身临其境"的沉浸式体验，更可以呈现"实时"效果，是户外媒体借用技术进行场景重塑，提升品牌价值的又一新型手

---

[1] 刘珊：《户外媒体新空间：以场景换价值》，媒介杂志。

段。2016年在淘宝造物节中，阿里VR实验室GM Lab（Gnome Magic Lab）将VR技术融入线下展会，通过其研发的虚拟现实购物体验产品Buy+带领现场用户走进女包和男女内衣两个购物场景。用户带上"头盔"即可进入虚拟商店，通过操作手柄设备进行360度商品欣赏，还可请导购机器人"小雨"为用户更换商品的颜色尺寸，并让模特展示穿着效果。同时，用户在VR展现的购物场景内，还可以和友人一同在虚拟场景购物和交流，为聚合更多用户提供了通路。

大数据支持场景营销用户精准测量及信息有效推送

一直以来，用户的实时监测以及营销传播效果精准评估都是户外媒体的运营痛点，大数据技术的日臻成熟，为户外媒体行业在上述运行层面带来新的曙光。用户大数据随着共享、位置、社交与推送日益精准以及程序化自动投放技术的逐步成熟，推动了户外媒体在营销传播中"数据化""智能化"程度的不断提升。

一种较为普遍的看法认为，传统的户外广告是针对大众进行的传播，大数据时代将更加个人化、精确化。传统的户外视频媒体以广播式推送为主，强迫收看，方式简单粗暴；其用户反馈信息多是通过受众调查获得，是相对零散的小规模数据，受数据量限制，提升精度的可能性较小。

在大数据时代，用户背景信息的获取更为便利迅捷，户外视频营销借由大数据资源、机器智能学习和信息识别技术，将视频内容与用户当下场景以及用户背景信息相关联，依据用户资料进行的信息推送具有更高的参考性和实用价值，使营销推广更为精准，提升了用户体验和营销向消费行为转化的效率。但在实际操作中，上述两种市场数据各有优势，结合运用都将对营销传播产生有效的支持。

8. 用户大数据的应用与边界

移动互联网时代，大数据、云计算、物联网被称为移动互联领域的几项颠覆性技术革命。根据国际著名的市场调查机构IDC预测，每隔18个月，整个世界的数据总量就会翻倍，到2020年，全球数据总量将达到35.2ZB(1ZB=10亿TB)。无论是对于国家、商业机构还是传播媒介，有效掌握并合理地应用用户大数据将有助于在未来的竞争中占领先机。目前大数据应用作为国家战略在社会生活中发挥着越来越重要的作用，而在视频领域，用户大数据已经成为媒体机构推动传媒生态升级转型的重要工具。

● "用户数据化""数据资产化"趋势下，用户大数据已成为重要生产力，成为驱动发展的发动机

在大数据时代，数据已成为新的基础性和战略性资源，成为了重要的生产力。互联网已不仅仅具有媒体功能，更成为用户市场转化的有效平台。大数据在企业运营全程中扮演的角色，已经由参考工具转为驱动发展的发动机。而对于互联网视频企业而言，用户大数据被应用到运营的各个环节，成为每项决策的起点和重要依据。

国内三大视频网站的迅速崛起与其占有海量的用户和对用户大数据的充分利用密不可分。爱奇艺背靠百度；腾讯视频是腾讯大家庭的重要一员；而优酷土豆则是阿里大文娱生态的重要组成部分。BAT庞大的用户生态为三大视频网站提供了重要的流量入口，这也直接导致上述视频媒介的脱颖而出。

以腾讯视频为例，虽然起步时间较晚，2011年才开始上线运营，但依托腾讯庞大的

用户生态系统的支撑，实现了市场逆袭。一方面，腾讯集团旗下的拥有数亿级用户量的QQ、微信平台为腾讯视频进行导流；另一方面，腾讯视频平台累积的用户观看行为大数据也能反哺流量平台，让用户画像更为精准，从而实现更为准确有效的内容推送。

爱奇艺的大数据除了来自其网站的所有流量、用户的点击日志外，绝大多数来自于用户在百度上的搜索行为记录。用户的信息搜索行为反映了其大量喜好、消费习惯、需求等相关信息，而这些信息为爱奇艺挖掘用户大数据的价值提供了良好的基础。

优酷的负责人杨伟东曾说过：以数据为代表的"理科生"进入内容为代表的"文科生"的时代开始了，这意味着"好莱坞+硅谷"时代的真正到来。全球最大的网络视频企业奈飞在美国之所以被称为科技公司，很大程度是因为它的先进大数据分析技术以及对用户大数据的充分使用。华尔街的专家分析说，优秀的独占内容、业内领先的算法与大数据已经成为奈飞重要的竞争优势和护城河。

● 用户大数据应用已经融入视频内容的生产、传播、广告营销等全流程，实现了产业链的重构和再造

大数据时代，传统视频产业链上的内容生产已经不单纯是专业人员的艺术创作，传播也不再是简单的渠道分发。随着用户大数据进入视频产业链的各个环节，改变了传统视频产业的运行逻辑：基于对用户大数据的深入挖掘和运用，可以优化资源配置，提升工作效率，更精准地洞悉市场需求。

● 依托用户的观看偏好和其他反馈数据，实现内容生产共创

传统视频行业的内容生产，最重要的依仗是有创意和匠心的记者编导以及有经验的制作团队，而现在越来越多的内容生产和采购，则是通过对用户的深入研究来进行定制；基于用户大数据，通过算法了解用户的想法和需求，捕捉用户的消费逻辑、品位和喜好，内容制作逐渐由B2C的模式向C2B的模式转型。爱奇艺创始人、CEO 龚宇曾说过"大数据分析对剧本、主创阵容选择，拍摄和后期制等影视剧的创作环节都会产生深刻的影响"。大数据左右视频内容生产比较典型的案例是《纸牌屋》，让全世界的文化产业认识到大数据的力量。《纸牌屋》的数据库包含了3600万用户的收视选择、400万条评论、300万次主题搜索。譬如当你打开《纸牌屋》看了一段时间后按下"暂停"键，就会被数据记录，或许对于你只是一个偶然的行为，临时有事走开，但如果通过大数据发现大部分用户在此时都会有"暂停"的动作，那数据就会分析出这里可能是剧情的精彩部分；如果当用户扎堆选择"快进"时，就说明此处情节无聊，不受用户喜欢。最终，《纸牌屋》在内容上拍什么、谁来拍、谁来演、怎么播，都主要由数千万观众的客观喜好统计所决定。从受众洞察、受众定位到受众转化，每一步都由精准有效的市场数据引导，从而实现大众创造的C2B内容生产方式。

在影视剧采购方面，当前各个电视台和视频网站背后都有一套基于大数据的分析流程。通过对以往类似的题材、相应的编剧、导演、演员所创作剧集的播出效果和重点收视人群的分析，来预估准备采购剧集可能产生的播放成绩，从而决定该剧是否值得购买。

用户大数据已经完全改变了传统视频行业内容生产制作的固有模式，在今后的节目生产中，制作机构与用户互动不再是可有可无的噱头，用户的行为和反馈将决定着节目内容的进程和走向。当然，用户大数据的分析和洞察，也不能完全替代节目创作人员的经验与匠心，它更多是作为决策判断的依据，让内容生产团队在做决策的时候多了一个工具、多

一把剪刀。

● 精准"人群画像"完成内容个性化推荐，"投其所好"方略有效捕获更多用户

传统媒体时代，受众通常是被动地接收信息，除了选择看与不看、听与不听之外，对于看什么、听什么、什么时间看或听的选择余地很小。而到了互联网时代，受众从被动的接收信息变为自主的选择和获取信息。面对众多的媒体平台和海量的内容，用户变得越来越"懒"，短时间找不到自己喜欢的内容便会很快转换到其他平台，从而造成媒体用户的流失。

基于用户画像的视频个性化推荐往往能够准确把握用户的需求，从而让内容的传播做到有的放矢。以"今日头条"为例，其用户个性化推荐的依据主要是两个：文章分类和用户画像。文章分类的构建主要通过对文章进行分词，即对每篇文章提取关键词，作为描述文章内容的一种特征；用户画像则是通过用户在"今日头条"平台上搜索、点击视频、文章浏览、收藏等一系列的操作，不断生成并完善用户对相关内容使用偏好的画像，然后据此向用户推荐相似的视频或文章。通过"投其所好"来捕获更多的用户并且更为牢固地锁住用户。

此外，基于用户大数据的个性化推荐可以大大节约内容的筛选时间，形成良好的用户体验，利于培养用户的忠诚度，视频企业均在此方面着力甚多。"绿镜"功能就是爱奇艺公司依托大数据分析算法，提升用户体验的一种有益尝试。该功能通过筛选、整理和分析每天搜集到的大量用户视频观看数据，自动判断用户的喜好，将精彩内容抽离出来，生成受关注程度最高的"精华版"视频。用户在观看视频时，大都会根据自己的喜好产生快进或快退的操作，这些行为都转化为重要的数据资源。美国奈飞公司在刚转型流媒体的时候，它的大数据团队曾经花费了4年时间通过对海量数据的分析和挖掘，打造出精细化的视频编码压缩算法（针对不同剧集有不同的算法），最终为用户节省20%的带宽，在保证画面质量的同时，极大提高了播放流畅度。

● 利用大数据洞察目标消费人群，实现广告精准营销

促进市场营销和广告投放也是视频行业用户大数据应用的一个重要方面。例如可以借助大数据实现对用户视频观看行为以及其他互联网行为的深入洞察，帮助广告主找到目标消费人群，从而有针对性地对其进行营销和广告投放。实时竞价广告（RTB）就是基于用户大数据应用而产生的一种新型的广告投放模式。当某个用户在网络上浏览过某种商品，或点击过特殊类目的广告后，其浏览痕迹都会通过Cookie记录在案，进而通过广告交易平台，在该用户下一次浏览网页的时候，推送符合其偏好的广告。实时竞价广告一定程度上规避了无效的受众到达，对于视频媒体而言，可以带来更多的广告销量、实现销售过程自动化及减低各项费用的支出；对于广告主和代理公司来说，最直接的好处就是提高了投放效果与回报率。

此外，在广告投放之后，还可以通过大数据持续追踪用户对相关产品的浏览搜查轨迹，通过研究用户的行为逻辑为广告主提供更好的营销方案。爱奇艺2013年推出的广告产品"一搜百映"，背后的逻辑就是以百度大数据平台为支撑，通过对用户搜索行为数据的深入挖掘与分析，优化视频广告服务，并降低对非目标用户的广告投放率。正如维克托·迈尔-舍恩伯格在著名的《大数据时代》一书中所言：数据的价值就像漂浮在海洋中的冰山，第一眼只能看到冰山一角，而绝大部分则隐藏在表面之下。随着数据存储技术和挖

掘技术的不断进步，用户大数据还将得到更广更深的应用。

●警惕唯数据论的"数据迷失"，加强法规和"数据伦理"建设，是当前大数据应用中的核心问题

随着技术的日趋成熟，大数据已经广泛应用于交通、医疗、金融、生活服务等各个领域。在大数据在给我们的生产、生活和思维方式带来革命性改变的同时，也要通过理性思考，认识到其在应用中存在的局限以及带来的一些问题。目前大数据在应用过程中面临的两大核心问题就是"大数据孤岛"和"大数据伦理"。

"数据孤岛"制约大数据市场化、产业化、规模化应用在大数据产业快速发展的今天，大数据应用仍然远远落后于大数据建设，而产生这种情况的最重要原因，就在于各个大数据采集机构之间存在各种形式的"壁垒"，无法实现充分的共享与流通，形成了一个个"大数据孤岛"。

首先，中国的大数据产业主要由政府、运营商、互联网企业等三大"数据岛屿群"组成，而岛屿群之间则相互割裂，彼此孤立。据相关市场机构测算，政府掌握的直接和间接数据占总数据量的70%，其中大部分在公共基础设施、公共服务这一块，比如医院、交通运输体系、传播媒介等。中科院院士梅宏曾经在接受采访时就提到，"一些掌握数据资源的机构或部门不愿、不敢、不会开放共享数据"，而一些已开放的数据也因缺乏格式标准无法进行关联融合，从而形成数据孤岛。

其次，在"数据岛屿群"内部，数据的流通也呈各自分散的"岛中岛"状态。譬如，不同领域的互联网公司掌握着各自行业的大数据：视频网站掌握着用户在线视频观看行为的大数据；阿里、京东等电商网站掌握着用户线上消费的大数据；而微信、QQ等社交平台掌握着用户社交行为大数据，它们彼此之间也无法联通。因此，对于视频网站而言，通过其用户大数据实现对内容的优化和精准传播尚能达到，但如果要进而延伸至影响用户的线上消费、购买行为，或是社交传播就会显得捉襟见肘，因为底层的数据没有联通，无法进行有效的相关运作。

第三，大数据孤岛还体现在线上和线下企业获取大数据的能力不一致。目前仅线上企业有获取大数据的能力，而线下企业普遍缺乏大数据采集能力，从而使线下的商业大数据形成了孤岛，消费者的线上活动无法与线下的消费活动产生联动效应。

虽然以BAT为首的互联网企业目前通过并购，将不同行业、不同领域的公司聚拢在同一个集团之下，然后通过集团内部数据的打通来解决大数据孤岛问题，如腾讯的"企鹅号"、阿里的"大鱼号"、百度的"百家号"等，均是希望在用户层面形成数据的打通，但这也仅仅是解决了部分领域之间数据融通的问题。而真正要突破大数据孤岛的困境，让政府、运营商以及线上线下各领域之间的大数据形成有效顺畅的融通，还有很长的路要走。

● "信息裸奔时代"，大数据技术带来的数据伦理问题引发应用隐患

大数据技术是把双刃剑，它在给个人、商业机构以及社会带来巨大利益的同时，也会引发其他的风险。随着大数据应用的逐渐深入，由此引发的个人隐私、信息安全以及数字鸿沟等大数据伦理问题也逐渐开始浮现。

大数据技术引发的数据伦理问题主要包括几个方面：

一是用户隐私的泄露问题。在信息高度发达的今天，个人只要与网络接触，就存在隐

私泄露的风险，人们仿佛生活在一个信息"裸奔"的时代：电商了解你的消费需求，专车清楚你每天的行踪，移动支付掌握你的财产变动，甚至连外卖商家都清楚你最喜欢吃什么菜。个人的健康状况、通信住址、手机电话、银行交易等各类信息都在被各种商业和社会服务机构源源不断地收集存储。因此，对于大数据拥有者的视频企业，保护好用户隐私，避免用户隐私信息泄露是必须坚守的底线，而一旦出现用户泄露并被曝光，对企业本身的公信力也伤害巨大。2018年3月，美国社交媒体Facebook（脸书）5000万用户信息泄露事件引发全球关注，对脸书自身的品牌形象造成严重伤害。

二是信息安全问题。个人在网站上或社交平台上留下的信息本身就会存在安全隐患，一些身份信息易被窃取、伪造，近年来数字身份盗用事件呈现迅速增长，因数字身份被盗用引发的犯罪行为也层出不穷。

三是数字鸿沟问题。"数字鸿沟"，是指在全球数字化进程中，不同国家、地区、行业、企业、社区之间，由于对信息、网络技术的拥有、应用程度和创新能力的差别而造成的信息落差，以及由此产生的贫富进一步两极分化的趋势。在现实的大数据应用中，不同群体因为贫富、受教育程度的差异等，从而导致了对大数据利用的不平衡。数字鸿沟会产生信息红利的分配不公，从而加剧群体差异和社会矛盾。

针对大数据技术产生的数据伦理问题，大致可从以下几个方面来进行应对：一是要尊重用户，在收集个人信息或将个人信息用于其他目的时，必须要获得用户的同意；二是要加强技术创新，解决隐私保护和信息安全问题；三是要实行立法约束，完善相关的法律保障制度；四是要健全监管机制。

总之，大数据的应用也是有其局限的，只有充分了解其应用边界，并确立相应的数据伦理道德底线，警惕唯数据论的"数据迷失"和"泛大数据思维"，才能将大数据工具应用得更为科学有效。

六、视频用户消费之争的现状和趋势

中国视频行业的发展经历了三个阶段：

第一阶段是传统视频时代，电视、电影主导视频的传播，用户无法自主地选择观看内容，视频用户的竞争在这个阶段并不明显；

第二个阶段是互联网视频时代，以爱奇艺、腾讯视频、优酷等网络视频平台为代表，用户通过网络平台自主选择喜欢的内容观看，视频媒介间的竞争主要体现为用户数量之争，各大平台纷纷跑马圈地，扩充用户规模；

第三个阶段是自2016年以来，随着直播和短视频的兴起，用户碎片化视频观看时代来临。在该阶段，视频媒体的竞争更多地体现为对用户的时间之争。随着用户多屏、多平台视频消费成为主流，平台如何留住用户，如何抢占更多的用户碎片化时间便成为视频媒介消费之争的关键。

1. 网络视频依托技术优势在用户竞争中居于主导地位，电视观众持续流失

2008~2018年，是中国网络视频迅猛发展的10年。根据CNNIC的数据显示，10年间，网络视频的用户规模从2008年的2.02亿增长到2018年的5.79亿，网民的网络视频使用率从

67.7%提升到75%，在短时间内得到质的飞跃。

在大视频时代的用户竞争中，视频网站携技术优势更具主动性：

首先，在收看方式上，网络视频以PC、手机为载体，用户可以随时随地地选择自己喜欢的节目观看；而对于电视媒体而言，用户只能按照电视台制定的节目时间表被动收看，因此网络视频在收看的主动性和便利性方面处于优势。

其次，在视频内容方面，虽然电视台的节目属于专业制作，总体水平明显高于网络视频，但网络视频的节目类型却相对更为丰富，除了绝大部分电视节目之外，网络平台还大量引进其他版权节目，也包含一些来自用户原创的视频内容，节目类型更为多元化。

最后，相对传统电视节目，网络视频节目最大的特点在于互动性，而节目互动则是增强媒体与受众黏性的重要手段。

因此，在大视频时代，网络视频依托互联网传播的特有属性，在节目收看的主动和便利性、节目类型的多元化以及互动性方面都具有显著优势，从而在视频用户的竞争中占据主动。

与网络视频相比，电视媒体存在明显的技术短板，用户处于持续流失状态。虽然电视行业也在思考向新媒体转型，但受资金、人才和技术等因素的限制，多数电视台新媒体建设进展缓慢。随着年轻受众从传统媒体向新媒体的快速转移趋势，电视用户的流失现象或将会日益凸显。

2. 在大屏化、智能化趋势下，有线数字电视重新占据客厅娱乐与应用服务核心位置

随着中国经济的快速发展和人均 GDP 的提升，消费升级成为了近年来的热门话题，而电视的大屏化、智能化便成为大众视频消费升级的重要体现。据英国IHS Markit公司数据显示，全球智能电视单元出货量在电视机总出货量中的份额由2015年的45%增至2017年的64%，2018年则达到70%。"大屏"的智能电视提供了电脑、手机和平板等"小屏"终端难以媲美的视听体验，使得家庭观影娱乐朝着更加真切享受、更为赏心悦目的方向发展。

随着云计算、物联网和大数据等技术的快速发展，智能电视在应用服务方面也具有更强的可扩展性，用户体验得到了持续改善，也更为积极地参与到对用户的竞争之中。目前，智能电视已经和平板电脑、智能手机一样易于操作，在支持电视观看、视频点播、互动等应用功能的基础上，互联网数字娱乐、电子商务、文化教育、健康医疗等服务内容也通过智能电视接入到了家庭，使电视真正成为网络终端在家庭的入口，占据客厅娱乐与应用服务的核心位置，从而也吸引了众多网络视频用户重新回到电视媒体。

3. "受众用户化"促进视频内容在全传播链的价值变现

在大众传播领域，关于"受众"与"用户"的称谓是有着本质上的区别的。受众是信息传播的被动接收者，而用户则是指技术、产品或服务的主动使用者。在大众传媒时代，受众的个体需求和兴趣爱好很难被关注和发现；而进入互联网特别是移动互联网时代，媒介使用者个体在媒介消费过程中形成的独特个性化特征与需求越来越受到重视与满足，从而也令传统"受众"逐步转变为精准化、个性化的"用户"，大众媒体也从"受众时代"

走向了"用户时代"。

"受众用户化"呈现出的典型特征是用户行为的数据化。当受众转变为用户后，他们的一切行为都转变为可量化的数据。他们到网站去注册，留下了个人的信息数据；去电商平台消费，留下了消费信息数据；当他们在互联网上社交、浏览新闻、观看视频则留下了网络行为的Cookie数据。在互联网上，用户不再是模糊的、仅仅是呈现某些特征的一类群体，而是清晰的、具有鲜明个性化标签的真实个体。数据化的用户为我们精准地量化他们提供了天然条件，这些数据成为媒介进行用户分析和用户挖掘的基础。对于视频媒体而言，当我们与用户建立更紧密的数字化关系时，可以依托内容品牌，借助平台、渠道、终端，通过用户数据建立与用户的双向链接，进行用户运营，而不是如传统电视那样仅有一个唯一的沟通渠道，并且是单向的。

"受众用户化"打通了用户的视频观看、社交以及消费行为，同时也促成了视频内容的价值变现。以电视媒体为例，进入大数据时代，便推动了长期以来没有很好解决的几个突出问题的变革步伐：高收视率统计下的观众大数据缺失；电视的单向传播面临观众日益强烈的互动需求；市场要求广告营销越来越趋于精准化。受众的用户化则为电视优质内容的价值变现以及与用户的互动和精确数据统计带来新的机遇。受众用户化通过打造全新的用户平台，从内容生产、传播渠道到品牌价值变现的全流程入手，让基于优质内容的精准营销成为可能。例如被业内人士津津乐道的T2O模式，即TV to Online，观众可以在收看节目的同时扫二维码进入电商平台购物，从而实现"边看边买"。这便是将用户的观看行为与消费行为连接，从而实现电视节目内容价值变现的一种新方式。

4. 未来视频用户消费之争的核心：场景化、智能化

逻辑思维的联合创始人吴声在《场景革命》一书里提到："移动互联网时代，场景颠覆流量和渠道，成为重要的互联网入口。"进入移动互联网时代，人们上网的需求和形式发生巨大改变，所有的需求皆由场景而定，场景逐渐成为入口的核心。因此，对于视频媒体而言，场景化、智能化也将成为未来视频用户消费的核心。

在场景化视频消费中，每一个人的消费都是在特定的场景下诞生，这也意味着一个人在特定的时间和空间下都可能会产生不同的需求。以短视频为例，短视频是典型的满足用户碎片化时间观看需求的视频形式。在短视频平台《看了吗》3.0版北京发布会上，其产品总监提到《看了吗》短视频会通过图像识别、计算机视觉和人工智能技术，对视频识别做了大量的技术创新；同时建立业界涵盖上百个维度的最全场景特征库，能覆盖到用户所处的绝大部分生活场景。

建立场景与用户的准确链接需要高度智能化的协同。不同的消费场景关联着用户不同的情绪状态以及情感需求，而在各种关系的处置、情绪的感知以及需求和行为的判断上，则需要高度的智能化才能知道用户在什么场景下需要什么东西，该如何为其提供相应的服务。

总之，未来用户的视频消费会更加依赖于场景，而场景与用户的完美融合则离不开智能化技术和AI的加入，从而有利于更好地满足用户的场景化视频消费需求，以及更好地挖掘出相关数据背后的价值。

小　结

　　互联网的迅猛发展，为个人的工作和生活带来便利和高效率的同时，也在重构了所有产业。对于传统视频企业而言，要实现互联网时代的转型升级，首要解决的问题就是变"受众"为"用户"，坚持"用户为王"。通过智能化的终端大数据来建立内容的数据库，最终建立用户数据库，将是视频行业未来的重要发展趋势。

1. 在用户层面，不同类型视频媒体各有其核心竞争优势和生存之道

　　电视、网络、手机、户外、电影等视频媒体都有着数量过亿的庞大用户群体，也都有着不可替代的竞争优势。

　　电视接近13亿的观众规模，已经触及全国人口总规模的天花板，且受多屏分流影响观众呈现老龄化趋势。从近几年的日均收视市场和总体收视率走势来看，电视媒体已经走过了它的巅峰期，已出现了缓慢衰退，但它依然是观众规模量级最大的视频媒体。

　　网络和手机视频用户高速增长，在用户规模上成为继电视媒体外的第二大视频媒介。随着智能手机和互联网的进一步普及，尤其在西部地区、三四线城市及农村以及中老年群体中，依然还具有很大的增长空间；此外随着近年来网络视频付费进入红利期，付费视频用户已达到2.8亿，网络视频市场前景被广为看好。

　　户外视频主要面向城市职业人群，近几年受大数据和网络技术推动处于向场景媒体转换阶段；其用户规模大体稳定，很难再出现大规模的增长；但随着新技术赋能，户外视频媒体以互联互动功能优化用户体验，日益成为通过场景转换构建用户与产品互联的重要营销入口。

　　从票房和观影人次来看，中国电影近10年都处于飞速发展的时期。未来用户规模继续增长依然是大趋势，但随着影院和屏幕数量的增速放缓，中国电影用户规模的增速也许会有所放缓。

2. 以内容为核心，充分发挥自身优势，稳定并拓展用户群体

　　尽管绝大多数视频用户都是电视、电影、网络、手机、户外视频的复合使用者，但上述五大视频媒体也各自都有着规模巨大、独占排他的核心用户群体。不同的视频媒介在不同时间和空间上各自拥有着差异化的、不可替代的竞争优势：

　　电视对于儿童、中老年观众、中低学历人群有着更强的吸引力。

　　网络视频和手机视频的用户结构则以年轻群体居多。

　　户外视频媒体的主体用户以上班族为主、学历程度较高，年龄分布也较为均衡。

　　电影的女性观众较多，年轻人占9成，7成以上为大专及以上的高学历者。

　　在稳固核心用户的同时，不断拓展更多的新用户群体，是不同类型视频媒体都在努力的方向。电视媒体正努力通过媒体融合，让自身的内容在电视、网络和手机端贯通传播，以吸引流失的年轻观众；而网络和移动视频通过提供更为多元化的内容、制作更高品质的独家网剧、网综等节目，努力在用户的年龄维度和地域维度上进行拓展，以扩充其用户群体；电影则是通过观影渠道的进一步向欠发达地区下沉，来扩充自己的用户群体。户外视频正在积极向智媒体、场景媒体转型，通过在传播过程中不断提升与用户的参与性、互动性、趣味性，来稳定并发展自己的用户群。

3. 媒介的差异化优势，使"共时"消费成常态，媒介消费由分散走向聚合

时间和空间构成了用户视频消费的两个重要维度，也是场景构建的最基本元素。尽管收视高点近几年在降低，但电视作为家庭媒体的特征依然突出，尤其在近年电视大屏智能化的趋势下，电视媒体重回客厅娱乐的核心，电视价值重新被重视，从而让其广告价值得到业界重估，实现广告价值的回归。手机作为伴随性媒体，已成为许多拥趸须臾不可离开的身体"延伸性"器官。统计显示，用户每天手机视频消费的频率已经超过电视，位居所有视频媒体的第一位，尤其是在25~34岁青年群体中，这一现象尤其突出。在户外、楼宇电梯、机场车站等场景，户外视频媒体依然是许多用户消磨时间的一个重要选择，尽管面临手机视频的严重影响。在固定的时间周期内，保持稳定的观影频率，已经成为很多用户的一种视频消费习惯。有超过7成的观众每月至少观影一次，娱乐性、更为放松的喜剧片成为观众们的最爱。

在媒体选择越发多元的背景下，用户对不同媒体的"共时"使用成为常态，这也就意味着在同一时间和空间内各类媒体对用户注意力资源的争夺更为激烈。而在用户时间越来越值钱、注意力越来愈宝贵的情况下，媒介用户对时间的分配则会更为谨慎，会主动斟酌对于媒体和信息的选择，把有限的精力更集中在更有价值媒体资源上。CTR数据显示，人们日均接触4种及以上媒体的比例从2011年的32%下滑到了2016年的27%，用户的媒介接触由分散转为聚合。因此，在以时间和空间为轴所构建出的各种视频消费场景下，帮助用户节省时间、生产更具吸引力和独特的内容、创建多媒体互动共生的流量入口，将成为顺应融合传播生态、落实以用户为中心理念的有效路径。

4. 在技术的驱动下，用户大数据将产生和释放巨大的价值

无论是网络视频付费模式的勃兴，还是电影票房的屡屡造假，还有智能内容推送已经变成视频App的一个常态性服务，这些变化的背后，或多或少都有同一种力量在推动——用户数据。诚然付费模式最坚实的支撑是优质的内容，而用户大数据分析目前已经成为内容生产和购买最重要的决策参考。电影票房的造假屡禁不止，就是因为观众消费数据背后巨大的利益诱惑，才令一些利益集团铤而走险。而智能内容推送的出现，先天就带有用户大数据的基因，以"投其所好"的方式进一步刺激用户的视频消费。

在受众用户化趋势下，大数据作为重要的生产要素，已经成为视频媒体市场竞争制胜的重要武器。随着大数据存储和挖掘技术的不断进步，视频媒体越来越重视用户数据，越来越重视利用用户数据去分析用户，探知他们的兴趣和需求。用户大数据已经融入视频内容的生产、传播、广告营销全流程，成为视频媒体最为重要的核心资产之一。

5. "用户为王"趋势下，需要确立"数据边界"，认清数据应用的局限性

"用户为王"的旗帜下，基于大数据的推荐算法可以对用户实现精准的智能化内容推送，以有效降低信息过载，提高内容分发效率。

　　但同时也应注意到，过度算法推荐也会引发"信息茧房"与"尖叫效应"，基于算法的内容推荐也需要"守门人"。

　　美国脸书（Facebook）的用户隐私数据泄露事件，也暴露出大数据在应用方面的诸多问题和局限性，其中"数据孤岛"和"大数据伦理"是其中比较典型的问题。"数据孤岛"的存在，使得各个大数据拥有机构和企业之间存在各种形式的"壁垒"，数据无法融通，从而制约大数据市场化、产业化、规模化应用；而随着大数据应用的深入，随之引发的个人隐私、信息安全以及数字鸿沟等"数据伦理"问题也引发应用隐患。因此确立数据边界，认清数据应用的局限，对于未来更充分、更高效的应用大数据将至关重要。

第三章　中国大视频产业市场饕餮盛宴

主　笔：黄升民　中国传媒大学广告学院资深教授、博士生导师
　　　　刘　晓　中国传媒大学广告学院硕士研究生
　　　　叶之旻　中国传媒大学广告学院本科生

技术浪潮奔涌变革媒介形态，信息传递及交互方式发生改变，原本以纸为载体的信息内容转化为数字信号经由或大或小的光屏触达用户——无论是小巧便捷的手机小屏，还是发挥客厅经济的家庭大屏，或是挖掘场景价值的户外屏幕，都已成为社会"必需品"；于此同时，社会经济与文化水平的提高促使公众对休闲娱乐的需求大幅提升，齐集声、光、色、形等多种信息形态为一体的"视频内容"自然成为闲暇首选。"无处不屏"的媒体环境以及公众日益高涨的旺盛需求为视频产业创造了绝佳的发展环境：世界正站立于大视频时代的风口，视频市场因此蓬勃。

在如此背景下，技术、内容、用户、资本纷纷向视频市场聚拢，造就一场饕餮盛宴。对于视频市场而言，技术是基础，内容是支撑，用户是保障，该三者均在前文中进行了专门论述，本章不再重复。笔者遂将重点放在梳理视频市场运维现状并洞悉其未来发展趋势上。

一、中国视频市场之洞察

大视频市场的形成不可能一蹴而就，它是由多方力量顺遂时代发展轨迹持续交融碰撞，逐步勾勒、渐进发展出来的。在这个过程中，媒介环境的颠覆与重构、用户行为的变迁与重塑、资本市场的积极参与等都为视频市场的发展带来诸多机遇与挑战，由此一来，整个视频市场在经营主体、经营方式、经营工具及经营管控等方面都展现出鲜明的时代特征。

（一）多元互融的大视频市场

视频市场结构庞大，产业链复杂，伴随着技术的不断升级与媒介的变革融合，多元化与互融性已经成为中国视频市场最为鲜明的时代运营特点。

1. 多方参与下的交互与融合

纵观当今大视频市场，其运营的参与方可谓相当广泛，而真正处于市场核心地位的则当属众多的视频媒体。作为运营平台，视频媒体承担将信息传递给用户，是最为直接的利益相关者。在早期发展阶段，电视、电影、视频网站、户外大屏等是市场主要的活跃者，

把控着整个视频市场。随着互联技术的深入发展，尤其是移动互联网的普及，伴随着场景媒体的再生与UGC的兴起，诸如短视频、直播、电商视频、电梯视频等视频形态逐渐孕育与发展，一大批新型视频媒体平台快速崛起，视频市场从以往的有限传播、应用与市场运营状态逐渐呈现多元发展态势，并在资本的搅动下越发繁荣且竞争越发激烈。

其中，处于风暴中心位置的便是视频内容。越是优质的内容，就拥有越为广阔的经营空间及衍生价值，这自然是视频媒体平台争夺的焦点。在经历了初始的购买与整合之后，众多新型视频媒体平台一改过去被动依赖传统视频媒体内容的运营模式，主动涉足内容生产以及对生产者的培养，以期拓宽媒介运营价值。这其中尤以短视频、直播等平台最为典型，比如斗鱼TV打造"主播星计划"、火山小视频推出"火苗计划"等。由此，视频内容市场在新兴视频媒体平台的积极主动推进下变得更为丰富与多元。

另一不可忽视的情况是，视频市场呈现出的融合互连趋势，严重影响到了视频市场的经营生态环境。在数字技术的搅动下，视频市场在上游内容端、中游渠道端以及下游用户端不断拓展，形成了激烈的竞争格局和巨大的市场规模。在这个过程中，多元视频形态载体入口得以形成，媒介以多元内容为核心实现了互融。首先，各视频媒体通过"投屏""二维码"等多种技术手段实现互连互通，达到视频内容从大屏到小屏，从普通屏到智能屏的物理性转换。其次，在内容的有效应用上，各视频平台则逐渐建立起共生的视频内容生态，同一内容通过多元视频载体传递，聚拢不同圈层用户。由此，多元视频形态实现互通互联，共享经营空间，成为视频市场经营的一大突出特点。

2. 多维运营模式强化内容变现能力

视频媒介市场格局的变化带来得是经营方面的挑战，以广告为主要盈利方式的经营模式被颠覆。一直以来，广告都是视频市场经营的主要收入来源，依靠优质内容与播出平台拥有的高流量优势，给予了广告经营充分的价值空间。随着多屏时代的到来，以及随之出现的用户广告意识提升，接受度下降、视频消费碎片化等情况，视频广告的经营空间逐渐变得难以把控，应运而生的多种视频盈利手段的涌现解答了该项难题。统观当下的视频市场，除广告外，其他主要的内容变现形态大致可归结为以下三种：

其一，用户付费。即运营方提供内容付费服务，用户愿意为该类服务埋单的一种媒介经营方式。这种盈利方式的崛起主要基于媒介内容质量的提高以及用户付费意识的增强。在实际运营中，除收取基本的"会员"与"内容"费外，"用户打赏"也成为视频运营方重要的收入来源。

其二，版权交易。这种传统的价值变现手段在版权意识的提升及"内容为王"的当下获得了充分的发展空间。目前，优质视频内容在多方的争夺下其版权费可炒作至天价，对于版权所有者而言，这是值得把握的变现机遇。

其三，周边衍生产品开发。此乃最有潜力的盈利增长空间。该方式立足于大型视频IP，通过品牌授权、合作等方式持续深耕，借由粉丝效应、实时热度等获得变现能力，全方位释放视频内容价值。如今，优质内容周边衍生品经营已成为一大产业，甚至在盈利上超越其他的经营方式，凸显巨大的发展潜力。

本章所探讨的重点，便是我国视频市场中包含广告在内的最具代表性的四类盈利方式。毋庸质疑，多元盈利模式的出现强化了内容的变现能力，拓展了整个视频市场潜在的运营价值。在运作过程中，多元变现手段也在不断交叉融合，相互依存支撑，互相适配。

（二）金字塔结构下的差异化经营

当今的多元且互融的视频市场爆发出前所未有的发展活力，随着资本的大规模进入以及用户需求的不断变迁，中国视频市场出现了细分化趋势，各参与方纷纷锁定自己擅长的核心领域，经营方式的选择也出现了不同的侧重，表现出鲜明的马太效应发展态势。

1. 不同视频类型经营重点有别

众所周知，视频类型与经营方式有着非常直接的关联。举例来说，电影、电视剧属于长视频节目范畴，需要大量投资和长期拍摄，可通过高强度宣传迅速扩大影响力，有较高的市场价值。故此，版权交易、广告等是其最主要的变现手段。

相对而言，短视频、电商视频等视频形态，对制作水准要求较低，其变现更多地依赖流量。尤其是电商视频，更需要通过提高用户流量来实现直接促进销售。而对于在整个市场几乎独成一派的户外视频而言，只要抓住了人流，便获得了变现机会，所以依靠眼球经济的广告便成为其最为主要的经营方式。

2. 不同发展阶段经营方式各异

倘若立足于某一具体的视频内容领域，雏形阶段与成熟阶段因市场规模及影响力的不同，所选择的经营方式也是有所差异的。拿直播而言，在早期萌芽阶段，主要靠粉丝打赏、用户刷礼物等付费方式来实现内容变现。随着视频直播市场的深入发展及产业化进程的推进，更为多样化的变现方式逐渐形成，平台方、广告方、版权方也逐渐涉足其中，内容变现的重担就更多地由用户付费和广告来承担了。可见，市场发展程度越为成熟，经营方式就越丰富，内容变现空间就越大。

3. 不同规模视频机构生存方式不同

视频市场的发展并不平衡，而处于核心地位的视频运营机构更是如此。在不同的视频内容运营平台或领域，都是由傲视群雄的庞然大物和挣扎生存的中小机构组成的，呈现金字塔形态的市场结构。处于不同量级的运营机构，都有其因时制宜的生存方式。比如，在电视领域中，中央电视台、湖南卫视、东方卫视、江苏卫视等业界收视率的"龙头老大"，除了占据着极为巨大的市场广告收入份额之外，还涉足内容版权、周边衍生等其他经营领域，以实现经营收入更大的拓展。相比之下，众多收视率低迷的电视台因影响力不足，经营空间受限，只能依靠有限的广告收入来维持运营，所以会想尽各种方式来强化广告资源的开发利用。

（三）在技术与数据的驱动下发展

目前，引导视频市场运营的有两个重要驱动力：一是技术，二是数据。

1. 技术进步变革经营方式

毋庸置疑，技术进步是媒介市场最为重要的变革力量。技术的发展演进丰富了内容的表现形态，视频媒体的稀缺性被打破。上游内容生产的门槛降低，视频数量爆发式增长，以优质"IP"为核心的内容聚合成为主流；下游用户方面分层化严重，偶像及圈层成为聚拢用户的最有效的方式。由此，在技术驱动下，信源、信道及用户三大媒体运营支点发生颠覆与重构，视频市场经营空间被无限放大。

技术在重构了视频市场经营环境的同时，作为视频内容重要载体的"屏"的边缘领域也被拓宽与延展。如今，视频市场的"屏"实现了从小屏到大屏，从固定屏到移动屏，从普通屏到智能屏的飞跃。再进一步发展，"屏"甚至可以不再是平面的，而是时间和空间相结合的产物——这种技术最先使用在将时空交融的户外媒体上，隧道酷媒的"地铁隧道视频系统"[①]即为该类技术的突出代表。如此种种，大视频市场的经营空间被不断延展，视频价值得到了更为充分的利用。

对于视频媒介的市场运营而言，要解决的主要问题是处理好市场各方关系，实现宣传、盈利等经营目的。而技术所发挥的作用，便是让这个过程简约化、便捷化、智能化。

当前，视频市场运营在技术的支撑下迸发出新的活力，原本古板单调的视频广告被加入了网络、互动等基因：

"边看边买""摇一摇""H5"等基于识别的技术，HTML5前端技术、VR/AR等虚拟技术形态迅速席卷整个视频广告市场，在强化了用户互动的同时，有效缩短了从广告至产品的搜索购买路径，形成了实时互动、便捷引流的一站式广告营销经营方式。

原本依靠"U盾""口令卡"等辅助工具进行的复杂繁琐的网络支付由于移动支付技术的飞速发展，逐渐简约化、便捷化，并在指纹识别、人脸识别等技术支撑下持续进步与完善，成为用户付费的技术基础。

以"电视节""电影节""模式日"为主要展示形态的线下版权交易行为也逐渐转移到了线上，并因水印、数字指纹以及最新发展起来的区块链技术等方式和手段逐渐趋于完善。

而过往以线下市场为主的视频内容周边衍生经营方式则逐渐发展为繁荣的线上市场，并因技术衍生出更多的形态，比如数字音像、手游、VR……

总之，技术的升级进步对视频市场的运营方式的影响巨大而显著，正日益成为大视频市场发展的决定性驱动力。

2. 大数据精准匹配提升经营效果

技术提供了新工具和手段，对如今的视频市场来说，数据是最为难以忽视且最有效的运营工具，这正是在"大数据时代"下的必然选择。

视频市场中的数据类型可以简单分为两种：一是资源数据，二是用户数据。前者存在的意义是进行资源梳理、收集与管理，方便视频制作、分发等，通常以资源库的形式存在。后者围绕用户为核心，通过追踪用户的收视行为与轨迹，以期精准洞察用户需求。上述两类数据通过建立标签体系，通过技术勾连、精准匹配以达到大力促进经营的效果。

---

① 隧道酷媒地铁隧道视频媒体系统，是集电子显示、通信、电脑图像工程为一体，利用人眼视觉暂留，借助隧道壁面安装的高性能 LED 光柱，创新研发而成的新概念视频影像系统，可以使乘客在高速行驶的列车上看到流畅的动态视频画面。

这其中，用户是视频内容的最终传递目标，是市场经营的核心。科学的用户调查数据是了解目标收视群体的有效工具，也是评判市场效果的重要标准。通过精确、海量的用户数据，视频运营方可以有效了解其行为习惯、兴趣爱好，从而进行有针对性的内容传播安排，实现传播效果的最大化。目前，相关数据库体系的建立已经成为视频市场极为重要的运作配制，电视、电影、网络视频、户外视频等运营机构纷纷构建起自身的数据体系，其中，以BAT（百度、腾讯、阿里巴巴）为主的互联网机构已经成为把控海量用户数据的佼佼者，为其视频运营增益不小。

虽然相关市场数据对视频运营来说日益重要，但是也带来了一些问题：一是数据打通问题。目前，视频市场中的用户数据主要都被几家主要运营机构所把控，各大公司之间的用户数据难以打通，存在数据孤岛，致使无法实现数据效益的最大化。二是数据造假问题。该现象对视频市场而言并不陌生，如今更是在优质内容稀缺、版权费飙升、资本逐利的推动下变得更加猖狂，用户量、点击量、评论量等皆可造假，成为视频市场运营乱象的重要根源之一。但是，无论如何，与大视频时代相对应的大数据时代已经大踏步地到来。

（四）视频效果评估逾发受到重视

在技术与数据为市场提供了新的发展工具的同时，一次相关的有效评价媒介运营效果的视频内容评估体系也就随之相应而生了。

1. 科学评估引领市场走向

视频市场运营的最终目的是实现盈利，因此视频内容的价值性就有了评估的必要性。如果将市场运营分为前、中、后三个环节，视频内容评估就需要全流程覆盖。

在前期运营阶段，评估的重心是视频内容是否有运营价值及其未来的成长走向；

在运营的中期阶段，评估的重心是内容在市场上的表现情况，特别是关注用户的反应状况，并依此进行视频运营优化，以满足变幻莫测的市场需求；

在运营的后期阶段，内容评估主要关注市场结果，即取得了经济收益和可持续发展潜力，还有多少可持续的衍生价值。

贯穿前、中、后三个阶段，视频内容评估之与视频市场运营意义非凡，其评估结果环环相扣、互为关联，持续影响着视频市场的发展走向。

2. 完善的评估体系在探索中演进发展

伴随着大视频市场的飞速发展，视频内容评估体系也在不断演进完善，其发展大致可划分为三个阶段：

其一，电视一屏独大的阶段，收视率数据被视为市场圭臬。该阶段唯收视率为价值导向，观众调查以日记卡、测量仪为主，准确率较低。

其二，终端数字化阶段，内容评估趋于多元。该阶段数字化成为市场主流，互联网视频迅速崛起，占据了视频市场较大份额。立足于此，带有网络特色的视频内容评估体系逐渐建立，并呈现出多元化的垂直细分趋势。比如有专门用于评估影视剧的优酷指数、豆瓣电影指数等；又如立足全网视频对象的百度指数、微博指数；以及具体评估单一视频内容的艺恩智库、秒针节目价值评估产品Programme-Monitor等。

其三，大数据时代下的跨屏评估阶段。该时期视频市场高速发展，随着移动、智能终端的应用普及，用户跨屏收看行为越加明显，视频市场提出了对于跨屏评估的新要求。由此，CSM联合comScore推出跨屏收视测量（Cross Media Audience Measurement，CMAM）；Admaster成立了国内首个跨屏研究机构——Admaster跨屏研究院，并率先尝试解决跨移动端视频监测难题，推出了通用SDK跨App监测解决方案；尼尔森网联则推出了《跨屏广告效果评估标准1.0》评估指标体系等。

从电视一屏到多元跨屏评估，视频内容评估体系通过不断深化，有力地支持了视频市场的运营与发展，并将跟随着视频市场的变迁继续发展演进。

（五）市场监管逐渐公平有序

多元而融合的视频市场造就了激烈的竞争环境，在利益的诱惑下，数据造假、盗版、非法内容播出等不正当行为滋生，使得原本并不规整的视频市场陷入鱼龙混杂的复杂局面。如此境地下，有效的市场监管就显得尤为重要，而合理高效的市场监管体系是需要市场多方的共同参与与努力方能实现的。

首先，政府相关职能管理机关颁布文件，从上层政策层面施加管理，全面把控视频市场发展的生态环境。比如，为整治无序竞争的电视市场，广电总局（原国家新闻出版广电总局，以下相同）颁发了"一剧两星""限娱令"等政策；为遏制网络视频市场乱象，广电总局颁发了《关于加强网络视听节目直播服务管理有关问题的通知》《关于进一步规范网络视听节目传播之需的通知》等相关文件，从视频内容生产者、视频内容本身、视频播放平台、视频运营机构等多个方面进行了监督管理。

其次，由市场运营各方进行的自我监察。作为主要参与者，视频运营机构对建立良好的市场秩序应负起相应的责任，比如直播平台禁止传播非法内容的主播上岗，视频网站强化版权管理，下架侵权视频，各参与方联合发声，共同遏制市场不良现象等。比如2018年4月腾讯视频、优酷、爱奇艺联合发布《关于规范影视秩序及净化行业风气的倡议》，呼吁"全行业联合起来，携手维护影视生态秩序，共同构筑规范、有序的制播环境"等。视频运营方是视频市场秩序的主要构建者，自觉过滤不良内容，拒绝不正当竞争，强化行业自律与合作，创造良好市场生态环境是发展的基础保障。

最后，占据了数据及技术优势的第三方机构的介入，对于行业发展的有力促进作用是不可替代的。其主要功能为：第一，制定行业运营标准，提供数据服务产品或工具供视频运营各方使用，比如CSM、尼尔森构建的收视率体系数据已成为业界标准。第二，依托数据、工具优势，全面分析视频市场现状，发布研究报告，提供市场运营经验指导行业发展。比如艾瑞推出的《2017年中国短视频行业研究报告》、易观推出的《中国OTT营销市场分析2017》等。第三，第三方机构与视频运营方展开合作，共同维护市场运营秩序。比如Admaster与腾讯达成战略合作，利用双方优势，成立广告反欺诈大数据实验室，规整视频广告市场等。

总之，在政府、运营方及第三方机构的共同努力下，视频市场日益得到了有效的监管，市场秩序向着公平、有序的方向发展。

二、中国视频市场价值链版图

正如在前文所言，多元互融的视频市场创造了机遇也带来了挑战，在激烈竞争环境下，对于视频价值的深度挖掘与延展已成为市场经营的重点。目前，视频市场呈现出以广告、用户付费、版权交易及周边衍生这四种经营形式为主的多元化盈利发展态势，并同时在每个经营领域又展现出不同的经营特色，我们据此勾勒出我国大视频市场由4个大类，12个小类，23个子类，5个子子类，约44个不同层级经营类别所构成的价值链版图。

大视频市场经营版图

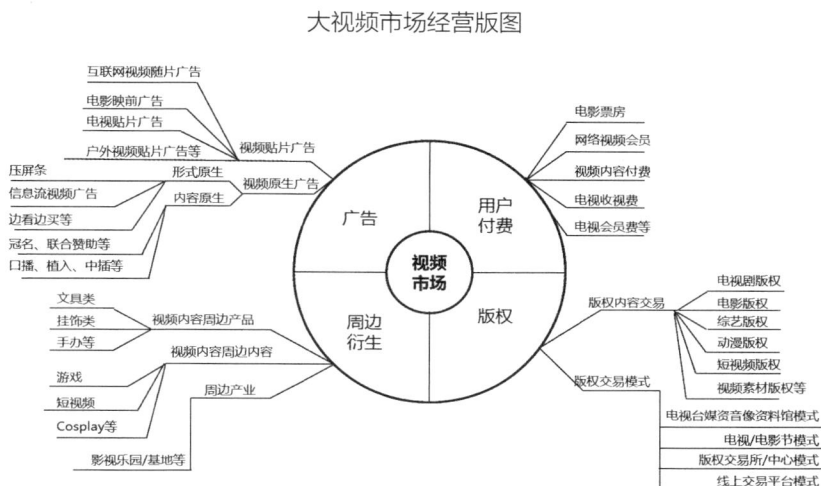

数据来源：作者绘制

（一）深刻变革中的视频广告市场

长期以来，广告都是视频市场经营中最为重要的盈利形式之一。视频媒介所带来的用户流量是广告孕育与成长的温床，流量越高则广告价值空间越大。近几年，视频市场颠覆与重构的发展状态赋予了广告更为广阔的运营空间。

1. 媒介进化引发广告经营格局巨变

视频市场发生巨变的根本原因是技术演进重构了媒介生态，而对视频媒体形态造成深远影响的最为显著的特点是其日益向着多元化发展。基于此，依托媒体生存与发展的视频广告经营的重点与格局，也必然会相应发生改变。

●传统走低与新锐崛起

汹涌的技术潮带来最为深远的变革是数字化，尤其是以互联网为代表的新兴数字媒体所呈现出的几何式爆炸性成长迅速拓展至整个媒介市场，传统媒体开始展现出发展颓势。

中国传统电视广告刊例花费同比增幅情况

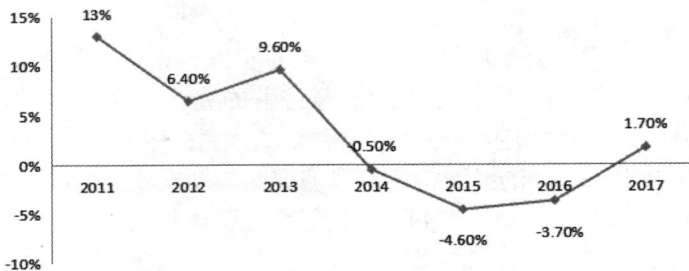

数据来源：CTR

中国网络视频广告市场规模同比增幅情况

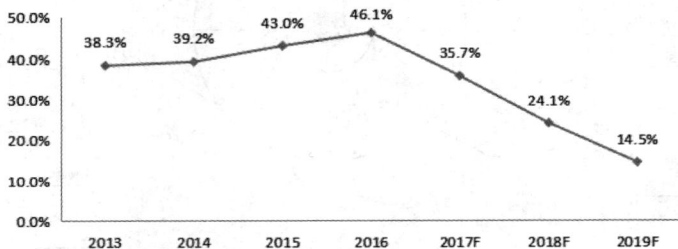

数据来源：艾瑞咨询

  CTR数据显示，2015~2017年3年间，我国电视广告刊例花费不容乐观，2015~2016年一直呈负增长态势，虽然2017年电视广告刊例花费有小幅度回暖，仍是掩盖不住网络视频广告的强势发展劲头。相比之下，顺遂互联网爆发趋势，我国网络视频广告市场一路飙升，仅2016年同比增幅便达到了46.1%。

  显而易见，视频市场广告经营已站在了重要的发展节点上，必然会对电视广告运营提出变革要求。为此，众多电视广告机构开始探索新的广告经营路径，以阻止广告业绩的下滑趋势。比如，东方卫视2017年面向广告主推出开放的定价体系、开放的智库及开放的制作能力，对广告资源进行优化升级，以满足广告主不同需求等。另外，优质内容也成为电视广告运营方争夺的焦点，而每年的电视媒介内容资源推介会更是火力十足，颇有看点。

  与传统视频广告运营商在数字化冲击下努力寻求新的生存方略相对应，网络视频广告经营更是一路高歌猛进，目前最大的增长表现就是移动视频广告的崛起。通过下图可以看到，2015~2018年4年间，我国移动广告市场规模由114.7亿元大幅增长到了454亿元，增长率达295.82%。

中国移动广告市场规模及同比增幅情况

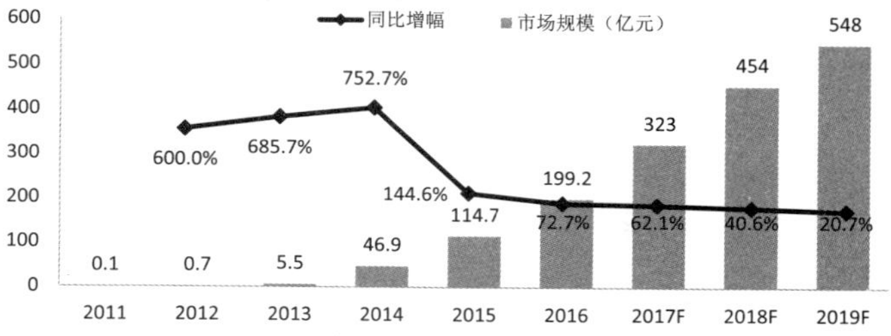

数据来源：CTR

此外，CTR和北京腾云天下科技有限公司（TalkingData）①的调查数据还显示，自2015年起，中国移动视频终端规模增幅和市场规模增长速度逐渐放缓（增速也远高于整个网络视频市场增幅），其主要原因是移动互联网发展逐渐饱和、流量红利期结束，显示出中国移动互联网的发展步入成熟阶段。

2015—2017年中国移动智能终端规模

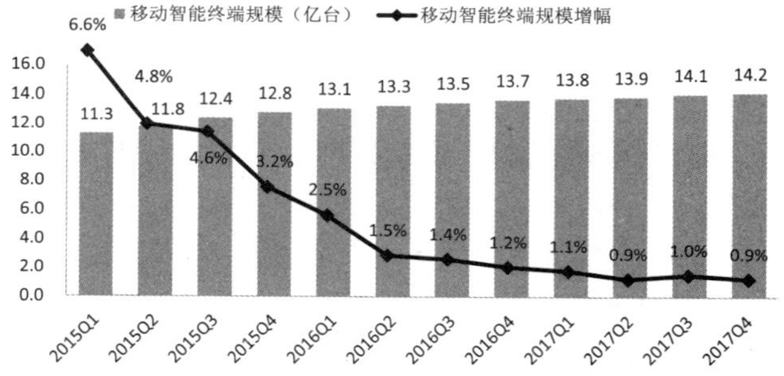

数据来源：TalkingData

从更长的时间跨度来观察，视频市场的广告经营重点是一个不断变化的过程。从电视广告一家独大，到网络视频广告，再到移动视频广告的大规模崛起，新兴广告经营方式和市场格局不断涌现和变换，这一切均是由于媒介的发展进化导致的结果。

● "场景营销"重塑广告生态

数字化浪潮下，除了媒介演进为广告经营带来方向性影响之外，电影、交通工具等原有视频媒体领域的价值重构也成为广告经营变革的重要驱动力。其中，最显著的变化是"场景化"概念的提出，使得视频媒体价值被重新挖掘，对广告市场造成重大影响。

如今，随着移动互联网迅速崛起，在便携式设备及应用服务的支持下，用户碎片化程度持续加深，其行为轨迹愈发难以跟踪，如何精准聚焦目标用户成为广告营销难题。为此，营销界提出了"场景营销"概念，意图在进行广告营销时覆盖用户生活、出行、娱乐等全部生活场景，以实现广告传播的精准触达以及与用户的深度互动。对用户进行"全场

---

① 北京腾云天下科技有限公司（TalkingData）是中国领先的第三方数据智能服务商。

景"的覆盖是对广告传播效果和价值的深度挖掘与有效应用，为视频市场广告经营提出了新的思路。由此，以交通户外、家庭大屏、影院大屏等为主的多场景视频媒体广告运营获得了新生。

2016—2018年媒体广告花费同比变化情况

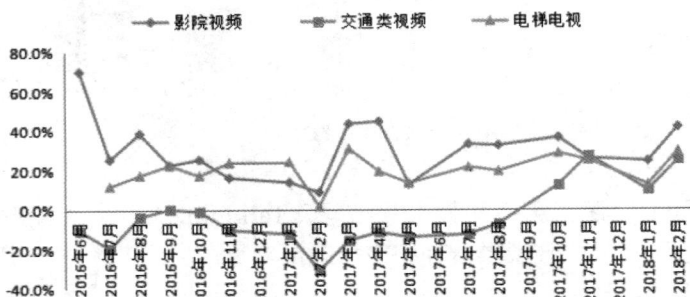

数据来源：CTR

作为中国最为著名的媒介市场研究公司之一，从2016年6月开始，CTR的月度全媒体广告分析报告便增添了影视视频、电梯电视、交通类视频等几项内容，这也从一个侧面反映出场景视频在广告经营领域的重要性的提升。影院与电梯媒体最大的特点是具有封闭特性，可"强制性"地对用户进行广告信息的传递，正是该类"场景"的"有效性"传播之所在。CTR数据显示，自2016年6月起，影院视频、电梯电视广告花费一直呈增长态势，而交通类视频也在2017年10月摆脱了负增长，展现出积极向上的发展势头。

除出行、娱乐等场景外，家庭一直都是用户生活的重要场景。数字化赋予了电视媒体新的生命力，以OTT、IPTV为核心的家庭大屏成为电视业"客厅经济"价值拓展的新入口，引发视频市场新的发展冲动。

2014—2020年中国OTT广告市场规模

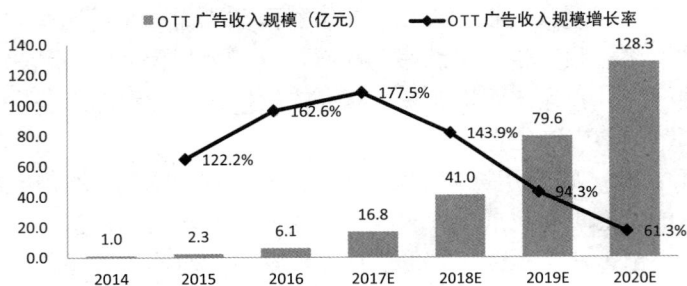

数据来源：艾瑞咨询

OTT技术集合了传统电视和互联网的双重优势，使得客厅大屏价值得到了巨大的延伸，"客厅经济"的迅速发展正深度影响着视频市场广告运营。根据艾瑞数据，自2015年起，我国OTT广告市场规模爆发式增长，该年广告增长率为122.2%，2017年的增幅为

177.5%，预测到2020年，OTT广告仍将保持61.3%增速，市场规模将达到128.3亿元。

无处不屏的时代为视频市场提供了宏大的发展空间，而"场景化"传播概念的提出与应用则是充分挖掘了视频市场的潜在价值。合理利用"场景"搭建广告营销生态圈，正是在用户碎片化、注意力浅且短的移动互联网发展阶段广告经营新的发展方向。对于视频市场而言，无论是交通视频、户外视频、影视娱乐视频抑或客厅大屏视频，其"场景"价值愈发为媒介和广告主所重视，从而极大地影响着视频市场的广告运营方向，重塑了视频市场的广告经营版图。

2. 技术潮与数据潮助力广告营销进步

纵观视频经营的发展历程，广告总是站在风口浪尖上扮演着"时代弄潮儿"的角色。现如今，在技术潮与数据潮的双重驱动下，视频广告营销表现出鲜明的时代特征。

●技术推动视频广告经营全面升级

首先，技术进步极大地丰富了广告表现形态，强化了视频营销的体验性与互动性，变革了视频营销方式，焕发了整个视频市场的广告经营活力。比如，红外感应技术、3D裸眼技术相结合的视频广告强化了视觉冲击力，可以更为迅速地吸引用户视线；将AR、VR技术融入视频广告，实现了虚实结合、时空拓展，给观者提供了沉浸式感官体验。又如，2017年11月，京东搭建运用3C红外感应技术的LED大屏，宣传《京东杯中国青年电子竞技大赛》，当有人通过大屏前时，屏幕上自动播放大赛宣传视频，无人通过时屏幕则处于静止画面状态。

其次，技术创新也深度融入广告运营的各个环节，丰富了广告表现形式，强化了传播效果。与传统的硬广告相比，软性广告因其潜移默化的信息传播效果以及与内容的高度融合性日益获得广告主青睐，成为广告营销的重要发展方向。为适应市场需求，近年来，我国视频领域大力进行了新型植入技术的开发，比如2015年优酷率先推出"移花接木"视频内容批量化后期植入技术；爱奇艺紧随其后，开发出Video in、Video Out技术，创新广告植入方式，推出了创可贴、原创贴广告产品，实现了广告即内容、内容即广告传播。当下，在多元新型广告植入技术的支持下，视频广告营销具备了智能化植入优势，广告分发呈现出便捷化、灵活性的特点。

最后，技术助力广告盈利能力的长足发展。伴随着广告技术进化和新型营销方式的崛起，广告主开始追求"品销合一"的市场效果，期望在进行营销信息传递的同时，实现用户引流，实时触发用户购买行为的转化。对于视频运营方而言，"视频+电商"的模式则是对该类需求比较有效的解决方案，如今已发展较为成熟的"边看边买"模式正是这方面的典型代表。"边看边买"即通过人工智能识别技术识别视频中的品牌，并将该品牌相关电商入口展现出来，用户在进行视频观看的同时，若对品牌产品感兴趣，就可以直接点击入口进行购买。由此，从产品宣传到购买转化一步到位，实现"一站式营销"。

● "数算力"带来营销智能化

所谓"数算力"①是对海量数据与与之相匹配的计算能力的概括。如今，市场数据已

---

① "数算力"概念参考《媒介》杂志2018年4月刊。

经成为广告营销的基础工具，而算法的出现，更是提升了广告营销的智能性，充分彰显"数算力"的价值。

广告营销的核心目标是精准触达用户并引导购买行为发生，而海量市场数据则是实现精准营销的基础。通过追踪用户视频消费行为，了解用户视频观看偏好，形成用户行为数据库，以明确广告营销方向。数据库体系越完善，广告营销便越精准。正如在第一节所提到的，视频市场绝大部分数据都掌握在主要互联网机构，尤其是BAT三巨头手中，比如，优酷加入阿里集团后，将自身视频用户数据与阿里所拥有的用户消费数据、出行数据等海量立体多维度的数据库打通，从用户的认知、兴趣和行动三个方面进行立体全面的洞察，刻画出完整的"用户画像"，并据此指导企业的各项经营行为。

视频市场广告营销对算法的使用主要体现在广告分发，即个性化推荐体系的建构上。基于海量数据，视频运营机构打造精细的内容及用户标签体系，通过算法进行提取、分析、学习等，将用户及所喜爱的视频内容进行精准匹配，定位出最佳广告展示位置及方式。目前，视频市场中短视频、直播等类型均具备个性化推荐算法系统，以满足用户的不同需求，实现个性化精准营销。

●技术与算法不可神化

虽然技术、数据与算法驱动了视频广告营销方式的变革，拓展了视频市场的经营空间，但是任何事物都具有两面性，在视频广告获得新的发展机遇的同时，也引发出了诸多的相关问题。

广告并不能紧靠技术就能打动用户并促成购买行为。技术进步丰富了广告形态并强化了互动，缩短与用户的距离，实现了更好的沟通。但是，技术毕竟只是一种形式，真正能打动用户的则是内容。广告营销中的"唯技术论"是不可取的，营销重心应该紧紧围绕视频内容本身展开才是。因此，视频市场已经将经营重点放在"内容营销"上，以期深度挖掘视频内容经营价值。

数据并非万能，用户的行为数据并不能代表一切。目前，视频市场对数据的积累与使用仍局限于用户收看、点击等行为数据上，并依此判断用户偏好，制定营销策略。但是，观看者行为数据背后有太多的不确定性，容易形成误判，甚至具备造假空间，不能成为洞察用户的唯一指标，仅可提供参考作用。在对于市场生态环境和未来趋势的洞察方面，广告营销人员的经验发挥着关键作用。所以，数据仅仅只能是重要的参考工具。

个性化推荐算法"画地为牢"。立足海量数据及精细标签体系的算法实现了广告智能化、个性化分发，但是却无法规避同质化信息推送下出现的"信息茧房"现象，并由此演化出来的用户的厌倦及抵触心理提升，以及依附于内容的广告营销空间缩小的问题。2018年4月，快手、火山小视频等短视频平台纷纷暂停了算法推荐功能，部分原因也是在于算法推荐的弊端性。

由此可见，技术、数据及算法只是广告营销的辅助工具，其功能性价值是相对的而并非绝对的。视频运营方在进行广告经营时，应该注意不要"神化"三者的功能，保持理性及客观性至为重要。

3. 异军突起的原生视频广告

2012年硅谷风险投资家弗雷德·威尔逊（Fred Wilson）提出"原生广告"的概念，对互联网高速发展下以内容为根本的新兴广告形态进行了概括。之后几年间，原生广告市场呈爆发式发展，彻底改变了以贴片广告为主的视频广告经营模式。原生视频广告已经成为视频市场广告经营的重要发展方向。

●认识原生视频广告

原生视频广告是原生广告的分支，具备原生广告特性。易观在《中国原生视频广告市场专题分析2017》报告中将原生视频广告定义为"以视频形式出现以及在视频播放过程中出现，将广告内容植入展示媒体的广告形式。可以为用户带来内容价值或使用体验，与用户当前观看或使用的应用产品内容、场景融合度较高，是最接近内容的视频广告形式"。根据此定义可以看到，内容是原生视频广告的根本。视频产业的蓬勃发展丰富了内容市场，为原生视频广告提供了肥沃的发展土壤。

在产业发展的早期阶段，视频营销主要以贴片广告为主，视频媒介在节目的前后时间播出广告内容。后来，视频内容的价值被进一步挖掘，根植于内容的硬性植入式广告逐渐发展，成为原生视频广告的雏形。而易观将原生视频广告市场的发展归结为四个阶段：探索期（2013年）、市场启动期（2014—2016年）、高速发展期（2017年至今）以及应用成熟期。目前，原生视频广告市场已经步入高速发展期，其背后的推动因素是多元的。

中国原生视频广告市场AMC模型 [1]

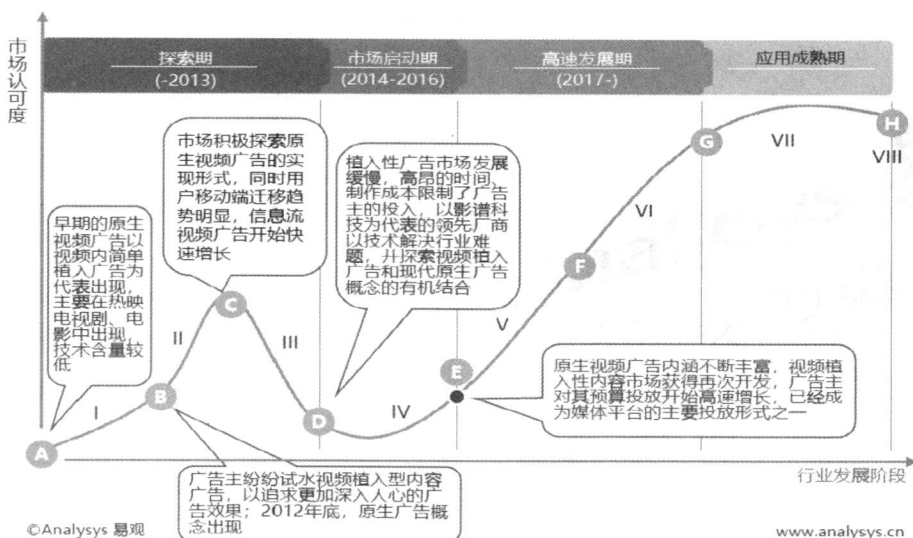

数据来源：易观数据

从宏观角度讲，一方面，随着视频市场高速发展，用户规模逐渐扩大，而以贴片为主的传统视频广告在用户娱乐需求以及媒介使用行为变迁下愈发显得差强人意，难以满足广告主的投放需求，视频广告资源的传播效果需要进一步开发；另一方面，内容行业兴盛，

———————————

[1]　资料来源：易观《中国原生视频广告市场专题分析2017》报告。

营销界深度挖掘内容价值，并在技术的支持下衍生多种内容营销形态。顺应时势，原生广告的概念得到了业界的普遍认同，新兴的原始广告在媒体、用户、广告主等各方力量的共同推动下得以迅速发展。

● 原生视频广告解决了多方的运营难题

原生视频广告的出现重构了以传统贴片广告为主的视频广告经营模式，并在持续发展中衍生出多种表现形态。目前，原生视频广告主要分为两大类：一是内容原生视频广告；二是形式原生视频广告。前者是基于视频内容的原生视频广告形态，冠名、联合赞助、口播、植入、中插、定制视频（如直播、短视频）等都属于该类，有较强的可定制性是其重要特点；后者为主要基于视频展示方式的原生视频广告，与广告分发场景密切关联，信息流视频广告、压屏条、边看边买等均属于形式原生视频广告。

在当下，原生视频广告已经向着多元化、精确化方向发展，在逐渐融入大数据、云计算、人工智能等技术的过程中，逐步实现了精准化、智能化广告传播，成为传统视频市场广告运营相关问题的有效解决方案。

从用户角度看，原生视频广告与节目内容及分发场景高度融合，构建出与用户的"不期而遇"之情态，潜移默化传递广告信息，保证了用户良好视频观看体验。而在技术与"数算力"的支持下，原生视频广告对用户而言甚至成为"有用的内容"，更是充分提升了广告价值性。

从广告主角度讲，原生视频广告形式丰富、投放灵活，结合用户数据，可随时优化调整广告内容，实现广告效果最大化。另外，内容原生视频广告可以做到定制化，尤其短视频、直播等视频类型的兴起，更是拓展了广告主的运营空间，可实现低成本下的高曝光度，同时还降低了营销开支。

从媒体平台角度来说，原生视频广告丰富了媒体广告资源，为广告主提供了更多的选择，其将媒体平台价值与视频内容价值深度融合的特点，发掘出视频媒介更多的营销空间，促使媒体提升服务水准，以增加广告收益。

● 原生视频广告已成市场主流

如今，原生广告已步入了发展的高速期。据艾瑞数据显示，2013年至今，原生广告市场规模不断扩大，2018年达到1138.2亿元，并预计2020年将增长至2471.8亿元。

2013—2020年中国原生广告市场规模及预测

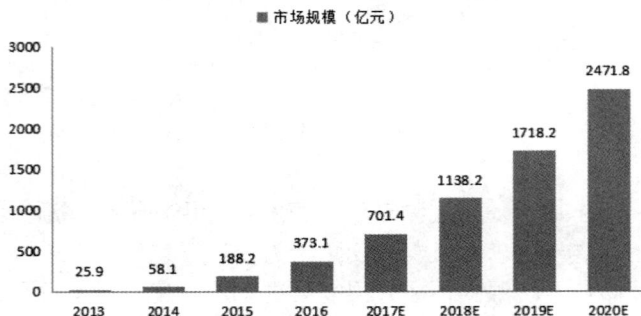

数据来源：艾瑞咨询

原生视频广告市场规模及同比增长率

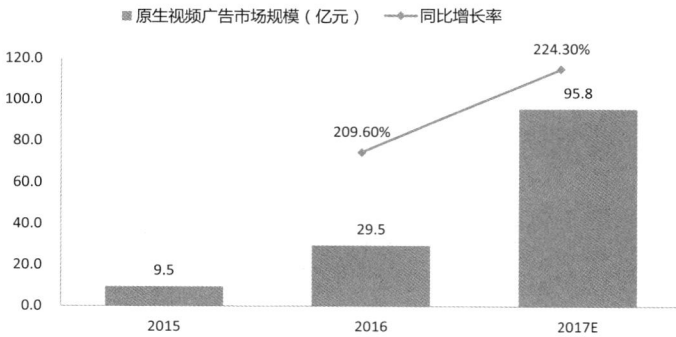

其中，原生视频广告规模呈爆发式增长，2015年至今均是200%以上增幅，2017年市场规模也达到了95.8亿元。另据艾瑞数据显示，在2015~2017年间中国网络视频不同类型广告收入结构中，原生视频广告收入占比从2015年的5.0%迅速扩张至2017年的23.2%，并继续保持高速发展态势。

2015—2017年中国网络视频广告收入规模结构

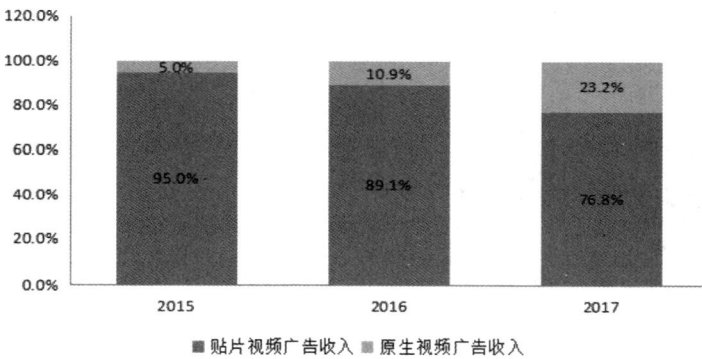

正如前文所述，相比贴片视频广告，原生视频广告拥有诸多优势，解决了广告主、用户及媒体平台广告运营中的相关难题。艾瑞咨询在其《2017年原生视频广告市场洞察报告》中从不同维度对比了贴片视频广告与原生视频广告的传播效果，原生视频广告在用户体验、吸引力、二次传播以及购买行为转化效果方面均有明显优势。特别是在广告传播中对用户的"强制观看"方面，原生视频广告"润物细无声"的深度融入效果与贴片广告的"强制闯入"效果更是有着天壤之别。基于此，广告主对原生视频广告有较高的满意度，根据艾瑞2017年对42家广告主的调查显示，50%以上的广告主均对原生视频广告投放效果非常满意。

2017年中国不同维度原生视频广告与贴片视频广告对比

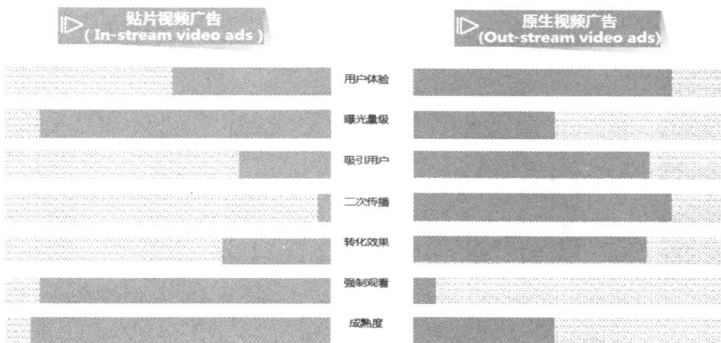

数据来源：艾瑞咨询

2017年原生视频广告投放满意度分析

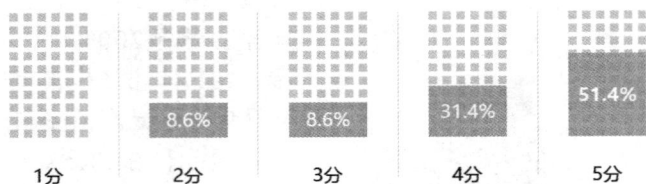

1分	2分	3分	4分	5分
	8.6%	8.6%	31.4%	51.4%

2017年未来三年广告投放预算变化

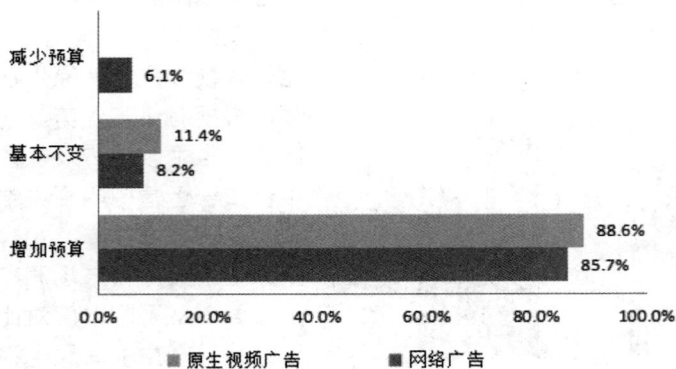

减少预算　6.1%

基本不变　11.4%　8.2%

增加预算　88.6%　85.7%

0.0%　20.0%　40.0%　60.0%　80.0%　100.0%

■原生视频广告　■网络广告

2018年广告主原生视频广告投放终端预算变化

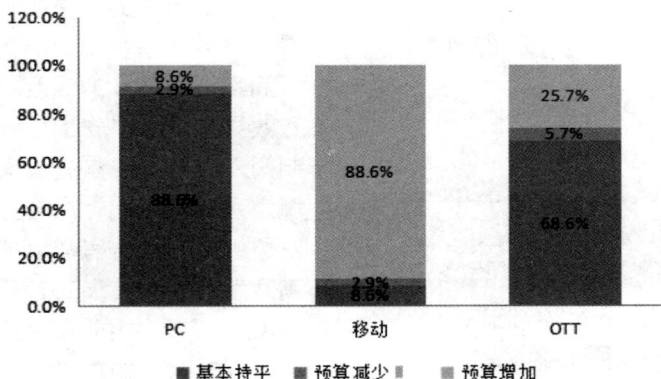

120.0%
100.0%
80.0%
60.0%
40.0%
20.0%
0.0%

PC：8.6%、2.9%、88.6%

移动：88.6%、2.9%、8.6%

OTT：25.7%、5.7%、68.6%

■基本持平　■预算减少　■预算增加

数据来源：艾瑞咨询

基于原生视频广告的诸多先进行特征，众多广告主纷纷加大了该类广告的投放力度。艾瑞咨询的一项调查显示，在**2017年的未来3年**，广告主在广告投放上将大幅度提升原生视频广告的预算，尤其是在移动端，对该类型广告投放的增加力度会更大。

综上所述，原生视频广告已经成为视频市场广告经营的趋势性发展方向，并在各方的共同推动下不断丰富与完善。

4. 跨屏广告效果评估面临挑战

多屏化的视频市场孕育下的跨屏营销，全方位地拓展了广告经营空间。但是在终端多元化以及用户碎片化的传播生态下，广告效果的评估就变得愈发困难。广告主期望准确获知何种视频媒体组合能够精准触达消费者、何类屏幕需要加大投放力度以及跨屏投放组合是否有到达预期效果等诸多问题。在新的传播环境下，市场对视频广告营销效果评估提出了新的要求，跨屏评估的探索应运而生。

多屏市场生态是发展跨屏广告评估的动源

跨屏广告效果评估，所要解决的是用户在媒介消费行为多终端化背景下，对广告跨越不同屏幕的传播价值进行评估的体系或方法问题。这种体系或方法的搭建，正是营销环境变革驱动下的产物。

媒体技术的快速升级换代，将"屏"的概念一再拓展，催生了数字电视、OTT、IPTV、PAD、智能手机、可穿戴设备等终端，打破了视频市场以往以电视、电影独大的局面，视频终端也逐渐向着多元化及智能化方向演进，为视频内容及营销创造了更多载体空间。与此同时，海量的移动终端设备挤占了用户零碎时间，随时开始、随时结束、随时跳转成为用户信息接收的精准写照，而用户行为轨迹零散且难以聚合便成为广告营销效果评估极为复杂的难题。

如此境地下，新的市场需求产生，广告效果监测与评估必须同步升级，以实现真正追踪、了解多元媒介环境下的用户媒体使用行为，为视频内容传播和跨屏广告投放、营销等提供有效参照。

●同源数据监测及去重问题是解决难点

视频营销效果评估已经有了多年的发展，从最初的电视收视率到网络视频的点击量、转发量等数据体系，再到移动视频SDK技术等的发展，效果评估一直在视频市场广告营销领域扮演着重要角色。复杂的视频环境及新的营销需求视频评估体系提出了新的要求，跨屏评估得到了大幅度的发展。

跨屏广告效果评估得以实现的基础是跨屏数据的获取。就单个视频媒体而言，其相关数据的获取并不是特别困难，一般仅靠数据监测工具便可实现。但是对于跨屏评估，多个视频媒体的营销数据的简单聚合并不能构成评估结果，尤其是在当下复杂的网络传播环境下，用户可以通过使用智能手机、PAD、OTT、PC等不同设备接触到广告营销信息，而在此期间，用户有接受到相同或相似广告内容的可能性，造成其跨屏收视行为数据重叠与多变，影响评估结果。所以，跨屏评估的难点在于如何透过多屏交叉营销数据去还原用户个体特征及使用行为，不仅要关注数据的量，更要去洞察数据的质，即进行同源数据鉴定及数据去重。

对于此类问题的较好解决方案是加强共享用户数据体系的建设，清晰定位用户行为，精准描绘用户画像，并据此安排行之有效的广告投放。然而，如今以BAT为首的大型互联网机构各自掌握着海量用户社交、娱乐、消费等数据，但并未实现数据打通，更别说是数据共享了，数据孤岛现象严重。因此，视频市场主要运营机构唯有强化数据合作，加快同源数据监测及去重技术探索步伐，才能够尽快建立起科学有效的跨屏广告效果评估体系，解决好跨屏评估难题。

●相关探索已初见成效

业界在跨屏营销效果评估方面的探索已初显成效。目前，市场上所拥有的跨屏评估产品均围绕视频内容展开，仅有少数垂直于营销效果评估。通过中国传媒大学广告学院教授周艳及讲师吴殿义在其《视频内容跨屏传播评估的产品及其发展》一文中对国内外视频内容跨屏传播评估的产品进行的不完全整理中可见，海外对跨屏评估大致始于2007年尼尔森推出"TAM计划"，其主要是使用测量仪、SDK技术、数字水印技术以及与第三方合作来实现跨屏收视率监测，而国内自2013年左右开始陆续推出各种跨屏评估工具或产品。

国内外视频内容跨屏传播评估的产品简介[①]

机构	产品	时间	产品介绍
CSM	CSM-微博电视指数BETA版	2014.7	联合新浪微博发布，结合微博讨论数据，推出综艺节目及电视剧的日榜、周榜，包括阅读人数、阅读次数、提及人数、提及次数
	CSM-huan实时收视系统	2016.7	与欢网合作，结合欢网智能电视海量终端实时数据及CSM传统电视入户收视等
	cross media audience measurement-CMAM	2016.6	借助comScore互联网平台数据监测技术，定期推出《热点节目跨屏收视报告》
国双	Video Dissector	2013	对数字电视、IPTV、网络视频等进行数据监测及整合，结合其他数据对内容进行整合评估。开发智能Wi-Fi进行同源数据的采集和处理
央视	电视节目网络影响力指标	2014	设定了网媒关注度、网民评议度、视频点击量这三个一级指标，对全国电视节目在网络中的传播力与影响力进行考量
湖南卫视	电视广告效果评估标准	2016	针对电视平台的植入广告，联合CTR，考评广告的电视到达、网络到达、受众影响（品牌认知、消费行为等）
尼尔森网联	同源跨屏在线调研平台	2014	采用HTML5标准，通过双Cookies、UDID和STB ID和QR链接技术实现同源跨屏的综合性在线调研平台
	大屏数字媒体到人测量仪	2015	建立了整体的数字新媒体大屏同源跨平台个人受众测量技术体系，其中不仅有仪器硬件，还抽象出了Apps、特征分析、图像识别、到人自动识别等独立模式
AdMaster	SEI节目赞助评估模型	2015	针对品牌赞助效果进行评估，设定节目表现、品牌关联、品牌收益三个维度，并建立了20万同源样本户
秒针	跨屏广告效果评估	2016.12	与GfK（德国捷孚凯）、数字新思联合，基于秒针数据，在智能电视用户中招募10万同源样本，获得其线上行为、电视收看习惯、节目内容植入情感变化甚至是购买行为信息
酷云	酷云EYE-pro	2015.9	旗下几千万电视和机顶盒终端用户的海量脱敏数据，和阿里巴巴旗下天猫、淘宝、聚划算以及阿里妈妈的脱敏电商数据相结合，最终支持广告跨屏投放
内容银行	内容银行评估体系	2014	基于整合全媒体的数据，从客观行为、情感及经验三个维度，建构三级指标体系，对内容进行前置及后置评估

① 吴殿义、周艳：《视频内容跨屏传播评估的产品及其发展》，现代传播（中国传媒大学学报），2018,40(02):13-16.

续表

机构	产　品	时间	产品介绍
comScore	comScore-xMedia	2016	结合comScore的互联网数据，引入Adobe Certified Metrics和Adobe Marketing Cloud Platform的普查数据，进行Total Home Panel调研。截至2016年2月为4000台/部设备，到2016年夏天为6万台/部设备，2016年底达到30万台/部设备（监测同一IP下的电脑、手机、平板等的所有行为）
Kantar	Kantar(Meida)	2013	全球有10万个人员测量仪，将电视收视率同时关联平板电脑和PC，并综合收视率、数字电视观看数据、社交电视数据、情感倾向性分析以及相关的订购行为、消费者品牌亲缘度等
尼尔森	TAM计划	2007-	电视方面采用测量仪主动/被动测量仪结合人员测量仪，电脑及移动端通过内嵌软件及SDK，结合数字水印技术及与Facebook、Adobe等第三方合作，综合获得数据，最终提供的数据包括电视收视率、广告收视率等（均为跨屏）

数据来源：中国传媒大学学报

虽然业界对跨屏评估的探索正不断深入，相关产品也日渐多样，但统观起来，跨屏评估仍有很多的问题需要解决。

在评估体系层面，缺乏顶层设计。为了既定目标进行的跨屏传播效果评估，最为重要的就是首先进行完整的系统设计，从顶层规划清楚技术实施的方法和路径。但是目前市场上推出的相关评估产品多集中于传播后期效果的评估上，其评估框架单薄，数据信息也比较简单，难以凸显跨屏的体系化、完整性评估价值，造成了不少跨屏评估结果的混沌不清和市场混乱。

在实施方面，跨屏数据监测、筛选、去重等工作未执行到位，严重影响评估结果。如今，视频数据市场"鱼龙混杂"：一方面，数据体系多样，监测手段差异性较高，且各相关领域数据未能打通，数据孤岛现象严重；另一方面，数据造假泛滥，虚假数据横生，极大地降低了评估的准确性与严肃性。除此之外，跨屏评估最难跨越的门槛就是同源数据监测及数据去重问题，而目前的技术还难以有效地完成此项目标。

事物总是在不断发展中进步，需求自会创造价值。无论如何，跨屏广告效果评估已经取得了初步的成效，随着技术升级及市场的持续发展，视频媒介的跨屏评估体系必然会不断地成熟与完善。

（二）挖掘用户付费金矿

长期以来，广告都是视频行业最主要的收入来源。然而随着近几年电视广告和网络广告进入成熟期，增长空间受限，视频业需要寻找新的营收增长点。由此，用户付费成为视频市场经营的"新风口"，其重要性也逐渐获得了普遍认识，各视频企业以及相关机构都开始建立能适配自身的用户付费模式，并积极转型以适应市场的发展。

1.大视频市场用户付费时代已经到来

从2014年起，视频行业内对于用户付费的讨论一直是热度不减，而用户内容付费市场能否建立，是关乎大视频市场生存与发展至为重要的命题之一。显而易见，用户付费并不是什么新兴经营模式，广电系统早就对有线数字电视付费频道的布局和用户付费模式进行大规模的探索。但是，这场实验最终以失败告终。究其原因，一方面由于业界对用户付费模式的运营经验不足，另一方面则是用户付费意识还未觉醒。

众所周知，中国的视频媒体用户有一个根深蒂固的观念——内容免费，因此无论是广电机构还是视频网站过去，都将广告收入作为核心收入来源以填补内容生产、版权购买和平台运营等相关费用。直到视频市场不断地向纵深发展，政策方、媒介方以及用户等多层面参与者都对内容付费形成了较为明确的认知，用户付费的时代才算真正到来。

●规范版权市场奠定发展基础

在互联网发展初期，视频资源的盗版传播一度非常猖狂，对正版视频运营者形成了很大的负面影响。自2005年起，我国有关部门相继颁布了《互联网视听节目服务管理规定》《广播影视知识产权战略实施意见》《加强互联网传播影视剧管理》等条例规章，大力打击盗版视频内容的传播，规范了版权市场的运作，使得用户对视频内容的接触途径更集中于大型视频网站、家庭电视大屏和电影院线等正版渠道。而对于视频内容运营方来说，国家对盗版的打击力度加大，使得用户获取盗版的难度加大，同时正规视频网站的版权经营意识也逐渐增强，版权保护环境得到了改善，各平台间的内容差异也逐渐形成。此外，有关管理部门对盗版行为的严厉打击也对版权意识的提升起到了促进作用。总之，政策层面的重视，为用户付费市场的发展和形成提供了良好的基础和必要条件。

●激烈竞争下企业的盈利冲动

盈利是所有企业维系发展的基本诉求。出于增加营收和在市场中形成竞争优势的种种考虑，国内大视频机构均相继采取了建设用户付费体系的措施。首先，由于台网竞争加剧，在线视频不断攻占电视行业的传统市场领地，电视业不得不正视用户大量流失的现实，以头部优质视频内容为基础进行电视台视频网站的自建，突破传统广电运营限制，进军网络视频市场；其次，视频网站之间竞争激烈，版权采购成本和带宽成本也越来越高，仅仅依靠单一的广告已经不能满足企业的发展需要，而用户付费经营模式便成为可行的新盈利增长亮点。相对于单个视频用户的广告价值来说，用户的内容付费价值更高，能够为视频企业带来新的利润空间。

●用户版权意识的觉醒

由于政策、市场的推动以及消费主力向80后、90后迁移的影响，我国视频媒体用户的版权意识不断增强。具体来说，80后、90后的平均受教育程度和可支配收入较高，能够理解版权的重要性，同时也较容易形成用户付费意愿。艾瑞咨询2016年发布的《中国视频网站付费用户典型案例研究》中指出的"乐视影视会员呈年轻、高学历的特质"便是目前视频媒体主力用户版权意识提高的例证。根据《2017中国网络视听发展研究报告》的调查，42.9%的用户曾为视频付费，即使在未付费群体中，也有25.5%用户表示"如果有特别想看的内容，不介意付费"，说明当前用户的版权意识和付费意识已经基本形成。

●跨屏付费手段日趋成熟

除了付费意愿增强之外，成熟的支付手段也是推动视频用户付费的重要功臣。就在这短短的几年时间，网上银行、移动支付飞速发展。其中，手机端支付体系的建立为跨屏付费提供了重要的发展支点，用户无论是通过什么渠道获取的视频内容，只需要扫一下二维码便可以进行支付。支付方式的多样化和简单化为视频行业顺利开启付费模式提供了功能上的有力支持。

2. 不同视频媒介付费经营方式有别

国内视频网站借鉴着国外如Netflix[①]和HBO[②]等以用户付费为主要收入来源的视频机构的成功经验，率先迈出加强用户付费模式建设的脚步。2014年底，腾讯公司副总裁孙忠怀在腾讯视频V视界大会上表示，付费业务的春天已经来临；2015年初，光线传媒总裁王长田表态称收费模式的时机已到来。仅仅过了三年的发展之后，视频业内传出的"2017年国内网络视频付费用户占比已超过四成"等捷讯真切地表明着，我国大视频行业的用户付费时代已经到来。面对已不可逆转的用户付费趋势，行业内部不同机构的"临场状态"不一，付费经营方式也各有不同。

●家庭大屏付费点播模式悄然兴起

以电视为核心的家庭视频端最初一直被广电机构所把持，其从20世纪八九十年代发展起来的付费模式非常简单，主要是用户缴纳入网及初装费之后，每月支付大概10元左右的基本收视费。随后，广电业又陆续开展了对付费频道的探索，但是受制于内容水平和营销方式以及绕不开的体制困扰等多种因素，除了CHC、四海钓鱼等少数几个频道外，其他付费频道的经营举步维艰，如今更是陷入了汹涌的关停浪潮中。

付费频道的试水仅是广电机构在探索新的经营模式中的一个尝试，目前，广电网络已经在不断的探索中形成了三类付费业务：一是入网安装费、基本收视费以及落地费等基础业务收入；二是付费频道、付费点播、时移回看等付费视频类业务；三是宽带、广告、便民服务、教育、音乐、游戏、购物等创新型增值业务。[③]其中，视频付费点播在广电网络经营发展过程中发挥了重要作用，并逐渐在IPTV、OTT等其他家庭大屏端显现出明显的经营活力。

视频点播于20世纪90年代在国外率先发展起来，英文是"Video on Demand"，即VOD，是指根据观众的要求播放节目的视频点播系统。[④]因为其所传输内容正是用户所渴望观看的节目，满足了"我看我选"的自主消费需求，所以有非常宽广的付费经营空间。

目前，家庭大屏占据着客厅优势，有线数字电视、IPTV、OTT等是主要参与者，其中的付费点播业务正是其经营重点，并逐渐显现出良好的经营成效。在传统广电机构方面，陕西广电网络传媒（集团）股份有限公司2017年财报显示，其当年付费点播量达到81146.85万次；在有线数字电视方面，2015年4月华数开设"精彩影视"付费频道，实现了一键"直转点"的功能；IPTV运营商中国电信表示，2017年付费点播收入目标为35亿元，在2016年基础上增长70%。中国电信2018年在该项业务上的收入已突破50亿元。同样，十分依赖点播

---

① Netflix 的收费模式是通过"独播＋原创"的内容模式，使得会员保持长期支付固定的收视费用以任意观看影视库里的所有节目。

② 美国的 HBO 有线电视台无广告业务，盈利主要来自于付费用户、DVD 销售、海外版权交易和衍生品授权。

③ 陈长伟、秦瑞、熊飞：《互联网思潮下的广电网络之付费模式》，《电视技术》2014 年。

④ 本定义来源百度百科。

业务的OTT也将付费点播作为经营的发展重点。据勾正数据[①]调查显示，OTT点播量是直播的1.8倍，日均终端时长是直播的2.4倍，充分体现了OTT付费点播的经营价值。

● 视频网站掀起用户付费热潮

对视频网站而言，用户付费模式的开展是大势所趋。国内的主要视频网站无一例外都经历过"烧钱无止尽"的时期，以"免费观看模式"来吸引用户，以单一的广告收入来维持网站运营。然而随着网络广告市场日趋饱和，增长空间受限，以广告作为收入主要来源的模式便成为可持续发展的瓶颈，因此，一些视频网站很早就开始了用户会员体系建设的探索，例如爱奇艺的会员服务就始于2011年。然而，没有头部优质内容的支持，会员体系并不能发挥最大的价值。

另外，在以版权购买为主流的时期，视频网站通过采购电视热门剧的版权不仅在资金上消耗巨大，同时还易造成视频媒介间内容同质化严重的状况。在用户观看体验并无较大差别的条件下，由于引进资源的渠道单一，各大视频网站始终无法凭借内容优势形成较强的用户黏性。为改变生存状况，形成竞争优势，视频网站开始注重通过独家的自制内容来吸引用户付费，而用户一旦成为某视频网站的付费会员，就对其产生了较强的黏性，从而提升了视频网站的整体品牌效应。

目前，视频网站的付费模式可以大致分为付费点播、付费会员两类。其中，会员付费是视频收费的绝对主流，因为付费会员除了可以观看收费内容之外，还享有大量的会员权益，如去除不愿意观看的广告等。根据网络上的公开信息，截至2018年2月28日，腾讯视频付费会员已达6258万，爱奇艺的付费会员为6010万。总体看来，各主要视频网站的会员费价格差异不大，其用户基本遵循免费用户到会员体验、到付费会员再到持续缴费的转化过程。为保持这一过程的可持续循环，视频网站必须拥有对用户具有绝对吸引力的优质内容。特别是在近几年，视频网站在内容上的投入更是史无前例，除了跟以往一样继续花费巨资购买优质内容版权之外，自制优质内容也日益成为争夺用户视线的利器。通过下表可以看到，仅在2005~2017年的3年间，爱奇艺、腾讯、优酷视频自制网络剧和自制综艺节目的产量就增长了110.00%和157.14%。

2015—2017年自制剧、自制综艺和网络大电影数量统计[②]

类型 网站	自制剧（部）			自制综艺（部）			网络大电影（部）		
	2017	2016	2015	2017	2016	2015	2017	2016	2015
爱奇艺	22	22	13	25	20	8	858	440	–
腾讯视频	30	19	1	21	17	13	234	295	–
优酷	11	12	16	8	5	0	–	–	–
合计（部）	63	53	30	54	42	21	1092	735	–

数据来源：公开信息

---

① 勾正数据（GozenData）是一家致力于智能大屏领域的大数据公司。

② 整理自网络公开信息，部分资料并不完整。

目前，视频网站的主要自制内容大致分为网剧、网络大电影以及网络综艺三种节目类型，每种类型的自制内容都为视频网站发展用户付费带来了不小的贡献。

网剧方面，率先推出"精品化"自制剧策略的爱奇艺2015~2016年在用户的平台使用时长上具有显著的领先优势，但在其他强势视频媒体发力精品剧后，其竞争优势逐渐归于平淡。通过一部《太子妃升职记》为乐视带来了220万新增付费会员；第一季《盗墓笔记》向会员独家播出后，爱奇艺的会员数量便猛增了50%等，由此可见自制优质网剧是视频网站进行会员转化的强有效工具。

在网络大电影方面，会员分账模式①成为基本的商业模式。据爱奇艺发布的《2017网络大电影行业发展报告》显示，2017年全网上线网络大电影共1700部，其中Top10的影片在爱奇艺平台的分账全部超过了1000万元，《斗战胜佛》以2655万元分账位居榜首；分账超500元的影片数量比上年增长近55%，其中不乏《小小爸爸》《乱世豪情》等"准千万级"作品；而分账超100万影片数量也同比增长了近24%。

在网络综艺方面，2017年，网络综艺节目呈现井喷之势，主流视频网站共上线159部网络综艺节目，投资规模达43亿元，播放量超过500亿次。仅在2018年初，市场上火爆的网综就有《这就是街舞》《偶像练习生》《创造101》等，其网络话题度热度极高，并且引领了一部分年轻群体的娱乐生活潮流。网综的兴盛对于处于"眼球为王"时代的视频网站来说，有几点好处：一是可以缓解或降低购买同步电视综艺节目版权的资金压力；二是增加网站流量，提升广告价值；三是从总体提升网站的内容实力，促进会员转化，增加用户付费收入。

●直播、短视频的"粉丝经济"变现

长期以来，业界对用户付费的理解主要是基于用户对视频内容的自愿付费，其盈利的根基在于内容资源的吸引力，是以内容为经营核心。直播、短视频等视频形态的兴起，让视频盈利方式发生了转变，以内容为核心的用户付费模式转变成了以粉丝经济为核心，通过粉丝变现实现盈利的经营模式。之所以被称为"粉丝经济"，是因为在直播以及短视频蓬勃发展的背后，拥有庞大的粉丝流量，而两者在制作、用户消费以及盈利方式上，又有着不同之处。

网络直播具有实时互动性，不需要后期剪辑加工，其用户付费形式主要是通过主播现场表演从而引导粉丝互动并进行礼物打赏。虚拟礼物是由平台方提供，用户花钱购买虚拟礼物后，打赏给主播，然后网站与主播对收入金额按照一定比例进行分成。各个视频平台

① 会员分账商业模式：即平台方与合作方按照一定的分成比例从会员付费和广告收入等收入中分账，这种模式不仅能通过对内容价值的评估来推动行业进步，而且还将网络大电影的用户付费价值发挥到了极致。

的虚拟礼物等级不尽相同，价格也有差异，最高的可达5000元以上。如花椒直播中的"梦幻城堡"虚拟礼物就达到了5200元。在如此利益条件下，主播们都十分重视粉丝的维护，用心设计直播内容以吸引粉丝打赏。

相比之下，短视频是非实时性的，其内容是经过后期编辑上传的。与直播的打赏模式不同，短视频的用户付费模式更多的是建立在用户引流上，只有极小部分是来自用户打赏收入。短视频制作者主要通过优质内容来吸引大量粉丝，然后立足于庞大的粉丝流量价值，配合电商平台以及各类产品方进行用户引流，其本质是发挥广告的作用，利用另一种视频方式来实现较高的用户转化率，同时也实现自己的粉丝变现。

由此可见，对于直播、短视频而言，粉丝流量是其价值变现的基础，粉丝数量越高，其所获得用户付费的可能性就越高，变现的价值就越大。艾媒咨询数据显示，2017年中国在线直播用户规模达到3.98亿，2019年用户将突破5亿。同时，在2018年，中国短视频用户规模已达3.53亿人，其背后的粉丝经济价值难以估量。总之，直播、短视频等新型节目形态的崛起，为视频市场用户付费形式提供了新的发展路径。

3.横向细分、纵向深耕与多屏打通

目前，国内视频行业各领域的用户付费模式并不统一，运作形式也不尽相同。根据前文所述，主要的用户付费形式可以简单分为两种：一种是依靠内容来引导用户付费，家庭大屏和视频网站的用户付费模式都是以内容为核心的；一种是依靠粉丝经济来实现的用户付费，直播、短视频是这种模式发展的有力推动者。随着用户付费意识的的提高，如何制造更多的付费点以及如何提升用户的付费体验，成为视频行业目前最主要的挑战。从业者给出的答案是对付费模式的纵向深耕、横向细分以及多屏化的改进。

●横向细分

大众消费升级的到来在国内各行业都掀起了细分化、垂直化的热潮，大视频行业也不例外。如今，在视频领域用户付费的横向发展主要是围绕核心内容所开展的相关业务。

首先是在内容分类基础进行的付费会员细分。在完成平台内容差异化的打造之后，部分视频网站和OTT TV平台将自身的版权优势通过细分会员模式的方式展现出来，此举意在分门别类地牢牢抓住相关视频内容的忠实消费者，扩大企业的盈利能力。

目前细分会员模式所播出的内容大多数是体育赛事方面，这是因为种类繁多的体育赛事拥有不同的关注人群，其受众忠诚度较高，容易形成铁杆拥趸，此外能够衍生出的内容和业务也比较丰富。目前在视频网站中，爱奇艺于2018年初将独家购买的网球赛事转播权运营为会员制观看方式，收费标准是每月安卓用户27元、iOS用户35元；腾讯为合作方百视通BesTV提供的NBA会员制服务，用户开通此业务后不仅可以随时观看精彩赛事，还可以观看腾讯编辑的赛事精选栏目。

其次是在多元业务支持下的用户付费结构的拓展。除了会员细分模式之外，家庭大屏端在电视购物和游戏等业务上的建设，也直接引发了用户付费结构的细分化，用户付费模式不再局限于内容的吸引力方面，更是拓展至更为丰富多元的视频增值业务领域。比如电视购物方面，内容提供方CIBN就在其所搭载的互联网电视中进行了CIBN全球购平台的搭建，截至目前，全球购的用户数超过了5000万，平台日均销售额约为20万元；天猫魔盒进行了"电视淘宝"业务的开拓，打通了电商的家庭大屏端。在游戏方面，根据乐视智能

终端研究院数据显示，"大屏游戏深度活跃用户规模正在迅猛攀升，季度环比平均增长32%，其中2016年Q1深度用户同比增长193%，游戏类应用占超级电视Top100的应用比例达到了35%，已成为超级电视用户的重要应用场景。游戏用户月度利润值（ARPPU）为137.3元，付费率季度环比增长57%，ARPU值季度环比增长为100%"。

●纵向深耕

除了用户付费向横向拓宽及市场细分发展之外，视频付费领域各方也开始围绕内容及用户对付费模式进行纵向深耕。

在围绕内容进行深耕方面，以付费会员制为例，在过往内容同质化严重的时期，各视频网站的会员权益均相近，不外乎去广告、会员独家影视剧观看和用户单点服务。由于内容并没有形成差异化的竞争力，因而付费收益的成效非常有限。如今，不少视频网站已经加大了原创和购买优质内容力度，开始通过多样化和差异化的内容资源库进行会员体系改进，丰富会员权益，不断满足用户多方面的需求，以期牢固圈定和发展其用户群体。

业内近期有一个广受关注的例子是腾讯视频独家打造的热门选秀节目《创造101》，普通用户能享受的基础权益是在每周六晚8点得到新一期节目的更新以及每日11次的点赞机会。而腾讯付费会员则可以抢先看到节目更新，还有观看五档非正式播出的衍生节目《创造101悠享版》《创造101导师教室》《101进阶练习室》《101宿舍日记》和《创造101评级连连看》的权利。此外，最能满足忠实观众心理的独享权利，则是每日121次的点赞机会。腾讯视频这次会员权益的打造满足了观众对提高节目参与度的需求，获得了较高的会员转化率。

其次是深耕粉丝价值，进行垂直化和社交化改造，深度挖掘用户付费金矿。以视频直播为例，借助互联网流量增长的大趋势，直播行业依靠用户付费收入在吸金路上狂奔。映客成立3年,净利润便已奔10亿元量级。但是从长远的发展角度，直播平台必须深耕粉丝群体，建立更丰富的内容变现方式，才能更为全面地挖掘内容价值。目前各主要直播平台都在为了迎合用户的观看需求，往垂直化和社交化两个方向发展。比如花椒短视频网站的视频直播新版本加入MV短视频和多对多视频社交功能"开趴"，向着视频社交业务转型，并拿出1亿元签约短视频达人；映客也加速了产业链化的发展，除了推出"多人"直播间"互动游戏"和扶持综艺内容之外，"樱花女生"签约英皇则显示出其产业链化的发展雄心。通过内容创新，直播平台创造出更为细分化、更加丰富、更能触动用户的内容变现切入点，以粉丝经济为基础，为用户付费提供了更多的发展可能性。

此外，付费直播的推出也被业界视作直播平台在付费模式探索上深耕的体现。目前的付费直播体系是通过筛选优质内容来设定出白名单，发布直播的主播可以自行设置入场观看金额，普通用户可免费观看60秒，然后需支付后才能继续观看。这样的运行方式给予了内容生产者极大的主动权，也在一定程度上弥补了目前平台同质化和吸引力不高的普遍现象。未来直播平台或许会借着知识付费的风口全面进行内容品质的提升，重写对直播"低俗娱乐化"标签的定义。

●多屏打通

BAT为了进行布局，利用视频网站打通了PC端、移动端和家庭大屏端，由此产生了会员多屏通用的需求。比如说腾讯视频的超级影视VIP就打通了电视、电脑、Pad和手机四个内容渠道上的会员权益。除了BAT，广电机构也开始进行多屏布局的尝试，湖南广电通过芒果TV就做到了包括移动端、PC端、家庭大屏端付费会员体系的多屏打通。

腾讯视频会员跨屏体系

数据来源：腾讯视频

芒果TV会员跨屏体系

数据来源：芒果TV

（三）视频版权运维进化论

视频市场得以迅猛发展的驱动力之一是内容产业的崛起，伴此而生的则是版权市场的兴起。视频版权即著作权，是知识产权的一种类型，同时也是视频市场重要的经营模式之一。在社会、经济、文化以及媒体技术的持续发展下，社会监管力度逐渐加强，公众的版权意识逐渐觉醒，混乱的版权市场逐渐得到了有效的管控，版权维护、管理、交易等均注入了新的变革力量，视频内容版权运营得到了长足发展。

1. 有效的版权管理与保护是发展的基础保障

一直以来，版权问题都是困扰视频内容产业发展的顽疾。随着互联网崛起，数字版权内容逐渐占据重要的市场地位，但因其易得性及复制的便捷性，盗版问题相当严重。根据Digital TV Research[1]数据显示，奈飞（Netflix）、亚马逊（Amazon）、腾讯、优酷等全

---

① 英国市场研究公司。

球范围内的流媒体因为盗版所造成的损失，将在2022年达到516亿美元。可见，版权问题所带来的损失难以估量，有效的版权管理和保护手段是必不可少的。

●市场参与方版权意识逐步提升

版权的市场运作牵扯着多方利益，因此版权管理和维护也需要市场各方共力。随着全社会版权意识的觉醒，各参与方都逐渐强化了维护视频版权的行为。

首先，"有形的手"是最为尖锐的版权保护武器。在司法层方面，全国人大常务委员会于1990年通过了依据宪法拟定的《中华人民共和国著作权法》（以下简称"著作权法"），并经过了2001年、2010年两次修订，目前正在进行第三次修订；在管理及政策层面，建立了国家知识产权局、国家版权局、中国版权保护中心（版权局直属事业单位）等版权专门管理机构，并通过这些部门颁布相关政策、文件，规整市场秩序；在实践层面，国家推出了系列专项行动计划，打击侵权行为。比如自2005年起，国家版权局联合网信办、工信部和公安部，已连续13年开展打击网络侵权盗版专项行动——"剑网"行动，而视频版权侵权正是重点打击的对象之一。如此种种，国家从司法、政策、实践等方面建立起较为完善的视频版权的保护上层监管体系，保护版权所有者权益，打击侵权盗版行为，全面发挥"有形的手"的监管作用，规整视频版权市场秩序。

其次，是视频市场各方不断提高版权保护意识，强化版权审查与相互监管的力度。比如上游内容生产者在进行视频制作时，注重自制内容及其他视频资源版权归属权。一方面，通过协商、购买等方式获取图片、文字、视频等制作资源版权；另一方面，通过署名、版权登记等手段来对自制视频内容的版权进行保护。如在视频制作过程中，生产者在生产前、中、后期都打上版权烙印，有效防止了侵权盗版行为。媒体平台方是视频内容重要的展示平台，也是主要的视频版权购买机构，因此对于版权保护极为重视。一方面，加强购买审查，确保内容正版，下架非版权及盗版视频等内容；另一方面，通过透明的付费观看结算方式，保证版权方的合法权益；在版权市场的下游，随着版权意识的提升，用户主动、自觉地进行打击盗版活动，拒绝购买盗版内容，追踪、举报盗版等行为均是建立良好版权市场秩序的重要推动力。

最后是第三方机构、行业组织等建立良好的市场秩序与公平交易环境，对视频版权保护与发展的促进。由于视频市场中的内容生产、媒体平台以及用户等的行为涉及到各自利益，具有相对主观性，因此中立的第三方相关机构以及客观地进行市场监察与管理的行业组织的存在就显得十分必要了。目前，我国版权领域唯一具有广泛代表性的全国性社会团体是"中国版权协会"。除此之外，由市场各方合作成立的多个版权联盟，也在强化视频版权行业自律行为方面发挥了重要的作用。又如，在版权问题最为显著的网络视频市场，由版权人、网络视频企业以及相关利益方组成的"中国网络视频反盗版联盟"，在遏制与打击盗版现象方面也功不可没。更有诸如艾瑞、易观等第三方机构凭借技术、数据优势紧密追踪视频市场以及版权交易动向，产出相关报告等作为都为我国视频版权市场的和谐发展作出卓有成效的贡献。

●视频版权保护技术快速发展

强化视频版权保护除了需要搭建完善的管理体系之外，视频版权保护技术的现代化也是极为重要的基础保障。正如国家版权局版权管理司司长于慈珂2018年4月在"中国网络版权保护大会"上所表述的那样"技术和版权一直相伴相生，技术永远是版权的推动力量"。故此,视频版权技术的高速崛起,将是版权保护体系搭建最有效的保证。

一直以来,数字版权管理(Digital Rights Management,即DRM)都是视频版权市场中重要的技术形态。DRM指的是出版者用来控制被保护对象使用权的一系列技术,主要包括数字水印、数字签名和数据加密等技术形态。DRM技术主要具有六大功能:数字媒体加密、阻止非法内容注册、用户环境检测以实现用户合法性认证、用户行为监控以防止非法操作以及实现认证机制、付费机制和存储管理等功效,为数字媒体的版权提供了相当有效的安全保障。目前,中国广播影视数字版权管理(China DRM)的应用已经逐渐普及,由广电总局科技司批准成立的数字媒体内容保护技术研究实验室(China DRM Lab)成为DRM技术的引领机构。

2017年,中国视频行业领军企业爱奇艺公司采用China DRM的解决方案,用于保护其最受欢迎的网络视频平台上播出的精品内容。爱奇艺还将采用数字平台安全技术的世界领先者爱迪德公司的取证水印追踪方案 (Irdeto TraceMark™),[①] 用于监测和防止视频内容的盗版转发。[②]2018年,爱奇艺自主研发的数字版权管理(DRM)系统还获了ChinaDRM Lab的认证,成为中国首个获得此认证的网络视频平台。

目前,区块链技术的崛起让视频版权市场看到了更多可能性。狭义上来讲,区块链是一种按照时间顺序将数据区块以顺序相连的方式组合成的一种链式数据结构,并以密码学方式保证的不可篡改和不可伪造的分布式文本。从广义上来说,区块链技术是利用块链式数据结构来验证与存储数据、利用分布式节点共识算法来生成和更新数据、利用密码学的方式保证数据传输和访问的安全、利用由自动化脚本代码组成的智能合约来编程和操作数据的一种全新的分布式基础架构与计算方式。[③]

对于视频版权市场而言,区块链就是一系列不可篡改的文本,在创作即确权、交易即授权、发现即维权的过程中发挥着重要的记录作用。通过区块链技术,视频生产者、内容本身以及创作的时间相互印证,所有版权证据都被固定在运营过程的相关链条上,使得违规侵权的可能性进一步降低。区块链技术天然具有去中心化、防篡改、可追溯等特点,可以将版权关键信息上链,其迅速崛起为视频版权管理和维护提供了新的解决思路,同时也对DRM技术的发展提出了新的要求。

2. 视频版权交易新形式不断涌现

视频版权交易是通过版权许可或版权转让的方式获取相应经济收入的交易行为,是视频市场重要的收入来源之一。随着技术的发展演进,新的视频版权交易形式开始不断涌现。

●线上交易成为发展潮流

随着媒体环境的变化,视频内容交易模式也逐渐呈现出多元化特点。目前,主要分为四种内容交易模式:

一是电视台媒资音像资料馆模式。该模式的发展得益于1994年广电总局颁布的《广

---

① Irdeto Rights 方案是首批通过广电总局广播科学研究院 ChinaDRM 实验室认证的版权保护解决方案,并被好莱坞片商认可用于保护优质的超高清内容和首轮影片播映。

② 爱奇艺和爱迪德达成 ChinaDRM 版权保护及 TraceMark 水印追踪合作 .[DB/OL].http://www.chinadrmlab.org/index.php?m=content&c=index&a=show&catid=22&id=55。

③ 本定义来源于百度百科。

播电视宣传档案、资料管理办法》，让电视媒体意识到沉睡在档案库中节目内容具有非常可观的经济效益，纷纷成立媒资体系或音像资料馆，对过往所播放的视频内容进行体系化管理，比如央视音像资料馆、上海音像资料馆等。由于该种模式所聚拢的都是电视媒体过去播放的视频内容，且基本仅为台内部门提供信息借用服务，故该模式涉及较少的资金交易。

二是电视/电影节模式。一直以来，电视节或者电影节都被看作在一个固定时间和场所进行视频内容集中宣传、推介和采购的影视业集体活动。目前，北京国际电视周、上海电视节和四川电视节是国内视频版权交易市场占据规模和影响力双重优势的三大活动。但是随着版权交易的重心向线上偏移，昔日红火的电视节、电影节等逐渐变成视频从业者奖项评选、学术论坛和社交的场所，其版权交易的职能逐渐被削弱。

三是版权交易所/中心模式。国家版权局已经批准多地政府建立起了多个国家级版权交易中心，目前，大型的版权交易中心一般都具有六大功能平台：国家级版权登记服务平台、国家级版权交易服务平台、版权产业合作交流平台、版权专家核心智力平台、版权法律保护服务平台以及版权投融资服务平台。虽然理想中的版权交易中心的服务范围较为广泛全面，但在实际运行中，只有版权登记、代理注册等部分职能实现了运作，距离真正建立体系化的完善功能还有很长距离。

国内部分版权交易中心资料整理[①]

版权交易中心名称	职能和规划	成立时间	建设方/投资方
上海版权交易中心	作品版权登记/版权保护/产业信息	2004年	上海市版权局和杨浦区政府
华中国家版权交易中心	作品登记/商务咨询/版权交易/权利代理/作品保管/法律维权	2012年5月	湖北省委、省政府
台儿庄国家版权交易基地	基地建设战略定位为把台儿庄古城打造成"立足枣庄、辐射齐鲁、服务全国"的版权资源腹地、版权创新基地、版权发展高地	2012年8月	不详
青岛国际版权交易中心	将为影视动漫、音乐文学、文化创意、科技创新、各类设计、软件信息、现代服务业、艺术品书画等产业提供全方位的知识产权登记发证、备案检索、交易促进、法律诉讼、战略规划、质押评估、贷款融资、股权基金、三板四板孵化上市、创意产业园招商运营	2012年	中华版权代理总公司
北京东方雍和国际版权交易中心	举办中国国际版权博览会/商务咨询/推广展示/作品登记/权利代理/法律维权/人才培训/产业调研	2013年	中国版权保护中心、北京产权交易所、北京市东城区人民政府三方共建

---

① 本表格来源：龙思薇、王薇《内容交易模式探析》，广告大观——媒介版 2016(02)。本书对表格略有补充。

续表

版权交易中心名称	职能和规划	成立时间	建设方/投资方
国家海峡版权交易中心	国产网络游戏属地管理试点	2013年6月	不详
广州市越秀区国家版权交易基地	将建设成为全国最大的版权作品登记中心、版权综合交易市场和版权资本运作平台	2014年5月	广州富春东方地产投资有限公司等
西部国家版权交易中心	将为权利人和使用者提供文字、图片、音乐、影视、设计、广告、动漫、游戏、软件等多个门类的版权交易服务，同时开展行业咨询、市场调查、信息发布、项目推荐、投融资、版权评估、作品登记、版权合同备案、版权质押登记、法律维权、仲裁、培训、展览、产业园运营等业务	2014年10月	陕文投集团
国家版权交易基地（上海）	立足中国(上海)自由贸易试验区内的国际版权交易服务平台，利用自治区多重改革举措和制度创新，在版权交易的海关、外汇、工商、税收以及投融资、质押、评估、登记等方面提供服务	2014年11月	上海市人民政府
成都国家版权交易中心	版权登记、版权咨询、版权鉴定评估、版权交易、版权合作交流、版权法律服务、版权产业信息服务、版权成品展演服务、版权成果博览、版权发展论坛、版权孵化、版权投融资中介等各类综合性版权服务	2014年11月	成都市人民政府
横琴国际版权交易中心	中心将重点探索知识产权金融创新以及跨境知识产权交易特色业务，打造全国知识产权交易平台的核心节点、知识产权跨境交易的桥头堡和科技金融的试验田，推动我国知识产权战略的实施	2015年3月	珠海金融控股有限公司
重庆版权交易中心	中心将重点经营具有重庆特色的版权资源交易及相关服务，旨在"立足重庆、辐射全国、连接世界"，建立面向全国乃至国际市场的专业版权交易平台，打造国家级版权交易中心	2016年4月	重庆渝隆资产经营（集团）有限公司、重庆云环文化产业（集团）有限公司
北方国家版权交易中心	中心将以"互联网+文化+金融"的发展模式，搭建版权公共服务平台、版权电子商务平台等，为版权持有者和版权需求方提供便捷、安全、无障碍、全方位的服务	2017年	辽宁出版集团有限公司

资料来源：《广告大观》

　　四是线上交易平台模式。在数字化浪潮裹挟下，视频版权线下交易模式受到严重冲击，线上平台逐渐成为版权交易颇为青睐的理想场地。如今，电视台、互联网、投资公司以及其他社会组织纷纷涉足线上版权交易平台的搭建。比如中央电视台的"中国国际广播电视电影节目译制交易平台数字音像门户"、SMG旗下的"秒鸽传媒交易网"、长沙广播电视集团旗下由中广天择运营的"节目购"、阿里巴巴数字娱乐事业群推出的"娱乐宝"、猪八戒网搭建的"酷版权开放平台"、陕西文化产业投资控股集团运营下的"中国影视版权交易网"等。

　　从未来趋势上看，线上交易平台模式是发展重点。其原因可归结为以下三点：

　　一是数字化技术的强大驱动力。在万物互联的时代，技术带来的数字化浪潮势不可挡，直接推动了版权交易从线下向线上转移。

　　二是传统版权交易模式弊端明显。比如，在电视台媒资音像资料馆模式中的视频内容主要来自媒介自产，且对外公开范围有限，具有明显的封闭性；电视节、电影节的宣传功能较强，但其版权交易较为零散且完成度较低；虽然版权交易中心模式的发展在一定程度上整合了零碎的版权市场，但是其版权交易功能在实际运行中并不完善。

　　三是线上版权交易模式优势明星。虽然目前一些线上交易平台的运营并不尽如人意，但由于该模式所具有的开放性、资源丰富性、交易便捷性等突出特点，其未来发展空间被许多业内人士所看好。在2017年国务院办公厅下发的《国家"十三五"时期文化发展改革规划纲要》中，将"版权云"项目列入国家"互联网+"行动重大文化产业工程，着力打造新型开放式数字版权流通平台，以规避传统版权交易模式的缺陷。

　　●市场变革扩大视频版权盈利空间

　　目前视频市场上主要有四类版权交易模式，在发展过程中，各类模式都在与时俱进地融入一些新兴的市场元素。

　　首先是版权交易主体的变化。版权交易的本质其实是一个授权的过程，一直以来，视频版权授权方即视频版权拥有者主要为专业公司或者机构，即B（Business）端，个人（consumer）C端因制作能力、成本等因素在市场中并不占有重要位置。但是，随着技术进步与市场的开放，内容生产的专业门槛被打破，一批以自制视频为生的自媒体人成为内容的重要生产者，尤其是UGC模式的崛起，以至于人人都可以成为视频生产者和版权的所有者。如此一来，C端（个人）开始渗透至版权交易市场，逐渐打破了版权市场以B端授权为主的B2B、B2C的交易形态，C2B、C2C的交易模式出现了，随着C端主体地位的上升，B端与C端交叉而成的视频版权交易格局便逐渐形成。比如，"版权云"线上交易平台开设了"自助大厅"服务，人人都可通过此通道搜寻版权库中的视频作品，直接下单购买。而视频内容提供方，可能是来自B端的专业机构，也可以是C端的单个个体。

　　其次是版权交易理念的变化。谈到视频版权交易，最先想到的一定是视频成品版权交易。但是随着视频内容发展重点偏移，以"IP"为核心的视频生产模式崛起，直接影响了视频版权交易理念。版权交易主体不仅仅关注视频成品本身，同时也开始重视IP价值的深度挖掘，寻求版权衍生全IP体系搭建。比如2017年，腾讯旗下的阅文集团共有100余部作品进行了IP授权改编，改编的视频作品屡次刷新收视高峰，累积全网观看量达880亿次。此外，围绕IP运作，阅文集团还推出了"IP共营合伙人"战略，与视频内容制作方等共营IP价值。截至2017年12月31日，阅文集团已与200多家内容提供方建立了合作关系。阅文的版权变现形式也包括了早期投资IP内容制作等，2017年参投的主要电视剧和网络剧包括《武动乾坤》《将夜》及《你和我的倾城时光》等。由此，从源头开始，实现视频版权全IP的长期开发运营，这正是如今视频版权交易市场中的新发展理念。

3. 视频版权市场仍存在诸多问题

应当指出，虽然我国视频产业的版权意识已初步觉醒，但市场还处于发展的雏形阶段，并未成熟，版权运营仍掺杂了过多的复杂因素，存在诸多问题。

●缺乏较为完善的版权评估体系

长期以来，业界更偏向于使用无形资产评估的方法来进行版权价值评估，如重置成本法、收益现值法以及现行市价法[1]等。但是必须认识到，视频版权所具备的运营、传播以及衍生价等多重值，仅仅依靠资产评估的方法是不能实现对其全部版权价值的充分衡量的。全面覆盖视频版权各项价值指标的评估体系的建立是亟须解决的问题。

总体来看，视频版权交易是资金密集行业，目前在市场上占据版权交易半壁江山的，一方面是BAT等互联网巨头，另一方面则是以捷成"华视网聚"为代表的第三方版权运营公司。而这两部分力量正是版权价值评估体系构建颇有话语权的主体。早在2014年，华视网聚副总裁张明在接受记者采访时就表示，华视网聚已经在视频版权评估体系建设上进行了有益的探索，除了从演员、导演、编剧、发行公司、出品公司、电影宣传等维度对视频产品版权价值进行考量之外，还有对影片产地、影片类型、档期选择等多种相关市场因数的分析，初步构建起了较为科学的版权价值评估体系。但是，该评估体系是处于仅供公司内部使用的保密状态的——业内几乎所有的版权评估系统几乎也都是封闭性的存在，这就揭示出了目前版权价值评估中的另一个问题，即封闭性，这也是视频产业的版权价值评估体系久久难以完善的原因之一。

●虚高的视频版权价格

版权交易的最终目的是取得经济回报，越是优质的内容，其所带来的经济利益自然也就越高。近几年，优质节目的广告冠名费不断攀升。比如《我是歌手》第一季立白牙膏以1.5亿拿下冠名权，而到了第四季，其冠名费就攀升至了6亿；《极限挑战》第四季的冠名费达4亿元；《中国新歌声5》冠名费逾5亿；《星光大道》和《黄金100秒》也超过了3亿元的冠名费。随着视频市场对优质内容的争夺日益激烈，版权价格迅速攀升，掀起"天价"视频版权的争夺热潮。

2006年播出的《士兵突击》、2007年播出的《金婚》，每集的网络播出版权仅为3000元。根据《2015腾讯娱乐白皮书》介绍，2014年，视频网站热播剧的单集购片价格便飙升至150万元。而从2015年开始，视频市场优质剧版权价格卖出了天价。2016年，周迅担任女主角的《如懿传》被东方卫视和江苏卫视分别出价300万元一集买下，加上腾讯视频900万元一集拿到的网络独家版权，该剧单集的台网播出版权价格达到1500万元一集。2017

---

① 版权价值评估的基本方法：1. 重置成本法。是根据假想重新创造资产所发生的所有花费并考虑一定的损耗而评估其价值的评估方法。基本公式为：评估值＝重置成本－损耗＝重置成本×成新率。2. 收益现值法。是通过估算被评估资产在未来的预期收益，并采用适宜的折现率折算成现值，然后累加求和，得出被评估资产价值的一种资产评估方法。3. 现行市价法。是通过分析当前市场上可对比资产交换价格来确定资产的评估值。其基本公式为：被评估版权价值＝同类交易实例价格×调整系数。

年，慈文传媒旗下公司出品的《凉生，我们可不可以不忧伤》以3.84亿元的价格将卫视首播权卖给了湖南卫视。

10部过亿国产剧版权[①]（元）

剧目	出品方	购买方及出价	总额
《如懿传》	新丽传媒	电视台版权：东方卫视单集300万、江苏卫视单集300万 网站版权：腾讯视频独家单集900万	13.05亿
《凉生，我们可不可以不忧伤》	蜜淘影业	电视台版权：湖南卫视独家单集480万 网站版权：PPTV单集1000万	11.8亿
《赢天下》	唐德影视、优酷、爱美神影业、恒大影视	电视台版权：湖南卫视独家单集500万 网站版权：优酷单集800万 海外版权：单集25万美元	10亿
《大军师司马懿之军师联盟》	盟将威影视、华利文化、不二文化、印纪传媒	电视台版权：江苏卫视+安徽卫视，单集280万 网站版权：优酷独家单集800万	9.07亿
《长安十二时辰》	娱跃影业、留白影视	优酷独家单集1220万	7.32亿
《琅琊榜之风起长林》	正午阳光、爱奇艺	电视台版权：东方卫视+北京卫视，单集400万+ 网站版权：爱奇艺独家单集800万	6亿+
《楚乔传》	慈文传媒、蜜淘影业、克顿传媒	湖南卫视独家单集450万	5.86亿
《美人鱼》	上海新文化	电视台版权：预计单集300万+ 网站版权：爱奇艺单集840万	5.7亿+
《欢乐颂2》	正午阳光	台网版权：单集900万+	5亿+
《盗墓笔记3》	欢瑞世纪	网站版权：爱奇艺独播单集2400万	2.88亿

数据来源：根据相关文章整理

在利益驱动下，偌大的视频市场成为资本巨头们的"跑马场"，"马太效应"愈演愈烈。如此境地下，遏制"天价"版权现象成为视频行业的重要任务之一。目前，政府部门及业界已经有所动作。2016年广电总局颁布《关于大力推动广播电视节目自主创新工作的通知》意图扶植原创内容，叫停"天价"版权竞争。对此，视频网站、电视台等播出平台

---

① 整理自"节目一线"：《深扒卖出"天价"的10部国产剧，电视剧市场已出现重要拐点》。

也开始扩大自制内容的生产，以有效降低版权购买成本，保证可持续发展。

版权归属新问题不断出现

如今的视频市场，内容表现形态日益丰富，尤其是直播、短视频等视频形态的快速发展，使原本就不完善的视频版权市场问题更趋复杂，其中关于短视频版权归属的讨论最为热烈。

短视频一夜爆火，成为移动互联网的主导内容形态之一，随之而生的便是层出不穷的内容侵权问题。业内人士将短视频领域的图像窃取行为形象地比喻为"搬运工"和"剪刀手"，还将那些在原创的视频内容上进行二次创作的行为称之为"挖坟"。[①] 而此类行为的大幅度出现也是有多重原因的：一是短视频大热，市场需求量大，相关作者受利益驱使或版权意识薄弱；二是专业视频内容制作成本高、时间长，非专业人生难以实现，再加之其在互联网生态下的"易得性"，因此走"捷径"便成为一些人的首选；三是国内短视频版权维护体系还未成熟，遭遇侵权后，诉讼周期长、维权成本高、获赔额低。如此种种，致使短视频侵权现象比较普遍。

目前，诸如今日头条等平台已经采取了相关措施，遏制短视频侵权现象。比如，提供者在今日头条上传了视频后，会得到一个基于该视频的"内容指纹"，一旦有侵权视频上传，检索系统会自动识别。又如，2018年初中国版权保护中心和即视创媒共同发起的"即视中国短视频版权价值榜评选活动"，也是对我国短视频的版权保护和市场价值建立市场规范和专业标准的有益尝试。

除了对短视频版权问题的关注之外，业界目前还掀起了对利用AI（人工智能）技术生产的作品版权归属问题的热烈探讨。随着智能化程度的深化，人工智能技术开始大踏步进入内容领域，虽然目前主要以文字、图画为主，但视频作为重要的内容形态，必将成为AI发展的重点，版权归属问题又会随之而生。《科技日报》曾用一篇《AI出品，版权归谁》将该问题抛出，引起了业界思考。文中谈到英国《版权法》中提出"对计算机生成作品的创作进行必要安排的人被视为'作者'"，[②] 似乎给出了一个解决该类问题的思路。但是，《著作权法》对此并没有明确标识。AI视频作品能否具有著作权及版权归属仍是需要持续探讨的问题。

（四）蓬勃发展的视频周边衍生产业

周边衍生是大视频IP化的重要变现方式之一，其主要指围绕视频内容所衍生出的相关产品、内容等，是大视频行业深入产业链下游培养忠诚消费者、获得充分品牌价值回报的必由之路。随着市场经营不断向纵深发展，我国的视频周边衍生产业近几年逐渐受到重视，参与主体也在不断增多。

1. 视频周边衍生之主要类型

2015年被业内人士称为中国视频周边衍生市场发展的元年。得益于IP概念的兴起以及用户消费习惯的升级等多重因素的推动，这一年我国视频IP内容产业的发展呈现出井喷态

---

① 《短视频版权之痛 或需企业平台多方推动》，http://tech.hexun.com/2018-01-09/192187174.html。

② 唐芳：《AI出品，版权归谁》，http://tech.ce.cn/news/201805/03/t20180503_29015420.shtml。

势。大致来看，目前我国的视频周边衍生市场格局可以划分为视频周边衍生产品、视频周边衍生内容以及视频周边衍生产业等三大类别。

视频衍生产品是指根据视频内容所衍生制作出来的相关实体产品，包括文具、服装、挂饰、手办等。目前诸多影响广泛的电视剧、电影、动漫、综艺等视频节目都开始了周边衍生产品的制作与售卖。比如2017年《九州·海上牧云记》的制作机构"九州梦工厂"，就在电视剧播放期间开发多达170余种衍生品，包括手机壳、工艺品、项链、服饰等，价格从几十元到数百元不等，收获了不错的销售业绩。

视频周边衍生内容主要是指依托已有的成功节目的内容或相关元素再加工生产出来的延伸内容产品，包括衍生综艺、衍生游戏、Cosplay等。比如，视频网站在《花千骨》《择天记》电视剧播出后上线的同名页游和手游，都借着电视剧影响力火爆过一段时间。另外，由动漫等衍生出来的Cosplay文化也已经成为二次元内容产业重要的组成部分。

视频周边衍生产业则主要是指以视频IP为核心所打造的大型产业项目，包括主题乐园、影视基地等。视频周边衍生产业相比衍生产品以及衍生内容，具有更为高层级的经营形式和更为长久的经营空间。衍生产业的发展体现了企业充分开发视频IP周边价值之努力，也是众多视频运营机构追求的美好愿景。

2. 不同视频领域周边衍生方向各异

在上文所列的三类主要衍生产业发展方向的大框架下，不同的视频内容和传播形态又有着适配自己发展的衍生特点，围绕电影、电视剧、动漫以及综艺节目展开的周边衍产业的探索最具有代表性。

●电影：IP化带动周边衍生发展

我国电影的市场步入了高速发展时期，出于对扩大经营绩效的考虑，电影制作机构纷纷走上了打造电影IP的道路，为电影周边衍生产业的快速发展提供了基础与动机。在电影前期的宣发上，出品方越来越多地将衍生产品作为电影的广告重要载体，在院线、实体店、电商等线上、线下渠道以独立或者合作的形式进行销售。此外，这种依托成功的IP发展多样化的周边衍生产品，既可以培养忠诚粉丝，又会带来可观经营收入的一举两得之举措，已日益成为电影机构市场运营的标准配置安排。根据中投顾问产业中心数据显示，到2020年，我国电影衍生品市场规模将超过100亿元。

就世界影视产业发达国家情况来看，电影周边衍生产品只是电影IP价值开发的一个小部分，电影最独特的周边衍生方向是利用品牌影响力对实景娱乐的拓展。以迪士尼为例，在其发布的2018年第二季度营收报告中披露：该公司的三大业务中，主题乐园、影视娱乐和消费者产品业务分别占据34%、17%和7%的比例，即后两项业务之和比主题乐园的营收还要少10%，可见其盈利能力之强劲。

目前，国内影视机构如华谊兄弟、光线传媒、欢瑞世纪以及万达集团都已进行了实景娱乐的布局，预计未来几年会有一批影视主题乐园建成开放。如果运营得当，这些实景娱乐设施将会发挥强大的盈利能力。

●电视剧：游戏衍生成常规操作

在电视剧方面，最大的改变发生在制作公司和视频网站上。首先，电视剧制作公司越来越重视对剧集衍生品的开发，在剧集筹备阶段就开始考虑衍生品版权的归属。2017年播出的大部分热门剧集，比如《那年花开月正圆》《大唐荣耀2》《择天记》以及《楚乔传》等网文IP改编剧都相继推出了周边衍生品。

在衍生品的销售上，视频网站凭借其渠道技术优势、庞大的用户群体以及丰富的市场经验，呈现出强劲的发展势头。优酷土豆打通了网站内与淘宝、天猫的互联销售渠道；爱奇艺视频和腾讯视频上线了与站内边看边买互通的线上商城"爱奇艺商城"和"草场地"。依托于自身的用户优势和平台互通的方便性，其发展前途不可限量。

此外，近几年电视剧周边衍生出现了一个引人注目的发展倾向，那就是游戏衍生。正如下表所示，据不完全统计，仅在2015~2017年的3年间，就推出了根据27挡人气电视剧衍出来的36款游戏产品。其中，网络文学改编为电视剧再衍生制作为游戏的产业链条最为常见。网络文学为IP剧提供了坚实的粉丝基础，粉丝基础又为剧集的周边衍生提供了可延续的长尾IP价值。

2015—2017年国产电视剧改编游戏统计[①]

播出年份	电视剧	游戏类型	研发方／发行方
2017年	琅琊榜之风起长林	页游	37游戏
		手游	祖龙娱乐／爱奇艺游戏
	醉玲珑	ARPG页游	顺网游戏
	楚乔传	页游	37游戏
		3DMMO手游	西山居工作室
	择天记	MMORPG手游	腾讯游戏
	射雕英雄传	页游	游族
	思美人	页游	37游戏
	九州·海上牧云记	MMO手游	网易游戏

---

① 整理自网络公开信息。

续表

播出年份	电视剧	游戏类型	研发方／发行方
2017年	三生三世十里桃花	ARPG页游	37游戏
	大唐荣耀	手游	欢瑞游戏
	猎场	手游	广州要玩娱乐
	天乩之白蛇传说	MMORPG手游	蜗牛数字／欢瑞游戏
	我们的少年时代	偶像养成手游	乐逗游戏
	河神	手游	互爱互动／爱奇艺游戏与万达院线游戏
		页游	爱奇艺游戏
	龙珠传奇之无间道	手游	乐爱游戏／天意影视
	奇星记之鲜衣怒马少年时	手游	聚力传媒
2016年	山海经之赤影传说	页游	趣游
	青云志	页游	广州酷游信息科技有限公司
		手游	完美世界
	武神赵子龙	卡牌RPG手游	无锡要玩娱乐网络技术有限公司
		页游	37游戏
	器灵	手游	胜利游戏
	幻城	页游	爱奇艺游戏
	天天有喜2之人间有爱	页游	37游戏
		手游	天象互动携手芒果互娱联合出品
2015年	活色生香	手游	欢瑞游戏
	花千骨	页游	上海君游网络科技有限公司
		手游	PPS游戏／天象互动
	芈月传	MMOARPG手游	蓝港在线、花儿影视
		页游	萌乐网
	大汉情缘之云中歌	手游	渡口网络联手爱奇艺、牧野兴星、扬讯科技共同打造
	秦时明月	页游	37游戏
	琅琊榜	页游	37游戏
		手游	乐元素、掌上纵横、爱奇艺游戏联合发行

数据来源：整理自公开信息

●综艺：成功尝试后待深耕细作

由于内容的多样性以及受众的广泛性，近几年电视台及视频网站对综艺节目的周边衍生运营进行了从游戏到大电影到实景娱乐的多方面尝试。就目前的情况看，我国综艺节目周边衍生的方向除了常规的衍生产品外，电影以及节目衍生成为其发展主流。

首先是综艺衍生电影。2014年系列综艺目《爸爸去哪儿》火爆异常，借助其超高人气，湖南卫视在年末推出了贺岁电影《爸爸去哪儿（大电影）》，获得了超过6亿的票房佳绩，在业界的广泛关注下，该创造性的运营方式也成为综艺节目周边衍生发展的一个风向标。至此之后，"综艺电影"便成为不少大热综艺惯常采用的衍生形式。如2015年上映的《奔跑吧，兄弟》综艺衍生大电影就取得了超过4亿的票房，《极限挑战之皇家宝藏》衍生电影也拿下了1.25亿的票房成绩。以上案例都说明在综艺IP的变现中，向周边衍生电影拓展是一种行之有效的手段。

除了衍生电影之外，将成功的综艺节目发展为品牌化的系列节目也是一种常见内容衍生形式。目前国内综艺衍生节目主要有两种形式，一种是如《真声音》《和爸爸在一起》《跑男来了》等所采取的将节目的幕后花絮等内容紧接在正片后面播出的衍生节目；另一种是视频网站将综艺节目拆剪成片段，或是将未正式播出的节目花絮组合成一个新的专题节目。比如说近期腾讯独家打造的《创造101》便将节目拍摄花絮剪辑成《创造101宿舍日记》的子节目向付费会员免费开放。

总的来看，综艺行业的周边衍生产业虽然发展迅猛但后劲不足，比如说综艺大电影刚产生时的《爸爸去哪儿》创造了很好的收益，但同时观众也对其粗糙的质量提出了质疑，认为电影是对节目热度的过度消耗。而后几年推出综艺衍生电影市场效果也不尽如人意。此外，目前的综艺衍生节目还仅仅停留在作为主节目内容补充、经简单编辑而成的拍摄花絮内容层面，对用户的吸引力有限。另外在综艺衍生产品方面，近年来该领域也鲜有突出的成功案例。

需要强调的是，综艺节目本身有着极强的IP化特质，热播节目能在短期内形成巨大的影响力和海量的粉丝规模，是发展衍生产业的一块沃土，经营空间很大。但急功近利、浅尝辄止、不下力气进行深耕细作，是难以充分开采出该领域的市场金矿的。

●动漫：周边衍生空间无限

在动漫节目的周边衍生方面，随着亚文化的兴盛，以及80后、90后成为消费主力，动漫行业的市场空间突破千亿级，这其中周边衍生承担着越来越重要的变现任务。根据中国产业信息网公开的《2017年中国动漫衍生品发展概况分析》，2016年我国动漫行业中衍生品市场产值达到了380亿元左右，约占整个动漫市场的34.5%。参考迪士尼和日本的相关经验，动漫衍生品的市场规模一般都会远大于动漫内容产品的市场规模。

相比其他节目类型周边衍生市场情况，动漫行业的周边衍生产业发展最为成熟，衍生形式也最为丰富。

至为重要的是，动漫节目的观众以年轻群体、特别是青少年为主。动漫节目无与伦比的表现力以及超现实元素极为适配年轻人的观看需求，也因此成为最容易形成铁杆粉丝和拥趸的一种节目类型。而站在这些充满活力、购买能力旺盛、数量巨大且往往"无限忠诚"的消费者基础之上的动漫周边衍生产业，不想繁荣都不行。

第一，富于想象力的动漫节目具有极强的再创作空间，这为衍生产品的开发提供了坚实的拓展基础。

第二，有丰富的国外动漫大国如美国、日本动漫衍生产业发展的成功经验可资借鉴。

第三，国内动漫衍生产业才处于发展的初期阶段，产品主要以普通衍生品和网络游戏为主，更为高级和盈利更为丰厚的如主题乐园等衍生形态正在发展之中，其机会和市场空间几乎是无限巨大的。

3. 视频周边衍生产业经营能力仍有待提高

虽然目前我国视频周边衍生产业已经有了长足进步，但总的来说，产业链仍不成熟，存在的问题也还不少。

●公众消费习惯尚未完全形成

国内的消费升级正处在发展阶段，虽然总体上消费者精神娱乐消费的热情增强了，但对于一个刚起步不久的内容衍生产业，消费者的消费习惯仍然处于培养之中。也由于相关运营机构对周边衍生的宣传力度不足、产品类型不够丰富、质量低下等问题，导致消费者对周边衍生产品所带来的愉悦价值没有得到充分的体验，购买热情也不够高涨，消费习惯还没有真正形成。

●规划重视不够，运营经验不足

目前国内视频行业处于一种急功近利的氛围中，比起对票房、收视率和点击量的追求，制作方少有愿意投入大量心血进行周边衍生产品的规划与开发的。另外，视频行业从业者对于衍生产品价值的认识仍显不足，市场嗅觉不够敏锐，运营经验也比较缺乏。

2015年的票房冠军《捉妖记》中"胡巴"的形象受到了不少观众喜爱，然而制作方在衍生品的开发上几乎无所作为，导致网上产生了一批又一批山寨胡巴玩偶，不仅给电影口碑造成了负面影响，也使得制作方错失了一次IP衍生的绝佳机会。另一个与此相呼应的例子是，动画电影《西游记之大圣归来》由于口碑票房的持续走高，消费者对推出片中人物形象的周边产品产生了较高的呼吁，"临时抱佛脚"的制作方在准备不充分、产品质量不高、推出时间晚的情况下，仍然创造了不俗的衍生产品销售业绩。以上例子都说明，如果影片的质量足够优秀，消费者是会产生对衍生产品的消费需求的。视频机构对市场的准确预判、充分的前期准备、有序的生产与运营，则成为能否实现节目市场价值最大化的重要因素了。

●衍生品开发版权混乱

我国与视频版权相关的知识产权保护制度和法律缺位带来了版权保护的不足，盗版横行泛滥。比如说由华谊兄弟出品的《风声》被一家动漫公司在未授权的情况下，开发出同名在线游戏、桌面游戏、纸牌游戏等；又比如说近期大热的网络综艺《明星大侦探》也被大量线下"密室"无授权盗版冠名。盗版的盛行不仅侵犯了所有者的权利，还导致了不少衍生产品质量低下，使消费者产生抵触心理，十分不利于产业的发展。

4. 缺少适合开发周边衍生产品的IP内容

目前影响国内视频周边衍生产业发展最核心原因是视频内容仍不够优秀，不足以对消费者产生强大的吸引力，进而促进周边衍生的开发。

以电影为例，优秀的适合周边衍生开发的电影，应该是观众在享受观影带来的观赏愉悦的同时，能激发起继续消费的产品。与好莱坞大片重视人物性格刻画相比，中国电影往往呈现出重情节而轻人物的特征。美国文化输出中最为成功的产品是英雄主义电影，在全球市场大卖的《复仇者联盟》《金刚狼》《变形金刚》等作品，便是近年来该类型电影题材的成功代表。中国近年的英雄主义电影塑造得最为成功的人物形象则当推《战狼2》中的冷锋。从国外漫威、迪士尼等电影周边衍生巨头的经验来看，基于人物的周边衍生开发是目前行业内的主流。

另外，国内视频行业对成功影视节目的品牌化、系列化的可持续开发仍不够充分。比如大热人偶电影《捉妖记》3年时间只上映了2部，而美国著名的漫威公司可以在一年内发行多达4部属于同一主题的电影，分别主打不同的人物形象，十分有利于多样性的周边衍生产品开发。

综上所述，中国的视频衍生产业的发展正在路上，其市场空间不可限量，但求索的路途漫漫，同道们仍须努力。

三、中国视频市场收入大盘点

前文勾勒出了中国大视频市场价值链版图的基本形状，那么在实际经营过程中，中国大视频市场的盈利情况究竟如何？在每个细分领域又有何种不同的表现？本节将以市场经营数据为核心展开重点介绍，以充分体现我国大视频市场近几年的总体经营态势。

（一）总收入逾万亿

2017年，我国大视频市场经营总收入相比2015年、2016年有显著提升。2015年中国大视频市场经营规模约为7016亿元，2016年约为8259亿元，同比增长约18%。到2017年则达到了10488亿元，同比增幅为27%。通过3年对比可以看到：3年平均20%左右的增长态势表明，我国大视频市场发展势头相当良好。

2015—2017年中国大视频市场规模数据统计[①]（单位：亿元）

	总计	电视[②]					OTT	电影[③]				互联网视频[④]				户外视频[⑤]
		广播电视						国内票房	海外销售	广告	相关衍生	在线视频	泛娱乐直播	短视频	网络游戏	
		财政补贴	广告	网络	新媒体	其他										
2017	10488	699	1651	834	278	2609	21	559	43	51	38	953	441	57	1620	634
2016	8259	612	1547	910	—	1970	9	493	38	41	28	642	229	19	1196	525
2015	7016	573	1530	866	—	1666	3	441	28	32	20	405	75	3	897	477

数据来源：广电总局、工信部、CNNIC、奥维云网、艺恩咨询、易观、艾瑞咨询等

---

① 本表格数据综合参考各方数据，通过分析模型核算，仅供参考。

② 本类数据参考国家广电总局、奥维云网数据等。

③ 本类数据参考国家电影局（票房数据、海外销售数据）、前瞻产业研究院和艺恩咨询（广告数据，包括电影映前/贴片广告、电影植入广告等）、中投顾问产业研究中心（相关衍生数据）等。

④ 本类数据参考艾瑞咨询（在线视频数据、泛娱乐直播数据以及短视频数据）、易观（内容付费数据）、工信部（网络游戏数据）等。

⑤ 本类数据参考CODC数据，主要包括户外视频广告收入等。

（二）电视占据半壁江山

互联网快速发展以来，电视作为传统媒体的代表一直"被唱衰"，但从实际经营数据来看，电视仍是大视频市场经营的主力军。据广电总局数据显示，2015年全国广播电视产业总规模为4635亿元，2016年为5040亿元。而在2017年，包括广告收入、网络收入、新媒体收入以及财政补助收入等在内的全国广播电视产业规模为6070亿元，为整个大视频市场经营规模的一半以上。由此可见，广电机构运营的电视台仍然是我国视频市场经营的核心力量。

1. 三大卫视占据28%电视广告份额

据广电总局数据显示，2015年我国广播电视产业广告收入规模为1529.54亿元，2016年为1547.22亿元，2017年为1651.24亿元。其中，央视及几家强势卫视因为占据各种优质内容资源，其经营收入颇受瞩目。据CARAT *2017 Market & Media Landscape* 报告数据显示，2017年央视广告收入在256亿元左右，湖南卫视及浙江卫视的广告收入均为100亿元左右，上述三者占据了整个电视广告总花费的27.6%左右，赢家通吃态势明显。

以央视为例，2015年其广告招标金额突破180亿元。单《舌尖上的中国》第三季招标额就超过了2.6亿元；《挑战不可能》冠名费也拍出了1.33亿元的价格，溢价约85%。2016年央视广告招标入账近200亿元。长安福特3亿元中标该年CCTV—1《挑战不可能》第二季独家冠名权，中标价溢价达173%。2017年央视广告招标再创新高，"国家品牌计划"的推出发挥了重要作用。据统计，2017年央视国家品牌计划Top10合作伙伴入围金额就达到了41.748亿元。

2017国家品牌计划Top合作伙伴[①]

排序	17年标底价（万元）	17年入围价（万元）	溢价率	入围企业	行业
1	35000	50380	43.9%	云南白药集团股份有限公司	药品
2	35000	46000	31.4%	上海金一黄金珠宝有限公司	珠宝首饰
3	35000	43620	24.6%	珠海格力电器股份有限公司	白色家电
4	35000	42010	20.0%	北京京东世纪贸易有限公司	电子商务平台
5	35000	41090	17.4%	青岛海尔电器销售服务有限公司	黑色家电
6	35000	39330	12.4%	美的集团股份有限公司	白色家电
7	35000	39070	11.6%	江苏洋河酒厂股份有限公司	白酒
8	35000	38860	11.0%	东阿阿胶股份有限公司	保健品
9	35000	38610	10.3%	莱阳鲁花浓香花生油有限公司	食用油
10	35000	38510	10%	比亚迪汽车销售有限公司	汽车

数据来源：公开数据整理

与此同时，湖南卫视等五大头部卫视也在广告经营上也释放出了巨大能量。据了解，2015年湖南卫视部分资源广告招标金额达46.38亿元，2016年达到74.88亿元，2017年该卫

---

① 整理自品牌通话文：《2017央视招标中标名单公布 这些品牌成功入选央视国家品牌计划》。

视仅凭10%的资源就拿到了12.5亿元的招标金额；浙江卫视2015年招标收入为7.85亿元，2016年达13.99亿，2017年仅凭《中国新歌声》就拿下了OPPO的5亿独家冠名权。另外，江苏卫视、东方卫视以及北京卫视也在各年的招标会上凭借优质节目展现出强势的"吸金"能力。^①

通过以上数据可以充分地看出，尽管电视媒体一直"被唱衰"，但仍表现出卓越的广告盈利能力。

2. 智能大屏成为新金矿

在电视台凭借优质内容资源通过广告仍然保持强大的吸金能力的同时，以有线数字电视、OTT、IPTV为主的智能大屏的崛起，则进一步拓宽了电视媒体的可经营空间，智能大屏上的开机广告、贴片广告等成为电视广告新的经营方向。

2015—2017年IPTV用户规模变化情况

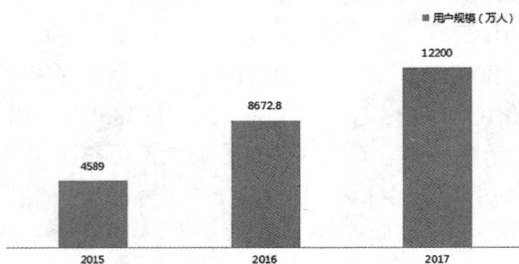

数据来源：中国广电格兰研究

据奥维云网数据显示，2016年，OTT广告市场规模为6.1亿元，增长率162.6%；而仅在2017上半年，OTT广告总营收便快速增长至10亿元。其中开机广告4亿元，OTT贴片广告为6亿元，2018年OTT广告市场规模达到62亿元。在此期间，诸如未来电视、CIBN、银河互联网电视等广告运营机构逐渐发展起来，并迅速在电视领域站稳脚跟。

在IPTV方面，据中国广电格兰研究数据显示，IPTV用户规模不断上升，2015年用户达4589万户，同比增长36.42%；2016年IPTV用户达到了8672.8万户，同比增长88.99%；到了2017年，IPTV用户更是增加到1.22亿户，同比增长40.88%。如此规模下，IPTV视频应用也在不断爆发经营活力。

而在有线数字电视领域，用户付费成为重要的收入来源。根据格兰智库数据显示，2015年，包括收视费收入及付费数字电视收入两项在内，我国有线电视用户付费收入为539.65亿元，2016年为520.33亿元，2017年则为500亿元左右。

另据国网公报，2017年我国有线电视用户总量2.45亿户，数字电视用户2.09亿户，数字化率达到85.45%。其中该年的有线数字电视缴费用户持续下滑至1.53亿户，数字电视用户缴费率也跌至73.2%。虽然我国有线电视用户付费呈负增长态势，但是从总体看来，用户基础依然强大，经营空间依然广阔。

（三）电影市场"井喷"式发展

2015年至2017年3年间，中国电影行业呈现出令人惊叹的飞跃式态势。不同于严重依赖广告的电视媒体，电影有着更为广阔的市场经营空间。其中，以票房为主的用户付费是

① 以上数据整理自网络。

电影主要的收入来源，随着电影业的持续繁荣，广告、周边衍生产业也逐渐兴盛起来。

1. 票房收入接近全球之冠

根据国家电影局数据显示，2015年我国电影票房达到了440.69亿元，2016年为492.83亿元，2017年559.11亿元。而仅仅就在2018年第一季度，票房收入就已经达到了202.18亿元。短短几年间，中国电影就发展到几近全球第一大市场北美电影市场的规模，中国在不久的将来会成为全球第一大电影市场已成为世界电影产业中的共识。

从票房结构来看，国产片票房2015年为271.36亿元、2016年为266.63亿元、2017年为301.04亿元；进口片票房2015年为166.33亿元、2016年为190.49亿元、2017年为258.07亿元。虽然近年来中国电影质量的进步成绩斐然，也出现了《战狼2》等一批"票房毒药"产品，但从比例来看，国产片票房比例从2015年的61.58%下降至2017年的53.84%；

中国票房收入规模

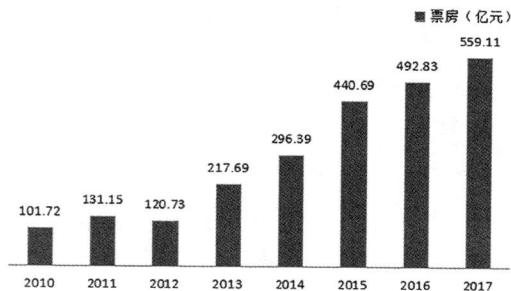

数据来源：国家电影局

2017年票房Top10超过一半以上皆为进口片，2018年的一部进口大片《复仇者联盟3》更是带热了整个票房市场。

2015—2017年国内票房Top10①

2015年		2016年		2017年	
片名	票房（亿元）	片名	票房（亿元）	片名	票房（亿元）
捉妖记	24.40	美人鱼	33.86	战狼2	56.83
速度与激情7	24.26	疯狂动物城	15.28	速度与激情8	26.71
港囧	16.13	魔兽世界	14.69	羞羞的铁拳	22.13
复仇者联盟2	14.64	美国队长3	12.44	功夫瑜伽	17.49
夏洛特烦恼	14.41	西游记之孙悟空三打白骨精	12.00	西游伏妖篇	16.52
侏罗纪世界	14.20	湄公河行动	11.82	变形金刚5：最后的骑士	15.51
寻龙诀	13.71	长城	11.7	摔跤吧！爸爸	12.91
煎饼侠	11.60	澳门风云3	11.16	芳华	11.88
澳门风云2	9.68	盗墓笔记	10.03	加勒比海盗5	11.80
西游记之大圣归来	9.56	功夫熊猫3	10.00	金刚：骷髅岛	11.59

数据来源：猫眼电影

---

① 数据来源：猫眼电影整理。

从各大院线的放映规模来看，万达仍然是中国电影放映市场的"领头羊"，在2015年至2017年的3年间均占据了约13%以上的市场份额。

2015—2017年中国票房市场各大院线数据统计

院线/年份/票房（份额）	2015（亿元）①	2016（亿元）②	2017（亿元）③
万达	58.8（13.51%）	60.9（13.38%）	68.4（13.06%）
大地院线	34.7（7.98%）	36.7（8.06%）	44.9（8.57%）
上海联和院线	30.3（6.96%）	35.7（7.84%）	41.9（8.01%）
中影南方新干线	29.7（6.83%）	32.36（7.11%）	38.2（7.30%）
中影数字院线	21.0（4.81%）	29.5（6.48%）	37.9（7.25%）
中影星美	37.6（8.64%）	34.5（7.58%）	37.3（7.13%）
广州金逸珠江	28.5（6.54%）	27.68（6.08%）	28.2（5.38%）
横店院线	19.8（4.54%）	20.71（4.55%）	22.7（4.34%）

数据来源：中商情报网、中商产业研究所、画外据网络

另一个利好消息是，中国电影在海外市场也有了日益优秀的表现。据国家电影局数据显示，2015年中国电影海外收入为27.7亿元，2016年为38.25亿元，2017年达到42.53亿元，呈快速增长态势。

2015—2017年中国电影海外收入

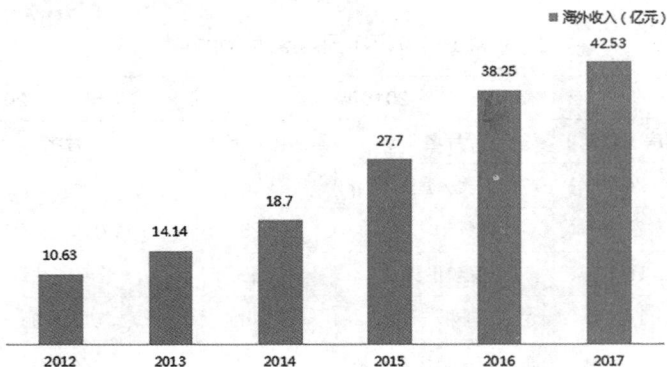

数据来源：国家电影局

根据《中国电影报》介绍，2017年以华人文化为主的"中国电影普天同映"联盟在海外主推发行了《战狼2》《羞羞的铁拳》《悟空传》《拆弹专家》《非凡任务》《情圣》等多部影片，其中《战狼2》以过硬的质量和超燃的家国情怀吸引了众多海外观众，以760

① 数据来源：中商情报网整理。
② 数据来源：中商产业研究所根据网络资料整理。
③ 数据来源：画外据网络资料整理。

万美元的成绩成为年度海外发行票房冠军。

2. 多元经营释放市场能量

如今，电影市场除了依靠票房收入外，广告、版权交易、周边衍生等其他经营方式也逐渐发展起来，并成为电影市场经营空间拓展的重要方式。

以电影映前广告为例，据艺恩数据显示，2016年我国电影映前广告为22.4亿元，2016年接近30亿元，同比增长33%。根据电影放映行业的佼佼者万达影业2016年年报显示，万达院线包含映前广告、户外广告等在内的广告收入达到了16.9亿元，且仅在2017年上半年的广告收入就突破了10亿元。

另外，周边衍生市场也开始成为电影行业的重要收支来源。虽然正如上文所言，中国电影周边衍生市场发展还未成熟，但已经可以为电影市场贡献约10%的收入了。[1]比如，《夏洛特烦恼》上映时，微票儿做了一次尝试，开发了文具套盒，200元一套，预售时就卖出了上千套。

（四）网络视频经营空间不断拓宽

在发展迅猛且体系庞大的中国互联网行业，广告、内容付费以及版权分销都是其最为重要的收入来源。

从其各项主要经营业务占比10年变化情况来看，广告及版权分销的营收占比下滑趋势明显，分别从最高点下降了23%和6.7%，而内容付费在营收结构中逐渐扩大着优势，10年占比增长了25.1%。根据艺恩、中商产业研究院以及国家版权局数据整理，2015年在线视频行业用户付费规模约49.6亿元，2016年为117.2亿元，2017年为218亿元，2018年将达

2012—2021年中国在线视频行业各业务营收占比

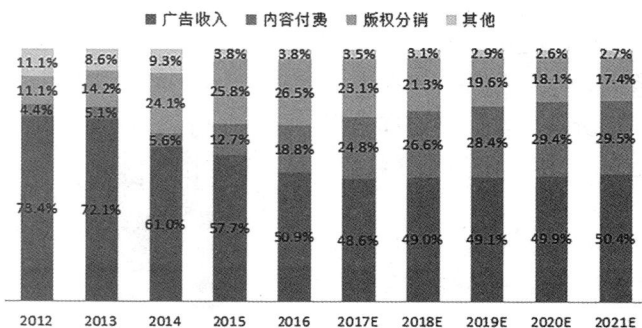

数据来源：艾瑞咨询

---

[1] 数据来源自微影《中国电影衍生品是丑还是贵？》。

到350亿元。

我们以网络视频领域的重要公司爱奇艺为例，来印证一下中国互联网视频经营飞速发展的盛况。根据爱奇艺2018年发布的招股说明书透露，该公司的总营收2015年为53.19亿元，2016年为112.37亿元，2017年为173.78亿元，三年增长了226.72%。

从收入结构来看，爱奇艺的付费会员收入，2015年为9.96亿元、占比18.7%，2016年为37.62亿元、占比33.5%；2017年为65.36亿元、占比37.6%。仅仅3年时间，会员服务收入贡献占比就提升18.9个百分点。

在线广告收入方面，爱奇艺2015年为34亿元、占比63.9%，2016年为56.19亿元、占比50%，2017年为81.59亿元、占比46.9%。虽然在线广告服务收入总体得到提升，但收入贡献占比3年下降17个百分点。

内容分发方面，爱奇艺2015年为3.88亿元、占比7.4%，2016年为4.5亿元、占比4%，2017年为11.91亿元、占比6.9%。内容分发收入总体有所提升，但收入贡献占比3年下降0.5个百分点。

除了上述视频经营结构的发展变化之外，直播、短视频等新业态的出现，拓宽了互联网视频的经营空间，对市场经营结构造成了不小的影响。据艾瑞数据显示，2015~2017年，我国直播营销市场规模分别为1.3亿元、8.4亿元和18.4亿元，2018年达到34.2亿元。

然而，以广告为主的直播营销市场仅仅是整个直播市场的"冰山一角"。2015年，整个直播市场规模为74.4亿元，2016年为229亿元，2017年已经达到了441亿元，2018年整个直播市场规模

2015—2018年我国在线视频行业用户付费规模

数据来源：艺恩、中商产业研究院及国家版权局数据整理

2015—2017年爱奇艺收入构成

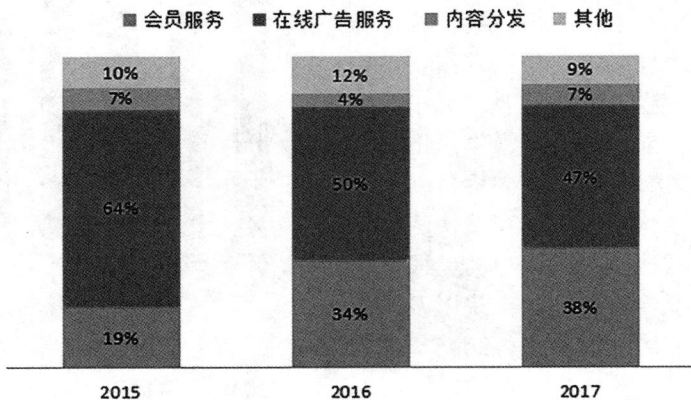

数据来源：爱奇艺招股说明书

达到679亿元。

另外，伴随着短视频应用突飞猛进的崛起，其快速增加的盈利能力也不容小觑。据艾瑞咨询统计，2016年我国短视频行业规模为19亿元，2017年可达到57.3亿元，并预计在2020年将达到356.8亿元。

与此同时，视频电商也逐渐成为互联网视频领域的一支重要的新兴力量。与一般的短视频相比，电商短视频的目的更为直接明确，就是为了有效地促进观者的购买行为转换。2017年10月，京东发布的一组商品短视频数据报告显示，25%的京东用户会在购买前主动观看视频；京东商品短视频用户观看平均时长51秒，播放完成率超过80%；高质量的视频可以将销售转化率值提升18%，有的商品转化率甚至可以翻倍。该市场数据有力证明了商品短视频在提升用户体验、有效促进购买行为转换上起到了十分重要的作用。在市场供需两旺需求的共力下，电商短视频的持续繁荣与发展毋庸置疑。

（五）户外视频广告快速增长

户外视频市场经营比较单纯，基本以广告为主。参考CODC[①]数据，2015年我国

2015—2018年直播营销市场规模

数据来源：艾瑞咨询

2016—2020年中国短视频行业市场规模及预测

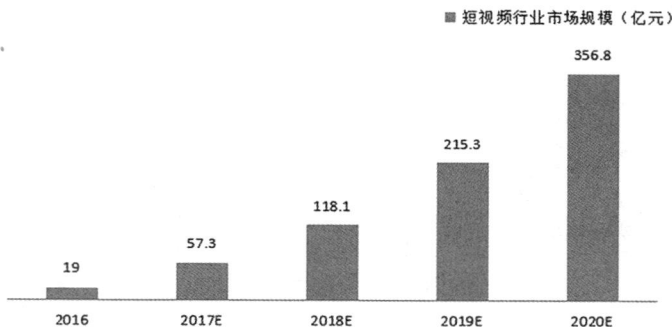

数据来源：艾瑞咨询

2017年京东商品短视频整体表现

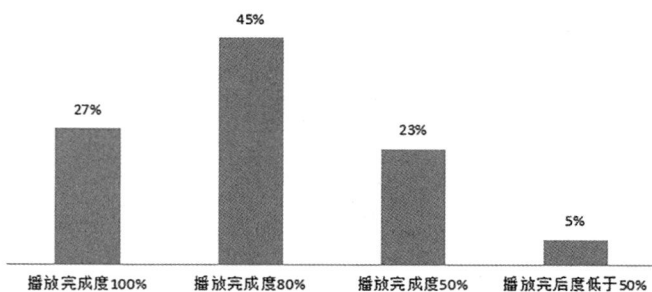

数据来源：《2017年京东商品短视频数据研究报告》

① CODC是一家专注户外广告研究的公司，致力于提供关于户外广告数据、调研、监测以及其他咨询服务。

户外视频广告市场规模达477亿元，2016年为525亿元，2017年迅速攀升至634亿元，增长幅度达到了20.76%，呈现了快速的发展态势。

楼宇液晶屏（包括电梯视频在内）一直占据着户外视频广告市场的重要地位，2015年上半年广告投放花费为125.93亿元、2016年上半年为157.06亿元，2017年上半年为187.88亿元。另外据CTR数据显示，2016年电梯电视广告投入花费增幅为61.9%。

街道电子屏广告投放位居户外视频市场第二阵营，2015年上半年广告投放花费为62.12亿元、2016年为57.46亿元、2017年为72.36亿元。

2015年上半年—2017年上半年户外视频市场广告经营状况

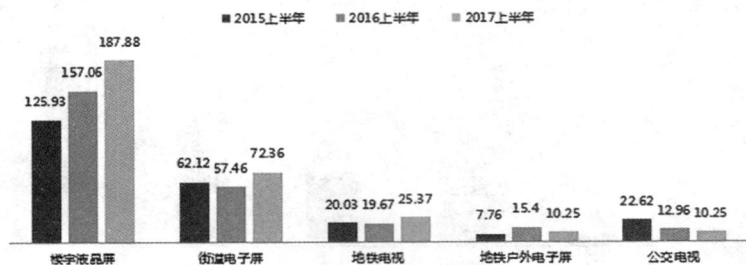

数据来源：CODC

地铁电视广告投放花费2015年上半年为20.03亿元、2016年为19.67亿元、2017年为25.37亿元；地铁户外电子屏广告花费2015年上半年为7.76亿元、2016年为15.40亿元、2017年为10.25亿元。

公交电视广告投放花费2015年上半年为22.62亿元、2016年为12.96亿元、2017年为10.25亿元。

从上述五类主要的户外视频3年的广告运营情况来看，楼宇液晶屏广告增幅最为快速，街道电子屏广告保持持续增长，地铁电视、地铁户外电子屏广告在波动中发展，而公交电视广告则跌幅过半。

总体来看，投放户外视频广告的品牌多数均增大了投放量。其中，投放主力行业为网站、娱乐休闲、软件以及服务业，占比约为62%。花费增幅较大的行业为药品、建筑器材以及服务、邮电通信、交通、金融行业，增幅均超过50%。在投放花费Top10品牌中，投放额均超过4亿元，且多为互联网品牌。另外，国内品牌是投放主力，占比77%，国际品牌占比16%。

四、中国视频市场发展趋势预判

经过了对大视频市场竞争格局高屋建瓴的洞察、视频价值链版图的详细解析，以及相关经营数据较为准确的统计，我们对我国视频产业的经营现状有了比较全面的认识和了解。以此为基础，接下来，笔者要尝试着对中国大视频市场经营的未来发展做出趋势性的预判。

（一）未来十年市场规模或将突破20000亿元大关

在前文中，笔者估算出2016年我国大视频市场总体规模约为8259亿元，同比增长率18%；2017年为10488亿元，同比增长27%。依此增长幅度，2018年的视频市场规模可达到13000亿元左右。

从目前各细分视频领域的经营状况看，包括电视、电影、互联网视频、手机视频以及户外视频等均保持着较好的发展态势。考虑到大视频市场中电视的发展已经较为成熟，结合当下网络媒体的发展也较为饱和的现实状况，笔者认为我国大视频市场规模在经历了一段时间的高速增长后，其发展速度会逐渐放慢并趋于平缓。由此，基于对整个大视频市场不同领域的发展数据进行建模，经过多元回归分析，拟合关键因子，融合对现有数据进行的对数运算，估算得出10年之后，也就是2028年左右，中国整个大视频市场规模将突破20000亿元大关。其中：

1. 电视：2028年市场规模或达到7500亿元左右

尽管在互联网迅猛发展的浪潮下电视一直"被唱衰"，但实际上电视的盈利能力目前仍然稳居视频市场的"王者之位"。一方面，电视依靠优质内容以及改革盈利方式保持了良好的竞争优势，另一方面，智能大屏下"客厅经济"的发展也使电视重新夺回了相当一部分用户视线，获得了新的发展生机。因此，电视媒介的经营发展仍充满活力，市场空间仍然巨大。

笔者结合电视生态内外各种相关影响因数，以及技术发展、竞争对手等情况，认为整个电视市场会因终端用户保有量的饱和以及视频内容开发空间逐渐缩小等因素的限制，增速逐渐减缓。而造成电视台及有线电视领域增速减缓的一个有力"掠食者"，便是搭乘智能终端入局的OTT TV。根据对OTT市场发展2015年、2016年及2017年的数据进行指数运算，预计到2028年，整个OTT市场规模将超过400亿元。

结合上述情况，通过对电视行业（包括电视台、有线电视、OTT等）2015年、2016年及2017年的市场发展数据进行多元回归分析，笔者预计到2028年，我国电视领域的市场规模将从2017年的6688亿元增长到7500亿元左右。

2. 电影：2028年市场规模或达2000亿元，票房将突破1000亿元

近年来我国电影市场爆发式成长，电影票房以及网络付费收入一路飙升，电影广告与

衍生产业拓展也成效斐然。考虑到市场饱和度及电影票房增速波动性减缓等因素，笔者认为，我国电影市场将在经历一段指数型增长之后发展逐渐趋于平缓。根据对已有的电影市场相关数据进行多元回归分析，笔者保守预估，到2028年，中国电影市场规模将从2017年的691亿元，增长到2000亿元左右。其中，电影票房收入将在2028年突破1000亿元大关。

3. 互联网视频：2028年市场规模有望达到9000亿元左右

作为市场的"后来者"，互联网视频的崛起势不可当，展现出了蓬勃的发展活力。以笔者在上文中统计得出的互联网视频（包括在线视频即视频网站、直播、短视频、网络游戏等）2015年总体经营规模为1380亿元，2016年为2086亿元、同比增长率为51%，2017年为3071亿元、增长率为47.2%，并综合考虑行业发展饱和度以及互联网巨头在视频领域布局动向等影响因素，预计到2028年，我国的整个互联网视频市场规模将达到9000亿元左右，超越电视成为整个视频行业的主力军。其中：

●在线视频：3000亿元左右

在互联网视频领域占居大部分比重的在线视频将在保证广告持续盈利的同时，深耕内容及用户付费市场。在充分考虑了以腾讯视频、优酷、爱奇艺三大视频网站为主导的整个在线视频市场的竞争态势，以及愈加普及的用户付费和视频内容多元的分发方式之后，再对笔者在上文统计出的网络视频市场规模2015年为405亿元、2016年为642亿元、2017年为953亿元进行回归分析，预计到2028年，我国在线视频市场规模将达到3000亿元左右。

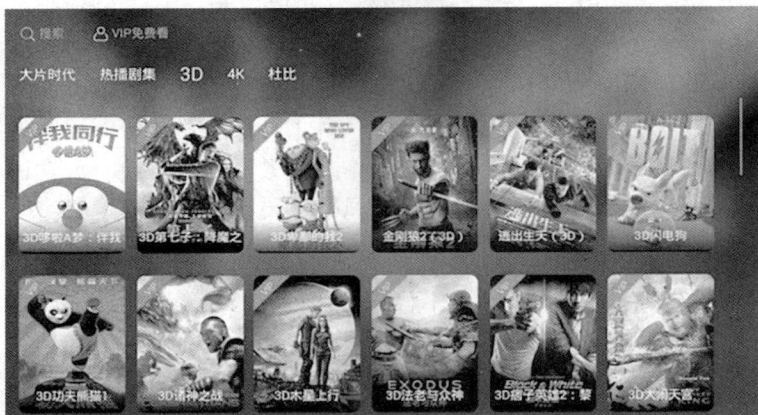

●直播：1000亿元左右

另外，直播领域在市场逐渐饱和的情况下，其增长深度将放缓。笔者统计，2015年我国直播市场规模为75亿元，2016年迅速增长到229亿元，2017年为441亿元。考虑到市场饱和度等因子，对上述数据进行多元回归分析，预计到2028年，我国直播市场规模将达到1000亿元，已成规模的直播产业链将是其有力推手。

●短视频：1500亿元左右

从发展走势来看，短视频将成为互联网视频未来的重点经营方向。如今短视频内容生产者及运营机构层出不穷，短视产业链也正在逐步构建中。根据笔者上文所统计的数据显示，2016年、2017年我国短视频行业市场规模增长翻倍，2017年同比增长达到200%。综合考虑以上数据以及行业发展趋势，预计到2028年，我国的短视频市场规模将达到1500亿元左右，超过直播市场。

●网络游戏：3500亿元

最后，网络游戏异军突起，成为互联网视频市场的第二大细分市场领域。如今，随着技术、政策、资本以及消费升级的驱动下，中国网络游戏市场正展现出前所未有的发展活力，网络游戏产业链逐步成型，并催生出电竞、解说、教练等多个细分市场，中国网络游戏市场发展前景大好。根据工信部数据显示，2016年我国网络游戏市场规模达1196亿元，同比增长33%；2017年为1620亿元，同比增长35%。综合考虑以上数据以及政策、行业发展等情况，预计到2028年，我国的网络游戏市场规模将达到3500亿元左右，仍然牢牢把握互联网视频市场规模第一的宝座。

4. 户外视频：2028年市场规模将达到1500亿元左右

在新型技术形态带动下，户外视频将进入场景化时代，其盈利能力也将继续保持增长。根据笔者统计数据，我国户外视频市场规模2015年为477亿元，2016年为525亿元，2017年为643亿元。其增长率2016年为10.1%，2017年为22.4%。在综合考虑了国家政策、市场发展状况以及市场饱和度等因素，对相关数据进行多元回归分析，预计到2028年，户外视频市场规模将达到1500亿元左右。

5. 周边衍生市场：未来空间极为巨大

在整个大视频市场中，除对电视、电影、互联网视频以及户外视频这四大领域的市场规模进行预测外，笔者还尝试着对视频周边衍生产业发展趋势进行预判。但由于周边衍生产业的发展仍处于雏形阶段，数据统计残缺，不能达成预测条件，故留下遗憾，期望能在后续的市场发展中再进行探索。

视频大国美国巨大的周边衍生产业规模与经验，可以对我国大视频产业相关领域的未来发展提供一些重要的参照。随着中国经济的迅速发展，国力的不断增强，我们有足够的理由可以较为乐观地预见，我国的视频周边衍生产业的繁荣兴旺，只是时间问题。

（二）视频经营模式将更趋多元

媒体技术不断升级，视频形态多元化发展，造就了愈加丰富的大视频市场。如今，诸如直播、短视频、AR、VR等视频形态已经充分获得发展空间，成为大视频市场重要的参与者。

由此，视频经营模式从最初单纯以广告为经营核心，到如今集广告、用户付费、版权交易以及周边衍生等经营模式为一体，从一到多的商业经营模式变迁趋势十分鲜明。

另外，每个细分经营领域也逐渐衍生出多元经营形态。比如视频广告从硬广走向软广，与内容高度融合，甚至成为内容本身，并融合技术、数据与智能因子，进化为"边看边买""个性化推进"等多元形态；用户付费也从单纯的会员服务费到各种形态的内容付费、直播打赏等；版权交易从线下转移到线上，从成品交易发展为素材交易，从单视频交易到全IP交易运营；周边衍生更是从单纯的相关产品扩展到影视乐园、影视基地等大规模、高技术含量的经营模式。

顺应这个发展趋势，可以预见，未来视频市场经营模式将更为多元化。在愈加汹涌的技术潮与数据潮的驱动下，视频经营将变得愈加便捷化、智能化，可充分结合多元视频形态，展现出不同的经营特色，以充分挖掘视频内容的商业价值，从而创造出更为丰富多元的大视频市场经营体系。

（三）产业链加长，经营泛化

随着视频形态和经营模式的不断丰富，视频产业链体系融合互联网开放基因，被无限拉长。

上游内容提供方，除了专业制作公司，网络媒体也大规模涉足自制内容，比如频频掀起话题的自制网综、自制综艺等。影响最为深远的是UGC的崛起，人人都成为内容生产者，将视频内容体量无限扩大。

中游渠道方也通过不断垂直深耕，形成综合性视频平台、动漫平台、电影平台、直播平台、短视频平台、网络视频平台、移动视频平台、时移收视等极为丰富，不同细分市场和经营形态的传播网络。

而下游用户层则是通过强大便捷的沟通工具形成分化与汇聚的不同兴趣圈层，不断强化着与视频内容的互动程度，也不断增加着实现内容变现的各种新可能。

市场规模越大，与其发展配套的相关产业链条也就越丰富与完善。伴随着内容与传播渠道的快速发展，技术、软件、设备等配套产业也顺势崛起。比如以科大讯飞为代表的技术方，以Adobe等为代表的视频软件运营方，以小米、CIBN等为代表的机顶盒、智能电视终端运营方等。与此同时，众多的视频检测、市场调查、数据分析等机构也逐渐涉足市场其中。由此可见，视频产业链日益变得复杂而多元，并随着技术升级以及产业规模的扩大继续被拉长。

基于庞大而开放的视频产业链条，视频经营也不仅仅限于传统上由广告公司、媒体平台、视频内容制作方等为主导的局面，而是将经营要素渗透至产业各个环节，实现经营泛化。比如互联网电视终端运营商可以凭借先天优势进行开机视频广告的嵌入，且这种广告形态已经成为互联网电视广告运营的重要组成部分。

综上所述，未来随着市场向纵深发展，视频产业链将不断加长，产业链各方都会凭借自身优势涉足视频经营，以期在这个快速增长着、变化着的大市场获得最大的投资回报。

因此，视频经营将不断泛化，不是在局部视频市场利益的分割，而是在全产业链条上的价值争夺战场。

（四）"内容银行"式交易平台呼之欲出

一直以来，内容都是视频市场经营的核心，未来也将是如此。而且，市场各方对优质视频内容的争夺也将愈演愈烈，其价格也将会持续攀升。只是"内容为王"过去与现在的区别在于，在媒介稀缺时代，是优质内容+单一的强势传播渠道市场"称王"；而在渠道多元、用户分化的"多屏共生"时代，内容的"王者"就变成优质内容+多渠道、多形态传播了。

由此一来，面对投资规模、制作难度、市场风险不断增加以及生产能力海量扩大的视频内容，良好的版权保护及内容评估体系，大规模的现代化内容交易平台的建立就显得至为重要，市场呼之欲出了。虽然前些年，中国视频业的相关机构也做了不少积极的探索，如一些网上视频版权交易平台等，但市场效果并不理想。规模小、专业化程度不高、技术含量低，运营方式简单粗放是其发展不利的重要原因。

对此，中国传媒大学广告学院早在2009年便提出了"内容银行"核心理念，设计、开发出了内容银行交易和评估平台，建立了一个能够将视频内容货币化的评估系统。通过汇聚海量的各种内容作品的制作、发行、传播、营销等相关信息，利用专业算法和有效工具评估内容的价值，建立起统一的内容交易标准，以尝试探索解决颇为困扰的视频内容评估及交易问题。

理想中的"内容银行"设计诉求是希望真正凸显"银行"价值，将涉及视频内容的全部要素囊括其中，提供完整、系统、全面的内容交易服务。内容交易的各环节不再被分割化，减少中间环节，降低成本提高效率；内容产品的交易形式和范围将被不断拓宽，既包括内容成品，也可以是内容素材、相关创意、准备孵化的内容IP、期待变现的内容营销方案等。

总之，以优质内容为核心，覆盖视频内容生产、分发、评估、营销全流程的数字化、科学化、产业化的内容交易平台模式，将成为大视频市场经营未来的发展侧重点之一——需求创造价值。

（五）海外市场是中国视频产业的新蓝海

我们在前文中连篇累牍所述的，都无外乎是聚焦于主要发生在960万平方公里、涉及14亿中国人民如何观看视频节目，以及中国的大视频产业如何更好更快的发展，如何更多地挣到钱的那些事。如若抬起头来，放之四海，蓝色星球上还生存着有另外50多亿的各国人民。现代通信、媒介传播、交通的发达便利，已然将地球变平，成为了一个大"村庄"，而各国间的文化交流也随之出现了史无前例的大汇流。随着中国的大国崛起，随着中国大视频市场突飞猛进发展，随着中国在内容产品质量上的不断提升，对于中国的视频产业来说，大踏步地向国际视频市场的蓝海进军，既是开疆拓土之所需，也是生存与发展之必然。

通过过往的岁月，我们能够看到中国电影、电视、网络等视频媒体通过各种形式不断向国际市场拓展的进步轨迹。在接下来的发展中，可以预见，中国视频产业在海外市场的发展必然会大幅度提速，新增的市场空间将会无比巨大，支持此观点最为充分的理由是：中国的大国崛起势不可当，而背靠其间的中国视频产业想不"走出去"，都是万万不可能的。

小　结

　　通过本章的宏观叙述，我国大视频市场的经营特点、规模与趋势已经跃然纸上。在数字技术、智能技术、大数据以及"数算力"的支持下，视频传播渠道与表现形态不断演进，相关产业链被不断拉长，广告、用户付费、版权交易、周边衍生等经营方式逐渐丰富并形成庞大的视频产业经营体系，大视频市场的盈利能力实现了几何级数增长。

　　至于下一步的发展，从电视、电影、互联网视频、户外视频、视频直播、短视频等各种视频细分领域的相关数据与当前运行情况来看，我国大视频市场的收入规模将会持续保持快速增长，甚至会在一些领域呈现出爆发性增长。而随着视频产业市场的深化演进，经营模式将会更加多元且泛化，并大踏步迈向国际市场，其他相关的产业配套问题也都会通过发展来不断解决和完善。

第四章　与资本共舞
——在资本助力下蓬勃发展的视频产业

主　笔：崔志芳　弘毅投资董事总经理
　　　　刘　勇　中国广视索福瑞媒介研究（CSM）融合传播研究部高级研究经理
　　　　吴　桐　弘毅投资投资经理

一、视频媒体资本市场大观

"十三五"以来，国家将文化产业的重要性提升到国家战略层面，并提出在2020年要让文化产业成为国民经济的支柱性产业。同时随着居民消费升级的持续深化，文化消费已成为我国经济的一个新增长点，成为消费升级的重要体现。政策大环境的利好以及消费升级需求的推动下，文化娱乐产业成为资本市场的热点。

本章内容基于弘毅投资在文化传媒行业十多年投资经验及研究积累，展现了从资本角度对视频产业的观察分析与思考。

（一）文化娱乐产业投融资告别井喷式增长，逐渐回归理性，呈现螺旋式上升态势

受国家政策大环境的驱动，2015~2016年文娱产业迎来爆发式增长，投融资活跃。2015年一级市场上文化娱乐领域的投融资行为共发生763起，2016年则增加到1049起，增幅达到37%。进入2017年，随着国家政策监管的趋紧，文化娱乐产业的投融资整体降温，投资事件减少近40%；整个行业融资、并购规模都有所下降，文化娱乐企业在资本市场逐步回归理性。而进入2018年，文化娱乐行业在投融资的表现开始回升，2018第一季度国内投融资案例数量增至159起，同比上升49%。可见尽管文化娱乐产业的监管持续趋严，但在我国居民收入持续发展和用户文娱消费需求持续升级的双轮驱动下，文娱产业投融资呈现螺旋上升态势。

2015—2018年Q1文化娱乐产业投融资数量

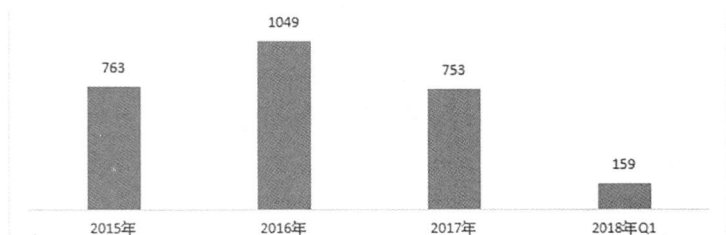

年份	数量
2015年	763
2016年	1049
2017年	753
2018年Q1	159

数据来源：IT桔子

（二）媒体、阅读、影视、视频和动漫是一级市场投融资相对活跃的赛道

从近年来各细分市场的融资活跃度来看，媒体、阅读、影视、视频以及动漫都是获投数量相对较多的领域。其中媒体及阅读领域最受投资机构青睐，阅文集团、罗辑思维、知乎等是其中的典型代表；而对于视频和影视领域来说，2015~2016年投融资数量明显超过了动漫行业；但从2018年的启始情况来看，媒体及阅读领域超过了影视及行业。

2015-2018年Q1文化娱乐产业各细分领域投融资数量分布

细分领域	2018年	2017年	2016年	2015年
媒体及阅读	46	179	221	159
动漫	28	105	131	93
影视	25	107	167	116
视频	10	115	167	111
音乐	8	33	55	54
综合文娱	10	62	91	56
演艺	5	44	53	34
艺术	4	13	25	26
其他	32	101	139	114
文化娱乐合计	159	753	1049	763

数据来源：IT桔子

（三）投资机构的大额投资流向大视频行业的可能性更大

尽管媒体和阅读领域获得了较多的融资数量，但文化娱乐产业中最吸金的还是视频板块，视频成为总融资额和单笔平均融资额最高的领域。2017年，视频领域的融资规模超过百亿，其中爱奇艺单笔融资就接近百亿元。

从红杉中国、腾讯等投资机构近年来投资额较高的项目分布来看，当年投资额较高的项目主要都是流向大视频行业的。

2015—2018年主要投资机构投资数量、金额及投资项目

	2018年	2017年	2016年	2015年
真格基金				
投资数量（个）	8	19	26	18
投资金额（亿元）	5.58	10.13	3.38	2.74
当年投资额较高的项目	新世相、castbox	摩天轮票务、二更	二更、新世相、VUE	优拍App
红杉中国				
投资数量（个）	5	9	4	10
投资金额（亿元）	72.19	196.18	18.89	35.19
当年投资额较高的项目	快手、今日头条	爱奇艺	斗鱼、小咖秀	

	2018年	2017年	2016年	2015年
腾讯				
投资数量（个）	28	38	16	15
投资金额（亿元）	202.68	71.05	89.25	80.01
当年投资额较高的项目	快手2轮、新丽传媒、斗鱼、虎牙	猫眼电影、快手	博纳影业、斗鱼、酷狗、酷我、海洋音乐	华谊、知乎、微影

数据来源：IT桔子

（四）大视频行业出现多家独角兽企业，行业整体内容变现能力还有较大提升空间

当前视频行业中，除电影发行和影视内容制作为长期生存发展的公司，其他行业均属于近几年伴随互联网和移动互联网快速发展而出现的新领域。新的视频形式虽然很快成为人们进行文化类消费的主要形式和渠道，但是其商业模式仍在探索和变化的过程中。因此即使目前大视频行业已经出现多家独角兽企业，如：爱奇艺（已上市）、哔哩哔哩（已上市）、快手、抖音、秒拍、虎牙（已递交招股说明书）、斗鱼、猫眼等，但视频行业内容变现的整体能力还有很高的提升空间。

近两年视频行业的领头企业实现密集上市，但是选择的市场仍以海外市场居多，除了自身的架构问题之外，还有一部分原因就是因为没有实现盈利，不符合A股上市的标准。可见，对于大视频行业而言，探索新的商业模式、提高整体的内容变现能力，将有助于进一步增强其在资本市场的活跃度。

（五）直播、短视频等新兴领域成为近年投资热点

随着移动互联网的快速发展，自2016年开始，以直播、短视频为代表的新兴视频领域快速崛起，并迅速成为行业风口，成为资本追逐的焦点。据不完全统计，2016~2017年间，仅短视频领域的投资就150起左右。2018年，虽然针对短视频的行业监管力度加大，但资本热情依旧。2018年4月16日，梨视频宣布，完成总额为6.17亿元的A轮融资，由腾讯领投、百度等跟投；同时腾讯重启微视，并拿出30亿元补贴内容创作者。

二、网络媒体与资本市场

随着居民视频观看自主性、互动性需求的提升，互联网视频蓬勃发展，用户数量激增。根据CNNIC数据显示：截至2017年12月，网络视频用户规模达5.79亿，占网民总体的75.0%。用户的汇聚引发资本的追捧，近年来互联网视频领域一直是资本市场的热点，尤其是直播、短视频等新兴视频领域，更是资本竞相追逐的焦点。

（一）长视频平台

对于绝大多数的长视频平台而言，尽管"烧钱"仍在持续，但随着用户版权意识的增强，付费观看习惯的逐渐养成，长视频平台的盈利模式也在逐渐清晰化。从长远来看，资本市场对于长视频平台依然看好。

1. 一级市场为中国的长视频发展提供主要的资本来源

目前主要的长视频平台背后均有大平台以资本和流量进行扶持，战略意义较强。回顾几家主流长视频平台的公开融资历史及股东变动情况，不难看出其背后均有大平台支撑。爱奇艺在拿到百度等公司的A、B轮融资和百度领投的战略投资之后，2018年在纳斯达克上市，目前爱奇艺股权结构中百度持股超过69.6%，成为单一最大股东；2015年阿里巴巴集团全面收购优酷土豆集团；腾讯视频背靠腾讯集团，属于集团内部自有产品；搜狐视频是搜狐旗下的视频平台，拥有搜狐门户的支持；PPTV背后最大的股东为苏宁云商，股份占比44%。由此可见，这些主流长视频平台都依赖于大平台输送资本和流量。同时由于资本的连结，使得长视频平台与流量平台的合作也更为紧密，流量平台向视频平台导流通道更加顺畅，而视频平台作为直接To C的产品，既能够满足用户的娱乐需求，也能够积累大量用户数据和信息，进而反哺流量平台，打通娱乐与其他端口的通道，从而为流量平台创造出更多更新的消费场景。以腾讯为例，腾讯视频创立之初，腾讯以拥有亿级用户的QQ客户端向用户推荐内容的方式为腾讯视频导入大批流量，而腾讯视频不断积累的用户观看数据，再反向输送给腾讯集团，使腾讯大平台中用户行为画像更丰富和精准，从而实现反哺。

从资本需求来看，长视频平台持续的、大体量烧钱投入，也决定了其需要大体量的投资支持。目前，长视频平台主要通过大量的头部内容购买以及特色自制剧、头部网综的投入来争夺用户及增进用户的付费意愿，这意味着需要持续付出高昂的内容成本。以爱奇艺为例，数据显示，2015到2017年3年间，爱奇艺的内容成本由36.96亿元增至126.17亿元，而内容成本在总成本中所占的比重也连年攀升，由46.8%增至59.8%，如此大的内容成本导致长视频平台的竞争对资本有巨大的需求。因此相对而言长视频平台的主要投资方以大平台为主，资金实力雄厚的PE投资人也有参与。

长视频平台内容成本持续攀升，究其原因，首先是版权费的飞速上涨。以电视剧版权为例，2011年首播的《步步惊心》单集价格已达70万元，而近几年来播出的电视剧《芈月传》《幻城》《琅琊榜之风起长林》单集价格更是分别达到了300万、400万、800万，涨幅已超过10倍。其次，头部网络综艺、网络自制剧的投入也在逐年增长。网综、网剧在初始阶段投入成本不高，但因版权成本的疯涨，长视频平台不得不加大自制内容的投入力度，随着用户对自制内容的接受度越来越高，网综和网剧的制作也需要更加精良，成本自然越来越高。比如2017年爱奇艺独播的网综《中国有嘻哈》斥资就超过2.5亿元，2017年优酷独播自制剧《白夜追凶》制作成本也超过8000万元。

2006—2017年部分电视剧网络版权价格

名称	首播日期	网络版权价格（万元/集）
士兵突击	2006年	0.3
武林外传	2006年	0.125
金婚	2007年	0.3
美人心计	2009年	1
宫	2011年1月	35
步步惊心	2011年9月	70
甄嬛传	2011年11月	26
宫锁珠帘	2012年1月	160
武媚娘传奇	2014年12月	200
芈月传	2015年11月	300
幻城	2016年7月	400
赢天下	2017年	800
琅琊榜之风起长林	2017年	800
如懿传	2017年	900
爵迹	2017年	672
迷航昆仑虚	2017年开机	1000
美人鱼	2017年开机	800
大军师司马懿之军师联盟	2017年6月	1000+

数据来源：基于网络公开数据整理

视频网站的平台特性也决定了其投入是一个相当漫长的过程。内容成本并非根据一次性投入来计算，而是综合了当期成本和过往内容资产后续累计、摊销和减值成本在内。因此，无论从利润还是现金流的角度看，视频网站每年在内容上的投入资金都是巨大的。

2015—2017年爱奇艺外购版权、自制版权成本（亿元）

		2015年	2016年	2017年
外购版权	摊销成本	22.9	40.4	74.9
	减值成本	0.0	2.1	3.9
	合计	22.9	42.5	78.8
自制版权	摊销成本	2.3	5.7	7.7
	减值成本	0.0	0.0	0.4
	合计	2.3	5.7	8.1
外购版权/自制版权倍数		9.9	7.4	9.7

数据来源：国信证券

在盈利模式尚不清晰、市场竞争逐年加剧的阶段，背后大平台的不断供血支撑是长视频平台发展的必然选择。大平台除了直接注入资金外，也会通过其他方式给长视频平台输血。一方面，长视频平台会通过母公司来担保银行贷款，例如爱奇艺就采用这种方式以获得银行贷款的支持；另一方面，母公司也会为长视频平台担保发行金融产品，例如PPTV聚力联合苏宁众筹等共同推出体育金融众筹产品——PPTV欧冠足球宝，首开国内体育众筹先河。

2. 前期投资人的证券化需求及平台资本支持渠道的扩充加快了IPO进程

各长视频平台战略站位的不同导致其不同的证券化需求，也决定了他们不同的上市进程。例如腾讯视频属于集团内部的平台，是其娱乐版图中的重要一环，2018年3月仅一个月腾讯在文娱方面的投资就超过100亿元；而优酷属于阿里战略收购的平台，站位于阿里大文娱版块，二者都是集团向文娱领域拓展的重要布局，因此IPO的需求相对不会非常迫切，这也能确保两大集团会对其进行持续的资本、资源的输送。而爱奇艺的运营则相对灵活、独立，自负盈亏，投资人对于资金投入有明确的回报需求，因此对资金的需求也更大，上市欲望会更加迫切。既要保持独立运营，又要兼顾创始团队利益，给其以未来回报的期许，对于爱奇艺而言，独立上市就成为可选的路径之一。哔哩哔哩的情况也与之类似，平衡资金压力与独立性，上市不失为一个好的选择。

此外，虽然目前长视频平台普遍盈利能力较弱，但是拥有大量的流量资源，未来变现潜力较大；随着行业的集中性进一步增强，流量向巨头聚拢，规模效应带来流量变现的同时，长视频平台外部私募融资将变得可行，资本支持渠道的扩充也会大大加快IPO的进程。截至2018年5月，爱奇艺月度活跃用户量已超过5亿，居于首位。在如此庞大的用户量之上，付费用户量也突飞猛进。据其公开信息显示，爱奇艺在2017年底拥有5080万付费用户，到2018年初突破6010万；腾讯视频的付费用户量在2018年初也突破6259万，其半年时间涨幅高达45.56%。可见，长视频平台不仅聚合了大量已经形成收看习惯的用户，还正在高速培养大量忠诚用户，未来变现潜力较大。

主流长视频平台月度活跃用户量（单位：万）

App	2017.06	2018.05	增幅
爱奇艺	46,802	50,220	7.30%
腾讯视频	45,840	49,070	7.05%
优酷	28,704	42,806	49.13%

数据来源：基于网络公开数据整理

在IPO市场选择策略方面，长视频平台通常选择赴美上市。分析其主要原因，主要有以下几个方面：一是美股相对A股的上市准入门槛要低很多，规定的条件相对比较少。比如A股对于"连续三年盈利""主板公司每年净利润不低于3000万元，创业板公司净利润不低于1000万元"的规定，都是2018年3月刚完成纳斯达克上市的爱奇艺和哔哩哔哩无法满足的。二是美股的制度更为宽容和灵活，且周期更短。A股上市采取的是保荐人加审核制，预上市公司将资料上交到证监会之后包括初审、上会、过会整个周期在内的流程较为冗长；而美股是备案制，上市时间相对比较确定，一般来讲4~6个月基本可以完成上市，所以从IPO的成功率及周期上看赴美上市更具优势。三是美国股市的投资环境更适合长视频平台。行业普遍认为，相较于A股，美股比较适合盈利周期较长的企业，因为美股的投资者来自世界各地，相比中国机构和投资人更成熟，也能给企业较长时间的耐心。

3. 资本化时点对平台的发展有重要影响，过早进行资本化会给平台带来负面效应

在互联网领域，一直有一种说法，在行业格局未定且处于激战时，谁先上市谁就输了。因为上市意味着数据公开、盈利压力、投入受限等。2010年12月，优酷在纽交所挂牌上市，首日开盘价27美元，较发行价12.8美元上涨110.9%，成为中国第一家在海外规模上市的视频网站，风头无两。优酷彼时在视频网站的竞争阵营中属于"领头羊"，但市场格局并不稳定，包括优酷自身，各家平台都未盈利，且盈利模式尚不清晰，竞争仍旧处于胶着状态。优酷上市后不久，腾讯视频、搜狐视频以及新起之秀爱奇艺在腾讯、搜狐和百度的全力扶持下，异军突起，行业迅速进入版权争抢大战阶段。热播剧的版权价格迅猛上涨，如：2011年1月热播剧《宫锁心玉》网络版权价格为35万元/集，到2012年1月该剧的续集《宫锁珠帘》网络版权价格已经上涨为160万元/集，仅1年时间，涨幅高达4.6倍。在此之后，版权价格愈演愈烈，优酷的运营成本也水涨船高，如此烧钱的高成本下，优酷的财报数据自然不理想。从披露的财报数据上看，上市后优酷营收增速持续大幅下滑，2010年为152%，2011年132%，2012年100%，2013年68.7%，2014年40%，从上市到2014年上半年爆出阿里收购消息时，其亏损额已达到17.7亿元；而到正式退市时，其亏损更是超过35亿元。这些不理想的财报数据给优酷带来了巨大的负面效应，股市上表现不尽如人意，最终被阿里收购，以退市收尾。在资本市场中转了一圈后，优酷最终也未能压制住竞争对手、保住市场第一的地位。可见，长视频平台选择资本化的时点对平台的发展有着重要的影响。

4. 处于烧钱状态的长视频拥有巨大的流量资源，市场对其未来盈利性有较高期待

处于烧钱状态的长视频平台目前普遍没有盈利，变现能力仍有待提高，但他们拥有巨大的流量资源，变现潜力较大。二级市场投资人目前比较相信通过付费流量变现的故事，

长期来看对平台本身的盈利性也有较高的期望。首先，长视频的付费用户规模以及付费用户营收呈现显著增长。据爱奇艺的招股说明书显示，其2017年第四季度付费用户量达到5000万，同比增长66.7%，2017年付费用户营收65.37亿，同比增长73.76%，付费用户营收占比由2016年的33.5%增长至2017年的37.6%。哔哩哔哩的招股说明书中也显示付费用户规模涨幅显著，截至2017年第四季度，其付费用户量达到107万，同比增长64%。

从用户端来看，中国年青一代越来越倾向于网上支付虚拟物品和服务，视频用户的付费收看习惯正逐渐被培养起来。中国网络视听节目服务协会《2017中国网络视听发展研究报告》数据显示：2017年国内网络视频用户中有超过40%曾为视频付过费，其中每月支出40元以上的付费用户，从2016年20.2%增加到了2017年的26.0%。作为全球领先的视频服务提供商——Netflix，拥有约1.2亿订阅用户，付费用户占了其用户的绝大多数。截至2017年第四季度，Netflix（奈飞）在美国拥有5480万订阅用户，其中96.5%是付费用户。其在美国的ARPU（Average Revenue Per User每用户平均收入）达到31.3美元，而同期爱奇艺的ARPU为5.9美元，仅为Netflix的20%。花旗银行发布的针对爱奇艺的证券分析报告*Initiate at Buy: Catching China Viewers' Eyes: A Leader in China's Fast-Growing Online and TV Video-Streaming Market*中指出，目前爱奇艺的ARPU远低于全球行业平均水平，一旦中国视频网站的竞争环境变得更加规范和稳定，行业将会寻求机会增加ARPU，即提高用户付费的收益。

长期来看，市场对长视频平台本身的盈利性有比较高的期望，这从爱奇艺和哔哩哔哩上市后股价的持续上涨可以看出。二者在上市后的半个月，股价涨幅分别达到了161%和82%。此外，爱奇艺公布了上市后第一份季度业绩后，花旗集团即将爱奇艺股票上调至"买入"级（通过对发行公司的财务潜力和治理能力进行评价，从而对有升值可能的公司股票给予适合买入程度的评级），价格目标定为22美元。紧随其后，高盛和中信证券也陆续将爱奇艺评为"买入"级，价格目标分别定位为23美元和28.33美元。可见，市场普遍看好爱奇艺的发展前景，这也表明资本对长视频行业有较高的期待。

5. 海外上市并非唯一选择，国有企业在目前中国A股文化类重组上市中有一定的优势

爱奇艺、哔哩哔哩等平台因为A股政策限制等因素，选择了在海外上市，其实海外上市并非唯一选择，有盈利能力的长视频平台在A股也能够实现证券化。在长视频平台竞争格局中，芒果TV处于第二梯队，却首先实现盈利（数据显示，芒果TV2017年实现净利润4.89亿元），并通过与湖南广播电视台旗下上市公司快乐购资产重组，完成了借壳上市。

首先，芒果TV财务报表上的盈利利润可以保证其符合上市条件。这主要得益于其属于湖南卫视旗下的视频平台，能够分享湖南卫视的优质版权内容，大大节约内容成本。此外，其拥有广告、内容版权分销、会员收入、IPTV、OTT等多方的收入来源，收入模式多元化，有效避免了单一收入来源带来的负面问题。这些综合能力使得芒果TV在爱奇艺、优酷、腾讯之前，率先实现盈利。

其次，芒果TV有强大的股东背景。自2016年9月《上市公司重大资产重组管理办法》正式实施开始，监管层对VR、游戏、影视、互联网金融等纯概念题材的并购审核日渐趋严，不少影视类资产并购重组失败。如暴风集团耗资10.8亿元购入吴奇隆、刘诗诗的

稻草熊影业60%股权被证监会否决；2018年3月，长城影视收购首映时代再次遭到证监会否决。多家上市公司知难而退，主动放弃了并购交易，如2017年2月乐华文化宣布，放弃与上市公司共达电声的并购，准备独立IPO（首次公开募股）。而芒果TV的上市，是2017年至2018年第一起过审的影视资产重大重组。在并购上市如此困难的背景环境下，芒果TV能够顺利注入上市公司主要因为其背靠湖南广电这棵国有企业大树，得以形成稳定的收益和利润。

（二）短视频平台

2016年以来，短视频作为"风口"产业，持续受到多方关注。短视频平台以其强大的聚拢用户流量的能力，得到了诸多资本的青睐。一时间，各种短视频平台如雨后春笋般涌现出来，百度、阿里、腾讯等互联网巨头也纷纷投资，布局短视频业务。短视频平台的竞争力度和规模空前，投融资活动极为频繁。

1.作为新的流量渠道，短视频行业快速扩张，一级市场投融资活跃度极高

2017年，短视频进入所谓的"下半场"争夺，凭借其在流量、用户黏性上的良好表现，作为新兴的流量渠道，获得了资本和巨头的青睐，行业规模快速扩张。据中国娱乐产业媒体和第三方服务平台娱乐资本论的统计，2017年内地短视频领域有52起融资活动，虽然相比2016的近89起有所缩水，但整体的融资金额则相差无几；2017年短视频领域的整体融资金额约为138.6亿元，占全年文娱领域总融资额近两成，而这一占比也几乎与2016年的数据持平。

从短视频平台的角度看，短期内大量平台的崛起要求入局者快速获取流量并提高黏性以建立高壁垒用户池，平台端已经进入短兵相接的竞争状态，因此补贴内容、加强品牌传播成为运营的重点，同时也对平台方的资本实力提出了极高的要求。从2017年底到2018年二季度，据抖音平台官方说法，半年时间抖音新增近6000万的月活用户；快手、秒拍的持续火热、腾讯微视的重启，加之美拍、火山等其他平台也想在短视频市场分一杯羹，短期内大量平台迅速崛起。为建立平台的用户壁垒，补贴内容、加强品牌运营成为各平台运营的重点。在内容补贴上，腾讯于2016及2017年分别发放了2亿和12亿鼓励资金，其中10亿元现金补贴集中在原创和短视频内容创作者上。2018年微视重启后，依旧保持对优质内容和达人账号的补贴；今日头条于2015年推出"千人万元"政策，2016年拿出10亿元扶持短视频，2017年推出"千人百万粉计划"，力争在平台上扶持1000个拥有100万粉丝的账号；UC头条推出媒体赋能计划；百度百家号宣布将向内容生产者分成100亿元；土豆全面转型为短视频平台，阿里巴巴宣布投入20亿元，支持原创短视内容补贴大战。在经历最初增加内容数量供给、解决平台冷启动问题后，补贴和激励进一步围绕内容的质量、独家性和垂直性展开，且补贴不局限于现金，而是综合化的支持。

品牌传播是短视频平台运营的另外一个重点内容。除了邀请明星入驻App宣传等常规营销外，短视频平台已将品牌传播的触角伸向多个渠道。从电视、网络综艺节目到手机游戏（消消乐等），快手、抖音、火山小视频等平台成为广告"常客"。在2018年春节期间，快手和抖音更是直接正面交锋，使用红包策略和明星效应的加持，且持续在各大渠道

保持高预算广告投放，以求得春节期间的用户增长。据平台内部人士称，快手和抖音在2018年春节期间分别投入10亿元和20亿元营销预算，获得的日活用户增长均在千万以上。短视频平台间的竞争硝烟弥漫，平台本身目前的盈利能力有限，短视频的变现渠道也较为单一，仍在较大程度上依靠传统广告收入，所以无论是烧钱还是理性的持续高额投入，都有着较高的门槛，对平台方的资本实力提出了极高的要求。

从资本方的角度看，短视频成为获取流量的新渠道，其市场空间巨大，具备"风口"价值。尤其是各大流量平台也将短视频设定为核心发展战略之一，为了抢占行业高地不惜重金入局。当前头部的短视频平台背后几乎都有大的流量公司的身影，快手截至2018年1月已获得六轮融资，腾讯、百度两家互联网巨头均有资金支持，不过在微视重启后，腾讯对于快手的支持力度将会打上一个问号；秒拍则一直保持与微博的紧密合作关系，截至2016年11月也已经获得六轮融资，其中微博基金参投了其中的四轮；今日头条旗下拥有抖音、火山小视频、西瓜视频等多个短视频平台产品，截至2016年底已完成四轮融资，2018年估值已达400亿美元左右。此外，定位资讯类短视频平台的梨视频在2018年也获得了A轮融资，由腾讯和百度共同投资6.17亿人民币。

部分头部短视频平台融资情况

轮次		快手	秒拍	今日头条	梨视频
天使轮	时间	2012.4.14	2012.1.1		2017.1.16
	金额	30万美元	数十万美元		1亿美元
	投资方	晨兴资本	晨兴资本		华人文化产业投资基金
Pre-A轮	时间				2017.11.16
	金额				1.67亿人民币
	投资方				人民网旗下基金
A轮	时间	2013年4月25日	2012年4月1日	2012年7月1日	2018年4月16日
	金额	数百万美元	数百万美元	100万美元	6.17亿人民币
	投资方	红杉资本中国、晨兴资本	红点全球基金、晨兴资本	SIG海纳亚洲	腾讯产业共赢基金、百度投资部
B轮	时间	2014年6月30日	2013年7月1日	2013年9月1日	
	金额	1000万美元	2500万美元	1000万美元	
	投资方	DCM中国、红杉资本中国	红点全球基金、新浪微博基金、晨兴资本	DST、海纳亚洲	
C轮	时间	2016年3月1日	2014年9月1日	2014年6月1日	
	金额	数千万美元	5000万美元	1亿美元	
	投资方	百度公司、华人文化产业基金、光源资本、光源资本（财务顾问）	KPCB凯鹏华盈中国、Star VC、新浪微博基金、红点全球基金	红杉资本中国、新浪微博（新浪微创投）	
D轮	时间	2017年3月23日	2015年11月24日	2016年12月30日	
	金额	3.5亿美元	2亿美元	10亿美元	
	投资方	腾讯（领投）、华兴新经济资金、DCM中国	新浪微博基金、红杉资本中国	红杉资本、建银国际	

轮次	平台	快手	秒拍	今日头条	梨视频
E轮	时间	2018年1月25日	2016年11月19日		
	金额	10亿美元	5亿美元		
	投资方	腾讯、红杉资本中国	新浪微博基金、光控众盈新产业基金、SMG上海文广、微影资本（微影时代）、凤凰资本、尚城资本、乐逗游戏、Axiom Asia		

数据来源：基于网络公开数据整理

2. 近年来渠道方获融资占比总体占优，但开始逐渐向内容方倾斜

渠道（平台）和内容是资本方投资短视频行业的两个主要方向，来自艾瑞2017年短视频行业研究报告的数据显示：2012~2017年短视频行业的投资中，平台方的融资笔数占比为44.8%，内容方的融资笔数为36.6%，总体上来看渠道对资本的吸引力更强，主要由于其拥有更长的赛道和更大的市场想象空间。但近两年随着各大互联网巨头的纷纷布局，短视频平台的投资进入门槛不断提高，大部分流量集中于少数几个头部平台，生态基本稳定；另一方面，优质的短视频内容稀缺，各大平台在争夺用户的过程中需要大量的内容支撑，自2016年起面向内容方的投资数量显著提升，2016年和2017年面向内容方的融资笔数占比分别为43.9%和47.9%。

2016年Papi酱获得由真格基金、罗辑思维、光源资本和星图资本联合注资的1200万元人民币；陈翔六点半获得了BAI（贝塔斯曼亚洲投资基金）的千万级A轮融资。2018年4月有美拍一哥之称的"刘阳Cary"获天使轮投资数百万人民币，由贝壳视频与微梦传媒联投。但随着越来越多的内容创业者涌向短视频行业，短视频内容也呈现良莠不齐，优质的内容成为稀缺资源。各大短视频平台经历了一轮补贴大战后，补贴方向也由无差别"烧钱大战"转向重点扶持精致内容，优质内容成为资本追逐的又一重点。从垂直领域的汽车、军事、母婴、美食，到跨界领域的职场+美食等，短视频的内容创作领域不断涌现出新鲜的创意，资本进一步向内容方倾斜。

2015—2017年中国短视频行业不同类型投资数量占比情况

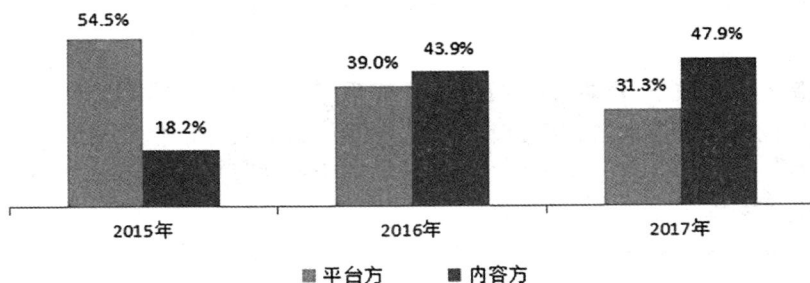

数据来源：艾瑞2017年短视频行业研究报告

3. 投资收购海外成熟平台成为短视频平台实现矩阵化和国际化战略的重要途径

随着国内短视频市场发展的如火如荼，市场渗透率已趋近饱和，部分短视频平台开始将目光瞄准海外市场。为丰富平台的矩阵，实现国际化的战略，海外成熟的短视频平台成为投资收购的目标。一方面，国内短视频市场快速发展，平台数量迅猛增涨，短视频市场渗透率已经较高，企业需要寻找新的发展市场。据快手、抖音平台的官方说法，两个平台的日活用户人数均超过1亿。有数据显示：2017年用户短视频使用时长占移动互联网总使用时长的5.5%，而这一比例在2016年仅为1.3%。另一方面，投资收购成熟的海外平台，有利于避免本土产品出海"水土不服"的情况，同时能够快速引入经验证的运营模式和经验，打通海外市场。

今日头条公司在海外市场运作上率先迈出了步伐，先后收购Flipagram和Musical.ly。通过收购，今日头条获得了音乐、创作者以及优质内容等资源，而收购也扩展了今日头条的海外短视频市场，获得更多海外影响力，海外内容矩阵也更加完善。今日头条在海外的"动作"不仅包括收购，2017年7月和8月头条旗下的火山小视频和抖音两款产品的海外版Hypstar和Tik tok相继上线。特别是在日本，Tik tok俨然成为现象级的产品，根据界面新闻的统计，有40多档日本本土节目对Tik tok进行了集中报道，4月及5月已连续两次登上了日本App store免费榜榜首。Tik tok采用"全球爆款复制+本地化改造"的运营方式，以明星达人作为切入口，在Twitter等社交媒体上进行配套传播和导流。但是Hypstar的表现就没有如此耀眼，在公开渠道鲜有提到其获得的成绩。

今日头条海外投资、收购情况

时 间	事件
2015年8月	今日头条海外版TopBuzz上线
2016年9月	TopBuzz Video上线
2016年10月	投资印度最大内容聚合平台Dailyhunt
2016年12月	控股印度尼西亚新闻推荐平台BABE
2017年2月	全资收购美国短视频应用Flipagram
2017年7月	火山小视频海外版Hypstar上线
2017年8月	抖音海外版Tik tok上线
2017年11月	收购全球移动新闻服务运营商News Repulic
2017年11月	收购音乐视频分享和互动社交应用Musical.ly

数据来源：基于网络公开数据整理

4. 短视频行业仍处于资本化初级阶段，变现模式不清晰掣肘上市

从资本化的进程来看，短视频平台仍处在融资阶段，尽管一级市场对巨头平台给出的估值已经很高，如快手估值已经达到数百亿美元，但是由于行业运作模式还处于探索期，因此并没有进入密集上市期。

目前平台运营重点在于做大内容规模和用户数量，以形成正反馈效应实现平台迅速扩张。根据QuestMoblie（北京贵士信息科技有限公司）数据显示，截至2018年5月抖音的日活用户数过亿且已超越快手位居第一；而抖音和快手的月活用户量均保持在2亿左右。

头部短视频平台日活跃用户数一览

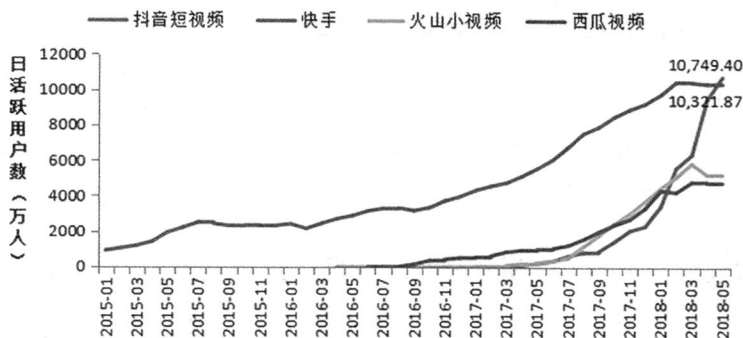

头部短视频平台月活跃用户数一览

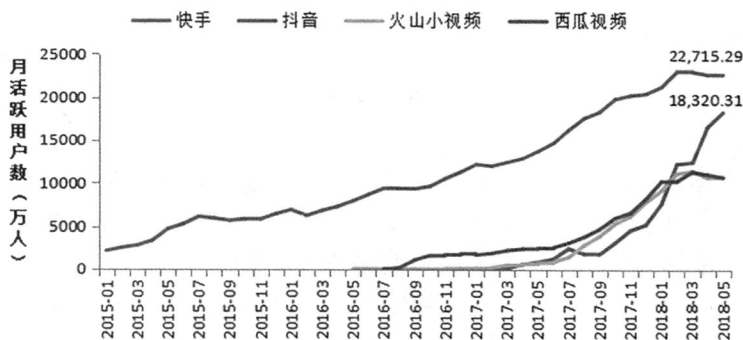

数据来源：QuestMobile

2018年6月12日，抖音官方更是首次公布用户成绩，其中显示抖音的日活跃户数超过1.5亿，月活跃用户数超过3亿。抖音与快手之争，是短视频运营发展的一个阶段性的缩影，各平台都投入大量的资金以吸引优质内容和创作者，投放广告激励用户，吸引流量并保持一定的用户黏度。

通常行业在经历扩张期获得一定的用户积累后，重心将转向商业经营、用户价值变现等。目前短视频的变现模式有广告、内容电商和内容付费几个方向。相对而言，广告的变现模式比较成熟，从传统的硬广到植入广告，再到故事性的内容带动品牌曝光，再到内容即广告、广告即内容的原生广告形式，短视频的广告经营逐渐与其内容相结合。但电商导流、用户付费等仍处于初期探索阶段，短视频对电商的导流作用并没有集中爆发，用户使用也尚未建立类似视频网站的付费会员付费观看的机制。即便是相对成熟的广告变相模式，也需要有优质内容的支持，或是与特定短视频内容的深度结合。当下短视频的内容质量参差不齐，优质内容仍处于稀缺状态，特色的广告变现模式也只是极少数的个案，尚不足以支撑行业层面的广泛推广。

短视频属于当下的"风口"产业，诚然上市之后二级市场投资人对于短视频公司的盈利能力和预期都会有所提升，但短视频行业整体发展时间并不长，目前也没有成体系的变现模式，因此上市的时机并未成熟。

截至2018年5月，头部的短视频平台快手、抖音、秒拍等公司均没有上市的实质性动作。美拍母公司美图虽然于2016年底在香港完成上市，然而上市后首份年报显示公司2016年亏损62.6亿人民币，2017年才基本实现盈亏平衡。虽然互联网业务的收入增速较快，但其主要收入仍来自智能硬件（手机），由此看来美拍作为短视频平台想在短期内独立分拆上市的可能性很小。

（三）直播平台

借助移动互联网的流量红利，网络直播成为市场资本追逐的重点，其中拥有直观变现模式的秀场直播和可持续发展空间的游戏直播深受资本青睐，同时移动端直播开始进入上市集中期。在历经2016年的爆发和2017年的政策管理后，资本市场及网络直播行业的融资态度趋于冷静，一方面资本市场愈发重视直播平台变现和经营能力，一方面直播行业对投资方资本、流量和资源等方面协同要求显现。

1. 直播行业流量爆发和直观变现能力吸引资本扎堆入场，秀场直播在经历一级市场投融资的爆发阶段后逐渐趋于谨慎

秀场直播和游戏直播，是直播行业较早发展起来的细分类别。2009年YY语音在原有语言交流系统基础上，推出"天黑请闭眼""抢板凳"等一系列小游戏，同时推出唱歌、聊天等功能，同年更名为"YY直播"。2009年10月，6间房的演艺秀场上线，开创的虚拟礼物、打赏机制以及随后形成的公会家族，逐步形成秀场直播的基本模型。经历了早期的起步阶段，近年来在资本和流量的激励下，直播行业步入快速发展期，在线直播平台如雨后春笋般出现。据不完全统计，2012年全国直播平台数量不超过30家，2015年超过200家，2016年超过700家。

在众多直播子类中，秀场直播因其快速获取流量和直观有效的变现方式而受到资本市场的青睐。从侧重秀场直播的网络直播平台上市财报看，2016年欢聚时代（YY）的网络直播业务上线不久即成为第一营收来源，2017年第三季度，来自直播服务的营收同比增长60.4%。陌陌直播业务在2015年第三季度上线，其直播营收占净营收占比在2016年第一、二、三季度占比分别为30.7%、58.5%、69.2%；2017年第三季度，来自直播服务的营收同比增长178.6%。不过纯秀场直播作为直播行业里首先发展的子类，已经经历了起步期和快速发展期，平台进入深耕运营阶段，其在一级市场的投融资也经历了火热爆发的阶段，目前已经趋于谨慎，2017年能够获得融资的平台基本为头部平台。

秀场直播由于其竞争核心在于头部主播，各平台需要烧钱争抢头部主播资产，同时需要负担高昂的带宽成本、流量获取成本，因此平台对资本的需求也较为强烈。2017年上半年，虎牙、熊猫、花椒、斗鱼等大型直播平台扎堆完成融资之后，便迅速转向寻求资本升值。各平台对于头部主播资源的抢夺，也引发了2017年的网络主播跳槽潮。根据今日网红2017年主播跳槽月份数据，1月至12月网络主播跳槽数量呈直线上升趋势，从一人增长至十几人不等。在直播平台对于资本的高需求下，平台融资金额也在成倍增长。据不完全统计，2016年大多数直播平台单轮融资金额基本在人民币亿元以下，而进入到2017年大多数直播平台单轮融资量都破亿元甚至是数十亿元人民币。以斗鱼TV为例，其2016年B轮融资1亿美元，2017年C轮融资为15亿元人民币，2017年D轮融资为10亿元人民币。

近年来，秀场直播连续受到短视频挤压、政策严监管和内容同质化严重的影响，出现流量增长速度减缓甚至下滑、用户黏性降低的现象。尽管直播行业的流量仍具有价值，但是除美女经济外并未演变出新的内容方向，与其他形式的嫁接（直播+X）也并不顺畅，大量小的直播平台直接面临倒闭，资本方的态度也趋于冷静观望。2017年，在政府部门的严肃监管、行业竞争加剧以及平台盈利模式不够清晰的多重压力下，中小型平台开始主动或被动离场。据网信部门统计，2017年1~6月，各部门已查处关闭违法违规直播平台73家。另据中国演出娱乐行业协会网络表演（直播）分会联合"中娱智库"发布的《2017中国网络表演（直播）发展报告》显示，截至2017年末，全国共约有200多家公司开展或从事网络表演（直播）业务，较2016年减少近百家。在不到两年的热闹与喧嚣后，直播行业在2017年进入盘整期。

2. 游戏直播根系游戏行业，后续发展潜力较大，吸引众多资本入局

游戏直播是除秀场直播外直播行业中流量吸引的又一大子类。游戏直播与游戏行业紧密结合，发展的后续潜力较大，其热度持续至今。根据艾瑞咨询发布的《2017年中国游戏直播市场研究报告》显示，我国游戏直播平台在2015年出现爆发式增长，当年游戏直播平台市场规模达到11.7亿元、增长率超过300%，2016~2017年游戏直播平台市场规模虽然逐年上涨，但涨幅出现递减，由2016年的103.6%降至2017年的19.1%。而在用户规模上，2014~2018年直播平台用户也呈现逐年上升趋势。

2014—2018年中国游戏直播平台市场规模

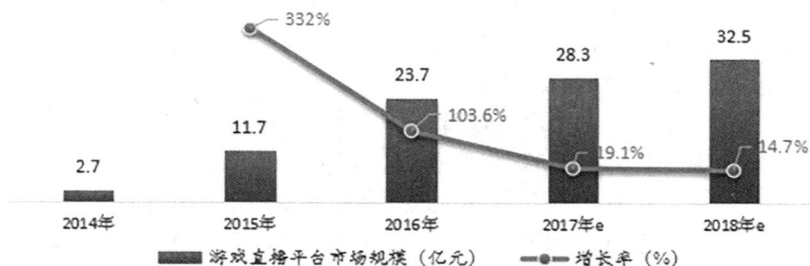

数据来源:艾瑞咨询《2017年中国游戏直播市场研究报告》

2014—2018年中国游戏直播平台用户规模

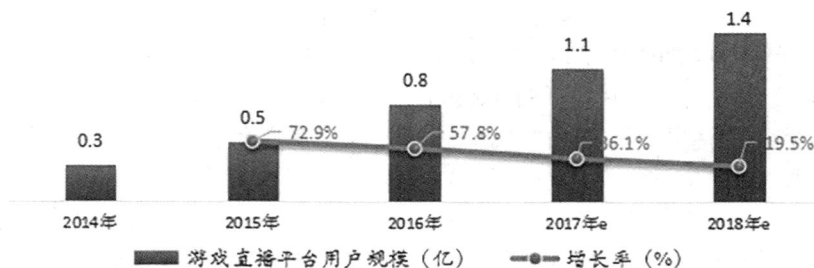

数据来源:艾瑞咨询《2017年中国游戏直播市场研究报告》

游戏直播同时也是比赛竞技、游戏传播、内容二次创作等环节重要组成部分，市场发展空间较大，吸引众多资本入局。从2016~2017年主要游戏直播平台（以游戏为主要内容的直播平台）融资金额看，斗鱼TV、虎牙直播和熊猫TV的单轮融资金额都超过4亿元人民币，单斗鱼直播2017年融资金额总计超过25亿元人民币，展现出资本市场对游戏直播平台未来发展的良好预期。2018年,腾讯分别向斗鱼TV和虎牙完成6.3亿美元、约4.616亿美元投资。根据公开资料显示,融资后斗鱼TV和虎牙直播配合腾讯深耕游戏直播领域,做好游戏与直播行业的协同发展。作为曾经的风口行业,直播行业在经历2017年洗牌后渐趋成熟,在市场中存活下来的企业都是拥有稳定流量的头部平台。斗鱼TV、虎牙直播与腾讯的大规模资本合作,都剑指游戏直播领军企业地位,未来进行证券化操作意图明显。

3. 移动端直播投资人证券化需求提升,公司进入上市集中期,二级市场投资人对电竞直播前景看好

网络直播在近两年的蓬勃发展,一定程度上受移动互联网和智能手机普及的推动,手机网民的增长同时推动直播行业向移动端转移,为移动端直播发展带来契机。PC端的直播已于早期完成资本化进程,移动端直播投资人证券化需求提升,公司开始进入上市集中期。继YY直播和虎牙直播实现上市后,在移动互联网时代诞生的头部直播平台开始谋求证券化,欲借资本的力量做大做强。

2018年5月,虎牙直播成功在美国纽约证券交易所挂牌。据业内人士分析,虎牙直播上市后,将推动与腾讯等游戏厂商的深度合作,同时虎牙直播还加大投入扶持公会、经纪公司等关键合作伙伴,共同提升平台内容质量和主播的商业影响力。上述对上下游资源的整合,都为虎牙直播构建一个更为完整的行业生态圈。

2018年3月移动直播公司映客向港交所提交招股书。从市场估值看,根据新股发行价测算,虎牙直播估值约为30亿美元,映客直播估值定价在80亿~100亿元人民币,也就是说映客直播的估值仅为虎牙直播的1/3,映客直播上市后升值空间较大。从持续盈利的现状看,映客直播表现平稳,未来上市表现也让人期待。根据映客直播招股书数据显示,2015年、2016年和2017年映客直播经调整纯利分别为150万元、5.682亿元及7.92亿元,复合年增长率为2229.1%。

上市公司方面,根据2018年一季度财报,陌陌、YY直播和虎牙直播营收分别同比增长43%、64%、111.5%。其中,YY直播和陌陌直播都面临着利润率下行以及市场质疑的压力。陌陌2018年一季度营收增长了64%至4.35亿美元,净利润为1.43亿美元,上一年同期为9070万美元。陌陌的直播业务不断上升,一季度收入达到3.71亿美元。流量变现方面,直播业务的付费用户数2017年四季度的430万人环比增长到440万人。YY一季度总营收增长43%,归属于公司的净利润增长31.1%至1.116亿美元;净利润下滑至4.44亿元人民币。YY移动端直播月度活跃用户增长24%至7760万人,直播付费用户总数增长17%至690万人。YY盘后上涨2.32%,常规交易收于121.00美元。

相比之下,游戏直播在二级市场具备较高溢价和乐观盈利的预期,更能够满足二级市场对直播平台流量变现和经营能力的诉求,二级市场对其前景更为看好。一方面,游戏直播有潜质嫁接游戏行业的其他环节,并可在游戏内容端作进一步延展;另一方面,目前游戏直播用户数量基数较大且用户黏性较好、付费能力较强。根据游戏直播平台虎牙直播2018年一季度财报显示,虎牙一季度总营收1.345亿美元,同比上升111.5%;净亏损收窄至580万美元,合每股79美分;经调整后每股收益6美分。虎牙直播正常交易收于29.72美元,盘后大涨8.98%至32.39美元。自5月上市以来,虎牙股价已上涨85%。

4. 从投资方的角度来看，尽管部分上市公司跟风进入直播行业，但真正盈利的案例很少，大多数处于给平台输血阶段

从投资方角度看，直播不仅考验投资方的资金实力，同时也要求投资方业务与直播形式和渠道有较高的协同效应，因此能够满足两者要求的上市公司较少。考虑到上市公司有盈利性要求，因此可持续性不强。截至2017年7月，入局直播行业的上市公司数量达到20家，其中11家在2016年发起投资行为。[1]尽管数量可观的上市公司跟风进入直播行业，但对持续盈利能力有要求的A股上市公司而言，直播行业烧钱，拼资源的打法难以为继。根据国家信息中心信息化研究部的统计，2016年网络直播融资达25起，融资金额约189亿元。投资市场的热情并未能够延续到收益环节，上市公司对投资直播行业后真正盈利的案例很少，大多数处于给平台输血阶段。截至2017年中，将直播作为战略投资重点布局的上市公司为巴士在线、宋城演艺、*ST大智慧、浙数娱乐、宣亚国际，其他公司并未将直播业务列为公司战略重点。

不同的是，由于陌陌、腾讯、360等平台对于直播有较好的协同性，在资金、流量、资源等多方面表现出较高的适配性，更能够在直播的业务投资中获得盈利甚至是战略性收益。2015年9月移动社交平台陌陌开始内测移动功能，2016年正式开放直播功能，随着陌陌直播用户数的激增，整个2016财年，净营收为5.531亿美元，同比增长313%，其中直播收入占总营收近八成。陌陌做直播的成功，一方面得益于社交平台的高投入产出比，直播用户获取成本较低，打赏模式变现容易；一方面得益于平台流量的高稳定性，根据陌陌数据显示，截至2016年底，陌陌月活跃用户数达到8110万人。虽然陌陌依靠直播业务在2018年一季度交出了漂亮的财报，但在资本市场投资态度日趋理性的背景下，市场对直播平台的变现模式和盈利能力仍有较高的要求。

三、电视媒体与资本市场

在长期市场化运营过程中，以有线电视网络为主营业务的广电公司业绩稳定而持久。但面对近年来互联网视频以及OTT业务的冲击，传统有线电视网络业务增幅放缓，广电公司一方面积极拓展外延业务，另一方面通过并购、注资及基金等多元资本运作实现壮大。OTT电视作为电视媒体发展新趋势，受到市场资本的关注，OTT行业上下游企业通过资本运作布局产业链，抢占行业发展的先机。

（一）广电行业发展时间较久，主营业务稳定，头部公司大多已完成证券化

在广电行业业务中，有线电视网络是较早开展企业化运作的业务部分。近年来，我国广播电视有线网络加快数字化、高清化、双向化、宽带化进程，依靠广电收视和节目传输形成的销售模式及利润，已经远远不能满足广电网络企业发展需要，广电网络企业逐步从

---

[1] 数据来源：《2016年前后 涉足直播行业的上市公司一览》，http://www.ce.cn/culture/gd/201707/10/t20170710_24113719.shtml；《直播流年：20家上市公司走进直播间 如今仅5家确定继续烧钱》，http://www.cs.com.cn/ssgs/hyzx/201707/t20170710_5365006_2.html。

自有资产运营发展到资本运作阶段。

在"一省一网"发展要求推动下，目前各省级有线电视网络基本实现一省一网，省网业务的深入发展提升了广电公司业绩的稳定性和持久性，已经有11家头部公司完成证券化。分别是北京的歌华有线、上海的东方明珠、湖南的电广传媒、吉林的吉视传媒、陕西的广电网络、湖北的湖北广电、浙江的华数传媒、深圳的天威视讯、江苏的江苏有线、广西的广西广电和贵州的贵广网络。其中，东方明珠、电广传媒、湖北广电3家公司在2000年前上市，其他8家于2000年后上市；东方明珠市值超过400亿元，大幅领先于其他公司，江苏有线、华数传媒和歌华有线目前市值分别为217亿元、163亿元、148亿元，其他7家公司市值介于45亿元至100亿元之间。从估值倍数(TTM PE)看，广西广电、江苏有线、华数传媒和吉视传媒的市场估值相对较高，超过20倍，上市时间较早的东方明珠和湖北广电市场估值均低于20倍。

广电系上市公司清单

公司名称	上市时间	目前市值（亿元）	估值倍数(TTM PE)	覆盖区域
东方明珠	1993年3月	415	18.5x	上海
江苏有线	2015年4月	217	30.4x	江苏
华数传媒	2000年9月	163	25.2x	浙江
歌华有线	2001年2月	148	19.5x	北京
电广传媒	1999年3月	98	NM	湖南
广西广电	2016年8月	85	45.3x	广西
贵广网络	2016年12月	85	19.2x	贵州
吉视传媒	2012年2月	74	21.4x	吉林
湖北广电	1996年12月	61	18.2x	湖北
天威视讯	2008年5月	46	19.1x	深圳

数据来源：基于网络公开数据整理

（二）广电行业传统业务增速放缓，二级市场估值水平相对不高，外延发展更受市场看好

伴随新媒体行业的高速发展，广电业务受到互联网视频以及OTT等其他业务形态的冲击，同时广电已经达到高渗透率，传统业务未来增速放缓预期明显，二级市场能够给予的估值水平相对不高。有线电视网络业务的估值，较其他新媒体子行业偏低。以广电系11家上市公司为例，有线电视网络市盈率（PE倍数）均值23.82倍，低于其他各新媒体子行业；有线电视网络市盈率（PE倍数）中位数20.39倍，明显低于互联网信息服务、营销服务、影视动漫和移动互联网服务，仅高于平面媒体业务。电广传媒、湖北广电和东方明珠等传统广电公司的市盈率估值明显下降，以电广传媒为例，2015~2017年市盈率估值分别为63.9倍、46.7倍和40.6倍。[①]

---

① 数据来源：海通证券《电广传媒（000917）公司跟踪报告》，2017年1月15日。

11家广电上市公司与其他新媒体子行业市盈率对比

数据来源：wind

相比传统媒体业务的增长缓慢，广电公司在融合媒体形态或非媒体行业上的外延发展则让人眼前一亮。电广传媒近年来积极推进"传媒+互联网"战略，2016年，电广公司与韵洪广告公司大力拓展芒果TV、爱奇艺及土豆网络等新媒体广告业务，仅上半年韵洪广告实现业务收入18.63亿元，同比增长60.83%。此外，在有线网络和传媒内容业务之外，电广传媒积极开拓投资管理、旅游酒店、移动新媒体业务。通过外延并购，电广传媒正在形成涵盖"品牌广告、效果营销、移动媒体、网络游戏"的新媒体业务体系。湖北广电在2014年确立广电与互联网双主业发展战略后，数据网收入快速增长，同年收入增长超过200%。目前数据网业务已成为公司增速最快的业务板块，跃升为第三大主营业务。2017年上半年，湖北广电通过"互联网+"实现转型升级，实现营业收入11.52亿元，同比增长2.88%。此外江苏有线也通过与外部公司合作，借助外部公司的业务优势实现了传统业务外的收入增长。2017年上半年，江苏有线营业收入约39亿元，同比增长63.17%。公司营业收入的增长主要来自数据宽带、工程建设、商品销售等业务。

（三）二级市场助力广电系公司进行各类资本运作，通过并购整合、优质资产注入等方式打造文化行业巨型航母

尽管二级市场对广电系上市公司估值走势持下行看法，但在"互联网+"以及资本运作的思路下，市场仍然为广电上市公司提供成长壮大的发展空间。借由资本运作，通过并购整合、优质资产注入以及专业资本运作等方式实现公司规模的扩充，为建构广电企业全产业链、强化行业竞争力、打造传媒超级航母提供有效路径。

2014年11月，百视通新媒体股份有限公司（百视通，600637）和上海东方明珠（集团）股份有限公司（东方明珠，600832）同时发布公告，宣布将通过百视通吸收合并东方明珠的方式，正式开启以资本运作为抓手的系统融合之路。2014年"百视通"和"东方明珠"分别通过吸收换股合并、发行股份购买资产以及募集配套资金的方式实现合并重组。重组后的百视通公司成为传统媒体领域首个逼近千亿元市值门槛的传媒公司。2015年6月，百视通新媒体股份有限公司更名为上海东方明珠新媒体股份有限公司，简称"东方明

珠"，股票代码不变。2017年东方明珠公司已完成包括IPTV、互联网电视、有线数字付费电视、手机移动电视、公共交通移动电视、楼宇电视等多种传播渠道以及完整内容的产业链布局。在多渠道视频集成与分发平台的基础上，其总体用户继续在亿级规模上不断扩大。截至2017年6月，东方明珠公司IPTV用户数超过3600万、OTT用户数近2100万、有线数字电视付费频道用户数5200万，移动终端月活跃用户超过1900万。

广电系公司本身业务稳定性较高，充裕的资金流也给予了公司更大的发展空间。基于充足的资金流，广电系公司的并购整合活动更加活跃，横向、纵向、多元化并购层出不穷。同时广电公司利用充裕的现金流设立基金，进行专业的资本运作。据11家上市公司2017年报显示，广电系公司经营活动现金流量均超亿元，11家公司经营活动现金流量均值在10亿元以上。广电系上市公司账面现金及等价物更为充足，11家公司账面现金及等价物均值接近30亿。目前，歌华有线、东方明珠、湖北广电等广电上市公司已设置基金公司，以专业化资本运作方式助力公司快速做大做强。

11家广电系上市公司现金流（2017年12月31日年报）

公司名称	经营活动现金净流量（亿元）	账面现金及等价物（亿元）
东方明珠	30.09	75.78
江苏有线	27.64	62.69
电广传媒	1.29	20.59
华数传媒	12.64	19.59
歌华有线	10.63	85.72
贵广网络	6.52	7.15
湖北广电	9.24	2.82
广西广电	2.24	5.51
吉视传媒	7.13	6.88
天威视讯	5.44	12.06

数据来源：基于网络公开数据整理

2016年3月，湖北广电全资子公司星燎投资有限责任公司与湖北圆通汽车集团有限公司共同投资设立湖北长江星燎基金管理有限公司。2016年，星燎公司发起设立了2支股权投资基金，分别是与湖北省高投合作发起设立的以TMT行业为主要投资方向的湖北星燎高投网络新媒体产业投资基金，管理规模2.5亿元；还有与湖北圆通汽车集团合作发起设立的以上市公司定向增发为投资方向的湖北星燎文创股权投资基金，管理规模1亿元。2016年公司完成了两项股权直接投资，分别是网宿科技（创业板）三年期定向增发项目和大唐融合（新三板创新层）定向增发项目。截至2016年10月31日，公司累计对外投资8.94万元，投资市值14725.41万元，股份分红22.75万元，投资账面浮盈6083.6万元，合计账面利润6106.4万元。

2018年2月，歌华有线发布公告称，该公司拟联合深圳市丝路金桥股权投资基金管理有限公司（下称"丝路金桥公司"）、深圳鲲鹏投资、天津万翔、北京永联信通科技等战略投资者发起设立歌华丝路金桥传媒产业并购基金（下称"歌华丝路金桥基金"，正式名称以最终注册名称为准），重点开展以雄安新区建设为代表的京津冀协同发展及"一带一路"相关MET产业(新媒体、大文娱、游戏、影视、文化、体育）、新技术等方面的投资机遇，基金目标总规模100亿元。

东方明珠于2018年5月宣布成立上海东方明珠传媒产业股权投资基金，基金总规模20.02亿元。除东方明珠以外，出资人还包括地方政府平台及社会化资金。投资平台的投资形式多元化，将助力东方明珠构建智慧运营驱动"文娱+"产业生态，布局前瞻性的技术，发现优质的项目及团队，优化资产和资源配置，加快外延式增长并推动重大战略合作及业务协同，增强行业影响力。

（四）OTT电视引领客厅经济新趋势，上下游企业借资本力量抢占行业发展先机

随着电视大屏化的发展以及视频内容资源的爆发式增长，2017年OTT行业用户开机率回升、广告营收攀升。根据勾正数据显示，截至2017年底，智能电视保有量逼近2亿台，同时智能电视累计激活率逐年提升达到77%，OTT广告收入达到23亿元，同比增长130%。在智能应用的推动下，OTT在"客厅经济"中的优势愈发显现，并成为终端厂商和互联网企业的发展重点。相关行业领军企业及创业公司争相进入OTT领域、积极布局，通过资本连结的方式实现战略联合，硬件厂商提供产品终端，互联网企业提供资本、流量、内容平台，双方实现深度绑定。

2017年互联网行业巨头在OTT行业投资动作频繁。2月，海尔光电向青岛海尔、阿里巴巴转让海尔多媒体股权及公司，阿里巴巴认缴海尔多媒体新增注册资本两部分。交易完成后阿里总共出资达6.56亿元，持股25.25%。通过本次交易，海尔多媒体公司持续采取开放的生态圈模式，持续整合、引入一流内容资源，丰富家联网生态场景，提升用户差异化体验，通过融合的智能电视生态领域实现用户流量的聚集，进一步把握客厅经济入口，完善客厅经济布局，引领智慧视听生态圈。6月，创维旗下子公司互联网智能电视品牌酷开宣布获得腾讯3亿元的战略投资，占股7.71%，估值约为38.9亿元。获得这笔来自于腾讯的战略投资后，酷开主要用于VR领域的拓展，为企业赢得未来竞争抢占先机。7月，腾讯以4.5亿元人民币认购雷鸟科技新增注册资本2027万元，获得雷鸟科技16.67%的股权，腾讯即成为雷鸟第二大股东。本次合作，不仅为雷鸟科技业务发展提供资金支持，TCL和腾讯欲在内容共享、产品创新、市场推广、会员运营等方面开展战略合作，通过双方资源优势互补和协同，在OTT行业群雄之争中占据一席之地。

除引入互联网公司资本外，终端厂商还借助基金公司资本扩大在OTT行业的领先优势。2017年9月，东鑫濠产业投资基金管理中心签署了深圳暴风统帅科技有限公司增资意向协议。根据初步协议，东鑫濠出资4亿元，约占股权13.33%，本次投资初步预计暴风统帅投前估值30亿元人民币。截至2017年9月，暴风集团对暴风TV占股比例为27.3%。

资本为OTT企业进入行业前列注入强劲动力，然而在行业供应链尚待完善，产品同质化问题突出的背景下，面对上游面板周期高幅涨价的压力，仅凭资本的力量尚无法保证OTT企业在行业淘汰赛中胜出。2015年8月13日，微鲸科技有限公司在上海发布了全新互联网电视机。微鲸科技创始人兼董事长黎瑞刚宣布，华人文化、阿里巴巴、腾讯、中央人

民广播电台从资本、政策、技术、内容、服务等方面进行深度合作，共同打造微鲸电视。2017年彩电行业出口量下滑，导致国内行业竞争加剧，互联网电视市场份额下滑10个百分点，微鲸科技销售量也受到影响。同时受乐视事件影响，OTT行业整体融资受到打击。根据公开资料，2017年微鲸科技也在寻求新一轮融资，但到目前未传出融资相关消息。

四、电影媒体与资本市场

近年来，得益于国家的政策扶持，同时受居民品质生活消费的驱动，中国电影产业呈现快速发展态势。行业的蓬勃发展引来资本的竞相追逐，从院线运营到电影的内容制作和发行，乃至下游的票务渠道领域，每个环节都涌动着资本的身影。

（一）影院和院线

改革开放40年，中国电影产业直接市场规模已近600亿元，观影人次达16.2亿。在政策的完善和推动下，中国院线行业向大整合时代稳步前进，2015年电影总票房的激增带动了资本市场对院线公司的价值认可，随着近两年影院并购扩张、头部院线公司资产证券化、城市化进程加速以及渠道下沉，2017年的电影市场再次出现反弹趋势，并在2018年第一季度，创造了中国电影200亿元的季度票房，首度超越北美成为全球第一大电影市场。

1. 中国院线行业进入大整合时代，相比成熟的国外电影市场，院线、影院仍有较大整合空间

国内院线并购整合成为近年来中国电影行业调整期的重要主题之一。根据国家新闻出版广电总局电影局通报，2016年我国电影总票房为457.12亿元，同比增长率为3.73%，而这一数字在2015年却高达48.7%，可见在2016年电影票房经历了较大增速减缓的沉痛调整。自此，中国电影行业进入一个几年的调整阶段，回归理性。而在这个周期中，院线并购整合是重要主题之一。

在业内人士看来，整合并购是大势所趋，由于行业单屏产出下降，但成本基本不变，院线公司就会亏钱，这对运营、管理、盈利能力较弱的小型院线冲击最大。因此，类似区域性发展的小规模影投公司及单体影院，就成为大影投公司或资本收购的重点关注对象，从而加速了影院集中度提升的进程。例如2017年3月，保利影业以6.8亿元收购星星文化100%的股本权益。本次收购是保利影业在影院终端建设战略布局上的重大举措，也是其全产业链发展的重要部署。保利文化认为，本次交易是公司影院实现做强做大的必然途径。

另一方面，影院投资和并购发展越来越精细化，与此前粗放式横向扩张不同。2016年以前，大资本追求的是影院数量，而近两年，投资人追求的是影院品质，更加看重单店产出盈利。例如，2017年8月华人文化产业投资基金公司收购UME旗下25家影院。与动辄拥有几百家影院的大型影投公司比，UME体量有限，全国25家影院分布在北京、上海、广州、重庆等17个城市，但其单店产出的能力不容忽视，例如其北京双井店常年位居全国影院票房榜前列。中国电影家协会秘书长饶曙光指出，影院并购整合将为行业发展提供良机，为行业整体带来大型品牌体系和规范的管理，这是影院行业未来发展的基础。此外，并购整合还有助于服务的标准化，避免低层次竞争，是行业跃升到下一阶段的必要条件。

虽然近年来院线并购使得市场集中度表现稳定，但相比成熟的国外电影市场，院线、影院仍有较大的整合空间。从2002年中国正式实施院线制的发行体制开始，银幕数量呈现稳步增长的态势，我国（城市）院线数量从首批的30条增长到2017年的48条。从院线行业集中度方面看，截至2017年国内院线行业CR3（业务规模前三名的公司所占的市场份额）在29.7%。

国内院线历年数量

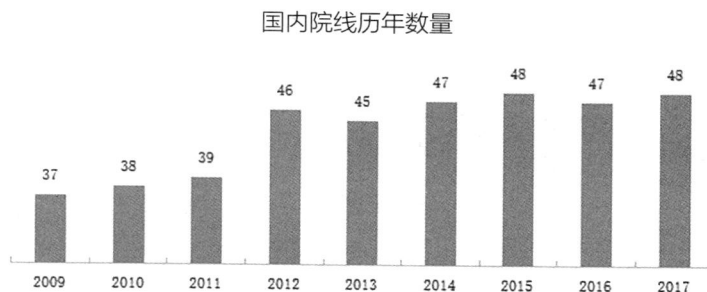

数据来源：基于网络公开数据整理

而从2017年美国、韩国三大院线公司的市场份额来看，美国和韩国的CR3分别达到49%和92%，远高于我国。详细来看，2017年末，美国排名前三的院线公司AMC、Regal和Cinemark在美国分别拥有银幕数量8224块、7322块和4561块，合计占美国电影放映行业银幕总量的近50%。美国院线如此稳定的市场格局，同样也是经历多年的收购整合才形成。与美国类似，截至2017年，韩国三大院线公司CGV、乐天和美嘉分别拥有银幕数量为1085块、810块和650块，合计占韩国银幕总量的92%，院线行业已基本呈现前三甲垄断的状态。由此可见，与美国、韩国等发达国家院线集中度相比，我国院线行业的市场格局依然相对分散，仍旧有较大的调整空间。

2. 票房增长促进院线公司价值获得资本市场认可

纵观2017年头部院线票房，名次基本稳定，排名前十的院线票房同比平均增幅20%以上，整体较为乐观，且这些院线公司票房市场份额占全部影投公司年度票房的67.62%。因此，在资本市场上，票房的稳定增长在一定程度上促进了院线公司的价值获得资本市场的进一步认可。2016~2017年出现了院线公司上市的高峰，2017年票房排名前十的院线公司中仅有华夏联合未实现资产证券化，其余数家公司均通过IPO或重组实现上市。其中，排在首位的万达院线（02739.SZ）于2015年1月22日在中小板上市；大地院线（837015.OC）于2016年4月挂牌新三板；幸福蓝海（300528）于2016年8在创业板上市。其次，上海联和院线隶属于上海电影集团，中影南方新干线、中影数字和中影星美三条院线都是属于中国电影集团的控股院线，而上海电影集团（601595.SH）和中国电影集团（600977.SH）分别于2016年8月和6月在A股上市。另外，金逸影视和横店影视也分别于2017年10月在中小板和主板上市。其中，作为广东老牌院线的金逸影视，早在2012年就递交了首次公开发行股票招股说明书，直到2017年9月最终获得上市批准。

2017年前十大院线票房（亿元）、增长率及市场份额（%）

排名	院线名称	2017年度票房	票房同比增长	市场份额	份额变动
1	万达院线	71.97	18.20	12.89	−0.56
2	大地院线	48.19	31.34	8.63	0.57
3	上海联合	45.11	26.39	8.08	0.16
4	中影南方新干线	40.81	26.11	7.31	0.21
5	中影数字	40.78	38.24	7.30	0.91
6	中影星美	39.81	15.39	7.13	−0.43
7	广州金逸	29.46	6.43	5.28	−0.79
8	横店影视	24.4	17.82	4.37	−0.18
9	华夏联合	18.88	30.75	3.38	0.21
10	幸福蓝海	18.13	28.22	3.25	0.14

数据来源：艺恩网、山西证券研究所

3. 渠道下沉和影院扩张为影投公司的公司估值和利润增长带来积极作用

　　随着经济发展和人民生活水平的提高，三四线及县级城市、乡镇居民的文化发展水平日益提升，对于电影文化的需求与欣赏品位也显著提升。因此众多影投院线公司纷纷向这些地区进行渠道扩展，从而获得更高的市场估值水平。2016年国内四五线城市票房增速超过50%，2015年、2016年、2017年三线及以下城市票房占据国内票房的37%、36%和39%，票房渠道下沉明显。很多头部的影投公司将这些地区的票房收入发展作为其在国内票房市场的重要增长点，例如横店控股集团旗下第五家上市公司——横店影视，其在2017年10月完成主板上市，其上市的目的之一即是利用上市所获得的融资，快速布局三至五线城市的2800个县级市，以在未来院线扩张并购中占据优势。而在资本市场上，也能够给快速扩张和进行渠道下沉的公司于更高的估值水平，这点从横店影视的股价走势即可看出。其2017年10月12日上市，之后股价持续走高，至23日股价已较发行价上涨180%，达到峰值。

横店影视tranding band（股价波动）

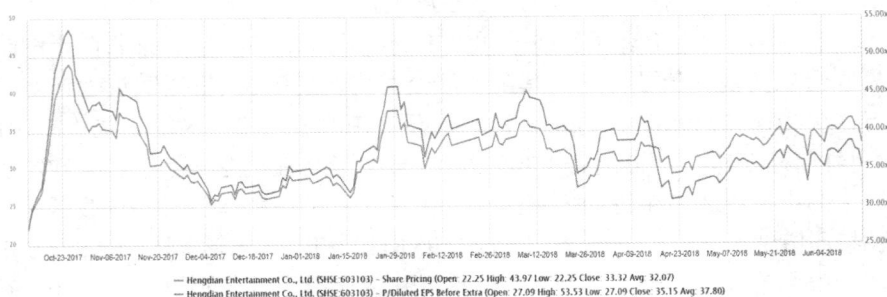

数据来源：基于网络公开数据

东方证券在其发布的影院行业系列报告中指出，院线公司拥有相对较大的经营杠杆，主要原因是由于院线公司存在固定资产折旧费、职员工资等具有固定成本/费用性质的支出，这导致一般院线业务净利润增速波动远大于营业收入，而稳定的影院扩张则有助于院线公司整体经营业绩的稳定，缓和经营杠杆效应，提高公司净利润增长速度。例如，2017年1月，大地影院集团母公司南海控股宣布通过现金支付的方式以32.86亿元收购橙天嘉禾影城（中国）的全部权益。尽管橙天嘉禾影城在被收购前的经营业绩已大不如前，但在一二线城市院线中的重要地位，依然为其带来一定的估值溢价，获得远高于自身实际价值的收购价。同时，从2017年大地影院的票房成绩看，同比增长31.34%，票房占有率增长0.57%，说明影院的收购扩张和杠杆效应的作用对公司的净利润提升有重要影响。

另外，头部的影投公司在未来的院线并购中占据优势，可享受一定估值溢价。例如，华创证券在2018年发布的对于横店影视的研究评估中指出："公司重点布局在二线及三四五线城市，稳居Top3影投公司行列，在未来院线并购中占据优势，可享受一定估值溢价，我们首次覆盖给予'推荐'评级。"

（二）制作与发行

随着资本不断涌入影视市场，电影工业中的制作、发行环节也随之发生着巨变。近年来，影视公司上市融资、并购不断，老牌国有企业、民营电影公司事业版图不断扩大，院线、内容制作、宣发、衍生品开发等上下游产业链因为资本的介入重新整合。作为"后来者"，互联网企业的入局为电影行业带来了新冲撞，大数据技术、精品IP开发提供了营销、制作新模式。但与此同时，资本逐利，热钱的涌入也为影视行业带来了一定的负面影响。电影投资基金、互联网金融等金融方式分摊了影视项目投资风险的同时，电影资产证券化也隐藏着"圈钱游戏"的隐患。

1.老牌影企IPO登陆资本市场，头部公司投资并购扩大业务版图

随着华谊兄弟、中国电影、华策影视、光线传媒等影视公司的上市，股市融资对于影视公司而言，成为了积攒资金实力、扩大发展优势最重要的方式。同时，投资、并购等投资行为不仅有利于影视公司在制作、发行等主体业务上的深化、拓展，更延伸了在娱乐产业链的全面布局。

作为影视行业的航母级"老字号"，国有企业中国电影公司、上海电影公司纷纷以IPO方式登陆A股，为老牌电影企业进军资本市场破冰，稳固其市场领军地位。2016年，作为内地最大的电影发行公司，中国电影发行4.67亿只新股，募集资金40.9亿元，超越华谊兄弟、唐德影视、万达院线，成为中国内地影视产业最大规模IPO。[①]上市两年以来，中国电影公司的电影发行业务取得了长足增长，2017年电影发行业务收入约54亿元，同比增长近20%，同为国有电影企业的上海电影公司也于2016年上市，主要将发行、院线、影院投资经营业务打包，稳定优势业务的行业地位。

作为内地影视市场首屈一指的影视娱乐公司，华谊兄弟在业界享有高知名度和市场地

---

① 数据来源：每日头条《中影股份 IPO 结束上市上跑 无奈已物是人非难返"老大"地位》，http://www.sohu.com/a/107184020_106176。

位。2009年9月，华谊兄弟登陆创业板上市，是国内首家获准公开发行股票的娱乐公司。上市9年以来，华谊兄弟通过投资不断扩大影视内容制作、发行、艺人经纪、新媒体互动娱乐等业务版图。2013年，华谊花费2.5亿人民币收购浙江常升文化公司70%股份，通过整合张国立等优质艺人资源，提振在影视剧方面的制作水平；2015年，对东阳浩瀚、美拉传媒两家影视传媒公司进行投资，总共投入18亿元，吸纳李晨、冯绍峰、Angelababy（杨颖）、郑恺等一线艺人资源以及电影《手机2》《念念不忘》《非诚勿扰3》等影视投资、制作项目。海外市场方面，华谊兄弟同样通过投资入股韩国SIM公司、北美华狮（China Lion）公司，拓展艺人培训、海外华语电影发行等业务。围绕影视制作和发行业务，投资入股同样帮助华谊兄弟将触角伸向娱乐产业，在火热的网络游戏、艺人经纪、影视音乐等领域分一杯羹。2010年，华谊入股华谊音乐公司，将陈楚生、何洁、张佑赫等歌手收至麾下，发展音乐制作、发行业务；同年，与巨人网络成立合资公司华谊巨人信息技术公司，正式进军游戏市场；2015年，华谊入股游戏研发公司上海刃游、手机游戏研发公司英雄互娱，深化在互动娱乐方面的投入。

光线传媒也通过投资、入股等方式夯实在影视制作、发行、在线票务、互动娱乐等方面的竞争优势。在影视内容制作方面，光线传媒早在2013年即入股新丽传媒，打磨出电视剧《我的前半生》《白鹿原》、电影《妖猫传》《夏洛特烦恼》等业界精品；2014年，光线入股彼岸天文化，随后出品的动画电影《大鱼海棠》成为内地市场现象级作品。此后，光线传媒通过控股蓝弧文化、红鲤文化，入股大千阳光，深入动画作品创作。对于猫眼文化、启维公司、HERO VENTURES的投资，分别在在线票务、互动娱乐、海外业务方面对光线传媒的业务版图进行补充。

2. BAT入局影视行业，携资本和流量优势给整个市场带来新的血液和碰撞

互联网公司在影视市场中成为一股新兴力量，项目投资、内容制作、宣传发行、衍生品开发无不成为其瞄准的领地。BAT凭借在数字平台、用户数据、IP开发、在线票务等方面的优势闯入影视行业，与传统模式碰撞、共生，逐步确立了市场地位和竞争优势。

作为电影行业的"后来者"，阿里影业的战略定位已由创立之初的"全产业链娱乐公司"转为"新基础设施公司"，以技术和数字平台优势为电影行业充当服务者。由于在内容制作方面缺乏行业积累和专业人才，阿里影业将主要精力布局在以大数据为基础的智能宣发方面。依托淘宝、天猫两大电商平台，用户个人爱好、行为习惯数据对于电影宣传、票务零售、观影体验、衍生品开发等环节均能起到指向性作用，并为用户带来更好的交互体验。2017年，阿里影业投资并发行的电影《一条狗的使命》，在缺少大牌明星加盟的情况下并未受业界看好，票房预测仅为5000万~8000万元。但在阿里大数据资源的协助下，精准的用户画像帮助阿里影业针对宠物用户、年轻女性、亲子家庭人群进行智能宣发，最终该片国内票房超过6亿元。此外，阿里旗下的音乐、文学、游戏、网络视频平台的"阿里大文娱"事业群，为影视内容进行全方面变现提供了可能。2017年，阿里影业围绕IP"三生三世"进行系列开发，实现多元商业化。电视剧《三生三世十里桃花》热播期间，阿里影业授权十大品类40余个商家进行IP开发，相关衍生品销售获得了超3亿元的收入。

与阿里影业不同，同为BAT旗下影视公司的腾讯影业以IP和内容为战略重点，定位已由"泛娱乐"升级为"新文创"，更加关注IP的文化价值构建，在日益强调经济回报的影

视市场中，带来了文化价值探索新路径。围绕优质IP资源，腾讯影业不仅在内容领域精耕细作，更能联动游戏、动漫、文学、电竞等业务层面，为影视市场的上下游产业链开发提供了新思路。目前，腾讯影业旗下已创立四大电影工作室，分属不同的题材类型："大梦工作室"主打院线电影，"黑体工作室"专注头部IP的影剧联动，"进化娱乐工作室"瞄准动画电影市场，"漫宇工作室则"致力于腾讯动漫自有IP的影视开发。除内容原创外，腾讯影视还寻求与专业的影视公司合作：与萌样影视合作《流星花园》《转角遇到爱》等；与TMP组成投资共同体，购买、宣发优质电影项目；与Skydance Media在电影、IP改编、VR等内容领域开展合作。背靠腾讯互娱，腾讯影业对于影、剧、游联动，漫画改编真人剧、游戏改编剧方面也具有先天优势。网络小说《庆余年》相关的影、剧、游IP开发同步启动；中国漫画《西行纪》的动画剧集、真人剧集也陆续开发；日本著名漫画《圣斗士星矢》和中国的网络游戏《王者荣耀》《剑网3》均启动了影视剧拍摄。

3. 金融资本涌入影视市场，分摊投资风险、实现快速融资

影视项目向来是金融资本追逐的热点，在高收益的同时也伴随着高风险。完片担保机制、保底发行机制的引入便是为了保障投资方、制作方等经济利益，分摊影视市场风险的金融手段。随着电影市场的发展，越来越多的资本方涌入到电影投资市场，更多的金融方式如电影投资基金、互联网金融、电影资产证券化等方式应运而生，进一步分摊投资风险，为影视项目达成快速融资。

"娱乐宝"作为阿里巴巴旗下的增值服务平台，用户通过出资小额资金投资热门影视作品并根据电影收益得到回报。"娱乐宝"的诞生使得用户参与到了电影项目源头环节，并加大了电影的宣传力度，更为电影项目募集到了可观的资金。电影《小时代3》《小时代4》共有10万"娱乐宝"用户参与投资，并成功带动《小时代3》电影票线上销售，10万张电影票在3小时内销售一空。作为对用户的回报，《小时代3》首映后，"娱乐宝"在多个城市举办"娱乐宝专场"，邀请"娱乐宝"用户免费观影，电影主创郭敬明、郭采洁、陈学冬等人也亮相影院与用户展开互动。与阿里"娱乐宝"类似，百度旗下的"百发有戏"也是一款"众筹"投资电影的金融产品。由于资金门槛更低、时间限制更少，"百发有戏"的用户灵活度和参与性更高。金融收益则以"制片人权益章"形式兑现，电影票房从低于2亿至超过6个亿，每增加1亿票房对应一个档次的收益，低于2亿收益率为8%，每增加1亿收益率提高1个百分点，若票房超过6亿，收益率为16%。[①]

但是，热钱的涌入也为电影项目带来一定的负面影响。2016年，电影《叶问3》出现的票房争议背后隐藏的便是电影资产证券化的金融操作手段，电影公司、担保公司、资产管理公司联合十多家P2P平台，以《叶问3》为由头反复融资的出现，也使得"电影资产证券化"蒙上了一层阴影。《叶问3》采取了类似资产证券化的方式——影视投资公司为融资方，向小贷公司或者资产管理公司转让电影票房收益权，后者通过将电影包装成理财产品，在P2P平台吸引进大量的散户投资。目前，在P2P平台进行融资的电影项目，多是以单部电影的版权收益作为标的。但电影作为一种无形资产，资产价值往往难以评估，加之国内的电影收入主要依靠票房，而票房好坏通常难以预测。电影项目的强"赌性"削弱了

---

① 数据来源：金融之家《百度上线"众筹"电影平台"百度有戏"》，https://www.jrzj.com/66502.html。

电影资产证券化的现实意义，而《叶问3》也被指是以电影为幌子进行的"圈钱游戏"。该事件背后"操盘手"快鹿集团在十几家P2P平台进行重复融资，"电影+P2P"的资产证券化尝试几乎演变成了一场金融诈骗。

4. 影视二级市场监管加强，明星壳公司并购成为不稳定因素

随着影视公司资本化的相继完成，对于演员、导演等资源的抢夺成为近年的市场趋势，并购明星壳公司则成为影视公司进行资源绑定的通行做法。但随着行业对于影视二级市场监管力度的加强，壳公司并购愈发成为市场中的不稳定因素。

在中国影视市场，明星向来作为稀缺资源存在，加之IP热、粉丝经济的推波助澜，明星、导演等娱乐业核心元素的价格飞速飙升。明星壳公司的出现与资本市场的运作相关，明星个人工作室在税收方面享受优惠税率，但无法直接与上市公司进行资本对接。因此，在被收购之前，明星工作室摇身一变成为壳公司，承接了以前明星个人工作室的部分业务。2015年，华谊兄弟先后收购的浙江常升影视、东阳浩瀚影视、东阳拉美传媒背后均牵扯著名演员、著名导演资源，且均在公司成立不久后便被高价收购。

一方面，明星借由证券化实现自身价值倍增，10余倍的市盈率意味着其提前支取了未来10余年的收益。另一方面，上市公司绑定明星资源，增强了在二级市场的号召力，在火热的资本市场也能分得一杯羹。但收购明星壳公司的做法带来的商誉减值风险也不可小觑，成为了未来资本市场估值中的隐患。2017年，赵薇仅出资6000万元、50倍杠杆收购上市公司万家文化控股权等诸多问题备受质疑。赵薇夫妇利用"杠杆收购"，以极少量自有资金与极大规模的高息借款作为收购资金，收购完成之后，再通过向金融机构抵押获取低息借款置换此前的高息借款，降低资金压力、转嫁收购债。此举无异于"空手套白狼"，赵薇夫妇也因此被处行政处罚及5年市场禁入。

5. 电影公司海外上市"水土不服"，影视股价波动大、赌性强

尽管影视公司上市融资、并购不断，但国内影视市场缺乏工业化制作体系，赌性强、风险高也是不争的事实。资本逐利，对于影视项目收益的不稳定性反映在股价的起伏波动中，甚至部分电影公司由于在海外市场缺乏说服力，遭遇"水土不服"，无奈之下只能退回本土A股市场重新募集资金，可见国内影视市场的不稳定性。

2017年12月，赴美纳斯达克上市5年的博纳影业重返本土市场。作为国内最负盛名的影业公司之一，博纳影业登陆首日股价即跌破发行价；在美股市场沉浮的5年间，博纳股价长期处于低迷状态，总计融资仅9250万美元。反观博纳缺席A股期间，正值国内牛市，昔日的竞争对手华谊兄弟、光线传媒等风生水起。2015年，博纳影业的市值一度仅为50亿元人民币，而同期华谊兄弟市值超790亿元，光线传媒市值超610亿元，差距10倍以上。[①] 赴美上市期间，除市值被严重低估外，在营收和利润方面，博纳影业的优势也所剩无几。2014年至2017年，博纳影业分别实现营业收入12亿元、14亿元、19亿元和4亿元，同期归属于母公司所有者的净利润为3049万元、3893万元、1亿元和4979万元。而2016年，华谊

---

① 数据来源：时代周报《在美上市5年"水土不服"博纳影业回归A股》，http://www.techweb.com.cn/finance/2017-12-05/2614439.shtml。

兄弟净利润为8亿元、光线传媒为7.41亿元、华策影视为4.78亿元。[①]博纳影业美股遇冷折射出的是国内影视公司缺乏国际金融市场说服力，背后隐藏的是内地影视品牌、工业化流程的欠缺，导致影视项目的随机性强，资本市场对其信心有限。

然而，在国内A股市场，影视股的赌性、风险性也毫无二致，华谊兄弟等公司的股价波动剧烈，市场并不稳定。2018年6月，前中央电视台主持人崔永元的一则微博撕开了内地影视潜规则，"阴阳合同"传闻爆出影视圈逃税、天价收入等内幕，目标直指影视巨头华谊兄弟、唐德影视。舆论风波之下，华谊兄弟市值蒸发680亿元，创三年来股价最低，唐德影视也遭遇跌停，跌幅10%。[②]众多影视股如当代明诚、欢瑞世纪、思美传媒、光线传媒、慈文传媒、中国电影、金逸影视、上海电影、长城影视、华策影视股价也应声大跌。不可否认，内地影视市场缺乏强有力的市场监管，对赌、阴阳合同等潜规则盛行，制作、宣发等环节的不透明伤害了市场信誉、增加了资本风险，造成了影视股起伏不断、质疑声强等弊病。

（三）票务行业

2012年以来，在线票务行业渐成气候，以超八成市场占有率颠覆线下市场。随着猫眼电影、微影时代并购完成，在线电影票务行业正式进入猫眼微影、淘票票双寡头垄断时代。分别拥有腾讯、阿里巴巴坐镇的票务"双雄"已经告别"票补"烧钱大战，转而将业务发展模式转为涵盖演出、发行、投资等全产业链开发方式。

1. 在线票务兴起颠覆线下市场，成电影行业重要消费入口

2012年，美团、百度作为在线票务最早的入局者，分别推出了猫眼、糯米两个购票平台。紧跟阿里影业成立的脚步，淘票票平台应运而生，加之微影时代"娱票儿"与格瓦拉的合并，在线票务市场渐成气候。短短5年间，在线售票已占据超八成市场份额，迅速改变了电影观众的购票习惯、影院发行规则，重塑了电影票务的市场格局。

根据易观智库数据，2016年中国电影在线票务用户规模1.29亿，同比增长6.4%；在线票务市场收入336.4亿元，同比增长5.9%。用户线上购票习惯已经养成，在线票务收入规模占比从2013年的22.3%迅速提升到2016年的73.6%，预计到2019年有望达到88%。[③]与此同时，高额融资、高估值不断也见证了在线票务平台的崛起。由美团公司创立的猫眼电影，主营在线购票、用户互动社交、电影衍生品销售等服务。淘票票则由淘宝电影更名而来，由阿里影院创立。2016年，淘宝电影获17亿A轮融资，整体估值达137亿元。[④]

尽管在线票务平台业务较为单一，盈利能力有限，但仍是电影行业重要的消费入口，

---

① 数据来源：新京报《募资14亿 博纳影业回归A股》，http://finance.sina.com.cn/roll/2017-10-17/doc-ifymvuyt1937461.shtml。

② 数据来源：新京报《"阴阳合同"波及股市：华谊、唐德跌停 影视股大跌》，http://news.163.com/18/0605/01/DJGIT5F300018AOP.html。

③ 数据来源：中国报告网《2018年我国电影在线票务行业用户及市场收入规模增速分析》，http://market.chinabaogao.com/chuanmei/03I235N2018.html。

④ 数据来源：亿欧网《国内最全的在线票务平台大盘点》，https://www.iyiou.com/p/27550。

能够与上下游App起到联动导流作用。在移动客户端活跃用户普遍下降的情况下，借助社交网络、支付软件的流量红利，横向打通增加更大的购票入口，并将用户再次导流回点评网站、地图软件的生态闭环已经诞生。猫眼微影方面，猫眼、美团、大众点评、微信小程序、格瓦拉、微信钱包、QQ钱包等形成一个庞大的矩阵格局；淘票票方面则有强大的阿里系坐镇，包括淘票票、支付宝、蚂蚁金服、高德地图、大麦网等均能够与之形成良性互动。

2. "票补"大战刺激影视消费，市场呼吁全产业链运营方式

"票补"是发行商、在线票务平台为了吸引观众观影而采取的一种营销方式。通过"补贴"差价、推出低价电影票刺激电影预售，从而获得影院更优的排片机会，最终助推影片收获高票房。"票补"作为一种运营措施，无疑能在短时间内以量取胜，但并非影视消费良性发展的明智之举。未来，影视市场呼吁的是涵盖多个主体、产业链上下联动的运营方式。

2015年的春节档成为了电影"票补"大战的角力场。据统计，2015年全国"票补"总额在40亿~50亿元。2017年，"票补"风波卷土重来，在线票务平台作为幕后推手助长了这场愈演愈烈的"烧钱"大战。低价模式仍是各家首选，例如淘票票推出8.8元看片，猫眼电影、百度糯米也分别推出了9.9元、6.6元的超低价。走亲情路线的"家庭套票"、花样翻新的"一亿观影红包""上车抢免费电影票"等均刺激着观众的消费热情，曾造就了当年7天33亿元的虚假繁荣。在线票务为了圈占市场、争夺用户，进行了大规模的补贴促销，但低价票依赖的是巨额补贴，无异于资本"无底洞"。大规模的"烧钱"运营为在线票务平台造成了巨大的经营压力，百度糯米就在"票补"大战中败下阵来，被迫退出了市场第一梯队。

难以维系的在线票务平台需要寻找更为良性的盈利模式，比如围绕电影进行全产业链开发。目前，在线票务平台的主营业务较为单一，核心竞争力容易受到来自竞争对手的冲击。对于掌握电影销售数据、用户喜好、消费数据的票务平台而言，参与到电影的投资、宣发、排片等环节十分便利。2016年，猫眼电影参与投资、发行的30多部影片中，包括《港囧》《美人鱼》等票房大片，为平台拓宽了盈利渠道。此外，基于海量的用户数据，票务平台还能够提升用户的观影体验，对影院辐射的娱乐消费进行智能推荐、拓展电影社交服务、开展衍生品销售等，满足观众多方面的观影需求，增加用户黏性。例如，利用观众在观影前后的时间窗口，对餐饮、娱乐、购物、衍生品购买等消费需求进行满足。平台可以加强与大型商场、核心商家的信息共享和服务联动，为电影观众提供"一条龙"式的娱乐休闲服务。例如，在线票务平台可以与影院、商家合作，进行服务捆绑，或基于地理位置数据，向用户精准推送周边信息、商家推荐等。

3. BAT入驻在线票务行业之争，猫眼、淘票票成业内最大玩家

2017年9月，猫眼、微影时代完成并购，由光线传媒、腾讯作为背后资本方的猫眼微影与阿里系的淘票票成为在线票务平台双寡头，二分格局尘埃落定。在线票务平台的江湖之争背后是BAT的市场战略、布局之争。作为流量入口，在线票务平台将为其大文娱事业线的影业投资、广告营收提供红利。

2017年一季度中国在线电影票市场研究报告指出，猫眼、微影时代、淘票票分别以23%、20%、16%的市场份额位列前三。合并后的猫眼微影估值超200亿元，并以猫眼为主体整合双方相关业务，包括电影和演出票务业务、行业专业服务、电影投资宣发等；微影时代旗下电影票务、演出业务及相关资产合并注入新公司。随着猫眼完成对微影的并购，猫眼微影、淘票票两位巨头成为业内最大玩家，而前者无遗将赶超淘票票，牢牢占据市场第一的席位。据估计，猫眼微影市场占有率将达40%，淘票票25%紧随其后，昔日有力争夺者百度糯米不到10%，线下柜台仅为15%。①

作为猫眼、微影时代背后共同的投资方，腾讯在猫眼微影并购中起到了关键作用。腾讯旗下的微信电影票即为微影时代前身，2014年微影时代正式成立后，即负责运营腾讯的电影票业务。腾讯随即以微信、QQ等平台资源入股，占其25%股份。2014年到2016年间，经过多轮融资，腾讯在微影时代的股权逐渐缩减为16%。但微影时代并未在微信提供一级入口的优势下，显著提升市场占有率；反观同期的淘票票，在巨资票补、影片发行上有赶超猫眼和微影时代的态势。为形成新的行业巨头，联合对抗阿里旗下的淘票票，腾讯选择促成"猫眼微影"的并购，双寡头垄断在线票务市场的背后，隐藏的是BAT的市场角力。并购后，猫眼微影将借助并购带来的影院覆盖、电影用户洞察、在线流量等优势，稳固猫眼微影在电影在线票务方面的优势；随着双寡头垄断带来的市场白热化竞争，单一的在线票务业务已不再是玩家们的唯一选择，利益目标已经从电影向演出，从票务向投资、发行环节延伸。

五、视频内容公司与资本市场

随着移动互联网人口红利的减弱，传统流量获取方式的成本趋高，而流量型平台的格局也基本稳定，内容逐渐成为流量的入口。尤其是文娱产业，用户付费习惯的形成，内容变现能力的增强，已从"流量入口时代"进入到"内容入口时代"，同时资本也加强在内容端的布局。

（一）影视剧内容公司

近年来，互联网播放平台新渠道的开辟和渠道平台间的相互竞争引爆了内容端公司的井喷态势，这些影视内容公司凭借生产优秀内容和锁定优质资源展现了巨大发展潜力，获得资本青睐，同时出于自身利益发展需求，影视剧内容公司也积极谋求资本合作，一级市场投融资非常活跃。

1. 互联网播放平台新渠道的开辟和相互竞争引爆内容端公司的井喷发展态势，一级市场的投融资非常活跃

影视内容公司凭借生产优秀内容和锁定优质资源展现了巨大发展潜力，获得资本青睐，同时出于自身利益发展需求，影视剧内容公司也积极谋求资本合作，一级市场投融资

---

① 数据来源：新浪科技《猫眼收购微影部分业务：在线票务开始进入双寡头时代》，http://tech.sina.com.cn/i/2017-09-06-doc-ifykpysa3569897.shtml。

非常活跃。

　　影视剧内容公司大面积出现，依靠前期优质网剧、精品剧作品的成功迅速融资，并进行扩张，相比于同行业前辈的发展历史，与资本结合的意识更强，更快更主动地对接资本。相较老牌影视内容公司历经多年发展后的逐步上市，新兴的影视剧内容公司在面对资本时展现出更加积极的姿态，以作品资源促成与资本的结合，并利用资本继续推动影视内容生产，实现公司的发展。据IT桔子的不完全统计，2015年至2018年5月底，共有197家影视内容公司获得融资。而在2017年剧集网络播放量Top10剧目中，上榜的如嘉行传媒、柠萌影业这样的公司，公司成立时间均在5年以内，但凭借着内容生产和资本运作增强自身实力，从而崭露头角。其中参与出品电视剧《三生三世十里桃花》的嘉行传媒，是由杨幂和其经纪人曾嘉、赵若尧成立的杨幂工作室发展而来；在2015年，嘉行传媒借壳西安同大登陆新三板，并在借壳成功的第二天发起第一轮融资，由尚世影业投资完成了2.25亿元的融资，并在之后接连出品了如《亲爱的翻译官》《美丽的李慧珍》《三生三世十里桃花》等剧集，实现了口碑和利润的双丰收，并紧随热播电视剧热度交出第二份融资方案，在2017年6月发布公告宣布完成2.5亿元的定增融资，仅仅三年实现了公司资本由2500万到估值50亿的百倍增长。

2017年剧集网络播放量Top10剧目出品公司一览表

剧集名称	网络播放量	出品公司
《楚乔传》	486亿	慈文、华策
《三生三世十里桃花》	473亿	华策、嘉行传媒
《人民的名义》	369亿	最高人民检察院影视中心、中央军委后勤保障部金盾影视中心等单位
《择天记》	294亿	柠萌影业
《欢乐颂2》	256亿	正午阳光、山影
《猎场》	218亿	青雨传媒
《孤芳不自赏》	193亿	华策
《我的前半生》	158亿	新丽电视
《那年花开月正圆》	129亿	华视娱乐、唐德影视
《醉玲珑》	112亿	新牌系文化传媒

数据来源：基于网络公开数据整理

　　此外，越来越多业内的优秀影视人自主创业，以良好背景、影视内容跟踪记录和对于部分明星资源的锁定，获得资本市场的高度认可。对于资本来说，以优秀影视人组建的影视内容公司在影视制作的专业度上有很大保障，公司深耕影视内容的制作态度在当前"内容为王"的市场竞争中又极具优势，而众多优良剧集的出品也证明了这类公司的优秀实力，从而吸引到众多资本的靠近。五元文化公司的创始人为导演五百，公司于2015年12月成立，以当代年轻人的口味为内容制作方向，聚焦网生内容，因出品《白夜追凶》《灭罪师》《画江湖之不良人》等超级网剧而被市场认可；其中在2017年末，五元文化制作并参与出品的网剧《白夜追凶》总播放量超过54亿、豆瓣评分达到9.0，成为中国首部被Netflix收购全球播出的网剧；公司在2015年末至2018年间获得多轮融资，首先是经纬中国数百万人民币的天使轮融资，之后A轮融资中柠萌影业投资数千万人民币，2018年3月26日，公司获得来自基石资本、芒果文创基金、敦鸿资产和中金启辰新兴产业股权投资基金总计数亿元人民币的B轮融资。而同样以由导演为主要创始人的工夫影业，集结了众多业内优秀专业人士，公司自成立以来接连推出了电影《火锅英雄》《一代妖精》，以及口碑网剧《河神》《我叫黄国盛》等。公司于2016年末获得来自腾讯和天神娱乐2.7亿的战略投资，估值18亿元。

2.具备爆款生产能力的中型优质内容企业是平台型公司的主要并购目标，但随着二级市场监管力度的提升，并购活跃度略有下降

2014~2016年为上市公司并购影视公司的高潮期，2017年对文化行业二级市场的监管力度提升之后，并购事项活跃度略有下降。由近年来上市公司并购影视公司的数量变化可以看出，在2014年至2016年，上市公司为增强自己的市场竞争能力和提升自身市场估值，进行了多次并购事项。而在经历几年的并购高潮期后，随着2017年的政策趋紧，相关并购事件数量明显减少，同时也有多家上市公司知难而退，主动放弃并购交易。2016年7月，台基股份宣布拟收购影视公司润金文化，而在经过先后多次被证监会问询，反复修改募集配套资金方案后，面对行业政策、市场情况和监管措施的调整变化，公司于2017年8月宣布终止收购润金文化。此外，2017年9月26日，长城影视发布公告停止收购德纳影业，并宣布调整对首映时代的并购方案，同年9月28日，华录百纳也宣布终止并购欢乐传媒。

2013—2018年1H上市公司并购影视公司情况

年份	并购事件	完成	失败	其他
2013	17	10	3	4
2014	53	25	8	20
2015	43	21	5	17
2016	56	15	11	30
2017	24	13	2	9
2018上半年	8	0	0	8

数据来源：wind（万得资讯）

3.随着监管的趋严，二级市场影视上市公司IPO成功案例数量较少，部分影视公司在积极筹备等待市场回暖

通过二级公开市场的融资，影视公司能够快速聚拢资金实现内容制作、投资以及全产业链整合等目的，但2017年监管趋严，多家影视上市公司定增未获通过，IPO成功案例数量较少，但同时也有部分影视内容公司在积极准备，等市场回暖之后实现IPO。具体表现为以下三个方面：

影视上市公司再融资困难，多家影视公司定增未获通过。2017年末，宋城演艺发布公告宣布撤回公司此次非公开发行股票的申请文件，募资超过40亿元的定增在披露方案8个月后宣布终止；唐德影视自2015年末非公开发行股票以来，截至2017年末，方案仍未获得通过；而骅威文化募资12亿元的定增，也遭遇监管严格的拷问，公司在2018年2月宣布申请未获得审核通过。截至2017年末，仅有慈文传媒和奥飞娱乐两家公司的定增方案获批，募资额不到2016年的30%。

　　影视内容公司上市遇冷，多家影视公司IPO陷入僵局或宣布终止。据网络资料统计，2017年全年共有438家公司成功IPO，数量创下中国资本市场有史以来之最，数量接近2016年IPO公司的两倍。但影视公司IPO情况却并不顺利，2017年全年仅有横店影视、金逸影视和中广天择三家公司实现IPO。2018年3月，腾讯宣布接受光线传媒持有的新丽传媒的27%股份；虽收获22亿元人民币的投资收益，但这也意味着新丽传媒第三次IPO申请以失败告终，以选择被收购等方式实现投资人的退出。2018年4月初，开心麻花发布公告撤回创业版的IPO申请，同一天，和力辰光也对外发布董事会决议公告宣布公司拟调整上市计划，终止IPO。

　　部分影视内容公司仍在积极筹备，等待实现IPO。2017年10月13日，博纳影业《首次公开发行股票并上市招股说明书》（申报稿）在证监会网站上进行了预先披露。据招股书显示，博纳影业拟公开发行股票数量不低于12217.95万股。2018年4月4日，据《证券日报》报道，影视制作公司柠萌影业宣布可能会启动上市计划，其中包括IPO方向和具体的外部合作商等。柠萌影业作为新兴的影视内容公司出品过包括《好先生》《小别离》《择天记》等电视剧，并在2018年3月正式宣布完成C轮融资，估值达到75亿元。

4. IP和明星资源成影视剧公司重要的核心竞争力，通过资本途径锁定优质导演、明星和IP池，有利于提高对内容源头和制作资源的保障程度

　　目前国内的影视剧大部分是以IP、明星为导向，因此IP资源和明星资源成为影视剧公司重要的核心竞争力，此外一些优秀导演本身也具备较强的优质内容生产力以及市场号召力，所以通过资本途径锁定优质的导演、明星和IP池，有利于提高对内容源头和制作资源的保障程度。

　　首先通过股权关系促成导演与公司利益的深度绑定。对于影视公司来说，以股权方式与导演进行绑定有利于双方进一步合作制作影视内容，并倚靠导演作品来扩大公司收益；另一方面，导演也可借此获得收益并在内容制作上有了更多的资金保障和宣传保障。以港股上市公司欢喜传媒为例，公司采用"导演合伙人制"，通过股权绑定导演，重金锁定这些导演未来作品的优先投资权，并通过定增使其成为公司股东。当前成立不到三年的欢喜传媒已经拥有宁浩、王家卫、徐峥、陈可辛、顾长卫、张一白六位股东导演，同时还与包括贾樟柯、文隽、王小帅、李杨、陈大明等在内的知名导演建立了紧密合作关系。在2018年5月24日，欢喜传媒与张艺谋签约，以1.5亿股票(市值约3亿港币)+1亿元创作资金的优厚条件换取张艺谋三部网剧（其中一部可转电影）的独家投资权。此外，2013年乐视出价9亿元购买了导演郑晓龙花儿影视100%的股权。2015年华谊兄弟以人民币10.5亿元的股权转让价收购冯小刚的浙江东阳美拉传媒有限公司并签署对赌协议。新丽传媒也通过股权关系绑定导演陈凯歌，作为公司股东之一的喜诗投资公司持有新丽传媒的1438.5万股，占比9.59%，其中陈凯歌出资1407.72万元，持有喜诗投资15.64%股权。

　　其次通过相对空间较大的资本合作关系锁定明星资源。当明星获得较高知名度和号

召力之后，影视公司通过资本合作的方式来锁定明星资源，推动双方的持续合作，实现共赢。当前影视制作公司与明星之间的资本合作关系表现为以下四种形式：

①引入明星股东，以股权促合作。在这一方式下，影视制作公司通过给予明星股份的方式来实现明星与公司的利益共享，绑定明星资源。根据唐德影视2017年半年报显示，范冰冰为公司第十大股东，持有公司644.96万股股份，持股比例为1.61%，而作为股东之一，范冰冰也在近些年与唐德影视共同合作拍摄了电视剧《武媚娘传奇》《巴青传》等剧目；同样作为唐德影视的明星股东，赵薇也持有公司584.99万股股份；赵薇哥哥赵健为唐德影视第二大股东，持有公司3202.2万股股份，持股比例为8.01%；张丰毅持有公司285.03万股；霍建起持有公司224.98万股。此外欢瑞世纪也在公司2017年年报描述公司竞争优势时，特别强调引入明星股东的这一安排，称"公司还引入了何晟铭、杜淳、李易峰、贾乃亮等演员作为公司股东，使其与公司利益趋于一致，引导这些产业链上下游的重要资源在公司平台上与公司业务进行有效结合"。而在幸福蓝海2017年中报也有显示，演员吴秀波持有幸福蓝海558.9万股，占总股本比例为1.5%。

②高价收购明星空壳公司并要求业绩对赌。影视公司以高价收购方式来为明星艺人带来巨额收益，并提出未来业绩要求，但这一方式也常因高溢价而引来市场和证监会的质疑。2015年10月，华谊兄弟收购东阳浩瀚70%的股份，收购涉及的艺人包括李晨、冯绍峰、Angelababy（杨颖）、郑恺、杜淳、陈赫6人，明星股东与华谊兄弟签署《股权转让协议》承诺为目标公司每天实现协议规定的一定金额的净利润。2016年3月，唐德影视发布公告宣布筹划以现金方式收购无锡爱美神影视文化有限公司，但最终在6月收购宣布终止。此外，在2017年末，文投控股也发布公告拟收购壳公司悦凯影视，绑定杨洋、宋茜和颖儿三位明星，收购最终以失败告终。

③为明星成立子公司，共同投资影视项目，分享收益。以子公司方式来给予明星更多的盈利空间，推动双方互利共赢。2016年正午阳光分别为王凯、靳东和刘涛三位明星艺人成立三家公司，并说明三家公司与正午阳光之间不存在对赌关系，而是作为控股股东，与正午阳光财务共表；公司也并非艺人工作室性质，经纪约仍在原属公司；艺人公司主要用来开展投资，以让明星享受投资收益，并提出未来如果母公司上市，这些子公司还有高价收入母体的可能。

④资本锁定IP，或者直接由IP类公司参与影视内容项目的投资。IP对于影视剧内容的影响力非常巨大，优质的IP有着内容质量保证和自带的粉丝流量基础，能够有效降低制片方的风险。为了在影视内容市场竞争中获得长足发展和保持持续的生产力，影视内容公司纷纷积极购买IP池。2018年初，小说平台豆瓣阅读宣布从豆瓣集团分拆，并完成6000万人民币的A轮融资，投资方为柠萌影业。作为影视内容公司，柠萌影业在看重豆瓣阅读的IP影视化价值的情况下，为了提升公司的项目开发能力，通过资本投资增加IP存量。此外，许多头部IP作者自己成立公司，通过参与影视内容项目投资的方式参与到影视内容的制作市场，以资本连结的方式使得自有IP得到更多样的变现和发展。南派三叔通过南派泛娱来进行IP生态的开发以及IP娱乐产品的运营，接连出品热门网剧《盗墓笔记》《老九门》以及《鬼吹灯》系列影视作品。而包括江南、唐家三少在内的多位网文大神则共同成立版权公司"大神圈"，进行IP授权和投资，并参与投资了电视剧《九州缥缈录》。同时作家江南也是灵龙文化的创始人，同样参与投资了电视剧《九州缥缈录》，公司旗下电影

《上海堡垒》也于2017年底杀青。

（二）综艺内容公司

作为注意力经济的另一典型代表，综艺内容在投融资市场的表现同样引人瞩目。近年来，受到互联网新渠道开辟的红利促进，具备优秀制作团队与优质IP支撑的综艺内容制作公司在一级市场表现亮眼，融资迅速；与之相比，二级市场对综艺内容制作公司的准入门槛相对较高，上市公司对综艺内容也以项目投资为主。

1. 大批自体制内外流的优质团队创业成立综艺内容制作公司，引发一级市场投融资热潮

随着网络视频平台与网络综艺的不断兴起，近年大批综艺内容制作公司凭借优质团队背景与优质热门IP，实现了与资本市场的快速对接。米未传媒、笑果文化、银河酷娱、肯讯传媒、兴格传媒、千秋岁文化、兰渡文化等公司均已融资超亿元人民币，日月星光、哇唧唧哇、皙悦传媒、之间文化、星驰传媒等公司也不同程度上获得资本青睐。与新型互联网创业公司融资趋势相一致，上述公司普遍融资速度较快，大批公司在成立几个月内便可完成首轮融资，次轮及多轮融资也会在公司步入正轨、热门综艺IP形成后迅速跟进。

不难发现，拥有良好创始团队背景的综艺内容公司更易获得资本青睐。近年来，大量原台综关键人物开始离开体制内，转向市场化赛道，带领与自身有长期合作关系的团队进行独立运作。这些创始人在行业内多年积淀下的资源与实力，对企业建立与资本间的信任而言尤为关键。截至目前，多数曾在电视行业内参与优质、叫座综艺节目的制作者们不负资本重托，在转换甲乙方角色的过程中并未遇到太多阻碍，依旧可以凭借成熟的内容制作手段与紧跟时代潮流的创意及观念，占据综艺市场前锋位置。

目前市场上最受资本瞩目的综艺内容制作公司莫过于自湖南广电、浙江广电、SMG广电"出走"精英电视人创业团队，其中长期雄踞国内省级卫视娱乐霸主地位的湖南广电近年出现大批综艺精英外流现象，很快吸引资本市场目光。酷娱文化、皙悦文化、哇唧唧哇便分别由"湖南广电十大超级员工"李炜、《爸爸去哪儿》制片人谢涤葵、"选秀教母"龙丹妮离职后创办；米未传媒、日月星光、之间文化等企业的创始人如马东、易骅、曹青等也在湖南广电有过相当长时间的工作经历，创业过程中均未遇到融资困难的问题。曾任浙江卫视的《爸爸回来了》制片人、《奔跑吧兄弟》总导演岑俊义创立之初即获乐视亿元级别战略投资入股，曾任上海广播电视台副台长杨文红在离职上影集团后创立的兴格文化，首轮融资达3.3亿元，刷新了传媒文化类公司首轮融资的最高估值，一年后完成5亿元B轮融资，表现强劲。

2. 相比单纯承制播出平台综艺制作的公司，拥有独立IP的综艺内容公司更受投资方青睐

打造出专属自身的独立IP并取得市场成功，使综艺内容出品制作公司能够获得的项目话语权和估值溢价更大，在项目投资份额的划分上拥有话语权，同时也能够享受IP带来的衍生收益。相反，缺乏爆款内容、仅扮演制作角色的综艺公司，则面临相对较小的生存和

发展空间。

米未传媒便是凭借热门独立IP内容迅速融资的典型代表。米未传媒CEO马东在担任爱奇艺首席内容官期间，与同样从央视走出的牟颉、刘煦团队共同打造脱口秀类综艺《奇葩说》，以其突出的"年轻态"风格、"非常态"视角及爱奇艺平台优势一炮而红。此IP的成功使得米未传媒在成立之初便颇具知名度，迅速完成了创新工场领投、娱乐工场跟投的Pre-A轮融资，之后迅速拿下由基石资本投资的A轮融资，估值跃至20亿元。据公开数据显示，2017年播出的《奇葩说》第四季总招商费用达近4亿元，吸金能力可见一斑。米未传媒不断深挖IP衍生价值，将"奇葩"风格贯穿至后续推出的《奇葩大会》《饭局的诱惑》《黑白星球》等节目中，并利用自身的IP价值发展衍生业务如艺人经纪、付费音频、手机游戏、电子商务等，打造跨平台的全方位业务矩阵，为全面提升投资回报率做足功夫。

同样，笑果文化在融资过程中也得益于"吐槽"系列IP的推动。成立于2014年的笑果文化，在公司成立两年后获普思资本投资的Pre-A轮融资，融资步伐相对而言并不迅速。自与平台方腾讯共同出品制作的幽默脱口秀《吐槽大会》走红，成功吸引资本关注：节目播出后便完成由华人文化产业基金领投的1.2亿元A轮融资，一个月后A+轮融资跟进，再获1亿元。为延续"吐槽"效应、深度开发IP，笑果文化陆续推出一系列"吐槽式"幽默脱口秀。同时，类似于米未传媒对旗下"草根明星"马薇薇、肖骁等的包装，笑果文化同样打造出一批如李诞、池子等贴有"反叛""幽默"标签的"吐槽式"年轻脱口秀艺人，持续积累的资本助推笑果文化在内容制作、艺人经纪、商业变现方面深挖探索，与资本互惠互利。

3. 上市公司主要以项目层面投资方式进入综艺市场，直接收购综艺内容公司的案例较少

由于看好综艺内容品类，同时考虑到与本身业务的协同效应，不少上市公司也通过投资的方式进入综艺市场。公开数据显示，北京文化、完美世界等上市企业近年在综艺业务的利润相对突出。例如，北京文化先后投资出品了《加油美少女》《高能少能团》《开心剧乐部》等节目，获得了大批广告赞助商的青睐；完美世界投资出品的《向往的生活》《欢乐中国人》等节目，同样赢得优良的口碑与收视表现，与江中等赞助商达成持续稳定合作。

当前，上市公司对与综艺内容的投资主要以项目层面投资为主，直接收购综艺公司的案例较少。新文化曾计划全资收购《24小时》《熟悉的味道》等节目的制作公司千足文化，但因诸多问题限制，新文化停止了对千足文化的收购计划。华录百纳曾为增强综艺板块实力，计划并购《欢乐喜剧人》等节目的制作公司嘉娱文化，但该计划同样因诸多因素遭遇"流产"。

虽然部分上市影视剧娱乐集团同样在综艺竞争中持续发力，但综艺市场的不确定性普遍使预期收益与旗下影视剧相距甚远，因此通常也不会将综艺节目作为主力板块运营。如华谊兄弟并无主导的综艺项目，仅其控股的华谊浩瀚则通过向《奔跑吧》《王牌对王牌》等爆款综艺节目输送艺人资源而获利。

2017年部分上市公司综艺节目投资与制作情况

公司经营状况			综艺节目投资与制作情况		
公司名称	净利润（亿元）	同比变化（%）	节目名称	收视率（%）	招商（冠名）
华录百纳	1.08	−71.35	《跨界歌王2》	1.63	OPPO
华策影视	6.34	+32.60	《跨界冰雪王》	0.73	果倍爽
			《我们十七岁》	1.0+	王老吉
北京文化	31003.35	−40.59	《高能少年团》	1.82	OPPO
			《开心俱乐部》	1.16	三全
完美世界	15.05	+29.01	《向往的生活》	1.479	江中
			《跨界歌王2》	1.597	OPPO
			《欢乐中国人》	1.8	老村长酒
华谊兄弟	8.28	+2.49	《奔跑吧1》	2.643	安慕希
			《王牌对王牌2》	1.649	VIVO
			《天生是优我》	1.028	京东
引力传媒	6673.63	+102.04	《向上吧！诗词》	0.56	六个核桃

数据来源：基于网络公开数据整理

4. 因综艺业务波动性较大、IP延续性有限等因素限制，尚无综艺内容公司在主板上市

近几年，综艺节目的创新类型层出不穷，节目数量急速上升，市场竞争日益激烈，观众收看综艺的眼光也日渐挑剔，使综艺业务的盈利具有很大的不确定性。综艺IP的延续性同样相对有限，大批量"综N代"节目收视、流量、口碑的下滑为综艺IP敲响了警钟。再加上国家相关政策干预力度的增强、艺人"天价"酬劳导致的制作成本飞升等，综艺内容投资回报率常常难以达到预期水平，令综艺内容公司在进军二级市场时面临较大挑战。

截至2018年6月，尚无综艺内容公司在国内主板上市，部分动作快的公司选择先在新三板挂牌来推进资金筹措。早在2014年，曾打造出《鲁豫有约》《壹周立波秀》等王牌综艺节目的北京能量影视传播股份有限公司便在冲击IPO遭遇失败，次年无奈选择挂牌新三板。2016年，与央视联合制作出品《中国汉字听写大会》《中国成语大会》的实力文化、背靠湖北广电平台资源打造出《我为戏剧狂》的长江文化、与浙江卫视联合出品《奔跑吧兄弟》的大业创智、与腾讯视频联合制作出品《你正常吗》的唯众传媒等一系列综艺内容公司也相继登陆新三板。从近年业绩来看，综艺内容市场表现不稳定、难以持续赢得高收益，仍为上述公司转至主板上市前需要重点克服的难题。

当然，综艺内容公司中也存在部分如中广天择等顺利上市主板的企业。作为地面频道长沙广电所控股的内容制作与营销公司，中广天择的成功上市主要得益于其成熟、稳定的电视节目业务水平。该企业长期向其他地区频道销售长沙广电节目或时段播映权，同时具备制作《星动亚洲》《说出我世界》等热门优质节目输出到省级卫视的能力，收益稳步攀升。不过，"湖南系"突出的节目制作能力与市场环境并非所有地面频道制作方能够具备，中广天择成功能否复制择有待进一步探究。

（三）体育版权内容公司

2014年，国务院发布《关于加快发展体育产业促进体育消费的若干意见》（46号文），提出"取消商业性和群众性体育赛事活动审批；放宽赛事转播权限制"。在政策的利好下，资本纷纷涌入，体育内容版权成为资本竞争的焦点，众多互联网企业乐视、微鲸、PPTV、腾讯、小米等开始进军体育产业，斥重金买断国内外体育赛事的转播权，以占据产业链中的制高点。

1. 体育版权内容变现成为吸引资本进入一级市场的重要动力

体育在我国拥有庞大的用户基础和影响力，特别是球类运动，中国观众似乎对其情有独钟。新媒体渠道对优质的体育内容也有了强烈的需求，版权内容变现成了吸引资本进入这个市场的重要动力。付费收看比赛，一度成为了体育版权产业未来乐观的发展方向。2015年，从乐视开始，体育版权市场便开始了大量的资本投入，2016年又逐渐回归理性，再到2017年稍显冷淡，版权价格大幅跳水，这其中的泡沫也逐渐消散。这是由于内容付费趋势的发展速度并未达到预期，因此版权资源的整合成为运营重点。随着乐视的退出，以亚冠等为代表其购买的一系列赛事的版权，也出现了接盘和分销，从投资方的角度来看，投资体育版权的参与方主要仍以拥有流量或渠道资源的大平台为主，纯财务投资人的参与相对较少。苏宁聚力体育近年来体育版权投资活动极为活跃，连续拿下多个主流足球赛事的版权，同时在背后也得到了阿里集团的支持。

2015—2017年重要体育赛事版权售卖情况一览

赛事	出资方	年限	价格
NBA	腾讯体育	2015-2020赛季	5亿美元
中超	体奥动力	2016-2020赛季	80亿人民币
	乐视体育	2016-2018赛季新媒体权（已解约）	27亿人民币
	苏宁聚力体育	2017-2018赛季新媒体权	13.5亿人民币
英超	苏宁聚力体育	2016-2022赛季	7.21亿美元
西甲	苏宁聚力体育	2015-2020赛季	2.5亿欧元
德甲	苏宁聚力体育	2018-2023赛季	2.5亿美元
欧足联系列赛事	双刃剑体育	2018-2021赛季	超4亿美元

数据来源：基于网络公开数据整理

2. 资本对体育版权内容的参与偏谨慎，拥有IP且有良好运营机制的标的更容易获得融资

2017年以来，各主要赛事大多处于版权合同期内，可投资的版权项目偏少；另一方面，资本对体育版权内容的参与也偏谨慎，前两年的体育投资热也已降温恢复理性，有IP资源且同时拥有良好运营机制的体育项目能够获得融资。类似苏宁聚力体育这样的领先企业，已着手开始对接二级市场。

2017年4月11日，武汉当代明诚文化股份有限公司发布公告，宣布拟收购武汉市新英体育有限公司。2017年7月12日，交易正式达成，当代明诚以34亿人民币的价格，正式收

购100%新英体育股权。由此，当代明诚补齐在赛事内容上的短板，打通了从版权内容到场馆到青训、球员经济、俱乐部运作等全产业链。2017年6月2日，当代明诚与江苏苏宁体育产业有限公司宣布成立合资公司共同开发体育版权市场，将展开不少于10年的国际足球赛事版权分销平台合作。其中当代明诚收购的新英体育旗下的英超版权，就是两家公司重要的合作资源之一。通过此次合作，当代明诚的体育产业布局更加完整，苏宁也相应地减轻了版权成本，可以着手布局自身的体育产业。2018年4月，从多个渠道传出苏宁体育完成A轮融资的消息，由高盛领投，金额为6亿美元左右。苏宁体育本就拥有中超、亚冠、英超、西甲、德甲等核心足球赛事的版权，且控股意甲国际米兰俱乐部和中超江苏苏宁俱乐部。此次A轮融资将用于版权采购、赛事推广、体育节目和零售业发展。苏宁体育旗舰店、自制综艺《足球解说大会》等都是其发力的方向。

由此可见，在经历版权烧钱大战后，拥有一定版权内容的企业逐渐拓展自己的体育产业布局，将业务瞄准相关的上下游产业，看中其可能带来的商业前景。

（四）短视频内容公司

短视频公司的发展大体上呈现出两个明确的分支，一是以渠道运营平台为主要业务，二是以内容创新制作为主要业务，两类公司在资本的扶持下均获得了不同程度的发展。但由于业务能力、未来发展的不同以及短视频整体行业的变现模式不够清晰，资本的选择也有所考量。

1. 短视频渠道和内容均呈现蓬勃发展状态，一级市场融资活动非常活跃

2016~2017年，随着4G移动互联网技术的成熟、用户对短视频需求的增长、资本市场的青睐以及政策对市场的不断规范，短视频的外部市场发展环境良好，在渠道和内容上均呈现蓬勃发展状态。新的平台不断涌现，数量上呈爆发式的增长，定位和功能上也有了更多的差异化，传统的短视频平台也在积极转型。据QuestMobile数据显示，2018年春节期间短视频App行业渗透率27.6%，达到历史较高水平。

巨头互联网企业凭借自身的资源优势，正积极进入短视频市场，并着力全面布局短视频领域。2016年10月，新浪3.2亿美金投资秒拍，秒拍成为新浪微博的御用短视频工具；2017年3月，腾讯宣布3.5亿美金入股快手，随后的4月，阿里助推土豆全面转向短视频行业，腾讯（旗下微视、投资快手和梨视频）、今日头条（抖音、西瓜视频、火山小视频）、阿里（土豆）、新浪（秒拍、小咖秀）、百度（好看视频、Nani）等巨头们来势汹汹，短视频行业的融资额已超过7.7亿美元。

总体来看，短视频一级市场融资活动非常活跃，获得融资的公司数量远高于渠道端；但是从融资额角度看，内容端和渠道端的单笔融资金额差距非常明显。

在估值过亿的项目中，短视频分享平台Musical.ly在2016年7月完成了1.3亿美元的C轮融资，2017年11月9日，今日头条母公司字节跳动全资收购了Musical.ly；2016年11月，

由新浪微博领投，上海广播电台、上海文化广播影视集团有限公司旗下产业投资基金等共同投资，秒拍完成了5亿美元的E轮融资。快手在2017年3月完成了由腾讯领投的3.5亿美元的D轮融资。抖音在2017年1月完成了数百万人民币的天使轮融资。从下图可以看出，大部分估值过亿的项目都属于渠道端，以综合类的短视频平台占多数，如快手、抖音、火山小视频、美拍、小影等；某些垂直类短视频内容公司也获得了过亿的融资，如汽车类的懂车帝、美妆类的快美妆、音乐类的动次、知识答题类的HQ Trivia等。

在估值未过亿的短视频公司中，内容端的公司数量更多，在类别上大部分属于垂直类，涵盖的内容广泛，很多深耕于垂直细分领域的内容公司有很强的影响力，用户的日活量很高，如陈翔六点半、小题影视、迷迭香美食等。这些内容公司的融资活动很活跃，但是总体上看，内容端公司的单笔融资金额没有渠道端的公司高，单次融资金额达到千万级的都很少。

从融资节奏来看，短视频公司的融资轮次普遍集中在A轮和天使轮，根据IT桔子的公开资料，在2017年短视频行业各企业所处的轮次情况中，融资轮次为天使轮公司的占半数，A轮融资的公司占约30%，达到B轮及以上融资轮次的公司不足15%。大部分B轮及以上融资轮次的公司为渠道端的短视频公司，如快手、秒拍等，它们是行业的巨头，在融资金额上也远远超过了内容公司。

2012年到2017年，短视频内容方的投资事件已占总投资事件的36.5%，有赶超渠道方的发展趋势，说明在优质内容成为稀缺资源的时代，对内容端公司的投资将成为未来的投资重点。

2017年短视频行业各企业所处的轮次情况

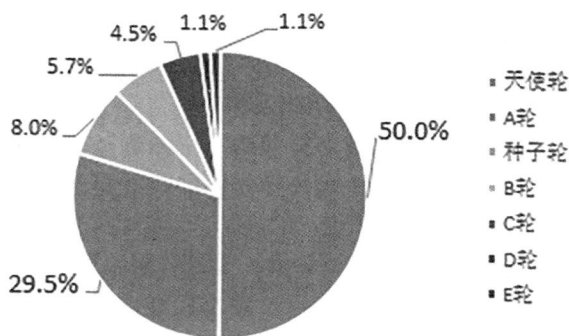

数据来源：IT桔子

2.在投资人类型分布上，财务投资人、平台方、内容方各占一定比例

内容公司通常有比较好的退出通道，单笔融资金额也不高，因此适合财务投资人进入给予资本支持。财务投资人是指以获利为目的，通过投资行为取得经济上的回报，在适当的时候套现的一种投资人，与战略投资人不同的是，财务投资者更注重短期的获利，对企业的长期发展则不怎么关心，如贝塔斯曼亚洲投资基金投资陈翔六点半，梅花天使创投投资赤椒视频等。大部分内容公司的资金来源是一些关注消费和文化市场的风险投资机构、创投公司，这些公司汇聚了财务投资人手中的闲散资金，对于处于初创期的内容公司来

说，财务投资人的投资资金到位比较快，有利于内容公司迅速的发展起来。

平台方通常有雄厚的资金实力和流量优势，通过资本连结锁定优质内容成为投资逻辑，对平台来说一个重要的盈利途径是内容付费，为了加速提升变现能力，各大平台都致力于提升内容本身的质量，提高用户黏性，使用户自发为平台的优质内容付费。2017年各类平台纷纷开展MCN扶持策略，借助不同的优势扶持MCN成长，如一下科技（秒拍）扶持迷迭香美食、美图扶持自娱自乐、百度视频扶持何仙姑夫等。因此，平台依托自身的资金优势，成为内容公司的重要投资来源。

部分有一定成熟度的内容方和MCN需要联合优质的内容形成矩阵，不断笼络内容创作者尤其是"爆款"内容的创作者，进一步提升自身对平台和广告主的议价能力，同时提升对内容运营的经验，有鉴于此，内容方也会对内容公司踊跃投资。一般来说，短视频MCN机构大致可以分为三大类：以快美妆、青藤文化为代表的垂直内容联盟模式；以Papitube、洋葱视频、自娱自乐为代表的头部IP驱动模式；以及以新片场、达人说、魔力TV为代表的内容货架转型模式。[①]这几种模式的MCN机构在发展过程中，都有投资优质内容，保障自身行业地位的需要。如Papitube投资美豆爱厨房（原创美食段视频内容生产者）、何仙姑夫投资喵大仙（知名网络红人）等。因此，内容方的投资也成为重要的投资类型之一。

3. 内容品类上，垂直类的头部内容更受资本青睐，工具型企业迅速成长

从内容品类上看，在估值过亿的公司中，垂直类的头部内容更容易获得资本的青睐。在部分估值过亿的公司中，垂直类的公司仅有少数几个，集中在汽车、美妆、音乐等类型，如懂车帝、HQ Trivia、动次、快美妆、美芽美妆等。虽然这些垂直类的公司与综合类相比，数量不多，大多是近两年新成长起来的，但大都是热门领域的领跑者，融资活动非常活跃。2018年3月，HQ Trivia（小知识互动游戏）已经成功获得新融资，公司估值达到1亿美元；动次作为创作、演奏、交流、互动的音乐玩家视频社区，2018年4月22日宣布得到创世伙伴资本领投pre-A轮融资；2016年2月，快美妆获A轮融资近3000万人民币，App用户超过1500万。

总的来说，垂直类的融资数目较大的公司类别比较分散，包括搞笑、美食、美妆、旅游、军事、生活类等。以汽车类为例，近两年来，汽车类的内容公司比较火热，很多公司的融资情况比较活跃，汽车自媒体"李老鼠说车"已经完成2000万元人民币的融资，2017年8月今日头条上架懂车帝，拥有3D看车及汽车小视频功能，可以说是汽车版的快手。汽车领域自媒体通常有CP和线下同时开展业务的特点，由于汽车内容的广告费用较高，汽车领域的短视频极易流量变现，它们的用户消费能力通常较高、男性居多。美妆类、美食类和搞笑类的公司融资活动也很活跃，其中，快美妆、美芽美妆估值过亿，陈翔六点半融资1300万元、迷迭香美食融资300万元。还有一些播放量相对较少的细分类别，如军事类和亲子类内容，融资活动相对没那么活跃。

另外，一些工具型的企业正在迅速成长，主要是提供短视频的技术、营销、数据等服务，这类公司的出现是为了进一步满足用户的使用体验，丰富产品的功能，增强用户黏

---

① 南七道：《短视频MCN火爆背后，是一地鸡毛还是星辰大海？》。

性，也能够帮助一些短视频平台和内容公司实现更好的精准化营销，加快短视频的变现能力。

4. 短视频行业整体变现模式仍不清晰，积极拓展变现模式的短视频内容公司更易获资本青睐

目前短视频行业整体的变现模式仍不是很清晰，主要依靠广告支撑，投放的载体大都是头部的内容创作者，平台之间为了争夺头部群体，进行了"补贴大战"。

尽管如此，短视频的IP生命周期一般比较短，从出现到引发热议到结束的时间较传统的媒介产品相比通常以天计算；另外，短视频能够承载的广告内容、时长、形式等均相对有限，衍生品和会员付费等收入途径也发展缓慢，因此内容方的天花板比较低。一个解决方式是节目化运营，建立自己的品牌，如《陈翔六点半》等依靠创意、策划的节目。

同时基于资本市场对单一内容生产方的价值判定，短视频内容方并不能像长视频影视内容方那样进行融资和扩展，发展一系列衍生品，并且用户贡献的流量比较分散，很难像影视内容一样，单一内容播放量达到亿级、产生很强的影响力甚至制造话题。随着同行之间的竞争加强，越来越多的同质化内容出现，单一的IP也很难长期吸引用户的眼球，维持长久的变现能力。

为应对以上问题，短视频内容公司需通过进一步扩展内容矩阵，组建MCN提升宣传、策划、议价等整体能力，机构与平台合作需更加紧密，以提升广告收入的天花板，一个典型的例子是2012年成立的新片场，作为市场上有代表性的MCN机构，它依托于短片分享平台"V电影"发展而来，通过互联网平台聚集了一批优秀的年轻创作人，并逐步发展为国内领先的新媒体影视出品发行平台，围绕内容生态的产业链条基本形成。此外，还可向电商延展来开拓收入渠道，能够向这些方向发展的短视频内容公司会更容易获得资本的青睐。

小 结

快速发展、不断出新的视频行业在生产内容产品，获取大量用户注意力的同时，也吸引了资本的关注。而在新视频市场赛道中的相关企业在构建核心竞争力和护城河的过程中也需要资本的助力和扶持。

视频作为当前最为主要的文化传媒表现形式之一，在文化行业的发展中扮演着非常重要的角色，同时因其形式多样、内容丰富的特性，与人们的文化消费紧密结合，有较高的商业延展性，具备增长快、概念新、关注度高、周期短等特性，因此也备受资本的持续青睐。从表象来看，视频行业的投资者类型非常丰富，投融资渠道也非常畅通。除了传统的PE/VC和上市公司之外，各种产业基金也在不断加入，互联网企业因为与视频行业的结合度很高，也成为举足轻重的投资力量，并且有特殊的投资逻辑："设立生态圈"（BAT的大文娱版图）。

资本市场本身拥有一二级联动的特性，相互之间的传导效应会对"主体行业"本身的估值或者融资路径产生影响。2008年金融危机之后影视行业整体投资过热促成了企业扎堆上市、二级市场估值较高且资本运作动作频繁，2017年影视行业二级市场遇冷传导到一级

市场动态就是相关例子。

但是从实质上来看，资本是通过资源调配，从而协助行业和公司能够更好地发掘自身的内在价值。除了本身内容过硬，飞速迭代变化的视频形式对企业获取用户的速度和广度提出了新的要求。融资渠道的通畅和便捷以及投资方对于用户价值的认可，使得"烧钱"成为视频行业相关领域中头部企业初期竞争的惯常模式。但是这种状态并非可以长期持续保持，更多的时候资本在市场中扮演了行业催化剂和推手的角色，促进行业能找到更好的商业模式，从而朝着健康的方向发展。

从投资方的角度来看，深度挖掘消费者对于视频服务的需求，并以此为核心进行延展，具备合理商业模式的细分领域或企业将长期受到高度关注。以网络视频为例，平台型企业通过集中大量的优质视频内容以满足用户对内容消费的需求，同时借助大数据算法、精准推荐等技术手段提升用户体验，因此快速获取大量高黏性的活跃用户成为平台的核心竞争力之一。网络视频公司依据该立足点，寻求多种方式吸引用户，主要目的在于不断地巩固自身的核心资产优势，而后续在用户进行消费时寻找合适的变现方式并实现盈利，从而完成企业的自造血循环。企业最终的稳态运营需要依靠自造血方式完成运转，资本能够在初期"输血"，目的也是为了协助企业更快更好地到达稳态运营阶段。视频行业属于最早引入资本的细分生产领域之一，投资方已经变得越来越理性和谨慎，试图寻找具有真正价值以及较大延展空间的标的，而不再是那些单纯"玩概念"的烧钱对象。

视频行业在近年来出现了众多创新形式和形态，新分化出的细分子领域给行业带来极大的发展活力和关注程度。一方面，网络视频、短视频、直播等新型视频类型都已经得到市场和消费者的认可，并且处于快速发展过程中。相关数据显示，2017年中国网络视频行业收入规模超950亿，年增幅近50%，头部平台爱奇艺2018年上半年会员收入同比增长66%；2017年直播行业和短视频行业营业收入年增幅分别达到39%和202%，短视频行业市场规模预计2020年将超过300亿。这种发展势头对于企业和投资方来说都令人欣喜。

而从另一个方面来看，由于企业发展速度越来越快，头部视频企业成长为独角兽甚至成为赛道主要占据者的时间有所缩短，例如快手和抖音等产品在两三年内就完成了对绝大多数短视频用户的瓜分。在竞争日益激烈的媒介生态下，不同类型视频企业都共同面临着新的挑战。资本一方面将协助当前的领先视频企业跑得更"快"和更"稳"，同时另一方面也力图发掘具备差异化竞争优势的小龙头和新企业能够在垂直细分市场中占据一席之地。

整体而言，真正具有价值的企业会一直受到资本的欢迎，同时企业也需要学会利用资本的优势助力自身成长。我们坚信，随着未来更多的视频企业和资本之间的良性结合，能够使得视频行业整体持续进行高速增长。

第四部分
研究专题

第一章　视频内容付费之光辉前景

主　笔：赵　敬　中国传媒大学协同创作中心新媒体研究院硕士导师
　　　　邢琦争　中国传媒大学协同创新中心新媒体研究院硕士
　　　　汤静文　中国传媒大学协同创新中心新媒体研究院硕士

广告和内容付费一直以来就是视频内容典型的两种商业模式，其中内容付费指的是通过视频内容向观众及网民等收取观看费用，从而获得收入的一种经营模式。近年来，随着各内容平台对付费模式的开发和运营，视频付费逐渐崛起，成为媒介的收入来源。本文将梳理近年来视频内容付费的发展历程，盘点视频内容付费的用户及收入规模，并考察其内容供给与运营特点等，同时参考其他发达国家的现状，勾勒我国内容付费发展的未来。

一、视频内容付费的发展历程

回顾国内视频内容付费的发展，可将其发展历程总结为三个阶段：

第一阶段，以电影产业及电视产业的发展为背景，视频内容付费模式的初步发展，主要体现为电影的票房销售和影视剧、节目的音像制品销售。电影产业自诞生以来就有观众为其付费的习惯和传统，院线制的发展进一步推动了票房的增长，此后电影产业的发展受到电视的崛起和生活方式改变的影响，一度举步维艰。我国电视产业以广告盈利模式为主，长期以来在内容付费方面更多地体现在电视音像制品的发行上，且未能在收入规模上成为市场主流。

第二阶段，在数字技术和网络技术发展的背景下，视频内容付费模式诞生了新的形态。有线数字电视运营商和电信运营商开展了以影视点播、付费频道、手机视频等新形态为代表的付费业务。随着数字化对有线电视网络传输资源的释放，借鉴自美国等发达国家的付费频道应运而生。付费频道立足于频道内容专业化且无广告，向订购频道的用户收取收视费。有线数字电视运营商或买断付费频道播出权自己运营，或与节目集成商进行分账。由于节目内容与传统电视频道相比没有形成突出优势，导致付费频道自诞生之后整体发展一直难有大的起色。随着有线网络的双向改造，各地有线数字电视运营商开始开展互动业务，其中影视点播业务通过采购版权影视内容后，按照包月的形式收取订购费用。手机视频是电信运营商在3G网络发展的背景下推动的新业务，通过电信数据网络传输短视频及影视综艺等视频内容，向手机用户收取月费。

第三阶段，在互联网和移动互联网快速发展的背景下，视频内容付费模式出现了更多的创新，视频网站开启了会员付费的尝试，网络电视（OTT）开始崭露头角，低迷的电影市场随之复苏。2010~2011年部分视频网站开始尝试付费服务，初期主要通过电影的单片付费点播，小规模地进行探索，内容以好莱坞电影为主，少量国产新片为辅，受限于优质版权内容少以及吸引付费用户的新片窗口期较长，会员增长缓慢。此后随着优质版权的不断增加和付费会员免除广告等增值服务，用户有了一定的增加，付费内容也从电影扩展到热门的海外剧集。从2013年开始，随着版权监管不断加强，版权环境持续优化，为付费会员模式的发展营造了良好的环境，同时也得益于移动互联网的发展以及支付手段更为快捷便利，各视频网站开始进一步丰富付费内容，大力吸引付费会员，建立了层次分明的会员权益体系，积累起上亿规模的用户。在这一阶段，视频网站是视频内容付费模式的主要推动者和创新者。与此同时，在消费升级的推动下，长期低迷的电影市场也焕发出新的生命力，电影票房市场一路狂飙，从2012年的170.7亿元增长到2017年559.11亿元，年均复合增长率达到26.78%。此外，随着OTT的快速发展，在获得颁布的牌照之后，牌照方也开始展开自己的付费会员服务。

二、视频内容付费之市场规模及格局

1. 电影观众稳步增长，票房市场规模领先

自电影市场回暖以来，我国观影人次一直呈显著上升趋势，尤其是在2015年达到了51.8%的高增长，2016年虽然增速放缓，但观众规模仍持续增加。截至2017年底，城市院线观影人次达16.2亿，在规模上已经超过北美12.4亿的观影人次，成为仅次于印度的全球第二大观影市场。从地域分布来看，观影人次集中在东部沿海省份及直辖市，如北京、广东、江苏、浙江、上海、山东、辽宁。在前十大观影地区中，北京和上海的年人均观影超过3次，浙江省超过2次。[①]

2013—2017年国内电影观影人次（单位：亿）

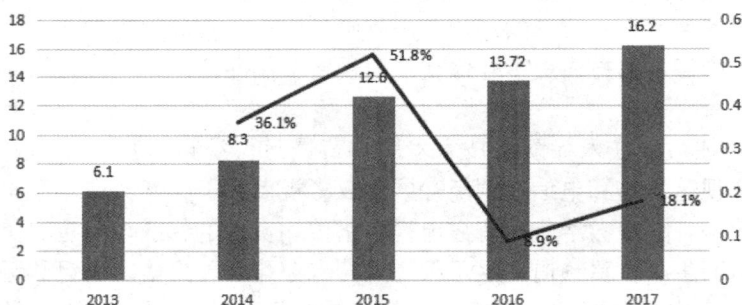

数据来源：国家新闻出版广电总局电影局

从票房规模来看，在过去5年中除2016年增幅跌至1位数以外，基本保持了2位数的显著增长。2017年中国电影总票房突破500亿，达到559.11亿元。从全球范围来看，据电影局最新公布数据显示，我国即将超越北美成为全球第一大电影市场，仅2018年第一季度电影票房就达到了202.18亿元。从国内视频内容付费领域来看，电影票房规模与其他视频内

---

① 《2018年中国电影行业发展现状及发展趋势分析》，2018年3月，http://www.chyxx.com/industry/201803/617760.html。

2013—2017年我国电影票房规模（单位：亿元）

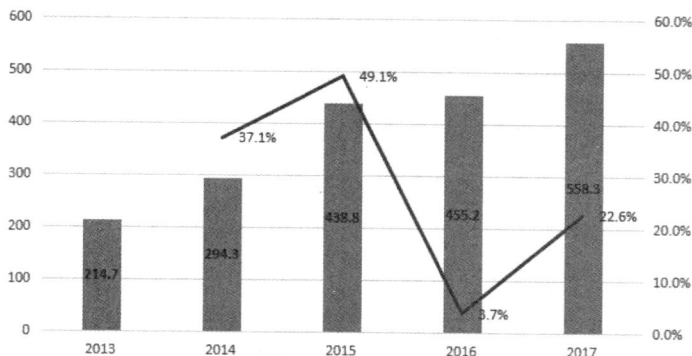

数据来源：国家新闻出版广电总局电影局

2013—2017年国内网络视频用户付费规模及占比(单位：万人)

数据来源：艾瑞及中国网络视听节目服务协会

容的付费收入规模相比是处于领先地位的。

2. 网络视频付费会员高速增长，市场规模迅猛扩大

根据相关统计，2013年我国视频网站付费会员总数仅为642万人，此后每一年持续成倍增长，2017年已逾1.2亿，截至2018年第一季度超过1.7亿人。从规模上来看，我国已经成为继北美、欧洲之后全球第三大视频付费市场。从覆盖率来看，截至2017年底，付费用户占网络视频总体用户比例达到22.5%。[①]相较于网络视频用户整体规模，付费会员占比仍然较低，预计未来一段时间仍可保持较高增长趋势。一项调查显示，55.8%的网络视频付费会员对付费业务感到满意，表示还会继续购买，明确表示不会再购买会员的用户仅占比8%，这从一个侧面反映出网络视频用户的付费意识和习惯已经开始形成。

从市场份额来看，主流视频网站爱奇艺和腾讯视频占据了全网付费会员的主要市场份额。据各视频网站公开发布数据显示，爱奇艺在2018年第一季度付费会员规模达到6010万人，腾讯视频截至2018年2月付费会员规模达到6259万人，优酷及乐视按照2016年数据分别达到3000万人及2000万人。从用户属性来看，当前付费会员中男性占58.9%、女性占41.1%。40岁以下的用户占到了88.5%，显示出年轻用户是付费用户的主体。对于此现象，《2017中国网络视听发展研究报告》分析指出，年轻用户对网络支付的使用更为熟练，也具有明显的付费意愿。同时，中高学历受众和收入状况良好的用户更愿意为视频内容付费。[②]

---

① CNNIC：《第 41 次中国互联网络发展状况统计报告》，2018 年 3 月，http://www.cnnic.net.cn/hlwfzyj/hlwxzbg/。

② 中国网络视听节目服务协会：《2017 中国网络视听发展研究报告》，2017 年 12 月，http://www.ciavc.com/News/fdetails/id/127。

来自会员付费的收入在过去5年之中以几乎每年翻番的速度迅猛增长，虽然2017年增长速度滑落为16.7%，但仍然在收入规模上达到了140.8亿元。从竞争格局来看，表现最为突出的爱奇艺市场占比超过40%。据爱奇艺2018年第一季度财报显示，其会员服务收入达到21亿元，比2017年同期增长了67%。另据腾讯2017年第四季度财报显示，腾讯视频付费会员收入同比增长149%，达到了22亿元。

2013—2017年我国网络视频付费收入规模（单位：亿元）

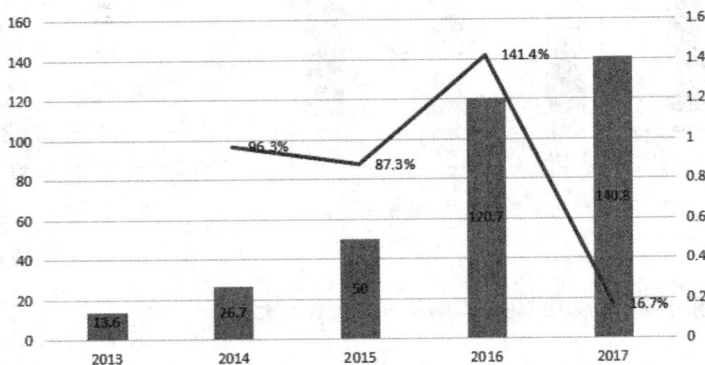

数据来源：比达咨询，《2017年中国在线视频市场研究报告》

3. 有线电视用户流失明显，电信运营商手机视频业务受冲击

近年来，有线电视行业在网络新媒体冲击下用户规模出现负增长，截至2018年一季度，我国有线电视用户总量环比减少563.9万户，降至2.39亿户。与此同时，虽然三大电信运营商的用户规模稳步增加，截至2018年5月移动电话用户总数近15亿户，同比增长10%。但基于内容发展策略等原因，其网络手机视频业务未能取得长足发展。

三、视频内容付费之内容供给及运营策略

在视频内容付费的商业模式要素中，内容与付费策略是极为重要的。内容是付费模式得以存在的前提，其中最核心的资源就是视频内容的版权，尤其是独家版权。平台方除了版权采购及内容制作之外，还涉及到市场运营，付费策略则关系到对于用户的培养与发掘，建立起良好的客户关系传递平台的价值主张，从而获得收入。

1. 海量片库是付费模式的基石

海量的优质内容资源储备是付费模式的基石。视频网站、有线数字电视运营商及电信运营商等在构建片库资源方面都做出了很大投入，以大量采购优质版权内容为主，打造精品自制内容为辅。

据权威统计，2017年1月1日至10月31日在国家新闻出版广电总局备案的网络剧达到555部共计6921集，网络电影共计5620部，网络动画片达到659部，网络综艺、娱乐、财

经、体育、教育等专业节目达到2725档。①尽管几大主流视频网站在付费内容上都趋向于越来越全面，但各家之间的侧重点依然有所差异。通过2018年6月对主流视频网站付费内容数量进行的统计可以发现，腾讯视频以电影内容作为自己的主要抓手，突出好莱坞特色，拥有大量的好莱坞版权资源，包括独家影片和来自HBO的独家美剧合作，其影片的数量是优酷、搜狐、乐视同类节目之和；优酷土豆坐拥最多的电视剧集，达431部，它也是海外版权剧集的集大成者，独家拥有香港TVB的港剧资源，在韩剧的数量规模上也是最多的；而爱奇艺则在动漫和纪录片的数量上居于领先地位。

2018年主流视频网站付费内容数量统计

	腾讯视频	爱奇艺	优酷	搜狐视频	乐视视频
电视剧（含自制剧）	357	259	431	65	192
电影（含网络电影）	4505	900	2912	1249	376
动漫	19	256	122	无	10
综艺	19	无	仅德云社综艺	无	无
纪录片	871	686	50	无	14
音乐	275	459	无	无	无
教育	172	900	无	无	无

数据来源：本文作者统计，截至2018年6月

此外，各地有线数字电视运营商也积累了自己的点播片库。如杭州"华数高清"的节目包产品，号称每年提供数千小时精彩高清节目更新，包含有经典院线大片、华数独家投拍剧、热门跟播剧、KBS优质韩剧、BBC及探索频道高质量纪录片和最热娱乐节目等；上海的"BesTV百视电视"提供1080帧高清格式的院线大片、热播剧集、优质纪实、娱乐综艺、体育赛事、少儿教育等节目；作为电信运营商视频内容聚合平台的代表，中国移动的咪咕视讯科技有限公司号称拥有超过500万部的内容储备，其中包括12000部以上的电影，以及超过2600部电视剧和450部综艺节目。

2. 影视剧是撬动付费模式的重要抓手

电影和电视剧不仅是免费内容当中观众及网民最爱收看的，更是撬动内容付费的重要抓手。对网络视频包月会员的调查显示，77.4%的会员很看重专享影视内容，73.2%很看重提前观看热门影视剧的"特权"。②

在影视剧类节目中，最受付费用户欢迎的内容是电影，这是影视付费市场的主力内

---

① 中国网络视听节目服务协会：《2017 中国网络视听发展研究报告》，2017 年 12 月，http://www.cnsa.cn/index.php/industry/industry_week.html。

② 艾瑞：《2018 年中国网络视频行业经营状况研究报告》，2018 年 5 月，http://report.iresearch.cn/。

容，尤其是院线热映新片是各大视频网站吸引付费的主力。从网络视频的付费历程来看，最开始也是由电影的单片点播启动的。调查显示，院线热映新片是用户最愿意买单的内容，58.6%的用户愿意为之付费。[①]由此，各大视频网站也将电影作为付费内容的重要储备。据对各大主流视频网站付费片库的统计，电影在其付费内容当中的数量占比：乐视为64%，腾讯视频为72%，优酷为83%，搜狐视频为95%。

电视剧对拉动内容付费的作用更多地显示在爆款剧集的短期效应上面。调查显示：付费用户当中34.9%的人愿意为电视台热播剧付费，《人民的名义》《楚乔传》《三生三世十里桃花》《老九门》《欢乐颂2》等爆款剧是网络视频用户当年中付费收看比例比较高的剧集。

在影视剧对男女不同用户的吸引力方面，显示出电影对吸引男性用户付费作用更大，电视剧对吸引女性用户付费作用明显。男性对于影院热映新片和独播网络电影的喜好占比为64.8%和42.6%，高于女性对同类内容喜好占比的59.6%和38.1%。与之相反，女性对于

---

① 中国网络视听节目服务协会：《2017中国网络视听发展研究报告》，2017年12月，http://www.cnsa.cn/index.php/industry/industry_week.html。

电视热播剧和独播网络剧的喜好占比为58.2%和53.1%，明显高于男性对同类内容喜好占比的34.5%和34.5%。[①]

3.自制剧和网络电影成为拉动付费的新力量

以自制剧和网络电影为代表的自制内容的快速发展，为内容付费市场提供了新的动力源泉。据统计，2017年在主要的12家视频网站的自制内容中，电视剧达到209部，网络电影达到658部，自制动漫为57部，综艺为319部。相关调查还显示，付费用户愿意为网络电影及微电影付费的比例为38.1%，愿意为网站自制剧付费的比例为21.1%。[②] 值得注意的是，独播的网络电影和独播网络剧，对90后的吸引力显著高于70后与80后，显示出自制剧和网络电影已经逐渐成为院线热映影片和电视热播剧之外拉动年轻付费群体的新兴力量。

爆款自制剧对于付费会员拉新作用也十分明显。乐视凭借《太子妃升职记》增加了220万会员；2015年6月，爱奇艺上线《盗墓笔记》系列增加了约500万付费会员。该剧还首创了VIP会员抢先看全集的排播方式，吸引了百万级别的付费请求，VIP会员可以提前看全集的模式由此推广开来，还逐渐开发出会员独享拍摄花絮等其他服务。此后，爱奇艺的付费大剧《老九门》流量破百亿，接下来推出的《太子妃升职记》《如果蜗牛有爱情》等爆款剧集也不断掀起付费观看的热潮。虽然目前的优质精品自制剧数量还较少，但却可以有效刺激用户的付费意愿，带动付费消费。此外，由于网络平台对于自制剧集的把控度更高，在付费排播上就有更多的可能性。

网络大电影在经过市场洗牌之后，大量的擦边球和软色情内容逐渐得到了监管控制，整体制作水平显著提高。网络电影的付费观看也是由爱奇艺首先提出的，开发出了"试看六分钟，付费五元钱"的网络电影付费模式，同时还将电影收入与制作方进行分成，以实现双赢。从爱奇艺公布的年度Top20网络电影分账来看，2014年的分账额度为602万元，2015年高涨到6607万元，2016年更是达到了1.98亿元，分账金额被不断刷新。

面对内容制作数量的大幅增长和经营模式创新的热潮，冷静观之，可以看出大部分自制剧和网络电影的质量相比院线热映影片和电视台热播集仍有较大距离。对比2016年及2017年的付费用户调查数据可以发现，2016年愿意为微电影付费的用户比例为62.2%，2017年该比例下降至38.1%；2016年愿意为网剧付费的用户比例为

① 企鹅智库：《忠诚与流失：中国视频网站付费会员调查报告》。

② 中国网络视听节目服务协会：《2017中国网络视听发展研究报告》，2017年12月，http://www.cnsa.cn/index.php/industry/industry_week.html。

53.9%，2017年则降至21.1%。付费用户对微电影和网络剧付费意愿的显著下降，显示出目前网络电影及网络剧追逐数量、良莠不齐的现状辜负了用户对于此类内容的期待。未来，只有通过更多更好的精品内容，才能建立起更多付费用户的购买信心。

4. 综艺等其他内容的付费潜力有待观察

随着越来越多用户媒介使用习惯的变化，网络综艺节目越来越受到欢迎，爱奇艺的《中国有嘻哈》和《奇葩说》，腾讯视频的《吐槽大会》等都风靡一时，植入广告和冠名费也在不断增加，招商额度不断被刷新。随着网络综艺的精品化，网络综艺的付费模式开始初露端倪。2016年9月，爱奇艺上线了第一档付费网络综艺节目《坑王驾到》。此后，《爸爸去哪儿》系列、《火星情报局》系列、《明星大侦探》《燃游》等也都采取了会员抢先看、会员看花絮番外篇等付费模式。在尝试过一段时间之后，市场效果并没有达到预期的关注度和影响力。芒果TV自制的《明星大侦探》在第一季播出后达到了9亿的播放量，第二季将节目的部分内容仅提供给会员观看，引发了观众的吐槽。目前，广告仍然是综艺节目里更为成熟的盈利模式，有调查显示，市场对于推动网络综艺付费的迫切程度并不高，被调查者对于网络综艺、知识类课程、体育节目的付费意愿分别为15.6%、12.9%、9.5%。[①] 除了综艺节目之外，爱奇艺还试图瞄准儿童付费市场，上线了动画屋App；腾讯视频和爱奇艺在演唱会付费直播的模式上也在进行着尝试。由此观之，综艺节目、少儿内容、演唱会直播是否能够成为视频付费的下一个蓝海，尚待验证。

5. 包月会员成为主要付费模式

目前网络视频内容付费的模式基本分为单片付费、包月、包季度、包半年和包全年等。包月会员已成为付费观看视频的主要形式，占比高达69%。通过对比2015年到2017年的数据可以发现，付费用户当中选择包月服务的用户占比逐年在增长，从2015年的47.6%增长到2017年的69%。同时，单次点播付费的用户占比则从2015年的40.3%降至2017年的15.6%。这显示出在付费模式发展初期依靠单部精彩内容撬动付费市场的做法已经逐渐失去作用，随着视频网站对付费模式运营的逐渐成熟，用户的付费习惯开始稳步发展。

---

① 中国网络视听节目服务协会：《2017中国网络视听发展研究报告》，2017年12月，http://www.cnsa.cn/index.php/industry/industry_week.html。

2015—2017年不同付费模式占比

数据来源:《中国网络视听节目服务协会网络视频用户调研2017》

　　对比看来，单片点播是一种弱会员模式，在这种模式下面，平台提供的是标准化的普通服务、大众式的内容消费，强调的是即用即连，但是其消费的便利性与经济性对于培养用户付费习惯有一定的作用。与此相对应，包月乃至包年代表的是一种强会员模式，这种模式是区别于大众消费的高标准服务，强调VIP式的消费，更有利于建立平台品牌文化形象和用户忠诚度。会员制就意味着企业和用户之间建立了稳定的、可识别、可持续发展的关系。对于视频平台来说，大规模的会员不仅意味着稳定的收入贡献，更意味着企业的责任和良心，因为只有提供更好的内容和服务，才是与用户建立起可持续发展的紧密关系的保障。

6.多层级付费体系已现雏形，免广告是刺激付费的重要手段

　　从内容付费所强调的价值主张来看，当前多层级的付费模式已经渐渐显露出雏形。

　　首先，付费模式的最核心价值主张是观看权益，也就是通过电影、电视剧、综艺等多种视频内容来满足用户的观看需求。比如院线新片、独家美剧、提前看热剧、赠送观影券、赠送影片等方式，其核心都是围绕内容版权提出的。

　　其次，围绕版权核心权益提供观看体验，增强用户的参与感，提高互动性等。比如去广告特权、1080P高清画质、杜比视听、明星弹幕、预约下载、直播回看、下载特权等。其中，免广告成为当前刺激用户购买会员的重要推手。多项调查已经明确显示，去广告或者跳广告是刺激用户购买会员权益的重要原因，不想看片头播放的广告已经成为观看热门影视内容之后排名第二的因素。调查显示，73.6%的VIP会员非常看重去广告和跳广告的权益。从长期来看，对于去广告的需求越强烈，用户长期付费的可能性也就越大。

　　另一个吸引付费用户的手段就是提供独特且鲜明的身份体验，比如提供会员专属主题、会员身份标识、服务特权、生日礼包、直播折扣、游戏礼包、商城特价等，回应用户付费的心理需求，逐渐形成用户的身份认同。

四、美国视频内容付费发展现状及借鉴

1.传统付费电视用户向互联网转移已成明显态势

当前在美国付费电视市场中，有线电视网络、电信运营商、IPTV等传统内容运营商均面临着用户流失的态势。调查显示，美国康卡斯特（Comcast）、特许通讯公司（Charter）等主流有线电视运营商2017年订户约为4806万，相比2016年减少了约66万户。从流失率来看，2017年累计流失用户占比为1.4%，相对于2016年0.6%的流失率有了显著提高。DirecTV等主流卫星电视运营商2017年订户约为3149万，相比2016年减少了约155万，其2017年的流失率为4.7%，相比上年的0.1减幅有了大幅上升。而威瑞森（Verizon）等主流电信运营商的IPTV业务2017年订户约为924万，相比2016年减少88万，其中2017年流失率为8.7%，2016年为13.6%。[①]

对于供求均衡的市场来说，这边减少了那边就要有增加，传统电视流失的用户其实主要都向网络视频服务转移了。Netflix和Hulu等网络视频服务商的付费用户保持着持续增长，而卫星电视运营商DirecTV和Dish TV在卫星电视订户上虽然有所流失，但通过其网络视频服务DirecTV Now和Sling TV又带来了的新增订户，2017年订户累计达到337万，相比2016年增加了160万。[②]

2. 内容付费成为网络视频的重要收入来源

美国网络视频主要包括付费订阅、影视租借类和用户自主上传内容类三种主要模式。前两类是视频内容付费市场的主要运营商。奈飞（Netflix）、家庭影院（HBO NOW）、亚马逊会员（Amazon Prime）、葫芦（Hulu）是付费订阅类的代表，它们以包月或包年订阅为主要的商业模式。其中，Netflix截至2017年付费用户规模超过了美国有线电视用户规模。2018年第一季度收入规模达到37亿美元，利润2.9亿美元，同比增长63%，连续7个季度30%的增长。苹果iTunes商店、谷歌Play商店、亚马逊Video商店为影视租借类的代表，用户付费后可以下载或观看购买的影视内容。

用户自主上传内容类以优兔（YouTube）、维梅奥（Vimeo）、脸书（Facebook）等为代表，以广告作为主要的商业模式，但仅靠广告收入使得它们面临较大的盈利压力。YouTube目前已经尝试了电影租赁、直播、付费订阅服务。同时，Hulu也于2016年放弃了广告模式，考虑到用户习惯采取低价订阅和商业广告相结合的混合模式。

3. 创造精品，专注独家内容，提升付费竞争力

提升内容的质与量是内容付费模式必须要解决的首要问题。以Netflix为例，它已经将创作精品内容、独家内容，提升到了首要战略位置。自2013年拍摄《纸牌屋》，走精品剧路线大获成功之后，Netflix几乎从视频网站转型成为原创内容提供商。2017年Netflix投入了60亿美元内容制作费用，并计划在2018年投入80亿美元制作700部原创内容。所制作的剧集当中，精品内容层出不穷。2016年美国最具人气的12部影视剧中，就有11部来自于Netflix。2016年Netflix在艾美奖的得奖作品是54部，2017年在艾美奖得奖91部。Netflix创

新内容生产与播出模式，直接对好莱坞传统模式造成了冲击，目前它的市值超过迪士尼，成为全球最大的娱乐节目供应商。如果内容不独家不优秀或者内容资源不能保证连续性的时候，付费用户忠诚度就会降低或容易流失，考虑到这种情况，Netflix将自己的重点放在独家的原创优质内容上。

4.引入推荐算法，加深对付费用户的挖掘

Netflix的运营策略与传统的以广告为主要盈利模式的电视媒体不同。电视媒体追求的是同一个内容有更多的人能看到，追求高收视率。Netflix的策略不是使内容有更多的用户能够看到，而是使同一个用户能够看到更多的内容。为了完成这个策略，Netflix开发了基于超过30亿条用户评级数据的智能推荐引擎，使用推荐算法和软件来标识具有相似品位的观众对影片可能做出的评级，通过推荐算法达到让同一个用户看到更多内容的目的。Netflix不仅自己拥有800人的工程师团队从事智能算法，还通过大奖赛的方式鼓励外部参赛团队利用他们提供的1亿条公开数据准确预测付费用户的口味，将影片推荐成功率提高到了10%以上。目前Netflix的付费用户的观看行为有75%是来自于推荐算法引导的，通过这种推荐算法，其付费续费率从80%提高到97%。

五、视频内容付费之光辉未来

经过数十年的发展，视频内容付费市场形成了巨大的规模。从购票到单点付费、包月付费，从简单的音像制品、院线上映到付费频道、手机电视、影视会员等基于有线网和互联网的内容分发体系，视频内容付费的形式越来越丰富多样。技术进步推动着产业发展，新渠道和新平台不断出现，在媒介融合的进程中除了电视台和片方、院线之外，更多的运营主体开始进入，给视频付费提供了更多实践的空间。随着技术迭代带来的新渠道勃兴和传统渠道、方式的衰落，也使得其中部分不符合时代发展的付费形式逐渐走向衰弱。由于渠道的增多和运营主体的推动，最终促使整个视频内容付费规模随之壮大，走向蓬勃发展。

从未来的发展来看，参考技术、产业、市场等要素的变化趋势，内容付费领域的趋势大致可以总结为以下三个方面的转变：

1.从追求数量到追求质量的转变

在可收看大量免费精彩内容的视频生态环境中，视频付费运营方要想凭借内容实现收取费用的模式，必须提供高质量的、不易得的且稀缺独特的资源。在内容付费发展初期，片库的建设、资源的采购和积累是主要任务。随着内容付费的发展，将从"大跃进式"的追求数量的风潮中逐渐过渡到追求精品、追求质量的理念和行动当中，优质的影视剧和节目才是刺激消费的根本动力，国内外的案例都验证了精品内容对于付费会员拉动的巨大作用，也验证了高品质内容的生命力和更多开发的可能性。

2.从围绕版权到围绕IP，从旧有的内容消费模式向更为丰富多样的娱乐产业消费模式转变

毫无疑问，内容付费初期运营的重心是独家版权，但是围绕IP的以全产业链运营为特

点的运营方式在未来则会更加突出。目前，国内已经出现围绕IP进行开发的全产业链运营案例。例如《老九门》，在剧集播出之前首先预热文学原著，促进书粉向剧粉的转化。接下来推出网络剧，完成剧粉拉新和付费会员的转化。此后，再围绕剧中四位核心人物推出四部系列电影，进一步挖掘作品的IP价值。最后推出老九门游戏App和周边衍生商品，刺激付费会员尤其是忠诚粉丝的衍生消费。从这个案例可以看出，相对于版权的一次性买卖，围绕IP的全产业链运营带来更多与付费会员建立链接的机会，同时也延展了影视付费产业的边界。随着更多实操经验的积累和运营理念的更新，推动IP的全产业链运营进一步发展是必然趋势。仅靠内容拉动用户付费的局限性和短视性在于，当观看消费完内容之后用户的付费意愿就会显著下降，巨大的内容周边价值也随之"灰飞烟灭"了。而通过续拍、演艺、动漫、游戏、衍生品、主题公园等多种形式，可以拓展出更多的消费模式与盈利空间，是影视产品从单一的内容消费转向更为广阔的娱乐"蓝海"产业消费。

3. 从以运营内容资源为核心到以运营用户资源为核心转变

视频内容付费的收入的提升，不仅仅来源于用户规模的增长，更重要的是对于使用者忠诚度的培养和对会员价值的深度挖掘。随着视频内容付费市场向纵深发展，相关运营方必然把重点转向对于用户全面周到的服务上来。因为，视频产业所有努力的最终归宿、视频行业的最重要产品，就是广大的用户。在影像内容爆炸性增长、传播渠道丰富无比的大视频时代，视频运营机构从以"节目为王"向"用户为王"的转变是必然趋势，在此，"用户为王"的重要性怎么强调也不会过分。

第二章　从微博看"社交+环境"下的视频传播

主　笔：曹增辉　新浪微博高级副总裁
　　　　范宇泽　新浪微博运营副总经理、台网业务总经理

　　社交平台已成为互联网的基础应用，而视频社交则成为视频在互联网传播中最值得关注的新型应用形式。作为中国最大的社交媒体平台新浪网的从业者，本章以微博平台为例，对国内视频社交的传播与市场现状进行分析，并简要介绍国外视频社交领域的发展情况，以供视频从业者参考。

一、视频社交市场现状扫描

　　视频社交是近两年来的互联网行业热点。根据中国互联网信息中心（CNNIC）发布的《第42次中国互联网络发展状况统计报告》，2018年社交应用移动化、全民化趋势进一步增强，成为网民消费碎片化时间的主要渠道。

　　基于社交用户的庞大规模，CNNIC报告提出了"社交+"的概念，对比此前"互联网+"的概念，"社交+"更加强调了社交应用作为互联网基础设施的平台作用，可以说目前各个传播领域的内容都在通过"社交+"的方式进行传播，并且通过社交传播扩大自身影响力，获取增量收益。

　　视频内容则是移动互联网上最大的流量来源之一。爱立信发布的《移动市场报告》预测，2021年视频内容将占全球移动端总流量的70%。在国内，网络视频也拥有庞大的市场规模。截至2018年6月，中国网络视频用户规模达到6.09亿，使用率达到76%。手机网络视频用户也达到5.79亿，占手机网民的73.4%。也就是说，70%以上的网民都是视频用户。

　　互联网主要基础设施平台和最大的流量消耗来源的结合，形成了视频社交这一备受关注的热点领域。那么如何看待视频社交的传播特征和市场价值？视频行业应当如何利用"社交+"做大内容和收益增量？本文将基于微博这一社交媒体平台，对此进行介绍分析。

二、视频社交的缘起、媒介应用与传播变革

　　作为互联网基础设施平台，社交媒体的作用是搭建平台，赋能各应用领域。视频社交，对视频行业来说，就是要充分利用社交媒体的赋能作用，放大视频内容的价值。

　　根据CNNIC报告数据，截至2018年6月，微博在中国互联网的使用率为42.1%，较2017年末增长1.2个百分点，用户规模半年增长6.8%。随着短视频和多频道网络机构（MCN）的兴盛，微博在粉丝互动和内容分发等方面的价值被进一步强化。微博2018年

第二季度的月活跃用户量为4.31亿，日活跃用户量为1.90亿，其中移动端用户占比93%。我们认为，新浪作为国内最大的社交媒体，其微博服务目前公众影响力最大，已经成为公众内容传播的基础设施平台。

在视频社交领域，2017年，微博短视频全面普及，其在该年12月的视频日均发布量和播放量相比2016年同期均实现了翻倍增长，来自头部用户的短视频日均发布规模同比增长超过50%。目前，短视频已经成为微博社交传播的重要组成部分，也是用户在微博上消费的主力内容类型之一。

微博在内容传播机制上，本身具备一些社交媒体的典型特征，包括从单向传播到互动传播的转变、基于社交关系的裂变式传播、消费场景的碎片化等。就视频社交而言，在微博上，每个用户都同时作为视频信息的接收者和传播者存在，通过社交关系，可以随时随地参与视频内容的碎片化消费和裂变式传播。这种产品机制上的差异，导致以微博为平台的视频社交传播，在定位和功能上与其他视频传播形式有着明显的区别。

其他视频平台，无论是以电视台为代表的传统媒体，优酷、爱奇艺、央视网为代表的视频网站，还是2017年兴起的快手、抖音等主打流量推荐模式的短视频平台，或者bilibili这样的二次元视频社区，基本都属于以内容消费为主的视频发布平台。平台的主要功能是内容消费，也就是观看视频，视频观众与发布者之间关系松散。

而微博作为社交媒体，能够同时满足用户的社交需求和内容消费需求。当用户在微博上观看一条博主发布的视频时，首先是与视频博主进行社交互动，同时才是消费视频内容。所以，对视频发布者来说，微博不仅是一个视频发布平台，更是一个建立自身公众影响力的平台，深度经营粉丝的平台。

时至今日，微博聚集了大量的视频内容和用户。2017年以来，视频行业生态的快速发展，也给微博上的视频社交带来了新的传播变革。

1. 内容传播垂直化，视频主体MCN化

随着视频行业的快速发展，内容生产的垂直化和细分化趋势明显。同时由于视频内容制作门槛较高，个人用户往往难以维持长期稳定的高质量生产，规模化和专业性更突出的多频道网络机构MCN（Multi-Channel Network）便成为重要的内容生产者。

从2016年下半年开始，就有超过200家视频MCN机构与微博展开合作，其中包括新片场、一条、Papi酱（Papitube）等头部内容机构。2017年，微博正式发布垂直MCN合作计划，并与秒拍、亿幕共同推出专业内容制作（PGC）视频内容服务平台——云剪系统，为PGC用户提供视频素材管理、剪辑和分发服务，进一步降低PGC视频制作门槛，并联合成立30亿元基金扶持优质MCN机构。

经过一年多的发展，截至2018年6月，微博的内容覆盖了60个垂直领域，内容合作机构（MCN）已经达到2100家，与2017年同期相比增长176%，覆盖的账号超过4.6万个，增长437%。其中接入机构量Top10的垂直领域是搞笑幽默、美食、音乐、运动健身、美妆、情感两性、娱乐明星、电视剧、时尚、游戏。2018年上半年流量增速Top10的领域则是舞蹈、收藏、旅游出行、母婴育儿、体育、健康医疗、公益、数码、科学科普、财经。与2017年6月相比，MCN账号发布量提升了424%，阅读量提升122%，播放量提升93%，粉丝增量提升了123%。

此外，一些超级MCN机构与微博达成深度合作，如咪咕与微博签署战略合作协议，双方将开展体育赛事、演艺内容宣传推广、自有IP联合孵化等一系列合作，实现优势互补、互利共赢。

2. 短视频集中爆发，横竖屏各具优势

2017年是短视频集中爆发之年，快手、抖音等短视频应用异军突起，迅速获得大量用户青睐。根据中国移动互联网商业智能服务商，北京贵士信息科技有限公司（Questmobile）发布的数据显示，2017年，短视频总使用时长从1.3%增长到5.5%，成为中国移动互联网领域增长最快的细分行业。从微博自身的数据来看，短视频发布量和播放量也在持续增长。2017年12月，微博视频总发布量和日均播放量与2016年同期相比都有翻倍增长，其中大部分为短视频内容。

2016年，视频社交传播还是以版权节目短视频拆条分发和直播为主。2017年，随着短视频的整体爆发，视频社交内容逐渐分化为竖屏用户自制（UGC）内容和横屏的专业制作（PGC）内容两类。

2017年4月，微博发布了以竖屏短视频为产品形态的微博故事产品。在推出的第二个季度，月活跃用户就接近4000万，每天使用这一功能发布视频的用户规模比上季度增长超过200%。从消费习惯上看，竖屏更接近于在手机上直接生产内容的方式，对作者的制作能力要求不高，只要稍加训练，就能生产出非常好的内容。

通过打通微博故事和信息流以及构建故事的推荐流，微博短视频的生产规模和内容消费快速提升。2018年上半年，微博全站每天的视频发布量达到130万条，超过40%的用户在传播竖屏视频。微博故事二季度日均发布量环比增速达两位数，播放量环比增速达三位数。

在专业制作机构生产的横屏视频内容方面，微博视频以优质内容版权引入和原创PGC内容为主，更强调内容的专业性，希望通过专业制作机构来提升原创作者的视频生产能力。2017年下半年，微博推出了为用户提供优质高清短节目视频服务的平台——酷燃视频，利用微博的社交优势打造优质短视频从生产、传播到消费的一体化平台，还为专业节目制作机构和享有知识产权（IP）的视频内容提供流量支持。

2018年，酷燃视频投资优质IP内容20档，以联合出品的模式全面扶持视频内容制作方，同时也在加大对迷你剧和微综艺的投入力度。2018上半年酷燃视频与优酷联手推出《街舞callout》衍生短节目视频，集合四位明星队长和实力舞者（dancer）的台前幕后故事，全季视频播放量破1589万，单期最高播放量达336万，加强了街舞内容的市场发酵，引导了用户的内容消费。

三、从微博看视频社交化下的媒介竞争格局

视频社交发展到2017年，媒介竞争格局呈现出新的趋势。一方面，各短视频平台竞争激烈，对视频创作者和用户时间的争夺超出前几年；另一方面，大部分视频内容方选择多平台运营。对社交资产的渴望，吸引着大量网红和MCN机构入驻微博。在内容方面，顶部IP和重大事件在视频社交方面占据着头部优势。

1. 短视频平台竞争激烈，创作者选择多平台运营

短视频平台的快速发展，对整个移动互联网领域的用户使用时长和媒介竞争格局带来了一些影响。即时通信类应用的使用时长在2018年出现下降，用户的一部分时间转移到了视频内容上。

从短视频平台的媒介竞争环境来看，抖音、快手等平台都在积极挖掘视频红人资源，也推出了一些针对内容创作者的补贴政策。同时，各个平台还通过资源倾斜的方式和一些头部MCN机构签订独家合作来争取优质内容和用户。

但从市场现状来看，视频内容创作者和MCN机构更多的是在多平台同时发布内容。头部内容制作者对获取粉丝的影响力有着天然的渴望，而各视频平台都拥有不同的用户群体，也都有不同程度的流量激励政策，对MCN机构都存在吸引力。因此，目前任何一个视频平台想成为视频生产者成长的唯一平台，都不太现实。

2. 大量网红入驻微博，经营社交账号资产

微博与其他以消费内容为主的个性化流量推荐平台最大的区别在于微博定位在社交媒体，基于这一点，视频创作者通过账号运营，可以不需要依赖于官方的推荐和流量分配，就能不断积累和经营自己的粉丝流量，塑造自己的IP和品牌。这对规模越大的MCN机构越有吸引力。

从2017年开始，有大量的在其他平台上成长起来的网红和MCN机构到微博上来经营粉丝。微博的头部账号规模不断提升，成员构成也在发生变化，截至2018年6月，粉丝大于100万的明星/网红数量超过3万人，月阅读量大于10万的自媒体账号超过40万个，媒体/政府认证账号量达15万，认证企业/机构数量达到了150万。

"爱做饭的芋头"是B站的UP主（向弹幕视频网站bilibili上传视频音频内容者），在bilibili网站上有60万粉丝，目前在微博上粉丝规模已经超过160万；"无法阻止的兄妹"是优兔（YouTube）一个比较知名的韩国视频博主，在YouTube和微博的粉丝量都在100万量级；费启鸣是抖音上推荐的千万级粉丝红人，其微博上累计的粉丝规模也已经达到了500万。在微博上，他会发布和抖音上的视频不同的内容，包括图片、文字、视频等，也会通过粉丝团组织等方式和粉丝互动。

视频创作者选择微博作为视频社交平台，主要包括三个方面的原因：一是微博的社交属性，有利于粉丝的互动和经营；二是微博的视频社交不仅局限在视频内容，还有多元化内容的个人展示，包括文字、图片、视频等；三是微博是一个传播性、公众参与性兼具的平台，有利于跨界社交与交叉互动传播。整体来看，微博的社交媒体属性有利于视频用户社交资产的积累和影响力的提升。

3. 充分利用顶部IP、重大事件进行视频社交传播

热门综艺节目和影响力广泛的大剧集作为视频市场上的头部内容IP，一直在视频社交领域占有重要地位。微博一直在不断强化与顶级综艺和电视剧的内容合作以及产品创新，助力多档节目成长为现象级内容IP，以给用户带来更好的内容消费和互动体验。

2017年，微博合作覆盖了480档节目，产生了370万条视频，播放量超过4000亿。2018

年，微博继续推进与热门综艺和剧集的跨平台合作。2018年春节期间，微博成为央视春晚新媒体社交平台独家合作伙伴，与央视在短视频、直播、内容互动等多领域展开深入合作。在微博平台上，春晚相关短视频播放量超过30亿，"春晚答题王"累计吸引了2400万人次的参与。此外，腾讯视频《创造101》在微博上相关话题的阅读量接近370亿，短视频播放量超过110亿，节目选手的微博粉丝规模超过4000万。在体育赛事方面，2018年世界杯吸引了超过1亿微博用户参与讨论，总互动量超过10亿，短视频播放量超过170亿，话题阅读量近1000亿。

政府、媒体机构也充分利用微博进行视频内容的社交化传播。2018年"两会"期间，新华社、《人民日报》、央视等重点媒体利用视频的方式，第一时间将"两会"重要内容发布在微博上，"两会"相关短视频的总播放量超过30亿次，视频直播观看量近2亿次。

四、视频社交化之市场价值

对视频发布者来说，视频社交的市场价值核心在于社交关系和基于粉丝沉淀的社交资产。在微博上，目前粉丝在100万以上的头部网红超过3万人，主要覆盖了25个领域。良好的粉丝增长来自好的账号和内容，微博对视频方市场价值的催化和提升，主要通过帮助网红更好地进行内容生产，进而在微博里实现更好的粉丝价值转化。

在视频产品方面，微博上线的竖版视频加上了弹出关注层，还有在横屏视频的片尾也加上了关注引导的方式。在微博，一个用户关注某个账号是有选择性的，他更关注的是这个账号本身而不是看到的内容，这是微博作为社交平台与内容消费和推荐平台不一样的地方。

同时，微博现在也开始有了大量推荐的内容流，其核心是降低用户在微博里发现好的账号的成本，微博希望通过推荐内容流让好的内容和好的账号能够脱颖而出。微博客户端的顶部有热门流，积聚了大量的流量，此外还有视频的消费流，视频的后推荐流，这些推荐对于网红和账号是非常好的曝光的机会。

2018年，微博成立了30亿元联合出品基金，深度扶持生产优质内容的MCN机构，帮助MCN机构在内容垂直化、IP社交影响力、商业化等方面做出努力。针对日益发展壮大的机构群体，微博推出了"微博内容商业联盟助力计划"，打造微博平台、关键意见领袖（Key Opinion Leader，KOL）、广告主三方的生态闭环，实现MCN机构与品牌的双向商业变现。

与此同时，从内容策略上，微博鼓励MCN机构生产原创系列化的视频内容，微博即将在移动端推出专区页面聚合、个人主页呈现、视频专辑等产品，并持续补贴优质内容创作者，对正文页广告、评论流广告、视频角标、贴片、翻版等广告形式与视频发布者分成，视频三件套广告收入的55%分给制作机构和KOL。

在商业变现上，微博和其他非社交平台也有方式上的区别。微博有传播性，有内容分享和发布的多样化。恰恰基于此特性，所以微博上实现了更加多元化的变现方式，包括广告、电商、一直播、微代言、打赏、V（明星）+会员付费、问答等多种形式，而不局限于传统的视频贴片广告分成和广告植入收益，同时在每个变现方式里面都有不同的做法。

就电商而言，在微博上电商变现的产品相对比较成熟，我们则通过不断地优化电商在微博上的有效传播形式，努力提高消费者购买的转化效率。目前微博上电商变现产品覆盖的领域主要包括：时尚、美妆、美食、美妆、运动、动漫等。

对于广告变现而言，网红的变现能力和方式与明星越来越融合，他们的粉丝规模以及商业价值会越来越接近。2018年上半年，微博推出明星制作人微计划，引导明星进行更系列化的生活、专业或者兴趣的短视频的分享，从而实现商业收益。同时，酷燃视频也帮助网红通过个人IP以节目化的方式生产内容，利用这种形式，既能提升网红的影响力，同时也在这个过程中去挖掘网红的商业价值。

五、发达国家视频社交之观察

视频与社交的结合在全球范围内都是正在发生的趋势，以脸书（Facebook）、推特（Twitter）、图片墙（Instagram）等为代表的国外各大社交平台都在发力视频社交，优兔（YouTube）、奈飞（Netflix）等视频平台也在不断加强自身的社交性。

社交平台在视频社交领域的拓展包括两个方向：一是帮助普通用户便于即时生产和分享的短视频内容；二是向着专业品质的电视化内容（TV like content）方向进行系列化、专业化的视频节目生产拓展。为了更好地服务用户，Instagram和Facebook message于2016年下半年起先后推出了应用简便的Story（故事相机）功能，便于存放和找到节目的Watch（新空间）功能和更好地服务于专业内容创造者的长视频IGTV功能等。

1. 电视化专业品质内容成为社交平台视频发展重心

继2016年推出直播平台Facebook Live之后，2017年9月，Facebook推出视频社交领域的主力产品Facebook Watch，既包含Facebook资助的原创类节目，又有来自其他创作者的视频。Watch主要聚焦于两种类型的剧集：一种是比普通电视剧（20~30分钟）更长的大制作的剧集；另一种是5~10分钟、低成本的短剧集，大约每天更新一次。截至目前，Watch已与30余家媒体联手，合作推出了数百部短视频内容；与一些知名独立创作者合作，分发其自产内容（UGC）；同时还与传统电视网合作，获得其部分免费节目的线上直播权。Facebook Watch平台上的三大主要节目类型包括有脚本电视剧、无脚本的真人秀和热门体育直播内容。

Instagram推出的全新产品IGTV，主打的是竖屏长视频内容，普通视频长度是15秒到10分钟，高级用户延长到了1小时。IGTV目前主要致力于建立其内容可信度，平台重点选择的是与名人、意见领袖和知名品牌合作，希望通过他们的影响力吸引粉丝平台内容的关注。例如BBC在登陆IGTV几周之内，就与年轻受众建立了密切的互动关系。

IGTV的界面主体是竖向全屏，上滑会调出浏览选项，有推荐、关注、热门三个类别。在滑动浏览其他视频时，正在观看的视频是在持续播放的，点击其他视频才会进行切换。IGTV重视频道概念，创作者在上传视频时建立的是频道，普通用户看视频时也关注的是频道，而不是单个独立的视频内容。目前阶段，IGTV的下载量和视频播放量的表现与Instagram推出Story应用功能还有一定差距。

推特（Twitter）和色拉布（Snap）视频在电视化内容的视频社交方面的尝试，主要集中在与传统视频机构建立合作上。Twitter和彭博社（Bloomberg Media）达成视频内容合作，通过一个24小时频道，播出其记者播报的全球突发新闻，以及经过核实的来自Twitter用户的内容。Snap的合作机构包括全国广播公司、探索频道、美国广播公司新闻台（NBC、Discovery networks、ABC NEWS）等多家传统媒体，合作主要集中在节目内容领域。

2. 视频平台积极进行社交化尝试

视频平台在为用户提供更优质视频内容的同时，也在进行社交化尝试。YouTube在拉近创作者与粉丝互动关系方面，推出了YouTube Community（社区），以标签的形式存在于创作者的频道中，创作者可以用文本、照片、动图、投票等多种形式与粉丝们分享自己的创作进度，还可以发布类似Story（故事相机）功能的短视频片段，给视频创作者与粉丝互动提供了新的方式。

同时，YouTube也鼓励用户在观看视频的同时进行社交，允许用户直接在Android和iOS移动应用中与联系人分享视频。用户可以通过YouTube移动应用的"分享"标签将视频分享给其他用户，与其他人一起在观看视频同时进行聊天互动，并且能邀请更多朋友参与对话（每个群聊上限为30人）。

而传统媒体CNN则与Facebook展开合作，每周会同时在Facebook Live和电视上播出聊天节目*CNN TALK*，节目通过用户的评论和互动量等指标来衡量效果，观众的互动会在直播中即时呈现。

六、视频社交化之发展趋势

随着5G技术的应用，视频社交即将迎来更快的发展契机。社交平台也在积极开发更多的视频互动形式，以提高视频社交方式的多样性与趣味性。鉴于社交互动对视频节目热度的有效提升，视频方有可能会在节目环节的设置上引入社交互动结果。

1. 5G应用和资费降低将扩大视频社交内容消费

2018年，已有多个国家宣布在2019年推出移动5G技术，中国也已公布5G时间表。爱立信预计，到2023年底，5G将覆盖20%以上的世界人口。根据全球领先的网络解决方案供应商思科公司（Cisco）发布的数据，2016年至2021年，全球IP视频流量将增长3倍，同期移动数据流量增长7倍。目前，业界达成的共识是，高清视频将成为消耗移动通信网络流量的主要业务。

5G网络的下载速度比4G快100倍。这对视频内容的生产和传播将带来新的利好，被社交媒体分享的内容将成倍增长，内容碎片化的程度也会持续加剧。基于未来5G移动网络的业务体验将不受地域、时空的限制迅速交互传播，相关专家预计，VR、AR漫游沉浸式体验所创造的身临其境的交互信息将取代文字、图片，成为下一代社交平台的主要信息载体。

2. 社交平台助推更多类型视频互动方案

视频社交过程中，基于视频内容的互动能有效提升用户的参与度。因此，更多类型的视频互动方案会是社交平台发力的方向之一。

目前Facebook已经收购了一家为视频创作者提供互动元素工具的公司。通过这家公司的产品，用户可以在社交平台上的视频或直播中加入实时投票、评论、图片互动等功能。Facebook在这次收购后，可能会向视频创作者开放互动性工具，用于提升视频内容的吸引力。

3. 平台与用户互动引导内容走向的趋势还将走强

对长视频节目来说，社交平台上的用户互动持续时间可以保持得更长久，在一个节目播出期的一个月到几个月之间，用户都可以持续在社交平台上围绕节目内容进行讨论互动。为提高用户参与度，视频内容方已开始就内容中的某些环节与用户进行深度互动的尝试，如《中国有嘻哈》《创造101》等节目都引入了用户投票来影响节目走向的生产方式，以引导后续节目向着更符合观众欣赏需求的方向发展。在视频社交越来越受关注的背景下，未来这一趋势有望走强。

小　结

随着"社交+"成为互联网的基础设施平台，视频内容的传播日益离不开社交平台，而社交平台也需要视频内容来促进用户活跃和提升平台价值。视频社交的应用，对视频创作者和社交平台来说是一个不断磨合和发展的过程。在5G技术即将实现应用的背景下，视频社交会有更广阔的应用场景。

第三章 技术进步的收获

——移动视频直播江湖之考察

主 笔：周 滢 中央电视台发展研究中心研究员

由中国互联网络信息中心（CNNIC）发布的第41次《中国互联网络发展状况统计报告》显示：截至2017年12月，我国手机网民规模达7.53亿，网民中使用手机上网人群的占比由2016年的95.1%提升至97.5%；在网络娱乐应用中，网络直播用户规模年增长率最高，达到22.6%，其中游戏直播用户规模增速达53.1%，真人秀直播用户规模增速达51.9%。

一、2017：移动直播转型之年

网络直播的雏形可以追溯到2008年的"播客"。2008年成立的天鸽互动是国内最早涉足直播业务的公司。当时，用视频传递信息的方式迅速走红，却又因发展方向模糊市场反应平平。而后，随着移动互联网兴起重获生机，移动直播应用陆续上线，最终在2016年迎来了井喷期（见下图）。故此，2016年也被业内人士称为移动直播元年。

2016年中国娱乐直播市场AMC模型[①]

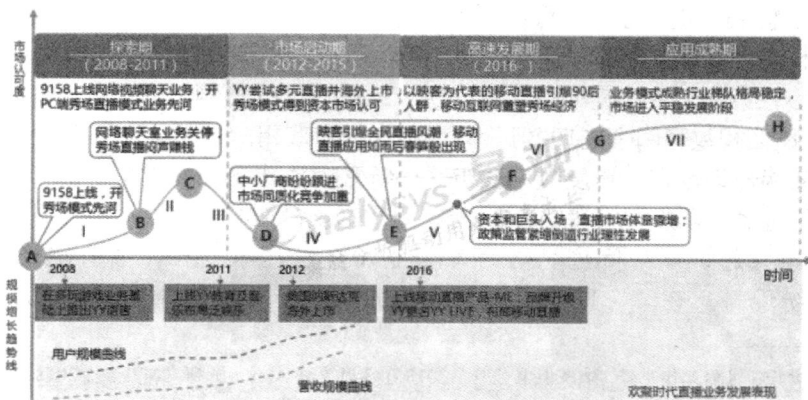

数据来源：易观数据

发展到2017~2018年，移动直播已经从最初的个人秀场、微观视角渐渐向着精细制作、大型报道为主的专业直播转化。观众也从开始的以寻求娱乐为主，逐渐转向从直播中

---

① 易观：《2016年中国娱乐直播市场AMC模型高速发展期入口价值凸显》，https://www.analysys.cn/。

获取更多信息、知识、经验的使用需求转变。根据极光大数据统计，[①]截至2018年2月，直播App整体市场渗透率高达21.4%，用户规模超过2.2亿人，意味着每100个中国移动网民中就有近22个人是移动直播App的用户。

1. 爆发式增长：直播App用户规模突破2亿[②]

根据CNNIC统计，在2017年的网络娱乐应用中，网络直播用户规模增长率最高，达到22.6%，[③] 可以说是爆发式增长。据今日网红统计，[④]直播平台用户以年轻男性为主，占比59.6%，他们中的66.7%不到30岁。

2017—2018年直播App渗透率及用户规模变化

数据来源：极光数据 取数周期：2017年2月至2018年2月

2. 产业规模约400亿元，独角兽平台崛起[⑤]

国家版权局网络版权产业研究基地2018年4月23日发布《中国网络版权产业发展报告（2018）》称，[⑥]2017年中国网络直播市场产业规模已经达到近400亿，超过了网络视频会员付费的218亿和数字阅读的100亿，成为仅次于游戏用户付费（2355亿）的网络应用产业。此外，艾瑞咨询也在《年度数据发布——新营销领域及搜索、视频细分领域》中称，2017年泛娱乐直播市场规模将达440.6亿元，同比增长92.8%。[⑦]

直播市场兴起，一夜间催生数百家企业。经过几年发展，估值超10亿美元的独角兽企业纷纷现身。在《互联网周刊》公布的2018年独角兽企业Top150中，[⑧]今日头

---

① 极光大数据：《你且你先睡，我美我直播——2018年3月直播App行业研究报告》，2018年3月，第1页。

② 据CNNIC报告称，截至2017年12月，网络直播用户规模达到4.22亿。此处直播App用户是指使用移动端App的用户数，包括在网络直播用户之中。

③ 中国互联网络信息中心：《第41次中国互联网络发展状况统计报告》，2018年1月。

④ 今日网红：《2018年中国互动视频行业研究报告》，2018年4月9日。

⑤ 独角兽企业：《私募和公开市场的估值超过10亿美元的创业公司》。

⑥ 赖名芳，《〈中国网络版权产业发展报告(2018)〉在京发布中国网络版权产值超6000亿元》，中国新闻出版广电报2018年4月25日第3版。

⑦ 艾瑞咨询：《2017年度数据发布——新营销领域及搜索、视频细分领域》，2018年1月。

⑧ 弘毅：《用新价值观定义2018独角兽Top150》，互联网周刊2018年4月5日，第34~38页。

条（No.3）、斗鱼（No.10）、一下科技（No.26）、虎牙直播（No.35）、花椒直播（No.86）、熊猫TV（No.103）、全民TV（No.108）、映客（No.120）、BIGO LIVE百果园网络（No.134）等企业均榜上有名。

3. "颜值"转价值，内容升级倒逼平台转型

网络直播经历了2016年来的高速发展后，渐渐从最初的野蛮成长，步入到相对正规、理性的发展阶段。

2017年3月中旬，麻椒直播平台一女主播不穿衣服直播玩黄鳝的"黄鳝事件"引爆网络，色情直播再度引发舆论关注。同年4月，央视曝光包括陌秀、蜜播、橙子等十多家涉黄直播平台，苹果商店数家直播平台被批量下架。此外，随着直播的流量与影响力越来越大，对于直播所涉及的版权问题也引起了广泛讨论。

随着直播市场向纵深发展，网络直播正在从"颜值直播"向"价值直播"转型。2016年底，白发教授直播数学课受到追捧，有网友为看直播授课放弃游戏，称相见恨晚。专业知识需求、提供有效信息成为直播界的清流。靠拼颜值、秀下限、打法律擦边球的所谓"眼球经济"，即便一时喧哗，最终也会被时代所淘汰。2017年9月，映客决策层表示，未来将投入10亿元与优秀内容合伙人共建平台PGC（专业制作）内容生态。NOW直播、熊猫等平台也纷纷投入亿元级别资源提升内容品质。与此同时，为更为有效地吸引忠诚用户，众多直播平台开始将发展重心转向细分的内容领域，同时也更加注重精细化运营。

2017年主要直播"越线"事件

相关文件	相关单位	政策事件	类型
《北京宣言》	中国移动互联网直播行业联盟	直播平台和直播内容提供商共同发布相关自律文件	行业自律
《网络表演经营活动管理办法》	国家网信办	网信办出台政策，直播网站需向省级文化厅行政部门申请《网络文化经营许可证》	政府政策
——	上海市网信办	上海市网信办就低俗事件约谈直播平台	地方政府约谈
——	国家网信办	国家网信办依法在应用商店下架并关停18款传播低俗信息直播类应用，包括"红杏直播""蜜桃秀"等平台	政府查处
——	全国扫黄打非办公室	全国扫黄打非办公布"夜魅社区""微笑直播"等6起网络传播色情淫秽事件，并立案侦查	政府查处
——	央视	中央电视台点名报道多加直播平台涉黄事件	官媒报道
——	直播平台	中国演出行业协会网络表演（直播）分会在京成立	行业自律
——	文化部	文化部开展集中整治，共关停10家网络直播平台，处罚48家网络平台，处理主播超过3万人次，解约主播547人	政府查处
——	文化部	文化部对50家主要平台进行"全身体验"式执法检查，部署北京、上海等地机构，依法查处30家违规平台，关停"悟空TV"等11家手机平台	政府查处
行业备案政策	北京网信办	北京网信办召开了网络文化评议会，并全面启动了互联网直播企业备案工作，一直播、花椒、快手等30余家网站参会	政府政策
行业备案政策	国家网信办	国家网信办要求全国互联网直播服务企业自7月15日起，网属地互联网信息办公室进行登记备案工作	政府政策
——	文化部	各家游戏平台相应文化部要求，6款游戏直播被查封	政府查处
——	全国扫黄打非办公室	全国"扫黄打非"办公室通报第二轮"扫黄打非"省际交叉督查工作情况	政府查处
——	全国扫黄打非办公室、公安部治安管理局	对"友视""独友""partylive"等7起直播平台传播淫秽物品牟利客户予以挂牌督办	政府查处
——	北京市扫黄打非办公室	破获"Peepla"直播传播淫秽色情信息案，抓获犯罪嫌疑人17人	政府查处

数据来源：今日网红

二、直播市场渐趋成熟

自2015年网络直播正式得到普及并进入大众的视野开始，行业经历了资本的大规模涌入和白热化竞争时期之后，到2017年，全民直播的风潮已渐渐消退，市场竞争格局逐步形成，真正优质的PGC和PUGC（独家版权的专业用户生产内容）内容成为了主流。在这个成长变化的过程中，移动直播、短视频、社交网络都在不断相互渗透、相互支撑，形成了移动直播媒体生态圈。

中国网络直播产业生态图谱[①]

数据来源：艾瑞咨询

1. 产业链条丰富，盈利模式多元

在整个网络直播生态圈，市场定位各异的不同平台都在以适于各自生存的经营方式顽强地生长着。

移动直播集成平台如一直播、头条号、企鹅号等的盈利模式主要有：增值服务、广告投放、游戏联运、电子商务、收费订阅、提供渠道获得利润分成、电子商务和O2O业务、游戏、视频网站的合作（优酷、搜狐视频等）、社交应用等十余种。

独立直播平台的盈利模式则主要为：打赏分成、广告投放和版权收入。

在这个形成闭环的直播生态圈中，用户得到了大量免费的信息和视听享受，广告主找到了新的营销渠道，主播们得到了表现的舞台和粉丝们的打赏，传播平台则收获了影响力和相关经营收入。生态圈中的各方相互依存，在技术进步和市场发展的推动下，不断进行着经营创新和产品换代。

---

① 艾瑞咨询：《中国网络直播营销市场研究报告2018》。

2. 网络主播逾千万人，平台营收超60亿元

当下，网络主播的收入多依赖于用户"打赏"，因此，主播需要将观看直播的用户转化为付费的粉丝，才能得以生存。

据今日网红统计，全网有近1022万主播[2]（一些业内人士认为该数据有些过于夸张），其中陌陌、映客、花椒、一直播、美拍、来疯等六大直播平台共有877万名主播，2017年收入约达64亿元。

独立直播平台产业链条示意图[1]

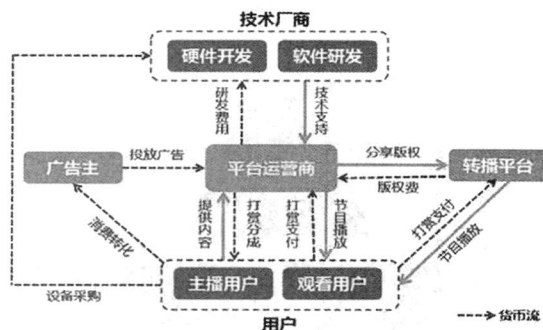

数据来源：艾瑞咨询
《2015年中国互联网生活直播市场研究报告》

3. 直播平台受资本青睐

2018年3月，腾讯几乎同时对斗鱼TV和虎牙直播进行了上市前基金的投资（Pre-IPO）。映客也于2018年3月向港交所提交了招股书。一直播和繁星直播也相继传来即将IPO的消息，再加上之前就已经上市的YY、陌陌和天鸽互动，资本对于直播市场的积极参与可见一斑。

从营收情况来看，YY、陌陌和映客应该是吸金能力最强的三大平台。YY超强的营收和盈利能力在于其在PC时代就已入局直播界，有显著的先发优势，同时旗下的游戏直播平台虎牙的成功也贡献了不少业绩；陌陌直播营收和利润强劲则得益于将直播与社交进行了完美结合；映客的营收和盈利能力能够在众多直播公司中脱颖而出，核心原因在于其在有强消费能力年青一代中广受欢迎，以及良好的视频直播收入和在线广告收入两种互补的盈利模式。

相关财报显示，YY母公司欢聚时代2017年净营收115.95亿元，同比增加41%，其中直播营收达到106.7亿元，净利润27.51亿元，同比增加64%；陌陌2017年净营收82.98亿元，同比增加138%，其中有83.64%的收入来自于直播，同比增加108%；天鸽互动2017年净营收10.05亿元，同比增

主要直播平台主播年收入（元）

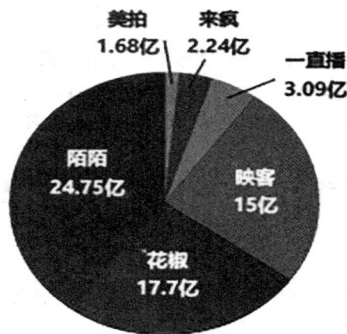

数据来源：今日网红数据库 统计时间截至2017年12月
统计平台：陌陌、映客、花椒、一直播、美拍、来疯

---

① 艾瑞咨询：《2015年中国互联网生活直播市场研究报告》。
② 今日网红：《2018年中国互动视频行业研究报告》，2018年4月9日。

主播收入金字塔图示

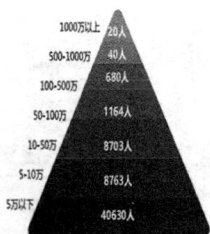

1000万以上 20人
500-1000万 40人
100-500万 680人
50-100万 1164人
10-50万 8703人
5-10万 8763人
5万以下 40630人

平台/人	1000万以上	500-1000万	100-500万	50-100万	10-50万	5-10万	5万以下
陌陌	9	24	222	390	3560	3791	2004
花椒	6	10	205	371	2291	2177	4940
映客	4	4	168	248	1992	1950	5634
一直播	1	0	45	52	318	305	9279
美拍	0	2	22	15	148	155	9614
来疯	0	0	18	44	394	385	9159
合计	20	40	680	1164	8703	8763	40630

数据来源：今日网红数据库 统计时间截至2017年12月
统计平台：陌陌、映客、花椒、一直播、美拍、来疯

2016—2017年主要直播平台投融资及并购情况

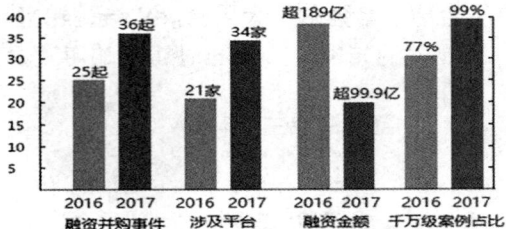

注：千万级案例占比中，采纳数据仅包含有具体数额的案例
数据来源：网络 数据统计截至2017年12月

2017年中国移动直播新闻资讯平台用户数量与营收规模集中度示意图

数据来源：艾瑞咨询研究院自主研究及绘制

加20%；净利润4.56亿元。其中，陌陌的市场表现尤为突出，依托直播+社交的运行模式，其营收和利润增幅屡次打破中概股纪录，市值一度接近100亿美元。

三、新闻移动直播市场变局

在传统PC端直播时代，直播市场的两大中流砥柱是秀场直播和游戏直播。而到了移动直播时代，在技术进步的助推下，移动直播大大解放了PC端直播的诸多限制，内容生产的门槛空前降低，直播可以随时随地进行，直接促进了直播场景的多样化，为新闻直播提供了更为便利的工具和更为广阔的应用空间。

1. 移动直播为新闻报道注入新的生机

2016年7月，湖北发生洪涝灾害，《湖北日报》荆楚网联合斗鱼TV，以直播的形式向外界报道了灾区的民生现状、政府救灾以及官兵抢险等画面，同时与网民实时互动。直播期间，参与直播的荆楚网记者张扬不慎落水，幸而最后成功自救。这一过程被完整直播出来，让观众切实感受到灾区的危险以及记者进行新闻报道的辛苦，高峰期有10万余用户共同观看，起到了较好的宣传效果。

大致看来，移动直播具有以下几个突出的特点：

● 速效

记者（或报道者）可在第一时间向受众呈现全面可感的现场视频直播报道；编辑能在最短的时间内对素材进行编辑和播发，具有随时随地传播优势。

●真实

直播的优势体现在信息由主播直达受众，无须通过第三者转述，减少了信息损耗，增强了可信度，最大程度地还原了新闻现场的实况。

●参与

依托流媒体技术的网络直播实现了"零门槛"的新闻报道参与。普通人以目击者的身份定位具体地理位置，并发布实时讯息，弥合新闻媒体因错过最佳报道时间的缺憾，成为提供新闻内容的重要渠道。

●互动

除了观看，用户还可以对内容进行点赞、评论、分享、发弹幕等。中国青年报社社会调查中心一项调查显示，47.3%的用户在观看直播时喜欢与其他观看者进行交流，分享观看体会。[①]

●趣味

与传统直播的专业组织和宏大叙事不同，移动直播极大地降低了直播活动的题材门槛，除重大突发新闻事件外，内容题材选择可以更广阔更加多样有趣。

●持久

传统的电视新闻直播，窗口打开时间往往是事件的核心阶段，有的只有短短几分钟。移动直播的窗口原则上可以无限长时间地开启。某种意义上，它是一种伴随式直播，受众可随时进入随时离开。

●经济

移动直播一般不需要进行复杂的设计和准备，这源于直播本身就是一个内容和互动并重的报道形式，相较于内容，用户可能更加关注互动过程。此外，报道设备便携性强，操作简单，极大地降低了制作成本。

2. 央视新闻+、新华社客户端、《人民日报》客户端发力新闻移动直播

传统新闻媒体在移动直播的领域也纷纷布局。通过2017年第季度对央视新闻+、新社客户端、《人民日报》客户端Top30直播视频的监测数据，[②] 可以大致了解三大央媒发力移动直播的情况。

（1）新闻是三大央媒移动直播流量汇聚高点，重大时政直播最受瞩目

从直播类型上看，新闻类直播在Top30中占发布量六成以上，同时也是最吸引移动客户的内容，播放总量近1.5亿次。

在三家央媒中，央视新闻+发布新闻直播的比例最高，达79.4%，同时央视新闻+的用户也最关注重大新闻的直播内容，占97.1%。

---

① 中国青年报：《75.1%受访者在观看影视作品时会关注弹幕》，http://www.xinhuanet.com/tech/2016-08/30/c_1119475283.htm，2016-08-30。

② 数据来自中央电视台事业发展研究中心对移动直播的定期监测结果。

央视新闻+直播类型分布（2017年第四季度）

内容类型	播放量占比（％）	发布量占比（％）
新闻类	97.1	79.4
文化类	1.1	7.4
生活类	1.1	7.4
科技类	0.3	2.9
财经类	0.3	1.5
体育类	0.1	1.5
总计	100.0	100.0

《人民日报》客户端直播类型分布（2017年第四季度）

内容类型	播放量占比（％）	发布量占比（％）
新闻类	75.6	64.0
财经类	11.0	17.3
生活类	5.0	6.7
文化类	2.9	5.3
教育类	2.8	2.7
科技类	1.5	2.7
娱乐类	1.1	1.3
总计	100.0	100.0

新华社客户端直播类型分布（2017年第四季度）

内容类型	播放量占比（％）	发布量占比（％）
新闻类	66.5%	64.6%
生活类	12.6%	12.7%
文化类	8.2%	8.9%
科技类	7.0%	7.6%
军事类	3.4%	3.8%
体育类	1.2%	1.3%
娱乐类	1.1%	1.3%
总计	100.0%	100.0%

数据来源：CSM媒介研究

（2）"十九大"直播播放量最高，彰显舆论主战场影响力

在新闻类直播视频中，重大时事直播最受瞩目。例如在2017年第四季度，央视新闻+、《人民日报》和新华社客户端在重大时事和重大节日/纪念日报道上凸显传播影响力，尤

其是关于"十九大"系列报道，总播放量超8000万次，居各直播主题之首。

播放总量Top10的移动直播主题（2017年第四季度）

序号	直播主题名称	播放量（万次）	发布量（条）	发布日期	直播类型	直播类型–属性
1	"十九大"系列报道	8057.5	59	10–12月	新闻类	重大时事
2	"大咖有话"系列	1258.8	15	10–12月	财经类、生活类	人物访谈
3	2018新年报道	581.9	5	12月	新闻类	重大节日/纪念日
4	"双十一"系列报道	325.0	3	11月	财经类	经济
5	世界互联网大会报道	315.6	6	12月	新闻类	新闻资讯（科技）
6	特朗普访华	243.4	4	11月	新闻类	重大时事
7	清华大学军训结业典礼	227.5	1	9月	教育	教育
8	长隆度假区相关报道	215.6	2	9月、12月	生活类、娱乐类	旅游
9	南京大屠杀公祭日报道	212.0	2	12月	新闻类	重大节日/纪念日
10	国庆黄金周报道	211.6	3	10月	新闻类	重大节日/纪念日

数据来源：CSM媒介研究

此外，科技、经济、汽车新闻直播也广受欢迎，播放量分别为900万、700万和400万。2017年第四季度关于地震、火灾、爆炸、枪击案件等突发事件的播放量也超过了500万，占该时期直播总量近3%。

2017的第四季度三大央媒移动直播不同内容播放量分布示意

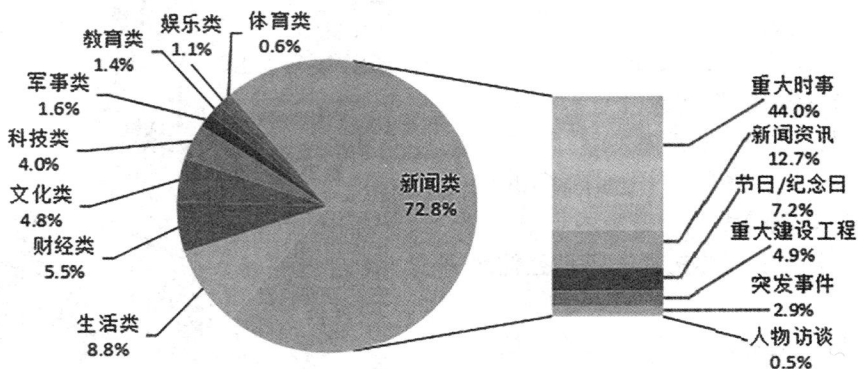

数据来源：CSM媒介研究

四、娱乐直播大浪淘沙

1. 五类主播争奇斗艳

活跃在直播领域的1022万网络主播吸引着4.22亿粉丝。[①]他们有的是以才艺见长，有

---

① 今日网红：《2018年中国互动视频行业研究报告》，2018年4月9日。

的则主要靠形象气质吸引观者，2017年末到2018年初，越来越多的用户对仅仅颜值出众的主播出现了审美疲劳，知识、观点分享型主播则冉冉升起。

（1）颜值才艺型主播：展示演艺特长

才艺型主播依靠出众的唱歌、舞蹈、模仿、弹奏等演艺能力以及Cosplay等特色表演，受到众多粉丝追捧。另外，颜值+幽默口才成为年轻男女主播的制胜法宝；既注重口才和幽默感的表现力，又擅长在与用户的互动过程中找到话题点，并以"讲段子"的方式进行即时表演的主播容易获得用户的喜爱与认可。

（2）商业推广型主播：紧贴消费市场

商业推广型主播是网络主播的重要组成部分，仅以2018年第四季度为例，在花椒、一直播、映客等平台的Top30中，商业推广促销类直播视频播放总量达23.6亿，占比超过六成。

（3）知识分享类主播：以知识分享为看点

知识分享类主播多围绕某一特定行业或领域，通过会议直播、嘉宾采访或单人讲授的方式来进行知识分享，主播常以线上知识宣讲与线下活动相结合的方式来维系用户黏度。如，花椒主播中的"学霸十三妹"，直播的内容主要为创投领域的知识与经验。该直播以日播形式呈现，每期设立不同的创投领域主题，并会邀请专家来分享专业知识，解答用户疑惑。

（4）游戏类主播：体验带动流量增长

游戏主播特色鲜明，易引流用户，直播画面通常以实时的游戏过程为主，并辅以游戏解说与聊天互动。游戏直播多以体验为主，游戏技巧通常并不出彩，但由于主播的人气和内容的新鲜感，依然能赢得大量用户关注。

（5）传统媒体主播：带动整体水平提升

在网络直播中，传统媒体人挟丰富的专业知识、独到的评论角度、流畅的主持风格等优势进入，也激发出市场的活力，带动了行业整体水平的提升。前电视主持人"董路（足球）"以足球为主题在一直播平台进行直播，吸引了众多用户的关注。此外，董路还在直播中自弹自唱展现个人才艺，为节目注入了轻松的氛围和独特的风格。与主持电视节目相比，董路在直播中的状态更加轻

斗鱼主播"冯提莫"以明星身份现身粉丝嘉年华活动

网络直播望 152年一回！在阿勒泰看超级月亮"躲猫猫"

松，语言更口语化和幽默风趣，直播场景和衣着也更加生活化。

2. 持续受到资本关注

2017年全国的娱乐直播平台吸引各类投资上百亿元，[①]主播公会也引来了不少投资客落户。

（1）马太效应显现，头部平台更受资本青睐

2017年资本市场对直播平台持谨慎态度，投资基本集中在头部平台，如斗鱼、花椒等。与此同时，入局者的资本实力及背景也更强。例如，在2017年完成D轮融资的斗鱼，虽未公布具体融资金额，但投资者中出现了实力雄厚的国家队招银国际。2017年，直播公会在投融资方面也表现活跃，大公会寻求融资、小公会寻求被并购。例如，蓝雨与China公会就合并为"中国蓝"公会，也有中娱、娱加等公会宣布了融资计划。

2017年直播平台主要融资并购事件

时间	融资平台	融资轮次	金额	投资方
1月13日	触手直播	A轮	4亿元	GGV纪源资本 顺为资本 启明资本 沸点资本
1月20日	Kitty Live（海外直播）	D轮	2100万美元	赤子城
2月7日	Blued	A轮	数千万元	山水从容传媒投资有限公司
2月15日	荔枝直播	C轮	5000万元	——
3月2日	BLGO LIVE（海外直播）	并购	1亿美元	平安海外控股领投
3月7日	6间房	并购	3.8亿元	宋城演艺
3月17日	蓝雨公会	D轮	8000万（网传）	China公会
3月23日	快手	并购	3.5亿美元	腾讯 红杉资本 DCM中国 百度
3月31日	秀色秀场	C轮	8亿元	同方投资基金
4月20日	微吼	天使轮	2亿元	维思资本
4月21日	想播就播（企业直播平台）	——	百万美元	
5月2日	Live_Me（海外直播平台）	并购（失败）	6000万美元	经纬中国 戈壁投资 猎豹移动等
5月9日	映客直播	A轮	28.95亿元	上市公司宣亚国际
5月16日	虎牙直播	Pre-A轮	7500万美元	平安海外（领投）
5月18日	VG娱乐（PGC直播俱乐部）	B轮	近千万元	晨曦资本投资
5月24日	熊猫直播	B轮	10亿元	兴业证券兴证资本 汉富资本 沃肯资本 光源资本等
5月28日	花椒直播	——	10亿元	天鸽互动等
6月19日	Nonolive（海外直播平台）	A轮	数千万美元	微影资本 阿里巴巴 斗鱼等联合投资
6月19日	Stager Live（海外直播平台）	A轮	数千万美元	SIG（领投）
7月21日	抱抱直播	Pre-A轮	1亿元	华侠资本 GGV 蒙为资本 险峰资本
7月26日	云犀直播（企业直播平台）	A轮	2000万元	赛富亚洲资金
8月3日	M17Entertainment（17直播母公司）		4000万美元	Infinity Venture Partners（领投）
8月4日	目睹直播（企业直播平台）		近亿元	普路九州产业基金 松禾资本
8月10日	图零直播（IT在线教育直播平台）		6000万元	展融资本 乾莹资本 有成创投
8月15日	L+公会	并购	——	娱加
8月24日	SLIVER_tv（VR电竞直播平台）	A轮	980万美元	丹华资本（领投）
9月6日	帝王公会		——	话社娱乐
9月15日	裂变直播（海外直播平台）	A轮	1.05亿元	中文基金 德晋基金 360天神互动 三千资本
10月12日	娱加娱乐	——	近亿元	芒果文创基金战略入投
10月20日	中娱传媒	A轮	5000万元	由赛动势基金领投 国教资本领投
10月30日	综皇文化（直播内容电商）	A轮	2000万元	赛富动势基金
11月8日	宠舍汇	Pre-A轮	1000万元	
11月8日	Live_Me	B轮	5000万美元	今日头条
11月20日	斗鱼直播	D轮	——	招银国际 南山资本
11月29日	红豆live	A轮	——	中信资本 映客投资
12月27日	触手直播	D+轮	5亿元（后证实为1.2亿元）	谷歌（领投）

数据来源：公开数据整理

---

① 今日网红：《2018年中国互动视频行业研究报告》，2018年4月9日。

（2）布局产业链条，垂直领域兴旺

此外，一些拥有资金实力的直播平台也开始投资布局相关产业链条。比如2017年斗鱼投资了在印尼颇受欢迎的移动视频直播平台 Nonolive。而主打秀场的映客直播则把目光放在了从语音直播平台转型为二次元直播平台的红豆live上。2017年末到2018年初，语音直播因其垂直性发展、用户黏性较高等特点，也持续受到业内外资本的关注。

3. 答题直播井喷式爆发，可持续后劲尚待观察

2018年初，直播答题热潮兴起，花椒直播连续20多天直播《百万赢家》，平均每场550万人在线观看。[①]一夜之间，《冲顶大会》《芝士超人》《百万赢家》《黄金十秒》等答题直播App成为移动端新宠。

（1）新瓶装老酒，电视智力竞赛的网络端翻版

虽然各平台的答题直播花样翻新，但基本元素与传统的电视智力竞赛一脉相承，答题的赛制规则也大同小异，每天固定时段直播，每期12题，限时10秒作答，邀请好友获得复活机会，通关者平分奖金。

因此有业内分析认为，答题直播无论从内容、形式和玩法上，都脱胎于早在1999年CCTV-2就推出的著名益智节目《开心辞典》，是属于"新瓶装老酒"。

智力竞赛游戏形式古今中外都很盛行，历史上可以追溯到古时的行酒令，国外电视模式《百万富翁》行销几十个国家长盛不衰，可见这一娱乐形态深受喜爱的程度。答题直播可以看成是知识竞赛类节目在移动端的翻版，正因为有着深厚的群众基础，又有名人推广、巨额奖金吸引，因此立即引发了关注。根据艾媒咨询发布的《2017—2018中国直播答题热点专题报告》显示，"百万赢家"累计吸引9.2亿人次参与答题。此外，调研数据还显示，36.2%的受访网民了解直播答题，79%的受访者看好直播答题的发展潜力。

主要直播答题节目概况

名称	制作团队/隶属平台	上线时间	主要特点
冲顶大会	北京爱声声科技	2017年12月23日	题目难度大、出题节奏快
芝士超人	映客	2018年1月4日	明星出题官（知名主持人）、一人独得奖金玩法、实体奖品
百万赢家	花椒直播、360	2018年1月5日	明星出题官（演艺明星）、组团玩法、一人独得奖金玩法、不间断直播
百万英雄	今日头条-西瓜视频	2018年1月6日	互动多、娱乐性强
黄金十秒	一直播	2018日1月10日	特殊声效运用

数据来源：CSM媒介研究

（2）传统媒体借势开设专场，扩大传播影响力

直播答题迅速成长为移动端流量的重要入口，一些传统媒体闻风而动，借势开辟专

---

① 2018年1月1日~31日，"花椒"平台答题直播"百万赢家"所监测直播场次，平均每场在线观看人数。

场，扩大其传播影响力。如央视新闻移动网与《百万英雄》《百万赢家》合作开设了"央视新闻专场"直播专场；央视中文国际频道和央视春晚相继与《百万赢家》合作播出了"CCTV-4答题专场""春晚专场"；央视财经频道联合五大直播平台，连续5天推出6场特别答题直播。又如《人民日报》《中国日报》和江苏卫视《最强大脑》也联合开播了直播专场。

主要传统媒体直播答题专场情况

传统媒体	专场名称	直播平台	上线时间
央视新闻移动网	央视新闻专场	西瓜视频《百万英雄》、花椒平台《百万赢家》	2018年1月18日 1月30日
CCTV-4	CCTV-4答题专场	花椒平台《百万赢家》	2018年1月21日
央视春晚	春晚专场	西瓜视频《百万英雄》	2018年1月22日
中国日报	中国正当红	映客《芝士超人》	2018年1月23日
人民日报	中国很赞	映客《芝士超人》	2018年1月25日
CCTV-2	央视财经专场	映客《芝士超人》、冲顶大会直播答题App、一直播平台《黄金十秒》、西瓜视频《百万英雄》、花椒平台《百万赢家》	2018年1月27日
最强大脑	百万英雄来烧脑	西瓜视频《百万英雄》	2018年2月2日

数据来源：CSM媒介研究

（3）可持续性有待观察

经过进一步深入分析我们发现，网络直播的核心卖点与当前的一些不足主要有以下几个方面：

一是名人效应。名人效应是直播答题节目聚拢人气的重要因素。如谢娜、汪涵等主持人便在一些直播答题中扮演了重要角色，柳岩、郭德纲等明星担任出题官也带来了看点和话题，《百万赢家》还邀请了纪连海开设"历史专场"等。在社交营销方面，明星的推广的确为直播答题引来了关注。可能是基于成本方面的考虑，目前的大多数直播答题节目都没有明星加盟。

二是有价值的知识内容。作为直播答题的重要载体，彰显民族文化知识内涵，传播正能量，引领时代风尚是节目生存与发展的基础。在观察中我们发现，各平台直播答题的设置接近，有相当的同质化。如在12道题中，常识题占8~9道，高难度的有3~4道，主要聚焦于文学、地理、科学等知识领域。而且一些节目的知识内涵及信息量明显不足，在答题还增加了不少营销推广题目，商业营销诉求高于知识传播。

三是形态要生动有趣。国内外同类节目的发展历程大致可分为两个阶段，一是早期的简单知识问答节目。二是娱乐性更强，表现形态更为生动，设计更为科学的真人秀类知识问答节目。观众们熟悉的《幸运52》《开心辞典》便是这类的优秀代表。在视频内容无比丰富的当下，制作者首先应当把直播答题看成是一档生动有趣视频节目，而不仅仅是一堆知识内容的简单堆砌，才能持续地吸引用户，保证节目的可持续发展。总体观之，目前市场上直播答题节目的制作水平，可观赏性与娱乐性仍有较大的提升空间。

四是高额的奖金设置。但囿于我国的国情，相关部门一定会对此进行管理规范。一个很有价值的参考案例便是《幸运52》《开心辞典》，均师出美英两档高额奖金的竞猜节目，但在引入中国后，都做了本土化改造，增加了知识、娱乐内容，淡化了博彩成分。

与此相对应的是，国家新闻出版广电总局发出通知，要求对网络视听直播答题活动加强管理，进一步规范网上传播秩序，防范社会风险。该通知指出，一些网络平台以视频直播方式开设互动有奖问答节目，吸引大量网民参与抢答，在促进知识传播的同时，也产生了一些不容忽视的社会问题：有的网络平台不具备法定的视听节目直播资质，内容审核机制不健全，时常出现导向偏差；有的单纯追逐流量和点击率，以格调低下、低俗媚俗的内容吸引眼球，传播不符合社会主义核心价值观的内容。

综上所述，商业平台直播答题类视频节目的市场繁荣，但基于用户欣赏品位提升、媒介的社会责任以及政策管理加强等因素，需要与时俱进地升级换代，其可持续性仍有待观察。

五、头部直播平台市场观察

随着移动直播兴起，数百家直播平台竞相登场。据极光大数据统计，2017年我国共有908家直播平台，这些平台大致可以分为三种类型：

第一类是以传统媒体为主的新闻直播平台，如央视新闻移动网（简称央视新闻+）、人民直播、新华社客户端等；

第二类是集合各类直播内容的综合平台，如今日头条"头条号"、腾讯"企鹅号"、一直播等；

第三类是独立直播平台，专注于直播的App，如花椒、映客、虎牙等。

在这三类客户端中，我们选取其中的头部平台进行重点介绍。

1. 新闻移动直播头部平台

2017年，包括央视、《人民日报》、新华社在内的主流媒体新闻客户端不约而同地推出直播频道，投身到移动直播的新闻舆论阵营中。通过对三个季度的新闻移动直播数据监测，我们发现，央视新闻在视频方面的优势突出，表现极为抢眼。而新华社、《人民日报》依托雄厚的新闻实力和资源，借助新兴技术，在移动直播方面的表现也卓尔不凡。

（1）央视新闻移动网："正直播"引领新闻报道潮流

2017年2月19日，中央电视台移动融媒体新闻平台——央视新闻移动网正式上线。此举被视为是推进台网深度融合的重要战略举措。

央视新闻移动网包括四个主要功能系统：记者视频回传系统（VGC）、移动直播系统（正直播）、央视新闻移动网矩阵号和用户上传系统（UGC）。

●记者视频回传系统 VGC

指的是注册记者自主发稿系统，是央视新闻依据自身严肃新闻特点和新媒体传播互动需求，自主研发打造的传输平台。VGC与央视技术系统开发的新闻生产云平台连通，可实现大小屏一体化媒资共享。

●移动直播系统

一个针对移动端进行同场、交互、轻便化直播的平台。央视遍布全球的记者可以通过"央视新闻移动网"App来完成现场的采集（拍摄）、编码、传输等功能。

央视新闻移动网矩阵号

为入驻机构开通内容发布、视频直播等功能，对入驻内容进行专区类、主页式的展示。入驻机构主要包括：涉及公共信息服务的相关部门以及各地广播、电视、报纸等媒体。

●用户上传系统 UGC

在突发新闻事件的时候，央视新闻可基于位置信息，找到新闻现场的当事人，在经过认证授权后，用户可以向演播室直接传输现场画面，用户上传内容将成为专业记者到达现场前的重要信息源。

央视新闻移动网上线后，在"十九大"报道等重大新闻中表现突出，同时在新年、春节等重大节日直播中也都取得了不错的成绩，平台影响力不断上升。特别是在2018年3月以后，央视新闻移动网彰显出卓越的影响力：3月，《李克强总理会见中外记者》单条直播视频播放量达到2158万次；4月，《金正恩文在寅分别乘车离开板门店》单条直播视频播放量1590万；5月发布的《汶川地震十周年：回忆是苦的，未来是向前的》，单条视频播放量近460万次，在三大央媒直播中位居第一。

央视新闻在2016年引领了移动互联时代新闻生产同场化、开放化、交互化、平台化的发展趋势。全年共发起了400多场移动直播，累计观看人数超过10亿人次。在央视新闻移动网平台上，移动直播有了一个全新的称谓：正直播。在以往移动直播基础上，进一步实现了多屏联动、互动分享、社交化的功能，力求形成"看新闻直播，就在央视新闻移动网"的传播影响力。

（2）新华社布局四大平台：实现"内外通吃"

新华社移动直播发布平台共有4个，即新华社客户端、新华社官方微信号、新华社微博以及微信小程序。其中客户端是最主要的平台。

●新华社客户端

新华社客户端是国家通讯社移动门户和新媒体旗舰、中国新媒体国家队领军者、中国最大党政客户端集群统一入口和综合信息服务统一平台。依托国家通讯社遍布全球的新闻信息采集网络，全天候发布第一手新闻资讯，提供政务信息、便民应用、文化娱乐、生活休闲等服务。新华社新版中文客户端下载量已突破2.7亿。新华社新媒体中心于2016年2月19日开始推出了移动直播，当时叫作"现场新闻"，供新华社记者自己拍摄上传移动直播视频。根据2018年5月对新华社客户端Top30直播视频的监测，可以大致反映新华社客户端的内容布局：新闻资讯发布量最大，达47%，科技、文化、专题类分别占比16.7%、16.7%和13.3%。

新华社客户端2018年5月不同内容发布情况

	新华社客户端	
	发布量占比（%）	播放量占比（%）
新闻类	46.7	47.1
科技类	16.7	16.3
文化类	16.7	17.0
军事类	/	/
教育类	/	/
体育类	/	/
财经类	/	/
公益类	/	/
商业推广	/	/
生活类	/	/
专题类	13.3	13.2
法制类	6.7	6.4

数据来源：新华社

●现场新闻：记者主导的直播阵地

"现场新闻"是新华社记者自主导播的直播平台，能够让受众更快捷地看到新闻现场。新华社创新集成视频直播设备"一手持云台"，一台小设备就可以取代摄像机、转播车和导播室。记者单兵手持就可以进行高清视频直播。

●现场云：党政机构和全国媒体的直播平台

新华社2017年2月推出的"现场云"移动直播平台是面向全国媒体和相关党政机构推出的一个现场新闻直播服务平台，入驻机构的单位即可在"现场云"系统上向全国观众直播新闻。虽然当前乘着移动直播的浪潮加快融合发展是各大媒体的共识，然而并不是所有媒体都有资本搭建自有的直播平台。新华社"现场云"通过统一解决入驻单位的服务器、带宽等系列基础网络资源，使用户实现零成本运营。基于"现场新闻"的技术应用，"现场云"已与国内中央媒体、地方媒体、地方党政机关在内的1600多个机构进行了合作签约。通过"现场云"系统，签约机构的记者只需一台手机就可实现素材采集并同步回传到云端上，后方编辑部可实时进行在线编辑和播发，使全国各地合作机构能够通过云平台共享新闻直播报道。在现场云上发起直播非常简单，只要是注册用户就可以直接进行直播。该直播平台具有以下特点：①方便快捷，甩掉了传统直播的转播车、导播室等庞大设备的束缚，记者带个手机即可发起直播，多名记者也可多角度同时直播。②使报道时效极大提升。使用手机上的现场新闻App，即可采集直播及文图、视频稿件，实现即采即拍即传。以往记者都是采访完毕才开始整理素材成稿，现在是边采边发，编辑部即收即审即签，最大可能与新闻现场同步。③增加了视频、图片的产能。顺应媒介消费变化，互联网阅读需要更多的直播、视频、图片，可视化成为新闻消费主流。通过便捷的使用门槛和巨大信源网络，"现场云"将会为国家通讯社带来丰厚的影响力回报。

（3）人民直播：全国移动直播平台

2017年2月19日，在习近平总书记在党的新闻舆论工作座谈会上的重要讲话发表一周年之际，由人民日报社主办的移动创新传播论坛在京举行。论坛上，全国移动直播平台即"人民直播"正式上线。"人民直播"由人民日报社新媒体中心发起，与新浪微博、一直播合作建设，旨在净化直播环境，引导直播发展，用新技术传播正能量。目前已有百余家媒体、政府机构、知名自媒体、名人明星等加入人民直播平台。《人民日报》客户端则依托《人民日报》遍布全球的强大采编力量，聚合内容优势，传播权威资讯，引导舆论热点，以一流内容和良好的用户体验，做有品质的新闻，成为移动互联网上深具公信力和影响力的主流新闻门户。截至2018年5月底，《人民日报》客户端累计下载量已突破2.4亿。

根据2018年5月对《人民日报》客户端Top30移动直播视频的监测，可以大致反映《人民日报》客户端移动直播的内容布局：文化、新闻、财经内容排名三甲。

《人民日报》客户端主要传播内容

	《人民日报》客户端	
	发布量占比（%）	播放量占比（%）
新闻类	20.0	17.5
科技类	10.0	2.4
文化类	30.0	35.0
军事类	10.0	7.3
教育类	3.3	7.0
体育类	/	/
财经类	13.3	17.2
公益类	6.7	2.3
商业推广	3.3	10.1
生活类	3.3	1.3
专题类	/	/
法制类	/	/

数据来源：《人民日报》

《人民日报》新媒体直播团队目前主要由两部分组成——策划团队和拍摄团队，每个团队大致有20人，平均每天直播3~4场。选题大多围绕新闻热点、特殊时间节点等展开策划，"人民直播"入驻媒体也提供部分选题。人民直播对于主播的定位是：整场直播的节奏掌控者和话题引导者。其中比较有特色的功能有：

● 一键直达新闻现场

用户可以随时查看当前直播、历史直播，还可以提前预约自己感兴趣的直播内容。直播频道的开通进一步强化了客户端与用户的实时互动能力，实现了新闻内容的全媒体呈现。

●推出"政务服务""生活服务"新功能

支持城市定位，根据用户所在城市，提供对应的政务信息、便民缴费、文化娱乐、生活休闲等服务。

2. 集成直播头部平台

在集成直播平台中，今日头条"头条号"、腾讯新闻"企鹅号"和一直播最有代表性。集成平台一般不生产直播内容，只提供平台服务，以丰富的入驻内容聚合大规模用户，同时也依靠高科技服务，使优质内容供应者不断上传直播内容，保证了直播平台的良性发展。

（1）一直播：商业内容发布量高达83.3%

一直播为一下科技旗下直播互动App，于2016年5月13日正式上线。据第三方研究机构北京贵士信息科技有限公司(QUEST MOBILE)报告显示，2017年6月，一直播月度用户规模接近6000万，位列国内主流移动平台榜首。截至2018年1月，一直播平台已经有3000多位合作艺人、10000多位入驻网红。

一直播定位于明星、网红、媒体和政务多维共生的综合性内容直播平台，主要经营明星直播、公益直播、媒体直播和政务直播。其内容战略主要分为两个阶段：一是明星战略，通过内嵌微博挖掘明星红人入驻，吸引庞大粉丝群关注，以UGC为主；二是垂直细分战略，通过发布榜单、扶持冷门有潜力领域等方式促进细分领域发展，强化IP孵化能力，朝PGC方向发展。

2017年6月直播月度用户规模Top10

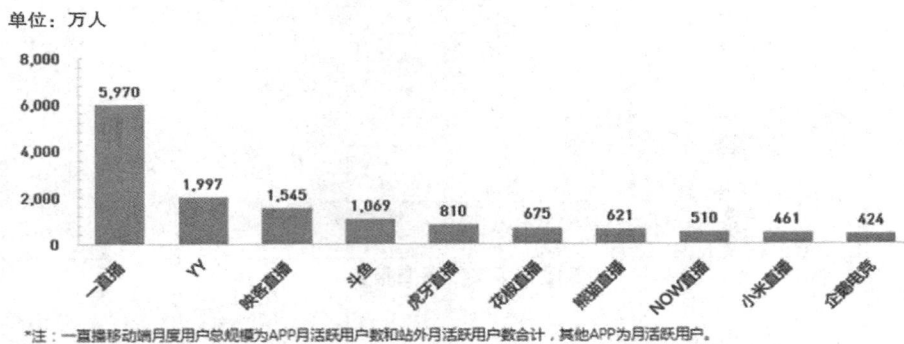

数据来源:QUEST MOBILE

与秒拍和新浪微博的关系类似，一直播与微博也达成了战略合作。一直播在作为独立直播App的同时，承担微博直播的支持职能，获得了庞大的明星及海量用户资源。

微博与一直播及一下科技旗下另外两款App——秒拍、小咖秀，四款产品共同形成移动视频生态矩阵，彼此互联、共享流量：秒拍代表聚合分发，小咖秀负责创意表演，一

移动视频生态联合示意图

数据来源：一直播

直播强调社交互动，"生态联合体"分别满足了用户观看、创作和沟通的需求，同时共享微博庞大的流量入口和完善的社交网络。

一直播主要的盈利模式有增值服务、广告、游戏联运、电子商务等。根据2018年5月对一直播平台Top30直播视频的监测，可以大致反映一直播的内容布局：其商业推广内容的发布量与播放量高达83.3%和88.1%，而个人秀、财经、生活、娱乐内容发布量分别只有6.7%、

3.3%、3.3%、3.3%，这显示出该平台具有极为鲜明的商业属性。

一直播主要发布内容

平台	类型	发布量占比（%）	播放量占比（%）
一直播平台	商业推广	83.3	88.1
	个人秀	6.7	4.9
	财经类	3.3	2.1
	生活类	3.3	1.8
	娱乐类	3.3	3.1

数据来源：QUEST MOBILE

伴随着用户对直播"尝鲜"体验需求的下降，移动直播领域的活跃用户规模呈现出震荡下滑趋势。另外，直播高流量消耗的自身局限性，并不利于当下用户碎片化的传播方式。有鉴于此，一直播就在直播过程中增设了剪辑、录制功能，允许客户将优质直播内容剪辑、录制成多个短视频，在秒拍、微博等其他平台进行二次传播，此举也显现出一下科技旗下的一直播及秒拍"直播+短视频"双线布局的协同效应，有效提升了一直播的传播力及影响力。

（2）今日头条：精准推送下的个性化推荐

今日头条于2012年8月上线，是一款基于数据挖掘技术的个性化推荐引擎产品，它为用户推荐有价值的、个性化的信息，提供连接人与信息的新型服务，是国内移动互联网领域成长最快的产品之一。

今日头条不是传统意义上的新闻客户端，没有采编人员，它不生产内容，运转核心是一套由代码搭建而成的算法。算法模型会记录用户在今日头条上的每一次行为，在海量的

资讯里知道用户感兴趣的内容，甚至知道用户有可能感兴趣的内容，并将它们精准推送。截至2017年10月，"头条号"平台的账号数量已超过110万个，用户总数达到7亿，月活跃用户2.19亿。

今日头条2016年广告收入为60亿元，2017年完成150亿元的目标。今日头条的盈利模式有7种：广告投放、收费订阅、提供渠道获得利润分成、电子商务和O2O业务、游戏和其他增值业务、与视频网站的合作（优酷、搜狐视频等）、与社交应用的合作等。

从2018年5月对今日头条平台Top30直播视频的监测数据，可以大致反映出今日头条的内容布局：新闻类资讯发布量、播出量占比最大，均在60%左右；体育、专题、文化、法制、公益内容发布量分别为10%、10%、6.7%、3.3%，说明该平台的新闻资讯媒体属性非常鲜明。

今日头条主要内容类型

平台	类型	发布量占比（%）	播放量占比（%）
今日头条平台	新闻类	60.0	59.4
	体育类	10.0	5.7
	专题类	10.0	10.5
	文化类	6.7	6.2
	法制类	3.3	3.5
	公益类	3.3	10.9
	科技类	3.3	2.1
	娱乐类	3.3	1.7

数据来源：QUEST MOBILE

为了便于用户使用，今日头条的界面灵活，用户可用横屏或者竖屏的方式来阅读资讯、观看视频。从功能上看，今日头条为上传者提供了平台，同时它的核心算法也成为精准推送的利器。

从自媒体的角度，内容的精准推送帮助自媒体获得更高的关注和曝光，持续扩大影响力。从平台自身角度，精准推送有助于产生更多的优质内容，提升用户体验和用户黏性。从用户的角度，精准推送能够通过多种来源和渠道获得资讯，可根据个人习惯与喜好等进行私人定制，找到同道中人。

今日头条直接分析用户接入的第三方账号（微博、微信等），根据其记录的用户行为、参与话题、参与群组等信息描绘用户的兴趣图谱，进而实现精准资讯推送。区别于普通阅读类应用的个性化推荐模式，今日头条无须用户做任何选择，甚至都没有内容类别的选项，纯粹是基于用户的社交网络数据进行挖掘分析，再通过算法提供给用户自己最感兴趣的消息。首次使用今日头条的时候需要绑定社交媒体账户，之后系统就会自动推荐新闻。

此外，今日头条还引入了社交网络的好友关系，可以查看来自好友分享的资讯。除了内容本身外，今日头条还聚合了各大社交平台对同一篇内容的精彩评论，并且会根据用户的社交兴趣数据对评论进行智能排序，优先为用户展示来自社交好友和最具影响力的评论。

（3）企鹅号：四大核心策略助力发展

企鹅号是腾讯旗下的一站式内容创作运营平台，2017年11月，腾讯提出"四大核心策略"，即全平台分发、精品内容孵化、版权保护和资金支持。其中：

全平台分发，即指100亿的流量支持，腾讯将打通内部全平台作为分发渠道，实现企鹅号内容的"一点接入，全平台分发"。

精品内容孵化，包括100个精品短视频孵化项目，以及遍布全国的300多位城市合伙人，扶持区域优质内容。

在版权保护层面，即通过发起跨平台的内容版权联盟，以及腾讯自有正版内容库对创作者开放，从根本上杜绝盗版。

在资金支持方面，企鹅号将提供100亿元的资金支持，通过内容分成+平台支持+专项投资三位一体的分成方式惠及内容从业者，使变现形式更多，效率更高。

此外还依托26座城市的31个文创基地以及遍布30个省份的新媒体学院，整合100亿元产业资源，通过线上线下结合的多维度培训平台实现对优质内容的扶持。

腾讯视频主要的盈利模式为增值服务、订阅收费、广告收入。截至2017年第四季度，腾讯视频的日活跃账户数量达到了1.37亿元，媒体广告收入增长至41.21亿元。

腾讯企鹅号为内容创作平台，用户可以在手机微信内关注企鹅号，然后上传文字、视频等内容，采用的为竖屏方式，特色功能有：

内容上传：腾讯内容开放平台支持手动发文、微信同步、RSS、内容抓取、开放平台接入；企鹅号指数：企鹅号指数是一项聪明的大数应用工具，机器通过对作者创作内容和读者阅读行为的评估，得出账号的价值评分，分数越高代表账号质量越高，越受读者欢迎。企鹅号指数包含了用户喜爱度、内容原创度、账号活跃度、内容垂直度、账号健康度五个维度的指标；多种登陆方式：企鹅号支持邮箱、QQ、微信三种方式登陆。

3. 独立直播头部平台

独立直播平台是市场上的主流移动直播App。从2016年以来，独立直播平台竞争白热化，其中比较突出的企业是YY、映客、花椒、斗鱼等。根据移动应用数据供应商TRUSTDATA公布的用户规模数据，2018年3月，YY、映客、花椒在娱乐直播独立平台中排前三，斗鱼TV、虎牙直播和熊猫TV在游戏直播应用中排前三。

2018年娱乐直播、游戏直播用户规模（单位：万人）

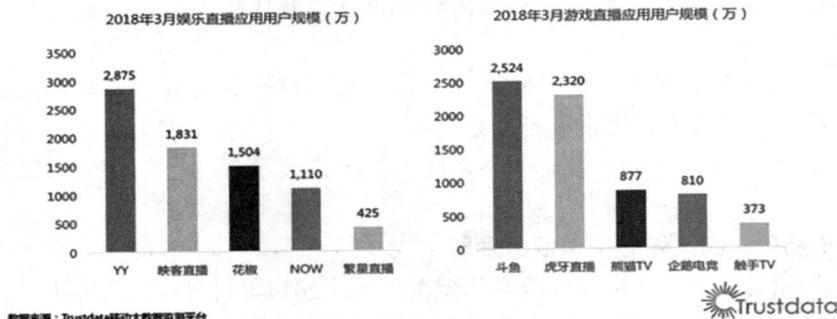

数据来源：TRUSTDATA

（1）花椒直播：主打素人主播，注重新技术应用

花椒直播2015年6月上线，通过自制节目（涵盖相声、心理咨询、选秀等多个领域）和明星战略吸引粉丝流量，如范冰冰、张继科分别以"首席体验官"和"首席产品官"的身份入驻。其主要优势还是集中在技术创新和主播体系两大特点上。

首先，从移动端产品的设计角度来看，花椒的设计比较简单，用户体验良好。花椒非常注重新技术的应用，比如，从国外引进先进的人工智能深度学习技术，通过对主播面部95个关键特征点精准检测和定位，能够实现瘦脸、大眼、脸萌等美颜功能。同时还在不断进行技术更新，如启动全球首个机器人直播、与今日头条旗下脸萌拍照工具提供商Faceu联手推出萌表情、推出VR直播专区以及现在的多人连线功能等。

其次，花椒通过主打素人主播，塑造了一个人人都能做主播的概念，推出"校园造星计划"，将主播的人群范围迅速扩大。视频主播忽然之间进入到所有大众都可以参与的低进入门槛，每个人都有迅速蹿红的机会和可能。

（2）映客直播：坚持正能量，拓展"直播+"模式

映客由做多米音乐的奉佑生开创，2015年5月正式上线，在奉佑生决定全心全意做映客直播时，他拿到了老东家多米音乐500万元天使投资。2015年11月，映客再次获得赛富基金领投，金沙江创投、紫辉创投跟投的数千万元的A轮投资。

映客的大多数用户都是一线城市的白领和海外留学生，它对于主播的要求是坚持正能量，严防色情擦边球。映客引进的一些当红明星和网络红人如王凯、马可、刘涛等，一度带来了不少流量增长。其中刘涛入驻1小时，就吸引了600多万粉丝，创下了移动领域的奇迹。映客认为，直播行业的未来应该会向三个方向发展：

一是社交立体化。本质上说，直播是继微信、微博后新一代的社交形式，更具社交功能的产品会持续获得关注。

二是内容多元化。直播将演变为一个产业，产业链布局越齐全、调动资源的能力便越大、平台可承载的内容越多，则越容易成功。

三是垂直细分化。直播正快速向垂直领域延伸，除了传统的游戏直播，直播+电商、直播+体育、直播+在线教育等外，内容将变得越来细化丰富，且市场趋于成熟。

从2016年起，映客感到泛直播的红利期已经过去，开始大力发展"直播+"战略，试

图让直播平台成为传播的基础工具，从而带动多元化发展，从单一的娱乐领域向各个垂直领域拓展布局。

2017年3月，映客开发了"直播开放平台"，向其他应用提供接入直播功能的服务，用户可以在映客上观看其他App的内容，而其他App用户也可以直接观看映客上的直播内容。通过此举，映客希望自己能够成为开放平台，不仅为自己增加直播内容，同时还引入其他平台的用户。

因此同时，映客还尝试多种"直播+"模式的应用。如：

"直播+台网"，映客牵手《我是歌手》《快乐大本营》等综艺节目，同步直播、创意互动。

"直播+体育"，邀请奥运网红傅园慧、刘国梁入驻映客。

"直播+游戏"，率先在移动直播产品中更新游戏直播功能，并拿下《王者荣耀》职业联赛转播权。

"直播+电商"，与天猫跨界合作，共有3.6亿人次观看了天猫"双十一"相关直播；主播房间内超3000万人次抢天猫红包，逾400万个天猫红包被抢光。

直播+旅游，携手中国传媒大学、中国文化网络传播研究会等，共同探讨直播与旅游相结合的新生态。

映客通过一系列的"直播+"，让原本单一局限的内容变得更具想象力，平台由此拥有了更大的发展空间。

六、问题与发展趋势

当前市场上的移动视频直播产品数量井喷式爆发，内容也是百花齐放，然而在繁荣表象的背后，问题也是不少。大致看来，主要有以下几点：

1. 阳光下的"雾霾"

（1）"身份"定位模糊，舆论监督意识较为淡薄

说到当前网络直播市场中存在的问题，首当其冲的便是传播平台的"身份"界定和属性认识问题。一些平台有意无意地模糊了娱乐、经营与舆论监督的界限，而由于身份模糊对于网络直播市场生态环境所产生的不良影响也是最为巨大的。

众所周知，新闻媒介的第一要务就是为大众提供真实的新闻讯息，客观公正是媒介生存与发展的基石。在过往，大众媒介的准入门槛相当高，在运行中受到社会各方力量的影响、制约和监管。然而，技术进步带来的移动视频直播随时随地、人人参与的新的繁荣局面以及相关问题，一时间令媒介市场和管理部门措手不及。虽然除了专业的老牌媒介机构以外，众多的入局者并没有特别强调自己的新闻媒介属性，也有一些直播平台打出了自己传播的是"娱乐""教育"等专业内容的旗帜，但是，无论是说与不说，也无论怎样标榜，只要是面向公众的内容传播平台，其本质上就是大众传播媒介，首先要承担的就是社会责任。如果不透彻地理解新闻媒介的本质，不了解公众的道德价值观诉求，以及政府的相关管理政策与要求，在中国的媒介生态下，任何直播平台要想长期生存与发展，几乎是不可能的。

因此，每一个直播平台的管理者都应该高度明确自己的大众媒介属性，提高社会责任感与担当意识，自觉维护良好的媒介生态环境。因为，只有方向正确、态度端正，才可以做到纲举目张，实现平台的长期发展。有道是：方向比努力重要，态度决定一切。在这一方面，映客直播要求主播坚持正能量，严防色情擦边球的做法，很值得推广与借鉴。

（2）内容同质化严重，用户黏性较低

内容同质化，用户黏性低，流失率较为严重，也是当前视频直播市场存在的比较突出的问题。不少平台的主播们仿若统一流水线生产的"网红脸"，缺乏个性与个人魅力，直播的内容也是大同小异的唱歌跳舞卖萌聊天，整体质量较低。这样的内容供给也许在初期可以满足受众的猎奇心理和窥私欲，但随着时间的推移，用户的新鲜感会逐步淡化，如果平台和主播们又无法提供创新的趣味内容，用户的付费意愿下跌就是必然趋势了。

此外，互动性的社交属性是网络技术赋予应用媒介最为重要，也是区别于传统媒介的重要功能之一。但当下网络直播平台的互动性还没有被充分发掘出来，主播与粉丝的互动大都局限于一对多的简单问答，更深层次和更大范围的社会交往依旧是回归微信等社交工具，使用者在网络直播平台上的社交体验感较弱，直接降低了用户对于平台的黏性，不利于长期的用户沉淀。

因此，要想长期留住用户，网络直播平台就必须不断深耕内容领域，提供优质的专业化的内容以及更为良好的应用体验。走在市场前沿的直播平台早就开始布局自身的内容建设，除了在节目类型上实现多样化、细分化，增加信息量与必看性，增强直播场景的可视性与感染力之外，还纷纷与第三方内容制造机构合作，以提升内容的质量和产品的多样性，打造平台PUGC（专业用户生产内容）文化，实现PUGC品质的内容升级。当前，直播综艺节目是各网络平台关注的重点。

（3）主播频频"越线"，数据造假严重

为了博取用户眼球，受商业利益驱动，不少主播甚至平台主动制造色情、暴力等非法内容，给我国网络直播市场的生态环境带来了极其不利的负面影响。在观众的强烈谴责以及管理部门的大力监管之下，虽然色情、暴力等违反公序良俗的内容受到了极大的遏制，但是"铤而走险"的现象仍然时有发生。

直播行业数据造假早就是一个公开的秘密，甚至已经成为业界默认的"有效"运营策略。2015年斗鱼聊天室显示：观看其由美国拳头游戏(Riot Games)开发出的《英雄联盟》(LOL)电子竞技类游戏赛事的用户人数超过了13亿；而在淘宝网上早就存在有很多以"涨粉""包热门"为关键词的"买家"；直播平台利用机器人账号刷数据的新闻也被媒体接连曝光。目前直播市场虚火旺盛数据造假严重，背后潜藏的是平台用户活跃度不够的困境。要解决该问题，除了在内容建设上不断丰富化、专业化之外，基于用户潜在消费需求的技术改进完善也是相当关键的因素。

（4）内容监管难度大，管理方法亟需升

与以往的视频监管相比，直播行业的监管难度是前所未有的。由于其海量、迅速、多渠道传播等特点，传统的监管方法和工具都难以奏效。因此，如何与时俱进地根据传播工具发展与传播渠道日益丰富带来的媒介生态变化进行有效的管理与监督，是时代赋予政府、行业组织等相关机构的新课题。

2. 未来发展趋势

（1）市场持续繁荣，细分趋势加剧

从一定意义上来说，当前视频直播市场的繁荣，与数码技术发展带来的照相应用全民大普及颇为相似。试想，就在二三十年之前，对于大多数国人来说，玩摄影那可是需要高投入和高技术的活计。而现如今，中国已成为世界公认的第一摄影大国，仅持有单反和微单的摄影爱好者就达1亿多人，这还不包括无所不在的手机拍摄者，即使是对于大爷大妈们，拍张照片也是易如反掌。因此，所有的市场反馈和用户消费行为都在告诉我们：当前，仅仅是处于视频应用全民普及的前夜，而真正繁荣发展还在后头。

可以预见，在接下来的发展中，视频应用将成为大众交流的"标配"，专业媒介的视频传达也会极大的丰富多样，同时，内容的细分化趋势也会日益明显。一个过往无法想象的大视频时代，正在向我们急速走来。

（2）倒逼内容质量升级，机遇与挑战并存

视频应用的普及，在降低普通人群进入门槛的同时，给专业媒介的发展提出了挑战，也带来了新的机遇。

对于传统媒介来说，如何提升记者的报道水平和把控能力，如何增强传播的互动性，如何更好地加强突发和重大新闻事件的报道组织和传播布局安排，如何更为有效地利用综合技术进步来提高内容传播的表现力、影响力以及增强话语权和舆论引导能力……这些既是挑战，也是发展机会。因为，此市场非彼市场，专业的视频媒介在日新月异、丰富无比的大视频市场，必须要技高一筹，才能立于行业之巅，永葆可持续发展。基于此，在前文中我们已经看到，大家都在积极的行动之中。

而对于那些新兴的视频直播媒体来说，在告别早期简单、粗放耕耘的发展时期之后，无论是在直播的内容还是传播的表现形式方面，都面临着升级换代。虽然打"擦边球"与"投机取巧"的现象仍会存在，但那绝不会成为主流，因为用户只会长期关注"友好"的、能给他们真正带来有效信息和娱乐价值的产品。纵观电影、报纸、电视和互联网的发展历程，我们就能对视频直播市场的现在与未来有较为清醒的认识。

（3）加强行业自律、管理更趋严格规范

对于如何一个新兴的媒介领域，逐渐建立有效的行业规范和政策管理都是保持其健康发展必不可少的要务。短短两三年内，国家相关部门频繁发布的一系列规范网络直播行业管理的文件通知上，便可见其紧迫性与重要性：

2016年4月13日，《北京网络直播行业自律公约》公布，这是我国第一个关于直播行业的约束性文件；2016年7月7日，文化部发布《关于加强网络表演管理工作的通知》，强制施行直播平台加强内容管理监督和落实"黑名单"实名制度，被列入黑名单的表演者将被禁止在全国范围内从事网络表演以及其他营业性演出活动；2016年9月，国家新闻出版广电总局发布了《关于加强网络视听节目直播服务管理有关问题的通知》，规定开展网络视听节目直播服务必须持有《信息网络传播视听节目许可证》；2016年11月，国家网信办发布《互联网直播服务管理规定》，规定直播平台提供互联网新闻信息服务应依法取得互联网新闻信息服务资质，并在许可范围内开展互联网新闻信息服务。

2017年5月24日，文化部对外公布了针对近期网络表演经营单位开展的集中执法检查和专项清理整治的结果，宣布关停10家网络表演平台，行政处罚48家网络表演经营单

位，关闭直播间3万余间。2017年7月，国家网信办要求全国互联网直播服务企业自7月15日起，需向属地互联网信息办公室进行登记备案。2017年9月，网信办又发布文件规定，微信群、QQ群、微博群等各类互联网群组按照"后台实名、前台自愿"的原则进行实名认证，并于2017年10月8日正式施行。2018年3月22日，国家新闻出版广电总局下发特急文件，提出四点要求进一步规范网络视听节目传播秩序，包括坚决禁止非法抓取、剪拼改编视听节目的行为；加强网上片花、预告片等视听节目管理；加强对各类节目接受冠名、赞助的管理；严格落实属地管理责任等。

在上述政策的直接影响下，网络直播市场生态环境日见清朗。大致看来，在接下来的发展中，增强行业自律，加大监管力度，管理方法与管理技术手段升级，是引导市场健康发展，解决有效监管问题的主要着力点。

一言以蔽之，笔者认为视频传播革命带来了视频直播市场的空前繁荣，其未来发展也总体向好。因为，有一只主要由三股力量组成的看不见的手会引导其健康有序发展，那就是：市场发展逻辑、民众价值观与需求逻辑以及职业道德与政策的有效监管逻辑。经过大浪淘沙后的视频直播市场，将会更加繁荣昌盛，更加风清日朗地有序发展。

第四章 此消彼长
——网络综艺节目兴盛之观察

主　笔：李星儒　北京第二外国语学院国际传播学院副教授
　　　　王蓓蓓　骨朵传媒创始人&CEO

一、网络综艺：互联网争夺内容产品的新战场

　　网络综艺主要是指由专业制作机构或网络视频平台进行制作，并以网络为主要播出渠道的综艺节目。网络综艺是在网络剧形成规模之后，又一个新兴网生内容。目前网络综艺已覆盖娱乐资讯、真人秀、脱口秀、访谈等多种节目形态，成为各大视频平台争夺网络视频受众的重要产品。

　　综艺节目一直都是电视节目中重要的节目形态。当互联网成为新的内容渠道时，综艺类节目也开始借助这一渠道进行传播。2014年之前，网络渠道播出的综艺节目主要来源于电视综艺节目的网络版权购买，自制的综艺节目占比很小，制作水平和播出效果也都欠佳。互联网和移动互联网时代的全面到来让电视机前的观众数量不断下降。但这并不意味着受众对视频内容产品的需求有所减少。网络综艺在2014年和2015年两年内就从逐渐兴起步入批量生产，2016年进入粗放量产时期，2017年则从注重数量增长开始转向质量提升，踏上了向精品化发展的道路。短短4年之内，网络自制综艺节目数量从47部增长至142部，播放量则从20亿跃升至564亿，其发展之迅猛甚至超越了以生产规模"井喷"而闻名的网络剧。

2014—2017年网络自制综艺节目数量集播出量对比

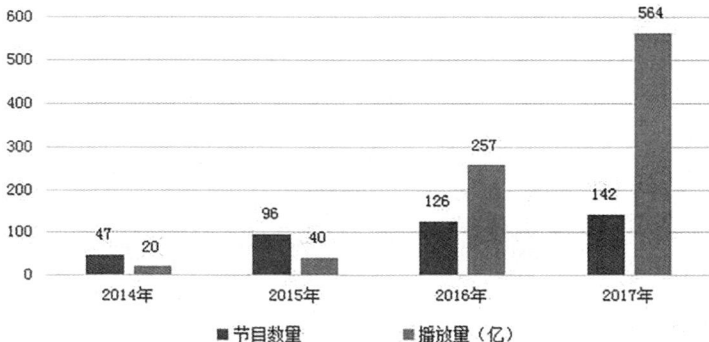

数据来源：骨朵传媒

　　因此可见，受众对优质综艺节目的需求始终存在，变化的只是获取视频内容产品的渠道。移动互联网对日常生活渗透程度的加深不断加剧着，受众特别是青壮年用户视频内容接收方式的改变，简单地、受一定限制地通过电视媒体观看综艺节目已不能满足所有受众的需求，网络渠道中播出的综艺节目来源从内容购买转变为自制几乎是一种必然。

　　网络综艺的高歌猛进是多方因素共同作用的结果。其发展的根本动力来源于庞大的网络视频受众群体所形成的市场需求。据前瞻产业研究院《网络视频行业深度调研与投资战略规划分析报告》中提供的数据，2016年度中国网络视频市场规模已超600亿元，达到609亿元，同比增长56%。[①] 随着用户规模进一步扩大，用户使用黏性增加，网络视频市场规模应会达到千亿级别以上。

2012—2019年中国网络视听市场规模（单位：亿元）

数据来源：前瞻产业研究院

　　如此庞大的市场规模对互联网商业资本形成了巨大的吸引力，以BAT为代表的互联网巨头都不想轻易错过这一市场。2017年网络综艺节目数量和播放量前四位的平台为腾讯视频、爱奇艺、芒果TV和优酷，其中腾讯视频与腾讯集团的关系自不必多言，优酷被阿里巴巴收购，百度则是爱奇艺最大的股东，唯有湖南广播电视台旗下的芒果TV流淌着电视台的血脉。对于背靠巨头资本的视频平台来说，网络综艺成为谁也不能让步的博弈场。优酷在2016年定下了100亿元投入内容的目标；爱奇艺的内容采购部门就因为上一年的版权采购和同行相比有所减少而在内部年会上遭到了公开批评，继而宣布在2017年拿出100亿元用于内容投资；腾讯则在其2017全球合作伙伴大会上高调推出腾讯内容开放平台，并准备投入流量、资金和产业资源等300亿元。

　　资本竞争的额度不断增加，但竞争格局的真正主导者却并非手握巨额资金的视频平台。不管是经营网剧、网大还是网络综艺，网络视频平台的流量入口始终都聚焦在内容产品上面，而非视频平台本身。换言之，受众对于平台的忠实度，更多地取决于平台是否能够提供他们感兴趣的内容。因此巨额资本的投入全部指向了内容领域，唯一没有打出资本牌的恰恰是以湖南卫视为母体、本身具备较强内容生产实力的芒果TV。在这样的竞争

---

　　① 杨帆：《网络视频规模已超600亿，千亿市场指日可待》，https://bg.qianzhan.com/report/detail/459/170213-46653da3.html。

逻辑下，作为优质内容生产源头的头部内容制作公司便成为每一个视频平台都想争夺的目标。

平台间的竞争不仅对网络综艺的发展提出了数量需求，也促使其内容质量迅速精品化。从市场现状来看，网络综艺表现出明显的马太效应。2017年新上线的网络综艺有142档，播放量总计563.8亿次，同比增长近120%。其中，排名前十的综艺节目播放量达231亿次，占总量的42%，[①]头部效应十分明显。而播放量的大幅提升和《中国有嘻哈》《明日之子》《火星情报局2&3》《2017快乐男声》《吐槽大会》《明星大侦探》等大制作、现象级头部综艺密集出现有直接关系。这也让2017年成为"超级网综"元年。

"超级网综"的概念由优酷于2016年提出，指的是投资数额高、制作规模大、吸金能力强、影响深远的网络综艺节目。经过一年多的实践验证，"超级网络综艺"概念以其对市场趋势的精准判断得到了业界广泛的认可。制作费用的水涨船高和制作班底的强大让网络综艺的整体质量有了飞跃式提升，这直接拉升了网络综艺的播放量，继而带动了广告商投入的增加。在播放量上来看，2017年头部网络综艺的基础流量已经突破20亿大关，Top10网络综艺的平均流量为23.88亿，与前一年相比几乎呈现翻倍增长。一些超级网络综艺在播放量方面甚至可以比肩乃至超过现象级电视综艺。在制作和招商规模上，目前头部网络综艺的制作资金规模已经过亿原板，而招商规模到达3亿元左右，这也达到了现象级电视综艺的水平。因此，"超级网综"当前的市场标准应是制作费用过亿元、累计播放量超20亿元、广告招商超3亿元的综艺节目。同时节目还应当具备带动起较好的口碑和传播度，具有大幅提高参与嘉宾知名度的能力。

互联网产业始终摆脱不了流量为王的规律，网络视频行业流量的入口本质上则由内容把控。从根本上来说，目前视频平台所谓的"自制"网络综艺并非自主制作，依然属于内容购买，只是从向电视台购买电视综艺的网络版权转变为向制作公司定制专门的网络综艺节目。在需求旺盛的市场环境下，优质内容的生产者无疑成为当下网络综艺产业链中最

---

① 数据来源：骨朵传媒。

大的受益者。然而视频平台不会满足于仅仅充当内容的购买者，芒果TV的存在似乎为BAT三家平台指出了一条新的发展道路。可以预测的是，在接下来的发展中，互联网资本将发挥其巨大的资源整合能力，促使视频平台的触角进一步探向内容生产上游，争夺和培养自己的核心制作团队，形成节目定制购买与自主制作并行发展的内容生产格局。

2016—2017年网络综艺节目播放量Top10[1]

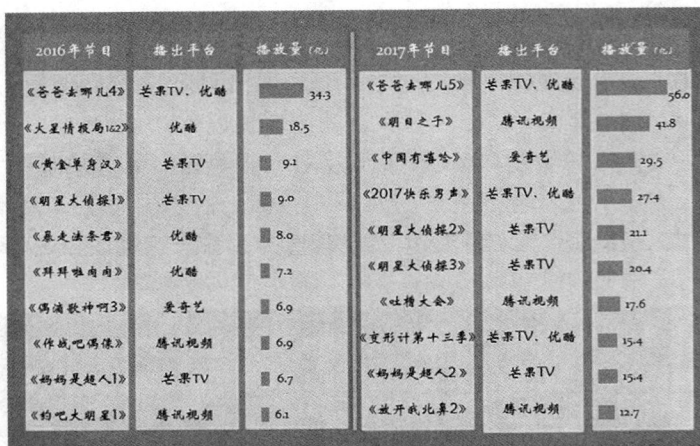

2016年节目	播出平台	播放量(亿)	2017年节目	播出平台	播放量(亿)
《爸爸去哪儿4》	芒果TV、优酷	34.3	《爸爸去哪儿5》	芒果TV、优酷	56.0
《火星情报局1&2》	优酷	18.5	《明日之子》	腾讯视频	41.8
《黄金单身汉》	芒果TV	9.1	《中国有嘻哈》	爱奇艺	29.5
《明星大侦探1》	芒果TV	9.0	《2017快乐男声》	芒果TV、优酷	27.4
《暴走法条君》	优酷	8.0	《明星大侦探2》	芒果TV	21.1
《拜拜啦肉肉》	优酷	7.2	《明星大侦探3》	芒果TV	20.4
《奇葩软件啊3》	爱奇艺	6.9	《吐槽大会》	腾讯视频	17.6
《作战吧偶像》	腾讯视频	6.9	《变形计第十三季》	芒果TV、优酷	15.4
《妈妈是超人1》	芒果TV	6.7	《妈妈是超人2》	芒果TV	15.4
《约吧大明星1》	腾讯视频	6.1	《放开我北鼻2》	腾讯视频	12.7

二、网络综艺之市场竞争格局

1.被触动的电视综艺蛋糕

据CSM基于所有调查城市的数据，2017年观众全年人均收看电视综艺节目总收视时长为5384分钟，较2016年降幅超过23%。

从不同月份的收视走势来看，受电视整体收视量下滑的连带影响，2017年综艺市场除1月春节期间同比收视量有所提升外，其余11个月的综艺节目收看时长都比2016年有所减少，其中2月和10月同比降幅更明显，均超过30%。[2]

2012—2017年综艺节目全年人均收视时长及增幅（历年所有调查城市）

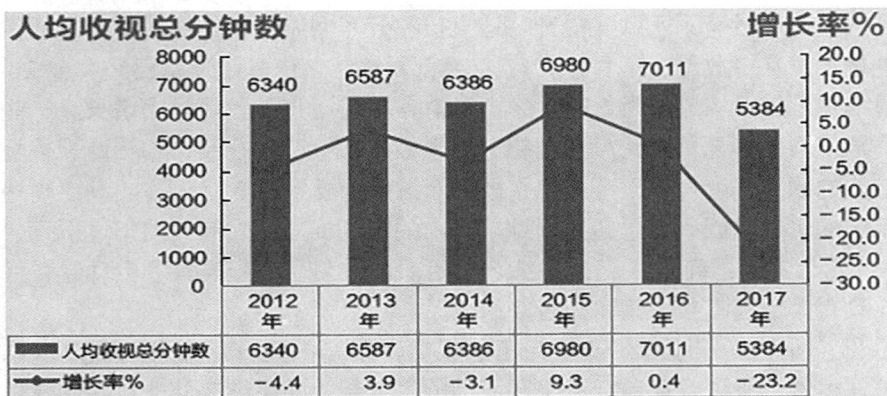

人均收视总分钟数	2012年	2013年	2014年	2015年	2016年	2017年
人均收视总分钟数	6340	6587	6386	6980	7011	5384
增长率%	-4.4	3.9	-3.1	9.3	0.4	-23.2

数据来源：CSM媒介研究

---

① 数据来源：优酷、爱奇艺、腾讯视频、芒果TV、搜狐视频、乐视视频等视频网站公开数据统计范围：2016年节目数据统计截至2016年12月31日，2017年节目数据统计截至2017年12月31日。

② 王钦：《2017年综艺节目收视分析》第18页。

2017年综艺节目分月人均收视时长及增幅（历年所有调查城市）

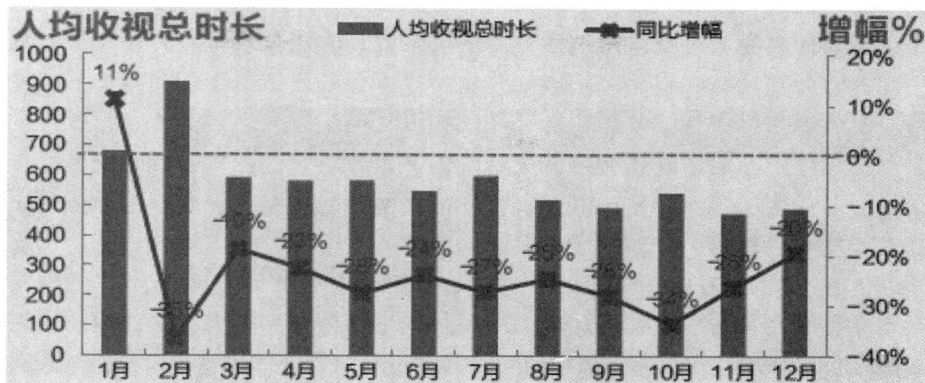

数据来源：CSM媒介研究

自从网络视频产业开始兴起，"电视消亡论"就开始反复被提及。虽然电视媒体连续多年被观众规模缩水、广告主投入减少等唱衰信息所围绕，但其优势地位一直从未被真正撼动。这是因为电视媒体在这些年里始终保持着自己的核心竞争力——头部内容的生产能力。网络视频节目的内容质量虽然在近几年已经有了很大提升，但在以影视剧类节目为主的内容产品的品质上仍然还无法与电视媒体真正相抗衡。即使是现象级的网络剧，也往往难以与一个成本相当电视剧的网播量相抗衡。因此，从某种程度上看，在过往的一段时间里，网络视频的竞争对电视媒体来说似乎也只是又多了一个优质内容的销售对象和播放渠道罢了。

然而在本轮网络综艺兴盛的发展过程中，网络视频平台第一次撼动了电视媒体的立身之本。电视媒体受到的冲击主要来自节目内容市场游戏规则的改变，以及由此带来的优秀制作人才的流失。几年前各卫视也曾掀起过一轮离职潮，当时离职群体以电视台中高层领导为主，而本轮离职潮则集中于优秀制作人和制作团队的骨干成员。曾打造过《奔跑吧兄弟》《极限挑战》《跨界歌王》《高能少年团》等热门节目的浙江卫视前总监夏陈安，曾任《中国好声音》《我爱记歌词》等节目制片人的浙江卫视节目中心副主任陈伟，曾任《爸爸去哪儿》《变形计》制片人的湖南卫视金牌制作人谢涤葵等一大批优秀的节目制作人纷纷从电视媒体离职。这些制作人离职后并非都是去网络平台，也有相当一部分选择自主创业成为独立的内容供应商。理论上来说，独立内容供应商的大门向所有的购买者敞开，但网络平台在资金和体制上的灵活性无疑让它在内容市场中更占优势。培养优秀的节目制作人需要较长时间周期，这也是电视媒体很长一段时间内的底气来源。但这样的优势在资本涌入内容市场后被迅速消解。当这些优秀制作人开始为网络平台提供内容时，其节目制作的专业水平和先进经验令网络综艺直接受益，在短时间内提升了节目的整体制作品质。

从目前情况来看，网络综艺节目的内容制作者主要有以下几类：

第一是几年前开始就立足于网络综艺制作的"老牌"制作公司。这些公司经过市场洗礼，目前已成为标志性的行业领军者，推出了众多头部综艺节目。如米未传媒制作出了

《奇葩说》《饭局的诱惑》《透明人》等；银河酷娱瞄准了"火星"节目带，继《火星情报局3》之后推出了全新原创综艺《火星研究院》；笑果文化则围绕"喜剧脱口秀"概念，制作了《吐槽大会》《脱口秀大会》《冒犯家族》《超级故事会》等一系列节目。

　　第二是被近两年网络综艺的蓬勃发展吸引来的电视制作人才。如2016年谢涤葵辞职创业成立皙悦传媒，制作了网络综艺节目《看你往哪跑》《约吧大明星》；原天娱传媒总裁龙丹妮离职后和"快男"系列总导演马昊共同创办了哇唧唧哇文化娱乐有限公司，与腾讯视频共同制作了男子偶像养成节目《明日之子》，随着节目成为爆款，哇唧唧哇也因此声名大噪；原浙江卫视旗下蓝巨星国际传媒有限公司总经理俞杭英离职后，在腾讯视频上推出了游戏综艺节目《王者出击》，收获了超高的点击量。

　　第三是内容制作市场的一些新入局者。星驰传媒本是一家后期制作公司，曾参与过《爸爸去哪儿》《奔跑吧，兄弟》等现象级节目的后期制作，并在2015年获得过3200万元的A轮融资，2017年又完成了千万级美元的B轮融资，成为后期制作领域估值最高的公司。因后期市场天花板较低，星驰传媒于2017年开始向内容制作方向转型，推出了萌宠类真人秀《萌主来了》，取得了良好的市场反响。而世纪佳缘则是一家婚恋网站，2017年也开始涉足内容制作，让前女友帮前男友选现女友的《拜托了前任》，是其推出的首档自制网络综艺。

　　电视综艺受到的冲击除了整体收视表现走低外，还体现在现象级节目产出量的减少上。2014~2016年，现象级综艺节目收视率能够达到破4左右。央视—索福瑞的市场调查数据显示，2017年没有出现收视破2的新上档综艺节目；前几年收视率较高的老牌综艺节目近两年的收视也呈下降趋势。[1]而仅仅就2018年第一季度网络用户市场的表现来看，网络综艺的整体播放量已经超越了电视综艺。网络自制综艺点击量前100的节目播放量合计为187.39亿次，同比增长了42.29%；电视综艺在网络平台上点击量前100的节目播放量总计则为177.92亿次。[2]

　　从内容特点上看，不同于网络综艺多样化、快节奏、高对抗的特性，2017年有影响力的电视综艺整体表现出高端、权威、专业化的题材取向，节目风格也以平和亲切为主，内容呈现中的冲突设置和竞争成分更少，其中文化类节目成为电视综艺中的亮点。以《中

①　文卫华、李建霞：《2017年中国电视综艺节目年度观察与思考》，《中国电视》2018年3月刊 第17页。
②　数据来源：鲸准研究院。

国诗词大会》为起始，《朗读者》《见字如面》《国家宝藏》等一系列文化类节目均有超出预期的良好表现。此外，以《向往的生活》《中餐厅》《亲爱的客栈》为代表的"慢综艺"也意外走红，填补了这一内容领域的蓝海，也证明了当前观众对综艺节目具有多样化的口味需求。

网络综艺兴起带来的另一个影响是节目的生命周期大大缩短。在电视综艺时代，优秀综艺节目的寿命一般都在五季以上。但网络环境下的受众兴趣点更容易发生转移，话题讨论度的持续时间会更短、"过气"的情况往往会更快地发生。从目前的趋势来看，大部分综艺节目的生命周期可能会在三季以内。这也要求制作者们需要转变思路，加快节目的更新周期，持续开拓新的题材领域和节目样态。

2. 四强相争、两家跟跑的市场格局

2017年网络综艺不论是产量还是流量，较上年又创新高。全年时长在15分钟以上，且仅在网络平台播出的网络综艺为142部，较上年增加了58部，涨幅为70%。截至2017年12月31日，全年上线节目的播放量达到了564亿，较上年增加了307亿，涨幅达119%。

从主要平台的生产数量上看：腾讯视频独播47部，爱奇艺独播37部，优酷独播26部，芒果TV独播13部，搜狐视频独播3部，乐视视频独播2部，多平台联播14部。腾讯、爱奇艺、优酷与芒果具有明显优势，四家独播的节目达123部之多，占总数量的86%。

从不同平台前台播放量上看，腾讯视频（40%）、芒果TV（26%）、优酷（18%）、爱奇艺（13%）、乐视视频（2%）、搜狐视频（1%），四大平台占据了97%的网络综艺节目用户市场份额。

2017全年网综数量在各平台分布

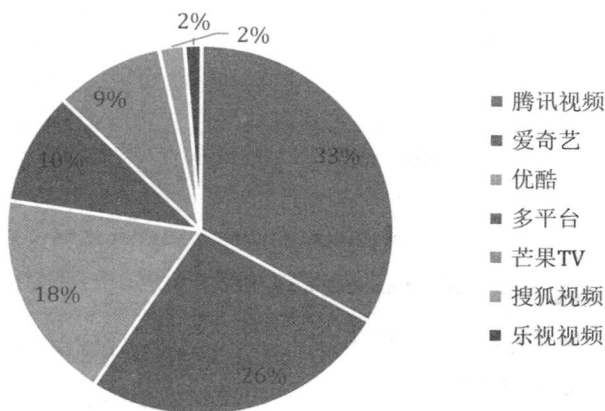

数据来源：骨朵传媒

前台累计播放总量破10亿的网络综艺共15部，其中年度播放总量第一的是由优酷、芒果TV联合播出的亲子综艺《爸爸去哪儿5》，播放总量为56亿；第二名是腾讯视频的偶像养成类综艺《明日之子》，播放总量达41.8亿；排名第三的则是爱奇艺的音乐选

2017全年网综前台播放量在各平台分布

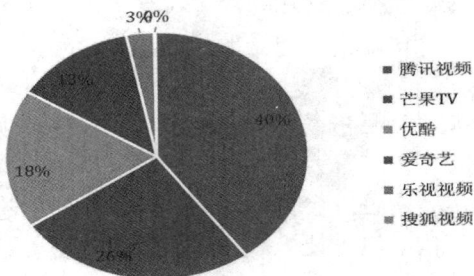

图例：
- 腾讯视频
- 芒果TV
- 优酷
- 爱奇艺
- 乐视视频
- 搜狐视频

注：乐视视频3%。其他平台合计不到0.5%，四舍五入为0

2016—2017年各平台网络综艺节目数量对比

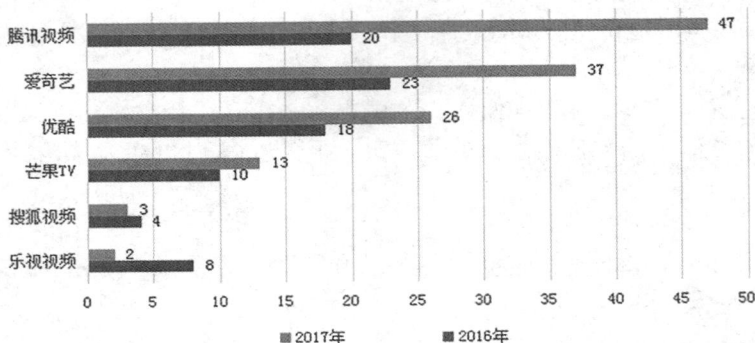

平台	2017年	2016年
腾讯视频	47	20
爱奇艺	37	23
优酷	26	18
芒果TV	13	10
搜狐视频	3	4
乐视视频	2	8

2016—2017年各平台网络综艺节目播放量对比

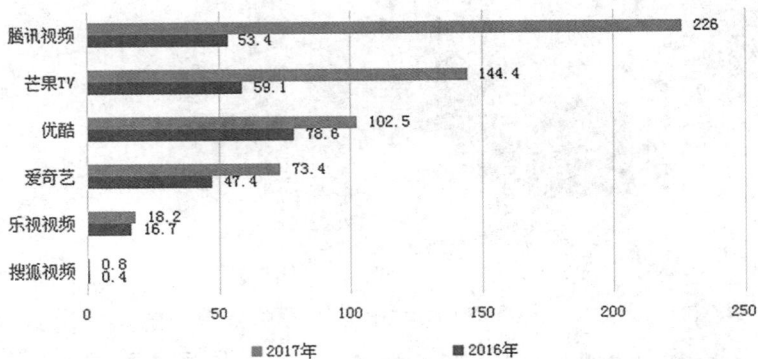

平台	2017年	2016年
腾讯视频	226	53.4
芒果TV	144.4	59.1
优酷	102.5	78.6
爱奇艺	73.4	47.4
乐视视频	18.2	16.7
搜狐视频	0.8	0.4

数据来源：骨朵传媒

秀类节目《中国有嘻哈》，播放总量为29.5亿。对比2016年全网网络综艺的播放总量，2017年全平台的网络综艺播放量均有大幅度提升，各视频平台深耕各自的头部综艺，使其进一步达到了精品化网综的新高度。

可以说，爱奇艺、腾讯视频、优酷、芒果TV四大视频平台凭借各自的优质内容，分割了网络综艺的绝大部分市场份额。搜狐视频及乐视视频仍保持跟跑位，并未形成与四强匹敌的实力。

从节目类型上看，各视频平台网络综艺类型布局策略各不相同。优酷的覆盖面很广，涉及真人秀、访谈、脱口秀、萌娃、选秀、美食、文化、婚恋交友、喜剧等类型；爱奇艺以真人秀、访谈、脱口秀、萌娃、选秀等品类为主，另有少量美食、婚恋交友、喜剧等综艺类型；腾讯视频集中在真人秀、访谈、脱口秀三大品类以及少量萌娃、选秀、美食等类型；芒果TV则专注于真人秀、萌娃两大网络综艺类型，也涉及少量访谈节目及脱口秀。

一个值得关注的情况是，近年来网络综艺节目在题材类型和受众群体细分方也进行了积极探索，多个头部综艺节目都定位于差异化的垂直细分领域，如同属选秀类节目的《中国有嘻哈》和《明日之子》，前者专注于HIP-POP音乐，后者则卡位在偶像养成。这一特点一直延续到

2017年平台各类类型播出数量分布

数据来源：骨朵传媒

2018年，《这！就是街舞》《偶像练习生》《创造101》《这！就是铁甲》等节目均是在垂直细分领域引发了爆款风潮。

3. 多元的网络综艺市场价值

（1）内容即广告，广告即内容

广告是目前网络综艺盈利的主要模式。网综受众的年轻化、时尚化等与品牌产品目标消费人群特征相吻合的特点，深受广告主欢迎。比如范 App、雅哈咖啡、vivo手机等品牌企业便赞助了《奇葩说》。根据《奇葩说》官方微信透露，节目的冠名赞助商有范 App 品牌认知度比节目开播前上涨了433%。

2016年《奇葩说3》的广告冠名费为 3 亿元，《火星情报局2》冠名费为2.5 亿元。引爆2017年暑期档的《中国有嘻哈》取得农夫山泉1.2亿元的冠名费，麦当劳、抖音App等也对其进行了追投。《明日之子》赞助收入达3亿元，《奇葩说4》的赞助也达到了4亿元。2018年《这！就是街舞》总招商金额近6亿元，农夫山泉为《偶像练习生》付出的独家冠名费为2亿元，此外还有小红书和你我贷的赞助。

爆款网络综艺招商能力增强很大程度得益于节目消弭了内容与广告之间的界限。由于网络综艺的生态环境更轻松，制作灵活度也更高，供品牌植入的"花样"也更为丰富多样。"花式广告植入"便是马东在《奇葩说》中为广告金主贡献的最大价值。《奇葩说》抓住了90后网友喜欢新鲜、逗趣的特点，通过网络流行语、段子等方式让广告植入变得妙趣横生。在《火星情报局》当中，巧妙地将赞助品牌改编成歌曲进行演绎，还拍摄了专属广告商的情景剧，现场流程中不断由主持人进行广告商点播互动。这种"花式"植入，比起传统广告模式更亲民、有趣、有效。2017年《中国有嘻哈》以说唱音乐的方式为农夫山泉、麦当劳等广告主创作了系列广告歌曲，将中插广告表现形态升级到了一个新的高度。2018年网络综艺的广告形式也是花样百出，比如《偶像练习生》的观众给自己喜欢的练习生刷视频播放量达到第一位，就能获得专属的"个人福利时间"，即"专享"偶像为展示自己个人魅力专门拍摄的一段小视频。《创造101》将品牌产品与选手的个人特点做了有机结合，通过多样化的形式进行展现。

除了形式灵活多样的广告表现形式，广告品牌还通过节目的相关造势活动、热门话题的聚焦和品牌衍生等运营，获得了在更广泛人群中高度曝光的超值回报。如《中国有嘻哈》前期有《嘻哈简史》和《嘻哈头条》造势，后期有《中国有嘻哈·王者之路》宣传活动和线下演唱会等衍生内容。《火星情报局》在开播时期借助淘宝造物节制作了直播节目《火星造物局》，后期则延展出同属火星节目带的《火星研究院》等。

另一个值得注意的现象是，网络综艺节目在拓展盈利渠道方面普遍呈现出与电商挂钩的特点。如在优酷推出的《锋味》《举杯呵呵喝》《穿越吧厨房》等网络综艺里，都可以看到天猫的身影。腾讯视频的实景真人赛《王者出击》则有京东冠名。此前，网络综艺与电商的合作方式主要是将节目打造为一个导流入口，让用户在观看内容的同时可以一键购买电商平台上的商品。现今电商与网络综艺的合作则更加深入和多层面。如《火星情报局》在淘宝造物节上开辟了名为"火星造物局"的专区进行网络直播，郭雪芙、张雪峰、沈梦辰和局长汪涵轮番坐镇主持，促进了淘宝店铺的销售。

（2）付费观看成为行业新趋势

网络综艺节目付费观看也是广受业界关注的市场动向。爱奇艺继 2016 年推出首档付费网综《坑王驾到》后，2017 年又推出了《大学生来了》《来吧冠军》VIP独享版。随着《中国有嘻哈》的热播，爱奇艺尝试了爆款综艺与 VIP 会员付费权益相结合的创新盈利模式，即在节目正片之外，播出一些VIP 会员专享内容，受到付费会员的热烈追捧，该视频上线 4 天，播放量便接近 700 万。节目收官后，爱奇艺又推出了付费衍生综艺《中国有嘻哈·王者之路》，同样收效甚好。此外，芒果 TV 的《明星大侦探2》尝试了会员提前看服务模式，付费会员除享有提前一天获得节目先睹为快的优先权利外，还获得有案件还原小剧场及幕后花絮衍节目品《名侦探俱乐部》的VIP 独享观看权益。其老牌节目《爸爸去哪儿》《火星情报局》等在播出时也基本采用了同样的模式。

三、网络综艺节目之未来

经过短短数年的发展，网络综艺已经完成了从粗放量产到质量升级的转变，初步形成了较为完整的产业链并显露出了多途径变现的潜力。但就节目形态来看，目前的网络综艺节目依然还是继承了电视综艺的基因。但正如电视继承了电影的基因却发展为另一种表现特性、受众人群、接受状态均与电影有所不同的媒介形态一样，网络综艺节目也有较大可能会派生为与电视综艺制作逻辑完全不同的节目类型。媒体的发展始终具有技术推动内容进步的特性，有理由相信，随着 VR、AR、AI等技术的迅猛发展和大数据、精确算法等工具的广泛使用，网络综艺的制作方式、节目形态和商业模式都将产生巨大的改变。

总体看来，网络综艺节目市场仍在继续发展与探索之中，供需两旺，未来空间很大。随着大量资本的注入和电视综艺人才的加盟，以及受市场规律的引导，将使得网络综艺朝着大制作、大投入的广谱内容和针对小众题材的粉丝进行定制式的内容生产方向发展，以充分获取利基市场和长尾市场部分的商业价值。至于平台各方，短期内的争夺焦点还是集中于头部内容上，同时也会迅速学习如何基于节目进行社群营销和社群经济经营，并将之发展为重要的盈利手段。而对于网络综艺节目的付费观看模式仍将继续进行探索，最终的结果如何，且留待市场检验。

最后要谈到的是网络综艺与电视综艺的关系，绝不是谁将替代了谁，而将会是在竞合状态下的长期共生共存，在用户消费需求相对恒定的大背景下，双方的市场占有也将会是此消彼长。

第五章　天空之眼
——我国无人机视频应用与市场扫描

主　笔：何苏六　中国传媒大学新闻传播学部副学部长、中国纪录片研究中心主任
　　　　王闻俊　中国传媒大学新闻传播学部电视学院全媒体音视频实验中心技术总监
　　　　丰　瑞　中国传媒大学新闻传播学部讲师

目前，无人机是全球新一轮科技革命的应用热点。由于成本低、风险小、机动性强、使用方便以及在复杂、危险的空中活动中具备的独特优势，无人机在影视航拍、消费娱乐和公共安全领域中得到了广泛应用。

一、无人机视频市场大观

工信部于2017年12月22日发布的《工业和信息化部关于促进和规范民用无人机制造业发展的指导意见》提出：民用无人机制造业是近几年快速发展的新兴产业，在个人消费、植保、测绘、能源等领域得到广泛应用，在国民经济和社会生产生活中正发挥越来越重要的作用。其中，消费类无人机是我国为数不多的能引领全球发展水平的高科技产品之一，已成为中国制造的新名片。同时提出了近期及中期发展目标：到2020年，民用无人机产业产值将达到600亿元，年均增速40%以上。到2025年，我国的民用无人机产值预计达到1800亿元，年均增速25%以上。[①]

---

① 工信部《工业和信息化部关于促进和规范民用无人机制造业发展的指导意见》，http://www.miit.gov.cn/n1146295/n1652858/n1652930/n3757018/c5976261/content.html。

现阶段，无人机视频应用从行业划分，可以分为传媒、娱乐、消费、文创、工业、行政执法及救灾抢险等领域，主要概况如下：

1. 传媒领域

（1）电视及平面媒体

由于使用简便、操作灵活、成本低廉，特别是在表现力上超越了传统的报道方式和角度，丰富了报道的内涵和外延，因此在电视新闻、体育赛事直播、电视专题片、电视纪录片、电视剧以及广告、平面媒体领域，无人机市场的应用范围及潜力都在不断扩大。

（2）电影媒体

无人机视频在电影应用方面的市场要小于传统的电视及平面媒体。由于一般的无人机在续航能力、挂载能力等方面受当前技术瓶颈制约，无法完全满足长时间、远距离、高空域的飞行，以及挂载各类沉重的专业电影设备及镜头的使用需求，因此目前更多作为电影拍摄的辅助工具。但其所具备的小巧灵活、精准定位、稳定悬停、规划路线、自动避障、大规模群集等特征，为电影产业未来的画面表现力增强带来了新的曙光。

（3）网络媒体

无人机视频应用的另一大主力市场则是网络新媒体，包括微博、微信、各类视频网站、社交平台、直播平台、兴趣小组或社区论坛的各类内容生产用户。无论在使用数量、频次还是传播的广度上，这一群体都称得上是无人机视频的主力军，并由此催生了需求的迅猛增长，推动了无人机的迭代升级、差异化创新，使得无人机市场更趋向细分和多元发展。从新媒体领域无人机视频的内容生产方式和主要应用类型来看，既有专业飞手也有爱好者参与拍摄；既有长视频也有新奇、搞怪的各类短视频；同时，无人机航拍与VR虚拟现实等新媒体技术的融合应用，也催生出了无人机市场新的增长点。

2. 演出市场

无人机视频的另一大延伸领域，是被视作无人机应用未来重要趋势的文化创意、舞台演出市场。主要体现为群集化的无人机用于实现无缝衔接的拍摄视角、以其精准的追踪悬停编队能力增强舞台效果、实现艺术创意的完美升华。如近两届年央视春晚、2018平昌冬奥会上的群集化无人机的创意演出，为无人机应用开辟了新的领域。但无人机集群化技术和资金门槛较高，难以成为市场应用的主流。

3. 公共服务领域

无人机视频还可以被大量应用于抢险救灾、交通环保执法、建筑勘查、电力巡检等领域。由于对原有的作业模式而言是颠覆性的革新，业内外相关人士尤其将建筑、电力领域视为无人机视频最具商业价值的两大应用市场。更有报告乐观地预测，仅电力巡检市场2020年的市场规模就将达到87.68亿元。[1]无人机航拍还可以用于建筑勘察，通过图片拼接形成3D建模，可以节省约20%的设计成本。[2]无人机也可以用于大型工程的施工现场巡

---

[1]　新华网《报告：预计2020年电力巡检无人机市场规模约87.68亿元》，http://uav.xinhuanet.com/2018-03/12/c_129827828.htm。

[2]　《无人机已飞到工地设计建筑 基建成本将减少20%》，http://uav.huanqiu.com/hyg/2018-03/11666856.html。

查，大大提高工程管理的精度和效率。通过无人机进行交通管理在世界各国已屡见不鲜，如违章抓拍、实时路况监测、航拍取证处理轻微事故等，既节约了警力又提高了道路通行效率和管理水平。无人机在抢险救灾中的应用也较为广泛，除了勘查灾情，也可以挂载生命探测仪的大型无人机快速搜救被困人员。类似的应用场景还有环保等领域。

二、缘起、发展与主要机型

根据中国民用航空局于2017年5月16日下发的《民用无人驾驶航空器实名制登记管理规定》所示：民用无人机是指没有机载驾驶员操纵、自备飞行控制系统，并从事非军事、警察和海关飞行任务的航空器。不包括航空模型、无人驾驶自由气球和系留气球。[①]

大致说来，无人机应该缘起于1898年尼古拉·特斯拉发明的无线遥控技术以及1917年皮特·库柏（Peter Cooper）和埃尔默·A．斯佩里（Elmer A. Sperry）发明的自动陀螺稳定器。[②]而遥控航模爱好者群体自制的无线遥控飞行器则可以被视为是无人机的肇始者。2010年，瑞士派诺特（Parrot）公司在美国拉斯维加斯消费电子展（CES）上展示了由iPhone或iPod touch控制的AR Drone四轴飞行器，而后通过大疆公司2013年推出Phantom无人机的推广普及，消费级民用无人机开始进入寻常百姓家。在开源飞控系统及芯片制造商如Arduino、APM、PX4及高通Snapdragon Flight支持下，民用无人机迎来了井喷式发展，国内无人机厂商一度达到400多家。据中国民用航空局统计，截至2018年3月23日，我国无人驾驶航空器实名登记数已增至18万架以上。[③]IDC《中国航拍无人机市场季度跟踪报告》显示，2017年第一季度中国航拍无人机市场出货量为12万台，并预测2017年市场总出货量为63万台，年增长率为42%。[④]还有相关市场分析报告认为，国内无人机的保有量在百万架以上。

与此同时，屡屡发生的无人机黑飞、危害公共及个人安全尤其是干扰民航飞行安全的事件，使得世界各国都把对无人机的管理提上议事日程。通过划定禁飞区、实行飞行登记制度、建立反无人机系统等方式，使得无人机的消费门槛有所提高，相关管理也在逐步完善。在市场方面，由于众多厂商同质竞争、创新乏力，投资热钱遂之转向汽车等领域，无人机市场的发展热度有所降低。如参加2018年CES的国内无人机厂商锐减至了40余家。全球各地的无人机厂商也纷纷裁撤转并，加速业务重组和市场调整：最早大规模推出民用无人机的瑞士派诺特（Parrot）公司2017年1月把它的无人机团队从840人减少到290人；奥特拉索（Autelalso）公司在2017年2月也解雇了大批员工；同年3月，美国昊翔（Yuneec）无人机公司在引入新的CEO后，解雇了70%的员工；美国运动相机制造商GoPro公司也彻底关闭了它的无人机部门，裁员200多人；[⑤]而著名的百合花无人机公司（lily）则干脆以倒闭告终。但与此相对应的是，通过高比例的研发团队和在各类无

---

① 《民航局正式下发〈民用无人驾驶航空器实名制登记管理规定〉》，http://www.caac.gov.cn/XWZX/MHYW/201705/t20170517_44079.html。

② 《无人机系列之发展史》，https://blog.csdn.net/ad3600/article/details/54944178.。

③ 中国民用航空局《2018民用无人驾驶航空器发展国际论坛在京举行》，http://www.caac.gov.cn/XWZX/MHYW/201803/t20180323_56022.html。

④ 《IDC:2017年中国航拍无人机预计出货量63万台》，http://www.elecfans.com/Application/Military_avionics/2017/0605/521816.html.。

⑤ 《2018年无人机市场有哪些公司值得期待？这份地图上有答案》，http://www.sohu.com/a/217499426_99964929。

机细分市场上不断推出新品，中国的大疆无人机一枝独秀，占据了全球消费级无人机市场70%的份额。

民用无人机主要根据空机重量、挂载能力、旋翼数量、动力来源等标准进行分类：

空机重量250克以下的一般称为迷你或微型无人机，如大疆的spark、Hovercamera，零度公司的DOBBY，哈博森公司的Nano Q4、Elan selfie、Airblock等都是此类无人机的代表。电力驱动、四轴、轻便、可折叠、易用、较为安全、娱乐功能齐全是其共同特征，基本上成为入门级消费者的首选。由于体积所限，微型无人机除了内置的摄像头，基本无额外的挂载能力，其电池的续航能力、拍摄画质方面的表现平平。

空机重量在250克以上、5千克以下的无人机一般称为中型无人机，以四轴或六轴居多、电池驱动、带稳定云台、带独立摄像头、有较丰富的配件选择，代表机型有大疆精灵系列和昊翔的台风系列等。这一类无人机满足了准专业用户的拍摄需求，其在拍摄画质、续航里程、飞行高度、芯片处理等方面的表现均有较大的提升。

5千克以上级别的无人机基本属于大型或中型无人机，四轴、六轴、八轴甚至更多的均有。由于机身尺寸较大，可同时多电源供电或通过燃油和其他清洁能源提供动力，其续航里程更长，挂载能力更强，一般可挂载单反相机、小型摄影机甚至大型摄影机，用于专业的视频制作，满足专业用户的拍摄需求，代表机型有大疆悟系列、经纬系列等。但由于受制于主要动力来源即电池技术发展所限，目前仍无法实现影视设备的自由挂载及长时间续航拍摄的需要，在对摄影机机型和镜头的选择上有较大的限制。

三、无人机视频的拍摄创新

在航拍技术的不断发展下，无人机航拍逐渐超越了传统航拍单维度的景观式表达形态，创新发展出了新型的视觉表现模式。目前，无人机多应用于影视行业的拍摄环节，具有常规航拍、特种拍摄两种主要应用模式。

1. 常规拍摄

自古以来，人们用眼睛观察周围世界，绝大多数都是平视或仰视，而且只能看到全部景观的局部区域。通过地面观察或拍摄，由于透视关系（近大远小），人们对所观察事物的尺寸比并不是十分清楚的。而无人机航拍则以一种鸟瞰式的角度观察世界，可以得到相对准确的地域位置关系、总体外貌和环境特点，从而获得与地面人们所熟悉景象不同维度和角度的新颖画面，激起全新的视觉感受。另外，无人机航拍画面比基于三维动画的特效视频更加真实，更能直观反映山川河流、旷野森林或建筑群的全景风貌。因此近些年来，许多城市和企业充分利用无人机航拍技术制作相关的专题片、广告片以及宣传图片，通过宏大、壮阔的视觉场景，表现出了全新的城市或企业形象，开创了城市宣传与企业品牌推广传播的新形式。

2. 特殊拍摄①

由于无人机可实现从地面至低空范围内对拍摄对象的近距离悬停、环绕与追踪拍摄，

---

① 此部分参考曹三省、孙一粟：《面向影视传媒行业的智能视频应用》，《新闻与写作》，2016年第2期。

获得以往任何机械拍摄设备（摇臂、滑轨、脚架、车载移动装置等）不能实现的视觉效果，因此，无人机在影视传媒行业中真正常用的是"特拍"而非常规意义上的"航拍"。常规意义上的航拍镜头由于航线原因，拍摄时往往无法停驻于特定的位置，所以不能很好地表现导演意图下的人物和事物，镜头的运用也被局限于远景、全景，而不能作中景、近景和特写等镜头的拍摄。因此传统航拍往往流于浮光掠影或走马观花式的内容呈现，画面虽然也能酷炫但精神内涵则略显不足。而无人机技术可以充分利用该类别飞行器灵活多变的功能特点，实现过去无法完成的特殊拍摄任务，极大地拓展影视创作者的视觉表现空间。无人机的特殊拍摄具体可划分为以下几种镜头样式：

（1）追踪拍摄

这种拍摄一般用在跟随某个人物或物体的运动镜头上。无人机视频发展至今，在自稳定技术已经相对成熟，基本上可以媲美传统摇臂、滑轨、车载移动拍摄和手持式移动拍摄（斯坦尼康等）的稳定程度，同时在总体成本、设备运输、装置搭建调试、拍摄操控等方面也要明显优于后者。在实际拍摄中，飞控手要进行跟随追踪，云台手要不断寻找被拍摄对象，并将其放在画面构图中的合适位置。云台手如同一个摄影师，而飞控手则更像一个飞行员，他们之间的默契配合程度决定着拍摄镜头的质量。

（2）穿越拍摄

穿越机是一种轻型的多旋翼无人机，因其体型袖珍，可方便地在树丛、建筑间等相对狭窄空间穿越飞行而得名。穿越机搭载 GoPro 相机等微型拍摄设备所获得的拍摄效果，可以说是完全颠覆了常规的航空摄影。这种拍摄往往从细微处入手，使镜头穿梭于狭窄的景物之间；或者由近及远，在建筑物或丛林内通过灵活的视角转换，将镜头拉至高远宏阔的俯瞰全景，这在传统航拍条件下是完全不能做到的。

（3）升降镜头

升降镜头多用于宏大场面的拍摄，它能够改变镜头视角和画面空间，有助于场景氛围和视觉效果的渲染。

（4）摇移镜头

主要是指镜头左右环顾、摇摄全景或者跟着被拍摄对象的移动进行摇摄的一种拍摄技术手段。这种镜头常用于介绍环境或突出被拍摄对象、增强运动感等方面。传统意义上，全景摇移镜头需要通过将拍摄设备置于高层建筑、山顶等视野开阔的高处进行拍摄，时间和人力成本均较高。而利用无人机，则通过一次升空做简单摇摄即可完成，省时省力。

（5）横滚镜头

在传统影视作品中，表现物体空中高速移动带来的飞翔感，一是依靠摄影师通过云台控制三脚架水平线的倾斜角度的运动来完成，二是通过航空拍摄来实现。但是飞机高空横滚所拍摄出来的视觉效果并不好，而进行低空横滚则风险极大。擅长近地低空飞行的无人机使得此类镜头的拍摄更为得心应手，画面也具有更强的视觉表现力。

（6）绕点镜头

是指围绕着一个被拍摄对象做圆周运动的一种拍摄方式。目前绕点镜头需要云台手和飞控手默契配合才能完成，随着越来越多的新型无人机都在控制程序中添加了这个功能，该类极富表现力的镜头今后出现在视频作品中的频率也将大大增加。

（7）综合性镜头

综合性拍摄镜头的运动方式是多种多样的。有时，导演为了使画面能够更为充分、更加突出地表现被拍摄对象，往往在一个镜头里将推、拉、升、降、摇、移等运动镜头结合在一起使用，实现极富有表现力的视觉表达。通过传统的方法和设备，该类镜头的拍摄往往相当困难，而且成本高昂。现如今，高水平的无人机操控手可以一次性完成上述高难度镜头移动拍摄。由于更为机动灵活和费用低廉，无人机综合性镜头的优势是传统拍摄方式无法比拟的。

四、无人机视频的媒体实践

无人机在电视媒体的应用较为广泛。2015年天津滨海新区瑞海公司危险品仓库爆炸后，央视、新华社均采用无人机进行了航拍，开启了国内无人机视频用于新闻报道的先河。已于2017年播出的电视纪录片《航拍中国》第一季用了57架无人机、16架载人直升机进行拍摄，[1]以全新的视角呈现了东西南北中六省、直辖市的人文地理风貌，是近年来无人机应用于电视纪录片的典范之作。另一个无人机视频在电视媒体上大规模应用例子，即深受数千万鱼友欢迎的《四海钓鱼》频道，对野外钓鱼场景的无人机航拍，已经成为了节目制作中的标准配置。

---

① 央视网《航拍中国》，http://jishi.cctv.com/special/hpzg/index.shtml。

电视媒体成功应用无人机另一阵地是体育赛事直播。如在2014年索契冬奥会上进行的滑板和高台速降的无人机直播；美国体育频道ESPN在2015年冬季极限运动大赛上使用无人机来进行全程拍摄；此外无人机的视野优势也被用于足球、橄榄球等项目的科学训练之中。

无人机在影视剧中的运用，正如前文所提及的，更多是作为一种补充手段。如电影《寒战2》中用大疆悟拍摄飙车追捕场面；《乘风破浪》中赛车撞火车的航拍画面；张艺谋根据三国故事改编的《影》中的部分画面也使用了无人机拍摄；无人机的天空俯瞰视角和运动优势更是动作电影的好搭档，在《战狼2》《变形金刚》系列、《碟中谍5》《007》系列等影片中均有无人机拍摄的场面。

无人机在视频新媒体上应用更为多元丰富：如"无人机+直播""无人机+全景VR""无人机+社交""无人机+FPV"等。在与新技术、新平台及广大的终端用户的融合中，无论是在视频分享社区进行的航拍视频交流、直播平台的自拍+航拍视频分享，还是专业制作团队的微电影、广告、微纪录片等多种形式的航拍作品，无人机视频应用可谓遍地开花。如大疆公司在发布悟2无人机时，同步发行了微电影《圆》，展示了悟2可以支持拍摄5.2K RAW高质量视频的专业品质。[1]又如在2014年，一支由OK Go乐队主唱，原野守弘（Morihiro Harano）执导，借助UNI-CUB电动独轮平衡车及大疆S1000八轴无人机，[2]用一个长镜头拍摄1500人的表演团队的网红MV《我定不负你所望》（*I Won't Let You Down*）便带给人们耳目一新的视觉体验。该视频自2014年发布至今，观看人次已达3800余万。此后，无人机航拍大型团体舞蹈或花式编队成为了一种风潮，频频出现于各类大型文艺表演和赛事活动中。

无人机在文化创意及舞台表演市场上的应用也不乏成功案例：如2017年6月，张艺谋执导的《对话·寓言 2047》在国家大剧院首演，在传统笙演奏的环节，来自瑞士的无人机技术团队（Verity Studios）配合演奏的器乐，让80架无人机在剧场上空自动编队飞行，形成无人机美轮美奂的动态光影。[3]无人机也在2017年、2018年央视春晚以编队形式呈现了雪花纷飞、大红灯笼等曼妙的舞台效果，成为春晚的一大科技看点。又如在2018年平昌冬奥会上，英特尔公司的Shooting Star 团队通过无人机编队呈现出的奥运五环灯光秀，使得集群式无人机应用成为视觉表现的新时尚。

虽然成效斐然，但一些无人机操作者的黑飞行为以及相关视频在新媒体上的应用也存在诸多的问题。如已形成病毒视频传播效应的无人机烟花空战视频，再如2017年初引发公众关注的杭州无人机飞友近距离拍摄民航飞机的微博视频等。目前，在社会

[1] 大疆《大疆出品 | 首部完全由无人机拍摄的微电影》，http://www.dji-hobby.com/cases/63.html。
[2] 《I Won't Let You Down 是如何航拍出来的？》，http://www.ifanr.com/466251。
[3] 爱范儿《张艺谋新片杀青，讲了个〈无人机与电影〉的畅想》，http://www.ifanr.com/875750。

强大的舆论监督及民航总局的实名管理之下，无视公共安全的"黑飞"行为得到了一定的遏制。总体而言，无人机视频的应用可谓遍地开花，但由于绝大多数制作者在影像技术水平、拍摄资金、制作周期、后期剪辑等方面与专业电视媒体及电影制作团队存在着较大的差距。

五、国内无人机航拍市场格局

随着近年来消费级无人机销量的高速增长，我国的无人机航拍产业开始崛起。根据在《2018—2023年中国无人机行业市场需求预测及投资战略规划分析报告》发布的数据，2017年，我国航拍无人机市场规模约为40多亿元。该报告还预测，中国航拍无人机市场将以86.5%的年复合增长率快速成长。到2020年，市场规模达将达250亿元。[①]

目前，我国从事无人机视频拍摄的机构和群体主要有四类：第一类是航空航天部门的下属公司；第二类是无人机生产厂商；第三类是媒体机构、电视台、影视公司以及新媒体；第四类是民间团体及爱好者。在这四类中，无人机生产厂商因为技术开发上的先天优势，在我国的航拍市场中占有绝对的优势。

在国内主流的无人机厂商中，不仅进行新型应用技术的开发，也提供视频内容的生产，它们中有42.8%都从事着专业航拍服务。[②]其中，最具代表性的企业就是大疆。大疆公司是国内最大的小型无人机生产企业，号称"无人机领域的苹果"。从2006年公司成立到2017年，大疆已占据我国民用小型无人机市场的52%。在纪录片《航拍中国》、电影《乘风破浪》、陈可辛爆款广告《三分钟》等优秀的影视作品中，大疆都提供了专业的航拍订制服务。

2017年国内十大无人机企业排名

排名	厂商
1	深圳市大疆创新科技有限公司
2	派诺特贸易（深圳）有限公司
3	深圳一电科技有限公司
4	零度智控（北京）智能科技有限公司
5	中科遥感科技集团有限公司
6	广州极飞科技有限公司
7	易瓦特科技股份有限公司
8	深圳市艾特航空科技股份有限公司
9	广州亿航智能技术有限公司
10	广州市华科尔科技股份有限公司

来源：前瞻产业研究院

虽然市场热闹，前景喜人，但是我们也要看到繁荣下的一些危机。航拍无人机的关键技术包括飞控系统、智能识别、跟踪、数据传输、云台系统等，而在我国消费级航拍无人机行业中，仅有少数企业具有自主开发上述关键部件的能力。2017年底，中国航空运输协会发布报告指出，经过前三年飞速发展，国内消费级航拍无人机因技术发展、使用场景、市场格局固定等因素，已暂时进入缓慢发展时期。这一观点通过业内龙头——大疆创新近年来的相关市场数据可以得到了一定程度上的验证。根据前瞻产业研究院的监测，近几年来大疆创新的营业收入增速呈下滑趋势，2014

① 《2018年无人机行业现状与发展前景分析》，http://www.qianjia.com/html/2018-05/03_290616.html。
② 《2017年无人机专业航拍市场规模及前景分析》，http://robot.ofweek.com/2016-10/ART-8321203-8470-30049770_2.html。

年至2015年，增速分别为300%、100%；而2016年至2017年，增长速度则分别为65%和80%。[①]

总之，由于航拍工具昂贵、飞行控制又具有一定的风险、人才培训也需大量的时间、报价不够亲民等因素，专业航拍市场的"火爆"程度远不如一些业内人士先前的预期。加上近年来"黑飞"事件频发，各地未建立起完善的行业标准与规范，致使航拍无人机在多地被"禁航"，专业从业资质办理难度也在加大。解决问题的关键是建立无人机应用的法律法规，一旦立法出台，民众和航拍无人机厂商便有了明确的行为指南，行业会顺势进入良性的发展。随着竞争日渐充分，相关技术的日益成熟，运营成本下降，人才供给充沛，市场需求也会水涨船高，航拍无人机市场的发展空间巨大。

六、无人机市场的未来前景

1. 性能智能化

在智能化发展的全球大趋势下，消费者对于无人机的拍摄功能需求也随之提升，众多复杂的应用场景对无人机的应用也提出了更多技术要求与更高的安全要求，致使无人机产业需要进行更为深入系统的技术研发，在硬件、软件、算法、系统等方面进行一系列的升级换代。这其中，关键的技术进步是向着智能化发展。目前，无人机智能化研发正在不断深化，推动人工智能技术在无人机领域的融合应用，未来无人机将集成先进的机器人技术和算法技术，可以智能化地完成各项复杂的拍摄及应用任务。智能无人机将与VR技术、大数据、云计算、互联网、物联网相结合，成为具备智能视觉、深度学习的"空中智能机器人"，并且能够自适应、自诊断、自决策、重规划，实现飞行轨迹、操作控制的全过程数字化与自动化，这将在普通消费用户市场获得巨大的应用空间，向人类提供专业、便捷、廉价的空中智慧视觉服务。[②]

2. 产品个性化

根据消费市场的走向，投资于无人机的资本将更多地向视频、照片等领域拓展，通过沉浸式的航拍体验，让普通大众享受到无人机应用的乐趣。未来，消费级无人机企业将通过技术升级、增强便携性、安全性、易操控性等，开发出新的应用场景，并赋予无人机更多的社交和媒体属性，推出迷你型、个性化、便携式等不同的机型，从而使得行业规模获得更大的拓展。随着技术的进步和多种应用的开发，无人机在旅游、生活摄影、导航、运动、比赛、娱乐、教育、表演、婚庆、游戏乃至个性化社交等方面的能力将得到强化，而未来大量用户和设备的聚集还可能形成空中飞行圈、空中竞技圈等社区，实现无人机应用的大飞跃。

3. 管理规范化

虽然目前我国无人机市场已经形成了一定规模，有一定的技术储备和制造能力，但是民用无人机在飞行运营、适航管理、安全管理等方面还没有建立起较为完善的行业标准和

---

① 《2018年无人机行业现状与发展前景分析》，http://www.qianjia.com/html/2018-05/03_290616.html。
② 《我国民用无人机产业市场现状与发展趋势》，http://uav.huanqiu.com/hyg/2017-09/11232936.html。

法规体系，在研发制造、销售使用等方面也缺少相应的制度安排，导致各种违规飞行现象随之而来，整体产业的发展也不甚规范。未来，我国政府相关部门将会建立起统一高效、多部门联动的协调监管机制，制定出无人机产业发展的顶层规划，立法明确民用无人机的法律属性，并通过制定无人机的生产标准与适航标准，加强无人机驾驶员的管理培训力度，实施实名登记制度和销售流通备案登记制度，建设无人机监管信息云平台，规范市场准入、退出制度等举措，从研发、制造、销售、运营、应用等方面进行全方位的管理与监管，以保障民用无人机产业实现持续、安全、创新发展。

小　结

　　无人机最初只是作为可以进行短暂飞行的航模玩具而存在的。在今天，当它和智能技术以及现代视觉表达艺术结合在一起时，带来的是我们的先辈无法想象和理解的视觉震撼与应用体验。可以预见到，无人机视频在民用领域的应用会越来越宽广，潜在的市场也将逐步被挖掘出来。随着管理监管体系的完善和拍摄技术的提高，在未来的相当一段时间内，无人机会以更为主动的姿态和迅速的节奏走进大众的日常生活。站上风口蓄势起飞的无人机视频产业，正成为下一个视频市场的新蓝海。

第六章　内容价值之本
——视频行业的版权经济与产业发展①

主　笔：严　波　中央广播电视总台版权和法律事务室副主任、亚广联知识产权与法律委员会主席

　　在中国，新闻出版影视领域是知识最密集的领域。在知识经济中，版权是最活跃的部分。

——世界知识产权组织总干事 高锐②

　　版权既是法律概念，又属经济和产业范畴。版权的价值因经济活动而产生，受法律制度保护；经济活动反过来又推动了版权作品价值的提升、版权产业③的发展以及版权保护制度的不断完善。在我国《著作权法》规定的众多作品形式中，相对而言，视频作品的投资额度往往较高，内容受市场欢迎程度也更大，视频版权产业发展前景十分可观。加之继电影、电视之后，随着数字技术的发展，数字视频近年来在世界范围内广受欢迎，并伴随着互联网、移动网络的发展，为视频内容的商业使用和市场盈利开拓出一片新大陆，在我国视频行业原本略显平静的海洋中掀起了一轮又一轮创新和发展的热潮。

　　但是，在繁荣的局面中我们也注意到，我国视频行业的版权产业发展仍不能过于乐观，虽然广告收入和付费用户的增长形势喜人，但是视频新媒体行业总体仍处于较为严重的亏损状态。多姿多彩的视频内容虽然赢得众多用户，尤其是青少年用户的青睐和口碑，但由于内容和传输成本支出高昂，加之收入来源略显单一，用户的个人和家庭的消费明显不足，视频新媒体版权经济尚未形成气候和规模，这与发达国家相对成熟的视频版权市场状况形成鲜明对比。有趣的是，我国以电影为代表、谙熟版权运营规则的传统视频版权行业，虽说受到了来自视听新媒体的巨大挑战和冲击，不仅保持了稳定增长的态势，甚至进一步在大视频市场上开拓和进取，十分值得年轻的视频新媒体行业学习和借鉴。

　　究其根本，笔者以为：一方面，视频媒体行业的本质是依靠版权内容的生产和传播的版权产业，其收入结构和市场盈利有其自身的经济规律，并且随着数字、网络技术的进一步发展，版权经济收入将被进一步强化并取代注意力经济成为行业收入的基础和中坚；另一方面，视频作品版权价值的商业实现较其他作品形式而言，更加依赖版权法律制度的保

---

　　① 广州大学新闻传媒专业的杨羽婷同学在本文资料搜集和整理上给予了支持和帮助。

　　② 阎晓宏：《关于版权经济价值的三个认识》，载《现代出版》2014年5期。

　　③ 按照世界知识产权组织的界定，版权产业是指版权可发挥显著作用的产业，其共同特点是以版权法为存在基础，发展与版权保护息息相关。版权产业又分为核心版权产业、相互依存的版权产业、部分版权产业及非专用支持产业四个产业组，其中核心版权产业是指完全从事创作、制作和制造、表演、广播、传播和展览或销售和发行作品及其他受保护客体的产业，是版权产业最重要、最核心的组成部分。参见《"2012年中国版权产业的经济贡献调研成果"发布》，来源：国家版权局，2014年12月25日，http://www.gApp.gov.cn/chinacopyright/contents/518/235594.html。

护与执行，版权法制意识淡漠、盗版横行已经在侵蚀甚至瓦解我国视频版权产业的生存和发展基础。因此，本文希望通过对视频行业版权经营规律及盈利模式的分析与比较，特别提出对我国视频版权经济产业化发展的现状与前景分析，同时呼吁并强调视频行业加强版权法制意识、坚决打击盗版侵权实乃"矢在弦上，不得不发"。

一、国外视频行业在大视频环境下的发展与版权盈利

伴随着网络用户和移动用户的高速增长，近年来，全球视频新媒体行业发展十分迅猛，逐渐成为全球视频传播中最为核心和重要的应用之一，并对传统影视行业造成不小的冲击和影响。但我们仍可以注意到，世界范围内（尤其是发达国家）视频行业的基本收入结构和版权盈利状况并未发生颠覆性的变化，视频新媒体在快速发展的同时，仍始终遵循着版权经济的发展轨道在前进。

1.西方发达国家视频新媒体行业最新发展情况

随着视频技术的发展和3G、4G以及Wi-Fi等宽带网络的普及使用，全球范围内迎来了视频内容网络传播的大爆发，观看视频已成为全球网络用户最重要的应用。据全球知名的数码市场、媒体和商业方面的权威研究机构eMarketer报道，2018年全球范围内有65.1%互联网用户会定期观看视频，近23.8亿人通过任意一种设备，至少每月观看流媒体视频或下载数字视频内容，其中18.7亿人使用手机观看，这一数字较2017年增长了11.9%。[1]该机构还预测，全球视频新媒体观众的数量到了2020将超过25亿，届时全球每10位互联网用户中就有6位每月至少会收看一次视频。[2]从世界各地区的渗透率上看，北美地区的网络视频渗透率最高，2017年有2/3以上的人口观看网络视频；而亚太地区和拉丁美洲由于人口较多，用户的总数更大；一些发展中国家因为缺乏基础设施而导致渗透率相对较低。[3]

（1）美国视频新媒体发展概况

美国的视频新媒体行业发展十分强劲。截至2016年11月，美国网络电视用户和家庭用户数约为1.8亿户，增长率高达20%。据eMarketer预测，到2021年，大约会有2亿美国消费者每月至少使用一次网络电视或其他网络视频服务。[4]其中奈飞（Netflix）、亚马逊（Amazon）和葫芦（Hulu）等网络付费视频用户增长明显，但是主要靠广告支持的脸书（Face book）的用户几近饱和，增长开始放缓。[5]预计从2018~2022年美国网络视频用户规模每年仍然都会增长，但随着市场逐渐饱和，年增长率会逐渐下降，将从2018年的2.7%下降到2022年的1.9%。

① *Global Digital Video Viewers: eMarketer's Estimates and Forecast for 2016–2021, with YouTube and Mobile Video Numbers*，eMarketer，2018-2，https://www.emarketer.com/Report/Global-Digital-Video-Viewers-eMarketers-Estimates-Forecast-20162021-with-YouTube-Mobile-Video-Numbers/2002185.

②③ *Worldwide Digital Video Viewers: eMarketer's Estimates for 2016–2020*，eMarketer，2017年1月，https://www.emarketer.com/Report/Worldwide-Digital-Video-Viewers-eMarketers-Estimates-20162020/2001983.

④ *Programmatic Connected TV and OTT Video Advertising: Automation*，*Audience Attracts Digital and TV Ad Buyers*，eMarketer，2017-11，https://www.emarketer.com/Report/Programmatic-Connected-TV-OTT-Video-Advertising-Automation-Audience-Attracts-Digital-TV-Ad-Buyers/2002159.

⑤ *Connected TV and Over-the-Top Video: The Living Room's Place in the US Digital Video Ecosystem*，eMarketer2016-11，https://www.emarketer.com/Report/Connected-TV-Over-the-Top-Video-Living-Rooms-Place-US-Digital-Video-Ecosystem/2001908.

2018—2022美国网络视频用户规模预测(单位：百万人)

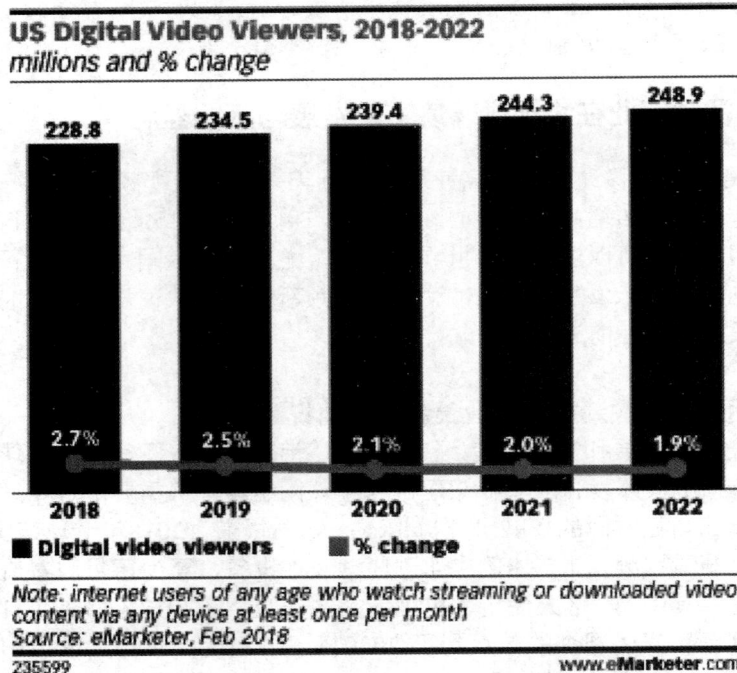

数据来源：eMarketer2018年2月

　　美国网络视频用户的增长主要是来自于传统电视用户市场的下滑，电视用户的下滑速度较预期的降幅要大。2017年上半年，在不同的视频设备终端中，美国智能手机的普及率继电视后占据第二席。而在网络视频传播平台，主打长视频的Netflix和主打短视频的YouTube继续保持着各自在该市场领域的统治地位。美国原创影视剧的数量在2017年迎来高峰，其增长主要来自新型的网络市场，但也有部分增长来自公共电视台和付费电视。在广告盈利方面，根据美国交互式广告研究机构（Interactive Advertising Bureau，IAB）的报告，2017年上半年，美国移动视频的广告收入已经和PC端视频广告持平。[1]美国视频新媒体的发展可以用美国电影协会（MPAA）主席兼首席执行官查尔斯·里夫金（Charles Rivkin）的话来概括："观众对如何欣赏他们最喜爱的电影没有限制。事实上，今天的电影不仅有第二个屏幕，还有第三个和第四个。"他还指出，"美国人现在将49％的媒体时间用于视频新媒体平台"。[2]

（2）英国视频新媒体发展概况

　　英国是视频行业发展成熟度较高的国家。20世纪末至21世纪初，面对英国强大的

---

　　① *Q1 2018 Digital Video Trends: Monetization*，*Audience*，*Platforms and Content*，eMarketer，2018-3-1，https://www.emarketer.com/Report/Q1-2018-Digital-Video-Trends-Monetization-Audience-Platforms-Content/2002221.

　　② 《2017年电影市场报告》，美国电影协会，2018年4月，http://www.chinafilm.com/hygc/4322.jhtml。

公共电视台BBC、ITV的夹攻，默多克旗下的付费卫星电视运营商英国天空广播公司（BSKYB）异军突起，斥巨资通过令人咋舌的全网赠送卫星接收器，以及垄断英超直播权、巨资购买好莱坞电影版权的超强市场策略，一举成为全球最赚钱的付费电视企业之一。近年来，在最年轻和最年长年龄组观众逐渐转向网络视频消费趋势的驱动下，英国网络视频版权市场正在不断增长，对英国强大的传统电视行业发起了冲击与挑战。根据eMarketer统计，英国网络用户占总人口比例为82%，其中网络视频用户占比高达65%，超过了该国手机、平板电脑和社交网络用户的比例。eMarketer认为，英国观众相对更偏好于通过大屏幕观看长视频内容，通过智能电视观看视频的收视强劲增长趋势也充分说明了这一点。

英国不同视频新媒体用户的使用比例

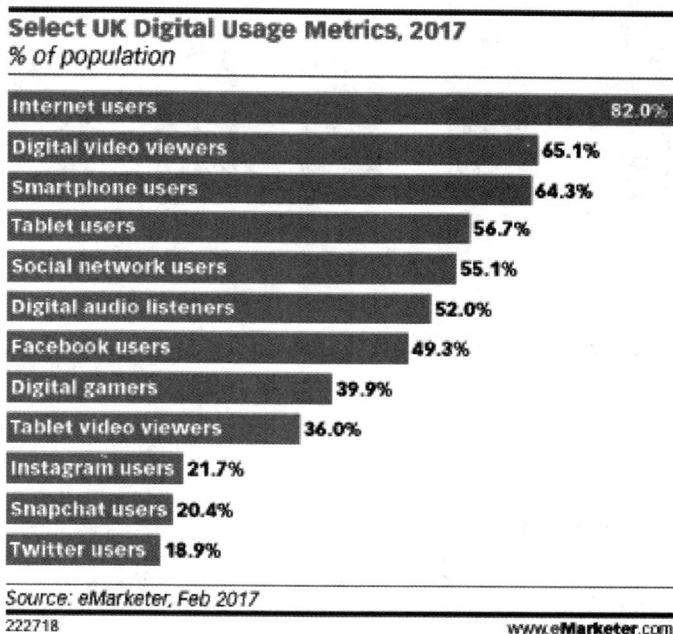

数据来源：eMarketer 2017年2月

（3）德国、法国视频新媒体发展概况

欧洲大陆国家似乎更青睐于通过传统电视收看视频，不过网络视频的冲击影响也同样巨大。以法国为例，目前大多数法国观众仍然是通过电视观看视频，根据eMarketer统计，2017年法国电视观众占法国成年人口的比例达91.5%。然而近年来法国网络视频行业的发展也同样迅速，2017年有近2/3的互联网用户（约为3220万人）至少每月通过网络平台收看视频，其中青少年较年长观众在观看网络视频上花费更多时间。预计到2020年，法国网络视频观众规模将到3470万，占法国总人口的53.4%，占网络用户总量的67.2%。其中，移动设备是法国观众收看视频的主要平台。根据AOL近期的一项研究显示，法国大约63%的互联网用户每天都通过手机收看视频。eMarketer认为，法国网络视频用户占总人口的比

例在将来还会不断攀升，其中重要原因是视频门户网站和其他视频新媒体提供商的内容供应激增。①

2016—2020年法国网络视频用户洞察（单位：百万人）

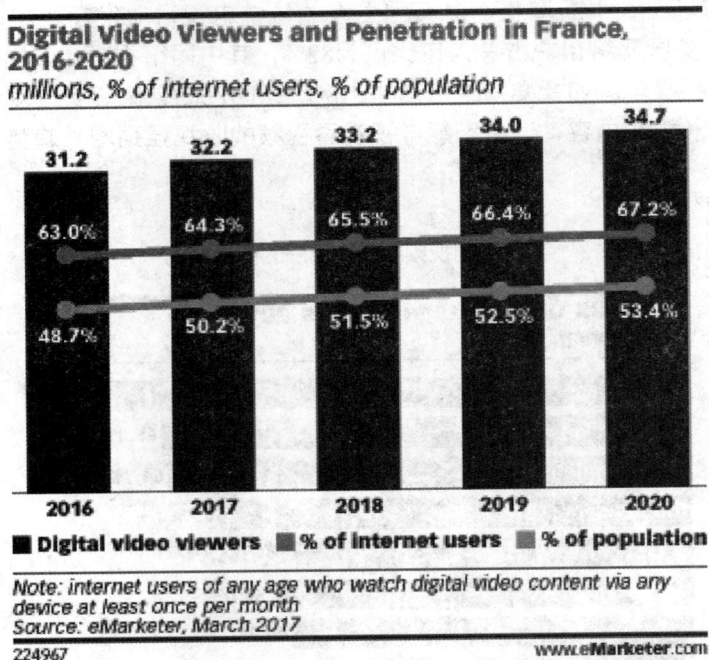

数据来源：eMarketer 2017年3月

德国的视频版权市场与法国十分类似，收看视频也是以电视为主。根据eMarketer统计，2017年，德国电视观众占成年人口比例高达94.2%。但不同于法国的是，德国的网络视频版权市场的起步甚至更晚，不过近年来也在加快发展速度。截至2017年，德国的网络视频观众大约为4110万人，占总人口的一半左右，大约是互联网用户的61%。虽然比例较低，不过基于德、法总人口之间的差距，德国视频新媒体用户数量仍然比法国多将近900万人。预计到2021年，德国网络视频观众将达到4510万人，大约占德国总人口的55%，占互联网用户总数的67.5%。德国也是青少年比年长观众更喜欢收看网络视频，随着市场的成熟，年长的网络视频用户的数量也在迅速提升。截至2017年，台式机用户仍然是德国主要的网络视频的收视平台，但手机等移动设备已经越来越成为网络视频的主要收视工具。②

---

① 根据 *Digital Video and TV in France: Mobile Usage and Commercial Offerings Fuel Major Expansion* 整理，eMarketer，2017 年 4 月，https://www.emarketer.com/Report/Digital-Video-TV-France-Mobile-Usage-Commercial-Offerings-Fuel-Major-Expansion/2002002.

② 根据 *Digital Video and TV in Germany: TV Gives Ground in a Diverse and Growing Marketplace* 整理，eMarketer，2017 年 4 月，https://www.emarketer.com/Report/Digital-Video-TV-Germany-TV-Gives-Ground-Diverse-Growing-Marketplace/2002003.

2016—2021年德国网络视频用户洞察（单位：百万人）

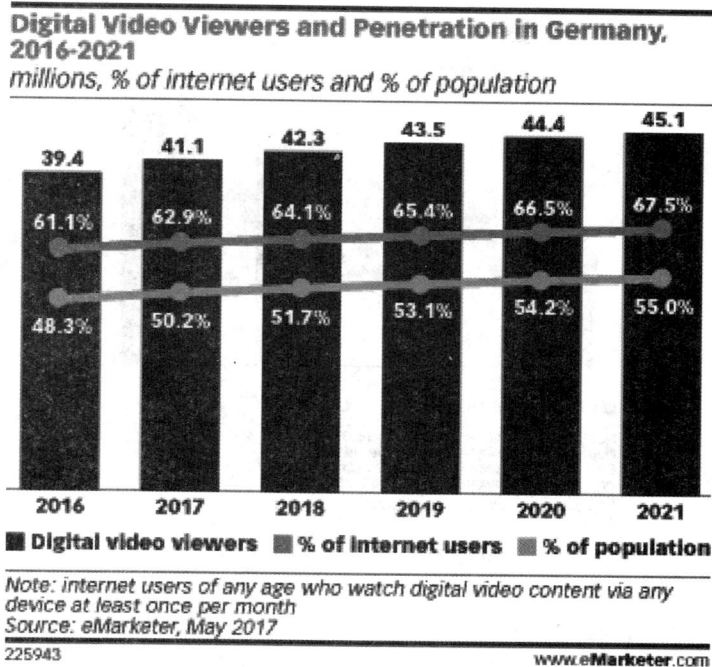

数据来源：eMarketer 2017年5月

（4）加拿大视频新媒体发展概况

在辽阔的加拿大，电视依然是主要的视频收看平台。观众平均每天在电视上花费3小时17分钟，是所有屏幕中使用时间最长的。加拿大人的网络视频平均收视时间大约是每周10小时，远低于电视。但由于是美国近邻，加拿大不可避免地会受到Netflix、YouTube等美国视频新媒体巨鳄影响。随着Netflix、YouTube的视频节目越来越吸引观众，加拿大人的网络视频收视时间正在不断增长。根据eMarketer调查，加拿大超半数的成年人宣称订阅了Netflix。难得的是，加拿大传统广播电视台不断通过视频点播服务和手机客户端向网络视频版权市场扩张。根据eMarketer预测，虽然加拿大互联网电视（OTT）付费收入在2018年达到9.72亿美元，但传统付费电视收入仍然是互联网电视付费收入的10倍，而且在未来一段时期内，前者的市场下降幅度也将十分有限。对于广告而言，电视仍然占据着加拿大媒体广告支出的头把交椅。2017年，电视广告支出大约占媒体广告总支出的23.1%，约是网络视频广告的6倍。不过，随着网络视频行业的发展，电视广告和网络视频广告之间的差距正在逐步缩小。在竞争压力下，加拿大电视行业推出了诸如可定位电视广告（addressable TV）、DETV等多种广告产品，一些先进的电视技术公司正在与网络电视运营商合作推出新一代的电视机顶盒用以提升广告定位能力。①

---

①　根据 *TV and Video in Canada: New Viewing Habits Bring Multiscreen Chal-lenges for Advertisers* 整理，eMarketer，2017 年 8 月，TV and Video in Canada: New Viewing Habits Bring Multiscreen Chal-lenges for Advertisers.。

2015—2018年加拿大互联网电视收入变化（单位：百万）

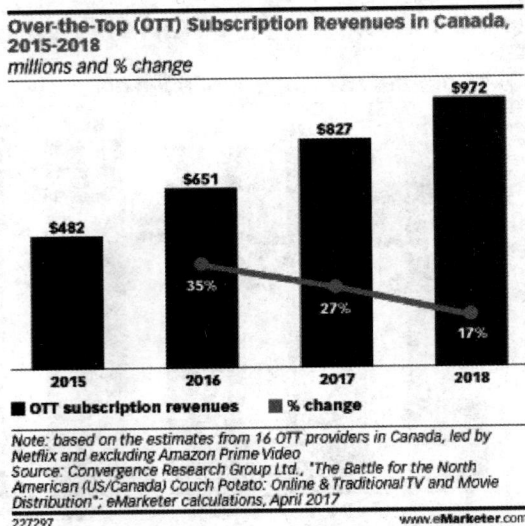

数据来源：eMarketer2017年4月

2. 全球视频行业版权盈利概况

根据美国电影协会（MApp）最新数据，2017年全球电影票房为406亿美元，较2016年同比增长了5%。虽然北美电影票房下降了2%，但其他国家和地区的票房却同比增长了7%。其中，亚太区的票房较2016年增长了6%，达到了160亿美元。增长主要来自于中国，票房增长高达21%。除北美（111亿美元）外，中国（79亿美元）、日本（20亿美元）、英国（16亿美元）、印度（16亿美元）等位列全球电影票房榜前列。不同于我国电影主要依靠票房的收入局面，在全球范围内，电影票房占据总电影消费额（884亿美元）的46%，数字家庭音像（包括电子销售、付费VOD等）消费占据了36%，出租、零售等物理载体家庭音像的消费也达到了18%的占比。

其中，数字化的家庭音像消费是主要的增长点。美国的数字化家庭音像消费2017年较上年增长了20%，而其他国家和地区则增长了41%。另外，付费视频用户一直是视频版权盈利的主要基础，目前世界上大多数地区仍然是以有线付费电视为主，但基于互联网的付费视频点播服务（SVOD）也已经有了飞速的发展，这也是网络视频市场中增长最快的部分之一。全球在线视频服务的付费用户数量2017年较2016年同比增长了33%，达到了4.47亿人，IPTV和卫星电视的付费用户数量在过去5年也有所增长。而2017年，虽然全球有线电视订户数量连续第二年出现了下降，但在全球范围内，有线付费电视始终仍是收入最高的视频平台，其收入不降反增了11亿美元，达到1080亿美元，远远超过电影票销售额和家庭娱乐消费者支出总和。反之，虽然在线视频服务的订阅用户在数量上已经达到了有线电视用户数量的79%，但收入并不理想，还未达到300亿美元。[①]另据数字电视研究（Digital TV Research）

---

① 数据根据《2017年电影市场报告》整理，美国电影协会（MApp）2018年4月，http://www.chinafilm.com/hygc/4322.jhtml。

2017年全球影院和家庭音像消费支出

（单位：10亿美元）

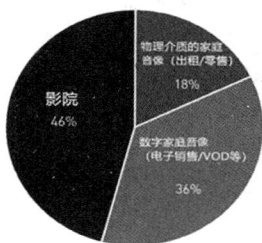

数据来源：美国电影协会

2013—2017年全球付费电视和网络视频订阅数量

（单位：百万）

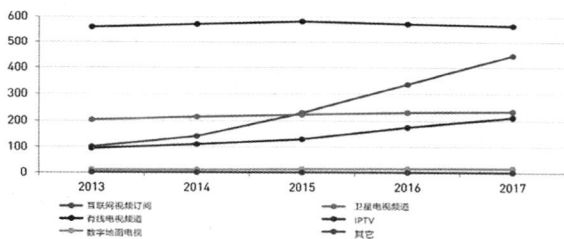

数据来源：美国电影协会

2013—2017年全球付费电视和网络视频收入

（单位：10亿美元）

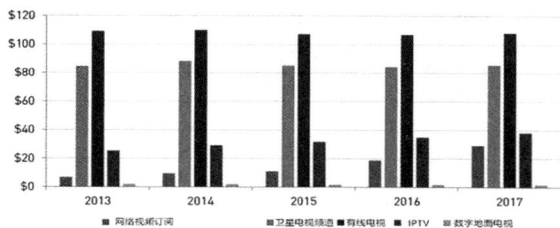

数据来源：数字电视研究（Digital TV Research）

估计，2020年全球将有3.06亿SVOD订户，其中1.15亿户将订阅 Netflix，①数字视频的付费收入前景十分广阔。

美国数字付费视频企业的盈利能力在全球范围内表现最为出众，第一梯队的是Netflix的网络付费视频业务，其2017年的收入高达61.5亿美元。第二梯队的也是新媒体Amazon和Hulu网站，年收入分别达到28亿美元和20.4亿美元。第三梯队包括如HBO家庭影院频道（HBO NOW）、娱乐时间电视网（SHOWTIME）、哥伦比亚广播公司全接入电视频道（CBS ALL ACCESS）、网络电视平台SLING TV以及星光电视台（STARZ）等传统电视付费频道和网络媒体数字付费服务商，该群体的年收入大约在1亿~9亿美元。根据eMarkete统计，美国网络及电视视频订阅收入前14排名企业2017年的总体收入高达149.6亿美元。②

二、我国视频行业的市场扫描与竞争态势

纵观我国视频行业的市场发展与竞争状况，最为抢眼的仍属网络新媒体视频市场，无论网络剧、网络综艺节目、网络动漫节目还是体育视频、音乐视频乃至短视频，可谓百花齐放、亮点纷呈。但笔者以为，从版权盈利和可持续发展角度，更值得瞩目的却是传统视频行业的突出表现和不俗业绩。其中，电影行业票房收入再创新高，取得骄人战绩；电视节目的版权销售也在持续增长，并在数字视频市场上不断取得

① *Global Video Platforms: A Country-by-Country Review of Digital Video Usage*，eMarketer2016-7，https://www.emarketer.com/Report/Global-Video-Platforms-Country-by-Country-Review-of-Digital-Video-Usage/2001806.

② See Paul Verna, *U.S.Subscription Video Landscape 2018 - Key Players and Monetization Models*, Source: eMarketer, Publish: Apr 24, 2018, Links: https://www.emarketer.com/content/us-subscription-video-landscape-2018.

2018年主流视频网站付费内容数量统计

US Subscription Video Services Revenue Estimates, 2017

	Subscribers (millions)	Average monthly cost (1)	Annual cost (3)	Annual subscription revenues (millions) (3)
Netflix	52.8	$10.99 (2)	$131.88	$6,153.0 (4)
Amazon	26.0	$8.99	$107.88	$2,804.9
Hulu	17.0	$9.99 (2)	$119.88	$2,038.0
HBO Now	5.0	$14.99	$179.88	$899.4
Showtime	2.5	$10.99	$131.88	$329.7
CBS All Access	2.5	$7.99 (2)	$95.88	$239.7
Sling TV	2.2	$30.00 (2)	$360.00	$796.3
Starz	2.0	$8.99	$107.88	$215.8
YouTube Red	1.5	$9.99	$119.88	$179.8
DirecTV Now	1.0	$52.50 (2)	$630.00	$630.0
Hulu with Live TV	0.5	$40.00	$480.00	$216.0
PlayStation Vue	0.4	$57.50 (2)	$690.00	$276.0
YouTube TV	0.3	$40.00	$480.00	$144.0
fuboTV	0.1	$31.50 (2)	$378.00	$37.8
Total	-	-	-	$14,960.4

Note: excludes advertising revenue; (1) cost does not take into account trial periods, introductory offers, special promotions, or pricing plans for longer than one month; (2) average cost of different pricing plans; (3) eMarketer calculations; (4) company reports
Source: company reports; eMarketer calculations, March 29, 2018

236641   www.eMarketer.com

数据来源：eMarketer 2018年3月

开拓和进取，盈利形势喜人。在百花齐放、绚烂多姿的光华外表下，应如何冷静思考并选择适合我国视频行业发展的盈利模式和经济发展规律是本文关注的重点。

1. 电影行业成绩骄人

2017年，我国电影票房再创新高，达到559.11亿元，较2016年同比增长22.36%，银幕数量更是达到5.08万块，首次超越北美跃居全球榜首。电影上映总场次从2013年的2900万场增加至2017年的7500万场。在观影人次上，2017年更是达到了16.2亿人次，较2016年同比增长了17.39%，是2013年5.9亿人次的2.7倍。相关市场调研显示，52%的受访者选择通过影院观看电影。另有40%受访者选择通过网络视频观看电影，只有7%受访者选择通过电视电影频道观看电影，通过音像制品观看电影的受访者更是只有1%，可见网络已成为仅次于影院的电影版权发行市场。值得注意的是，对于电影版权衍生品的购买意愿，经常购买的受访者只占2%，高达98%的受访者表示不会购买或少量购买。市场研究公司品途智库认为，优质IP缺乏、产业链不成熟、消费意识尚需培养、知识产权保护欠缺等问题是制约我国电影的版权衍生品市场发展的主要因素。[①]

2.电视行业有忧有喜

虽然电视业近年来饱受视听新媒体的挑战和冲击，但我国电视行业总体发展和创收仍保持了平稳发展。根据国家广播电视总局的统计数据，2017年全国广播电视服务业总收入达6070.21亿元，比2016年同比增长20.45%；2017年全国广播电视实际创收收入4841.76亿元，比2016年同比增长12.02%。[②]但值得关注的是，电视广告的收入情况却并不乐观。在

---

① 根据《口碑为王，电影数字消费新征程 —— 2018 年中国电影消费洞察》整理，品途智库 2018 年 3 月，https://www.pintu360.com/in168.html。

② 《2017 年全国广播电视行业统计公报》，国家广播电视总局，2018 年 6 月 4 日，http://www.sApprft.gov.cn/sApprft/contents/6588/379318.shtml。

全国广告收入总体保持增长的情况下，①2017年全国电视广告收入为968.34亿元，比2016年（1004.87亿元）减少了36.53亿元，同比下降3.64%。②这是自2014年以来连续第四年我国电视广告收入呈负增长。③

随着网络视听新媒体的发展，视频的播出渠道已不再稀缺，电视的渠道优势不存。但是基于半个多世纪的资金投入和人才积累，电视行业的内容优势仍在，在新的传播生态下，优质电视内容通过"台网联动"取得很大成功。以电视剧为例，作为我国电视收视比重最高的节目类型，2017年的电视剧立项总量在465部以上，集数超过11.7万集；该年生产完成并获准发行的电视剧数量为313部，共计13475集。虽然在生产数量上较2016年有所下降，但品质明显提升，收视比重反而增加。根据CSM媒介研究监测数据，2017年上半年电视剧收视比重为30%，较2016年前三季度的收视比重29.2%上升近一个百分点。值得关注的是，"台网联动"已开始成为电视剧的主要播出方式，并有逐步向"先网后台"转化的趋势。在2017年上半年实现"先网后台"的剧集中，腾讯视频（包括联合首播）的剧集达到6部，爱奇艺的"先网后台"播出的剧集有4部，优酷（包括联合首播）的剧集有4部。其中高收视率、高播放量作品在电视和网络上出现了高度重合：相比2016年收视率前十和播放量前十的作品中仅有2部重合的情况，2017年共有8部剧集同时出现在电视和网络视频媒体的高收视榜单之中。④

3. 网络视频百花齐放

与电影、电视等传统视频版权行业相对稳重的发展风格不同，近年来伴随着宽带互联网以及3G、4G等移动网络技术的发展和普及，网络视频行业的发展呈现百花齐放、百舸争流的局面。但就目前情况，网络视频媒体的盈利方式仍主要依靠以注意力经济为基础的广告收入，版权经济发展状况仍不乐观。

（1）网络剧市场

在爱奇艺、腾讯视频与优酷三大视频平台凭借庞大资金投入以及大数据分析、生态化运营等措施的综合推动下，网络剧市场欣欣向荣。从2017年网络剧的播放量及剧目数量分布来看，上述三家中国顶级网络视频平台可谓三足鼎立，更为重要的是，三大巨头的角色已经成功地从单纯的视频内容播出者向视频内容生产者和版权发行者的身份升级，同步完成了网络剧从生产、播出直至衍生品开发的版权全链路参与。此外，网络视频平台与电视台的竞合关系也已进入一个新的阶段，表现在双方内容制作上的差距正在不断缩小。但从播放量上看，《热血长安》2017年夺得播放量榜首的位置，点击量高达106.2亿；排名第2至第5位的《大军师司马懿之军师联盟》《将军在上》《大话西游之爱你一万年》《九

---

① 2017年全国广告收入1651.24亿元，比2016年（1547.22亿元）增加104.02亿元，同比增长6.72%。见《2017年全国广播电视行业统计公报》，国家广播电视总局，2018年6月4日，http://www.sApprft.gov.cn/sApprft/contents/6588/379318.shtml。

② 见《2017年全国广播电视行业统计公报》，国家广播电视总局，2018年6月4日 http://www.sApprft.gov.cn/sApprft/contents/6588/379318.shtml。

③ 参见《中国广播电影电视发展报告（2017）》，国家新闻出版广电总局发展研究中心编著，中国广播影视出版社出版2017年7月第1版，第114~115页。

④ 数据根据《2018中国电视剧产业发展报告》整理，首都影视发展智库、清华大学影视传播研究院、首都广播电视节目制作业协会、CC-Smart新传智库，2018年3月。

州·海上牧云记》等剧的播放量也均在60亿次以上。

（2）网络综艺市场

网络视频平台自制或参与制作的头部网络剧不但在网络上取得了巨大成功，并已开始反哺电视台。2017年，我国网络剧纯网播出比例为95.2%，另有4.8%的网络剧采取了"先网后台"的播出方式。随着播出渠道的增加和市场竞争的加剧，电视剧的版权价值不断攀升。2017年，爱奇艺以2.88亿元向上海新文化传媒购买网络剧《西游降魔篇》版权，单集价格超过600万元。另据搜狐报道，《赢天下》采取先网后台的播出方式，网络版权收入达5.6亿元，电视台版权收入也有3个亿。业内相关人士称，虽然周迅主演的《如懿传》制作成本高达3亿，但在网络和电视端共获得13亿的版权收入。可见，运用好莱坞高成本、大制作、大营销的"高概念"方式制作的电视剧作品，虽然风险较大，但如果把控得法，也会带来极高的收益回报。[①]

2017年可谓网络综艺版权市场的井喷之年。根据艺恩咨询统计，我国主要的视频网站2017年共上线了159部网络综艺节目，同比增长43%；网综节目的播放总量超500亿次，流量前十节目的播放量均值都超过了23亿，同比增长166%。随着爆款内容及黑马作品的不断涌现，盈利能力不断增强，网综节目的市场表现几乎与电视综艺节目比肩。2015~2017年，网综节目的投资规模也在不断攀升，根据艺恩咨询统计，相较于2016年，投资规模从

---

① 《泛娱乐生态下的中国网络剧市场洞察 2018》整理，易观 2018 年 2 月，http://www.useit.com.cn/thread-18079-1-1.html。

30亿元增长到43亿元，同比增长了43%。随着资金规模的增大，吸引了上游制作领域的传统制片公司、大牌制作人的入局，使得自制网综节目质量大幅提升，并开始通过版权销售反哺电视台播出，使网络综艺节目的盈利能力不断增强。有统计显示，相对于传统电视媒体而言，网络综艺节目的用户黏性忠诚度较高，年度观看6档以上网综的用户占比达34.5%，每天观看1小时以上该类节目用户占比61.3%。虽然形势喜人，但能否实现网络综艺节目质量的进一步提升，并最终能够大幅吸引会员付费还需拭目以待。艺恩咨询认为，包括网综在内的网络视频媒体内容全面付费的时代终将来临。①

（3）网络动漫市场

站在我国动漫产业大发展的肩头，网络动漫市场的步伐尤其耀眼。一方面，动漫市场的快速发展为视频网络平台贡献了大量优质版权内容；另一方面，几大视频网站利用资金优势对网络动漫的大力投入也加速了我国动漫产业的发展进程。据艺恩咨询统计，2017年，我国网络平台上线动漫节目的播出数量为3882部，较2016年同比增长33%；虽然其中视频网站的动漫自制作品数量仅为21部，但产生的点击量却达到57亿次。2017年，网络动漫播出量以国产动漫占比最大，大约为53%，但日本和美国等动漫大国的动漫节目占比也超过了4成，而且具有更加稳定的粉丝群体，是视频网站吸引用户的重要版权内容之一。例如，2017年爱奇艺独家播出的日本动漫节目《航海王》的点击量便高达45.7亿次，同时通过动漫、漫画联动、衍生品开发等多维度版权运营，《航海王》不仅增强了用户的黏性，也提升了版权的商业价值。②

（4）体育赛事网络视频市场

体育赛事节目尤其是重大体育赛事的直播，一直是视频网站争夺的重量级版权内容。随着视频网站的快速发展，体育赛事节目的版权价值也逐步在网络端得到体现，越来越多的观众开始通过互联网或者移动互联网观看体育赛事，主流视频网站在体育赛事视频版权的投入上也是不惜重金。根据中国产业信息网的数据显示，虽然电视仍然是我国收看体育赛事视频的主要平台，占比为42%，但我国选择通过电脑观看体育赛事的观众达到了26%，选择手机的达到19%，二者合计为45%，该用户比例已经略高于电视端。随着视频网站付费时代的到来，拥有优质体育赛事视频版权的视频网站有望从中获得较大经济收益。③

在各家主流视频网站中，腾讯视频除了以5年5亿美元的价格获得大陆NBA独家的网络播放权益外，还囊括了英超、欧冠、德甲、NFL、CBA、中超等大量优质赛事的网络直播权益。优酷则拥有高尔夫、跳水、街舞、国际汽联电动方程式等赛事的直播权益以及健身、搏击、钓鱼等体育视频集锦的版权。而PPTV则购买了除了世界杯以外的几乎所有优质足球赛事的直播权利，另外还拥有美国职业摔角（WWE）和无限制综合格斗（UFC）这两个重量级职业格斗赛事的直播权利。④此外，中央电视台旗下的中国网络电

① 《网综盛世，百舸争流——暨2017中国网络综艺市场白皮书》整理，艺恩（entgroup）2018年1月。

② 《2017中国在线动漫市场白皮书》整理，艺恩出品（entgroup）2018年4月。

③ 《2017年中国体育赛事版权现状分析及价格提升空间分析》整理，中国产业信息网2017年12月，http://www.chyxx.com/industry/201712/589116.html。

④ 详见《腾讯、优酷、PPTV各自拥有体育赛事版权比较》，搜狐新闻2018年6月，https://www.sohu.com/a/235138450_100187839。

视台（CNTV）也拥有奥运会、世界杯、亚运会、欧洲杯等重大赛事的播放权及转授权权利。

我国体育赛事的主要传播途径

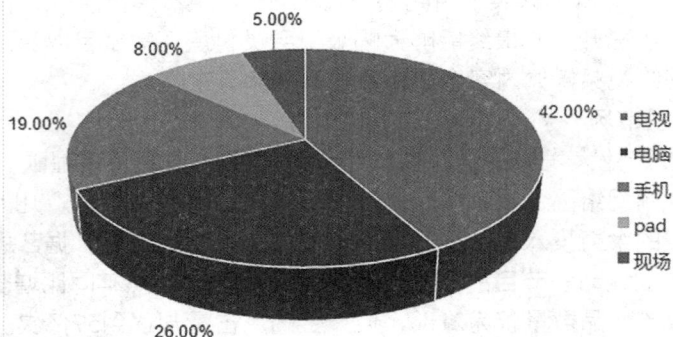

数据来源：中国产业信息网

　　近期，体育赛事网络视频领域最令人瞩目的便是，2018年5月22日，中国移动旗下的咪咕视讯宣布正式成为2018央视世界杯新媒体及电信传输渠道指定官方合作伙伴。几天之后的5日29日，阿里旗下的优酷也正式对外宣布成为2018世界杯央视指定新媒体官方合作伙伴。[1]随着中国移动、阿里巴巴入局世界杯，再加上央视原本的传播布局，一举点燃了2018年俄罗斯世界杯的收视热焰。有数字显示，2018年俄罗斯世界杯的国内观众人数突破了10亿，相比2014年巴西世界杯有明显增长。[2]毋庸置疑，世界杯版权盛宴雄辩地证明了最优质体育赛事视频版权对市场的巨大吸引力。

　　（5）音乐网络视频市场

　　网络音乐视频除了音乐电视（MTV）节目以外，还指直播或者录播的音乐会、音乐选秀节目、音乐榜单等各类以音乐为主要内容并主要通过网络播出、以互动、社区为特点

　　① 《2018年俄罗斯世界杯直播版权归属名单：优酷咪咕拿下转播权》，每日财经网2018年6月8日，http://www.mrcjcn.com/n/274545.html。
　　② 《优酷宣布拿下2018年世界杯直播权 国内观众人数望破10亿》，投资界2018年5月30日，https://money.jrj.com.cn/2018/05/30080524609276.shtml。

的视频节目。音乐视频不仅是视听新媒体大发展背景下的重要节目类型，也是音乐作品及其表演通过网络视频新媒体的再创作在网络版权市场上的积极开拓和进取。与网络动漫类似，一方面，音乐视频的强势崛起离不开我国音乐版权产业的发展。据艾瑞咨询统计，我国音乐产业收入增速达到20.3%，远高于全球音乐产业5.9%的增幅。[1]另一方面，各主要网络视频平台对音乐视频的布局和投入不仅增强了自身的竞争实力，也改变了音乐爱好者尤其是年轻人欣赏音乐的习惯，从"听音乐"向"看音乐"拓展，最终推动我国音乐版权产业价值的进一步提升。值得关注的是，网络视频音乐占我国音乐产业总收入的比例竟然高达96.2%，贡献度巨大。而音乐演出产业则是除网络音乐之外的第二大音乐市场，仅占比音乐核心层市场的23%。根据艺恩调查结果，近半数网络用户并不愿意选择远途观看现场演出，由此可见音乐会直播等音乐演出视频的市场潜力。比较典型的案例是腾讯在线演唱会平台LiveMusic 2017年播放的中国男子演唱组合TFBOYS四周年见面会和陈奕迅演唱会，二者的播放量均超过亿水平，其中TFBOYS四周年见面会的播放量达到2.866亿次。2017年爱奇艺推出的尖叫之夜演唱会北京站的播放量也达到了9344万。[2]

（6）短视频市场

2016年被称为是我国的"短视频元年"，2017年短视频市场的发展则更为强劲。短视频平台可大致分为短视频综合平台和短视频聚合平台两类。其中短视频综合平台是指集制作、发布、分享、互动于一体的一站式网络平台，例如快手、美拍等；短视频聚合平台则是指聚合大量短视频进行编辑或算法推送的网络平台，以头条视频最具代表性。根据易观数据，截至2018年2月，短视频综合平台与短视频聚合平台活跃用户规模分别达到4.035亿人与1.655亿人，相对2017年2月的用户增长量分别达到113%和378%，因此可见短视频

---

[1] 《2018年中国数字音乐消费研究报告》，艾瑞咨询（iResearch）2018年2月23日，http://www.100ec.cn/detail--6437616.html。

[2] 《视听朝晖，潮音未来——暨2017中国音乐视频市场研究报告》，艺恩（entgroup）2018年1月。

综合平台的用户规模更大，短视频聚合平台的用户增长更为快速。而在对用户时间的占用上，短视频综合平台与短视频聚合平台的用户使用时长分别在2018年2月达到51.628亿小时和16.167亿小时。相比其他典型娱乐消费领域的用户数据来看，用户碎片化的使用习惯和丰富的优质内容提供共同促成了短视频用户黏性的提升。值得注意的是，截至2018年2月，短视频综合平台虽然人均单日启动次数略微有所下降，但人均单日使用时长从上年9月以来保持较大的上升趋势，并在2018年2月超过了短视频聚合平台，而这和短视频综合平台的版权生态运营成果息息相关；短视频聚合平台则正好相反，虽然用户人均单日启动次数稳中有升，但用户人均单日使用时长则自2017年后开始出现略微下滑，因此该类平台的发展冲力还需进一步加强。[①]

2017—2018年移动短视频综合平台、聚合平台活跃用户规模（单位：亿）

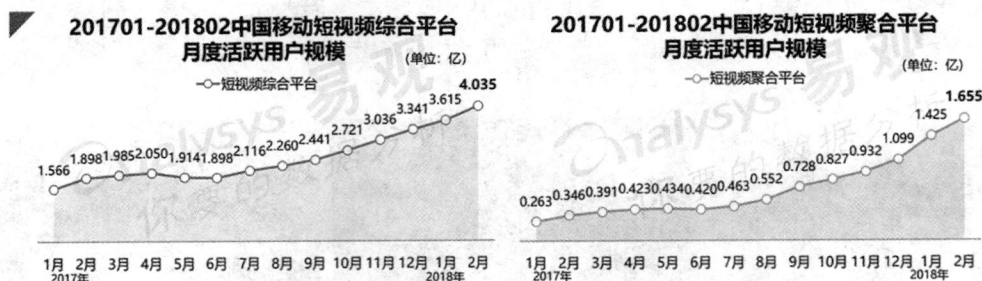

2017—2018年移动短视频用户人均单日使用时长和启动次数

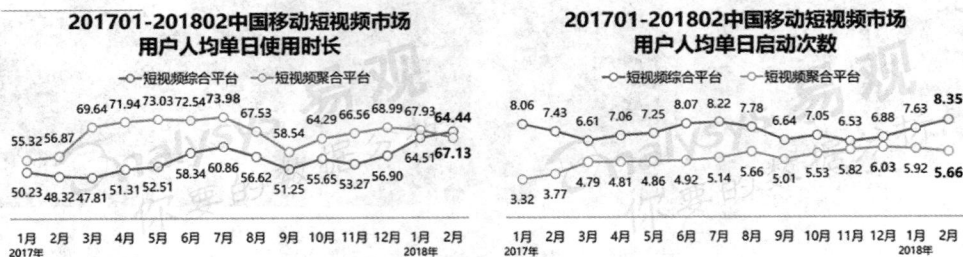

数据来源：易观数据

相比全网近10亿的用户来说，目前5.6亿左右的短视频用户市场无疑还有较大的成长空间。作为视频新媒体生态布局的重要环节之一，短视频为行业带来的产业升级态势已经初现，在接下来的发展中，短视频产业对用户和用户时间的占领依然会保持强势增长，同时也会给用户的生活方式带来更深刻变革。[②]

---

① ② 详见《中国短视频行业年度盘点分析2018》，易观2018年3月。

三、我国视频行业的版权经济发展现状与前景分析

视频内容的价值之本归根结底还是在于法律所赋予的版权价值。视频行业的版权经济经过一个多世纪的发展历程，[①]在许多国家都已经得到长足的发展，版权盈利模式的运营也已十分成熟，版权与广告两大收入支柱一并构成了全球视频行业相对稳定的收入结构。当前我国视频行业发展虽可谓欣欣向荣、百花齐放，新的视频类型以及相关的新型视频展示方式与广告营销创新技术也是层出不穷。但客观地说，我国视频行业的收入结构仍不够合理，注意力经济与版权经济发展的比例也有些失衡。从长远来看，视频行业从以注意力经济收入为主向版权经济收入为主转型乃是大势所趋。

1. 大视频生态下我国视频媒体产业的经济转型趋势

究其根本，视频行业仍从属于生产和传播信息或文化娱乐内容并提供相关服务的媒体产业范畴。媒体产业的发展与盈利主要依靠内容资源和注意力资源，也因此形成了两种截然不同的盈利模式。很长一段时期以来，学者纷纷发表有关媒体产业注意力经济理论观点，[②]并进一步引申到"影响力经济""舆论经济"等延伸理论，[③]但从本质上，该类观点也并未跳出注意力经济理论范畴。[④]注意力经济在很长一段时间内被学界强化并进而影响到广播电视乃至视听新媒体领域，而在全球媒体产业中起到收入支柱地位的版权经济在有意无意间却被相形弱化了。媒介学者汤李梁指出，在媒体产业内，内容付费被称为"一次售卖"模式，广告经营被称为"二次售卖"模式，品牌经营则被称为"三次售卖"模式。媒体产业经营的从来都是两种资源：内容资源与注意力资源。提供的也是两大类服务：内容服务与广告服务。也因为此，媒体产业的经济本质便具有了双重内涵：版权经济和注意力经济。[⑤]一方面是受到重公共传播轻产业经营的主导思想影响，另一方面也是囿于学界关于注意力经济理念上的误导，在很长一段时期内，我国以电视为代表的"二次售卖"都被当作传媒产业的主流经营模式，忽略了版权经济对于传媒产业发展的基础和核心作用。

在当前，网络视频的快速发展及其与传统影视的竞合铸就了崭新的大视频时代。毋庸赘言，很长一段时期以来，以电视为代表的公共服务媒体创造了我国注意力经济的辉煌，但是随着数字、网络技术的发展，传播渠道已不再稀缺，受众对内容、渠道、终端的选择

[①]　如果追溯视频版权产业发展的起点，既可以追溯到 1895 年 12 月 28 日法国人卢米埃尔兄弟在巴黎第一次用自己发明的放映摄影兼用机放映《火车到站》，也可以追溯到 1908 年《伯尔尼公约》柏林修订版首次为影视作品提供著作权保护。无论以哪个时间点作为起点，视频版权产业发展历史均已逾百年。

[②]　喻国明：《从注意力经济的角度看媒体品牌》，载《现代广告》2000 年第 5 期；引述于汤李梁《传媒经济本质的双重内涵——"影响力经济"再反思》，载《国际新闻界》2006 年第 10 期。

[③]　曾鹏：《影响力经济与媒体赢利模式》，载《新闻与写作》2001 年第 12 期。另见：喻国明《影响力经济——对于传媒产业本质的一种诠释》，载《中国新闻出版报》2003 年 2 月 24 日第 3 版；周韵《试论三种传媒经济理论》，载《重庆广播电视大学学报》2008 年第 2 期。

[④]　学者汤李梁认为，"影响力经济"难以从更深层次说明传媒广告服务的价值根源，"影响力"一词表述注意力的有效性也并不科学，因为"无效影响力"甚至"逆向影响力"现象同样存在，那么与其创造一个"有效影响力"概念，还不如追溯到"有效注意力资源"的概念，这样既有效弥补了"注意力经济"理论的原有缺陷，也比"有效影响力"理论更加科学，其本质上也回归到"注意力经济范式"。参见汤李梁《传媒经济本质的双重内涵——"影响力经济"再反思》，载《国际新闻界》2006 年第 10 期。

[⑤]　汤李梁：《传媒经济本质的双重内涵——"影响力经济"再反思》，载《国际新闻界》2006 年第 10 期。

主动性大大增强，单个媒体品牌的影响力正在逐步削弱，内容服务的版权价值必然愈加凸显。我国视频行业需清醒地认识到：受版权经济规律的影响，视频行业的版权经济收入必将逐步发展并取代注意力经济成为行业收入的中坚。正如学者汤李梁进一步指出的那样，传媒业务本身即是版权衍生的经济活动，其核心组成要素就是版权，因此版权才是传媒开展内容服务的根本性问题。换言之，内容服务的本质就是版权经济。虽然内容服务在我国经历了一个较长的公共免费服务时期，但是数字、网络传播技术的发展使"大规模的量身订制"这种个性化的规模经济得以实现，进而进一步催生并促进了内容产业的多元化发展。从经济意义上讲，内容提供不应仅仅是广告创收的手段，更应成为比广告服务更为基本的盈利渠道和方式；广告服务则是基于内容服务之上的延伸。而如果从盈利模式角度分析，当今传媒产业正呈现出由广告服务主导的模式向内容付费主导模式转型的发展趋势，这种转型趋势凸显了传媒产业中版权经济的基础地位。[①]

2. 我国视频行业版权经济发展现状与趋势

我国视频行业的版权经济发展现状可谓有喜有忧。喜则在于加强版权经济收入的理念已经为行业所逐渐接受，付费观念正在逐步建立，视频行业对版权产业链的打造以及衍生品的开发也越来越重视；忧则在于视频行业总体仍过于偏重注意力经济，收入结构相对失衡，版权意识依然淡漠，再加之严峻的盗版侵权行为屡禁不止，版权经济的发展步履艰难。

（1）电视、网络视频同质化竞争严重，收入结构依然失衡，亟待调整

以电视媒体为例，2017年我国电视广告收入总计为968.34亿元，是付费电视收入（65.56亿元）的15倍，[②]收入结构依然失衡。再从网络视频领域的收入机构上看，虽然其广告收入占比已从2013年的72%降低到2017年的52%，但相较于24.5%的用户付费收入占比，仍令广告收入显得一只独大。有报道指出，我国的视频网站大多靠风投资金的投入支撑，主要模仿的是以美国UGC（用户制造）内容为主的YouTube模式以及主打正版长视频业务的Hulu网的运营模式。但是，YouTube模式需要大量的带宽投入，而且广告主因盗版原因往往也不认可其广告价值，因此，经过几年的发展，我国的短视频行业普遍陷入"烧钱"的困境。而随着当年乐视网的成功上市，众多网络视频平台又转向Hulu网的运营模式，纷纷争抢十分有限的正版长视频内容资源，为了购买一部热播影视作品不惜重金，从而致使我国影视剧、综艺节目等长视频内容的版权价格在2011年有了飞跃式上涨，这当然也加重了视频媒体对于大额资金需求的负担。[③]

在巨大的资金投入以及内容基本同质化的市场环境下，各家视频网站仅仅通过有限的广告收入根本入不敷出，基本都是靠风险资金或者其他行业收入来弥补亏空。以优酷网为例，作为分享型视频网站的先行者，优酷在国内视频网站发展热潮中曾处于市场领先地位，于2010年12月在美国纽约证交所上市，并于2012年8月正式宣布与土豆网合并，成立优酷土豆集团。然而，优酷土豆依靠"UGC+长视频"模式却从未实现过盈

① 汤李梁：《传媒经济本质的双重内涵——"影响力经济"再反思》，载《国际新闻界》2006年第10期。

② 参见《2017年全国广播电视行业统计公报》，国家广播电视总局2018年6月，http://www.sApprft.gov.cn/sApprft/contents/6588/379318.shtml。

③ 参见夏芳：《国内视频网站洗牌在即 网站同质化促竞争加剧》，中国经济网——《证券日报》2012年05月，http://www.ce.cn/culture/gd/201205/16/t20120516_23327923.shtml。

利，亏损额甚至还有扩大的趋势。据报道，优酷土豆集团2013年净亏损为人民币5.807亿元，2014年净亏损达8.886亿元，[①]而到了2015年第三季度，净亏损较2014年同期再继续扩大。[②]事实上，截至2017年底，占据行业流量50%以上、分属"BAT"的爱奇艺、优酷、腾讯视频仍无一家实现扭亏为盈。更为严重的是，及至2018年，视频网站的同质化竞争局面并未有大的改变，腾讯、爱奇艺、优酷三大平台无论是视频内容、盈利模式、营销手段还是所谓视频生态的打造都有着较大程度的雷同或近似，血拼的更多是"烧钱"能力而非战胜亏损的可持续盈利能力。有报道称，为了"血战2018"，腾讯视频、爱奇艺、优酷的预算亏损额共高达190亿元。[③] 显然，这样的局面不可持续，行业收入结构亟待调整。笔者以为，如果不能充分发展以个人付费收入为基础的版权经济，扭转全行业单纯争抢广告的同质竞争局面，我国的网络视频行业从整体而言几乎没有扭亏为盈的可能。

正如有着"数字电视之父"美誉的美籍华人企业家谢诚刚先生所指出的，美国电视市场的发展经验表明，个人付费的盈利模式才是支撑整个电视行业发展的基础，只有广大电视用户的个人消费才能支撑起高品质影视内容的庞大版权成本。[④]很有说服力的例证是，同样是网络视频行业，在Netflix公司的推动下，全球网络视频的用户付费收入已达到300亿美元。[⑤]截至2018年5月24日，以个人付费作为主要视频服务收入的Netflix公司的市值达到1526亿美元，一度还超过了迪士尼成为全球最具价值的视频媒体公司。

中国在线视频行业收入构成[⑥]

数据来源：中国经济网

（2）视频产业注意力经济发展充分，增速将放缓，难以支撑可持续发展

以注意力经济作为理论基础的广告收入一直都是传统广播电视行业的收入

① 徐鹏：《优酷土豆Q4财报：广告收入多了 还在赔钱》，中关村在线原创，2015年3月2日 http://news.zol.com.cn/512/5121795.html。

② 参见《优酷土豆财报：2015年Q3优酷土豆净营收18.5亿元 净亏损4.356亿元》，2015年11月20日 http://www.199it.com/archives/407754.html。

③ 根据"媒体训练营"最新获得的消息，2018年为了获得版权扩大影响力占据更多市场，优酷和腾讯视频做出了亏损80亿元的预算，爱奇艺则少很多，为30亿元。参见《血战2018：优酷、爱奇艺、腾讯视频共预算亏损190亿》；来源：媒体训练营；发表时间：2018年1月；网址：http://news.ifeng.com/a/20180119/55269307_0.shtml。

④ 笔者曾于2011年接受"谢安娜与谢诚刚基金"资助，参加在美国丹佛大学举办的中国传媒管理人员培训班，有幸现场聆听谢诚刚先生的介绍和讲解。谢诚刚先生的相关背景介绍请参见《星光闪烁：美国数字电视之父——谢诚刚（John J.Sie）》，2013年5月2日，发布者：admin，来源：中华文化交流网 http://www.wenhuajiaoliu.com.cn/article-2846-1.html。

⑤ 数据根据《2017年电影市场报告》整理，美国电影协会（MApp）2018年4月，http://www.chinafilm.com/hygc/4322.jhtml。

⑥ 数据来自《2018中国电视剧产业发展报告》，首都影视发展智库、清华大学影视传播研究院、首都广播电视节目制作业协会、CC-Smart新传智库2018年3月。

支柱。但是近年来，我国传统电视行业的广告收入出现缓步下滑；与此相对应，广告在我国网络视频新媒体行业反而得到了快速且充分的开发，取得惊人业绩。根据国家广播电视总局的数据，2017年我国电视广告收入968.34亿元，比2016年（1004.87亿元）减少了36.53亿元，同比下降3.64%。而网络媒体广告收入为306.71亿元，占视频媒体广告收入总额18.57%。[①]另外，根据Analysys易观发布的《中国网络视频市场趋势预测2018—2020》显示，2017年中国网络视频广告市场规模达到了489亿元，相比2016年增长37.8%，其中移动视频广告市场规模为314亿元，占比达到64.2%。该预测还认为，到2020年，中国网络视频广告市场规模将达到863亿元，其中移动视频广告市场规模为737亿元。但是，根据相关预测数据我们同时仍可以看到，虽然网络视频广告的市场规模预计到2020年仍将增长，但增速会逐年放缓，将从2017年的38%减少到2020年的13.7%，而移动视频广告增速的减幅也将从2017年的57%降至2020年的21%左右。[②]

2018—2020年中国网络新媒体广告市场预测（单位：亿元）

数据来源：易观数据

上述数据和美国网络视频行业的广告增长情况十分类似。根据eMarketer预测，美国网络视频广告的年增长率将从2017年的23.7%减少到2021年的12%，亦呈逐年放缓趋势。[③]

① 《2017年全国广播电视行业统计公报》，国家广播电视总局2018年6月4日，http://www.sApprft.gov.cn/sApprft/contents/6588/379318.shtml。

② 参见《易观：中国网络视频市场发展趋势预测2018-2020》，Analysys易观2018年5月，http://www.sohu.com/a/232337883_115326。

③ *Digital Video Advertising Best Practices 2018: Connecting the Dots Across Screens and Formats*，Source: eMarketer Report; Published: February 22, 2018; Links: https://www.emarketer.com/Report/Digital-Video-Advertising-Best-Practices-2018-Connecting-Dots-Across-Screens-Formats/2002209。

美国网络视频广告2017—2021年预测（单位：10亿）

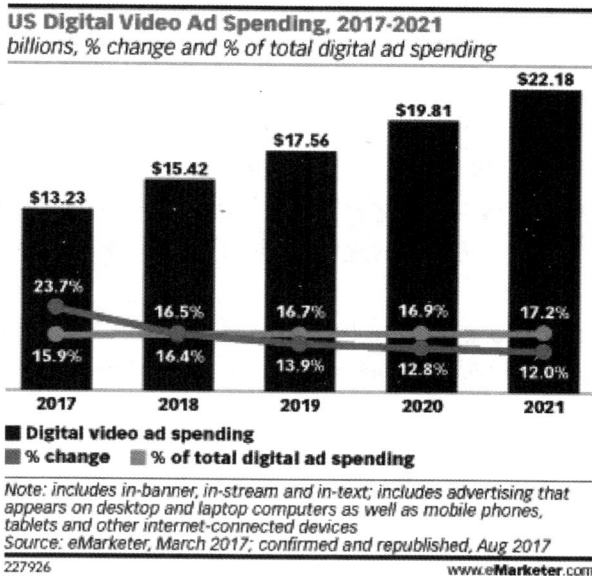

数据来源：eMarketer 2017年8月

　　笔者以为，随着数字、网络产业发展，大多数互联网企业形成了通过免费平台或内容快速吸引用户、通过广告或后续服务开展收费的基本盈利模式，一时间，大广告、小广告、搜索广告、原生广告、横幅广告、弹出广告、漂浮广告、链接广告、直邮广告、翻页广告、富媒体广告等，林林总总的创新广告形式层出不穷，网络环境下的广告商业开发已几近饱和。须知媒体商业广告这块蛋糕虽大，但受到GDP总体规模制约，并不可能无限规模增长。有数据显示，我国广告行业历经40年的发展已步入成熟期，市场规模见顶、增速下降，占GDP的比重也在快速增长后有一个相对稳定的区间内震荡。自2012年以来，我国广告市场规模的GDP占比一直维系在0.87%~0.9%，且自2016年以来的增长幅度也已十分微弱。我国广告的增幅更多体现在行业内部集中度提升之后的挤出效应，一些具备垄断优势的企业在创造增量的同时又蚕食存量；而各类媒体广告则基本处于此消彼长的状态，2017年上半年影院广告、互联网广告同比增长相对较高，分别为19%和14.5%，而报纸、杂志则有较大降幅，分别为-50.5%和23.4%，电视行业有微幅下降，为-3.6%。[①]由此可见，广告市场增长表现出来的更多情况是此消彼长，再多的广告创新形式也无可能创造出大幅度广告的额外增量。

　　我国网络用户规模巨大，高质量视频内容的供给却相对匮乏。视频网站一方面为了留住用户，需斥巨资购买相对稀缺且价格居高不下的独家视频版权，另一方面为了给海量用户更好的视频收视体验，又不得不再斥巨资购买昂贵的带宽资源。据2016年的一次不完全统计，国内主流视频网站的版权采购成本每年高达180亿元，此外，国内视频网站每年

---

　　① 《2018 年我国广告行业市场规模及发展潜力分析》，中国报告网（数据来源：观研天下整理）2018 年 2 月，http://news.chinabaogao.com/chuanmei/201802/02531Y042018.html。

支出的宽带成本也高达46.8亿元。[①] 我国电视行业多年前因为种种原因丢失了发展付费电视的良好契机，数十年来始终依靠广告收入这一只轮子支撑到今天，终于开始面临广告收入下滑的不利局面。然则我国一些网络视频企业似乎仍然在一条老路上披荆斩棘、相互血杀。面临如此高昂的成本支出，仅仅依靠有限的广告收入，今后迟早将抵达天花板从而难以继续支撑可持续发展。

（3）版权经济近年长足发展，付费观念正逐步建立，优质内容是成功关键

电影的版权盈利模式百年不衰的经验，在网络视频快速发展的今天仍然具有巨大的启迪意义。随着网络视频用户付费意识的逐渐增强，我国视频行业的版权经济必将进一步得到发展。

根据中商产业研究院数据，我国电影票房在网络新媒体视频高速发展下不降反升，2017年电影票房再创新高，达到559亿元，较2012年增长229%，较2016年同比增长22.36%。版权经济的特点之一即是边际成本很低，这让高品质的版权内容得以低成本跨媒体发行，因此优质影片的高版权价值绝不仅仅体现在影院票房。根据品图智库的问卷调研，40%的受访者会通过网络视频观看电影。[②]事实上，网络已经成为仅次于影院的第二大观影媒介。

广播电视节目的版权销售业绩也同样说明了视频版权经济增长的潜力。2017年全国广播电视节目的版权销售收入为523.54亿元，比2016年同比增长43.42%。[③]近几年电视剧、综艺节目、体育赛事等热播电视节目的网络版权价格居高不下，也是促成电视节目版权销售增长的主要因素。2017年，伴随着付费用户的迅速增长，VIP剧及独播剧成为争夺付费用户的有力武器。从2015年至2017年，网络视频媒体的VIP剧占比显著提升：腾讯视频VIP剧占比从3%增长至38%，爱奇艺占比从5%增长至33%，优酷也从10%增长至占比20%。[④]

根据海外经验，要支撑起视频行业的版权经济的可持续发展，不仅在节目版权的市场发行，更在于版权产品的个人或家庭消费，视频收视付费、数字音像产品及服务的消费等，个人付费收入才是视频行业版权经济的基础。如前文所述，2017年全球视频市场，有线付费电视始终是收入最高的视频平台，年收入高达1080亿美元，卫星付费电视的年收入超过800亿美元，IPTV的付费收入则是接近400亿美元。而2017年全球电影在影院和家庭音像消费支出占比上，影院收入只占46%，家庭数字音像服务（例如付费点播业务等）收入占比36%，家庭固体音像产品（例如DVD等）的销售或出租业务收入也占比18%，后两者之和大于院线收入。[⑤]可见个人付费对于视频行业整体经济发展的巨大支撑作用。反观我国，目前家庭音像制品因为盗版等原因几乎失去了市场，在个人付费业务方面，电视行

① 孙宜萌、王峰：《视频网站每年版权费180亿，盗版网站连带宽都无成本》，21世纪经济报道2016年8月，http://money.163.com/16/0822/21/BV3SBR64002580S6.html。

② 《品途集团：2018中国电影消费洞察》，品途智库2018年3月。

③ 《2017年全国广播电视行业统计公报》，国家广播电视总局2018年6月4日，http://www.sApprft.gov.cn/sApprft/contents/6588/379318.shtml。

④ 《2018中国电视剧产业发展报告》，首都影视发展智库、清华大学影视传播研究院、首都广播电视节目制作业协会、CC-Smart新传智库，2018年3月。

⑤ 数据根据《2017年电影市场报告》整理，美国电影协会（MApp）2018年4月，http://www.chinafilm.com/hygc/4322.jhtml。

2012—2017中国电影票房及增速

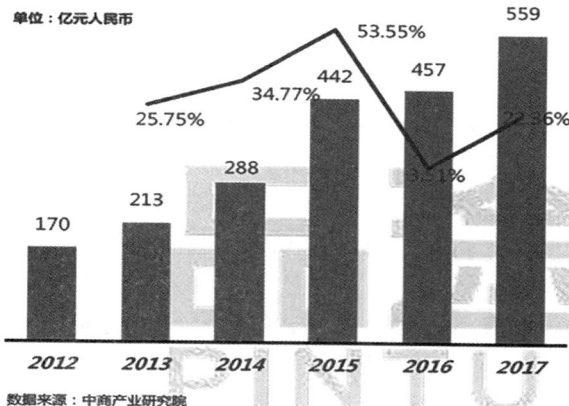

单位：亿元人民币

数据来源：中商产业研究院

数据来源：中商产业研究院

业在若干年前丢失的发展付费电视的契机，则是一个巨大的损失。

可喜的是，在各大视频网站的大力推动下，我国视频用户个人付费的观念正在逐步形成，网络视频的付费市场规模和付费用户规模均呈现较大增长。根据中商产业研究院《2017—2022年中国在线视频市场前景研究报告》数据显示，2013~2016年我国在线视频付费市场规模增长迅速，年均复合增长率达157.06%。2016年中国在线视频用户付费市场规模达到117.2亿元，到2018年视频付费规模达到352.7亿元左右。[①]在用户规模方面，2013~2016年，我国视频付费用户规模也不断扩大，在2016年呈现出爆发型增长。2016年我国视频付费用户规模突破7500万，增速高达241%。中国已成为全球第三大网络视频付费市场，2018年付费用户规模达到1.85亿。[②]而根据Analysys易观的数据，2017年我国网络视频付费市场规模为213.7亿元，网络视频付费用户规模达到9763万人。预计到2020年中国网络视频付费市场规模将达到646.8亿元，网络视频付费用户规模将达到18025万人。[③]另据报道，腾讯视频宣布截至2018年2月28日，其付费会员数已达6259万；[④]2018年6月30日，爱奇艺则宣布其付费业务保持强劲增长，其付费会员为6620万，会员收入达25亿元。[⑤]根据企鹅智酷的调查，在视频网站付费会员中，一直认可看视频要付费的用户占18.5%，以前不认可现在能接受的占比35.4%，而很不情愿但没办法必须通过付费才能获得优质视频内容的用户占比达42.6%[⑥]。可见随着网络视频行业的发展以及版权保护水平的提高，无论出于自愿还是"不情愿但没办法"等原因，我国视频用户的付费意识正在逐渐增强。

除了热映影片，网络剧、网络综艺、网络动漫、音乐视频也都在不同的细分市场吸引着用户付费。在网络剧方面，各家视频平台纷纷利用版权独播优势，强化网络剧的付费收看模式。根据Analysys易观调查数据整理，2017年付费网络剧数量占视频平台播放总量的76.8%，非付费网络剧只占23.2%。可见视频用户付费习惯已经基本形成，视频平台的个

---

① 参见《2018年中国在线视频付费市场预测：市场规模有望突破350亿元》，中商产业研究院2018年1月12日，http://www.askci.com/news/chanye/20180112/143437115912.shtml。

② 参见《2018年中国在线视频付费市场预测：市场规模有望突破350亿元》，中商产业研究院2018年1月12日，http://www.askci.com/news/chanye/20180112/143437115912.shtml。

③ 参见《易观：中国网络视频市场发展趋势预测2018-2020》，Analysys易观2018年5月，http://www.sohu.com/a/232337883_115326。

④ 见《腾讯视频付费会员数达6259万》，人民网2018年3月，http://media.people.com.cn/n1/2018/0318/c14677-29874129.html。

⑤ 见《爱奇艺发布2018Q2财报：会员收入达25亿元 会员规模6710万》，央广网2018年8月，http://finance.cnr.cn/gundong/20180801/t20180801_524318223.shtml。

⑥ 详见《企鹅智酷：视频网站付费会员调查报告》，企鹅智酷2016年6月。

人付费模式也日臻完善。①根据艺恩咨询调查，在网综用户中，因为一档网络综艺节目即成为视频网站付费会员的用户占比高达38.7%，"视情况而定"的占比则为47.8%，选择"不会"付费的只占13.5%。②而在2017年动漫节目网络播放量Top50中，付费动漫作品部数占比为18%，其中精品动漫节目的联播及独播各占网络动漫头部付费内容半壁江山。其中，爱奇艺2017年自制动漫《万古仙穹》第一季第4集，一经上线就凭借会员付费收回动画投资成本；腾讯视频2017年自制的《全职高手》上线第11集时，付费收入达到1400万元。重要的是，"9000岁"（90后和00后的统称）用户已成为动漫消费主力，占比高达60%；更有高达94%的动漫用户表示愿意为ACG③付费。预计到2020年我国将有7.8亿的动漫用户规模，网络动漫个人付费的版权盈利前景十分可观。④

与全球音乐网络视频付费情况相比，我国音乐视频付费模式的多样性也走在前列。2014年8月，汪峰鸟巢演唱会付费直播，在线观看用户4.8万人，开启了演唱会付费直播元年。紧随其后，各大视频网站通过大力布局版权演唱会、演唱会直播及自制演唱会，进军音乐视频市场。腾讯视频在2014年推出的在线演唱会平台"LiveMusic"发力演唱会市场，目前已成为版权覆盖最为丰富、市场表现最为卓著的网络演唱会平台。2017年，仅腾讯LiveMusic中就有22%的音乐视频内容需付费观看，音乐视频付费模式已经初步建立。艺恩咨询预计2020年我国网络音乐用户付费收入规模将达到83.5亿元，在未来随着音乐视频流量、用户不断增长，付费观看将成为大势所趋。⑤

当然，我国数字视频的付费模式发展尚处于较为初级的阶段，还存在着林林总总的不足。根据企鹅智酷2016年完成的一次详细调查，多达55.8%的用户只是按月购买，另有16.9%的用户只按3个月购买，只有21.6%的用户是按年购买。这和国外大部分视频付费用户（大部分是付费电视用户）按年订阅的情况十分不同，可见我国付费用户的"忠诚度"仍然不强。在问及"只买1~3个月的原因"时，37.4%的用户担心"之后没有想看的内容"，32.1%的用户在考虑"其他家网络平台有想看的内容时方便更换"；在问及"对已买视频会员是否满意，是否考虑换家"时，37.3%的用户考虑更换，另有11%的用户表示"不满意，不会购买会员了"；对于"曾经买过，后来不买视频会员"的原因调查，37.1%的用户是因为"没有想付费看的内容"，35.7%的用户是因为"买了以后觉得不如预期"，只有24.2%的用户是因为"价格高，想省钱"；对于"犹豫是否买视频会员"的原因调查，有38.3%的用户在犹豫"不知该买哪一家"，30.5%的用户担心"买了不满意"，25.8%的用户认为"付费内容吸引力不够"，另有14.1%的用户认为"不付费也够看"，当然还有32.2%的用户嫌"会员价格太高"；对于"不考虑购买视频会员"的原因调查，扣除那些完全"不想为看视频花钱"的用户，20.4%的用户认为"付费内容没有吸引力"，而有将近20%的用户认为"非付费内容已经满足了需求"。⑥

---

① 详见《易观：2018泛娱乐生态下的中国网络剧市场洞察》，易观2018年2月。

② 艺恩咨询：《2017中国网络综艺市场白皮书》。

③ ACG为英文Animation Comic Game的缩写，是动画、漫画、游戏的总称。参见百度百科：ACG，https://baike.baidu.com/item/acg/33795?fr=aladdin。

④ 以上数据根据《2017中国在线动漫市场白皮书》整理，艺恩出品（entgroup）2018年4月。

⑤ 详见《视听朝晖，潮音未来——暨2017中国音乐视频市场研究报告》，艺恩（entgroup）2018年1月。

⑥ 详见《企鹅智酷：视频网站付费会员调查报告》，企鹅智酷发表于2016年6月。

通过上述调查可见，由于各大视频网站在内容和经营方式上较为雷同，在视频质量、内容独特性、服务专业性上尚不能完全令消费者满意并且埋单。正如易观分析指出的那样，视频网站采用会员看全集、会员抢先看、会员独享等付费业务形态，希望通过会员与非会员的差异化排播实现对用户的精准定位，通过提升用户体验提高用户留存率。但效果并不十分理想，基本处于"有好剧就付费、无好剧就离开"的若即若离状态，完全无忠诚度可言，无法实现内容付费的稳定收入。[①]而且，如若网站播出的内容失去了足够吸引力，还可能会引发用户的大规模流失。

毫无疑问，在现阶段乃至今后相当一段时间内，为了吸引和留住付费用户，各视频网站必将使出浑身解数争抢所谓"头部视频"版权，除带来巨大的资金压力外，这种"放在锅里就是菜"的短期行为和粗放做法，无法通过有效的规划布局形成内容的特色和对用户的持续吸引力，难以实现稳定的年度ARUP值收入。这恐怕也是艾瑞咨询在预测我国在线视频行业收入占比时，认为2018年到2021年间视频内容付费收入不会有太大增长，即使是到2021年，内容付费的收益也只得占29.5%左右比例的原因。[②]

2012—2021年中国在线视频行业各业务营收占比

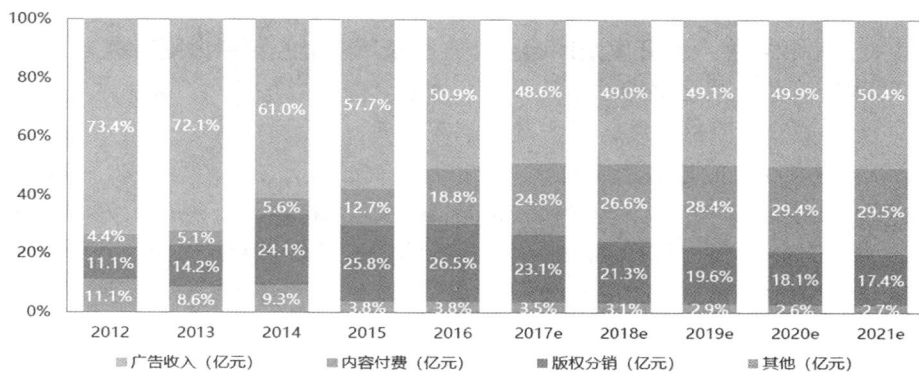

数据来源：艾瑞咨询

[①] 《泛娱乐生态下的中国网络剧市场洞察2018》，易观2018年2月，http://www.useit.com.cn/thread-18079-1-1.html。

[②] 详见《艾瑞咨询：2018年中国原生视频广告投放策略白皮书》，艾瑞咨询2018年3月。

不过笔者并不认同上图所预测的网络视频内容付费年增长比例。视频行业若要可持续发展,大力发展以个人付费为主的版权盈利模式是大势所趋。解决问题主要在于以下两个方面:

一方面,也是最为重要的,就是增加有绝对吸引力的优质内容的供给。在这里,对于各大视频网站而言,在明确核心用户市场定位的前提下,版权内容购买、定制、自制等方式一样都不能少,特别是要加强定制和自制内容的生产与规划,以有效地形成独一无二的媒介内容特色。在传播渠道稀缺时代,观众的选择有限,视频行业的"二八定律"十分明显,能够赢得80%利润的是20%的精品内容;但在传播渠道如此丰富、用户的个性化需求高涨的当下,"内容为王"的内涵和外延发生了变化,传播媒介既要考虑"二八律"原则,尽量把控头部内容(往往可遇而不可求),也要重视用户细分趋势下的巨大"长尾"市场。总之,提供大量的富有特色、差异化显、必看性强、有极大吸引力的内容,是实现稳定付费收入的关键。虽然要做到这一点知易行难,但,别无选择。

另一方面,是要改变那些长久以来被免费视频(主要是免费电视)过度"宠溺"的数代观众的视频消费观念问题。中央电视台副台长孙玉胜就曾于2004年直言,"因为中国免费频道节目丰富,加上盗版DVD和非法境外节目的干扰,就像有一条大河横在付费频道的前面,很难逾越"。① 对该问题的解决恐怕主要需要视频运营机构不断把握好免费与付费视频供给量的"度",提高付费会员的门槛,更好地服务于忠诚的年度付费会员。

国外的两个付费视频企业运营的成功案例可以作为业界同仁的参考:英国最大的付费电视公司BskyB当年的经营策略就是将包含英超联赛及最新电影组合的视频作为内容包按年度销售,取得巨大商业业绩。2017年下半年,全世界最为瞩目的长视频网站Netflix做出了一件让优酷、爱奇艺、腾讯都艳羡不已的事——再次提高网站的会员价格,从2017年10月开始每个用户的月费上涨1~2美元,这意味着Netflix每个季度能够增加约3亿美元、全年增加约12亿美元的纯收入。② 当然,笔者长期从事电视版权工作,深知以个人付费为基础的视频版权经济,最大的问题仍然在于我国严峻的盗版状况。这一点在下文还要提及,在此不再赘述。

(4)视频版权衍生产品开发刚刚起步,全版权产业链经营能力亟待提高

视频版权经济的一个显著特性是其版权衍生品价值极高。电影产业最大的成功启示在于通过多样化的版权衍生品经营,极大延长了电影内容的盈利周期。据好莱坞研究院数据显示,截至2015年底,美国影片《星球大战》系列衍生品开发收入已经达到350亿美元,而随着续集的陆续推出,总收入有望突破400亿美元。③再以迪士尼举例说明,迪士尼号称"衍生品之王",不仅拥有早期米老鼠、唐老鸭、白雪公主动画形象,还通过收购而获得美国队长、钢铁侠、星球大战等全球最具价值的影视节目品牌形象和版权产品。20世纪20年代诞生的米老鼠至今仍然为迪士尼提供源源不断的经济收益。2013年热播的动画片《冰雪奇缘》主角形象安娜和艾莎所穿的"公主裙"产品在不到一年的时间,仅在美国一

---

① 孙玉胜系中央电视台副台长,时任中央数字电视传媒有线公司总裁。其发言参见:王铮《中数电视传媒总裁孙玉胜:付费频道迎"敌"而上》,京华时报2004年8月27日,http://medianet.qianlong.com/7692/2004/08/27/33@2244070.htm.。

② 参见陵城:《为何Netflix会员费可以大涨10%,国内视频网站却无法涨价?》,网络电影观察2017年10月,http://www.sohu.com/a/201264110_663268.。

③ 参见《好莱坞研究院:2017全球电影产业研究报告》,好莱坞研究所数据中心2018年2月。

地就售出了300万条。根据每条"艾莎裙"149.95美元折算，仅通过"艾莎裙"一项迪士尼就获得了约4.5亿美元的惊人收入，而《冰雪奇缘》的北美票房也就是4亿美元出头！除了传统的化妆品、服装、玩偶、道具等衍生品之外，迪士尼还发布了16款全新冰雪奇缘主题食品以及医疗保健品，包括新鲜的水果和葡萄、果汁、酸奶，甚至还有牙线。[1]

作为世界上市值最高的媒体公司，迪士尼最重要的经验恰在于全版权产业链的充分开发。迪士尼的营收结构包括电视和网络业务、迪士尼乐园、电影娱乐、衍生品及游戏4个主要板块，营收占比分别为44%、30.8%、14%、11.2%。[2]从以上数据可以看出，迪士尼的利润来自整个版权产业链，版权是主要的推动力：动画、电影等视频内容通过版权发行、票房等赢得第一轮次的版权收益；主题公园及其版权衍生品销售赢取第二轮次版权收益；最后通过迪士尼视频内容的角色、品牌、版权的授权及其连锁经营再去赚取第三轮收益，赢得了版权收益的最大化。根据迪士尼公司发布的财报，2015年其版权衍生品销售收入高达45亿美元；[3]2016年迪士尼的总营业额达到创纪录的553亿美元，超过了我国BAT收入之和；[4]2017年迪士尼总营业额略降1%，但也达到了551.37亿美元，[5]其收益大部分来自视频版权及其衍生品的价值收入。

我国视频行业的版权衍生品开发也逐渐风生水起。有数据显示，2017年中国泛娱乐产业市场规模超5800亿元，其中内地衍生品市场每年以9%的增长速度扩张。[6]根据中投产业研究报告，到2020年我国衍生品市场规模将超过100亿元。[7]尤其是热播影视剧和动漫视频的版权衍生品市场开发最具商业潜力，这是因为版权衍生品开发能够充分拓展影视剧版权价值，利用品牌效应实现盈利最大化，延续影视剧在市场上的影响力生命周期，使得影视剧最大程度实现规模经济效应及多轮次开发成为可能。目前，我国的网络剧版权衍生品开发已有所突破，据易观数据分析，2017年，我国网络剧后端衍生开发的占比为12.3%。例如，改编自网络漫画的网络剧《镇魂街》的版权衍生品已经在淘宝、天猫展开销售。[8]其中，动漫作品的版权衍生品开发显然是热点。艺恩认为，动漫节目以版权为核心，向市场各外延边界拓展的特点十分突出，在视频媒介的推动下，动漫的全版权产业链开发模式将是未来重要的发展方向。爱奇艺的《灵域》《剑王朝》以及腾讯视频的《全职高手》等动漫节目无不在版权衍生品开发上大力拓展，优酷也在积极打造版权生态链，在上游与阿里文学漫画联动，依托阿里大文娱开展动漫视频的自制布局，在下游再通过淘宝、天猫进

---

① 参见《〈冰雪奇缘〉"公主裙"全美大卖300万条》，作者：Z，编辑：周叶，2014年11月5日，Mtime时光网，http://news.mtime.com/2014/11/05/1533593.html。

② 参见《年营业额超BAT总和，深度揭秘迪士尼的IP变现生意经！》，品途商业评论2017年10月，http://www.sohu.com/a/200455769_99940028。

③ 参见《迪士尼市值逼近2000亿美元 2015年前8件事尤其值得注意》，中国动漫产业网2015年11月11日，http://www.cccnews.com.cn/2015/1111/73417.shtml。

④ 参见《年营业额超BAT总和，深度揭秘迪士尼的IP变现生意经！》，品途商业评论2017年10月，http://www.sohu.com/a/200455769_99940028。

⑤ 参见：《迪士尼：2017年营业收入551.37亿美元 同比下降1%》，品途商业评论2017年11月，http://www.ocn.com.cn/shangye/201711/ckxma30094252.shtml。

⑥ 《2018中国电视剧产业发展报告》，首都影视发展智库、清华大学影视传播研究院、首都广播电视节目制作业协会、CC-Smart新传智库，2018年3月。

⑦ 详见《品途集团：2018中国电影消费洞察》，品途智库2018年3月。

⑧ 《泛娱乐生态下的中国网络剧市场洞察2018》，易观2018年2月，网址：http://www.useit.com.cn/thread-18079-1-1.html。

行衍生品的开发和销售。而哔哩哔哩则干脆在网站内开通商城直接销售动漫的衍生品，开拓视频版权衍生产品的商业价值。①

当然，就目前而言，我国视频行业的版权衍生品开发较之美国等海外成熟视频版权市场而言，仍然有着不小的差距。根据品途智酷的问卷调研，我国消费者中表示"不会购买"电影衍生品的占比高达57%，表示只会"少量购买"的占比也达41%，只有2%左右的受访者表示会"经常购买"。同时，我国消费者对于电影衍生品方面的支出预期仍然不高，在愿意购买电影衍生品的受访者中，近72%的受访者年均支出低于500元，90%的受访者低于1000元。②《2018中国电视剧产业报告》数据显示，虽然我国电视剧、网络剧在娱乐产业有极大的上升空间，但其衍生品占比仍然很小，只有不到20%。此外，产业集中度低、版权归属不明确、小公司衍生品开发能力弱、缺乏统一的品牌化发展规划、运营和管理机制滞后等问题都是造成我国电视剧衍生品开发不足的重要原因，亟须完善。③

《2018中国电视剧产业报告》数据显示，虽然我国电视剧、网络剧在娱乐产业有极大的上升空间，但其衍生品占比仍然很小，只有不到20%。此外，产业集中度低、版权归属不明确、小公司衍生品开发能力弱、缺乏统一的品牌化发展规划、运营和管理机制滞后等问题都是造成我国电视剧衍生品开发不足的重要原因，亟须完善，任重道远。要想充分挖掘、真正全面实现视频作品的版权衍生品商业价值，恐怕既要有站在泰山之巅想问题的气魄，高举高打，最大程度扩大品牌影响力；又要有在田间地头做文章的务实心态，脚踏实地，围绕版权周密布局，一寸一寸收割利润。但无论如何，全视频行业联合起来共同打击知识产权侵权行为绝对是要坚决走出的第一步。

（5）盗版横行、版权法制意识淡漠是视频版权经济产业化发展的最大障碍

根据数字电视研究（Digital TVResearch）在2017年的一份研究报告显示，盗版仅仅对于美国的奈飞、亚马逊以及我国的腾讯视频、优酷等全球范围内的视频网络媒体所造成的年度经济损失，预计将超过300亿美元。

根据艺恩数据，2017年我国网络视频的盗版损失高达136.4亿元，是网络文学所遭受盗版损失的1.8倍，是数字音乐损失的4倍。如以电影《湄公河行动》为例，上映的当天盗版便已铺天盖地，在手机、电脑上均出现其高清视频资源，导致《湄公河行动》的直接票房损失估计达3~5亿元。而热播电视剧《人民的名义》片源更是被提前泄露，在网络上被盗版者明码标价地贩卖……

由此可见，盗版已是我国乃至全球视频行业的毒瘤，只有坚决打击盗版侵权行为，构建良好的视频版权保护生态，方能促进整个行业的健康持续发展。

① 详见《2017中国在线动漫市场白皮书》，艺恩出品（entgroup），2018年4月。
② 详见《品途集团：2018中国电影消费洞察》，品途智酷2018年3月。
③ 《2018中国电视剧产业发展报告》，首都影视发展智库、清华大学影视传播研究院、首都广播电视节目制作业协会、CC-Smart新传智库2018年3月。

合法在线收入与盗版损失比较（单位：10亿）

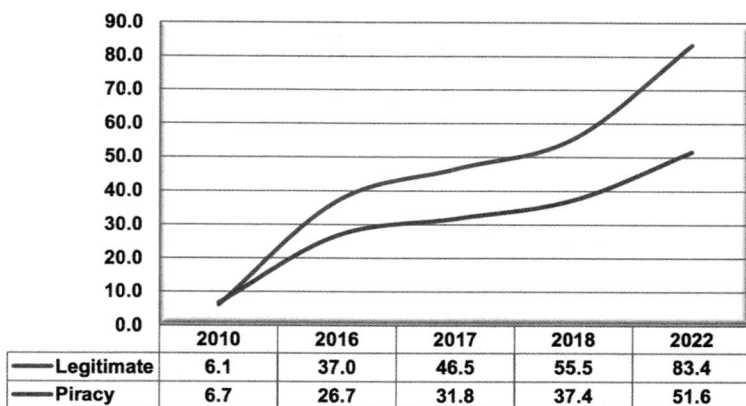

	2010	2016	2017	2018	2022
Legitimate	6.1	37.0	46.5	55.5	83.4
Piracy	6.7	26.7	31.8	37.4	51.6

数据来源：数字电视研究（Digital TV Research）

　　请原谅笔者将视频企业的此类"宗教仪式"般的版权保护意识和行为称为目光短浅。没有了强有力的版权保护，本文上述谈到的视频行业的版权经济产业化发展将沦为无稽之谈。从政府、法律系统角度，打击盗版侵权重在"有法可依，执法必严"，但从行业、企业角度，打击盗版侵权则更是"矢在弦上，不得不发"。笔者曾在很多的论坛、研讨会等场合呼吁视频行业加强版权保护，对盗版侵权行为零容忍。但写到本文最后，还是以艺恩的一位专家之言作为结语吧：

　　面对千亿级规模的泛娱乐产业，只有让IP后续开发和生态协同再无后顾之忧，方能长线护航泛娱乐产业的健康发展。①

---

　　① 参见耿耀：《盗版损失创四年来新低 网文正版化生态初见成效》，艺恩网 2016 年 6 月，http://www.entgroup.cn/news/Exclusive/1047819.shtml。

第七章　精品内容永远为王
——美国视频产业市场发展述评

主　笔：南　华　西安外国语大学艺术学院院长、教授

美国既是影视生产大国，又是输出大国。《2017年美国视频发展述评》集中于美国本土论述，第一部分为电视视频，包括传统电视网和互联网电视。第二部分为流媒体视频。2017年社交媒体视频化迁移明显，因此，该部分包括社交媒体与视频融合发展的论述。第三部分集中于好莱坞电影，包括六大电影公司出品影片和独立电影公司出品的影片等。

一、电视视频市场

根据美国权威数据统计机构报告显示，2017年美国电视领域共有1761家商业电视台，共生产原创订制电视剧487部。系列剧单集制作费最高达到了1300万美元（《王冠》The Crown）；单个电视节目观众最多为1.12亿（《超级碗第51期》Super Bowl 51st）；单部剧集观众最多的是《公牛》，达到17.0064亿人次（Bull,2016-1017演季）；最贵的电视栏目是全国广播公司的《星期日夜橄榄球赛》（Sunday Night Footbal,NBC, 2016-1017演季），30秒广告费为67.3664万美元。全美广播电视网（Broadcasters）的年度费用支出（Estimated Expenses）估计约为450亿美元，总收入约为550亿美元，相关加盟台 (Local TV Stations) 的收入为280.08亿美元。[1]

美国电视网培育了成熟的电视观众群体。有数据显示2017年，美国电视观众观看电视节目的时间有所下降，为238分钟（2013年为270分钟）。从平均每人日接触电视时间来看，男性观众为2.95小时，高于女性。全美2017年3月第1个星期，收看电视人数占总人数的89%，其中18~34岁接触电视的观众占其年龄段人群的79%，35~49岁的人群有91%接触电视，50岁以上人群有94%的人接触电视。[2]观众的年龄分布实际上也是电视网/台定的位目标观众，实现差异化发展的主导因素之一。例如，联合电视网（CW）以18~34岁人群为目标受众，而哥伦比亚广播公司和全国广播公司（CBS、NBC）的观众年龄偏大，后者因此被戏称为"老年台"。

1. 传统电视网发展
据尼尔森数据显示，2016年12月至2017年12月，美国的商业无线电视网和有线电视网平均观众数排名为，哥伦比亚广播公司（CBS）799.6万人次，全国广播公司（NBC）

---

① Statista Dossier, Television in the U.S in 2017, published in March 2018.

② Nielsen, live or time-shifted content on a television set, published in July 2017.

728.4万人次，家庭影院频道（HBO）为726万人次，美国广播公司（ABC）559.2万人次，福克斯广播公司（Fox）473.3万人次，具体如下图所示：

2017年美国电视网（Broadcast&Cable）平均观众数

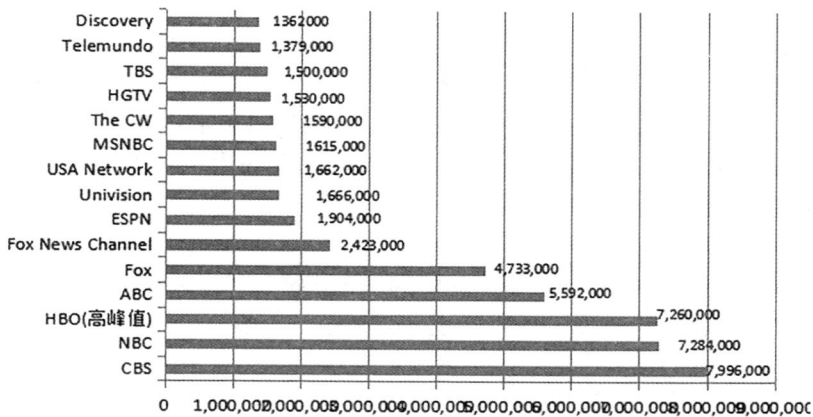

数据来源：Nielsen

电视观众是美国电视网市场竞争的核心对象。如果说节目是电视网生产的第一批产品的话，那么电视观众则是电视网由视频节目生产出的第二批产品——尤其对以广告为盈利的商业电视网而言，电视观众是卖给广告商的关键产品。一般的运营流程是，电视辛迪加制作电视节目内容，电视网/电视台以目标观众为中心，适时购买或订制新的电视节目，从而成为视频内容的集结地

美国2009—2017年原创订制系列剧生产量（单位：部）

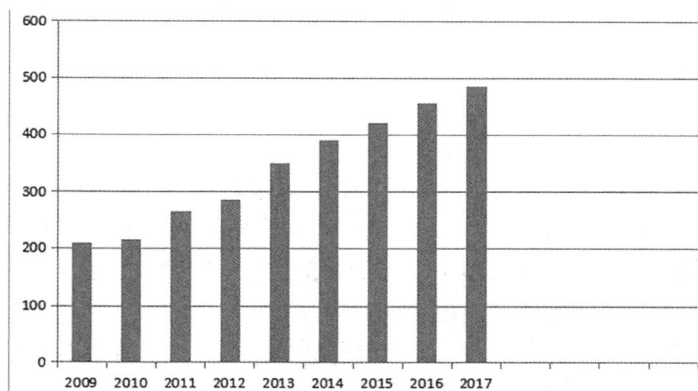

数据来源：Nielsen

和分发平台，通过其吸引到的观众数量，向广告主销售广告实现盈利。而对于无广告的付费电视而言，面对激烈的竞争，除了"血拼"购入优质的独播剧以外，更要开发原创定制剧内容。

　　在美国本土相关影视剧收视的市场调研中发现，有41%的受访者表示愿意观看新剧。值得注意的是，随着传统电视网/电视台向数字电视制式转变，原创定制剧逐渐发展成为视频差异性竞争的主流。这与电视网对市场的感知相一致，调查显示，22%的观众希望看到流媒体的原创订制剧，也就是说，网络渠道已经成为传统电视网市场拓展的重要增

575

长点。[①]顺应市场需求，美国电视网/电视台原创订制系列剧已经从2009年的210部发展为2017年的487部，具体如上图所示。

当然，对美国电视网/电视台来说，节目制作的超高成本也是令人咋舌。下图是全球顶尖的媒介调查机构尼尔森公司（Nielsen）对2017~2018年全美最贵的14个电视剧集制作费用的统计：投资最高的剧集是《王冠》（*The Crown*）和《急诊室的故事》（*ER*），平均每集均在1300万美元左右。排在中间第6、第7位的古装电视剧《马可波罗》（*Marco Polo*）和《罗马》（*Rome*），平均每集投资额约在900万美金左右。位居最后第13、14位的《危机边缘》（*Fringe*）和《迷失》（*Lost*），单集的投资额也高达400万美元。也就是说，目前美国最贵的电视剧达到了平均每集约8400万人民币,排在第13、14位的，也达到了每集约2700万人民币。

美国2017—2018年演季系列剧每集制作费用[②]（单位:万美元）

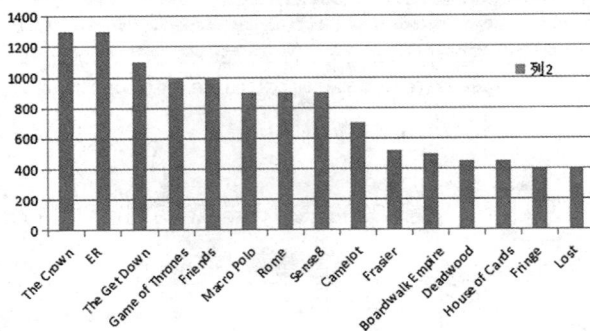

数据来源： Nielsen

据统计，美国电视业界2016年收入约为550.91亿美元，其中6家公共电视公司占了31.9%的份额，4家电视网和其他媒介集团占比30%，8家大的私有电视公司占比21.4%，其他电视机构占比16.7%。2016年全美有1780家商业电视台，2017年通过市场并购，降至1761，但是观众订阅数较2016年有所回升。2017年，地方电视台的收入达到280亿美元。其中拥有电视台数众多、市场竞争尤为激烈的城市有纽约、洛杉矶、芝加哥费城等。在2017~2018演季，纽约电视家庭用户为707.4750万、洛杉矶电视家庭用户为531.8630万、芝加哥为329.9720万。[③]面对庞大的电视体系和以市场调查大数据为基础的电视观众，广告商对美国有线电视网的投入非常可观。例如，宝洁公司(Procter&Gamble)2017年的广告投放就高达7.035亿美元；伯克希尔哈撒韦保险公司（Berkshire Hathaway）5.332亿美元；百事可乐(PepsiCo)4.81亿美元；美国电讯公司（AT&T）4.52亿美元。这意味着高投入的电视节目制作带来了高利润回报。美国有线电视网的主要广告商在2017年的投情况如下图所示：

---

① Gfk, What kind of content do you binge view, published in August 2016.

② Various Souces, Leading TV series in the United States, by production costs per episode (in million U.S. dollars), published by Website (digitalspy.com) .

③ Nielsen，Number of TV homes, published in September 2017.

2017年美国有线电视网领先广告商和广告投放数[①]（单位：亿美元）

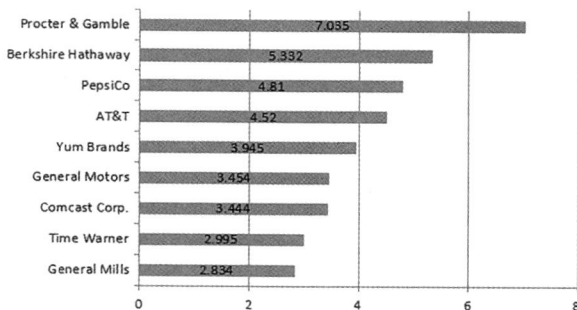

数据来源：统计汇编（Statista Dossier）

美国无线电视网的节目广告标价同样可观。顶级体育节目的广告价格排名领先，系列剧与真人秀节目、才艺竞赛、游戏类节目也是广告高投放的热门对象。例如，下图排名前三位的均是最受欢迎的的美式足球节目《星期日夜橄榄球赛》（*Sunday Night Football*），30秒广告标价格在44万~64万美元之间。电视剧《生活大爆炸》（*The Big Bang Theory*）的30秒广告标价格为24万美元。长播不衰的真人秀节目《美国好声音》（*The Voice*）30秒广告标价格也达到了20万美元。

2017年美国无线电视网电视节目/栏目领先广告商和广告标价[②]

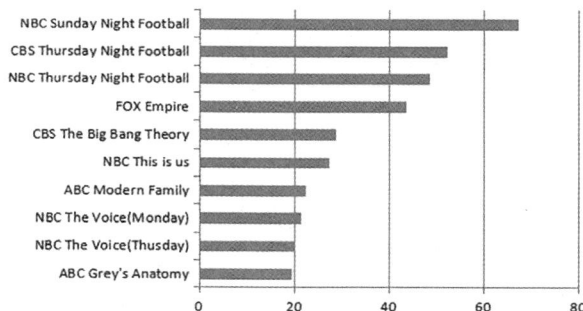

数据来源：统计汇编（Statista Dossier）

2. 互联网电视发展

互联网为传统电视带来严峻挑战，也带来美好的机遇。2016年的一份对美国电视观众接触媒体偏好的调查显示，选择流媒体（Streaming Media）观看视频的观众占比高达66%，选择物理媒介碟片观看视频的占到了21%。由于传统电视线性播放限制了观看自由的缘故，选择以传统电视观看视频的受众仅占19%。[③] 如果说这是传统电视软肋的话，那么下面的调查则显示，互联网也可以为传统电视带来数字电视发展的红利。

据一项美国本土受众对视频媒介个性化服务功能的调查显示，如果电视网/电视台可

[①] [②] Statista Dossier, Television in the U.S in 2017, published in March 2018.
[③] Gfk, Which of following sources is your main method for binge viewing, published in July 2016.

以将观众喜欢的频道播出节目打包并且可供随时观看，那么观众更乐意为此付费，受访者对此项服务接受度高达82%。[①]而且，大部分美国电视观众认为电视资讯更具权威性，公推CBS是目前最具权威的本土资讯媒体。

互联网让传统电视具有了"互联网+"的性质。互联网连接的电视有交互式电视（IPTV）和数字电视（DTV），具有直播、点播以及电视直销（DRTV）购物功能，增加了传统电视的开机率。美国本土智能电视系统的全面普及预计要到2021年，届时模拟无线电视和模拟有线电视将不复存在。待完全过渡到数字电视后，预计美国本土数字有线家庭用户将达到5765万，付费卫星电视用户达到3407万，总体发展如下图所示：

2010—2021年北美电视平台电视家庭用户数[②]（单位：百万美元）

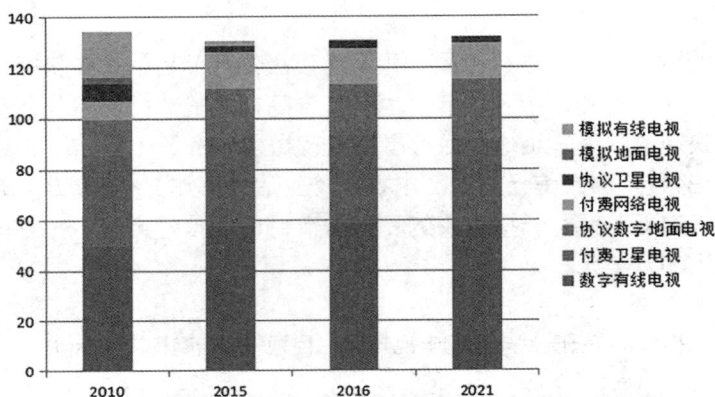

数据来源：数字电视研究（Digital TV Research）

基于现代视频技术的发展，以及对电视观众视频体验需求的了解，早在十多年前，美国各电视网便开始发展互联网作为自己视频内容增量分发的又一个平台，将传统的电视节目通过PC和手机等终端提供给消费者。网络之于电视内容的分发，在某种程度上就像20世纪电视网之于电影内容的分发。例如CBS网站内容相当丰富，它将本电视网播出的剧集视频进行细分，同时又有专辑归类，方便观众检索，热播的剧集会在网站第二天播出。维亚康姆集团是全球最大的影视剧、MTV内容提供商，CBS是维亚康姆旗下公司之一，较之NBC与ABC有丰富的电影片源优势，因此，电影内容也进入其智能电视节目单。CBS网站除了设有电影专栏，还有真实电视专栏、直播专栏以及电视购物节目等。

总体看来，面对新的视频市场生态，传统的电视巨头或通过跨产业的横向布局联合，扩大媒体行业红利，以弥补收视率降低的风险；或者以垂直产业链条式发展，降低运营成本，走向OTT视频业务。例如提供美国93%本地频道节目服务的美国第一大卫星电视运营商、直播卫星电视公司（Directv）和美国有线电视公司康卡斯特集团（Comcast）这两位

① TiVo; Digitalsmiths，Would you prefer the ability to make your own pay TV package by selecting only the channels you want to watch? published in December 2017.

② Digital TV Research，Number of TV households in North America from 2010 to 2021, by platform (in millions), published in March 2016.

全球最大的付费电视节目供应商跨行业横向发展与垂直发展的一系列开创性作为，便是传统电视行业与时俱进的典型案例。通过被电信巨头AT&T收购，Directv获得了前者提供的宽带服务资源，为其发展网络端用户提供了强力支持。而经过市场重组，Comcast获得了2460万有线电视用户、1440万宽带网络用户以及560万IP电话用户的巨大市场资源。以此资源优势为基础，两者都变身成为数字化电视的领跑者，在数字有线电视与付费卫星电视领域卓有建树，并为应对下一轮视频市场的激烈竞争打下了坚实的发展基础。

美国互联网电视用户渗透率2014年到2015年递增了7个百分点，达到58%，至2017年则提高到了64%，[①]为传统电视网带来了新的收入来源。在目前的具体运营上，一般是电视网网站和网络电视为观看者提供免费视频体验，但是用户需要注册个人信息和填写视频收视偏好，这既是培养付费观众的需要，同时也是精准定位节目生产方向与广告投放的需要。而且因为电视网网络终端免费节目插播的广告时长短于电视网广告插播的广告，因此赢得观众的喜爱。目前互联网视频收入已经成为电视网收入的一部分，2017年在电视广告收入中的占比达到了5.6%，比2012年的3.1%增加了2.5个百分点。[②]具体如下图所示：

2012—2018年美国网络电视广告收入占比电视广告收入[③]

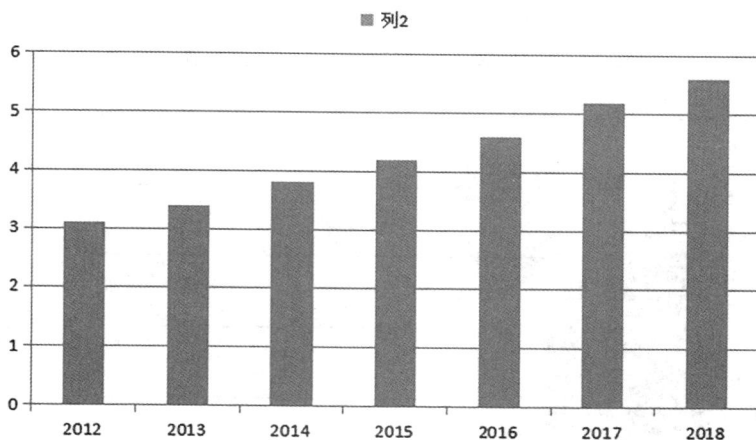

数据来源：综合咨询集团（Convergence Consulting Group）

综合看来，在世界范围内，付费电视的订阅数在2020年有望升至10个亿，全球付费电视的收益也因之在2020年有望超过3070亿美元。北美是最为成熟的付费电视市场，由于越来越多的青年视频受众向流媒体市场迁移，传统电视订阅数受到流媒体视频订阅提升的影响，用户量有所下降。处于互联网电视发展上升期的印度、中国、日本、巴西等国未来3年将成为付费电视发展红利新的受益地区。从电视观众反馈，以及更多用户选择观看流媒体的增长趋势来看，DTV、IPTV全球付费订阅用户有望继续上升。

---

① Triton Digital; Edison Research，from January to February 2017，published in March 2017.

② Convergence Consulting Group，Share of online TV in TV advertising revenue in the United States from 2012 to 2018，published in April 2018.

③ Statista Dossier, Television in the U.S in 2017, published in March 2018.

二、网络流媒体视频的发展

1.流媒体视频分类

美国本土流媒体视频发展竞争激烈，目前主要有三大类型：其一为科技巨头所属的视频网站，例如奈飞（Netflix）、亚马逊(Amazon)、优兔 (YouTube)等；其二是传统电视网投资网络端的转型视频产业，例如免费电视商业网CBS推出的CBS全接入（CBS All Access）、 NBC与环球影视公司（Universal）推出的喜剧网络视频Seeso、有线电视巨头康卡斯特（Comcast）集团推出的Xfinity Strempix以及付费电视家庭影院频道HBO推出HBONow和HBOGo网站等；其三为传媒娱乐巨头投资的视频网站，例如索尼影业（Sony Picture）所属的影视娱乐视频网 （Crackle）、NBC环球（NBC Universal）和福克斯频道（Fox）等所属的葫芦(Hulu)网、RLI娱乐公司（RLI Intertainment）所属的橡实流媒体网站（Acorn TV）等。其中，奈飞、葫芦、优兔会员（YouTuRed）以及亚马逊视频（Amazon Prime Video）视频网站的发展稳健，用户众多，使用时长占同类媒介的80%。其中，奈飞占40%、优兔会员网占18%、葫芦网为14%、亚马逊视频网（AmazonVideo）占比7%。具体浏览量如下图所示：在月均使用天数上，奈飞最高为12.3天，葫芦网排名第二，达9.9天；在单日观看时长方面，葫芦网最多，为2.9小时，奈飞为2.2小时。

2017年美国领先流媒体视频平台月均观看天数和单日观看时长（小时）[1]

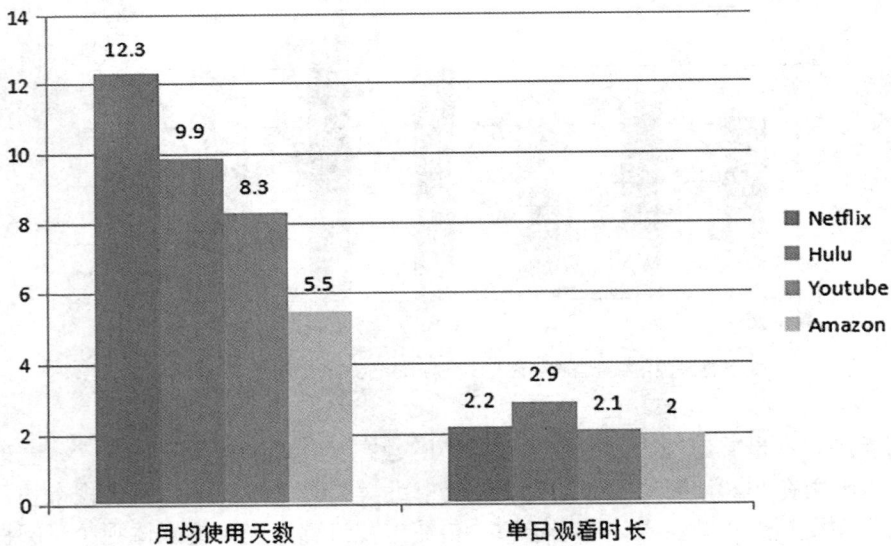

数据来源：统计汇编（Statista Dossier）

2.流媒体视频运营

美国流媒体视频以付费订阅和广告来实现盈利，这一点与传统电视网在用户服务方面相似，有类似于HBO的无广告完全付费的流媒体视频，也有类似CBS，带广告但浏览视频

---

[1] Statista Dossier, Television in the U.S in 2017, published in March 2018.

免费。免费流媒体视频对于新入竞争场域的流媒体平台非常有利，例如由几大好莱坞影视巨头联合推出的Hulu网，背靠丰富的片源，通过强制观看广告的方式很快就实现了盈利。另外一种模式是虽然是免费观看，但是鼓励用户购买短期的流量包来观看视频，这是流媒体与相关网络运营商或者内容分发网络商（CDN）的一种合作模式。但是流媒体品牌自身形象宣传的VR广告在观影是不可跳跃的。

随着订阅观众向高质量剧集平台的迁移，以及视频市场竞争壁垒提高的影响，付费订阅有逐渐发展成为流媒体视频主流运营模式的趋势。在价格方面，HBO Now定价较高，为14.99美元/月，其他四大平台的基本订阅价8~10美元/月，中高端会员定价11~14美元/月。不同付费会员拥有不同的附加服务，例如奈飞就推出了基本、标准和高端套餐等不同的产品，价格分别为7.99美元、10.99美元和13.99美元，其区别在于视频清晰度(标清、高清、超高清)及可使用的设备数量等。这种体验服务与其内容分发网络服务商（CDN）大有关联。

截至2017年，奈飞拥有1.10亿订阅用户，国内订阅用户5281万人，国际订阅用户5783万人。亚马逊视频网的订阅用户数在6500万以上。葫芦网在其自制剧集《使女的故事》2017年9月赢得多项艾美奖之后，付费用户数量从1700万上升到现在的2000万。HBO Now及YouTube Red由于推出时间较晚，目前订阅用户与其他平台还有差距，具体如下图所示：[①]

2017年美国本土流媒体视频订阅用户数 [②]（单位：百万）

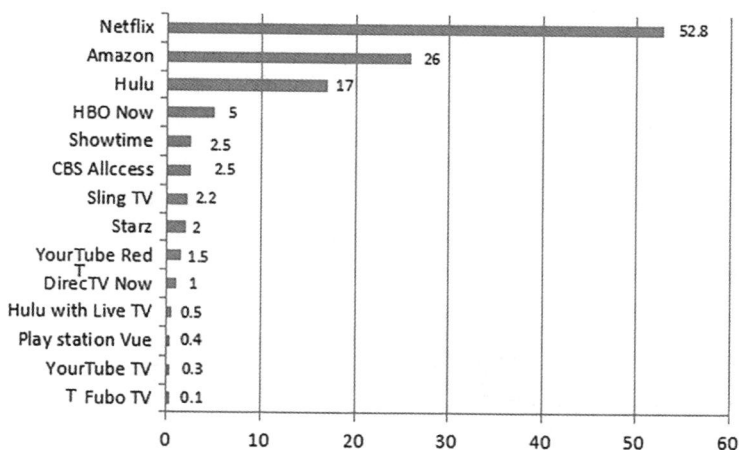

数据来源：统计汇编（Statista Dossier）

美国视频媒体付费用户总量已基本饱和，流媒体视频的增量订阅则意味着传统付费有线电视网的订阅流失。Netflix等OTT流媒体的崛起，观众持续向网络端迁移，对传统

[①] Time Warner, Leading Video Subscription Services in the United. States in 2017，published by Fierce Cable in April 2018.

[②] Statista Dossier, Television in the U.S in 2017, published in March 2018.

有线付费电视行业带来挑战。截至2017年第四季度，Netflix付费用户数共1.1亿，[1]美国本土付费用户数较2016年增加491万，国际付费用户数较2016年增长1665万人。但是，美国付费电视的订阅用户数自2013年开始减少，2015~2017年第二季度分别减少44.5万、79.5万和66.5万人，CNN、ESPN等其他付费电视频道订阅用户数也较高峰期呈现下滑趋势。

以传统付费有线电视HBO（不包括开展OTT业务的HBO Now）与Netflix为例，二者都是无广告的视频媒体平台，营收主要来源于用户付费订阅。HBO和Netflix订阅用户的平均收入（ARPU）值分别为8.54美元/月、8.47美元/月。[2]2017年Netflix和HBO实现营收分别为11.93亿美元和63.29亿美元。HBO拥有约1.42亿订阅用户，本土用户5400万、国际用户8800万，其本土市场已趋于饱和，订阅增量主要表现在海外用户，且2017年其DVD租赁业务继续下滑17%。Netflix拥有约1.17亿订阅用户，美国本土用户5281万，国际用户5783万。上述两家视频企业作为传统电视网与OTT的代表，在ARPU值基本相当的情况下，订阅数与盈利幅度同比增长却相差较大。根据美国统计网的数据，2017年Netflix的营收和订阅用户增长幅度分别比HBO高出约230%和470%，发展远景可由此窥豹一斑。具体如下图所示：

2017年有线电视HBO与流媒体视频Netflix同比增长[3]

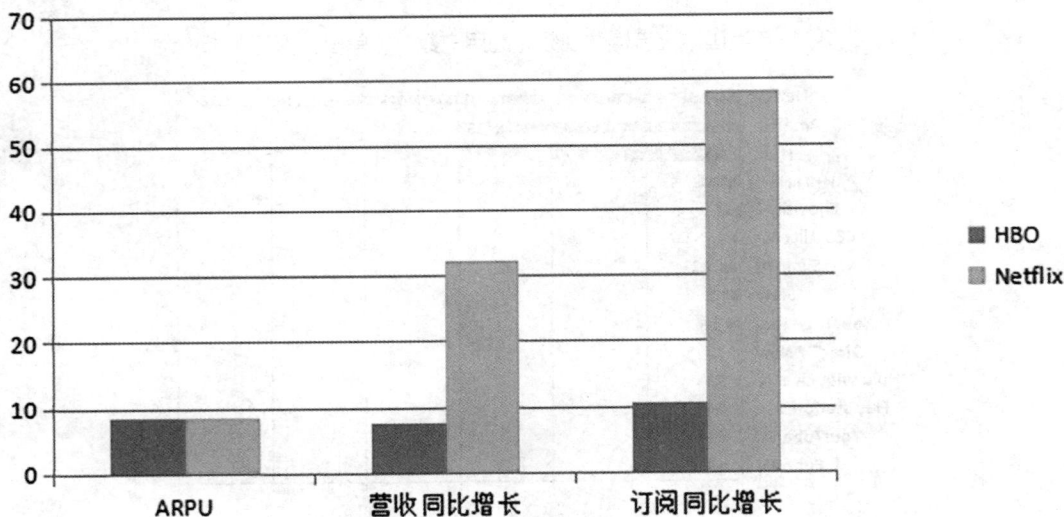

数据来源：统计网（Statista.com）

同时还应该看到的是，在美国传统电视媒体中，HBO在融媒体发展方面的表现相当突出。与OTT视频网站相比，其运营模式也能够做到把风险降到最低。例如，2017年HBO

---

① 有数据显示为1.17亿，实际付费用户1.10亿，差额为在30天试用期的免费用户。

② 如果考虑到有线电视和MVPDS的分成模式，HBO用户则实际支付14.99美元/月；Netflix美国本土用户与海外用户平均ARPU值也有差异，2017年分别为10.18、8.68美元/月。

③ 根据Statista.com有关Streaming Video的数据整理形成该图表。

的订阅收入只占总收入87%，内容授权等收入占比13%，而Netflix则96.1%来源于订阅用户收入，盈利模式单一，且海外运营成本高。因此，Netflix只有加倍做好优质内容+优良的互联网体验，才能继续拓展市场空间。

2017年有线电视HBO与流媒体视频Netflix收入构成①

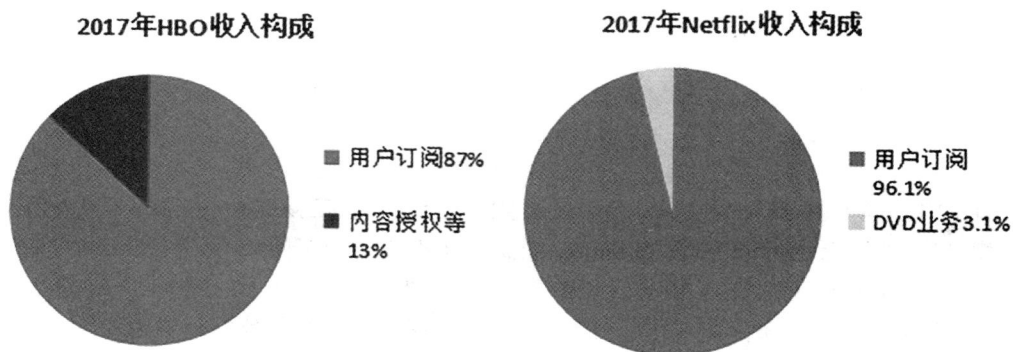

数据来源：统计网（Statista.com）

目前对于美国流媒体视频而言，争夺付费用户订阅数是王道。CBS着力打造的流媒体平台CBS All Access，背靠有影视内容提供商的强大后盾，但是到2020年用户订阅量才有望提升至800万。RLJ Entertainment在季度电话会议上宣布旗下流媒体服务Acorn TV用户增长缓慢。2017年8月，以NBC和Universal为主布局的流媒体视频服务平台Seeso因订阅用户发展受挫而宣布关闭。

3. 社交空间向流媒体视频的迁移

目前，在数字化的媒介渠道中，PC和手机依然是美国用户最主要的信息渠道。其中手机访问的人群以5~17岁为主，每天平均使用200分钟。2017年，随着社交媒体从脸书（Facebook）向图片墙（Instagram）的视效化迁移，青年群体从Facebook向YouTube的迁移，社交媒体成为又一个美国传统媒体市场秩序调整和重构的主导领域。

图片墙（Instagram）是脸书（Facebook）旗下的产品，也是美国视频社交App的典型代表。2016年，Instagram的直播向全美用户正式开放，目前在美国有着50%的渗透率。作为一款市场差异性视频社交App，它具有直播一结束、视频内容即被删除的特点，解除了青少年、年轻群体或特殊诉求等使用者的后顾之忧，因此在13~24岁的用户中，尤其是16岁的群体中深受喜爱，接触使用者占比73%。目前，照片分享网色拉布(Snapchat)、脸书、图片墙是美国青少年和成年人使用最多的社交媒体，渗透率均在70%~80%。具体如下图：

---

① 根据 Statista.com 有关 Streaming Video 的数据整理形成该图表。

2017年2月美国青少年和成年人主流使用的社交软件与网站[①]

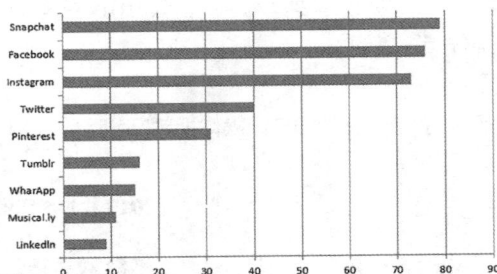

数据来源：Edison Research

2017年在美国免费App类型分布中，视频类占比6%。在畅销App的Top10榜单中，音乐流媒体有2款（潘多拉音乐电台Pandora Radio排名第1，声田Spotify排名第5），视频流媒体拥有5款（Netflix与HBO Now分别排第2、3名，YouTube和Hulu分别排名第6、7名，Live me排名第8）。需要指出的是，Live me是中国猎豹移动旗下的子公司，成为中国唯一上榜的直播产品。另据国际知名的市场数据分析机构App Annie的统计，2017年在美国市场上最受欢迎的中国App中，今日头条的音乐短视频社交产品musical.ly[②]和Live.me分别位于免费榜和畅销榜榜首。

三、电影类视频的发展

2017年，从最受欢迎的美国互联网电视（OTT）的内容和类型来看，电影位于第1位、占比73%，首播系列剧位于第2位、占比52%，其次是情景喜剧、动画儿童剧、真人秀节目、游戏类节目以及深夜谈话节目、日间连续剧等。据美国本土观众观看电影方式偏好调查的样本显示，54%的受访者表示更乐于在家里而不是去电影院看电影。例如，HBO和Netflix便是将美国电影类节目集结分发进入家庭的重要平台。前者经过22年的发展，与其同属HBO集团的姊妹电影频道Cinemax的总订户达3500万，占到美国传统电视付费市场的90%；后者已在全球130个国家或地区成功上线，现如今约有55%的美国用户都会使用它来观看影视剧。电影的这一发展趋势也引起了学者以及美国电影协会等机构重新审视电影的生产与消费。

1. 重新审视电影视频以及分发渠道

在美国电影协会发布的2017年度电影产业报告中，有一个影响深远的转向，即将年度电影产业报告更名为年度影院和家庭音像市场环境报告。因为，从2013年以来，全球电影消费增长了13%，其中家庭音像消费增长了14%。虽然物质介质的家庭音像消费减少了47%，但是全球数字化家庭音像消费增幅却高达161%，抵消了物理介质的家庭音像消费

---

① Edison Research; Triton Digital; Marketing Charts, Reach of leading social media and networking sites used by teenage and young adults in the U.S. as of February in 2017, published in February in 2017.

② musical.ly是中国今日头条的音乐类短视频社交产品，因调性相近，今日头条发挥musical.ly与抖音的协调功能，欲将其分别打造为北美与国内短视频社交娱乐平台。

下降带来的影响。2017年，美国的数字化家庭音像消费同比增长了20%，而国际其他地区则增长了41%。

2017年北美电影总票房收入为110.1亿美元，较2016年下降了2个百分点。如果将全球电影票房和家庭电影消费合并计算为全球电影消费额，那么2017年全球电影视频消费总额达到了884亿美元，其中电影票房占比46%，数字家庭音像消费占比36%，而物理介质的家庭音像消费仅占比为18%。

2017年全球影院和家庭音像消费支出[①]（单位：10亿美元）

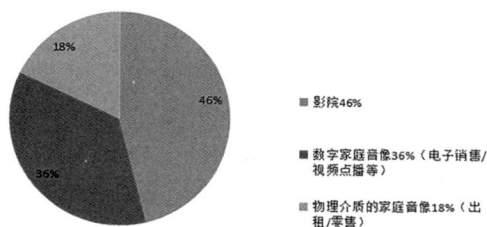

数据来源：统计汇编（Statista Dossier）

单就美国电影节目的市场消费情况来看，美国观众的家庭音像消费为影院消费的近2倍。美国家庭音像费用连续三年增长，2017年达到204.9亿美元。其中数字音像支出高达136.7亿美元，较2016年增长了20%，而物理介质音像支出则减少了15%，跌至80.6亿美元。通过下图可以清晰地看到，2015年是美国家庭音像消费物理介质和数字介质市场占有的分水岭，双方的营收均在90亿美元上下。而到了2017年，数字介质的家庭音像消费收入达到了130.66亿美元，物理介质却下降到80.6亿美元，二者相差了50亿美元。而且，这种收入差距仍在扩大。

2013—2017年美国家庭音像消费介质类型与消费支出[②]（单位：10亿美元）

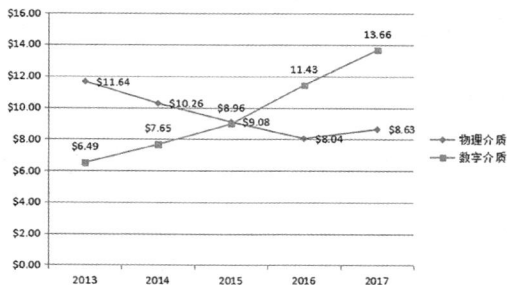

数据来源：统计汇编（Statista Dossier）

从用户的收看方式来看，2017年数字电影订阅式（OTT视频网站流出视频，以及付费

---

① Statista Dossier, Film in the U.S in 2017, published in March 2018.

② Statista Dossier, Film in the U.S in 2017, published in March 2018.

电视订阅的数字电影）的消费支出比2016年增长了28%，已达100亿美元；交易式（即零售、租借、点播等）的消费支出则呈下降的趋势，2017年为104.9亿美元，较上一年下降10%。更为重要的是2017年，美国人在家庭数字音像上的消费支出已经超过了去影院看电影的费用支出，影院消费仅占到35%，数字音像消费达43%。近年来美国观众家庭音像消费的方式与消费支出具体情况如下图：

2013—2017年美国家庭音像消费方式与支出[1]（单位：10亿美元）

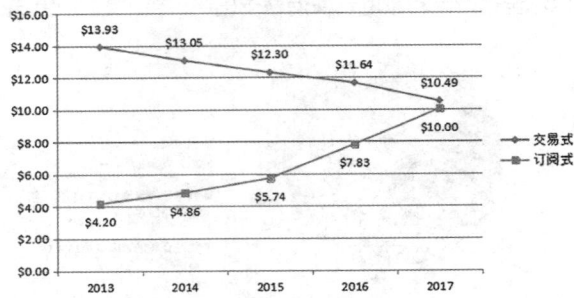

数据来源：统计汇编（Statista Dossier）

2. 电影生产、提交分级与屏幕类型

随着电影异地/多地生产模式的发展，好莱坞与其说是生产基地，不如说是分发平台。2017年北美地区共发行影片777部，比2016年增长了7%。其中，非美国电影协会成员的独立电影公司生产的电影增多，2017年共发行了647部影片，较上一年增长12%。六大制片公司2017年发行了130部影片，减少了6%。在六大制片公司所发行的影片中，有86部是自主发行的主流大片，另外44部是其下属公司制作的艺术风格影片。[2]

美国电影的分级制度具体由美国电影协会（MPAA）负责，该协会相关机构会根据影片的主题、语言、暴力程度、裸体程度、性爱场面和毒品使用场面等对电影进行评级，以帮助父母们判断哪些电影适合特定年龄阶段的孩子们观看。等级制的评级与电影内容的好坏并无因果关联，且并不是强制执行的制度，电影是否要被分级由电影制片方独立决定。但是基本上所有的电影制片商都选择提交电影分级，以求获得最大化的市场回报。2017年美国提交分级的影片数量有所下降，美国电影协会下属的分级委员会对563部影片进行了分级，数量较2016年下降了7%。20世纪福克斯、派拉蒙、索尼影业、环球电影、迪士尼、华纳兄弟六大制片公司提交分级的影片有176部，与2016年一致。整体来看，北美地区提交电影分级的影片数量正在逐年下降。

2017年，美国拥有将近40400块银幕，比2016年增长219块。在近5年里，美国银幕总数没有太大的变化，但拥有5块银幕以上多厅影院的数量占据了绝对优势，比例为89%，具体如下图所示：

---

① Statista Dossier, Film in the U.S in 2017, published in March 2018.
② 美国电影协会：《2017年电影市场报告》，http://www.199it.com/archives/707990.html。此处需要说明的是，根据国内转载的美国电影协会：《2017年电影市场报告》，2017年北美地区共发行影片777部，但是美国权威网站统计数据为724部。

2017年美国影院规模与银幕数量①

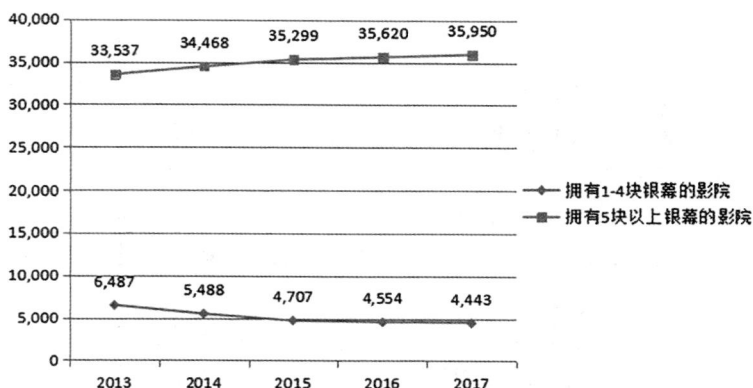

数据来源：统计汇编（Statista Dossier）

2017年，美国数字非3D银幕数量共24579块，在美国所有类型的银幕中占比最大，为60.84%。其次是数字3D银幕15530块、占38.44%。传统非数字银幕数量在2017年仅剩284块，具体如下图所示：

2017年美国影院银幕类型与数量②

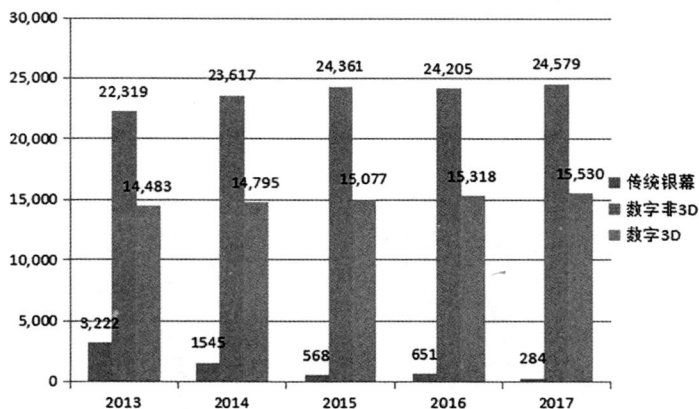

数据来源：统计汇编（Statista Dossier）

随着电影视频获取的便捷性和OTT平台交流的互动与多元性的提升，电影使用者的自我选择更加多元化，影院作为观影最主要渠道的地位也在逐年下降。例如，2017年奥斯卡学院奖最佳影片《月光男孩》（*Moonlight*）的票房只有2700.85万美元，2018年奥斯卡最

---

①②　Statista Dossier, Film in the U.S in 2017, published in March 2018.

佳影片《水形物语》（*The Shape of Water*）回升到5800.07万美元。[①]尼尔森统计也显示，近5年来奥斯卡颁奖礼观众逐年流失，2018年奥斯卡颁奖礼观众跌至2000年以来最低点。

小　结

高度成熟的美国视频产业市场近年来热闹非常，变化不断。总的趋势是：

传统电视媒体在最大程度地保持或尽量减少固有市场占有下滑的同时，也在积极通过发展互联网电视来增加新的收入来源和与时俱进地保持其市场定位。

由于随时随地、自主选择的技术优势，流媒体市场应用在美国得到了迅速的发展，对传统的电影、电视行业带来了很大的冲击。在接下来的一段时间里，其发展速度仍将继续保持。

至于电影行业，则是喜忧参半。喜的是家庭观影市场发展迅速，收入占比已超过了院线的收入；而令一些业内人士人担心的是，去影院观影的观众出现了一定幅度的减少，而且这种态势仍在发展。

纵观美国视频产业的市场规模和盈利模式的发展，消费市场一直在稳步增长，消费者的旺盛需求是行业发展和从业者信心的最为重要的保障。而在盈利模式上，用户付费则日益成为视频行业收入的主流方式。

说一千道一万，无论市场如何变化，技术向何处发展，视频媒介的生存之本，仍然是高品质的节目内容，而且这种需求将会越来越多越旺盛。也就是说，一切都在变化，唯有"内容为王"的本质犹存。当然，优质内容的制作成本水涨船高，风险加大机会也增加的现实，也是视频业者需要认真直面的。

---

① Box Office Mojo, Domestic box office revenue of Academy Award winning movies in the "Best Picture" category from 2001 to 2018(in million U.S. dollars), published in 2018.

结束语

　　作为结束语，通常的惯例都是用来表示感谢，我们首先要感谢的机构有：中国广播电影电视社会组织联合会、中国国际电视总公司、中国广视索福瑞（CSM）媒介研究有限公司 、央视市场研究（CTR）有限公司、中国广播影视出版社，没有上述单位在政策把关、资金提供、出版安排上的鼎力支持，本书便难以付梓。

　　我们接着要感谢的领导包括：第十二届全国政协常委、中广联合会会长张海涛先生，第十二届全国政协委员、中广联合会副会长、学术委员会主任胡占凡先生，中广联合会副秘书长、学术委员会副主任周然毅先生，央视市场研究（CTR）执行董事、总经理徐立军先生，中国广视索福瑞（CSM）媒介研究有限公司总经理丁迈女士，以及中国传媒大学广告学院院长丁俊杰先生，感谢他们在本书的组织和写作等各方面给予的支持与帮助。

　　我们要感谢的专家还包括但不限于：中央电视台原副台长、教授级高级工程师何宗就先生，中国传媒大学广告学院资深教授、博士生导师黄升民先生，中国传媒大学新媒体研究院院长、教授、博士生导师赵子忠先生，央视市场研究（CTR）股份有限公司资深研究顾问姚林先生，是他们的倾力支持令本书得以达到现有的高度。

　　我们当然要特别感谢本书所有的作者们，大家杰出的专业水平，共同的创造性劳动成就了这本极有价值的专著。

　　我们还要感谢CSM融合传播研究部总监张天莉女士、罗佳女士，中国广播影视出版社的编辑毛冬梅女士以及特约编辑路爱军女士，她们在本书的组织、编辑、出版等方面都作出了突出的贡献。

　　最后，我们要感谢的便是大视频时代，感谢视界革命运动成就了人类文明今日的辉煌与繁荣，也成就了我们这本视频传播盛世下的著作。

张海潮

2019年12月10日